Akteneinsicht im öffentlichen Recht

POTSDAMER RECHTSWISSENSCHAFTLICHE REIHE

Herausgegeben von
Univ.-Prof. Dr. Dieter C. Umbach, VRLSG a.D.

Band 14

PETER LANG
Frankfurt am Main · Berlin · Bern · Bruxelles · New York · Oxford · Wien

Thomas Palm

Akteneinsicht im öffentlichen Recht

Eine Darstellung der Voraussetzungen
für die Gewährung von Akteneinsicht
in behördlichen
und in gerichtlichen Verfahren

PETER LANG
Europäischer Verlag der Wissenschaften

Die Deutsche Bibliothek - CIP-Einheitsaufnahme

Palm, Thomas:

Akteneinsicht im öffentlichen Recht : eine Darstellung der Voraussetzungen für die Gewährung von Akteneinsicht in behördlichen und in gerichtlichen Verfahren / Thomas Palm. - Frankfurt am Main ; Berlin ; Bern ; Bruxelles ; New York ; Oxford ; Wien : Lang, 2002
(Potsdamer Rechtswissenschaftliche Reihe ; Bd. 14)
Zugl.: Potsdam, Univ., Diss., 2001
ISBN 3-631-39098-X

Umschlaggestaltung:
Dipl. Des. Gabriele Kuhnke,
Karlsruhe/Ettlingen.

517
ISSN 1615-360X
ISBN 3-631-39098-X

www.peterlang.de

Vorwort

Die vorliegende Arbeit ist im Jahr 2001 von der Juristischen Fakultät der Universität Potsdam als Dissertation zugelassen worden.

Herrn Professor Dr. Dieter C. Umbach danke ich sehr herzlich für seine Betreuung, seine Anregungen und für die Freiräume, die er mir bei der Anfertigung der Arbeit gelassen hat. Ihm sowie den Mitarbeiterinnen an seinem Lehrstuhl bin ich darüber hinaus für die wertvolle Unterstützung dankbar, die mir bei der Befragung der Präsidenten des Bundesverwaltungsgerichts, der Oberverwaltungsgerichte und Verwaltungsgerichtshöfe betreffend die Gewährung von Akteneinsicht in der gerichtlichen Praxis zuteil geworden ist.

Frau Professorin Dr. Heidrun Pohl-Zahn danke ich für die Übernahme und Erstellung des Zweitgutachtens.

Schließlich möchte ich mich bei all denen herzlich bedanken, die mich während der Anfertigung der Arbeit begleitet und in vielfältiger Weise unterstützt haben.

Gelsenkirchen/Potsdam, im Februar 2002 Thomas Palm

Inhaltsverzeichnis

Abkürzungsverzeichnis

a. A.	anderer Ansicht
a. a. O.	am angegebenen Ort
abl.	ablehnend
ABl.	Amtsblatt
Abl. Mil. Reg.	Amtsblatt der Militärregierung
abw.	abweichend
AEG	Allgemeines Eisenbahngesetz
a. F.	alte Fassung
AG	Amtsgericht
AG VwGO	Ausführungsgesetz zur VwGO
AiG	Akteneinsichts- und Informationsgesetz
AKG	Allgemeines Kriegsfolgengesetz
AktO	Aktenordnung
allg. M.	allgemeine Meinung
a. M.	anderer Meinung
AmtsO	Amtsordnung
Anm.	Anmerkung
AnwBl.	Anwaltsblatt
AO	Abgabenordnung
AöR	Archiv des öffentlichen Rechts
ArbGG	Arbeitsgerichtsgesetz
Art.	Artikel
AS	Amtliche Sammlung von Entscheidungen der OVG Rheinland-Pfalz und Saarland
AsylVfG	Gesetz zur Neuregelung des Asylverfahrens
AtomG	Atomgesetz
AtVfG	Atomrechtliche Verfahrensverordnung
AuAS	Ausländer- und Asylrecht - Schnelldienst
AuslG	Gesetz über die Einreise und den Aufenthalt von Ausländern im Bundesgebiet (Ausländergesetz)
AV	Allgemeine Verfügung
BAG	Bundesarbeitsgericht
Bad.-Württ.	Baden-Württemberg

BAnz	Bundesanzeiger
BArchG	Bundesarchivgesetz
BArchBV	Bundesarchiv-Benutzungsverordnung
BauGB	Baugesetzbuch
BauR	Baurecht
BayJMBl.	Bayerisches Justizministerialblatt
BayObLG	Bayerisches Oberstes Landgericht
BayVBl.	Bayerische Verwaltungsblätter
BayVerfGH	Bayerischer Verfassungsgerichtshof
BB	Der Betriebs-Berater
BBahnG	Bundesbahngesetz
BauGB	Baugesetzbuch
Bbg	Brandenburg
BBG	Bundesbeamtengesetz
BBesG	Bundesbesoldungsgesetz
BDG	Bundesdisziplinargesetz
BDO	Bundesdisziplinarordnung
BDSG	Bundesdatenschutzgesetz
ber.	berichtigt
BesSchAbgG	Gesetz über die Abgeltung von Besatzungsschäden
BeurkG	Beurkundungsgesetz
BFH	Bundesfinanzhof
BFHE	Entscheidungen des BFH
BFH/NV	Nicht öffentliche Entscheidungen des BFH
BGB	Bürgerliches Gesetzbuch
BGBl.	Bundesgesetzblatt
BGH	Bundesgerichtshof
BGHZ	Entscheidungen des BGH in Zivilsachen
BHO	Bundeshaushaltsordnung
BImSchG	Bundes-Immissionsschutzgesetz
BImSchV	Bundes-Immissionsschutz-Verordnung
BMI	Bundesminister(ium) des Inneren
BMVg	Bundesminister(ium) für Verteidigung
BNatSchG	Bundesnaturschutzgesetz
BPersVG	Bundespersonalvertretungsgesetz
BR-Drs.	Bundesratsdrucksache
BRAGO	Bundesgebührenordnung für Rechtsanwälte
BRAO	Bundesrechtsanwaltsordnung

Breith	Breithaupt, Sammlung von Entscheidungen der Sozialversicherung, Versorgung und Arbeitslosenversicherung
BRRG	Beamtenrechtsrahmengesetz
BSG	Bundessozialgericht
BSGE	Entscheidungen des Bundessozialgerichts
BSHG	Bundessozialhilfegesetz
BStBl. I (II)	Bundessteuerblatt Teil I (Teil II)
BT-Drs.	Bundestagsdrucksache
Buchholz	Sammel- und Nachschlagwerk der Rechtsprechung des BVerwG, begründet von Karl Buchholz
BVerfG	Bundesverfassungsgericht
BVerfGE	Entscheidungen des BVerfG
BVerfGG	Bundesverfassungsgerichtsgesetz
BVerfSchG	Bundesverfassungsschutzgesetz
BVerwG	Bundesverwaltungsgericht
BVerwGE	Entscheidungen des BVerwG
BVerwGG	Bundesverwaltungsgerichtsgesetz
bzw.	beziehungsweise
DAR	Deutsches Autorecht
DB	Der Betrieb
DöD	Der öffentliche Dienst
DÖV	Die öffentliche Verwaltung
DO	Disziplinarordnung
DRiG	Deutsches Richtergesetz
DRiZ	Deutsche Richterzeitung
DSG	Datenschutzgesetz
DV	Deutsche Verwaltung
DVBl.	Deutsches Verwaltungsblatt
DVP	Deutsche Verwaltungspraxis
EDV	Elektronische Datenverarbeitung
EFG	Entscheidungen der Finanzgerichte
Einf.	Einführung
Einl.	Einleitung
EKD	Evangelische Kirche Deutschlands
EntwVPO	Entwurf einer Verwaltungsprozeßordnung, herausgegeben vom Bundesminister der Justiz, 1978

Erl.	Erläuterung(en)
EOVG	Entscheidungen des OVG Berlin
ESVGH	Entscheidungen des Hessischen und des Baden-Württembergischen VGH
EWG	Europäische Wirtschaftsgemeinschaft
EzA	Entscheidungen zum Arbeitsrecht
f.	folgende
ff.	fortfolgende
FEVS	Fürsorgerechtliche Entscheidungen der Verwaltungsgerichte und der Sozialgerichte
FG	Finanzgericht
FGO	Finanzgerichtsordnung
FGO-ÄndgG	Gesetz zur Änderung der Finanzgerichtsordnung
FStrG	Bundesfernstraßengesetz
GBl.	Gesetzblatt
GentG	Gentechnikgesetz
GewArch	Gewerbearchiv
GFaG (AKGG)	Gesetz über die Führung akademischer Grade
GG	Grundgesetz für die Bundesrepublik Deutschland
GKG	Gerichtskostengesetz
GMBl.	Gemeinsames Ministerialblatt
GO	Gemeindeordnung
GO BT	Geschäftsordnung Bundestag
GS	Gesetzessammlung
GSNW	Sammlung des bereinigten Landesrechts NW 1945 bis 1956
GV/GVBl.	Gesetz- und Verordnungsblatt
GVG	Gerichtsverfassungsgesetz
h. L.	herrschende Lehre
h. M.	herrschende Meinung
HFR	Höchstrichterliche Finanzrechtsprechung
i. d. B.	in der Bekanntmachung
i. d. F. v.	in der Fassung vom
InfAuslR	Informationsbrief Ausländerrecht

IT	Informationstechnik
i. V. m.	in Verbindung mit
JAG	Juristenausbildungsgesetz
JAO	Juristenausbildungsordnung
JMBl.	Justizministerialblatt
JR	Juristische Rundschau
JURA	Juristische Ausbildung
JURIS	Juristisches Informationssystem
JuS	Juristische Schulung
JW	Juristische Wochenschrift
JZ	Juristenzeitung
KABl.	Kirchliches Amtsblatt
KAG	Kommunalabgabengesetz
KRAB	Amtsblatt des Alliierten Kontrollrats
KStZ	Kommunale Steuer-Zeitschrift
KSZE	Konferenz für Sicherheit und Zusammenarbeit
KunstUrkG	Kunsturheberrechtsschutzgesetz
KV	Kostenverzeichnis
LG	Landgericht
LAG	Lastenausgleichsgesetz
LBG	Landesbeamtengesetz
LKV	Landes- und Kommunalvertretung
LRiG	Landesrichtergesetz
LSG	Landessozialgericht
LuftVG	Luftverkehrsgesetz
MBl.	Ministerialblatt
MDR	Monatsschrift für Deutsches Recht
MiStra	Allgemeine Verfügung über Mitteilungen in Strafsachen
MiZi	Allgemeine Verfügung über Mitteilungen in Zivilsachen
MRVO 165	Verordnung Nr. 165 der Militärregierung über die Verwaltungsgerichtsbarkeit in der britischen Zone
m. w. N.	mit weiteren Nachweisen

NJ	Neue Justiz
NJW	Neue Juristische Wochenschrift
NRW	Nordrhein-Westfalen
NStZ	Neue Strafrechtszeitschrift
NuR	Natur und Recht
n. v.	nicht veröffentlicht
NVwZ	Neue Zeitschrift für Verwaltungsrecht
NVwZ-RR	NVwZ-Rechtsprechungs-Report
NW	Nordrhein-Westfalen
NWVBl.	Nordrhein-Westfälische Verwaltungsblätter
NZA	Neue Zeitschrift für Arbeitsrecht
OBA	Oberbundesanwalt
OLG	Oberlandesgericht
OLGZ	Sammlung der Entscheidungen der Oberlandesgerichte in Zivilsachen
OVG	Oberverwaltungsgericht
OVGE	Entscheidungen der OVG für das Land Nordrhein-Westfalen in Münster und für die Länder Niedersachsen und Schleswig-Holstein in Lüneburg
PrVBl.	Preußische Verwaltungsblätter
PUAG	Untersuchungsausschussgesetz
PsychKG	Psychischkrankengesetz
RBG	Rechtsberatungsgesetz
Rand-Nr.	Randnummer
Rand-Ziff.	Randziffer
RBerG	Rechtsberatungsgesetz
Reg.-Nr.	Register-Nummer
Rpfleger	Der Rechtspfleger
RGBl.	Reichsgesetzblatt
RGZ	Entscheidungen des Reichsgerichts in Zivilsachen
Rh.-Pf.	Rheinland-Pfalz
RiA	Das Recht im Amt
Rili	Richtlinie
RPfl.	Der Deutsche Rechtspfleger
Rspr.	Rechtsprechung

RStBl.	Reichssteuerblatt
S.	Seite
Schl.-H.	Schleswig-Holstein
SchlHA	Schleswig-Holsteinische Anzeigen
SchwbG	Schwerbehindertengesetz
SG	Sozialgericht
SGB (I, X)	Sozialgesetzbuch (Buch I, Buch X)
SGG	Sozialgerichtsgesetz
SGV NW	Sammlung des fortlaufend bereinigten GVBl. NW.
StB	Der Steuerberater
SteuerberG (StBerG)	Steuerberatungsgesetz
StGB	Strafgesetzbuch
StPO	Strafprozeßordnung
str.	streitig
st. Rspr.	ständige Rechtsprechung
StasiUG	Stasiunterlagengesetz
StuWi	Steuer und Wirtschaft
SÜG	Sicherheitsüberprüfungsgesetz
Text-Ziff.	Textziffer
UIG	Umweltinformationsgesetz
UPR	Umwelt- und Planungsrecht
UrhG	Urheberrechtsgesetz
usw.	und so weiter
v.	vom
VBlBW	Verwaltungsblätter für Baden-Württemberg
VD	Verkehrsdienst
Verf	Verfassung
VerfG	Verfassungsgericht
VerfGH	Verfassungsgerichtshof
VersR	Versicherungsrecht
VerwA	Verwaltungsarchiv
VG	Verwaltungsgericht
VGG	Verwaltungsgerichtsgesetz

VGH	Verwaltungsgerichtshof
VGHG	Gesetz über den VGH
VGH n. F. (VGH Bayern E)	Amtliche Sammlung von Entscheidungen des Bayerischen Verwaltungsgerichtshofs. Neue Folge
VGKG	Verwaltungsgerichtskostengesetz
vgl.	vergleiche
VIA	Vertreter der Interessen des Ausgleichsfonds
VöI	Vertreter des öffentlichen Interesses
VOBl. BZ	Verordnungsblatt für die Britische Zone
VR	Verwaltungsrundschau
V(w)Rspr.	Verwaltungsrechtsprechung in Deutschland
VVDStRL	Veröffentlichungen der Vereinigung der Deutschen Staatsrechtslehre
VwGG	Verwaltungsgerichtsgesetz
VwGO	Verwaltungsgerichtsordnung
VwKG	Verwaltungskammergesetz
VwVfG	Verwaltungsverfahrensgesetz
WaStrG	Wasserstraßengesetz
WBO	Wehrbeschwerdeordnung
WiVerw	Wirtschaft und Verwaltung
WpflG	Wehrpflichtgesetz
WRV	Weimarer Reichsverfassung
ZaöRV	Zeitschrift für ausländisches öffentliches Recht und Völkerrecht
z. B.	zum Beispiel
ZBR	Zeitschrift für Beamtenrecht
ZDG	Zivildienstgesetz
ZfS	Zentralblatt für Sozialversicherung und Versorgung - Zeitschrift für das Recht der sozialen Sicherheit -
ZfSH/SGB	Zeitschrift für Sozialhilfe und Sozialgesetzbuch
ZPO	Zivilprozeßordnung
ZZP	Zeitschrift für Zivilprozeß

Ergänzend wird verwiesen auf Kirchner, Abkürzungsverzeichnis der Rechtssprache, 4. Auflage 1993, de Gruyter Verlag Berlin-New York.

Die Oberverwaltungsgerichte/Verwaltungsgerichtshöfe sind im Text nach dem Ort ihres Sitzes bezeichnet.

Soweit im folgenden bei der Bezeichnung von Beteiligten, ihren Vertretern, von Beschäftigten bei Gerichten usw. jeweils die männliche und nicht (auch) die weibliche Form verwendet wird, geschieht dies aus Gründen der besseren Verständlichkeit und folgt den Formulierungen in den einschlägigen Gesetzesfassungen.

1. Teil: Einleitung

I. Beschreibung der Zielsetzung und des Aufbaus der Untersuchung unter Berücksichtigung von aktuellen Entwicklungen

Eine umfassende systematische Untersuchung der Voraussetzungen und Besonderheiten der Akteneinsicht in den Verfahren vor den Verwaltungsgerichten, den Finanzgerichten und den Sozialgerichten unter Einbeziehung der diesen jeweils vorhergehenden behördlichen Verfahren ist trotz der Bedeutung der Akteneinsicht in der Praxis bisher nicht erfolgt. Vielmehr gibt es neben den mehr oder weniger ausführlichen Kommentierungen der einzelnen gesetzlichen Vorschriften eine kaum überschaubare Vielzahl von Meinungen in der Literatur und von gerichtlichen Entscheidungen beziehungsweise Auffassungen zu verschiedenen Einzelfragen. Diese sind zudem in den unterschiedlichsten Presseorganen veröffentlicht, was den Zugang generell und einen schnellen Zugriff im Einzelfall teilweise erheblich erschwert. Vor diesem Hintergrund sollen die tatsächlichen und rechtlichen Probleme der Akteneinsicht vom Beginn des behördlichen Verfahrens bis zum Ende eines sich daran anschließenden gerichtlichen Verfahrens systematisch erfasst, gegenübergestellt und im Hinblick auf Gemeinsamkeiten und Unterschiede verglichen werden. Dabei werden die jeweiligen Tatbestandsmerkmale der einzelnen gesetzlichen Regelungen speziell im verwaltungsbehördlichen und im verwaltungsgerichtlichen Verfahren ausführlich dargestellt und kritisch gewürdigt.
Die Ausführungen hinsichtlich der Ausgestaltung der Akteneinsicht in den verfassungsgerichtlichen Verfahren vor dem Bundesverfassungsgericht, dem Verfassungsgerichtshof für das Land Nordrhein-Westfalen und dem Verfassungsgericht für das Land Brandenburg vervollständigen die Thematik.

Die Gewährung von Akteneinsicht ist insbesondere angesichts eines ständig fortschreitenden Modernisierungsgrades in der öffentlichen Verwaltung und in den Gerichten von großer Bedeutung und Aktualität. So treten bereits Gemeinden auf verschiedenen Sachgebieten mittels elektronischer Medien und hier vorrangig über das Internet in Kontakt mit dem Bürger und ermöglichen auf diesem Wege eine direkte Kommunikation (Stichwort „Electronic Government“[1]). Die Länder

---

1 Vgl. nur: Boehme-Neßler, NVwZ 2001, 374ff.; Groß, DÖV 2001, 159ff. (m. w. N.); Holznagel/Krahn/Werthmann, DVBl. 1999, 1477ff.; Rosenbach, DVBl. 2001, 332, 333.

Baden-Württemberg und Bremen haben beispielsweise Erprobungsgesetze für digitale Verwaltungsdienstleistungen erlassen[2]. Bei dem Finanzgericht Hamburg wird seit August 1999 in Zusammenarbeit mit der Finanzverwaltung sowie Rechtsanwälten und Steuerberatern der „Elektronische Rechtsverkehr“, ein Feldversuch zum papierlosen Rechtsverkehr, also ein gerichtliches Verfahren ohne die Erstellung von herkömmlichen Gerichtsakten, erprobt[3]. Die Vorschriften der §§ 299 Abs. 3 und 299 a Zivilprozessordnung[4] ermöglichen bereits elektronische Akten in Zivilprozessen und normieren die Einsichtnahme in diese. Mit dem 2. Änderungsgesetz zur Finanzgerichtsordnung vom 19. Dezember 2000[5] ist mit Wirkung ab 1. Januar 2001 mit § 93 a Abs. 2 Satz 3 FGO für das finanzgerichtliche Verfahren eine Vorschrift neu erlassen worden, die speziell die Einsichtnahme in Aufzeichnungen von Zeugen- oder Sachverständigenaussagen (Stichwort „Videokonferenz“ gemäß § 91 a FGO) regelt. Auf der Grundlage des Signaturgesetzes vom 22. Juli 1997[6] beabsichtigt der Bundesgesetzgeber den Erlass eines neuen Verwaltungsverfahrensgesetzes, in dem auch die rechtlichen Grundlagen für den sogenannten elektronischen Verwaltungsakt normiert sein sollen[7].
Nicht zuletzt wegen dieser Entwicklung sind sowohl verlässliche gesetzliche Regelungen einer Einsichtnahme in alle Arten von Akten als auch das Bewusstsein für einen verantwortungsvollen und sorgfältigen Umgang mit diesen und den darin enthaltenen persönlichen Daten unerlässlich.

In dem ersten Teil dieser Untersuchung werden die Zielsetzung und der Aufbau beschrieben. Sodann wird dargelegt, dass zusätzlich oder ergänzend zu den hier untersuchten Vorschriften nach der ganz herrschenden Meinung ein allgemeines Akteneinsichtsrecht nach dem Grundgesetz nicht besteht. Im Anschluss daran wird das Thema inhaltlich konkretisiert, ein Überblick über die zu untersuchenden Normen gegeben und die Bedeutung der Akteneinsicht vor dem Hintergrund des Schutzes von persönlichen Daten dargestellt. Sodann werden die historische Entwicklung und die verfassungsrechtlichen Grundlagen des Akteneinsichtsrechts aufgezeigt und die Begriffe der Akte, einer ordnungsgemäßen Aktenführung sowie der Einsichtnahme bestimmt und einige besondere Arten von Akten vorgestellt.

---

2 Catrein, NVwZ 2001, 413.

3 www.hamburg.de/StadtPol/Gerichte/FG/welcome.htm

4 ZPO in der Fassung vom 27. Juli 2001 (BGBl. I 1887).

5 BGBl. I 1567.

6 Informations- und Kommunikationsdienste - Gesetz (BGBl. I 1870).

7 Catrein, NVwZ 2001, 413f.; Rosenbach, DVBl. 2001, 332, 334f.; zur elektronischen Signatur im Verwaltungsrecht: Roßnagel, DÖV 2001, 221ff.

Im zweiten Teil der Untersuchung werden die gesetzlichen Regelungen über die Gewährung von Akteneinsicht im verwaltungsbehördlichen und im verwaltungsgerichtlichen Verfahren unter besonderer Berücksichtigung der Vorschrift des § 100 Verwaltungsgerichtsordnung sowie des § 82 Asylverfahrensgesetz erörtert. In diesem Rahmen wird ebenfalls die Aktenvorlagepflicht von Behörden nach der Vorschrift des § 99 VwGO dargestellt und deren Neuregelung[8] als Folge der Entscheidung des Bundesverfassungsgerichts vom 27. Oktober 1999[9] zu § 99 Abs. 1 Satz 2 i. V. m. Abs. 2 Satz 1 VwGO betrachtet.

Die Ausführungen zu § 100 VwGO beruhen nicht allein auf einer Auswertung der Rechtsprechung und der Darstellungen in der einschlägigen Literatur. Über diese Erkenntnisquellen hinaus sind der Präsident des Bundesverwaltungsgerichts sowie die Präsidenten der Oberverwaltungsgerichte und der Verwaltungsgerichtshöfe aller Bundesländer über den Lehrstuhl von Professor Doktor Umbach an der Universität Potsdam mit Schreiben vom 28. Januar 1999 zu der praktischen Handhabung der Gewährung von Akteneinsicht gegenüber Verfahrensbeteiligten und Dritten in ihrem jeweiligen Geschäftsbereich befragt worden[10]. Der Präsident

---

8 Gesetz vom 20. Dezember 2001 (BGBl. I S. 3987, 3988).

9 Beschluss vom 27. Oktober 1999 - 1 BvR 385/90 -, in: BVerfGE 101, 106ff. = NJW 2000, 1775ff. = DVBl. 2000, 346ff. = DÖV 2000, 287ff. = NVwZ 2000, 428 (Leitsatz).

10 Die gestellten Fragen lauteten:

1. Wie wird die Gewährung von Akteneinsicht an Gerichtsstelle gegenüber Verfahrensbeteiligten beziehungsweise Dritten in der Regel gehandhabt?

1.1. Erfolgt die Akteneinsicht insbesondere aufgrund einer vorherigen Terminsvereinbarung?

1.2. An welchem Ort erfolgt sie?

1.3. Ist während der Einsichtnahme eine Mitarbeiterin oder ein Mitarbeiter anwesend?

1.4. Erfolgt eine differenzierte Handhabung gegenüber den unterschiedlichen Beteiligten eines Verfahrens oder gegenüber einem Rechtsanwalt beziehungsweise gegenüber Dritten?

1.5. Welche Vorrichtungen sind an Gerichtsstelle vorhanden, um dort andere Informationsträger als eine „Papierakte“ einsehen zu können?

1.6. Können unmittelbar Ablichtungen von Schriftstücke gefertigt werden?

2. Unter welchen Voraussetzungen erfolgt die Übergabe oder Versendung von Akten an die unterschiedlichen Beteiligten eines Verfahrens oder Rechtsanwälte beziehungsweise an Dritte?

3. Unter welchen Voraussetzungen werden Akten an andere Behörden oder Gerichte gesandt, um den Verfahrensbeteiligten oder Rechtsanwälten beziehungsweise Dritten dort die Einsichtnahme zu ermöglichen?

4. Welche Kriterien stehen einer Übergabe oder Versendung nach den Fragen 2. und 3. entgegen?

des Bundesverwaltungsgerichts, die Präsidentin eines Oberverwaltungsgerichts und die Präsidenten von 13 Oberverwaltungsgerichten und Verwaltungsgerichtshöfen haben mit Schreiben aus dem Zeitraum Februar bis April 1999 teilweise sehr ausführlich geantwortet[11]. Lediglich zwei Präsidenten von Oberverwaltungsgerichten in den neuen Bundesländern haben keine Stellungnahmen abgegeben. Von den eingegangenen Antworten beschied der Präsident des Hessischen Verwaltungsgerichtshofs das Ersuchen abschlägig unter Hinweis darauf, dass die Gewährung von Akteneinsicht zum Kernbestand der richterlichen Arbeitsweise gehöre und daher dem unmittelbaren dienstlichen Zugriff durch den Gerichtspräsidenten grundsätzlich entzogen sei; auch stünden sonstige Erkenntnismöglichkeiten über die Praxis der Gewährung von Akteneinsicht durch die Verwaltungsgerichte des Bundeslandes nicht zur Verfügung. Sämtliche weitere Rückmeldungen haben sich als sehr hilfreich und informativ und für diese Untersuchung von großer Bedeutung erwiesen, nicht zuletzt wegen der sich aus ihnen ergebenden teilweise erheblichen Unterschiede bei der Gewährung von Akteneinsicht und den

---

11 Schreiben des Präsidenten des Bundesverwaltungsgerichts und der Präsidenten der Oberverwaltungsgerichte und Verwaltungsgerichtshöfe, jeweils geordnet nach dem jeweiligen Datum (beigefügt im 9. Teil dieser Untersuchung):
Der Präsident des Oberverwaltungsgerichts für das Land Nordrhein-Westfalen vom 3. Februar 1999 (- 1410 E -); Der Präsident des Oberverwaltungsgerichts Rheinland-Pfalz vom 3. Februar 1999 (- 1400 E - 99 - 1 -); Der Präsident des Bundesverwaltungsgerichts vom 4. Februar 1999 (- 1223 E - 118/99 -); Der Präsident des Hamburgischen Oberverwaltungsgerichts vom 4. Februar 1999 (- 145/1 - 1 -); Der Präsident des Bayerischen Verwaltungsgerichtshofs vom 4. Februar 1999 (- 0126 - 1/99 -); Der Präsident des Verwaltungsgerichtshofs Baden-Württemberg vom 8. Februar 1999 (- E 1410 -); Der Präsident des Hessischen Verwaltungsgerichtshofs vom 8. Februar 1999 (- 141/8 - 251/99 -); Der Präsident des Oberverwaltungsgerichts der Freien Hansestadt Bremen vom 11. Februar 1999 (- 02 - 70/1 -); Der Präsident des Oberverwaltungsgerichts Berlin vom 15. Februar 1999 (OVG 145 (4) H 15); Der Präsident des Niedersächsischen Oberverwaltungsgerichts vom 16. Februar 1999 (- 1451 -); Der Präsident des Oberverwaltungsgerichts des Landes Sachsen-Anhalt vom 18. Februar 1999 (- 1451 -); Der Präsident des Schleswig-Holsteinischen Oberverwaltungsgerichts vom 9. März 1999 (- 145 - 39 -); Die Präsidentin des Oberverwaltungsgerichts Mecklenburg-Vorpommern vom 9. März 1999 (- 1451E-2 -) unter Beifügung von Schreiben des Präsidenten des Verwaltungsgerichts Schwerin vom 15. Februar 1999 (- 1451 E -) und der Präsidentin des Verwaltungsgerichts Greifswald vom 25. Februar 1999 (- 1451 - E - 2 -); Der Präsident des Sächsischen Oberverwaltungsgerichts vom 11. März 1999 (- 1400 -) unter Beifügung von Schreiben des Präsidenten des Verwaltungsgerichts Dresden vom 10. Februar 1999 (- 1400 -), der Präsidentin des Verwaltungsgerichts Leipzig vom 12. Februar 1999 (- 5000 -) und der Geschäftsleiterin des Verwaltungsgerichts Chemnitz vom 23. Februar 1999 (ohne Aktenzeichen); Der Präsident des Oberverwaltungsgerichts des Saarlandes vom 1. April 1999 (- I 18 04 -).

dabei angelegten Maßstäben in den einzelnen Bundesländern. Allen Präsidenten der Gerichte, die die Anfrage vom 28. Januar 1999 beantwortet haben, gebührt für ihre Unterstützung, insbesondere aufgrund der bekannten hohen Arbeitsbelastung in ihren jeweiligen Geschäftsbereichen, ein ganz besonderer Dank. Sämtliche gewonnenen Erkenntnisse sind in der Arbeit berücksichtigt worden. Zu einem Teil sind sie in die jeweiligen Einzeldarstellungen zu § 100 VwGO eingeflossen, ohne dass sie dabei in jedem Fall gesondert hervorgehoben wurden; zu einem anderen Teil sind sie im Text beziehungsweise in den Fußnoten besonders angesprochen.

Der dritte und vierte Teil dieser Untersuchung stellt die Akteneinsicht im finanzbehördlichen und im finanzgerichtlichen Verfahren sowie im sozialbehördlichen und im sozialgerichtlichen Verfahren vor. Die Akteneinsicht in den Verfahren vor dem Bundesverfassungsgericht, dem Verfassungsgerichtshof für das Land Nordrhein-Westfalen und dem Verfassungsgericht für das Land Brandenburg sind im fünften Teil aufgezeigt.

Der sechste Teil enthält eine zusammenfassende grafische Darstellung der Rechtslage und Forderungen an den Gesetzgeber in Form von Thesen im Hinblick auf erforderlich erscheinende Änderungen der gegenwärtigen Gesetzeslage. Im siebten Teil werden aufgrund des Erfordernisses der Vereinheitlichung der die Akteneinsicht regelnden Normen unter Berücksichtigung der Besonderheiten der jeweiligen Verfahren und unter Einbeziehung des Entwurfs einer Verwaltungsprozeßordnung aus dem Jahr 1978[12], der Rechtsprechung des Bundesverfassungsgerichts zum Grundrecht auf „informationelle Selbstbestimmung" sowie unter Berücksichtigung des Akteneinsichts- und Informationszugangsgesetzes (AIG) des Landes Brandenburg vom 10. März 1998[13] sowie des Gesetzes zur

---

12 Vgl. Entwurf einer Verwaltungsprozeßordnung (EntwVPO), vorgelegt vom Koordinierungsausschuss zur Vereinheitlichung der Verwaltungsgerichtsordnung, der Finanzgerichtsordnung und des Sozialgerichtsgesetzes, herausgegeben vom Bundesminister der Justiz, Februar 1978, Bundesanzeiger Verlagsgesellschaft NBH, Köln; so hat sich auch der Sachverständigenrat „Schlanker Staat", der am 18. Juli 1995 in der 13. Legislaturperiode eingesetzt worden war, in seinem Abschlussbericht für eine einheitliche Prozessordnung der öffentlich-rechtlichen Fachgerichtsbarkeiten ausgesprochen: hierzu Stüer und Hermanns, DÖV 2001, 505 (506).

13 GVBl. I S. 46; vgl. hierzu Breidenbach/Palenda, LKV 1998, 252ff., und NJW 1999, 1307ff.

Förderung der Informationsfreiheit im Land Berlin (IFG) vom 15. Oktober 1999[14] Lösungsvorschläge für gesetzliche Neuregelungen unterbreitet.

II. Nichtbestehen eines allgemeinen Akteneinsichtsrechts nach dem Grundgesetz

Verschiedentlich findet sich in der Literatur die Auffassung, dass - sei es zusätzlich zu den bestehenden gesetzlichen Normierungen oder ergänzend zu diesen - ein allgemeines Akteneinsichtsrecht (beziehungsweise ein allgemeines Auskunfts- oder Informationsrecht) aufgrund von Normen des Grundgesetzes bestehen soll, um dem Bürger eine umfassende Informationsmöglichkeit gegenüber dem Staat in die Hand zu geben[15]. Ein solches allgemeines Akteneinsichtsrecht besteht indes nach der ganz herrschenden Meinung nicht[16]. Soweit dennoch ein solches Recht aus Art. 5 Abs. 1 Grundgesetz[17] [18], Art. 12 Abs. 1 GG, Art. 17 GG[19], Art. 19

---

14 GVBl. S. 561.

15 Vgl. zu den vertretenen Ansichten: Hirschberger, S. 131ff. m. w. N.; vgl. aktuell die umfassende Darstellung der bisherigen Versuche in der Literatur zur Begründung eines Informationszugangsausspruchs: Angelov, Grundlagen und Grenzen eines staatsbürgerlichen Informationszugangsanspruchs; auch: Nolte, DÖV 1999, 363, 367ff.

16 Das Bundesverwaltungsgericht lehnt in ständiger Rechtsprechung ein solches Recht gegenüber einer Behörde unmissverständlich ab: BVerwG, Urteil vom 11. Juli 1958 - 7 C 98.57 -, in: BVerwGE 7, 153, 158; BVerwG, Urteil vom 30. Juni 1961 - 2 C 177.58 -, in: BVerwGE 12, 296, 303 (wonach eine Privatperson grundsätzlich keine Einsichtnahme in amtliche Akten einer Behörde verlangen kann); BVerwG, Urteil vom 23. August 1968 - 4 C 235.65 -, in: VerwGE 30, 154, 155f., wonach sich aus den vielen bestehenden Regelungen einer Akteneinsicht (u. a. in der Zivilprozessordnung, der Strafprozessordnung, der Verwaltungsgerichtsordnung, der Finanzgerichtsordnung, im Sozialgerichtsgesetz) kein entsprechender allgemeiner Rechtsgrundsatz entnehmen lässt; BVerwG, Urteil vom 5. Juni 1984 - 5 C 73.82 -, in: BVerwGE 69, 278, 279 = BayVBl. 1995, 221; Urteil vom 16. September 1980 - 1 C 52.75 -, in: BVerwGE 61, 15, 22; OVG Berlin, Urteil vom 16. Dezember 1986 - 8 B 3/85 -, in: NVwZ 1987, 817, unter Hinweis darauf, dass keine Aktenöffentlichkeit bestehe; VGH München, Urteil vom 17. Februar 1998 - 23 B 95.1954 -, in: BayVBl. 1998, 693 (hinsichtlich Akteneinsicht außerhalb eines verwaltungsbehördlichen Verfahrens); ebenso: OVG Münster, Beschluss vom 9. Juni 1998 - 5 B 1634/97 -, in: DÖV 1998, 1022, 1023 = NWVBl. 1998, 487, 488; Hirschberger, S. 139; Knack, S. 29 Rand-Nr. 8; Lodde, S. 72; Obermayer, § 29 Rand-Nr. 5; Schwab, S. 23; Trantas, S. 448.

17 GG vom 23. Mai 1949 (BGBl. S. 1) in der Fassung vom 19. Dezember 2000 (BGBl. I S. 1755).

18 Vgl. darstellend: Hirschberger, S. 131ff. mit weiteren Nachweisen.

19 Vgl. darstellend: Hirschberger, S. 135f. mit weiteren Nachweisen.

Abs. 1, Abs. 2, Abs. 4 GG[20] oder Art. 20 Abs. 1 GG[21] hergeleitet wird, ist diesen Auffassungen entgegenzutreten.

Art. 5 Abs. 1 Satz 1 GG gewährleistet bereits von seinem Wortlaut her nur das Recht, sich aus allgemein zugänglichen Quellen ungehindert zu unterrichten. Der Allgemeinheit als einem individuell nicht bestimmbaren Personenkreis soll damit die Möglichkeit gegeben werden, sich Informationen aus zum Beispiel Zeitschriften und anderen Massenkommunikationsmitteln zu verschaffen, soweit diese hierfür technisch geeignet und bestimmt sind[22]. Akten einer Behörde sind keine solchen allgemein zugänglichen Quellen[23]; gleiches gilt natürlich auch für Gerichtsakten.

Insbesondere dürfen Wissenschaftler zu Forschungszwecken nicht unmittelbar über die in Art. 5 Abs. 3 Satz 1 GG normierte Freiheit von Kunst und Wissenschaft, Forschung und Lehre Einsicht in die Prozessakten eines Gerichts nehmen, da diese Vorschrift bereits nach ihrem Wortlaut keine Ermächtigung hinsichtlich einer Akteneinsichtnahme (und ihrer Ausgestaltung) darstellt[24]. Richtigerweise lassen sich entsprechende Begehren über die Vorschriften in den einschlägigen Archivgutgesetzen lösen[25]. In den sonstigen Fällen sind die Voraussetzungen für

20 Vgl. darstellend: Hirschberger, S. 134f. mit weiteren Nachweisen.

21 Vgl. darstellend: Hirschberger, S. 136f. (mit weiteren Nachweisen).

22 Grundlegend: BVerfG, Beschluss vom 3. Oktober 1969 - 1 BvR 46/65 -, in: NJW 1980, 235, 237; auch bereits: BVerwG, Urteil vom 23. August 1968 - 4 C 235.65 -, in: BVerwGE 30, 154, 156; BVerwG, Urteil vom 16. September 1980 - 1 C 52.75 -, in: BVerwGE 61, 15, 22, sowie Urteil vom 23. Juni 1982 - 1 C 222.79 -, in: Buchholz 316 § 29 VwVfG Nr. 2, wo es um die Bekanntgabe eines Behördeninformanten ging; vgl. auch: Clemens in Umbach/Clemens, Grundgesetz, Art. 5 Rand-Nr. 52.

23 BVerfG, Beschluss vom 30. Januar 1986 - 1 BvR 1352/85 -, in: NJW 1986, 1243; BVerwG, Urteil vom 24. November 1961 - 7 C 151.60 -, in: BVerwGE 13, 187, 190; Hirschberger, S 133; Hufen, Rand-Nr. 235; Clemens in Umbach/Clemens, Grundgesetz, Art. 5 Rand-Nr. 53.

24 Peglau, NJ 1993, 440, 441; Teschner, SchlHA 1997, 59, 64; ebenso für Verwaltungsakten: Trantas, S. 396; Clemens in Umbach/Clemens, Grundgesetz, Art. 5 Rand-Nr. 53.

25 Gesetz über die Sicherung und Nutzung von Archivgut des Bundes (Bundesarchivgesetz - BArchG -) vom 6. Januar 1988 (BGBl. I S. 62) in der Fassung vom 13. März 1992 (BGBl. I S. 506); Verordnung über die Benutzung von Archivgut beim Bundesarchiv (Bundesarchiv-Benutzungsverordnung - BArchBV -) vom 29. Oktober 1993 (BGBl. I S. 1857); dazu: Bieber, DÖV 1991, 857, 861; Erichsen, JURA 1993, 180, 181; Trantas, S. 287 und 396ff.; vgl. auch Gesetz über die Sicherung und Nutzung öffentlichen Archivguts im Land Nordrhein-Westfalen (Archivgesetz) vom 16. Mai 1989 (GV NW S. 302/SGV NW 221); Brandenburgisches Archivgesetz vom 7. April 1994 (GVBl. I

eine Akteneinsicht durch Dritte unter Berücksichtigung der Interessen der Verfahrensbeteiligten und der Freiheit der Forschung nach Art. 5 Abs. 3 Satz 1 GG anzuwenden[26] (vgl. 2. Kapitel und 4. Kapitel, Gliederungspunkt 2.1.8.).

Auch die durch Art. 12 Abs. 1 Satz 2 GG gewährleistete Freiheit der Berufsausübung vermag kein Akteneinsichtsrecht zu begründen[27].

Art. 17 GG soll dem Bürger die Möglichkeit eröffnen, sich außerhalb formeller Verfahrenswege mit seinem Vorbringen an den Petitionsausschuss zu wenden. Diese Bestimmung verpflichtet den Petitionsausschuss lediglich, die an ihn herangetragenen Vorbringen zu prüfen und zu bescheiden[28]; ein Recht auf Erteilung bestimmter Auskünfte oder auf Einsicht in die Petitionsausschussakten wird davon nicht erfasst[29].

Art. 19 Abs. 4 GG regelt allein die sogenannte Rechtsschutzgarantie, d. h. die Eröffnung des Rechtsweges, begründet jedoch keinen unmittelbaren Anspruch auf Einsichtnahme in behördliche oder gerichtliche Akten[30]. Gleiches gilt für Art. 19 Abs. 1 und 2 GG[31].

S. 94); ferner BVerwG, Beschluss vom 9. Oktober 1985 - 7 B 188.85 -, in: NJW 1986, 1277f. = DÖV 1986, 475f., hinsichtlich der Akteneinsicht bei der Bundeszentrale für politische Bildung zur Durchführung von Forschungsarbeiten, wobei das Bundesverwaltungsgericht den in der damals anwendbaren gemeinsamen Geschäftsordnung der Bundesministerien, Allgemeiner Teil (GGO I) und ihrer Anhänge, vgl. Rundschreiben des Bundesministers des Innern vom 29. April 1981 - O I a - 131 300/1 -, in: GMBl 1981, 214, 215, festgelegten Grundsatz, dass eine Akteneinsicht nicht vor Ablauf von dreißig Jahren erfolgen können soll, für rechtmäßig erachtet hatte; bestätigend BVerfG, Beschluss der 2. Kammer des 1. Senats vom 30. Januar 1986 - 1 BvR 1352/85 -, in: NJW 1986, 1243; die Entscheidungen besprechend: Bayer, JUS 1989, 191ff.; vgl. auch Schwab, S. 17 Fall 3 und S. 20 Fußnote 1.

26 Im Ansatz: Obermayer, § 29 Rand-Nr. 7 (bei Bestehen eines berechtigten (wissenschaftlichen) Interesses).

27 Obermayer, § 29 Rand-Nr. 12 (bezogen auf entsprechende Begehren von nicht an einem (Verwaltungs)verfahren Beteiligten).

28 Vgl. Hirschberger, S. 136.

29 So bereits OVG Münster, Urteil vom 15. Januar 1963 - 2 A 949/62 -, in: DÖV 1963, 390; OVG Berlin, Beschluss vom 18. Oktober 2000 - 2 M 15.00 - DVBl. 2001, 313f. = DÖV 2000, 824f. = DVP 2002, 85; Dürig in Maunz/Dürig/Herzog/Scholz, Art. 17 Rand-Nr. 16.

30 So im Ergebnis bereits BVerwG, Urteil vom 11. Juli 1958 - 7 C 98.57 -, in: BVerwGE 7, 153, 158; Urteil vom 23. August 1968 - 4 C 235.65 -, in: BVerwGE 30, 154, 156; Urteil vom 20. Februar 1990 - 1 C 42.83 -, in: BVerwGE 84, 375 und 386f. = NJW 1990, 2761 f. = NVwZ 1990, 1164 = DVBl. 1990, 707 = DÖV 1990, 700 = MDR 1990, 850, wo das

Aus dem Demokratie- und Sozialstaatsgebot des Art. 20 Abs. 1 GG lässt sich ein konkretes einzelfallbezogenes Akteneinsichtsrecht ebenfalls nicht entnehmen, da es sich hierbei nur um den Staat verpflichtende allgemeine Gebote beziehungsweise Leitlinien handelt[32].

Insbesondere aus der Verbindung von Art. 5 Abs. 1 Satz 2 mit dem Demokratiegebot des Art. 20 Abs. 1 und dem Wahlrecht nach Art 38 GG kann sich zwar ein allgemeines Öffentlichkeits- oder Publizitätsprinzip der Verwaltung ergeben[33]. Allerdings begründet dies nicht auch subjektive Rechte einzelner Mitglieder der Allgemeinheit auf Einsichtnahme in Akten (laufender) Verwaltungs- oder Gerichtsverfahren[34].

Das Bundesverfassungsgericht hat schließlich in einer aktuellen Entscheidung[35] entschieden, dass die Nationaldemokratische Partei Deutschlands (NPD) keinen Anspruch auf Einsicht in die einen Parteiverbotsantrag vorbereitenden Akten des Bundestages, des Bundesrates und der Bundesregierung über Art. 21 Abs. 1 GG hat. Die Partei muss vielmehr die Eröffnung des Verbotsverfahrens abwarten und kann erst dann über die §§ 20, 45 BVerfGG ihr Recht auf Akteneinsicht ausüben.

Bundesverwaltungsgericht einen allgemeinen Auskunftsanspruch eines Einzelnen gegen das Bundesamt für den Verfassungsschutz hinsichtlich der dort über den die Auskunft Begehrenden gespeicherten Daten verneint hat; auch BVerwG, Urteil vom 3. September 1991 - 1 C 48.88 -, in: NJW 1992, 451 ff. = Buchholz, 403.11 Datenschutzrecht § 19 BDSG Nr. 1; OVG Schleswig, Urteil vom 13. Dezember 1994 - 4 K 1/94 -, in: NVwZ 1996, 408; Obermayer, § 29 Rand-Nr. 12 (bezogen auf entsprechende Begehren von nicht an einem (Verwaltungs-)Verfahren Beteiligten).

31 OVG Münster, Urteil vom 15. Januar 1963 - 2 A 949/62 -, in: DÖV 1963, 390.

32 Vgl. Hirschberger, S. 136f; zum Sozialstaatsprinzip siehe auch: BVerfG, Beschluss vom 3. Dezember 1969 - 1 BvR 624/56 -, in: BVerfGE 27, 253, 283; zum sozialen Rechtsstaat: BVerfG, Beschluss vom 9. April 1975 - 2 BvR 879/73 -, in: BVerfGE 39, 302, 315: dieses Gebot enthält für den Einzelnen keinen Anspruch (auf soziale Leistungen); ebenso bezüglich Art. 20 Abs. 3 GG: OVG Münster, Beschluss vom 9. Juni 1998 - 5 B 1634/97 -, in: DÖV 1998, 1022, 1023 = VBlBW 1998, 487, 488.

33 Ausführlich Angelov, S. 33ff.; auch: Nolte, DÖV 1999, 363, 367 (m. w. N.).

34 Vgl. Nolte, DÖV 1999, 363, 367.

35 Beschluss vom 23. Januar 2001 - 2 BvQ 42/00 -, DVBl. 2001, 557f. = BayVBl. 2001, 308.

Ebensowenig ergibt sich aus Art. 35 Abs. 1 GG, wonach alle Behörden des Bundes und der Länder sich gegenseitig Rechts- und Amtshilfe leisten, ein Recht oder ein Anspruch auf Akteneinsicht[36].

Auch lässt sich aus Art. 103 Abs. 1 GG kein Anspruch auf Akteneinsicht im Einzelfall herleiten[37].
Insbesondere aus dem Recht auf „informationelle Selbstbestimmung“[38] kann ein unmittelbar geregeltes allgemeines Akteneinsichtsrecht nicht hergeleitet werden, denn der dieses Recht gewährende Art. 2 Abs. 1 GG i. V. m. Art. 1 Abs. 1 GG vermittelt nach der Auffassung des Bundesverfassungsgerichts kein konkretes Recht auf Einsicht in behördliche (oder gerichtliche) Akten, sondern beschränkt den allgemeinen staatlichen Zugriff auf Daten des Bürgers[39].

---

[36] BVerwG, Urteil vom 12. Oktober 1971 - 6 C 99.67 -, in: BVerwGE 38, 336, 340; BVerwG, Urteil vom 8. April 1976 - 2 C 15.74 -, in: BVerwGE 50, 301, 310; Dreier, Art. 35 Rand-Nr. 15; Sachs, Art. 35 Rand-Nr. 1; vgl. auch Magen in Umbach/Clemens, Grundgesetz, Art. 35 Rand-Nr. 26.

[37] BVerwG, Urteil vom 23. August 1968 - 4 C 235.65 -, in: BVerwGE 30, 154, 156; OVG Münster, Beschluss vom 9. Juni 1998 - 5 B 1634/97 -, in: DÖV 1998, 1022, 1023 = VBlBW 1998, 487, 488.

[38] BVerfG, Urteil vom 15. Dezember 1983 - 1 BvR 209/83 u. a. -, in: BVerfGE 65, 1, 41ff. = NJW 1984, 419ff.

[39] FG Düsseldorf, Urteil vom 23. August 1996 - 18 K 8159/92 -, in: EFG 1998, 11f. (rechtskräftig); siehe auch: BVerwG, Urteil vom 3. September 1991 - 1 C 48/88 -, in: NJW 1992, 451, 453 = Buchholz, 403.11 Datenschutzrecht § 19 BDSG Nr. 1 (kein Recht auf Bekanntgabe eines Informanten über Art. 2 Abs. 1 i. V. m. Art. 1 Abs. 1 GG); BVerwG, Urteil vom 20. Februar 1990 - 1 C 42/83 -, in: BVerwGE 84, 375ff. = NJW 1990, 2761, 2762 = DVBl. 1990, 707ff. = DÖV 1990, 700ff. = MDR 1990, 850f. (letztlich offen gelassen, weil es die Schranken des Art. 2 Abs. 1 GG angewandt hat); OVG Berlin, Urteil vom 31. Juli 1985 - 1 B 45/83 -, in: NJW 1986, 2004, 2005 (wonach aus dem Recht auf „informationelle Selbstbestimmung“ nicht automatisch ein Auskunftsrecht folge); aus dem Recht auf informationelle Selbstbestimmung kann sich aber beispielsweise ein Anspruch auf die Ausstellung von Krankenscheinen ergeben, aus denen sich kein Rückschluss auf die Tatsache ergibt, dass der Inhaber Sozialhilfeempfänger ist: OVG Münster, Urteil vom 1. September 1993 - 25 A 1007/91 -; Lodde, S. 36ff., (hinsichtlich eines allgemeinen Auskunfsrechts eines Bürgers); Schwab, S. 23: ein allgemeines Akteneinsichtsrecht außerhalb eines Verwaltungsverfahrens; Ansprüche unmittelbar aus Verfassungsnormen könnten sich nur dann ergeben, wenn Eingriffe in den jeweiligen Schutzbereich vorliegen würden, was aber speziell bei der Tätigkeit einer Enquete-Kommission, die keine rechtlichen Auswirkungen erzeuge, nicht gegeben sei: OVG Münster, Beschluss vom 9. Juni 1998 - 5 B 1634/97 -, in: DÖV 1998, 1022, 1023 = NWVBl. 1998, 487, 488.

Abschließend lässt sich auch aus dem Grundsatz der Öffentlichkeit einer gerichtlichen Verhandlung und der Verkündung einer Entscheidung gemäß § 169 Satz 1 Gerichtsverfassungsgesetz[40] eine Einsichtnahme in Akten oder Unterlagen nicht herleiten. Denn diese Vorschrift sichert lediglich die Möglichkeit einer passiven Teilnahme an einer Gerichtsverhandlung im Sinne eines Zuschauens oder Zuhörens, damit die Allgemeinheit den Verfahrensgang beobachten kann[41].

Soweit in Einzelfällen gelegentlich von einem „im Ermessen der Behörde stehenden allgemeinen Akteneinsichtsrecht“ gesprochen wird[42], ist damit das Akteneinsichtsrecht von nicht an einem Verwaltungsverfahren beteiligten Personen beziehungsweise außerhalb eines Verwaltungsverfahrens gemeint. Nach der herrschenden Auffassung in der Rechtsprechung und in der Literatur steht die Entscheidung hierüber im pflichtgemäßen Ermessen der zuständigen Behörde, die bei Vorliegen eines berechtigten Interesses des die Akteneinsicht Begehrenden die Einsichtnahme gewähren kann (vgl. 2. Teil, 2. Kapitel). Hier können aber allgemeine Informationsgesetze (so die bereits in den Ländern Brandenburg, Berlin und Schleswig-Holstein bestehenden Gesetze) einen vorrangig zu berücksichtigenden Lösungsansatz darstellen.

In Anlehnung an die vorstehenden Grundsätze wird auch eine verfassungsrechtlich verankerte Pflicht zu einer Auskunftserteilung verneint[43]. Allerdings soll die Erteilung einer Auskunft ebenfalls im pflichtgemäßen Ermessen der zuständigen Behörde stehen[44].

---

40 GVG in der Fassung der Bekanntmachung vom 9. Mai 1975 (BGBl. I S. 1077) in der Fassung vom 22. Dezember 1999 (BGBl. I S. 2598).

41 Kissel, GVG, § 169 Rand-Nrn. 1, 3, 52 und 53; im Ergebnis auch: Zöller, § 299 ZPO Rand-Nr. 6 (zur Einsichtnahme von Dritten).

42 Vgl. etwa: OVG Hamburg, Beschluss vom 30. Dezember 1982 - Bs III 1141/82 -, in: FEVS 35, 138, 139.

43 OVG Münster, Urteil vom 20. Juni 1984 - 8 A 846/83 -, in: FEVS 35, 72, 74; Hirschberger, S. 139; zur Verneinung eines allgemeinen staatsbürgerlichen Informationsrechtes vgl. Thiele in DÖD 1978, 65.

44 Vgl.: BVerwG, Urteil vom 30. April 1965 - 7 C 83/63 -, in: DÖV 1965, 488f.; Urteil vom 25. Februar 1969 - 1 C 65.67 -, in: BVerwGE 31, 301, 306f. (wobei das Ermessen entsprechend den Grundsätzen des § 99 VwGO ausgeübt werden soll); Urteil vom 4. Juni 1970 - 2 C 5.68 -, in: BVerwGE 35, 225, 226f.; Urteil vom 27. Februar 1976 - 7C 44.74 -, in: BVerwGE 50, 255, 263f.; Urteil vom 16. September 1980 - 1 C 52.75 -, in: BVerwGE 61, 15; OVG Berlin, Urteil vom 31. Juli 1985 - 1 B 45/83 -, in: NJW 1986, 2004, 2005.

III. Abgrenzung des Themas

Zu dem Thema dieser Untersuchung gehören nicht die unter den nachfolgenden Ziffern 1. bis 7. beispielhaft aufgeführten Bereiche, die zwar auch die Problematik der Gewährung von beziehungsweise des Anspruchs auf Akteneinsicht berühren, jedoch entweder auf anderen rechtlichen Grundlagen beruhen oder nicht dem Kernbereich der Akteneinsicht zuzuordnen sind. Gleichwohl sollen hierzu einige Ausführungen gemacht werden, um so im Bedarfsfall als Ausgangspunkt für eine weitere Vertiefung durch den Leser dienen zu können.

1. Akteneinsicht durch Berufsrichter

Aufgrund ihrer Tätigkeit gehört es zu den ureigenen Aufgaben der Berufsrichter, den - rechtmäßig angelegten - gesamten Akteninhalt jederzeit ohne Beschränkungen im Rahmen der Fallbearbeitung einsehen zu können. Dies ergibt sich aus dem Grundgesetz und den Landesverfassungen[45] sowie den Bestimmungen des Deutschen Richtergesetzes[46] (vgl. Art. 97 Abs. 1 GG (Unabhängigkeit der Richter), Art. 98 Abs. 1, Abs. 3 GG (Rechtsstellung der Bundes- und Landesrichter); Art. 3 Abs. 3 Verf NRW (Unabhängigkeit der Richter); Art. 2 Abs. 4 Satz 3 Verf Bbg (Ausübung der Rechtsprechung durch unabhängige Richter); Art. 108 Abs. 1 Verf Bbg (Unabhängigkeit der Richter); § 1 DRiG (Ausübung der rechtsprechenden Gewalt durch Berufsrichter und ehrenamtliche Richter); § 25 DRiG (Unabhängigkeit der Richter)), aufgrund der Geltung des Untersuchungsgrundsatzes im verwaltungsgerichtlichen Verfahren (vgl. § 86 Abs. 1 Verwaltungsgerichtsordnung[47]), im finanzgerichtlichen Verfahren (vgl. § 76 Abs. 1 Satz 1 Finanzgerichtsordnung[48]) und im sozialgerichtlichen Verfahren (vgl. § 103 Satz 1 Sozial-

---

[45] Vgl. beispielhaft: Verfassung des Landes Nordrhein-Westfalen (Verf NRW) vom 18. Juni 1950 (GV NW S. 127/GS NW S. 3/SGV NW 100) in der Fassung vom 24. November 1992 (GV NW S. 448); Verfassung des Landes Brandenburg (Verf Bbg) vom 20. August 1992 (GVBl. I S. 298) in der Fassung vom 7. April 1999 (GVBl. I S. 98).

[46] DRiG in der Fassung der Bekanntmachung vom 19. April 1972 (BGBl. I S. 713) in der Fassung vom 6. August 1998 (BGBl. I S. 2026).

[47] VwGO vom 21. Januar 1960 (BGBl. I S. 17) in der Fassung der Bekanntmachung vom 19. März 1991 (BGBl. I S. 686) in der Fassung vom 20. Dezember 2001 (BGBl. I S. 3987).

[48] FGO vom 6. Oktober 1965 (BGBl. I S. 1477) in der Fassung vom 19. Dezember 2000 (BGBl. I S. 1757).

gerichtsgesetz[49]) sowie aufgrund der die Stellung der Berufsrichter regelnden speziellen Verfahrensordnungen (vgl. §§ 15 bis 17 VwGO, §§ 5 und 14 FGO sowie §§ 3, 9 Abs. 1, 11 Abs. 1 und 12 SGG).

2. Akteneinsicht durch ehrenamtliche Richter

Die Rechtsstellung der ehrenamtlichen Richter ist in Art. 97 Abs. 1 GG (Unabhängigkeit) normiert sowie beispielsweise in Art. 72 Abs. 2 Verf NRW, Art. 108 Abs. 2 Verf Bbg (Beteiligung von Frauen und Männern aus dem Volke an der Rechtsprechung nach Maßgabe der Gesetze) und in den §§ 44 bis 45a DRiG (insbesondere § 45 Abs. 1 Satz 1: Unabhängigkeit des ehrenamtlichen Richters ebenso wie ein Berufsrichter, und § 45 Abs. 10, der bezüglich der Rechte und Pflichten auf die einzelnen Vorschriften für die jeweiligen Gerichtszweige verweist) in Verbindung mit den die Stellung der ehrenamtlichen Richter in den einzelnen Verfahrensordnungen regelnden Vorschriften der §§ 5 Abs. 3, 9 Abs. 3, 19 bis 34 VwGO (und § 10 Abs. 1 und 3 Gesetz zur Ausführung der Verwaltungsgerichtsordnung im Land Nordrhein-Westfalen[50] sowie § 4 Abs. 3, § 10 Gesetz über die Errichtung der Verwaltungsgerichtsbarkeit und zur Ausführung der Verwaltungsgerichtsordnung im Land Brandenburg[51]; §§ 5 Abs. 3 Sätze 1 und 2, 5 Abs. 4 Satz 1 und 16 FGO; §§ 3, 9 Abs. 1, 12 und 19 SGG).

Der ehrenamtliche Richter wirkt insbesondere bei der mündlichen Verhandlung und der Urteilsfindung mit gleichen Rechten wie der Berufsrichter mit (vgl. §§ 19 VwGO, § 16 FGO) beziehungsweise übt sein Amt mit gleichen Rechten wie der Berufsrichter aus (vgl. § 19 Abs. 1 SGG). Der teilweise unterschiedliche Wortlaut dieser Bestimmungen bedingt keinen sachlichen Unterschied hinsichtlich der Mitwirkungsrechte in den jeweiligen Verfahren[52]. Hinsichtlich der Einsichtnahme in die dem Gericht vorliegenden Akten hat das Oberverwaltungsgericht für das Land Nordrhein-Westfalen in seinem Beschluss vom 27. September 1989 ausführlich Stellung genommen. Die Antragstellerin des streitbefangenen Verfahrens war dem beschließenden Senat als ehrenamtliche Richterin zugewiesen. Zur Vor-

---

[49] SGG vom 3. September 1953 (BGBl. I S. 1239, 1326) in der Fassung der Bekanntmachung vom 23. September 1975 (BGBl. I S. 2535) in der Fassung vom 21. Dezember 2000 (BGBl. I S. 1983).

[50] AG VwGO NW vom 26. März 1960 (GV NW S. 47/SGV NW 303) in der Fassung vom 30. April 1991 (GV NW S. 202).

[51] Brandenburgisches Verwaltungsgerichtsgesetz - Bbg VwGG - in der Fassung vom 22. November 1996 (GVBl. I S. 317).

[52] Künzl in: EzA § 16 Arbeitsgerichtsgesetz 1979 Nr. 2, S. 9, 10.

bereitung einer Sitzung, zu der sie als ehrenamtliche Richterin geladen worden war, nahm sie einige Tage zuvor auf der Geschäftsstelle des Senats Einsicht in die Gerichtsakten und Verwaltungsvorgänge der zur Verhandlung anstehenden Sachen. Das Oberverwaltungsgericht lehnte den von ihr im Anschluss daran gestellten Antrag auf Erstattung der ihr aus Anlass dieser Akteneinsicht entstandenen Reisekosten ab. Dies erfolgte im wesentlichen mit der Begründung, dass ehrenamtliche Richter zur sachgerechten Wahrnehmung der ihnen bei der Urteilsfindung übertragenen Aufgaben nicht einer Einsichtnahme in die Gerichtsakten und Beiakten vor dem Verhandlungstermin bedürften. Denn § 19 VwGO normiere als ihre Aufgabe lediglich die Mitwirkung bei der mündlichen Verhandlung und der Urteilsfindung. Eine außerhalb der mündlichen Verhandlung durchgeführte Einsichtnahme in Gerichtsakten und Beiakten sei keine Mitwirkung in diesem Sinne und löse keine Reisekostenansprüche aus. Dem Informationsbedürfnis von ehrenamtlichen Richtern würde in der Regel durch den Sachvortrag in der mündlichen Verhandlung[53] beziehungsweise durch die von den Berufsrichtern in der anschließenden Beratung zu gebenden Erläuterungen zum Sach- und Streitstand Rechnung getragen. Gleichwohl lehnte das Oberverwaltungsgericht die Zulässigkeit einer der mündlichen Verhandlung vorhergehenden Akteneinsichtnahme durch ehrenamtliche Richter nicht generell ab. Es verneinte lediglich einen diesbezüglichen Anspruch[54]. Das Gericht stellte ausdrücklich klar, dass ehrenamtliche Richter auch vorhergehende Informationen über den zu entscheidenden Streitfall erhalten und dass sie jedenfalls im Rahmen der mündlichen Verhandlung oder der anschließenden Beratung auch in die Gerichtsakten und die beigezogenen Verwaltungsakten Einsicht nehmen dürfen[55].

In der Literatur wird ebenfalls die Berechtigung eines ehrenamtlichen Richters zur Einsichtnahme in die dem Gericht vorliegenden Akten als zulässig erachtet[56],

---

53 Vgl. zum Erfordernis eines Sachvortrags in einem mündlichen Verhandlungstermin als Mittel zur Unterrichtung insbesondere der ehrenamtlichen Richter: BVerwG, Beschluss vom 18. April 1983 - 9 B 2337/80 -, in: NJW 1984, 251.

54 Ausdrücklich: OVG Münster, Beschluss vom 27. September 1989 - E 158/89 -, in: NVwZ-RR 1990, 381 = NWVBl. 1990, 103 = EzA § 16 Arbeitsgerichtsgesetz 1979 Nr. 2, S. 7.

55 Ausdrücklich: OVG Münster, Beschluss vom 27. September 1989 - E 158/89 -, in: NVwZ-RR 1990, 381 = NWVBl. 1990, 103 = EzA § 16 Arbeitsgerichtsgesetz 1979 Nr. 2, S. 6, 7.

56 Vgl. Künzl in: EzA, § 16 Arbeitsgerichtsgesetz 1979 Nr. 2, S. 9ff., in seiner Anmerkung zu dem vorgenannten Beschluss des OVG Münster, der die Akteneinsicht als zulässige Wahrnehmung des Ehrenamtes eines ehrenamtlichen Richters ansieht, die zwar keine un-

auch wenn dabei zum Teil unzutreffenderweise dem Oberverwaltungsgericht für das Land Nordrhein-Westfalen unterstellt wird, dass dieses generell eine solche Möglichkeit verneint habe[57]. Es besteht jedoch insoweit Übereinstimmung, dass auch ehrenamtlichen Richtern vor der Teilnahme an einer mündlichen Verhandlung, an der sie mitwirken sollen, die Möglichkeit der Akteneinsichtnahme an Gerichtsstelle grundsätzlich gestattet werden kann. Eine solche Handhabung dürfte richtigerweise voraussetzen, dass sich der ehrenamtliche Richter rechtzeitig mit dem jeweiligen Kammer- oder Senatsvorsitzenden in Verbindung setzt und eine Terminsabsprache trifft, da gerade im Vorfeld einer mündlichen Verhandlung die betreffenden Akten noch (abschließend) durch den Berichterstatter oder den Vorsitzenden bearbeitet werden und in diesem Ablauf eine Verzögerung der richterlichen Terminsvorbereitung nicht zu vertreten ist[58].

Die sich anschließende weitere Frage, ob ehrenamtliche Richter aufgrund ihrer gesetzlichen Funktion ein Einsichtsrecht beziehungsweise einen Einsichtsanspruch in die einer Kammer oder einem Senat vorliegenden Entscheidungs- oder

---

mittelbare Aufgabe eines ehrenamtlichen Richters, aber durch seine Sitzungsteilnahme und seine Rolle als vollwertiger Richter veranlasst sei (vgl. S. 10ff.). Zwar billigt Künzl einem ehrenamtlichen Richter einen Anspruch zu, über die Umstände des zu entscheidenden Rechtsstreits so eingehend wie möglich unterrichtet zu werden; er bejaht allerdings keinen generellen Anspruch auf Akteneinsicht bereits einige Tage vor der mündlichen Verhandlung; eine vorherige Aktenübersendung hält Künzl für zu zeitaufwendig. Sie scheitere ferner daran, dass die Terminsakten den Berufsrichtern zur Terminsvorbereitung zur Verfügung stehen müssten; Atzler in: DRiZ 1991, 207, 208, sieht die Akteneinsichtnahme als Inhalt der Mitwirkungspflichten eines ehrenamtlichen Richters im verwaltungs-, finanz- und sozialgerichtlichen Verfahren an; nach Stelkens in: Schoch/Schmidt-Aßmann/Pietzner, VwGO, § 19 Rand Nr. 5, ist eine Akteneinsicht in unmittelbarem zeitlichen Zusammenhang vor einer mündlichen Verhandlung zwar nicht untersagt, aber in der Regel weder notwendig noch erforderlich noch in vielen Fällen tauglich und auch vom Gesetzgeber nicht gewollt; nach Tipke-Kruse, FGO, § 16 Text-Ziff. 4, könne es zweckmäßig sein, bei verwickelten Sachverhalten und komplizierten Rechtsfragen vorab Aktenauszüge zu übersenden; Meyer-Ladewig, SGG, § 19 Rand-Nr. 3, bejaht sogar einen Anspruch aufgrund der Rechtsposition des ehrenamtlichen Richters auf Akteneinsichtnahme auch vor der Sitzung, verneint aber einen Anspruch auf Zusendung der Akten; Peters/Sautter/Wolff, SGG, § 19 Anm. 10, erkennen grundsätzlich ein Recht auf Akteneinsicht an Gerichtsstelle auch vor oder während einer Sitzung an, jedoch keinen Anspruch auf Übersendung der Akten nach Hause.

57 Vgl. nur: Künzl in: EzA § 16 Arbeitsgerichtsgesetz 1979 Nr. 2, S. 9ff.; Atzler in: DRiZ 1991, 207, 208.

58 Vgl. zu diesem Gesichtspunkt Stelkens in: Schoch/Schmidt-Aßmann/Pietzner, VwGO, § 19 Rand-Nr. 5.

asylrechtlichen Auskunfts- und Erkenntnissammlungen haben, ist aufgrund der tragenden Gründe der oben genannten Entscheidung des Oberverwaltungsgerichts für das Land Nordrhein-Westfalen und der Auffassungen in der Literatur zu bejahen, wenn sich diese als Bestandteil ihrer Mitwirkungsrechte beziehungsweise -pflichten darstellt. Dies ist dann der Fall, wenn das erkennende Gericht die Prozessbeteiligten auf gegebenenfalls zu verwendende (asylrechtliche) Auskünfte und Erkenntnisse oder auf schon ergangene Entscheidungen desselben oder eines anderen Gerichts hingewiesen hat beziehungsweise diese bei seiner Entscheidung berücksichtigen will, da in diesem Fall auch die ehrenamtlichen Richter die Möglichkeit haben müssen, persönlich die Inhalte dieser Unterlagen durch Lesen zur Kenntnis zu nehmen. Auch wenn dies praktisch zu einer zeitlichen Verlängerung der Beratung führt, darf dieser Zeitaspekt nicht die Mitwirkungsrechte eines ehrenamtlichen Richters einschränken.

Eine Einsichtnahme in entsprechende Unterlagen vor einer mündlichen Verhandlung an Gerichtsstelle ist ebenfalls rechtlich zulässig. Allerdings kommt hier ein Anspruch auf Übersendung der häufig sehr umfangreichen und nur in einer Ausfertigung existierenden Unterlagen ebensowenig in Betracht wie im Regelfall die Übersendung einzelner Auskünfte, Erkenntnisse oder Urteile oder von gesondert anzufertigenden Ablichtungen. Denn dies kann die ungehinderte Vorbereitung der mit der Sache befassten Berufsrichter unnötig beschränken und überdies zu einem zeitlichen Mehraufwand der jeweiligen Geschäftsstelle führen, der letztlich nicht gerechtfertigt erscheint. Bei der Versendung von Originalen ist ferner zu berücksichtigen, dass diese dann beispielsweise den Prozessbeteiligten während dieser Zeit nicht zur Einsichtnahme zur Verfügung stehen würden, was gegebenenfalls zu einer Verletzung des Grundsatzes des rechtlichen Gehörs nach Art. 103 Abs. 1 GG führen könnte und daher nicht hinzunehmen ist. Gleichwohl kann in Einzelfällen zur sachgerechten Vorbereitung der ehrenamtlichen Richter die Übersendung einzelner bestimmter Ablichtungen durchaus zulässig sein.

3. Akteneinsicht durch einem Gericht zugewiesene Rechtsreferendare und durch sonstige bei einem Gericht Beschäftigte oder einem Gericht zugewiesene Personen[59]

Die Vorschrift des § 193 GVG regelt die Anwesenheit von auszubildenden Personen und ausländischen Juristen bei Kammerberatungen und Abstimmungen. Hierunter fallen insbesondere die im Vorbereitungsdienst stehenden Referendare nach § 5 b DRiG[60]. Soweit nach § 5a Abs. 3 Satz 2 DRiG für Studenten der Rechtswissenschaften aufgrund des jeweiligen Landesrechts praktische Studienzeiten vorgeschrieben sind, gehören die Teilnehmer aufgrund der gegenwärtigen Fassung des § 193 GVG ebenfalls dem von dieser Norm erfassten Personenkreis an[61]. Sowohl die Referendare als auch die Studenten dürfen aber nur bei dem Gericht, wo sie ihre Ausbildung absolvieren, die Kammerberatungen und Abstimmungen verfolgen. Dieses Teilnahmerecht steht ihnen ferner nur während der Zeit ihrer Ausbildung zu[62]. Durch die Vorschrift des § 193 GVG wird den vorgenannten Personen allerdings kein Anspruch auf Akteneinsicht eingeräumt, da sie, anders als die ehrenamtlichen Richter, an der Entscheidung des Gerichts nicht mitwirken.

Die zur Ausbildung bei einem Gericht tätigen Personen dürfen indes als Bestandteil ihrer Ausbildung die ihnen von ihrem Ausbilder überlassenen Akten einsehen und bearbeiten. Speziell für Rechtsreferendare ergibt sich dies aus den Vorschriften hinsichtlich der Ausbildungsgrundsätze und der Durchführung der Ausbildung[63].

---

59 Hinsichtlich der Berechtigung von bei einem Prozessbevollmächtigten oder bei einer Behörde tätigen Rechtsreferendaren oder Verwaltungsreferendaren beziehungsweise Praktikanten wird auf den 2. Teil, 4. Kapitel, Gliederungspunkt 2.1.1.4. verwiesen.

60 Vgl. Kissel, GVG, § 193 Rand-Nr. 23.

61 Vgl. Kissel, GVG, § 193 Rand-Nr. 24.

62 BVerwG, Urteil vom 9. Dezember 1981 - 8 C 29/79 -, in: NJW 1982, 1716; Kissel, GVG, § 193 Rand-Nrn. 23 und 24.

63 In Nordrhein-Westfalen: §§ 20 Abs. 1 Satz 1, 22, 23 Abs. 2 Ziff. 6d Gesetz über die juristischen Staatsprüfungen und den juristischen Vorbereitungsdienst (Juristenausbildungsgesetz - JAG -) in der Fassung der Bekanntmachung vom 8. November 1993 (GV NRW S. 924/SGV NRW 315) in der Fassung vom 20. April 1999 (GV NRW S. 148); i. V. m. §§ 16ff. Verordnung zur Durchführung des Gesetzes über die juristischen Staatsprüfungen und den juristischen Vorbereitungsdienst (Juristenausbildungsordnung - JAO -) in der Fassung der Bekanntmachung vom 8. November 1993 (GV NRW S. 932/SGV NRW 315) in der Fassung vom 20. April 1999 (GV NRW S. 148); in Brandenburg: §§ 6 Abs. 2 Satz 1, 7 Abs. 1, 2 und 4 Ziff. 4 Gesetz über die Juristenausbildung im Land Brandenburg

4. Akteneinsicht durch von einem Gericht beauftragte Sachverständige während eines gerichtlichen Verfahrens

Aufgrund der Vorschriften über den Sachverständigenbeweis in den verschiedenen Prozessordnungen (vgl. § 96 Abs. 1 Satz 2 und § 98 VwGO i. V. m. §§ 358 bis 444, 450 bis 494 ZPO; § 81 Abs. 1 und § 82 FGO i. V. m. §§ 358 bis 377, 380 bis 382, 386 bis 414, 450 bis 494 ZPO und § 118 Abs. 1 SGG i. V. m. §§ 358 bis 363, 365 bis 378, 380 bis 386, 387 Abs. 1 und 2, 388 bis 390, 392 bis 444, 478 bis 484 ZPO) soll der Sachverständige dem Gericht als sein Gehilfe seine besondere Sachkunde zur Verfügung stellen[64]. Mithin muss der Sachverständige, sofern es für seine Begutachtung auf den Inhalt der dem Gericht vorliegenden Akten ankommt, im Rahmen seiner Gutachtertätigkeit die für seine Entscheidungsfindung maßgeblichen Akten beziehungsweise Aktenteile einsehen dürfen[65]. Ihre Vorenthaltung soll angesichts der vorgenannten Stellung der Sachverständigen allenfalls in Extremfällen in Betracht kommen können[66].

5. Veröffentlichung von Gerichtsentscheidungen durch Richter und Gerichte nach Abschluss eines gerichtlichen Verfahrens

Die allgemein für zulässig erachteten Mitteilungen und Veröffentlichungen von (anonymisierten) Gerichtsentscheidungen insbesondere in Entscheidungssammlungen, Fachzeitschriften oder über die JURIS-GmbH beziehungsweise von im Rahmen von behördlichen und gerichtlichen Verfahren erstellten (Sachverständigen)Gutachten durch Gerichte und Richter[67] stellen keine Tätigkeiten dar, die

---

(Brandenburgisches Juristenausbildungsgesetz - Bbg JAG -) vom 21. Dezember 1998 (GVBl. I S. 243) i. V. m. § 40 Abs. 2 Ziff. 5d, Abs. 4 Ziff. 2 Ausbildungs- und Prüfungsordnung für Juristen im Land Brandenburg (Brandenburgische Juristenausbildungsordnung - Bbg JAO -) vom 2. November 1997 (GVBl. II S. 839).

64 Meyer/Ladewig, § 118 Rand-Nr. 11.

65 Meyer/Ladewig, § 118 Rand-Nr. 11; so ebenfalls der Präsident des OVG Bremen in seiner Antwort auf die Anfrage des Lehrstuhls von Professor Umbach.

66 Zöller, ZPO, § 404a Rand-Nr. 1, ohne allerdings Beispiele anzuführen.

67 Hirschberger, S. 44f., der gerichtliche Veröffentlichungen gegenüber der Presse ebenfalls nicht der Akteneinsicht zuordnet; vgl. zum Informationsanspruch der Presse die jeweiligen Landespressegesetze; Hirte, NJW 1988, 1698, der allerdings die Rechtsgrundlage für die Veröffentlichung von Gerichtsentscheidungen in den §§ 299 Abs. 2 ZPO beziehungsweise 100 VwGO, 78 FGO oder 120 SGG sieht; Kissel, GVG, § 193 Rand Nr. 11: in einer Veröffentlichung liege kein Verstoß gegen das Beratungsgeheimnis; Lodde, S. 96 bis 101; Prütting, ZZP 106, S. 427, 464 - 467, der die Rechtsgrundlage im Gewohnheitsrecht oder in § 299 Abs. 2 ZPO sieht; Tiedemann in: NVwZ 1997, 1187; zum Recht eines Richters

unter die hier zu untersuchenden Vorschriften fallen[68]. Bei der Publikation von gerichtlichen Entscheidungen geht es ferner nicht um die Einsichtnahme in den (gesamten) entstandenen Aktenvorgang, sondern nur um die das jeweilige Gerichtsverfahren abschließende Entscheidung, sei es, dass eine solche aufgrund einer mündlichen Verhandlung oder ohne mündliche Verhandlung ergangen ist. Dabei hat jeder, der bei dem Gericht eine ergangene Entscheidung anfordert, unabhängig von seinen Motiven, einen Anspruch auf Übersendung einer anonymmisierten Kopie[69]. Die Publikation einer Entscheidung wird als verfassungsunmittelbare Aufgabe des jeweiligen Gerichts angesehen[70]. Dabei darf nach der Recht-

---

auf Veröffentlichung von Gerichtsentscheidungen vgl. OVG Berlin, Urteil vom 25. August 1992 - 8 B 54/91 -, in: NJW 1993, 676; auch: OVG Bremen, Urteil vom 25. Oktober 1988 - 1 BA 32/88 -, in: JZ 1989, 633; zur Herausgabe eines (anonymisierten) Gutachtens vgl. Verfügung des Vorsitzenden des 13. Senats des Bundessozialgerichts vom 27. März 1995 - 13 RJ 19/93 -, in: SGb 1995, 562, der ausdrücklich die Anwendbarkeit des § 120 SGG verneint, weil es sich bei der anonymisierten Herausgabe von Gutachten nicht um Akteneinsicht, sondern um eine aus dem Zusammenhang der Akte und vom Bezug zu den Beteiligten gelöste Weitergabe einer fachlichen Stellungnahme handele, die auch veröffentlicht werden dürften.

68 Vgl. Erlass des Justizministeriums des Landes Nordrhein-Westfalen vom 18. März 1992 - 1552 E - I B. 12 -, wonach es sich bei der Weitergabe gerichtlicher Entscheidungen, in denen, was in der Regel der Fall sein wird, Angaben über persönliche oder sachliche Verhältnisse natürlicher Personen verlautbar werden, um einen Vorgang der Übermittlung personenbezogener Daten im Sinne des Datenschutzrechts handelt. Bei der Übermittlung solcher Entscheidungen an nicht mit dem Verfahren befasste Dritte finden die Bestimmungen des Datenschutzgesetzes des Landes Nordrhein-Westfalen beziehungsweise des Bundesdatenschutzgesetzes Anwendung; Eyermann, § 100 Rand-Nr. 3; Rudisile in Schoch/ Schmidt-Aßmann/Pietzner, § 100 Rand-Nr. 11, wonach § 100 VwGO nach Abschluss eines gerichtlichen Verfahrens gar nicht mehr eischlägig ist; vgl. zur Übermittlung personenbezogener Daten durch Gerichte der ordentlichen Gerichtsbarkeit und Staatsanwaltschaften an öffentliche Stellen. Justizmitteilungsgesetz und Gesetz zur Änderung kostenrechtlicher Vorschriften und anderer Gesetze (JuMiG) vom 18. Juni 1997 (BGBl. I S. 1430); Tiedemann, NVwZ 1997, 1187 (zu § 299 Abs. 2 ZPO); anderer Auffassung: Hirte, NJW 1988, 1698, der die Rechtsgrundlage für die Veröffentlichung von Gerichtsentscheidungen in den §§ 299 Abs. 2 ZPO beziehungsweise 100 VwGO, 78 FGO oder 120 SGG sieht; Prütting, ZZP 106, S. 427, 464 - 467, der die Rechtsgrundlage im Gewohnheitsrecht oder in § 299 Abs. 2 ZPO sieht.

69 Tiedemann, NVwZ 1997, 1187; zur Übersendung von Urteilen an zuvor in dem Verfahren tätige Sachverständige: Jessnitzer, RPfl 1974, 423f.

70 So ausdrücklich: BVerwG, Urteil vom 26. Februar 1997 - 6 C 3/96 -, in: NJW 1997, 2694 = DVBl. 1997, 1228 = NVwZ 1997, 1209 (L), mit Besprechung durch Huff in: NJW 1997, 2651.

sprechung des Bundesverwaltungsgerichts auch nicht mehr nach dem wissenschaftlichen Niveau der zu beliefernden Presseorgane unterschieden werden[71].

6. Veröffentlichung von behördeninternen Verwaltungsvorschriften und Weisungen

Nach der Rechtsprechung des Bundesverwaltungsgerichts besteht kein allgemeiner Rechtsanspruch auf die Veröffentlichung eines konkreten Erlasses; ausreichend ist es, wenn aus Anlass der zu bearbeitenden Einzelfälle Auskünfte über die einschlägigen inhaltlichen Regelungen eines Erlasses und über die Verwaltungspraxis erteilt wird[72]. Generell ausgeschlossen soll jedoch die Einsicht in entsprechende Erlasse oder deren Herausgabe nicht sein; bei einem berechtigten Interesse und abhängig von den Umständen des Einzelfalls hat die Behörde diesbezüglich eine Entscheidung nach pflichtgemäßem Ermessen zu treffen[73].

---

71 Änderung der Rechtsprechung gegenüber dem Beschluss des Bundesverwaltungsgerichts vom 1. Dezember 1992 - 7 B 170/92 -, in: NJW 1993, 675 = Buchholz 11 Art. 3 GG Nr. 378, wonach zu differenzieren war, ob es sich um ein Publikationsorgan handelt, das fachwissenschaftlichen Ansprüchen genügte oder nicht.

72 Vgl. zum Begehren eines Rechtsanwalts hinsichtlich eines Erlasses zum Ausländerrecht: BVerwG, Urteil vom 16. September 1980 - 1 C 52.75 -, in: BVerwGE, 61, 15 = NJW 1981, 535; vgl. ebenfalls zur Frage, ob Ermessensrichtlinien herausgegeben oder veröffentlicht werden müssen: Krahmer, in: ZfF 1981, 73 in seiner Besprechung der zuvor genannten Entscheidung des Bundesverwaltungsgerichts.

73 BVerwG, Urteil vom 16. September 1980 - 1 C 52.75 -, in: BVerwGE, 61, 15, 22 und 23, wonach im zur Beurteilung stehenden Fall die Verweigerung einer generellen Bekanntgabe der Erlasslage als ermessensgerecht erachtet wurde, da die Behörde dem klagenden Rechtsanwalt gleichzeitig die Einsichtnahme in die Verwaltungsvorschriften im jeweiligen Einzelfall angeboten hatte; vgl. auch BVerwG, Urteil vom 5. Juni 1984 - 5 C 73/82 -, in: NJW 1984, 2590, wonach ein allgemeines Recht auf Akteneinsicht eines Rechtsanwalts in dem Sachgebiet der Sozialhilfe nicht bestehe und dieser außerhalb eines konkreten Verwaltungsverfahrens nur bei Vorliegen eines berechtigten Interesses Einsicht in allgemeine Weisungen erhalten könne; vgl. auch BVerwG, Urteil vom 16. September 1980 - 1 C 89.79 -, in: DVBl. 1981, 190, wo einem klagenden Rechtsanwalt die allgemeine Information über nicht veröffentlichte ermessensbindende Verwaltungsvorschriften der Behörde zum Ausländerrecht mit der Begründung abgelehnt worden war, dass ein solches Begehren nicht auf eine Leistung gerichtet sei, die zur Verhütung einer Grundrechtsgefährdung unerlässlich sei. Innerhalb eines konkreten Verwaltungsverfahrens sei nach dem Grundsatz von Treu und Glauben auf entsprechende Anfrage hin die entsprechenden Auskünfte zu erteilen; vgl. zur Verpflichtung zur Veröffentlichung oder zur Herausgabe von Verwaltungsvorschriften an Interessenten bei Geltendmachung eines berechtigten Interesses: BVerwG, Urteil vom 18. Oktober 1984 - 7 C 10/81 -, in: NJW 1985, 1234 =

7. Akteneinsicht nach Informationszugangsgesetzen

In den Ländern Brandenburg, Berlin, Schleswig-Holstein und Nordrhein-Westfalen[74] sind zwischenzeitlich, teilweise auch schon vor geraumer Zeit Akteneinsichts- und Informationszugangs(freiheits)gesetze erlassen worden, die die Einsichtnahme in Behördenakten außerhalb von anhängigen Verwaltungsverfahren regeln. Auch auf Bundesebene gibt es Bestrebungen, ein Bundesinformationsgesetz hinsichtlich der Akten von Bundesbehörden zu erlassen. Diese Gesetze bedürfen einer eigenständigen Würdigung und werden daher von der in dieser Arbeit erfolgten Untersuchung der Akteneinsicht in laufenden behördlichen und gerichtlichen Verfahren nicht erfasst.

IV. Vergleichender Überblick über die zu untersuchenden Normen

Im verwaltungsbehördlichen Verfahren wird die Akteneinsicht durch die allgemeine Vorschrift des § 29 Verwaltungsverfahrensgesetz[75] sowie durch die Verwaltungsverfahrensgesetze der einzelnen Bundesländer normiert. Eine Regelung der Akteneinsicht in einem Steuerfestsetzungsverfahren ist dagegen in der hierfür maßgeblichen Abgabenordnung[76] nicht enthalten.
§ 91 AO verpflichtet lediglich die Finanzbehörden zur Beachtung des Grundsatzes des rechtlichen Gehörs; nach § 364 AO sind den Beteiligten grundsätzlich die Unterlagen der Besteuerung mitzuteilen. Die Gewährung und der Umfang der Akteneinsicht stehen im pflichtgemäßen Ermessen der Finanzbehörden. Für das sozialbehördliche Verfahren regelt die Vorschrift des § 25 Sozialgesetzbuch - Verwaltungsverfahren -[77] die Akteneinsicht. Die §§ 29 VwVfG und 25 SGB X sind in ihren Kernbereichen identisch und normieren im Grundsatz einen Anspruch eines Verfahrensbeteiligten auf Gewährung von Akteneinsicht bei der ak-

---

BVerwGE 69, 278; Hirschberger, S. 129ff.; allgemein zur Veröffentlichung von Verwaltungsvorschriften: Lodde, S. 101 bis 105.

[74] Gesetz über die Freiheit des Zugangs zu Informationen für das Land Schleswig-Holstein vom 9. Februar 2000 (Informationsfreiheitsgesetz - IFG -), GVBl. S. 165; Gesetz über die Freiheit des Zugangs zu Informationen für das Land Nordrhein-Westfalen (Informationsfreiheitsgesetz - IFG NRW), GVBl. S. 806.

[75] VwVfG vom 25. Mai 1976 (BGBl. I S. 1253) in der Fassung der Bekanntmachung vom 21. September 1998 (BGBl. I S. 3050).

[76] AO vom 16. März 1976 (BGBl. I S. 613, berichtigt BGBl. 1977 I S. 269) in der Fassung vom 20. Dezember 2000 (BGBl. I S. 1550).

[77] SGB X in der Fassung der Bekanntmachung vom 18. Januar 2001 (BGBl. I S. 130) in der Fassung vom 19. Juni 2001 (BGBl. I S. 1046).

tenführenden Behörde (vgl. § 29 Abs. 1 Satz 1 VwVfG und § 25 Abs. 1 Satz 1 SGB X sowie § 29 Abs. 3 Satz 1 VwVfG und § 25 Abs. 4 Satz 1 SGB X), wobei im Einzelfall die Einsichtnahme auch an einem anderen Ort erfolgen kann (§ 29 Abs. 3 Satz 2 VwVfG sowie § 25 Abs. 4 Satz 2 SGB X).
Übereinstimmend sind die Regelungen in § 29 Abs. 1 Satz 2 VwVfG und § 25 Abs. 1 Satz 2 SGB X, wonach sich die Akteneinsicht nicht auf Entscheidungsentwürfe sowie die Arbeiten zu ihrer unmittelbaren Vorbereitung erstreckt. Soweit § 29 Abs. 1 Satz 3 VwVfG einen Anspruch auf Akteneinsicht nur Vertretern zubilligt, gilt dies lediglich für die Fälle der §§ 17 und 18 VwVfG (Vertreter bei gleichförmigen Eingaben und Vertreter für Beteiligte bei gleichem Interesse); vergleichbare Sachverhalte sind im Sozialrecht nicht vorgesehen, eine entsprechende Regelung im Sozialgesetzbuch war daher entbehrlich.
Soweit § 29 Abs. 2 VwVfG und § 25 Abs. 2 und 3 SGB X Ausnahmen von dem in den jeweiligen Absätzen 1 Satz 1 normierten Anspruch auf Akteneinsicht machen, enthalten die Bestimmungen des § 25 SGB X aufgrund des in Sozialverfahren zu beachtenden Sozialdatenschutzes (vgl. § 35 Abs. 1 SGB Allgemeiner Teil)[78] erhöhte Anforderungen, die sich aus der Natur der Sache im Sozialrecht ergeben. § 25 Abs. 5 Sätze 1 und 2 SGB X enthalten gegenüber § 29 VwVfG zusätzliche Bestimmungen zur näheren Ausgestaltung der Akteneinsicht und zum Aufwendungsersatz.

Die die Akteneinsicht in den gerichtlichen Verfahren regelnden Vorschriften des § 100 VwGO, des § 78 FGO und des § 120 SGG sind insoweit inhaltsgleich, als dass durch sie grundsätzlich den Beteiligten eines Verfahrens ein Anspruch auf Akteneinsicht eingeräumt wird (vgl. § 100 Abs. 1 VwGO, § 78 Abs. 1 Satz 1 FGO und § 120 Abs. 1 SGG). Die zuletzt genannte Norm enthält eine Einschränkung dergestalt, dass das Recht der Einsicht in die Akten nur besteht, soweit es die übersendende Behörde nicht ausschließt und dass der Vorsitzende die Einsichtnahme oder die Erteilung von Auszügen und Abschriften aus besonderen Gründen versagen oder beschränken kann (§ 120 Abs. 3 Satz 1 SGG), wogegen das Gericht angerufen werden kann (§ 120 Abs. 3 Satz 2 SGG). Im Gegensatz zu den Einschränkungen der Akteneinsicht in den §§ 29 Abs. 1 Satz 1 und § 25 Abs. 1 Satz 1 SGB X („soweit") sowie in den § 29 Abs. 2 VwVfG und 25 Abs. 2 und 3 SGB X enthalten die die Akteneinsicht in den gerichtlichen Verfahren regelnden gesetzlichen Bestimmungen keine (weiteren) Ausnahmetatbestände.

---

78 SGB I vom 11. Dezember 1975 (BGBl. I S. 3015) in der Fassung vom 26. Juni 2001 (BGBl. I S. 1310); vgl. allgemein zum Sozialdatenschutz in gerichtlichen Verfahren: Haus, NJW 1988, 3126.

Identisch sind die jeweiligen Bestimmungen insoweit, als sich die Beteiligten auf ihre Kosten Ausfertigungen, Auszüge und Abschriften erteilen lassen können (vgl. § 100 Abs. 2 Satz 1 VwGO, § 78 Abs. 1 Satz 1 FGO und § 120 Abs. 2 Satz 1 SGG). Ebenfalls übereinstimmend geregelt ist die entsprechende Anwendung der Vorschrift des § 299a ZPO, soweit die Gerichtsakten zur Ersetzung der Urschrift auf einem Bildträger verkleinert wiedergegeben worden sind (vgl. § 100 Abs. 2 Satz 2 VwGO, § 78 Abs. 1 Satz 2 FGO und § 120 Abs. 2 Satz 2 SGG). Alle drei Vorschriften enthalten ebenfalls die identische Regelung, dass Entwürfe, vorbereitende Arbeiten und Schriftstücke, welche Abstimmungen betreffen, nicht dem Akteneinsichtsrecht unterliegen (vgl. § 100 Abs. 3 VwGO, § 78 Abs. 2 FGO und § 120 Abs. 4 SGG)[79]. Mithin bestehen in verwaltungs- und sozialrechtlichen Verfahren von Beginn des behördlichen Verfahrens bis zur Beendigung des gerichtlichen Verfahrens ausdrücklich gesetzlich geregelte Möglichkeiten einer Akteneinsichtsnahme[80].

Hinsichtlich der Überlassung von Akten an einen bevollmächtigten Rechtsanwalt bestimmt allein § 100 Abs. 2 Satz 3 VwGO, dass eine solche Möglichkeit besteht und eine diesbezügliche Entscheidung im Ermessen des Vorsitzenden liegt. § 78 FGO enthält eine solche Regelung ebenso wie § 120 SGG nicht.

§ 82 Asylverfahrensgesetz[81] enthält eine Sonderregelung hinsichtlich des Ortes der Gewährung der Akteneinsicht in Verfahren des vorläufigen Rechtsschutzes nach dem Asylverfahrensgesetz.

Schließlich trifft § 93 a Abs. 2 Satz 3 FGO aufgrund der Besonderheiten im finanzgerichtlichen Verfahren eine Sonderregelung hinsichtlich der Einsichtnahme in Aufzeichnungen von Zeugen- oder Sachverständigenaussagen.

Sämtliche vorgenannten Normen enthalten keine Bestimmungen betreffend die Gewährung von Akteneinsicht an frühere Beteiligte oder dritte Personen. Ledig-

---

79 Mit der ergänzenden Regelung in § 78 Abs. 2 FGO, dass auch Schriftstücke, die Ordnungsstrafen des Gerichts betreffen, dem Akteneinsichtsrecht nicht unterliegen.

80 So zu den §§ 29 VwVfG und (99), 100 VwGO: Bonk/Kallerhoff in Stelkens/Bonk/Sachs, § 29 Rand-Nr. 3, unter Hinweis darauf, dass dadurch eine geheime Aktenführung durch eine Behörde und Prozesse mit dem Ziel einer Akteneinsichtgewährung vor einem gerichtlichen Verfahren vermieden werden.

81 AsylVfG vom 26. Juni 1992 (BGBl. I S. 1126) in der Fassung der Bekanntmachung vom 27. Juli 1993 (BGBl. I S. 1361) in der Fassung vom 20. Dezember 2001 (BGBl. I S. 3987).

lich für Verfahren vor dem Bundesverfassungsgericht regeln die §§ 35 a bis 35 c Bundesverfassungsgerichtsgesetz[82] seit der Fassung vom 16. Juli 1998[83], unter welchen gesetzlichen Voraussetzungen Akteneinsicht auch außerhalb des gerichtlichen Verfahrens zulässig ist.

V. Die Bedeutung der Akteneinsicht und der Schutz von persönlichen Daten

Der Einsichtnahme als Teil eines Informationszugangs in einen selbst beziehungsweise dritte Personen betreffende Akten kommt wegen der Wichtigkeit des Schutzes von persönlichen Daten, insbesondere vor dem Hintergrund der grundlegenden Entscheidung des Bundesverfassungsgerichts vom 15. Dezember 1983 - sogenanntes Volkszählungsurteil zum Volkszählungsgesetz[84] -[85] eine erhebliche Bedeutung zu[86]. Das Bundesverfassungsgericht hat in dieser Entscheidung erstmals den Begriff des Rechts auf „informationelle Selbstbestimmung" geprägt. Das von Art. 2 Abs. 1 i. V. m. Art. 1 Abs. 1 GG mit umfasste Recht gewährleistet insoweit die Befugnis jedes Einzelnen, grundsätzlich über die Preisgabe und Verwendung seiner persönlichen Daten selbst zu bestimmen[87]. Es schützt insbesondere wegen seiner persönlichkeitsrechtlichen Grundlage generell vor der staatlichen Erhebung und Verarbeitung personenbezogener Daten und auch vor der Weitergabe solcher Daten an einen unbestimmten und nicht überschaubaren

---

82 BVerfGG in der Fassung der Bekanntmachung vom 11. August 1993 (BGBl. I S. 1473) in der Fassung vom 19. Juni 2001 (BGBl. I S. 1046).

83 BGBl. I S. 1823.

84 Vom 14. April 1969 (BGBl. I S. 292).

85 BVerfG, Urteil vom 15. Dezember 1983 - 1 BvR 209, 269, 362, 420, 440, 484/83 -, in: BVerfGE 65, 1ff. = NJW 1984, 419ff.

86 Vgl. Kissel, GVG, § 12 Rand-Nr. 108; so hält Schoenemann, DVBl. 1988, 520, bei der Bekanntgabe von Daten an Dritte auf der Grundlage der Entscheidung des Bundesverfassungsgerichts vom 15. Dezember 1983 hierfür eine gesetzliche Ermächtigung für erforderlich; die Prüfung eines Antrages auf Akteneinsicht nach pflichtgemäßem Ermessen (vgl. 2. Teil, 2. Kapitel) sei nach dem heutigen Verfassungsverständnis unzulässig; vgl. auch VerfGH Rheinland-Pfalz, Entscheidung vom 4. November 1998 - VGH B 5/98, B 6/98 -, in: DVBl. 1999, 309ff. = DÖV 1999, 251ff. = ZfB 1999, 62f. (zur rheinland-pfälzischen Landesverfassung und der Berücksichtigung im Rahmen eines Auskunftsanspruchs nach dem Landesdatenschutzgesetz).

87 BVerfG, Urteil vom 15. Dezember 1983 - 1 BvR 209, 269, 362, 420, 440, 484/83 -, in: BVerfGE 65, 1, 43; Beschluss vom 9. März 1988 - 1 BvL 49/86 -, in: NJW 1988, 2031; Urteil vom 20. Februar 1990 - 1 C 42/83 -, in: BVerfGE 84, 375, 387 = NJW 1990, 2761; Beschluss der 1. Kammer des 1. Senats vom 25. Juli 1988 - 1 BvR 109/85 - in: NJW 1988, 3009.

Personenkreis innerhalb und außerhalb von Behörden und sonstigen öffentlichen Stellen[88]. Dabei ist nicht nur der Inhalt personenbezogener Daten, sondern grundsätzlich auch deren Herkunft (Quelle) geschützt[89]. Das Recht auf „informationelle Selbstbestimmung" gibt dem Einzelnen allerdings kein Recht im Sinne einer absoluten uneinschränkbaren und uneingeschränkten Herrschaft über seine Daten[90]. Dieses Recht schließt insbesondere eine Datenweitergabe sowie die Anwendung von Amtshilfegrundsätzen nicht aus[91]. Der Einzelne muss (allerdings) Einschränkungen bei Bestehen einer überwiegenden Allgemeininteresse hinnehmen; diese Einschränkungen bedürfen einer verfassungsgemäßen gesetzlichen Grundlage und müssen dem rechtsstaatlichen Gebot der Normenklarheit und dem Prinzip der Verhältnismäßigkeit genügen[92]. Das Recht auf „informationelle Selbstbestimmung", das höchstpersönlicher Natur und nicht vererblich ist[93], schützt generell gegen jede staatliche Datenverwertung und ist nicht nur auf die Bereiche der elektronischen Datenverarbeitung (EDV)[94] beziehungsweise Informations- und Telekommunikationstechnik (IT) beschränkt. Vor diesem Hintergrund wird insbesondere ein informationelles Selbstbestimmungsrecht der Verfahrens- beziehungsweise Prozessparteien bejaht[95]. Dies ist vor allem im Hinblick auf die zu-

---

88 So: BVerfG, Beschluss vom 9. März 1988 - 1 BvL 49/86 -, in NJW 1988, 2031; geschützt ist der gesamte Lebensbereich einer Person, mithin alle personenbezogenen Angaben in Dateien und Akten: Simon/Franke/Sachs, § 21 Rand-Nr. 5.

89 VerfGH Rh.-Pf., Entscheidung vom 4. November 1998 - VGH B 5/98, 6 B/98 -, in: DVBl. 1999, 309ff. = DÖV 1999, 251ff. = ZfB 1999, 62f.

90 Vgl. BVerfG, Urteil vom 15. Dezember 1983 - 1 BvR 209, 269, 362, 420, 440, 484/83 -, in: BVerfGE 65, 1, 43f.; BVerfG, Urteil vom 20. Februar 1990 - 1 C 42/83 -, in: BVerfGE 84, 375, 386f. = NJW 1990, 2761; VG Gießen, Urteil vom 14. Februar 2000 - 10 E 2505/99 -, in: DÖV 2000, 516, 517, denn: „Der einzelne ist ...nicht allein auf der Welt...".

91 BVerwG, Beschluss vom 2. Oktober 1991 - 1 B 58.91 -, in: Buchholz, 403.1 Allgemeines Datenschutzrecht Nr. 12.

92 BVerfG, Urteil vom 15. Dezember 1983 - 1 BvR 209, 269, 362, 420, 440, 484/83 -, in: BVerfGE 65, 1, 41ff.; vgl. auch: BVerfG, Urteil vom 20. Februar 1990 - 1 C 42/83 -, in: BVerfGE 84, 375ff.; BVerfG Beschluss vom 9. März 1988 - 1 BvL 49/86 -, in: NJW 1988, 2031; BVerfG, Beschluss der 1. Kammer des 2. Senats vom 25. Juli 1988 - 1 BvR 109/85 -, in: NJW 1988, 3009.

93 OVG Münster, Urteil vom 1. September 1993 - 25 A 1007/91.

94 Pardey, NJW 1989, 1647, 1648.

95 So wohl: Kissel, GVG, § 12 Rand-Nr. 108; als Ausgangspunkt hierfür dürften die Entscheidungen des BVerfG, Beschluss vom 9. März 1988 - 1 BvL 49/86 -, in: NJW 1988, 2031; Beschluss der 1. Kammer des 1. Senats vom 25. Juli 1988 - 1 BvR 109/85 -, in: NJW 1988, 3009, in denen die öffentliche Bekanntmachung der Entmündigung wegen Trunksucht oder Verschwendung (§ 687 ZPO) für nichtig und die Eintragung in das

nehmende technische Ausstattung der Gerichte (sogenanntes „papierloses Verfahren") und der Anwaltskanzleien sowie Überlegungen zur „elektronischen Gerichtsakte" von erheblicher Bedeutung[96].

Damit ein Verfahrensbeteiligter in der Lage ist, seine Rechte im Verfahren umfassend wahrzunehmen, ist die genaue Kenntnis des vollständigen Akteninhalts, von dem eine Behörde oder ein Gericht bei der Entscheidungsfindung ausgeht beziehungsweise auszugehen beabsichtigt, erforderlich[97]. Ohne diese Kenntnis(nahmemöglichkeit) bestünde die Gefahr, dass es ein Verfahrensbeteiligter versäumt, auf Unrichtigkeiten oder Unvollständigkeiten bei der Sachverhaltsermittlung hinzuweisen, was zu Nachteilen für seine Rechtsposition führen kann. Dies gilt insbesondere in behördlichen Verfahren für Aktenvermerke, Stellungnahmen, Pläne pp. Allein aufgrund der Akteneinsicht kann die Vornahme oder Nichtvornahme weiterer Verfahrensschritte bestimmt werden. Somit führt die Akteneinsicht zu einer Chancengleichheit aller Verfahrensbeteiligter[98].

Speziell im finanzgerichtlichen Verfahren kommt der Akteneinsicht eine große Bedeutung zu, weil die Abgabenordnung diesbezüglich keine gesetzliche Regelung enthält und die Gewährung von Akteneinsicht allein im Ermessen der Finanzbehörde liegt[99].

Schuldnerverzeichnis, dass ein Antrag auf Eröffnung des Konkursverfahrens mangels Masse abgelehnt wurde, für verfassungsgemäß erklärt wurde, anzusehen sein.

96 Vgl. bereits Hufen, JZ 1984, 1072, 1077, der einen Anspruch auf einen (lesbaren) Rechnerausdruck beziehungsweise Datenauszug bejahte; bei dem Finanzgericht Hamburg wird derzeit der Ablauf eines papierlosen Verfahrens und dessen Auswirkungen erprobt (vgl. Fußnote 3).

97 BVerfG, Beschluss vom 12. Januar 1983 - 2 BvR 864/81 -, in: BVerfGE 63, 45, 62 (zu § 147 StPO).

98 So zum verwaltungsbehördlichen Verfahren, wobei die obigen Grundsätze gleichermaßen für ein Steuerfestsetzungs- und ein sozialbehördliches Verfahren als auch für gerichtliche Verfahren gelten: Knack, § 29 Rand-Nr. 6; Preussner, VBlBW 1982, 1; Hufen, Rand-Nr. 235, der die Akteneinsicht heute eher als Unterfall der allgemeinen Beratungs- und Informationspflicht einer Behörde ansieht.

99 Vgl. nur: BFH, Urteil vom 7. Mai 1985 - 7 R 25/82 -, in: BFHE 143, 503 = BStBl. II 1985, S. 571 (zum Anspruch eines Denunzierten auf Auskunft und Akteneinsicht); List in Hübschmann/Hepp/Spitaler, § 78 Rand-Ziff. 1; vgl. zu Einzelheiten: 3. Teil, 1. Kapitel.

VI. Darstellung der historischen Entwicklung des Akteneinsichtsrechts unter Berücksichtigung der Entwicklung der Gerichtszweige bis zur Gegenwart

1. Entwicklung des Verwaltungsrechts und der Verwaltungsgerichtsbarkeit

In der Literatur werden unterschiedliche Zeitpunkte als Beginn der Geschichte des Verwaltungsrechtsschutzes und der Verwaltungsgerichte in Deutschland genannt. Diese reichen von der Einsetzung des Reichskammergerichts im Jahre 1495 zu Worms beziehungsweise zu Frankfurt/Main[100] über die politische Entwicklung in Frankreich, wo durch das Gesetz vom 16./24. August 1790 und durch die Verfassung vom 3. September 1791 die volle Unabhängigkeit der Verwaltung von der Justiz proklamiert worden war bis in die 60er Jahre des 19. Jahrhunderts[101]. Die vorerwähnte Entwicklung in Frankreich führte dazu, dass auch im damaligen Preußen Justiz und Verwaltung in der unteren Instanz getrennt wurden; ausgeschlossen war aber jede gerichtliche Entscheidung hinsichtlich der Ausübung „wirklicher Majestäts- und Hoheitsrechte", insbesondere im Bereich der Gesetzgebung und der Besteuerung[102]. Verfügungen der Steuerbehörden waren nur anfechtbar, wenn es nicht um das Besteuerungsrecht als solches ging[103]. Die Gesetzgebung und Praxis in den deutschen Staaten neigte indessen nach 1815 wieder zu einer immer stärkeren Beschränkung der Gerichte auf privatrechtliche Streitsachen, was die Behörden- beziehungsweise Verwaltungstätigkeit von richterlichen Einwirkungen unabhängig machen sollte. Denn es herrschte die Auffassung vor, dass - wenn schon Rechtsschutz gegenüber behördlichen Maßnahmen

---

[100] Vgl. zum „Kaiserlichen und Reichskammergericht", welches das oberste Gericht im Reich und u. a. für Entscheidungen in fiskalischen Angelegenheiten in 1. Instanz als Ausdruck der Bedeutung des Steuererhebungsrechts zuständig war und ab 1683 seinen Sitz in Wetzlar hatte: von Schulte, § 121 Ziff. I, II und V; zuständig war dieses Gericht auch zum Schutz von sogenannten natürlichen Freiheiten (z. B. Bau- und Niederlassungsfreiheit): Würtenberger, Rand-Nr. 38.

[101] Vgl. zu den unterschiedlichen Auffassungen und der Darstellung der geschichtlichen Entwicklung: Emmert, BayVBl. 1997, 8ff.; Menger, DÖV 1963, 726ff.; Rüfner, DÖV 1963, 719ff.

[102] Verordnung vom 26. Dezember 1808, GS 1806/10, S. 464 (§§ 35 bis 37); vgl. auch Rüfner, DÖV 1963, 719, 721.

[103] Verordnung vom 26. Dezember 1808, GS 1806/10, S. 464 (§ 41); siehe auch Rüfner, DÖV 1963, 719, 721.

bestehen sollte - dieser dann innerhalb der Verwaltung selbst ausgebaut werden sollte[104].

Das zunehmende Aufkommen liberalen Gedankenguts und die Auffassung, dass nicht mehr nur die Akte des jeweiligen Landesherrn selbst als „Hoheitsakte" angesehen wurden, wie es noch die Preußische Kabinettsordre vom 4. Dezember 1831 bestimmte[105], sondern auch die Handlungen untergeordneter Behörden[106], führte zu dem Gesetzentwurf der Deutschen Nationalversammlung betreffend die Grundrechte des deutschen Volkes vom 27. Dezember 1848 und zu dem Entwurf der Verfassung vom 28. März 1849[107]. § 182 Abs. 1 Paulskirchenverfassung bestimmte: „Die Verwaltungsrechtspflege hört auf; über alle Rechtsverletzungen entscheiden die Gerichte." Dadurch sollten nur noch unabhängige Gerichte auch über Verwaltungsstreitigkeiten entscheiden[108], wenngleich diese Formulierung noch keine von den ordentlichen Gerichten getrennte eigene Verwaltungsgerichtsbarkeit konstitutieren sollte[109]. Die Verfassung blieb jedoch praktisch nur ein Programm[110]. Eine dem § 182 entsprechende Bestimmung enthielt nämlich die Verfassung des Deutschen Reichs vom 16. April 1871[111] genausowenig wie die noch in der Paulskirchenverfassung normierten Bestimmungen über das Bestehen einer staatlichen Gerichtsbarkeit (§ 174 Satz 1), der Unabhängigkeit der Richter (§ 177 Abs. 1 bis 3), der Öffentlichkeit eines Gerichtsverfahrens (§ 178 Abs. 1) und der Gewaltentrennung zwischen Rechtspflege und Verwaltung (§ 181).
Am 5. Oktober 1863 war im damaligen Großherzogtum Baden als erstes deutsches Verwaltungsgericht der Badische Verwaltungsgerichtshof gegründet worden[112]. Von dem Jahr 1875 an wurde in Preußen die „Gerichtsbarkeit in streitigen Verwaltungssachen" durch Verwaltungsgerichte ausgeübt[113]. In der Folgezeit

---

104 Rüfner, DÖV 1963, 719, 720f.; so wurde auch durch die Preußische Kabinettsordre vom 18. November 1828 (GS 1829 S. 16) bestimmt, dass gegen Einkommen- und Gewerbesteuererhebungen ein Rechtsweg nicht gegeben sei.
105 GS 1831 S. 256.
106 Rüfner, DÖV 1963, 719, 720.
107 Sogenannte Paulskirchenverfassung, RGBl. S. 101.
108 Menger, DÖV 1963, 726.
109 Würtenberger, Rand-Nr. 41.
110 Emmert, BayVBl. 1997, 8, 10.
111 Sogenannte Bismarcksche Reichsverfassung, RGBl. S. 63.
112 Regierungsblatt S. 399; vgl. auch: Emmert, BayVBl. 1997, 8; Menger, DÖV 1963, 726f.
113 Gesetz betreffend die Verfassung der Verwaltungsgerichte und das Verwaltungsstreitverfahren vom 3. Juli 1875, GS 1875 S. 375, wodurch allerdings nur das Preußische Oberverwaltungsgericht als selbständiges mit unabhängigen Richtern besetztes Gericht ausge-

wurden dann in fast allen anderen deutschen Ländern Verwaltungsgerichte eingeführt[114].

Die Möglichkeit, Einsicht in Prozessakten zu erhalten, war erstmals in § 271 der Preußischen Civilprozeßordnung vom 30. Januar 1877 (CPO)[115] - allerdings nur für zivilprozessuale Verfahren - normiert[116].

Für den Bereich der Verwaltungsgerichtsbarkeit in Preußen verwies § 12 des Gesetzes betreffend die Zuständigkeit der Verwaltungsbehörden und der Verwaltungsgerichtsbehörden[117] hinsichtlich des einzuhaltenden Verfahrens auf das vorerwähnte Gesetz betreffend die Verfassung der Verwaltungsgerichte und das Verwaltungsstreitverfahren[118]. Im dortigen Titel VI war in den §§ 35 - 51 „Von dem Verfahren in erster Instanz" die Rede. Nach diesen Vorschriften waren lediglich von allen Schriftstücken und deren Anlagen Duplikate einzureichen (§ 38 Abs. 1 Satz 2) beziehungsweise das Gericht konnte „geeigneten Falls gestatten, daß statt der Einreichung von Duplikaten die Anlagen selbst zur Einsicht der Betheiligten in seinem Geschäftslokale offen gelegt werden" (§ 38 Abs. 2). Eine generelle Vorlagepflicht von behördlichen Akten, wie es heute in § 99 VwGO geregelt ist, bestand damals nicht. Auch die Vorschriften der §§ 52ff. „Von dem Verfahren in der Berufungsinstanz" und in den §§ 63ff. „Von dem Verfahren in der Revisionsinstanz" sahen keine anderslautenden Bestimmungen vor. Nach Auffassung des Preußischen Oberverwaltungsgerichts[119] hatten die Prozesspartei-

---

staltet war: vgl. §§ 17ff.; vgl. auch Menger, DÖV 1963, 726, 727, und Schinkel, NdsVBl. 1997, 193.

114 Vgl. Menger, DÖV 1963, 726, 727.

115 RGBl. 1877, 83; ab 1. Januar 1903 wurde aus der Civilprozessordnung die „Zivilprozeßordnung": Blomeyer, § 2 I Fußnote 1 auf S. 9.

116 § 271 bestimmte: „Die Parteien können von den Prozeßakten Einsicht nehmen und sich aus denselben durch den Gerichtsschreiber Ausfertigungen, Auszüge und Abschriften erteilen lassen. Dritten Personen kann der Vorstand des Gerichts ohne Einwilligung der Parteien die Einsicht der Akten nur gestatten, wenn ein rechtliche Interesse glaubhaft gemacht wird. Die Entwürfe zu Urtheilen, Beschlüssen und Verfügungen, die zur Vorbereitung derselben gelieferten Arbeiten, sowie die Schriftstücke, welche Abstimmungen oder Strafverfügungen betreffen, werden weder vorgelegt noch abschriftlich mitgeteilt."

117 Vom 26. Juli 1876 (GS, S. 297); danach war aber lediglich das Preußische Oberverwaltungsgericht in vollem Umfang unabhängig; vgl. Schinkel, NdsVBl. 1997, 193.

118 Vom 3. Juli 1875 (GS, S. 375).

119 Beschluss vom 22. September 1902 - III. 1478 -, in: PrVBl. 24 (1902 - 1903), S. 375f.

en nur ein Recht auf Einsichtnahme in fremde (behördliche) Akten, wenn auf sie im Prozess Bezug genommen wurde[120].

Im Zeitpunkt des Inkrafttretens der Verfassung des Deutschen Reichs vom 11. August 1919[121] war die Zuständigkeit der in fast allen deutschen Ländern bestehenden Verwaltungsgerichte überwiegend nach dem Enumerations- oder Aufzählungsprinzip geregelt, d. h. die Gerichte konnten nur angerufen werden, wenn eine Klage (durch den Landesgesetzgeber) ausdrücklich zugelassen war[122]. Ein Reichsverwaltungsgericht war nicht errichtet worden, da die einzelnen Länder dadurch negative Auswirkungen auf ihre Verwaltungsgerichte befürchteten[123]. Es gab lediglich bestimmte Sonderverwaltungsgerichte wie das Reichswirtschaftsgericht, das Reichsversicherungsamt, das Reichspatentamt und das Oberseeamt[124].

Vor Inkrafttreten der Weimarer Reichsverfassung waren insbesondere sämtliche Prüfungs- und Personalakten geheimzuhalten[125]. Art. 129 Abs. 3 Weimarer Reichsverfassung sah erstmals die Gewährung einer Einsichtnahme in die Personalnachweise eines Beamten vor[126]. Ferner normierte die Reichsverfassung wiederum die Unabhängigkeit der Richter (Art. 102) und bestimmte, dass im Reich und in den Ländern Verwaltungsgerichte zum Schutz des Einzelnen gegen Anordnungen und Verfügungen der Verwaltungsbehörden bestehen mussten (Art. 107). Den Grundsatz des rechtlichen Gehörs, wie er jetzt in Art. 103 Abs. 1 Grundgesetz normiert ist, sah dagegen die Weimarer Reichsverfassung noch nicht vor.

---

120 Blaeser, S. 34.

121 Sogenannte Weimarer Reichsverfassung, RGBl. S. 1383.

122 Schunck/De Clerck, Vorwort, S. 5; dabei versuchte teilweise das Reichsgericht, fehlende Rechtsschutzmöglichkeiten zugunsten von Betroffenen auf öffentlich-rechtlichem Gebiet zu schliessen: vgl. Menger, DÖV 1963, 726, 728, unter Hinweis auf das Reichsgericht, Urteil vom 12. März 1918 - Rep. III. 296/17 -, in: RGZ 92, 310ff., wo das Reichsgericht den Rechtsweg für zulässig erklärt hatte bei einer Streitigkeit zwischen einem Wegeunterhaltungspflichtigen und einer Strassenbahn über die Rechtswirksamkeit von getroffenen Vereinbarungen über Beförderungspreise; Würtenberger, Rand-Nr. 45.

123 Emmert, BayVBl. 1997, 8, 12.

124 Menger, DÖV 1963, 726, 727; Schunck/De Clerck, Vorwort, S. 5.

125 So zu Personalakten: Gola, RiA 1994, 1; Trantas, S 370, 371.

126 Kunz, VR 1994, 217; Anschütz, Art. 129 Anm. 10: die Personalnachweise umfassten die individuellen Personalakten und sämtliche über den Beamten geführten Urkunden, insbesondere Beurteilungen.

Zwar enthielt beispielsweise etwa § 88 Satz 1 Verwaltungsordnung für das Land Thüringen[127] inzwischen die Möglichkeit der Gewährung von Akteneinsicht an Parteien, Vertreter und Beauftragte, stellte diese aber allein in das Ermessen des Vorsitzenden. Akteneinsicht war danach nur möglich, „soweit hierdurch nach dem Ermessen des Vorsitzenden das Verfahren nicht verzögert wird oder einzelne Schriftstücke von der Vorlegung oder Mitteilung nicht auszuschließen sind“[128].

Während der Zeit des Nationalsozialismus wurde die Verwaltungsgerichtsbarkeit schrittweise abgebaut[129]. So wurde zunächst der Verwaltungsgerichtsschutz gegen Verfügungen der Gestapo durch § 7 Gesetz über die Geheime Staatspolizei vom 10. Februar 1936 ausgeschlossen[130]; sodann wurde durch Erlass des Führers und Reichskanzlers über die Vereinfachung der Verwaltung vom 28. August 1939[131] anstelle der Anfechtung einer Verfügung im verwaltungsgerichtlichen Verfahren die Anfechtung im Beschwerdeweg bei der vorgesetzten Behörde oder der Aufsichtsbehörde bestimmt. Durch die Zweite Verordnung über die Vereinfachung der Verwaltung der Generalbevollmächtigten für die Reichsverwaltung und für die Wirtschaft vom 6. November 1939[132] wurden die Stadt- und Kreisverwaltungsgerichte und die entsprechenden Verwaltungsgerichte der außerpreußischen Länder aufgehoben. An ihrer Stelle entschieden nunmehr die unteren Verwaltungsbehörden, deren Entscheidungen durch Beschwerde bei der vorgesetzten Behörde angefochten werden konnte. Diese konnte bei einer grundsätzlichen Bedeutung oder bei besonderen Umständen des Einzelfalls noch ein verwaltungsgerichtliches Verfahren zulassen. Hieran änderte auch der Erlass des Führers und Reichskanzlers vom 3. April 1941[133] hinsichtlich der Errichtung eines Reichsverwaltungsgerichts nichts, da dem Grunde nach eine verwaltungsgerichtliche Kontrolle ausgeschaltet worden war; die wesentliche Aufgabe des Reichsverwal-

---

[127] LVO vom 10. Juni 1926 (GS 177).

[128] Zitiert nach Lang in Sodan/Ziekow, § 100 Rand-Nr. 2 Fußnote 1; Satz 2 stimmte inhaltlich mit dem § 100 Abs. 3 VwGO überein: „Gutachten der Richter sowie Entwürfe von Beschlüssen und sonstigen Entscheidungen dürfen weder vorgelegt noch abschriftlich mitgeteilt werden.“

[129] Emmert, BayVBl. 1997, 8, 12; Menger, BayVBl. 1997, 726, 728; vgl. zur Entwicklung der Gerichtsbarkeit zur Zeit des Nationalsozialismus auch: Scheerbarth, DÖV 1963, 729ff.

[130] GS 1936 S. 21; vgl. Scheerbarth, DÖV 1963, 729, 731.

[131] RGBl. I S. 389.

[132] RGBl. I S. 2168.

[133] RGBl. 1941, S. 201.

tungsgerichts war in der Dienststrafgerichtsbarkeit und in der Kriegssachschädenfeststellung zu sehen[134].

Nach dem Ende des Zweiten Weltkriegs errichtete im Jahre 1945 zunächst die amerikanische Militärregierung in Berlin in ihrem Sektor eine zweistufige Verwaltungsgerichtsbarkeit[135]. Im selben Jahr begann in der amerikanischen Besatzungszone ein Gesetzgebungsausschuss unter Vorsitz von Professor Georg Jellinek mit den Arbeiten für den Entwurf eines Verwaltungsgerichtsgesetzes, welches schließlich in den Ländern Bayern, Bremen, Hessen und Württemberg-Baden verkündet wurde[136]. Durch das Alliierte Kontrollratsgesetz Nr. 36 vom 10. Oktober 1946 wurde die Verwaltungsgerichtsbarkeit wieder eingerichtet und gleichzeitig der oben genannte Führererlass über die Errichtung des Reichsverwaltungsgerichts aufgehoben[137]. Für die britische Zone bestimmte § 1 Abs. 1 der Verordnung Nr. 165 der britischen Militärregierung[138], dass zum 15. September 1948 die Verwaltungsgerichtsbarkeit von unabhängigen, nur den Gesetz unterworfenen und von Verwaltungsbehörden getrennten Gerichten ausgeübt werden sollte[139]. Später folgten auch entsprechende Regelungen u. a. in den Ländern der französischen Zone (Rheinland-Pfalz, Baden, Württemberg/Hohenzollern, Saar)[140]. In den vorgenannten gesetzlichen Bestimmungen waren nun Regelungen enthalten, die eine Akteneinsicht ausdrücklich normierten. Nach § 70 Abs. 1 der Verordnung Nr. 165 galten die Vorschriften des § 299 Abs. 1 und 3 der Zivilpro-

134 Emmert, BayVBl. 1997, 8, 12; Menger, DÖV 1963, 726, 729; Scheerbarth, DÖV 1963, 729, 731f.; Schunck/De Clerck, Vorwort, S. 5.

135 Nast, S. 2.

136 In Bayern: Gesetz Nr. 39 vom 25. September 1946; in Württemberg-Baden: Gesetz Nr. 110 vom 16. Oktober 1946; in Hessen: Gesetz vom 31. Oktober 1946; in Bremen: Gesetz vom 5. August 1947; Nast, S. 2.

137 KRAB S. 183; vgl. Schunck/De Clerck, Vorwort, S. 5.; ebenfalls wurden die o. g. Führererlasse vom 28. August 1939 und vom 6. November 1939 aufgehoben; vgl. auch Emmert, BayVBl. 1997, 8, 12; Würtenberger, Rand-Nr. 51.

138 ABl. Mil. Reg. 1948 S. 799; VOBl.BZ vom 13. September 1948, S. 263, abgedruckt in Klinger, S. 13ff.

139 Am 30. Juli 1949 trat dann die „Verordnung über die Errichtung des Oberverwaltungsgerichts und (sieben) Landesverwaltungsgerichte“ (Aachen, Arnsberg, Düsseldorf, Gelsenkirchen, Köln, Minden und Münster) vom 6. Juli 1949 (GVBl. NW S. 196) in Kraft.

140 Nast, S. 3; Schunck/De Clerck, Vorwort, S. 5; dort war durch die Verfügung Nr. 76 des Administrateur général vom 23. Juli 1946 (Journal officiel Nr. 30) die Wiedereröffnung der Verwaltungsgerichte angeordnet worden: Würtenberger, Rand-Nr. 52.

zessordnung in der damals gültigen Fassung[141] über die Einsichtnahme in die Prozessakten für alle Beteiligten entsprechend; nach § 70 Abs. 2 durften Akten einer Behörde, die vom Gericht zugezogen worden waren, den Beteiligten nur soweit zur Einsicht vorgelegt werden, als die Behörde es ausdrücklich gestattet hat. Wenn die Einsichtnahme verweigert wurde, durften die Akten der Entscheidung nur soweit zugrunde gelegt werden, als ihr Inhalt vorgetragen und zum Gegenstand der Verhandlung gemacht worden war[142]. In Württemberg-Baden, Hessen, Bremen sowie Bayern war die Akteneinsicht jeweils in § 65 Verwaltungsgerichtsgesetz geregelt. Während die Bestimmungen in Hessen, Württemberg-Baden und Bremen im wesentlichen dem § 70 der Verordnung Nr. 165 ähnelten, normierte die bayerische Regelung, dass Akten einer Behörde den Beteiligten nur soweit überlassen werden durften, als die Behörde oder auf Beschwerde die zuständige Aufsichtsbehörde nicht ausdrücklich widersprach[143].

Mit Inkrafttreten des Grundgesetzes am 24. Mai 1949 bestimmte Art. 96 Abs. 1, dass u. a. für die Gebiete der Verwaltungs-, Finanz- und Sozialgerichtsbarkeit jeweils ein oberstes Bundesgericht zu errichten sei.

Als Folge davon wurde am 23. September 1952 zunächst das Gesetz über die Errichtung des Bundesverwaltungsgerichts[144] beschlossen. § 41 dieses Gesetzes enthielt eine Regelung über die Vorlage von Urkunden oder Akten durch Behörden[145], während § 44 die Akteneinsicht regelte[146].

---

141 § 299 Abs. 1 der Zivilprozeßordnung aufgrund des Gesetzes zur Wiederherstellung der Rechtseinheit auf dem Gebiete der Gerichtsverfassung, der bürgerlichen Rechtspflege, des Strafverfahrens und des Kostenrechts vom 12. September 1950 (BGBl. I, S. 455; Anlage 2, S. 533) lautete: „Die Parteien können die Prozeßakten einsehen und sich aus ihnen durch die Geschäftsstelle Ausfertigungen, Auszüge und Abschriften erteilen lassen." Abs. 3 bestimmte: „Die Entwürfe zu Urteilen, Beschlüssen und Verfügungen, die zu ihrer Vorbereitung gelieferten Arbeiten sowie die Schriftstücke, die Abstimmungen oder Strafverfügungen betreffen, werden weder vorgelegt noch abschriftlich mitgeteilt." Auf § 299 Abs. 2 ZPO, wonach dritten Personen ein Akteneinsichtsrecht durch den Vorstand des Gerichts gestattet werden konnte, wenn ein rechtliches Interesse glaubhaft gemacht wurde, wurde ausdrücklich nicht verwiesen.

142 Vgl. Klinger, S. 415ff., mit einer Kommentierung dieser Vorschrift, die sozusagen „Vorläufer" der jetzigen Regelungen in den §§ 99 und 100 VwGO waren.

143 Hufnagl, S. 263ff. (Gesetzestext und Kommentierung); Eyermann/Fröhler, VGG, S. 214ff. (Gesetzestexte und Kommentierung).

144 BGBl. I S. 625.

145 Abs. 1: „Eine Behörde ist zur Vorlage von Urkunden oder Akten nicht verpflichtet, wenn die zuständige oberste Dienstbehörde erklärt, daß das Bekanntwerden des Inhalts dieser

Auch in den meisten Länderverfassungen wurde die Errichtung von Verwaltungsgerichten verfassungsrechtlich normiert[147].

Schließlich traf die Verwaltungsgerichtsordnung vom 21. Januar 1960, die am 1. April 1960 in Kraft trat[148], eine einheitliche Regelung für die damalige Bundesrepublik Deutschland. Hinsichtlich der Akteneinsicht enthielt der § 100 die auch heute noch gültige gesetzliche Bestimmung mit den beiden Ausnahmen, dass der in § 100 Abs. 2 Satz 2 enthaltene Verweis auf § 299 a ZPO damals naturgemäß noch nicht enthalten war[149] und dass der damalige in Abs. 3 enthaltene Ausschluss einer Einsicht in Abstimmungen „oder Strafverfügungen" in der heutigen Fassung nicht mehr enthalten ist[150].
Während somit in verwaltungsgerichtlichen Verfahren die Akteneinsicht von Beteiligten gesetzlich normiert war, gab es entsprechende Regelungen für das verwaltungsbehördliche Verfahren (noch) nicht. In der Literatur wurde weiterhin das

---

Urkunden oder Akten dem Wohl des Bundes oder eines deutschen Landes Nachteile bereiten würde oder daß die Vorgänge aufgrund eines Gesetzes oder ihrem Wesen nach geheim gehalten werden müssen."
Abs. 2: „Handelt es sich um Urkunden oder Akten einer obersten Bundesbehörde, so darf die Vorlage der Urkunden oder Akten nur unterbleiben, wenn die Erklärung nach Abs. 1 von der Bundesregierung abgegeben wird. Die Landesregierung hat die Erklärung abzugeben, wenn diese Voraussetzungen bei einer obersten Landesbehörde vorliegen"; vgl.: Schunck/De Clerck, S. 110 bis 112 und 114, 115 (Kommentierung dieser Normen); vgl. hierzu auch: Nast, S. 10ff.

146 Abs. 1: „Die Parteien haben das Recht der Einsicht in die dem Gericht vorgelegten Akten."
Abs. 2: „Die Beteiligten können sich durch die Geschäftsstelle auf ihre Kosten Ausfertigungen, Auszüge und Abschriften erteilen lassen."
Abs. 3: „Die Entwürfe zu Urteilen, Beschlüssen und Verfügungen, die zu ihrer Vorbereitung angefertigten Arbeiten sowie Schriftstücke, welche Abstimmungen oder Strafverfügungen betreffen, werden weder vorgelegt noch abschriftlich mitgeteilt"; vgl. auch: Schunck/De Clerck, S. 110 bis 112 und 114, 115 (Kommentierung dieser Normen), und Nast, S. 10ff.

147 Vgl. im einzelnen: Wegener, S. 101ff. (für die amerikanische Zone) und S. 235ff. (für die französische Zone).

148 BGBl. I S. 17 und 44.

149 Satz 2 wurde eingefügt durch Art. 4 Nr. 2 des Gesetzes vom 3. Dezember 1976 - Vereinfachungsnovelle - (BGBl. I S. 3281); vgl. auch Lang in Sodan/Ziekow, § 100 Rand-Nr. 2.

150 Klinger, Kommentierung zu § 100 VwGO; nach der Begründung zum ursprünglich die Akteneinsicht in § 101 regelnden Gesetzentwurf wurde ausdrücklich auf die bereits bestehenden Vorschriften des § 20 des Gesetzes über das Bundesverfassungsgericht und des § 44 des Gesetzes über das Bundesverwaltungsgericht Bezug genommen (BT-Drs. 3/55, S. 42); so auch Rudisile in Schoch/Schmidt-Aßmann/Pietzner, § 100 Rand-Nr. 1; Lang in Sodan/Ziekow, § 100 Rand-Nr. 2.

Prinzip der Geheimhaltung der Verwaltung vertreten[151]. Noch bis in die Mitte der 60er Jahre des 20. Jahrhunderts wirkte diese Rechtsmeinung fort, wonach „der weitaus größte Teil der Staatsverwaltung dem Recht ganz fern steht und deshalb nicht in Rechtsregeln gebracht werden kann"[152] und die Möglichkeit einer Akteneinsichtnahme schlichtweg nicht bestand[153]. Zwar war ursprünglich durch die königlich-preußische Kabinettsorder von König Friedrich Wilhelm III. vom 4. Februar 1804 die bis dahin ganz selbstverständliche gänzliche Verweigerung eines öffentlichen Verwaltungsverfahrens als unrichtig angesehen worden[154], weswegen in der Folgezeit auch die Forderung nach Öffentlichkeit in der Rechtspflege und hinsichtlich staatlicher Akten erhoben worden war[155]. Die herrschende Meinung ging aber weiterhin davon aus, dass kein Rechtsanspruch auf Einsicht in die Akten im Rahmen eines Verwaltungsverfahrens bestehe, da ein solches grundsätzlich nicht öffentlich sei. Es sei allein Sache der Verwaltung, im Rahmen ihres pflichtgemäßen Ermessens zu entscheiden, ob und wie Akteneinsicht gewährt werden sollte[156].

Nachdem dann allerdings im Jahre 1960 die Verwaltungsgerichtsordnung ein Akteneinsichtsrecht eingeführt hatte, wurde dies auch immer stärker für den Bereich des behördlichen Verwaltungshandelns gefordert. Die Rechtsprechung entschied jedoch weiterhin äußerst restriktiv, was die Gewährung von Akteneinsicht betraf. Hintergrund hierfür war die allgemein vorherrschende Auffassung, eine solche restriktive Handhabung diene letztlich dem Schutz von Beteiligten oder Nichtbeteiligten und liege auch im Interesse der Allgemeinheit[157]. So hat beispielsweise der Verwaltungsgerichtshof Stuttgart im Jahre 1957 ein Recht eines Verfahrensbeteiligten auf Einsicht in die Akte einer Verwaltungsbehörde mit der Begründung abgelehnt, die Akte sei Verwaltungsvermögen des Staates und die Behörde damit allein über die Akte verfügungsberechtigt. Mithin könne sie hier-

---

151 Vgl. Hufen, Rand-Nr. 233.

152 von Danwitz, JURA 1994, 281, unter Hinweis auf Laband, S. 189.

153 Hufen, Rand-Nr. 233.

154 „Hingegen bleibt diese Öffentlichkeit das sicherste Mittel sowohl für die Regierung selbst als auch für das Publicum, gegen die Sorglosigkeit oder die unlauteren Absichten der Behörden, und sie verdient daher gefördert und in Schutz genommen zu werden", zitiert nach Engel, S. 11.

155 Vgl. Engel, S. 11; wobei aber gleichwohl Bedenken gegen eine Modifizierung einer Akteneinsicht bestanden: von Danwitz, JURA 1994, 281.

156 Vgl. Begründung des Gesetzentwurfs der Bundesregierung für ein Verwaltungsverfahrensgesetz, BT-Drs. 7/910, S. 52 (zum damaligen die Akteneinsicht regelnden § 25).

157 Mengel, Die Verwaltung 1990, 377, 379 und 380.

über nach ihrem Willen verfügen und entweder Akteneinsicht gewähren oder verweigern[158].

Bis zum Erlass des Verwaltungsverfahrensgesetzes vom 25. Mai 1976[159] lag somit die Gewährung von Akteneinsicht im Ermessen der jeweiligen Behörde, es sei denn, es gab - wie beispielsweise im Beamtenrecht - spezialgesetzliche Regelungen[160]. Noch nach § 22 des Entwurfs für ein Verwaltungsverfahrensgesetz aus dem Jahre 1963 wie auch in der überarbeiteten Fassung aus dem Jahr 1966[161] hatten die an einem Verwaltungsverfahren Beteiligten einen „Anspruch auf Akteneinsicht nur insoweit, als Rechtsvorschriften ihn zuerkennen. Im übrigen kann ihnen die Behörde nach pflichtgemäßem Ermessen Einsicht in ihre Akten gewähren." Dieser Entwurf sollte lediglich die bisherige bestehende Verwaltungspraxis in eine gesetzliche Norm kleiden[162]. Dabei wurde gegen eine allgemeine Öffentlichkeit des Verwaltungshandelns eingewandt, dass die Verwaltung mit ihren Entscheidungen tief in die persönliche und wirtschaftliche private Sphäre eindringe und eine Vielzahl von Informationen benötige, die sich für eine allgemeine Veröffentlichung nicht eignen würden[163]. Erst nach dem Aufgreifen der Kritik, die im wesentlichen darauf abstellte, dass allein die Öffentlichkeit des Verwaltungshandelns dem Einzelnen eine Kontrollmöglichkeit des Verwaltungshandelns er-

---

158 VGH Stuttgart, Entscheidung vom 15. November 1957, aufgeführt in Merkel, S. 105; richtigerweise dürfen entsprechende Eigentumsverhältnisse nicht einer Akteneinsicht entgegenstehen: so unmissverständlich zu § 100 VwGO: Trantas, S. 301, zumal die Behörde im übrigen nicht das Eigentum an beispielsweise (vorübergehend) zu der Akte gereichten Originalurkunden erlangt.

159 BGBl. I S. 1253 in der Fassung vom 12. September 1996 (BGBl. I S. 1354).

160 Vgl. BT-Drs. 7/910, S. 52; VGH Kassel, Urteil vom 23. Juli 1964 - OS V 355/62 -, in: JZ 1965, 319; VGH München, Beschluss vom 22. Mai 1969 - Nr. 56 IV 69 -, in: VGH 22, 91, 92; so auch für die Erteilung einer Auskunft: OVG Münster, Beschluss vom 18. November 1958 - 7 B 873/58 -, in: DÖV 1959, 391ff., das darauf abstellte, ob ein berechtigtes Interesse des die Einsicht Begehenden vorhanden war und ob öffentliche Interessen dem entgegenstanden; OVG Lüneburg, Beschluss vom 18./20. April 1967 - 6 OVG A 145/66 -, in: OVGE 23, 388, 390f., wobei das OVG ausdrücklich darauf hinwies, dass die §§ 99 und 100 VwGO im behördlichen Verwaltungsverfahren nicht anzuwenden seien; vgl. Engel, S. 12; Knack, § 29 Rand-Nr. 3; Mengel, Die Verwaltung 23 (1990), 377, 379; Merkel, S. 50; Preussner, VBlBW 1982, 1; Thiele, DÖD 1978, 65; Widhofer-Mohnen, VR 1980, 285; vgl. zum Beamtenrecht die Vorschrift des § 90 BBG (a. F.), durch die erstmalig Akteneinsicht in die zuvor geheimen Personalakten - auch für Ruhestandsbeamte - normiert wurde: Merkel, S. 16ff..

161 BT-Drs. VI/1173.

162 Engel, S. 12; Merkel, S. 57.

163 Vgl. unter Hinweis auf die damals vertretenen Argumente: Merkel, S. 5.

mögliche[164], kam es letztlich zu der deutlich anders ausgestalteten gegenwärtigen Fassung des § 29 VwVfG und damit zum heute anerkannten sogenannten Prinzip einer beschränkten Aktenöffentlichkeit[165]. Danach besteht nämlich keine uneingeschränkte Aktenöffentlichkeit im Sinne eines jedermann zustehenden Akteneinsichtsrechts, sondern dieses ist grundsätzlich nach der gesetzlichen Vorgabe des Gesetzgebers auf Beteiligte eines Verwaltungsverfahrens beschränkt und kann aus bestimmten gesetzlich normierten Gründen auch abgelehnt werden.

2. Entwicklung des Steuerrechts und der Finanzgerichtsbarkeit

Durch die in Gliederungspunkt 1. bereits angesprochene Preußische Verordnung vom 26. Dezember 1808[166] konnten in Preußen Verfügungen der so bezeichneten Regierungen, die diese als Finanzbehörden erließen, auf dem Rechtsweg nur angefochten werden, soweit nicht das Besteuerungsrecht als solches angegriffen wurde (§ 41)[167]. In der Folgezeit wurde in Steuersachen der Rechtsweg durch die Kabinettsordre vom 18. November 1828[168] generell untersagt mit der Begründung, eine Steuer sei eine allgemeine Staatsabgabe und der Rechtsweg daher ausgeschlossen. Damit wurde der Schluss von der Unangreifbarkeit des landesherrlichen Besteuerungsrechts auf die Unangreifbarkeit auch der Besteuerung im Einzelfall gezogen[169]. Zuvor war bereits der Rechtsweg hinsichtlich der Einkommensteuer und der Gewerbesteuer durch die Gesetze vom 2. November 1810 und vom 30. Mai 1820 ausgeschlossen worden[170]. Im Rahmen der Einführung der Verwaltungsgerichtsbarkeit in der zweiten Hälfte des 19. Jahrhunderts in den deutschen Bundesstaaten waren die dort eingerichteten Verwaltungsgerichtshöfe auch zur letztinstanzlichen Entscheidung in Steuerangelegenheiten berufen[171]. Einheitliche Organe zur Überprüfung der Steuerveranlagungen wurden allerdings erst durch das Gesetz über die Errichtung eines Reichsfinanzhofs vom 26. Juli 1918[172] und durch die Reichsabgabenordnung vom 13. Dezember 1919[173] einge-

---

164 Engel, S. 5.
165 Diesbezüglich wird auf die Nachweise im 2. Teil, 1. Kapitel, Gliederungspunkt 1. verwiesen; vgl. hier nur Knack, § 29 Rand-Nr. 5.
166 GS 1806/10, S. 464.
167 Rüfner, DÖV 1963, 719, 721.
168 GS 1829 S. 16 (bezüglich der sogenannten Stempelsteuer).
169 Rüfner, DÖV 1963, 719, 720 und 721.
170 GS 1811 S. 79 und GS 1820 S. 147; vgl. auch Rüfner, DÖV 1963, 719, 721.
171 Tipke/Kruse, Einf. FGO A 1; vgl. auch BT-Drs. IV/1446, S. 33.
172 RGBl. S. 959.
173 RGBl. S. 1993.

führt[174]. Die erste reichseinheitliche Verfahrensordnung für das Steuerrecht war die Finanzgerichtsordnung vom 16. Dezember 1932[175] auf Grundlage der §§ 12, 50 Abs. 5 Reichsabgabenordnung vom 13. Dezember 1919 in der Fassung vom 22. Mai 1931 - RAO 1931 -[176]. Durch die §§ 47 bis 51 der RAO 1931 wurde erstmalig die Einrichtung sogenannter Finanzgerichte normiert[177]. Diese Finanzgerichte nahmen aufgrund der Verordnung vom 5. August 1921[178] ihre Tätigkeit auf[179]. Die Finanzgerichtsordnung regelte im einzelnen die Neubildung dieser Finanzgerichte. Zwar hatte § 48 RAO Abs. 3 1931 die Unabhängigkeit der Mitglieder der Finanzgerichte bestimmt; diese waren jedoch keine selbständigen und unabhängigen Organe der Rechtspflege, da zunächst drei von sieben Mitgliedern und später zwei von fünf Mitgliedern Beamte waren; die ehrenamtlichen Beisitzer waren von den Ländern und öffentlich-rechtlichen berufsständigen Vertretungen gewählt[180]. In der Zeit des Nationalsozialismus wurden die Finanzgerichte als unbequeme Hemmung der Verwaltungsbeamten angesehen[181]. Durch den Führererlass vom 28. August 1939[182] wurde die Möglichkeit, den Rechtsweg zu den Finanzgerichten zu beschreiten, praktisch ausgesetzt[183]. Schließlich bestimmte die Steuervereinfachungsverordnung vom 14. September 1944[184] in § 19, dass Entscheidungen des Finanzamtes bis 500,00 DM unanfechtbar seien und dass im übrigen die Rechtsmittelbehörde nach freiem Ermessen entscheiden sollte[185].

Nach Beendigung des Zweiten Weltkriegs wurden - wie schon unter Gliederungspunkt 1. erwähnt - aufgrund des Alliierten Kontrollratsgesetzes Nr. 36 vom 10. Oktober 1946[186] die Verwaltungsgerichte wieder errichtet. Dies war gleichzeitig die Ermächtigung zur Errichtung von Finanzgerichten als besondere Verwaltungsgerichte[187]. Ihre Einrichtung wurde jedoch in den einzelnen Ländern sehr

---

174 Tipke/Kruse, Einf. FGO A 1.
175 RGBl. I S. 552.
176 RGBl. I 1931 S. 161.
177 Gruber, StB 1994, 265.
178 RGBl. 1921 S. 1241.
179 Tipke/Kruse, Einf. FGO A 1.
180 Gruber, StB 1994, 265.
181 Tipke/Kruse, Einf. FGO A 2.
182 RGBl. I S. 1535 = RStBl. S. 953.
183 Gruber, StB 1994, 265, 266; Kühn, S. 607; Tipke/Kruse, Einf. FGO A 2.
184 RGBl. 1944, 202.
185 Gruber, StB 1994, 265, 266.
186 KRAB, S. 183.
187 Vgl. BT-Drs. IV/1446, S. 33; Gruber, StB 1994, 265, 267; Kühn, S. 608.

unterschiedlich geregelt[188]. So entschied beispielsweise bis 1965 in West-Berlin in allen Steuersachen noch das Verwaltungsgericht[189]. Nach dem Inkrafttreten des Grundgesetzes vom 23. Mai 1949 ging die Gesetzgebungskompetenz gemäß Art. 108 Abs. 5 (Abs. 6) auf den Bund über. Als Folge hiervon wurde zunächst das Gesetz über den Bundesfinanzhof vom 29. Juni 1950[190] beschlossen und sodann das Gesetz über Maßnahmen auf dem Gebiet der Finanzgerichtsbarkeit vom 22. Oktober 1957[191], welches am 1. Januar 1958 in Kraft trat. Dieses sogenannte Vorschaltgesetz wurde erlassen, weil sich der Erlass einer Finanzgerichtsordnung immer weiter verzögerte[192]. Das Vorschaltgesetz normierte die Finanzgerichte als unabhängige Gerichte und beschrieb die Stellung der Finanzrichter[193]. Die Reichsabgabenordnung galt (daneben) weiterhin fort und regelte das Verfahren. Nach § 256 Satz 1 RAO 1931 waren den Beteiligten die Unterlagen der Besteuerung auf Antrag oder, wenn der Inhalt der Rechtsmittelschrift dazu Anlass gab, im Rahmen des behördlichen Rechtsmittelverfahrens von Amts wegen mitzuteilen. Dabei führte der Anspruch auf Gewährung rechtlichen Gehörs grundsätzlich nicht zu einem Recht auf Akteneinsicht, denn die sich aus den Akten ergebenden Tatsachen und Beweise sollten dem Steuerpflichtigen in anderer Weise als durch Gewährung von Akteneinsicht mitgeteilt werden[194]. Lediglich für das gerichtliche Verfahren sah § 267 RAO 1931 vor, dass die Beteiligten die Akten bei dem Gericht einsehen und sich auf ihre Kosten Abschriften daraus geben lassen konnten, soweit nicht der Vorsitzende aus dringenden dienstlichen Gründen hiervon Ausnahmen verfügte (Abs. 1 Satz 1). Für Vorakten, Beiakten, Gutachten und Auskünfte galt dies nur mit der Zustimmung der Stelle, der die Akten gehörten oder die die Äußerung eingezogen hatte (Abs. 1 Satz 2). § 267 Abs. 2 normierte eine Beschwerdemöglichkeit an das Finanzgericht gegen eine die Akteneinsicht ablehnende Verfügung des Vorsitzenden.

Schließlich wurde die Finanzgerichtsordnung vom 6. Oktober 1965[195], die am 1. Januar 1966 in Kraft trat, beschlossen. In dieser war nunmehr in § 75 ein Recht

---

188 BT-Drs. IV/1446, S. 34; Becker/Riewald/Koch, Vorb. §§ 47 bis 66 Rand-Nr. II; Kühn, S. 608 und 609; Tipke/Kruse, Einf. FGO A 3.

189 Kühn, S. 608.

190 BGBl. I S. 257; vgl. auch Gruber, StB 1994, 265, 267; BT-Drs. IV/1446, S. 34.

191 BGBl. I S. 1746, sogenanntes Vorschaltgesetz.

192 Becker/Riewald/Koch, Vorb. III.

193 Tipke/Kruse, Einf. FGO A 4.

194 Vgl. Becker/Riewald/Koch, § 204 Rand-Nr. 9, unter Hinweis auf das Urteil des Bundesfinanzhofes vom 27. März 1961 - I 276/60 U -, in: BStBl. III 1961, 290, 291.

195 BGBl. I S. 1477.

der Beteiligten zur Einsichtnahme in die Gerichtsakten normiert. Hierbei galt die Regelung des § 100 VwGO als Vorbild. Allerdings wurde die in § 100 Abs. 2 Satz 2 VwGO enthaltene Möglichkeit der Überlassung der Akten an einen bevollmächtigten Rechtsanwalt ausdrücklich nicht in § 75 FGO übernommen, da dies nach Ansicht des Gesetzgebers eine Bevorzugung der Rechtsanwälte gegenüber den anderen als Bevollmächtigte in Betracht kommenden Berufsgruppen bedeutet hätte[196]. Auch in der aktuellen Gesetzesfassung (vgl. § 78 FGO) ist eine dem § 100 Abs. 2 Satz 2 VwGO entsprechende Regelung weiterhin nicht enthalten.

3. Entwicklung des Sozialrechts und der Sozialgerichtsbarkeit

Nach dem Erlass des Grundgesetzes vom 23. Mai 1949 wurde neben der Errichtung einer Verwaltungs- und einer Finanzgerichtsbarkeit auch die Errichtung einer eigenständigen Sozialgerichtsbarkeit gefordert (nach Maßgabe von Art. 95 Abs. 1 Grundgesetz (früher Art. 96)). Als Folge davon wurde das Sozialgerichtsgesetz vom 3. September 1953 erlassen[197]. Die Ursprünge des Rechtsschutzes für sozialrechtliche Angelegenheiten sind in der Einführung der Sozialversicherung zwischen 1883 bis 1889, der Errichtung des Reichsversicherungsamtes im Jahr 1884 sowie im Erlass der Reichsversicherungsordnung vom 19. Juli 1911[198] und der Regelung des Rechtsschutzes in der Kriegsopferversorgung nach dem ersten Weltkrieg durch die Verordnung vom 1. Februar 1919[199] zu sehen. Denn durch diese geschaffenen gesetzlichen Bestimmungen wurden Schiedsgerichte beziehungsweise Versorgungsgerichte eingerichtet, die über Rechtsstreitigkeiten zu entscheiden hatten[200]. Diese Gerichte waren allerdings zunächst meist organisatorisch nicht selbständig und ihre beamteten Mitglieder waren keine persönlich unabhängigen Richter[201]. Nach Beendigung des Zweiten Weltkriegs war die Situation in den einzelnen Ländern unterschiedlich. Eine einheitliche oberste Instanz fehlte sowohl für den gesamten Geltungsbereich der deutschen Sozialversicherung als auch in der Mehrzahl der Länder. In der britischen Besatzungszone wurden die zunächst wieder eingerichteten Versicherungsbehörden nicht als eigenständige und unabhängige (besondere) Verwaltungsgerichte anerkannt. Gegen

---

196 Vgl. die Begründung zur Finanzgerichtsordnung, BT-Drs. IV/1446, S. 53.
197 BGBl. I S. 1239, 1326.
198 RGBl. S. 509.
199 RGBl. S. 149.
200 Ausführlich: Rohwer-Kahlmann, I. Geschichtlicher Überblick, Rand-Nrn. 1ff., S. 3ff.
201 Rohwer-Kahlmann, I. Geschichtlicher Überblick, Rand-Nr. 7, S. 7.

ihre Entscheidungen wurde daher die Klage wie gegen Verwaltungsakte zugelassen. In anderen Fällen wurden Entscheidungen der Versicherungsbehörden zwar als richterliche Entscheidungen angesehen, es wurde aber gegen diese erstinstanzlichen Entscheidungen die Berufung an das Oberverwaltungsgericht für rechtmäßig erachtet[202].

So wurde schließlich das Sozialgerichtsgesetz vom 3. September 1953[203] erlassen. Im § 120 war die Akteneinsicht bereits so geregelt, wie es heute der Fall ist. Lediglich der Verweis auf § 299 a ZPO in § 120 Abs. 2 Satz 2 SGG war damals naturgemäß noch nicht vorhanden und § 120 Abs. 4 SGG schloss zusätzlich die Akteneinsicht in Strafverfügungen aus.

Für das sozialrechtliche Verwaltungsverfahren existiert das am 1. Januar 1981 in Kraft getretene Sozialgesetzbuch - Verwaltungsverfahren - (SGB X) vom 18. August 1980[204].

4. Entwicklungen im Bereich der Verfassungsgerichtsbarkeit

In der Verfassungsgerichtsbarkeit wurde die Akteneinsicht bereits durch § 20 Gesetz über das Bundesverfassungsgericht[205] geregelt[206]. Durch das Gesetz zur Änderung des Bundesverfassungsgerichts und des Gesetzes über das Amtsgehalt der Mitglieder des Bundesverfassungsgerichts vom 16. Juli 1998[207] wurde ergänzend ein „Zweiter Abschnitt: Akteneinsicht außerhalb des Verfahrens" (§§ 35a bis 35c) eingefügt.

In Nordrhein-Westfalen bestimmte zunächst § 17 Abs. 2 Gesetz über den Verfassungsgerichtshof für das Land Nordrhein-Westfalen[208]: „Die Beteiligten haben das Recht der Akteneinsicht." § 16 Abs. 2 des gegenwärtigen Gesetzestextes[209] hat diese Regelung wortgleich übernommen.

---

[202] Vgl. Rohwer-Kahlmann, I. Geschichtlicher Überblick, Rand-Nr. 11, S. 8, 9.
[203] BGBl. I S. 1239, 1326.
[204] BGBl. I S. 1469, ber. S. 2218.
[205] Bundesverfassungsgerichtsgesetz (BVerfGG) vom 17. April 1951 (BGBl. I S. 243).
[206] Umbach, § 20 Rand-Nr. 1.
[207] BGBl. I S. 1823.
[208] Verfassungsgerichtshofgesetz (VGHG NW) vom 4. März 1952 (GVBl. NW S. 35).
[209] VGHG NW vom 14. Dezember 1989 (GVBl. NW S. 708/SGV NW 1103).

In Brandenburg normiert § 16 Gesetz über das Verfassungsgericht des Landes Brandenburg[210] ebenfalls wie § 16 Abs. 2 VGHG NRW ausdrücklich ein Akteneinsichtsrecht der Beteiligten.

5. Entwicklung in der ehemaligen Deutschen Demokratischen Republik

In den Ländern der ehemaligen Deutschen Demokratischen Republik sahen nach Beendigung des Zweiten Weltkrieges die einzelnen Länderverfassungen zunächst übereinstimmend die Einrichtung von Verwaltungsgerichten vor[211]. Auch die (erste) Verfassung der Deutschen Demokratischen Republik vom 7. Oktober 1949[212] bestimmte in Art. 138 Abs. 1, dass dem Schutz der Bürger gegen rechtswidrige Maßnahmen der Verwaltung die Kontrolle durch Volksvertretungen und durch die Verwaltungsgerichtsbarkeit dient. Die errichteten Verwaltungsgerichte waren allerdings als Landesorgane nach Auflösung der Länder nach dem Gesetz über die weitere Demokratisierung des Aufbaus und der Arbeitsweise der staatlichen Organe in den Ländern der Deutschen Demokratischen Republik vom 23. Juli 1952[213] weggefallen[214]. Hierbei handelte es sich um die zuvor auf Grundlage von Art. 138 Abs. 2 der Verfassung in Verbindung mit den entsprechenden landesrechtlichen Grundlagen errichteten Verwaltungsgerichte in den Ländern Brandenburg, Mecklenburg und Thüringen, die durch interne Anordnung des Ministeriums des Innern nach Abschaffung der Länder beseitigt wurden[215]. Ersatz sollte die Staatsanwaltschaft als „Hüter der sozialistischen Gesetzlichkeit" sein[216]. Den Bürgern wurde lediglich das Recht zugestanden, sich mit Anregungen, Anträgen und Beschwerden an die Staatsorgane und sonstigen staatlichen Institutionen zu wenden[217]. In der Verfassung der Deutschen Demokratischen

---

210 Verfassungsgerichtsgesetz Brandenburg (VerfGG Bbg) in der Fassung der Bekanntmachung vom 22. November 1996 (GVBl. I S. 344) i. d. F. v. 7. April 1999 (GVBl. S. 98).

211 Verfassung für das Land Thüringen vom 20. Dezember 1946 in Art. 49; Verfassung der Provinz Sachsen-Anhalt vom 10. Januar 1947 in Art. 67; Verfassung für das Land Mecklenburg vom 16. Januar 1947 in Art. 68; Verfassung für die Mark Brandenburg vom 6. Februar 1947 in Art. 43; vgl. hierzu Wegener, S. 170ff., 195ff., 219ff., 182ff., 209ff.; Verfassung für das Land Sachsen vom 28. Februar 1947 in Art. 67.

212 GBl. S. 4.

213 GBl. S. 613.

214 Mampel, 1. Auflage 1962, Erläuterung 1a zu Art. 138.

215 Mampel, 1. Auflage 1962, Erläuterung 1a zu Art. 138.

216 Mampel, 1. Auflage 1962, Erläuterung 1b zu Art. 138.

217 Mampel, 1. Auflage 1962, Erläuterung 2 zu Art. 138, unter Verweis auf die Verordnung über die Prüfung von Vorschlägen und Beschwerden der Werktätigen vom 6. Februar 1953 (GBl. S. 265) und den Erlass des Staatsrates der Deutschen Demokratischen Repu-

Republik vom 6. April 1968 in der Fassung vom 7. Oktober 1974[218] war dann folgerichtig von einer Verwaltungsgerichtsbarkeit keine Rede mehr. Eine solche bestand auch tatsächlich nicht (mehr)[219]. Art. 102 Abs. 1 der Verfassung gewährte zwar jedem Bürger das Recht, vor Gericht gehört zu werden. Der Rechtsweg bestand grundsätzlich aber nur in Zivil-, Straf-, Familien- und Arbeitsrechtssachen[220]. Dass über § 4 Abs. 1 Satz 1 Gerichtsverfassungsgesetz vom 27. September 1974[221] auch darüber hinaus ein anderer Rechtsweg für zulässig erklärt werden konnte, war bis auf einen Fall zum Wahlrecht zum Wahlgesetz vom 24. Juni 1976 nicht geschehen[222]. Es bestand nur eine sogenannte „Verwaltungsbeschwerde", die kein genereller Rechtsbehelf war, sondern nur von Fall zu Fall nach dem Gesetz über die Neufassung von Regelungen über Rechtsmittel gegen Entscheidungen staatlicher Organe vom 24. Juni 1971[223] gegeben war[224].

Eine Akteneinsicht hatte es lediglich in § 3 Abs. 2 der Zivilprozessordnung vom 19. Juni 1975[225] gegeben, wonach die Prozessparteien Anspruch darauf hatten, vom Gericht gehört zu werden und in die Prozessakten einzusehen.

Schließlich wurde aufgrund des sich entwickelnden KSZE-Prozesses zum 1. Juli 1989 das „Gesetz über die Zuständigkeit und das Verfahren der Gerichte zur Nachprüfung von Verwaltungsentscheidungen" in Kraft gesetzt[226], wonach in bestimmten Bereichen Verwaltungsentscheidungen in einem einstufigen Verfahren nachgeprüft werden konnten[227].

---

blik über die Eingaben der Bürger und die Beantwortung durch die Staatsorgane vom 27. Februar 1961 (GBl. I S. 7).

218 GBl. I S. 199 und GBl. I S. 425.

219 Mampel, 2. Auflage 1982, Art. 19 Rand-Nr. 27.

220 Mampel, 2. Auflage 1982, Art. 19 Rand-Nr. 27; nach Art. 92 Satz 1 Verfassung wurde die Rechtsprechung durch das oberste Gericht, die Bezirksgerichte, die Kreisgerichte und die gesellschaftlichen Gerichte ausgeübt; daneben gab es Militärgerichte sowie Militärobergerichte (Satz 2).

221 GBl. I S. 457.

222 Mampel, 2. Auflage 1982, Art. 19 Rand-Nr. 27.

223 GBl. I S. 49.

224 Mampel, 2. Auflage 1982, Art. 19 Rand-Nr. 28; Würtenberger, Rand-Nr. 54.

225 GBl. I S. 533.

226 GBl. I S. 595.

227 Würtenberger, Rand-Nr. 54.

Eine Finanzgerichtsbarkeit gab es nicht[228]; es existierte lediglich die Verordnung über das Beschwerdeverfahren bei der Erhebung von Steuern und Abgaben vom 4. Januar 1972[229], wonach über Beschwerden der Leiter der Abteilung Finanzen des Rates des Kreises beziehungsweise des Bezirks oder der Bürgermeister beziehungsweise das vom Rat oder der Gemeinde beauftragte Mitglied des Rates entschied.

Eine Sozialgerichtsbarkeit bestand ebensowenig.

Auch eine Verfassungsgerichtsbarkeit existierte nicht; nach Art. 89 Abs. 3 der Verfassung hatte über Zweifel an der Verfassungsmäßigkeit von Rechtsvorschriften die Volkskammer zu entscheiden[230].

In den neuen Bundesländern wurde schließlich aufgrund des Einigungsvertrages zwischen der Bundesrepublik Deutschland und der Deutschen Demokratischen Republik vom 31. August 1990[231] wieder eine Verwaltungs-, Finanz- und Sozialgerichtsbarkeit eingeführt[232].

VII. Verfassungsrechtliche Grundlagen und Begründungen des Akteneinsichtsrechts

Das Recht auf Akteneinsicht ist im Grundgesetz ausdrücklich nicht geregelt[233]. Es stellt sich jedoch für gerichtliche Verfahren als Ausfluss von Art. 103 Abs. 1 GG dar, wonach vor Gericht jedermann Anspruch auf rechtliches Gehör hat[234].

---

228 Mampel, 1. Auflage 1962, Erläuterung 3 zu Art. 138.

229 GBl. II S. 17.

230 Mampel, 2. Auflage 1982, Art. 19 Rand-Nr. 27.

231 BGBl. II 1990, S. 926.

232 Art. 8 i. V. m Anlage I Kapitel III Sachgebiet A Abschnitt III lit. t, u, v, x.

233 Vgl. aber Art. 21 Abs. 4 Verfassung Brandenburg, wo eine ausdrückliche verfassungsmäßige Verankerung vorgenommen wurde und wonach jeder nach Maßgabe des Gesetzes das Recht auf Einsicht in Akten und sonstige amtliche Unterlagen der Behörden und Verwaltungseinrichtungen des Landes und der Kommunen hat, soweit nicht überwiegende öffentliche oder private Interessen entgegenstehen. Das vom Verfassungsgeber genannte Gesetz ist das inzwischen in Kraft getretene Akteneinsichts- und Informationszugangsgesetz (AiG) vom 10. März 1998 (GVBl. I, S. 46).

234 BVerwG, Urteil vom 23. August 1968 - 4 C 235. 65 -, in: BVerwGE 30, 154, 157: der Anspruch auf Akteneinsicht im Prozess stehe in unmittelbarer Beziehung zum Anspruch auf rechtliches Gehör; die Regelung des § 100 Abs. 1 VwGO sei eine Konkretisierung oder Konsequenz letztlich von Art. 103 Abs. 1 VwGO; BVerfG, Beschluss vom 13. Fe-

Rechtliches Gehör bedeutet, dass die Beteiligten eines Gerichtsverfahrens die Gelegenheit haben müssen, sich zu dem einer gerichtlichen Entscheidung zugrundeliegenden Sachverhalt vor Erlass der Entscheidung zu äußern, Anträge zu stellen und Ausführungen zu machen[235] beziehungsweise auf eine bevorstehende gerichtliche Entscheidung einzuwirken[236]. Das Gericht muss dabei die Ausführungen der Beteiligten grundsätzlich zur Kenntnis nehmen[237] und verhindern, dass eine Behörde oder ein Gericht nicht nachvollziehbare Quellen und Erkenntnisse bei seiner Entscheidungsfindung verwendet[238]. Die Akteneinsicht dient der Verwirklichung dieses Grundsatzes[239]. Das Recht auf Akteneinsicht soll zudem die

---

bruar 1958 - 1 BvR 56/57 -, in: BVerfGE 7, 275, 281 (allgemein bei gerichtlichen Verfahren mit Offizialmaxime); BVerfG, Beschluss vom 3. November 1983 - 2 BvR 348/83 -, in: BVerfGE 65, 227, 234 (auch für das Rechtsmittelverfahren im vorläufigen Rechtsschutz nach § 80 VwGO); BVerfG, Beschluss vom 5. Juni 1984 - 1 BvR 29/84 -, in: BVerfGE 67, 154f. (auch für das gerichtliche Wiedereinsetzungsverfahren); vgl. zur Akteneinsicht als Ausfluss des rechtlichen Gehörs auch: Kuntze in Bader/Funke-Kaiser/Kuntze/von Albedyll, § 100 Rand-Nr. 1; Borsdorff/Schwab, DÖD 1989, 164; Giese, § 25 Rand-Nr. 2; Gräber, § 78 Rand-Nr. 1; Hauck, § 25 Rand-Nr. 1; List in Hübschmann/Hepp/Spitaler, § 78 Rand-Ziff. 2; Lodde, S. 21; Meyer-Ladewig, § 120 Rand-Nr. 1; Peters/Sautter/Wolff, § 120 Anm. 1; Rohwer/Kahlmann, § 120 Rand-Nr. 2; Rudisile in Schoch/Schmidt-Aßmann/Pietzner, § 100 Rand-Nr. 3; Lang in Sodan/Ziekow, § 100 Rand-Nr. 3; Tipke-Kruse, § 78 Text-Ziff. 1; Trantas, S 423; von Wulffen, § 25 Rand-Nr. 2;.

235 Beschluss vom 7. Oktober 1980 - 2 BvR 1581/79 -, in: BVerfGE 55, 95, 98; BVerfG, Beschluss vom 5. Juni 1984 - 1 BvR 29/84 -, in: BVerfGE 67, 154f.; auch Lang in Sodan/Ziekow, § 100 Rand-Nr. 3.

236 BVerfG, Beschluss vom 3. November 1983 - 2 BvR 348/83 -, in: BVerfGE 65, 227, 233.

237 BVerfG, Beschluss vom 19. Mai 1992 - 1 BvR 986/91 -, in: BVerfGE 86, 133, 145.

238 Bonk/Kallerhoff in Stelkens/Bonk/Sachs, § 29 Rand-Nr. 5; soweit gleichzeitig auf das Urteil des BVerwG vom 20. November 1990 - 9 C 74.90 -, in: BVerwGE 87, 152 - 154, verwiesen wird, belegt dieses Urteil die obige Auffassung nicht; gleiches gilt für den Verweis auf das Urteil des BVerwG vom 21. November 1989 - 9 C 53.89 -, in: Buchholz 402.25 § 21 AsylVfG Nr. 15, abgedruckt unter 310 § 86 Abs. 1 VwGO Nr. 213, wonach ein Gericht seine Aufklärungspflicht verletzt, wenn es (in einem Asylverfahren) die von einem Kläger schriftsätzlich angeführten Berichte, Zeitungsartikel und Erkenntnisse zur Lage in seinem Heimatland nicht beizieht und statt dessen aufgrund eigener anderer Auskünfte zu einer anderen Entscheidung kommt.

239 BVerfG, Beschluss vom 9. März 1965 - 2 BvR 176/63 -, in: BVerfGE 18, 399, 404f.; BVerfG, Beschluss vom 25. Oktober 1966 - 2 BvR 217/66 -, in: BVerfGE 20, 347, 349; BVerfG, Beschluss vom 7. Dezember 1982 - 2 BvR 900/82 -, in: BVerfGE 62, 338, 343f., durch den das Bundesverfassungsgericht die Akteneinsicht als ein wesentliches Element der Berufsausübung eines Rechtsanwalts und der Wahrnehmung eines Rechtes des Beschuldigten in einem Strafverfahren angesehen hat, wobei dies auch auf den Verwaltungsgerichts-, Finanzgerichts- und Sozialgerichtsprozess aufgrund der dort ebenfalls herrschenden Untersuchungsmaxime Anwendung finden dürfte; BVerfG, Beschluss vom

Parteiöffentlichkeit des Verfahrens sichern[240]. Es dient ebenso der Waffengleichheit der Beteiligten im Prozess[241] und soll die Beteiligten vor überraschenden Entscheidungen des Gerichts schützen[242]. Die Akteneinsicht soll auch zur verstärkten Mitwirkung der Beteiligten an der Wahrheitsfindung im Prozess führen[243]. Teilweise wird die Akteneinsicht als Ausfluss des Rechts auf freie Entfal-

---

12. Januar 1983 - 2 BvR 864/81 -, in: BVerfGE 63, 45, 59f. (jeweils zu der Vorschrift des § 147 StPO); BVerwG, Urteil vom 24. November 1961 - 7 C 151.60 - in: BVerwGE 13, 187, 190; BVerwG, Urteil vom 23. August 1968 - 4 C 235.65 -, in: BVerwGE 30, 154, 157f.; BVerwG, Beschluss vom 10. Oktober 1989 - 9 B 268/89 -, in: NJW 1990, 1313, und BVerwG, Urteil vom 3. November 1987 - 9 C 235/86 -, in: NJW 1988, 1280; VGH Baden-Württemberg, Entscheidung vom 4. Juli 1997 - 13 S 973/97 - (JURIS-Dokument Nr.: 722525, wobei die beiden zuletzt genannten Entscheidungen sich zur Akteneinsicht im Asylverfahren und zu § 100 VwGO verhalten; VGH Mannheim, Beschluss vom 4. Juli 1997 - 13 S 973/97 -, in: NVwZ-RR 1998, 687 (ebenfalls jeweils zu § 100 VwGO); BFH, Urteil vom 10. Januar 1968 - I R 47/66 -, in: BFHE 91, 338, wonach einem Steuerpflichtigen im Rahmen der Gewährung des rechtlichen Gehörs mitgeteilt werden muss, welche Akten dem entscheidenden Gericht vorliegen; BFH, Urteil vom 17. Oktober 2001 - I R 103/00 -, in DB 2001, 2474ff., zu § 78 FGO (mit Anmerkung von Wassermeyer, S. 2465ff.); Eyermann, § 100 Rand-Nr. 1; Gräber, § 78 Rand-Nr. 1; List in Hübschmann/Hepp/Spitaler, § 78 Rand-Ziff. 2; Kopp/Schenke, VwGO, § 100 Rand-Nr. 1; Rudisile in Schoch/Schmidt-Aßmann/Pietzner, § 100 Rand-Nr. 3; Schoenemann, S. 523;.

240 BVerwG, Urteil vom 3. November 1987 - 9 C 235/86 -, in: NJW 1988, 1280; VGH Mannheim, Urteil vom 1. April 1987 - 9 S 1829/86 -, in: NVwZ 1987, 1010, 1011, wonach die Akteneinsicht von unverzichtbarer Bedeutung für ein Verfahren ist; VGH München, Urteil vom 17. Februar 1998 - 23 B 95.1954 -, in: BayVBl. 1998, 693 (für das Verwaltungsverfahren); BFH, Urteil vom 17. Oktober 2001 - I R 103/00 -, in DB 2001, 2474ff., zu § 78 FGO (mit Anmerkung von Wassermeyer, S. 2465ff.); Kuntze in Bader/ Funke-Kaiser/Kuntze/von Albedyll, § 100 Rand-Nr. 1; List in Hübschmann/Hepp/Spitaler, § 78 Rand-Ziff. 1 und 2; Kopp/Schenke, VwGO, § 100 Rand-Nr. 1; Meyer-Ladewig, § 120 Rand-Nr. 1; Peters/Sautter/Wolf, § 120 Anm. 1; Schilken, Rand-Nr. 154; Rudisile in Schoch/Schmidt-Aßmann/Pietzner, § 100 Rand-Nr. 4; Lang in Sodan/Ziekow, § 100 Rand-Nr. 3; Umbach, § 20 Rand-Nr. 2;.

241 BVerwG, Urteil vom 3. November 1987 - 9 C 235/86 -, in: NJW 1988, 1280; VGH München, Urteil vom 17. Februar 1998 - 23 B 95.1954 -, in: BayVBl. 1998, 693 (für das Verwaltungsverfahren); BFH, Urteil vom 17. Oktober 2001 - I R 103/00 -, in DB 2001, 2474ff., zu § 78 FGO (mit Anmerkung von Wassermeyer, S. 2465ff.); List in Hübschmann/Hepp/Spitaler, FGO, § 78 Rand-Ziff. 1; Kopp/Schenke, VwGO, § 100 Rand-Nr. 1; Rudisile in Schoch/Schmidt-Aßmann/Pietzner, § 100 Rand-Nr. 4; Umbach, § 20 Rand-Nr. 2.

242 List in Hübschmann/Hepp/Spitaler, § 78 Rand-Ziff. 1; Umbach, § 20 Rand-Nr. 2.

243 BVerwG, Urteil vom 3. November 1987 - 9 C 235/86 -, in: NJW 1988, 1280; wohl auch: BVerwG, Beschluss vom 23. Februar 1962 - 7 B 21.61 -, in: BVerwGE 14, 31, 32; auch: OVG Magdeburg, Beschluss vom 29. Oktober 1997 - B 2 S 723/97 -, in: NVwZ-RR

tung der Persönlichkeit nach Art. 2 Abs. 1 i. V. m. Art. 1 Abs. 1 GG angesehen[244]. Die Akteneinsicht gilt darüber hinaus als Teil des öffentlichen Verfahrens (vgl. § 169 GVG)[245]. Letztlich soll sie umfassenden Rechtsschutz ermöglichen[246].

Die oben dargestellten Grundsätze gelten gleichfalls in den finanz- und sozialgerichtlichen sowie in den verfassungsgerichtlichen Verfahren, ohne dass diesbezüglich - soweit ersichtlich - über die bereits angeführten weitere gerichtliche Entscheidungen ergangen sind. Dies ist auch entbehrlich, weil der Grundsatz der Gewährung von rechtlichem Gehör erkennbar nicht auf einzelne/bestimmte Gerichtszweige oder Verfahrensarten beschränkt sein soll und insbesondere für alle gerichtlichen Verfahren, in denen der Untersuchungsgrundsatz gilt, zu beachten ist[247].

Für die behördlichen Verfahren im Verwaltungs-, Steuer- und Sozialrecht gilt die Regelung des Art. 103 Abs. 1 GG nicht unmittelbar, da sie ausdrücklich nur das rechtliche Gehör von Prozessbeteiligten in gerichtlichen Verfahren regelt. In der rechtswissenschaftlichen Literatur besteht jedoch weitgehend Übereinstimmung darin, dass Art. 103 Abs. 1 GG auch die verfassungsrechtliche Grundlage für die

---

1998, 694; Kuntze in Bader/Funke-Kaiser/Kuntze/von Albedyll, § 100 Rand-Nr. 1; List in Hübschmann/Hepp/Spitaler, § 78 Rand-Ziff. 1; Kopp/Schenke, VwGO, § 100 Rand-Nr. 1, Rudisile in Schoch/Schmidt-Aßmann/Pietzner, § 100 Rand-Nr. 4; Lang in Sodan/Ziekow, § 100 Rand-Nr. 3; Umbach, § 20 Rand-Nr. 2.

244 Vgl. VGH München, Urteil vom 5. September 1989 - 25 B 88.01631 -, in: NVwZ 1990, 775, 777 = BayVBl 1990, 622 (zur Akteneinsicht im Verwaltungsverfahren); VGH München, Urteil vom 17. Februar 1998 - 23 B 95.1954 -, in: BayVBl. 1998, 693 (für das Verwaltungsverfahren); wobei sich daraus kein konkreter Anspruch auf Akteneinsicht ergibt: BVerwG, Urteil vom 20. Februar 1990 - 1 C 42.83 -, in: BVerwGE 84, 375, 378f. = NJW 1990, 2761 = NVwZ 1990, 1164 = DVBl. 1990, 707 = DÖV 1990, 700.

245 BVerwG, Urteil vom 3. November 1987 - 9 S 1829/86 -, in: NJW 1988, 1280; VGH Mannheim, Urteil vom 1. April 1987 - 9 S 1829/86 -, in: NVwZ 1987, 1010, 1011; List in Hübschmann/Hepp/Spitaler, § 78 Rand-Ziff. 1; Kopp/Schenke, VwGO, § 100 Rand-Nr. 1; Meyer/Ladewig, § 120 Rand-Nr. 1; Lang in Sodan/Ziekow, § 100 Rand-Nr. 3; Umbach, § 20 Rand-Nr. 2.

246 Vgl. BFH, Urteil vom 17. Oktober 2001 - I R 103/00 -, in DB 2001, 2474ff., zu § 78 FGO (mit Anmerkung von Wassermeyer, S. 2465ff.); Gräber, § 78 Rand-Nr. 1; List in Hübschmann/Hepp/Spitaler, § 78 Rand-Ziff. 2; Rudisile in Schoch/Schmidt-Aßmann/Pietzner, § 100 Rand-Nr. 4.

247 Vgl. bereits BVerfG, Beschluss vom 13. Februar 1958 - 1 BvR 56/57 -, in: BVerfGE 7, 275, 281; List in Hübschmann/Hepp/Spitaler, § 78 Rand-Ziff. 1; Meyer-Ladewig, § 120 Rand-Nr. 1; ; Schilken, Rand-Nrn. 128 und 144 (für alle Verfahrensarten); Tipke/Kruse, § 78 Text-Ziff. 2; Umbach, § 20 Rand-Nr. 2.

Gewährung der Akteneinsicht in den behördlichen Verfahren darstellt[248]. Teilweise wird dabei die verfassungsrechtliche Grundlage aus dem allgemeinen Rechtsstaatsprinzip abgeleitet[249], aus dem sich die Akteneinsicht als Bestandteil eines geordneten Verwaltungsverfahrens ergeben soll[250]. Die Akteneinsicht ist in einer Demokratie jedenfalls notwendiger Bestandteil der Kontrolle der Verwaltung[251]. Durch die Gewährung von Akteneinsicht können zudem die behördlichen Entscheidungen transparenter und verständlicher gestaltet werden[252].

Das Akteneinsichtsrecht auch für an einem Verwaltungsverfahren Nichtbeteiligte wird mit der Regelung des Art. 19 Abs. 4 GG begründet, der zwar nicht unmittelbar anzuwenden ist, da er keine materiell-rechtlichen Ansprüche gewährleistet[253],

---

248 VGH München, Urteil vom 17. Februar 1998 - 23 B 95.1954 -, in: BayVBl. 1998, 693; vgl. Mengel, Die Verwaltung 1990, 377, 382f., nach dem der Grundsatz des rechtlichen Gehörs über die Norm des Art. 19 Abs. 4 GG hinaus im Verwaltungsverfahren besteht; Jarass/Pieroth, Art. 103 GG Rand-Nr. 7; Laubinger, VerwA 73 (1982), 60, 74f., der die Akteneinsicht als Ausfluss des grundrechtlich gewährleisteten Anspruchs auf rechtliches Gehör ansieht; wie Laubinger auch: Lodde, S. 9 und S. 22; Knack, § 29 Rand-Nr. 6 (der gleichzeitig die Akteneinsicht als Ausdruck der Parteiöffentlichkeit und der Chancengleichheit im Verwaltungsverfahren ansieht und sie zu den über Art. 2 Abs. 1 i. V. m. Art. 1 Abs. 1 GG grundgesetzlich gesicherten Verfahrensrechten des Bürgers zählt); Kopp/Ramsauer, VwVfG, § 29 Rand-Nrn. 2 und 3 (der zusätzlich zu den von Knack, a. a. O., aufgeführten Argumenten die Akteneinsicht als Ausdruck der Waffengleichheit und der Fairness sowie der effektiven Mitwirkung des Bürgers und Bestandteil der Kontrolle der Verwaltung ansieht); Obermayer, § 29 Rand-Nrn. 2 und 3 (der die Akteneinsicht im behördlichen Verfahren als Instrument des rechtlichen Gehörs und die Grundlagen des § 29 VwVfG im Rechtssaatsprinzip und in der Menschenwürde sieht; durch den Zugang zu den der Behörde vorliegenden Informationen sei der Bürger nicht mehr bloßes Objekt staatlichen Handelns, da er sich von diesen Informationen Kenntnis verschaffen und sein eigenes Handeln darauf abstellen könne).

249 VGH München, Urteil vom 17. Februar 1998 - 23 B 95.1954 -, in: BayVBl. 1998, 693; Kopp/Ramsauer, VwVfG, § 29 Rand-Nr. 2; Knack, § 29 Rand-Nr. 6; Lodde, S. 21, 22; Obermayer, § 29 Rand-Nr. 3.

250 Vgl. Schwab, S. 13 und 14 unter Bezugnahme auf das Urteil des BVerfG vom 20. Dezember 1979 - 1 BvR 385/77 -, in: BVerfGE 53, 30, 65 (Mühlheim-Kärlich Entscheidung), wonach die Grundrechte auch das Verfahrensrecht beeinflussen, soweit dieses für einen effektiven Grundrechtsschutz von Bedeutung ist; Borsdorff/Schwab, DÖD 1989, 164; Thiele, DÖD 1978, 65.

251 VGH München, Urteil vom 17. Februar 1998 - 23 B 95.1954 -, in: BayVBl. 1998, 693; Obermayer, § 29 Rand-Nr. 3 (die Akteneinsicht diene der Legitimation der behördlichen Entscheidung).

252 Obermayer, § 29 Rand-Nr. 3.

253 BVerwG, Urteil vom 23. August 1968 - 4 C 235.65 -, in: BVerwGE 30, 154, 156.

sich aber auf die Ausformung des nicht gesetzlich geregelten Akteneinsichtsrechts Nichtbeteiligter auswirkt[254]. Aus Art. 103 Abs. 1 GG dagegen ergibt sich kein entsprechendes Einsichtsrecht, weil ansonsten (die) Akten für jeden frei zugänglich wären[255].

VIII. Begriff der Akte

Bevor überhaupt sinnvollerweise untersucht werden kann, unter welchen Voraussetzungen im einzelnen Akteneinsicht gewährt werden darf oder zu gewähren ist, muss zunächst der Begriff der Akte[256] bestimmt werden. Eine Legaldefinition ist in den hier untersuchten Gesetzen nicht enthalten. Das Bundesdatenschutzgesetz[257] enthält im Gegensatz zu den früheren Fassungen, die eine Akte als „jede sonstigen amtlichen oder dienstlichen Zwecken dienende Unterlage" ansahen und auch „Bild- und Tonträger" einschlossen (vgl. § 3 Abs. 3 Satz 1 BDSG[258]), keine Begriffsbestimmung mehr.

In Nordrhein-Westfalen beispielsweise definiert das Gesetz zum Schutz personenbezogener Daten[259] (weiterhin) in seinem § 3 Abs. 6 eine Akte als „jede der Aufgabenerfüllung dienende Unterlage, die nicht Teil der automatisierten Datenverarbeitung ist".

§ 3 Abs. 7 Gesetz zum Schutz personenbezogener Daten im Land Brandenburg[260] enthält ebenfalls im wesentlichen einen gleichlautenden Aktenbegriff, der jede sonstige amtliche oder dienstlichen Zwecken dienende Unterlage erfasst.

---

[254] Vgl. OVG Schleswig, Urteil vom 13. Dezember 1994 - 4 K 1/94 -, in: NVwZ 1996, 408, unter Hinweis auf BVerwG, Urteil vom 20. Februar 1990 - 1 C 42.83 - , in BVerwGE 84, 375, 377f. = NJW 1990, 2761 = NVwZ 1990, 1164 = DVBl. 1990, 707 = DÖV 1990, 700.

[255] Trantas, S. 432, 433.

[256] Vgl. umfassend zu Akten im Bereich Medientechnik und Recht: Vismann.

[257] BDSG vom 20. Dezember 1990 (BGBl. I S. 2954) in der Fassung vom 26. Juni 2001 (BGBl. I S. 1254).

[258] So noch die Fassung vom 17. Juni 1999 (BGBl. I S. 1334).

[259] Datenschutzgesetz Nordrhein-Westfalen - DSG NRW - in der Fassung der Bekanntmachung vom 9. Juni 2000 (GV NRW S. 542/SGV NRW 20061).

[260] Brandenburgisches Datenschutzgesetz (Bbg DSG) in der Fassung der Bekanntmachung vom 9. März 1999 (GVBl. I S. 66).

Das brandenburgische Akteneinsichts- und Informationszugangsgesetz[261] enthält ebenfalls eine gesetzliche Definition des Begriffs der Akte. Nach § 3 Satz 1 AIG sind Akten „alle schriftlich, elektronisch, optisch, akustisch oder auf andere Weise aufgezeichneten Unterlagen" (wie Film-, Foto-, Video- oder Tonbandaufzeichnungen[262]), „soweit diese ausschließlich amtlichen oder dienstlichen Zwecken dienen"; nach Satz 2 werden Vorentwürfe und Notizen ausdrücklich nicht unter den Aktenbegriff eingeordnet[263]. Diese Begriffsdefinition lehnt sich bewusst an den vorgenannten früheren Aktenbegriff des Bundesdatenschutzgesetzes an[264]. Sie vereint auf der Grundlage der nachstehend aufgeführten Begründungsansätze der Rechtsprechung und der Literatur sowohl den klassischen Aktenbegriff als auch dessen Erweiterung durch die modernen Formen der Informationsverarbeitung in der Verwaltung[265] und normiert eine letztlich anschauliche Beschreibung. Obwohl nach § 2 Abs. 5 AIG in laufenden Verwaltungsverfahren die einschlägigen Verfahrensregelungen bezüglich der Akteneinsicht nach § 29 VwVfG und anderen spezialgesetzlichen Regelungen vorrangig sind[266], ist der hier verwendete Aktenbegriff als Ausdruck einer allgemein anerkannten Rechtsüberzeugung anzusehen.

Inzwischen enthält auch das Berliner Informationsfreiheitsgesetz eine inhaltlich vergleichbare gesetzliche Definition des Aktenbegriffs. Nach dessen § 3 Abs. 2 sind Akten „alle schriftlich, elektronisch, optisch, akustisch oder auf andere Weise festgehaltenen Gedankenverkörperungen und sonstige Aufzeichnungen, insbesondere Schriftstücke, Magnetbänder, Disketten, Filme, Fotos, Tonbänder, Pläne, Diagramme, Bilder und Karten, soweit sie amtlichen Zwecken dienen".

Das Informationsfreiheitsgesetz des Landes Schleswig-Holstein spricht demgegenüber allgemein von „in Schrift-, Bild-, Ton- oder DV-Form oder auf sonstigen Informationsträgern bei Behörden vorhandenen Informationen", wobei Informati-

---

261 Vgl. diesbezüglich auch Angelov, S. 196ff.

262 Vgl. Angelov, S. 152; Breidenbach/Palenda, LKV 1998, 252, 254; Partsch, NJW 1998, 2560, 2561.

263 Vgl. Breidenbach/Palenda, LKV 1998, 252, 254; nach der allgemeineren Formulierung im Gesetzentwurf vom 3. Juni 1998 waren Akten alle amtlichen oder dienstlichen Zwecken unmittelbar dienenden Unterlagen ungeachtet der Form der Aufzeichnung, ohne dass dadurch in der Sache ein Unterschied liegen sollte.

264 Vgl. Breidenbach/Palenda, LKV 1998, 252, 254.

265 Vgl. Breidenbach/Palenda, LKV 1998, 252, 254.

266 Vgl. Breidenbach/Palenda, LKV 1998, 252, 254; wobei auch die die Akteneinsicht in gerichtlichen Verfahren regelnden gesetzlichen Bestimmungen vorrangig sind.

onsträger alle Medien sind, „die Informationen in Schrift-, Bild-, Ton- oder Datenverarbeitungsform oder in sonstiger Form speichern können“ (§ 2 Ziff. 1 und Ziff. 2).

Die Begriffsbestimmungen in § 3 Sätze 1 und 2 des Informationsfreiheitsgesetzes Nordrhein-Westfalen stimmen im wesentlichen mit der vorstehenden Regelung in Schleswig-Holstein überein. Ergänzend werden allerdings nur solche Informationen erfasst, „die im dienstlichen Zusammenhang erlangt wurden“.

Der Aktenbegriff ist allerdings seit jeher definiert bzw. umschrieben worden und hat im Rahmen der Entwicklung moderner Technologien zwischenzeitlich notwendigerweise Erweiterungen erfahren. Dabei gelten die nachfolgenden Ausführungen sowohl für behördliche Akten - wobei ebenfalls auf besondere Arten von behördlichen Akten eingegangen werden soll - als auch für Gerichtsakten.

Gegenstand einer Akteneinsicht sind nach einer früheren Entscheidung des Bundesverfassungsgerichts ganz allgemein die vollständigen Akten und Aktenteile, die ein Gericht selbst angelegt oder zur Erfüllung seiner Aufklärungspflicht beigezogen hat (Beiakten)[267]. In einem verwaltungsgerichtlichen Verfahren umfassen damit die Gerichtsakten alle Schriftstücke, die das Verwaltungsgericht aufgrund des in § 86 Abs. 1 Satz 1 VwGO normierten Untersuchungsgrundsatzes angelegt beziehungsweise herangezogen und damit zum Gegenstand des Verfahrens gemacht hat, den Schriftverkehr der Prozessbeteiligten, gerichtliche Entscheidungen und Protokolle sowie alle verfahrensbezogenen zu den Akten genommenen Vorgänge[268].

Das Vorliegen einer Akte wird darüber hinaus nur bei einer fest vorgegebenen Ordnungsstruktur bejaht (beispielsweise bei einer chronologischen oder alphabetischen Ordnung wie bei Verlaufs- und Vorgangsakten), ohne dass allerdings die

---

267 BVerfG, Beschluss vom 7. Dezember 1982 - 2 BvR 900/82 -, in: BVerfGE 62, 338, 343 (zu einem Strafverfahren); vgl. auch: Hauck, § 25 Rand-Nr. 20; Meyer/Ladewig, § 120 Rand-Nr. 3: Prozessakten aller Rechtszüge und die beigezogenen Akten und Unterlagen; Rohwer/Kahlmann, § 120 Rand-Nr. 2: Rosenbach, NWVBl. 1997, 326, 329 (zu Behördenakten).

268 Vgl. OVG Bremen, Beschluss vom 18. Januar 1988 - OVG 2 B 142/87 -, in: AnwBl. 1988, 36, wobei das Gericht im zur Entscheidung stehenden Fall keine Veranlassung hatte, über den Begriff der Schriftstücke hinauszugehen, da es um die Akteneinsicht in Erkenntnisordner eines Gerichts im Rahmen eines Asylverfahrens ging.

äußere Form entscheidend ist[269]. So können Akten geheftet oder aber lediglich in Form von Loseblattsammlungen geführt werden[270]. Dieser klassische Aktenbegriff geht damit von einer auf eine gewisse Dauer angelegten und zumeist chronologisch geordneten Sammlung von Schriftstücken hinsichtlich eines bestimmten Vorgangs oder Gegenstandes aus, welche in der Regel fest in einem Aktendeckel eingebunden oder eingeheftet sind[271].

Die Akte ist Konzentrationspunkt der wesentlichen Daten eines Falles und Grundlage des (behördlichen oder gerichtlichen) Entscheidungsvorgangs sowie eine Dokumentation des Entscheidungsablaufs[272] beziehungsweise ein Konvolut von Unterlagen bzw. Urkunden, die zueinander in einem neuen Sachzusammenhang stehen und nicht zuletzt aufgrund ihrer Paginierung einen eigenen Beurkundungswert haben[273]. Daher handelt es sich beispielsweise bei einer Gerichtsakte um eine Gesamturkunde im Sinne der strafrechtlichen Urkundsdelikte (§§ 267ff. Strafgesetzbuch[274]).

Die Akte umfasst alle das Verfahren betreffenden Unterlagen[275]. Das sind grundsätzlich alle Erkenntnisse, die mit dem konkreten Verfahren in Zusammenhang oder Bezug stehen[276] und für seine Entscheidung von Bedeutung sein können[277]

---

269 BAG, Urteil vom 6. Juni 1984 - 5 AZR 286/81 -, in: NJW 1984, 2910.

270 BAG, Urteil vom 6. Juni 1984 - 5 AZR 286/81 -, in: NJW 1984, 2910; sie sollten zur Vermeidung von Verwechselungen oder Manipulationen allerdings geheftet und mit Blattzahlen versehen werden: vgl. Rudisile in Schoch/Schmidt-Aßmann/Pietzner, § 99 VwGO Rand-Nr. 13; zur Verdeutlichung der Vollständigkeit sollten laut Lang in Sodan/ Ziekow, § 100 Rand-Nr. 22, die Akten paginiert sein.

271 So: Hauck, SGB X, § 67 Rand-Nr. 64; Auernhammer, § 3 Rand-Nr. 19, und von Wulffen, § 67 Rand-Nr. 21, sehen diese Begriffsbestimmung als dem allgemeinen Sprachgebrauch entsprechend an; auch Bonk/Kallerhoff in Stelkens/Bonk/Sachs, § 29 Rand-Nr. 8, geht von dem so definierten Begriff des schriftlich „herkömmlichen" Vorgangs bezüglich § 29 VwVfG aus; auch zum ursprünglichen Aktenbegriff: Rosenbach, NWVBl. 1997, 326, 329.

272 Vgl. Hufen, Rand-Nr. 233; Bonk/Kallerhoff in Stelkens/Bonk/Sachs, § 29 Rand-Nr. 8; ausdrücklich die Dokumentationsfunktion bejahend: § 29 Rand-Nr. 5.

273 Vgl. Maetzel, DVBl. 1966, 665, 667 und Fußnote 27; die Urkundsfunktion von Akten bejahend: Eyermann, § 98 Rand-Nr. 43.

274 StGB in der Fassung der Bekanntmachung vom 13. November 1998 (BGBl. I S. 3322) in der Fassung vom 19. Juni 2001 (BGBl. I S. 1142); ausdrücklich zur Personalakte eines Richters: OLG Düsseldorf, Beschluss vom 5. September 1980 - 1 Ws 419/80 -, in: NStZ 1981, 25f.; Tröndle/Fischer, § 267 Rand-Nrn. 13, 14.

275 So zum Verwaltungsverfahren: Kopp/Ramsauer, VwVfG, § 29 Rand-Nr. 13; Obermayer, § 29 Rand-Nr. 17; Trantas, S. 455;.

276 Bonk/Kallerhoff in Stelkens/Bonk/Sachs, § 29 Rand-Nrn. 8 und 36.

beziehungsweise die im Laufe des Verfahrens angelegt und beigezogen worden sind[278]. Zum Akteninhalt gehören insbesondere selbst erstellte beziehungsweise angeforderte Gutachten (sowohl Rechts- als auch Sachgutachten) und Expertisen, d. h. Stellungnahmen und Ausarbeitungen von Personen, die besondere Fachkenntnisse besitzen[279], sowie Verwaltungsprotokolle oder Niederschriften beispielsweise bezüglich von Anträgen, Zeugenvernehmungen, der Darstellung einer Inaugenscheinnahme und der Niederlegung einer mündlichen Verhandlung[280]. Gleiches gilt für öffentliche und private Urkunden, öffentlich-rechtliche Verträge oder Verwaltungsakte[281] und für schriftliche Auskünfte oder Mitteilungen und Stellungnahmen anderer Behörden zu Anträgen oder Eingaben[282]. Ebenfalls Akteninhalt werden förmliche dienstliche Vermerke[283], formlose Vermerke, Randnotizen oder die schriftliche Niederlegung des Inhalts von Telefongesprächen[284]. Denn sie sind schriftlich fixiert worden und müssen dem Betroffenen daher auch zugänglich sein, um bereits den Anschein der Führung von „geheimen" Akten (teilen) auszuschließen. Sogenannte „schwarze Akten" oder „Geheimakten" dürfen nicht geführt werden[285]. Insbesondere gehören die von einem Beteiligten selbst eingereichten Unterlagen zur Akte und unterliegen damit auch grundsätz-

---

277 Vgl. Kopp/Ramsauer, VwVfG, § 29 Rand-Nr. 14.

278 Vgl. Knack, § 29 Rand-Nr. 12, unter Hinweis auf die Amtliche Begründung, BT-Drs. 7/910, S. 52, 53; in beihilferechtlichen Verfahren gehören nach dem materiellen Aktenbegriff nur die den konkreten Beihilfevorgang betreffenden Unterlagen zu der dem Gericht vorzulegenden Akte; Rosenbach, NWVBl. 1997, 326, 329, unter Hinweis auf die amtliche Begründung zu § 29 VwVfG NRW, Nordrhein-Westfälische LT-Drs. 8/1396, S. 99.

279 Trantas, S. 458, 459; im verwaltungsbehördlichen Verfahren kann bezüglich verwaltungsinterner Stellungnahmen eine Akteneinsicht allerdings im Einzelfall durch § 29 Abs. 1 Satz 2 VwVfG ausgeschlossen sein, sofern es sich noch um Entwürfe oder vorbereitende Arbeiten handelt: Trantas, S. 459; zu Einzelheiten vgl. 2. Teil, 1. Kapitel, Gliederungspunkt 3.5.

280 Trantas, S. 459.

281 Trantas, S. 459, 460.

282 Trantas, S. 460.

283 Trantas, S. 460.

284 Trantas, S. 460, will dies allerdings nur denn bejahen, wenn diese formlosen Niederlegungen die in der Sache entscheidende Behörde zu einer konkreten Entscheidung bewegen. Allerdings kann es bei der Frage der Zuordnung zu einer Akte letztlich nicht auf die Bedeutung eines Vermerks für die konkrete Entscheidung ankommen, weil damit bereits eine subjektive Wertung des Sachverhalts und eine unzulässige Aktenbereinigung erfolgen kann.

285 Kopp/Ramsauer, VwVfG, § 29 Rand-Nr. 11; Ulsamer in Maunz/Schmidt-Bleibtreu/Klein/Ulsamer, § 20 Rand-Nr. 7; Obermayer, § 29 Rand-Nr. 19; auch: Hufen, Rand-Nr. 241.

lich dem Einsichtsrecht[286]; auch ein etwaiges Selbstablehnungsgesuch eines an einer Entscheidung mitwirkenden Richters gehört beispielsweise zur Gerichtsakte[287].

Verwaltungsinterne Richtlinien, Verwaltungsvorschriften oder Erlasse unterliegen ebensowenig dem Aktenbegriff[288] wie allgemeine Materialien wie z. B. Bücher, Fachzeitschriften, Daten- und Entscheidungssammlungen, Zeitungen, Zeitschriften und dokumentarische Berichte[289]. Es kommt ferner nicht darauf an, an welchem Ort sich die jeweiligen Akten befinden[290].

Akten sind auch heute in einer Zeit moderner Datenverarbeitung und Überlegungen dazu, ob Behörden- oder Gerichtsakten elektronisch und nicht mehr als „Papierakte" geführt werden sollen, nicht hinwegzudenken[291]. Dies ergibt sich

---

286 Trantas, S. 461, verneint dagegen ein solches als rechtsmissbräuchlich; dieser Auffassung dürfte aber nur dann zu folgen sein, wenn sich in der Tat nur die bisherigen Eingaben des Beteiligten in der Akte befinden, weil dann ein rechtliches Interesse im Sinne von § 29 Abs. 1 Satz 1 VwVfG nicht vorliegen dürfte.

287 Redeker/von Oertzen, § 100 Rand-Nr. 1; wohl auch: BVerfG, Beschluss vom 8. Juni 1993 - 1 BvR 878/90 -, in: NJW 1993, 2229: zeigt ein Richter Umstände an, die seine Ablehnung rechtfertigen können, so darf dies nicht als innerdienstlicher Vorgang behandelt werden. Art. 103 Abs. 1 GG gebietet, dass die Selbstanzeige den Verfahrensbeteiligten mitgeteilt wird, damit diese Gelegenheit zur Stellungnahme erhalten; überholt ist damit die entgegenstehende Auffassung beispielsweise des LG Oldenburg, Beschluss vom 23. März 1972 - 6 T 165/72 -, in: MDR 1972, 615, 616, und des OVG Koblenz, Urteil vom 15. Februar 1984 - 2 A 71/83 -, in: NVwZ 1984, 526, 527 (wo die Einsichtnahme in zwei Selbstablehnungsgesuche eines mit einem arbeitsgerichtlichen Verfahren befassten Richters verneint wurde, weil das betreffende Verfahren rechtskräftig abgeschlossen war und daher die Versagung der Akteneinsicht im pflichtgemäßen Ermessen lag.

288 Vgl. Borsdorff/Schwab, DÖD 1989, 164, 165; Kopp/Ramsauer, VwVfG, § 29 Rand-Nr. 12: Schwab, S. 23; Trantas, S. 455.

289 Kuntze in Bader/Funke-Kaiser/Kuntze/von Albedyll, § 100 Rand-Nr. 4; Obermayer, § 29 Rand-Nr. 19.

290 Kopp/Ramsauer, VwVfG, § 29 Rand-Nr. 13; Simitis, § 3 Rand-Nr. 98; wohl auch: Obermayer, § 29 Rand-Nr. 18.

291 Vgl. Hufen, Rand-Nr. 233; inzwischen ist das Gesetz zur Anpassung der Formvorschriften des Privatrechts und an derer Vorschriften an den modernen Rechtsgeschäftsverkehr vom 13. Juli 2001 (BGBl. I S. 1542) erlassen worden; dementsprechend können nunmehr u. a. vorbereitende Schriftsätze, Anträge und Klageschriften in zivilgerichtlichen Verfahren auf elektronischem Wege gemäß § 130a ZPO (Elektronisches Dokument) übersandt werden; der Wortlaut des § 299a ZPO „Wiedergabe von Prozessakten auf Bildträger" ist von „Bildträger" auf „Bild- oder anderen Datenträgern" erweitert worden, so dass danach Gerichtsakten auch elektronisch gespeichert werden können; § 299 Abs. 3 ZPO sieht nun-

insbesondere aus den Antworten des Präsidenten des Bundesverwaltungsgerichts, der Präsidentin des OVG Greifswald und der Präsidenten der Oberverwaltungsgerichte und Verwaltungsgerichtshöfe auf die in der Einleitung angesprochene Anfrage des Lehrstuhls von Professor Umbach an der Universität Potsdam, dass in der verwaltungsgerichtlichen Praxis weiterhin „Papierakten“ geführt werden und auch die überwiegende Anzahl der hinzugezogenen Akten und der von den Beteiligten vorgelegten Unterlagen dem klassischen Aktenbegriff unterfallen[292]. Lediglich in Einzelfällen würden dort Videobänder beziehungsweise -filme eingereicht[293].

Gerade aber aufgrund des zunehmenden Technisierungsgrades und der damit bestehenden Gefahr der Führung einer (unsichtbaren) elektronischen Nebenakte ist der Aktenbegriff weiter zu fassen[294] und muss (laufend) fortentwickelt werden[295], um sich den technischen Entwicklungen im Interesse der Betroffenen lückenlos anzupassen. Denn durch den Einsatz moderner Informations- und Kommunikationstechnologien wird anstelle der herkömmlichen Akte oder ergänzend zu dieser bereits in vielen Fällen eine rechnergestützte (Teil-)akte geführt beziehungsweise es werden Dokumente (auf Mikrofilm) übertragen und nicht auch weiterhin (für den Betroffenen erkennbar) in einer Akte niedergelegt[296]. So sind insbesondere Straßenverkehrsbehörden dazu übergegangen, die den jeweiligen Fahrerlaubnisinhaber betreffenden Daten nicht mehr (nur) im Rahmen einer herkömmlichen Akte zu führen, sondern diese mittels elektronischer Datenverarbeitung zu erfassen. Oder nach Beendigung eines Verwaltungsverfahrens wird die ursprüngliche Papierakte vor ihrer Vernichtung auf Mikrofilm, Mikrofiche oder ein sonstiges

---

mehr vor, dass die Akteneinsicht in elektronische Prozessakten auf von der Geschäftsstelle zu fertigende Ausdrucke beschränkt ist.

292 So der Präsident des VGH München, der darauf hinweist, dass dort zwar eine Einsichtnahme in Datenträger möglich sei, praktische Anwendungsfälle jedoch nicht vorlägen; die Präsidentin des OVG Greifswald weist darauf hin, dass z. B. Disketten bisher noch nicht zu den Akten gereicht worden seien.

293 So die Präsidentin des OVG Greifswald und der Präsident des OVG Koblenz; vgl. auch: BayOLG, Beschluss vom 27. November 1990 - 2 Ob Owi 279/90 -, in: NJW 1991, 1070, wonach Bild- und Tonbandaufnahmen Aktenbestandteile seien und vom Recht auf Akteneinsicht erfasst würden (hier im Rahmen eines Strafverfahrens nach § 147 StPO).

294 Schwab, S. 24; auch: Bonk/Kallerhoff in Stelkens/Bonk/Sachs, § 29 Rand-Nr. 9, und Rosenbach, NWVBl. 1997, 326, 329.

295 So bereits Hufen, NVwZ 1984, 1072, 1077.

296 Vgl. Hufen, Rand-Nr. 243; auch Boehme-Neßler, NVwZ 2001, 374, 375ff., und Fürst, §§ 90 - 90g BBG Rand-Nr. 48.

technisches Medium überführt[297]. Weiterhin ist anerkannt, dass dann, wenn eine Behörde durch Angabe einer E-Mail-Adresse oder einer T-Online-Nummer (früher auch als Btx-Datei bezeichnet) in allgemein zugänglichen Verzeichnissen oder auf Briefbögen auf diese Übermittlungsmöglichkeiten an sie hinweist, der Bürger diesen Weg auch nutzen kann und zugleich darauf vertrauen darf, dass die Behörde ihn ordnungsgemäß beachtet[298]. In solchen Fällen ist streng darauf zu achten, dass entweder ein Ausdruck der sich nicht in der herkömmlichen Akte befindlichen Erkenntnisse in diese eingeheftet wird oder diese dem Betroffenen in geeigneter Form gesondert übermittelt werden können[299]. Denn ein Betroffener muss jederzeit in der Lage sein, durch einen Blick in den ihn betreffenden Vorgang alle wesentlichen und entscheidungsrelevanten vorhandenen Informationen ersehen zu können[300]. Jede bewusste Verteilung von Informationen auf verschiedene elektronische Dateien oder Netze (ohne erkennbare und nachvollziehbare Verbindung zwischen diesen) ist unzulässig[301].

Als Folge dieser Entwicklung geht der Aktenbegriff in der heutigen Zeit über den obigen klassischen Ansatz hinaus. Er ist nunmehr umfassend zu verstehen als alle das konkrete Verfahren betreffenden Unterlagen in Form von beschriebenem und bedrucktem Papier (Schriftsätze, Gutachten, Vermerke, Randbemerkungen) sowie Fotos, Karten, Pläne, Filme, Magnet-, Ton-, Videobänder, Computerdisketten, CD-Roms, Mikrofiches und Mikrofilme[302], gleichgültig ob sie in einem Ord-

---

297 Vgl. Knack, § 29 Rand-Nr. 12.

298 Stelkens/Schmitz in Stelkens/Bonk/Sachs, § 22 Rand-Nr. 32; BVerwG, Beschluss vom 19. Dezember 1994 - 5 B 79/94 -, in: NJW 1995, 2121f. (bezüglich Btx-Übermittlung und unter Hinweis darauf, dass eine entsprechende Übermittlung durch Telegramm, Telex, Telekopie anerkannt sei).

299 Vgl. Hufen, Rand-Nr. 243 (ausdrücklich zu § 29 VwVfG); nach Hufen, NVwZ 1984, 1072, 1077, ist ein Datenauszug oder ein verständlicher Rechnerausdruck zu übermitteln.

300 Schwab, S. 11 und Fußnote 1 auf S. 11; siehe auch Hufen, Rand-Nr. 243: es müssen Möglichkeiten geschaffen werden, die eine zumutbare Akteneinsicht ermöglichen; ähnlich wohl auch: Trantas, S. 458.

301 Trantas, S. 458.

302 Bonk/Kallerhoff in Stelkens/Bonk/Sachs, § 29 Rand-Nr. 9, will Mikrofilme und Mikrofiches und die ähnlichen „modernen Medien" allgemein dem Aktenbegriff zuordnen, weil sonst im verwaltungsbehördlichen Verfahren die Regelung des § 29 VWVfG obsolet würde; ähnlich: Trantas, S. 454; Hauck, § 67 Rand-Nr. 59 ordnet Mikrofilme und Mikrofiches grundsätzlich dem Aktenbegriff zu, soweit sie keine Dateien sind, d. h., wenn sie nicht (automatisch) umgeordnet und ausgewertet werden können, was bei der Erzeugung von Mikrofiches durch das COM-Verfahren möglich ist; Simitis, § 3 Rand-Nr. 83, zählt Mikrofilme zum Aktenbegriff, da sie nicht sortierfähig sind, während es bei Mikrofiches fall-

ner zusammengefasst - formeller Aktenbegriff -[303] oder auf andere Vorgänge und/oder mehrere Ablage(sammel)stellen verteilt - materieller Aktenbegriff - [304] und nicht Datei sind[305]. Jeder körperliche Gegenstand, der Informationen sprachlicher, bildlicher, grafischer oder sonstiger Art enthält, unterliegt somit dem (materiellen) Aktenbegriff[306]. Auf die stoffliche Qualität des Datenträgers und die Art und Weise des Lesens der auf ihm enthaltenen Informationen kommt es grundsätzlich nicht an[307]. Somit erfasst dieser Begriff auch alle elektronischen Dokumente, wenn und solange sie Teil eines Verwaltungsvorgangs werden[308]. Allerdings muss bei einer elektronischen Aktenführung die Akte nicht stets die Originale der jeweiligen Vorgänge enthalten[309]; ausreichend ist die Möglichkeit einer zumutbaren Einsicht und der Prüfung des Inhalts der Akte durch den Betroffenen.

---

abhängig sein soll. Ausführliche Darstellung der Unterschiede bei Bergmann/Möhrle/Herb, § 3 Rand-Nrn. 40 und 41: ein Mikrofilm stellt regelmäßig keine Datei dar, bei Mikrofiches kann eine solche zu bejahen sein, wenn sie im sogenannten COM-Verfahren (Computer-Output-Mikrofilm) hergestellt werden; allgemein: Kopp/Ramsauer, VwVfG, § 29 Rand-Nr. 13; Obermayer, § 29 Rand-Nr. 18; Rosenbach, NWVBl. 1997, 326, 329; ebenso: Holznagel/Krahn/Werthmann, DVBl. 1999, 1477, 1485; vgl. zur Einsichtnahme in Röntgenaufnahmen: LSG München, Entscheidung vom 22. Februar 1989 - L 2 306/85 -.

303 Vgl. nur Knack, § 29 Rand-Nr. 4.2.

304 Engel, S. 14; Knack, § 29 Rand-Nr. 12; Kopp/Ramsauer, VwVfG, § 29 Rand-Nr. 13; Schwab, S. 24; Bonk/Kallerhoff in Stelkens/Bonk/Sachs, § 29 Rand-Nrn. 8, 9; Trantas, S. 455; auch: Hauck, SGB X, § 67 Rand-Nrn. 65, 66: der Aktenbegriff umfasst unabhängig von der Art des konkreten Speichermediums alle Unterlagen (des Sozialleistungsträgers); ähnlich: Pickel, § 67 Rand-Nr. 10; vgl. auch: Rosenbach, NWVBl. 1997, 326, 329.

305 Pickel, § 67 Rand-Nr, 39; von Wulffen, § 67 Rand-Nrn. 22 und 18; a. A. Trantas, S. 454.

306 Simitis, § 3 Rand-Nr. 93; auch: Bergmann/Möhrle/Herb, § 3 Rand-Nr. 49; ähnlich: Obermayer, § 29 Rand-Nr. 18 (keine Differenzierung nach der Art der Speicherung) und Kopp/ Ramsauer, VwVfG, § 29 Rand-Nr. 13.

307 Obermayer, § 29 Rand-Nr. 18; Stähler, § 3 Erl. 21; Simitis, § 3 Rand-Nr. 94: die Information muss allerdings dauerhaft verkörpert sein, beispielsweise auf Papier, Film, Magnetband.

308 Kopp/Ramsauer, VwVfG, § 29 Rand-Nr. 13; Obermayer, § 29 Rand-Nr. 18; Bonk/Kallerhoff in Stelkens/Bonk/Sachs, § 29 Rand-Nr. 9 (unter Aufgabe der in den Vorauflagen vertretenen Auffassung); Roßnagel, DÖV 2001, 221, 228; auch Holznagel/Krahn/Werthmann, DVBl. 1999, 1477, 1486; Obermayer, § 29 Rand-Nr. 18, ist allerdings der Auffassung, sie würden in der Regel als Datei kein konkretes Verwaltungsverfahren betreffen und verneint damit wohl ihre Zugehörigkeit zur Akte unter Berücksichtigung des materiellen Aktenbegriffs; Bonk/Kallerhoff in Stelkens/Bonk/Sachs, § 29 Rand-Nr. 9, bejaht nunmehr ebenfalls die Anwendung von § 29 VwVfG auf Dateien.

309 Roßnagel, DÖV 2001, 221, 228.

Dass es sich bei auf Bild- oder anderen Datenträgern wiedergegebenen Akten um solche im Sinne der o. g. Begriffsbestimmung handelt, ergibt sich insbesondere aus § 100 Abs. 2 Satz 2 VwGO, wonach in diesen Fällen die Regelung des § 299a ZPO entsprechend anwendbar ist. Dieser Grundsatz gilt ebenfalls für die behördlichen Verfahren, da sich ansonsten die jeweilige Behörde ihrer gesetzlichen Verpflichtung zur Gewährung von Akteneinsicht entziehen könnte und das gesetzlich normierte Akteneinsichtsrecht praktisch bedeutungslos würde[310].

Die vorstehenden Begriffsdefinitionen der Akte sind daher auf die Bereiche, in denen eine gesetzliche Definition (bisher) fehlt, zu übertragen, da es keine voneinander abweichende Aktenbegriffe gibt[311].

Aktensammlungen unterliegen ebenfalls dem Aktenbegriff. Darunter ist eine Mehrheit von Akten, die einem gemeinsamen Zweck dienen und in einem organisatorischen Zusammenhang stehen, wie zum Beispiel die Gesamtheit aller Personalakten einer Behörde oder die Akten eines Rechtsanwalts zu verstehen[312].

Verwaltungsakten einschließlich Personalakten sowie Gerichtsakten unterliegen damit stets dem Aktenbegriff[313].

Wenn im Rahmen der zukünftigen Entwicklung Akten oder Aktenteile ausschließlich auf elektronischem Weg erstellt werden, würden auch solcherart er-

---

310 Vgl. Knack, § 29 Rand-Nr. 12: zur Einsicht in „technische(n) Medien".

311 Unklar: Bonk/Kallerhoff in Stelkens/Bonk/Sachs, § 29 Rand-Nr. 7, wonach hinsichtlich des Verwaltungsverfahrens der in § 29 VwVfG fehlende Aktenbegriff (indes) nicht aus den Datenschutzgesetzen unmittelbar übernommen werden dürfe, da diese ihren Anwendungsbereich selbst bestimmen; soweit Bonk auch darauf hinweist, dass der in § 6 Stasi-Unterlagen-Gesetz enthaltene Aktenbegriff ebenfalls mit obiger Begründung nicht unmittelbar übernommen werden dürfe, spricht § 6 lediglich von „Unterlagen" und enthält keine Legaldefinition der Akte; Trantas, S. 454 (ff.), geht ausdrücklich von einem einheitlichen Aktenbegriff für Verwaltungsakten nach § 29 VwVfG und § 25 SGB X aus.

312 Simitis, § 3 Rand-Nr. 85; auch: von Wulffen, § 67 Rand-Nr. 21: erforderlich sei ein Ordnungszusammenhang.

313 Vgl. Bergmann/Möhrle/Herb, § 3 Rand-Nr. 50; bejahend für Personalakten einer Firma und Vormundschaftsakten eines Amtsgerichts: Auernhammer, § 3 Rand-Nr. 16; Simitis, § 3 Rand-Nr. 99 erwähnt Gerichtsakten zwar nicht ausdrücklich, will sie aber erkennbar nicht ausschließen; auch Plog/Wiedow/Beck/Lemhöfer, vor § 90 Erl. 6.

stellte Dokumente dem Aktenbegriff und einem Einsichtsrecht unterliegen[314]. Denn nur so können die Beteiligten das ihnen zustehende (umfassende) Akteneinsichtsrecht im Sinne des Gesetzes ausüben[315].

Entwürfe zu Entscheidungen bzw. Urteilsentwürfe sowie die Arbeiten zu ihrer unmittelbaren Vorbereitung unterliegen, wie sich beispielsweise ausdrücklich aus § 29 Abs. 2 Satz 2 VwVfG und § 25 Abs. 1 Satz 2 SGB X ergibt, nicht einer Akteneinsicht; als sogenannte Interna fallen sie nicht unter den Aktenbegriff[316]. Denn es handelt sich hierbei um reine Vorarbeiten hinsichtlich einer späteren Entscheidung und damit nicht um den Vorgang betreffende Tatsachen und Erkenntnisse (vgl. auch die ähnlichen §§ 100 Abs. 3 VwGO, 120 Abs. 4 SGG und 78 Abs. 2 FGO). Nicht unter den Begriff der Entwürfe oder vorbereitenden Arbeiten fallen allerdings Aktenvermerke, Stellungnahmen und Gutachten[317].

Aus der vorstehenden Begriffsbestimmung der Akte ergibt sich weiterhin, dass behördliche und gerichtliche Akten wegen ihres konkreten Verfahrensbezuges keine allgemein zugänglichen Informationsquellen im Sinne von Art. 5 Abs. 1 GG sind[318].

IX. Grundsatz der ordnungsgemäßen Aktenführung

Aus der die Akteneinsicht im verwaltungsbehördlichen Verfahren regelnden Bestimmung des § 29 VwVfG ergibt sich für die entsprechende Behörde auch die Pflicht, Akten zu führen und dies ordnungsgemäß zu tun[319]. Dies bedeutet, dass

---

314 Rosenbach, NWVBl. 1997, 326, 329, unter Hinweis auf eine nach seiner Ansicht dann erforderliche gesetzliche Klarstellung in § 29 VwVfG; für den Bereich des Beamtenrechts: Fürst, §§ 90 - 90g BBG Rand-Nr. 48.

315 Rosenbach, NWVBl. 1997, 326, 329 (für das verwaltungsbehördliche Verfahren nach § 29 VwVfG).

316 Vgl. Knack, § 29 Rand-Nr. 15; auch Kopp/Ramsauer, VwVfG, § 29 Rand-Nr. 26.

317 Kopp/Ramsauer, VwVfG, § 29 Rand-Nr. 27.

318 BVerfG, Beschluss vom 30. Januar 1986 - 1 BvR 1352/85 -, in: NJW 1986, 1243; BVerwG, Urteil vom 24. November 1961 - 7 C 151.60 -, in: BVerwGE 13, 187, 190; Hirschberger, S. 133; Hufen, Rand-Nr. 235.

319 BVerfG, Beschluss vom 6. Juni 1983 - 2 BvR 244, 310/83 -, in: NJW 1983, 2135; BVerwG, Beschluss vom 16. März 1988 - 1 B 153/87 -, in: NVwZ 1988, 621f.; Angelov, S. 170f.; Kopp/Ramsauer, VwVfG, § 29 Rand-Nr. 11; Knack, § 29 Rand-Nr. 7; Schwab, S. 20; Bonk/Kallerhoff in Stelkens/Bonk/Sachs, § 29 Rand-Nrn. 5 und 25: vollständige und wahrheitsgetreue Aktenführung zur Sicherung der Transparenz einer Entscheidung; Holznagel/Krahn/Werthmann, DVBl. 1999, 1477, 1485.

alle wesentlichen Vorgänge, die für das Verfahren von Bedeutung sein können, in die Akte aufzunehmen sind[320] und dass die Akte „lesbar" ist[321]. Ganz besonders ist darauf bei der Führung von elektronischen Akten zu achten[322]. Denn ein Betroffener muss für seine weitere Vorgehensweise aus der Akte ersehen können, von welchen Voraussetzungen die Behörde bei ihren Entscheidungen auszugehen gedenkt beziehungsweise schon ausgegangen ist[323] oder welche Tatsachen dem entscheidenden Gericht bekannt sind. Aus § 29 VwVfG in Verbindung mit den zuvor diskutierten rechtsstaatlichen Grundsätzen ergibt sich auch ein Recht auf Vollständigkeit beziehungsweise eine Pflicht zur vollständigen Aktenführung[324]. Gerade bei der Führung von elektronischen Akten müssen alle ihre Bestandteile gegen jedwede Manipulation geschützt sein[325]. Daher dürfen die Akten nicht in eine offizielle Haupt- und eine interne Nebenakte aufgeteilt werden[326]. Denn auch hinsichtlich der Aufbewahrung oder Lagerung der Akten wird unterschieden zwischen dem formellen und dem materiellen Aktenbegriff[327]. Danach ist zum einen zwischen der formalen (angelegten) Verfahrensakte und zum anderen darüber hinaus auf andere Ordner oder Ablagestellen verteilte vorhandene Informationen und Gegenstände, die sich inhaltlich auf das konkrete Verfahren beziehen, zu unterscheiden, ohne dass dies letztlich für die Akteneinsichtsberechtigung zu Unterschieden führen darf[328]. Mithin ergibt sich auch aus § 25 SGB X und aus

320 Grüner, § 25 Erl. II. 2. (für das sozialbehördliche Verfahren); Knack, § 29 Rand-Nr. 7; Kopp/Ramsauer, VwVfG, § 29 Rand-Nr. 11; Schwab, S. 20 (jeweils für das verwaltungsbehördliche Verfahren); Widhofer-Mohnen, VR 1980, 285, 287.

321 Ausdrücklich für das sozialbehördliche Verfahren: Grüner, § 25 Erl. VIII. 1.

322 Boehme-Neßler, NVwZ 2001, 374, 377; Groß, DÖV 2001, 159, 163f.; Holznagel/Krahn/Werthmann, DVBl. 1999, 1477, 1486.

323 Vgl. Bonk/Kallerhoff in Stelkens/Bonk/Sachs, § 29 Rand-Nrn. 5 und 25; Widhofer-Mohnen, VR 1980, 285, 287.

324 Hufen, Rand-Nr. 241; Kopp/Ramsauer, VwVfG, § 29 Rand-Nr. 11; Kronisch, S. 42; Thiele, DÖD 1978, 65, 66; Tipke/Kruse, § 33 FGO Text-Ziff. 41, rechnet die Führung und Sicherung von Steuerakten zu den Angelegenheiten im Zusammenhang mit der Verwaltung von Abgaben; ausdrücklich hinsichtlich der elektronischen Akte: Boehme-Neßler, NVwZ 2001, 374, 377.

325 Boehme-Neßler, NVwZ 2001, 374, 377.

326 Vgl. Hufen, Rand-Nr. 241; auch: Kopp/Ramsauer, VwVfG, § 29 Rand-Nr. 11; Ulsamer in Maunz/Schmidt-Bleibtreu/Klein/Ulsamer, § 20 Rand-Nr. 7; Obermayer, § 29 Rand-Nr. 19; nach Trantas, S. 455, wäre eine entsprechende Unterscheidung unter Berücksichtigung des materiellen Aktenbegriffs ohne Bedeutung.

327 Vgl. Engel, § 3 Nr. 2.a), S.14; ebenfalls BVerwG, Urteil vom 6. Januar 1972 - 6C 96.67 -, in: BayVBl. 1972, 334 (für das Personalaktenrecht).

328 Vgl. BVerwG, Urteil vom 6. Januar 1972 - 6 C 96.67 -, in: BayVBl. 1972, 334; Engel, § 3 Nr. 2.a), S. 14 zu § 29 VwVfG.

§ 91 AO für die im sozialbehördlichen Verfahren und im Steuerfestsetzungsverfahren tätigen Behörden gleichermaßen eine Pflicht zur ordnungsgemäßen und vollständigen Aktenführung[329]. Für die Führung von Gerichtsakten ergibt sich dies als Folge der vorgenannten Ausführungen aus den die Akteneinsicht regelnden Vorschriften der § 100 VwGO, 120 SGG und 78 FGO. Speziell für den Bereich der Verwaltungsgerichtsbarkeit ist die Bildung und Führung von Akten detailliert in Aktenordnungen für die Geschäftsstellen der Gerichte der allgemeinen Verwaltungsgerichtsbarkeit beispielsweise des Landes Nordrhein-Westfalen[330] niedergelegt.

Für die Führung von Akten bedarf es grundsätzlich keiner speziellen Rechtsgrundlage[331]. Eine vollständige Aktenführung ist die Grundlage der ordnungsgemäßen Aufgabenerfüllung einer Behörde[332] und dient der wahrheitsgetreuen Dokumentation des Falles[333]. Dabei dürfen alle Erkenntnisse, die einen sachlichen Bezug zu dem von der Behörde behandelten Fall stehen, in die Akte aufgenommen werden[334]. Dies dient letztlich dem Schutz der Betroffenen vor einem unrechtmäßigen Verwaltungshandeln[335]. Eine ordnungsgemäße und vollständige Aktenführung sichert ferner die Verständlichkeit des Verfahrensablaufs[336]. Eine

---

329 Tipke/Kruse, § 33 FGO Text-Ziff. 41, sieht die Aktenführung und die Sicherung der Steuerakten als Angelegenheit im Zusammenhang mit der Abgabenverwaltung an; Grüner, § 25 Erl. II. 2.: zusätzlich bestehe eine Pflicht zur übersichtlichen Aktenführung.

330 AktO-VG, AV des Justizministers vom 27. Mai 1997 (1454 - I B. 207.1) - JMBl. NW S. 146 - i. d. F. v. 28. November 2001 - JMBl. NRW 2002 S. 2.

331 BVerfG, Beschluss vom 6. Juni 1983 - 2 BvR 244, 310/83 -, in: NJW 1983, 2135; BVerwG, Beschluss vom 21. Dezember 1982 - 1 B 117.82 -, in: Buchholz 402.24 zu § 1 Ausländergesetz Nr. 1; BVerwG, Beschluss vom 16. März 1988 - 1 B 153/87 -, in: NVwZ 1988, 621, 622; VG Lüneburg, Beschluss vom 8. August 1996 - 5 B 9/96 -, in: NVwZ 1987, 205, 206, und die diese Entscheidung bestätigende Entscheidung des OVG Lüneburg, Beschluss vom 26. August 1996 - 12 M 4875/86 -, in: VD 1997, 2 = JURIS-Dokument Nr. 508420; vgl. aber die spezialgesetzlichen Vorschriften beispielsweise hinsichtlich der Führung von Personalakten: so auch Bonk/Kallerhoff in Stelkens/Bonk/Sachs, § 29 Rand-Nr. 28.

332 Für das sozialbehördliche Verfahren: von Mutius in Krause/von Mutius/Schnapp/Siewert, § 25 Erl. 5.

333 Vgl. BVerfG, Beschluss vom 6. Juni 1983 - 2 BvR 244, 310/83 -, in: NJW 1983, 2135; BVerwG, Beschluss vom 16. März 1988 - 1 B 153/87 -, in: NVwZ 1988, 621f.

334 Vgl. BVerfG, Beschluss vom 6. Juni 1983 - 2 BvR 244, 310/83 -, in: NJW 1983, 2135; BVerwG, Beschluss vom 16. März 1988 - 1 B 153/87 -, in: NVwZ 1988, 621, 622.

335 Vgl. BVerwG, Beschluss vom 16. März 1988 - 1 B 153/87 -, in: NVwZ 1988, 621, 622.

336 Vgl. BVerwG, Beschluss vom 21. Dezember 1982 - 1 B 117.82 -, in: Buchholz 402.24 zu § 1 Ausländergesetz Nr. 1.

dem äußeren Anschein ordnungsgemäß geführte Akte hat grundsätzlich die Vermutung der Vollständigkeit und Richtigkeit für sich[337]. Diese Vermutung kann allerdings im Einzelfall widerlegbar sein[338]. Sofern indes pauschal vertreten wird[339], dass eine fehlende Paginierung den Anschein der Vollständigkeit und Richtigkeit nicht zu erschüttern vermag, ist dieser Auffassung entgegenzutreten. Zwar können auch nicht paginierte Blattsammlungen als Akte anzusehen sein. Sichere Rückschlüsse auf ihre Vollständigkeit lassen sich indes erst aus einer von Anfang an durchgeführten Paginierung ziehen[340].

Aus der Pflicht zu einer ordnungsgemäßen Aktenführung folgt zugleich das Verbot der nachträglichen Entfernung oder Verfälschung von Akten oder Aktenteilen und das Verbot der Vernichtung von Akten[341]. Akten und Aktenteile sind deshalb grundsätzlich so lange aufzubewahren, wie sie der wahrheitsgetreuen Dokumentationsfunktion im Einzelfall gerecht werden[342]. Eine Entfernung oder Vernichtung kommt nur dann in Betracht, wenn mit Sicherheit feststeht, dass die Doku-

---

337 OVG Rheinland-Pfalz, Urteil vom 2. Oktober 1991 - 7 A 10880/91 -, in: DVBl. 1991, 1367.

338 So: Bonk/Kallerhoff in Stelkens/Bonk/Sachs, § 29 Rand-Nr. 25.

339 OVG Rheinland-Pfalz, Urteil vom 2. Oktober 1991 - 7 A 10880/91 -, in: DVBl. 1991, 1367.

340 Ausdrücklich: Schimanski, Soz Sich 1987, 207, 208; Lang in Sodan/Ziekow, § 100 VwGO Rand-Nr. 22; Rudisile in Schoch/Schmidt-Aßmann/Pietzner, § 99 VwGO Rand-Nr. 13, befürworten eine Heftung und eine Paginierung.

341 BVerfG, Beschluss vom 6. Juni 1983 - 2 BvR 244, 310/83 -, in: NJW 1983, 2135: Verbot der Entfernung von rechtmäßig zu einer Akte gelangten Informationen, da ansonsten die wahrheitsgetreue Dokumentation des wahren Geschehensablaufs verfälscht würde; ebenso: OVG Lüneburg, Beschluss vom 26. August 1996 - 12 M 4875/96 -; BVerwG, Beschluss vom 21. Dezember 1982 - 1 B 117.82 -, in: Buchholz, 402.24 § 1 AuslG Nr. 1; Knack, § 29 Rand-Nr. 7; Bonk/Kallerhoff in Stelkens/Bonk/Sachs, § 29 Rand-Nr. 26; auch Kopp/Ramsauer, VwVfG, § 29 Rand-Nr. 11; zur Notwendigkeit einer normenklaren und bereichsspezifischen gesetzlichen Regelung über die Aufbewahrung, Aussonderung und Vernichtung von Akten im Bereich der Justiz als Ausfluss des Grundrechts auf „informationelle Selbstbestimmung“: OLG Frankfurt/Main, Beschluss vom 16. August 1998 - 3 VAS 9/98 -, in: NJW 1999, 73 (mit kritischer Anmerkung von Vahle, DVP 1999, 305) bezüglich (Straf-)Akten; diesbezüglich sei allerdings nach Erlass des Volkszählungsurteils des Bundesverfassungsgerichts vom 15. Dezember 1983 die dem Gesetzgeber einzuräumende Übergangsfrist im Jahre 1998 noch nicht abgelaufen.

342 BVerfG, Beschluss vom 6. Juni 1983 - 2 BvR 244, 310/83 -, in: NJW 1983, 2135, 2136; BVerwG, Beschluss vom 21. Dezember 1982 - 1 B 117.82 -, in: Buchholz 402.24 zu § 1 Ausländergesetz Nr. 1; BVerwG, Beschluss vom 16. März 1988 - 1 B 153/87 -, in: NVwZ 1988, 621, 622.

mentationsfunktion der Akte und ihre Verständlichkeit nicht mehr beeinträchtigt werden kann[343], wenn Akten rechtswidrig angelegt oder aufbewahrt worden sind beziehungsweise wenn eine Vernichtung nach dem Ablauf bestimmter Fristen gesetzlich bzw. nach den Vorschriften einer Aktenordnung vorgesehen ist[344].
Ein Anspruch auf Entfernung von rechtmäßig zu den Akten gelangten Unterlagen besteht daher nicht[345]. Demgegenüber kann bei der erfolgten Entfernung notwendiger Aktenbestandteile eine Wiederherstellungspflicht bestehen[346].

Auf eine schriftliche Aktenführung und entsprechende Aktenordnungen darf trotz des zunehmenden Technisierungsgrades solange nicht verzichtet werden, als noch keine verlässlichen gesetzlichen Regelungen insbesondere im Hinblick auf eine Archivierung und Sicherung der Lesbarkeit auch in der Zukunft existieren[347].

X. Besondere Arten von Akten

1. Personalakten[348]

Gesetzlich normiert ist dagegen der Personalaktenbegriff (vgl. § 56 Rahmengesetz zur Vereinheitlichung des Beamtenrechts[349], § 90 Bundesbeamtengesetz[350],

---

343 BVerwG, Beschluss vom 16. März 1988 - 1 B 153/87 -, in: NVwZ 1988, 621, 622.

344 Vgl. Knack, § 29 Rand-Nr. 7; Bonk/Kallerhoff in Stelkens/Bonk/Sachs, § 29 Rand-Nr. 26; VG Frankfurt/Main, Urteil vom 27. Januar 1988 - V/2 E 2147/86 -, in: NJW 1988, 1613, zur Vernichtung von bei einem Gesundheitsamt geführten Akten, wenn sich der Akteninhalt als rechtswidrig erweist, da er unter Verstoß gegen gesundheitsrechtliche Vorschriften zustandegekommen und aufbewahrt worden ist; zur Notwendigkeit einer normenklaren und bereichsspezifischen gesetzlichen Regelung über die Aufbewahrung, Aussonderung und Vernichtung von Akten im Bereich der Justiz als Ausfluss des Grundrechts auf „informationelle Selbstbestimmung": OLG Frankfurt/Main, Beschluss vom 16. August 1998 - 3 VAS 9/98 -, in: NJW 1999, 73 (mit kritischer Anmerkung von Vahle, DVP 1999, 305) bezüglich (Straf-)Akten; diesbezüglich sei allerdings nach Erlass des Volkszählungsurteils des Bundesverfassungsgerichts vom 15. Dezember 1983 die dem Gesetzgeber einzuräumende Übergangsfrist im Jahre 1998 noch nicht abgelaufen.

345 VG Lüneburg, Beschluss vom 8. August 1996 - 5 B 9/96 -, in: NVwZ 1997, 205f.; Knack, § 29 Rand-Nr. 7.

346 BVerwG, Beschluss vom 27. August 1998 - 1 WB 15.98 -, in: BVerwGE 113, 255, 258 = NVwZ 1999, 299, 300; Bonk/Kallerhoff in Stelkens/Bonk/Sachs, § 29 Rand-Nr. 26.

347 Groß, DÖV 2001, 159, 163f.

348 Umfassend hierzu vgl. nur: Fürst und Plog/Wiedow/Beck/Lemhöfer, Erläuterungen zu den §§ 90 - 90g BBG; Korn/Taddey, Erläuterungen zu den §§ 102c, d LBG NRW (Band 1) sowie Rechtsprechungsübersicht zu diesen Vorschriften (Band 2).

§ 102 Beamtengesetz für das Land Nordrhein-Westfalen[351], § 57 Beamtengesetz für das Land Brandenburg[352]). Personalakten bestehen bereits seit dem Jahre 1726[353]. Die Führung der Personalakten über einen Beamten unterlag allerdings dem Prinzip der Geheimhaltung mit der Folge, dass ein Beamter in die über ihn vorhandenen Daten kein Einsichtsrecht hatte[354]. Erst mit der Einführung des § 90 BBG als Folge des Art. 33 Abs. 5 GG im Jahre 1953 wurde den Beamten als Ausdruck für Fürsorgepflicht und des Grundsatzes der Offenheit und des Vertrauens das Recht auf die Einsicht in ihre vollständigen Personalakten garantiert[355]. Als erste gesetzliche Regelung einer „Personaldatenschutzbestimmung" gilt § 10 des im Jahre 1910 novellierten Reichskolonialbeamtengesetzes[356], in dem bestimmt war: „Sind in der Personalakte Vorkommnisse eingetragen, die dem Beamten nachteilig sind, so kann eine Entscheidung hierauf nur gegründet werden, nachdem dem Beamten Gelegenheit zur Äußerung gegeben ist"[357]. Mit Beschluss des Preußischen Staatsministeriums vom 12. Juli 1919 wurde erstmals ein Recht auf Einsicht in (nach dem 1. Oktober 1919 angelegte) Personalakten begründet[358]. Art. 129 Abs. 3 Sätze 2 und 3 WRV normierte dann ein Einsichtsrecht in die Personalnachweise eines Beamten[359], wobei zunächst aber umstritten

---

349 Beamtenrechtsrahmengesetz (BRRG) in der Fassung der Bekanntmachung vom 31. März 1999 (BGBl. I S. 654) in der Fassung vom 9. Juli 2001 (BGBl. I S. 1510).

350 BBG in der Fassung der Bekanntmachung vom 31. März 1999 (BGBl. I S. 675) in der Fassung vom 9. Juli 2001 (BGBl. I S. 1510).

351 Landesbeamtengesetz - LBG NRW - in der Fassung der Bekanntmachung vom 1. Mai 1981 (GV NW S. 234/SGV NW 2030) in der Fassung vom 15. Dezember 1999 (GV NRW S. 303).

352 Landesbeamtengesetz - LBG Bbg - vom 24. Dezember 1992 (GVBl. I S. 506) in der Fassung vom 21. Dezember 1998 (GVBl. I S. 303).

353 In Form der „geheimen Conduitenlisten" in Art. 7 und 8 des Preußischen Infanteriereglements, vgl. hierzu Gola, RiA 1994, 1 und Fussnote 1, mithin seit der Regierungszeit Friedrich Wilhelm I. von Preußen (1713 - 1740).

354 BVerwG, Urteil vom 11. Juli 1958 - 7 C 98.57 -, in: BVerwGE 7, 153, 154ff.; Gola, RiA 1994, 1; Plog/Wiedow/Beck/Lemhöfer, vor § 90 Erl. 1; auch: Trantas, S. 370, 371.

355 Vgl. Borsdorff/Schwab, DÖD 1989, 164, 166; Schwab, S. 36; BVerwG, Urteil vom 30. Juni 1983 - 2 C 11.83 -, in: DÖD 1984, 23; Gola, RiA 1994, 1: bestehend nur aus drei Sätzen, die das Recht auf Akteneinsicht festschreiben und den Grundsatz des rechtlichen Gehörs konkretisierten, und dies noch bis zum Ende des Jahres 1992.

356 RGBl. S. 881.

357 Vgl. Fürst, §§ 90 - 90g Rand-Ziff. 2; Gola, RiA 1994, 1.

358 BVerwG, Urteil vom 11. Juli 1958 - 7 C 98.57 -, in: BVerwGE 7, 153, 154ff.

359 Vgl. Gola, RiA 1994, 1; Kunz, VR 1994, 217; Plog/Wiedow/Beck/Lemhöfer, vor § 90 Erl. 1; Anschütz, Art. 129 Anm. 10: die Personalnachweise umfassten die individuellen Personalakten und sämtliche über den Beamten geführten Urkunden, insbesondere Beurteilun-

war, ob diese Vorschrift lediglich einen Auftrag an den Gesetzgeber darstellte oder ein konkretes Akteneinsichtsrecht enthielt[360]. Aufgrund der Staatsministerialentscheidung vom 22. September 1920 entfiel die vorerwähnte Beschränkung der Akteneinsicht für die Zeit vor Oktober 1919[361]. Während der Zeit des Nationalsozialismus galt es mit dem sogenannten „Führerprinzip" als unvereinbar, Beamten Einsicht in ihre Akten zu gewähren, da die Richtigkeit der Eintragungen von Vorgesetzten nicht kontrolliert werden sollten[362]. Das Personalakteneinsichtsrecht wurde gänzlich beseitigt[363].

Durch das Gesetz zur vorläufigen Regelung der Rechtsverhältnisse der im Dienst des Bundes stehenden Personen vom 17. Mai 1950[364] wurde das zunächst weitergeltende Deutsche Beamtengesetz in seinem § 42 um eine Regelung der Akteneinsicht in Personalakten ergänzt[365]. Durch das Bundesbeamtengesetz vom 13. Juli 1953[366] wurde diese Regelung etwas modifiziert übernommen[367]. Die bis zum 31. Dezember 1992 geltende Fassung des damaligen § 90 Satz 1 BBG lautete: „Der Beamte hat, auch nach Beendigung des Beamtenverhältnisses, ein Recht auf Einsicht in seine vollständigen Personalakten; dazu gehören alle ihn betreffenden Vorgänge"[368]. Erst seit dem 1. Januar 1993 gilt die jetzige umfassende Regelung der §§ 90ff. BBG[369].

---

gen; Art. 129 Abs. 3 Satz 3 WRV lautete: „Dem Beamten ist Einsicht in seine Personalaktennachweise zu geben.".

360 Trantas, S. 370, 371; Fürst, §§ 90 - 90g Rand-Ziff. 2.

361 BVerwG, Urteil vom 11. Juli 1958 - 7 C 98.57 -, in: BVerwGE 7, 153, 154ff.

362 Vgl. Plog/Wiedow/Beck/Lemhöfer, vor § 90 Erl. 1; Thiele, DÖD 1978, 65, 66.

363 BVerwG, Urteil vom 11. Juli 1958 - 7 C 98.57 -, in: BVerwGE 7, 153, 154ff.

364 BGBl. I S. 207.

365 Der Gesetzestext lautete: „Der Beamte hat ein Recht auf Einsichtnahme in seine vollständigen Personalakten. Er muss über Beschwerden und Behauptungen tatsächlicher Art, die ihm nachteilig werden können, gehört werden."

366 BGBl. I S. 551.

367 Der Gesetzestext lautete: „Der Beamte hat, auch nach Beendigung des Beamtenverhältnisses, ein Recht auf Einsicht in seine vollständigen Personalakten; dazu gehören alle ihn betreffenden Vorgänge. Er muss über Beschwerden und Behauptungen, die für ihn ungünstig sind oder ihm nachteilig werden können, vor Aufnahme in die Personalakten gehört werden. Die Äußerung des Beamten ist zu seinen Personalakten zu nehmen."

368 Vgl. bei Plog/Wiedow/Beck/Lemhöfer, § 90c vor Erl. 1.

369 Vgl. Gola, RiA 1994, 1; § 90 neugefasst durch Gesetz vom 11. Juni 1992 (BGBl. I S. 1030); vgl. auch Plog/Wiedow/Beck/Lemhöfer, vor § 90 Erl. 3.

Zur Personalakte, die gemäß § 90 Abs. 1 Satz 1 BBG[370] über jeden Beamten zu führen, vertraulich zu behandeln und vor unbefugter Einsicht zu schützen ist, gehören nach der gesetzlichen Begriffsbestimmung des § 90 Abs. 1 Satz 2 BBG alle Unterlagen einschließlich der in Dateien gespeicherten, die den Beamten betreffen, soweit sie mit seinem Dienstverhältnis in einem unmittelbaren inneren Zusammenhang stehen (Personalaktendaten); andere Unterlagen dürfen in die Personalakte nicht aufgenommen werden. Maßgeblich ist im Personalaktenrecht daher ebenfalls der materielle Aktenbegriff. Dieser umfasst alle Vorgänge, die den Beamten betreffen unabhängig von der vom Dienstherrn formal als solche gekennzeichneten Personalakte[371]. Einen Beamten betreffende Vorgänge sind dabei alle vom jeweiligen Dienstherrn festgehaltenen, sich auf die persönlichen und/oder dienstlichen Verhältnisse beziehenden gesammelten Vorgänge, Geschehnisse, Urkunden und Unterlagen, soweit sie den Beamten in seinem Dienstverhältnis betreffen, mithin den Inhalt seiner Rechte und Pflichten bestimmen oder verändern, oder solche Vorgänge, die in einem Zusammenhang mit das Dienstverhältnis berührenden Maßnahmen stehen[372] und das Beamtenverhältnis dokumentieren[373].

Entscheidend für diesen Zusammenhang ist der Zweck, dem die Vorgänge zu dienen bestimmt sind. Danach gehört ein Vorgang nicht zur Personalakte im materiellen Sinne, „wenn der Zweck, zu welchem die Vorgänge angelegt sind, außerhalb des durch das (konkrete) Dienstverhältnis begründeten Rechts- und

---

370 Vgl. zur Rechtslage in Nordrhein-Westfalen: § 102 LBG; in Brandenburg: § 57 LBG.

371 BVerwG, Urteil vom 15. Oktober 1970 - 2 C 36.66 -, in: BVerwGE 36, 134, 137f. (wobei zum damaligen Zeitpunkt entgegen der heute maßgeblichen Auffassung in der Rechtsprechung und der Literatur Prüfungsakten nicht der Einsichtunterlagen); Urteil vom 29. April 1971 - 2 C 32.69 -, in: BVerwGE 38, 94, 96f (Schlussbericht des Untersuchungsführers in einem Disziplinarverfahren gehört zur Personalakte; hinsichtlich Prüfungsakten ist die in diesem Urteil vertretene Auffassung zwischenzeitlich überholt); Urteil vom 6. Januar 1972 - 6 C 96.67 -, in: BayVBl. 1972, 334 = Buchholz 232, § 90 BBG Nr. 16; Urteil vom 8. April 1976 - 2 C 15.74 -, in: DVBl. 1977, 423f.; Urteil vom 1. Juli 1983 - 2 C 42.82 -, in: BVerwGE 67, 300, 301f. = DVBl. 1984, 55 = BayVBl. 1984, 86; OVG Münster, Urteil vom 8. Februar 1994 - 6 A 2704/91 -, in: OVGE 44, 29, 32; Fürst, §§ 90 - 90g Rand-Ziff. 5; Trantas, S. 374 und 379 (Akteneinsicht in die vollständige Personalakte).

372 BVerwG, Urteil vom 29. April 1971 - 2 C 32.69 -, in: BVerwGE 38, 94, 96; BVerwG, Urteil vom 4. August 1975 - 6 C 30/72 -, in: NJW 1976, 204 = RiA 1976, 16; BVerwG, Urteil vom 1. Juli 1983 - 2 C 42.82 -, in: BVerwGE 67, 300, 301; Fürst, §§ 90 - 90g Rand-Ziff. 6.

373 Vgl. Plog/Wiedow/Beck/Lemhöfer, vor § 90 Erl. 4.

Pflichtenkreises liegt“ [374], nämlich wenn die Vorgänge „besonderen von dem Dienstverhältnis sachlich zu trennenden Zwecken dienen“[375]. Exemplarisch nennt das Gesetz diesbezüglich Prüfungs-, Sicherheits- und Kindergeldakten (vgl. beispielsweise § 90 Abs. 1 Sätze 3, 4 BBG und die nachfolgenden Gliederungspunkte 3. und 4.[376]).

Besetzungsberichte über zu besetzende Beamten(Richter-)stellen sind nicht Bestandteil der Personalakte, sondern gehören zu Sachakten, weil „im Mittelpunkt... die zu besetzenden konkreten Stellen und deren Anforderungen“ stehen[377]. Ebensowenig sind Vorgänge, die nach dem Schwergewicht ihrer Zweckbestimmung einen über die Person des einzelnen Beamten hinausgehenden Zweck verfolgen (etwa bei der Besetzung eines akademischen Lehrstuhls, dem Schutz des staatlichen Sicherheitsinteresses oder bei der bestmöglichen Besetzung einer Richterstelle), trotz einer im Einzelfall gegebenen tatsächlichen Beziehung dieser Vorgänge zu einem Dienstverhältnis Bestandteil der Personalakte[378]. Nicht Bestandteil der Personalakte sind ferner die während eines Disziplinarverfahrens angelegten Unterlagen[379].

---

374 BVerwG, Urteil vom 26. Januar 1978 - 2 C 66/73 -, in: NJW 1978, 1643; BVerwG, Urteil vom 1. Juli 1983 - 2 C 42.82 -, in: BVerwGE 67, 300, 302f; beispielsweise auch Unterlagen, die aus Anlass von Personalplanungen und Geschäftsverteilungen zusammengestellt werden: OVG Münster, Urteil vom 8. Februar 1994 - 6 A 2704/91 -, in: OVGE 44, 29ff. = RiA 1994, 258ff. = JURIS-Dokument Nr. 429663.

375 Vgl. BVerwG, Beschluss vom 23. Januar 1991 - 1 WB 89/90, 113/90 -, in: BVerwGE 93, 28f., wodurch das Bundesverwaltungsgericht den Antrag des Antragstellers eines Soldaten abgelehnt hat, durch den dieser zwei an ihn gerichtete private Dankschreiben zu seinen Personalakten genommen haben wollte, letztlich zur Vermeidung einer Überfrachtung der Personalakten; OVG Münster, Urteil vom 8. Februar 1994 - 6 A 2704/91 - in: OVGE 44, 29ff. = RiA 1994, 258ff. = JURIS-Dokument Nr. 429663; siehe auch. Fürst, §§ 90 - 90g BBG Rand-Ziffern 27ff.

376 Ausdrücklich: OVG Münster, Urteil vom 8. Februar 1994 - 6 A 2704/91 -, in: OVGE 44, 29ff. = RiA 1994, 258ff. = JURIS-Dokument Nr. 429663.

377 BVerwG, Urteil vom 1. Juli 1983 - 2 C 42.82 -, in: BVerwGE 67.300, 303 = BayVBl. 1984, 86; Schöbener, BayVBl. 2001, 321, 327; kritisch: Schnellenbach, Rand-Nr. 347.

378 VG Frankfurt/Main, Urteil vom 28. Mai 1986 - III/V-E 1373/83 -, in: NVwZ 1986, 864, 865 (m. w. N.).

379 BVerwG, Urteil vom 29. April 1971 - 2 C 32.69 -, in: BVerwGE 38, 94 (zum Untersuchungsbericht des Untersuchungsführers nach der vor Erlass des Bundesdisziplinargesetzes (BDG) vom 9. Juli 2001 (BGBl. I S. 1510) geltenden Rechtslage).

Personalakten von Beamten gehörten und gehören weiterhin grundsätzlich zu den Vorgängen, die ihrem Wesen nach geheimzuhalten sind[380]. Im Rahmen eines verwaltungsgerichtlichen Verfahrens sind diese Akten über § 99 VwGO aber dem Gericht vorzulegen, wenn dieses die erforderliche Aufklärung des Sachverhalts gemäß § 86 Abs. 1 VwGO nur auf diesem Wege herbeiführen kann; hier ist das Interesse der Allgemeinheit höher zu erachten als die Interessen des Beamten an der Geheimhaltung[381].

Die Einrichtung und nähere Gestaltung der Personalakten liegt in der Befugnis des jeweiligen Dienstherrn, der dabei jedoch an die gesetzlichen Vorgaben (vgl. beispielsweise die §§ 90, 90a und 90f BBG) gebunden ist[382].

Bei der Führung von ordnungsgemäßen Personalakten sind insbesondere die das Personaldatenrecht bestimmenden Grundsätze der materiellen Personalakte, der Personalaktentransparenz gegenüber dem jeweiligen betroffenen Beamten, der Personalaktenwahrheit, der Vollständigkeit der Personalakte und der Vertraulichkeit der Personalakte zu beachten[383]. Für Personalakten von Richtern gelten diese Grundsätze entsprechend[384] (§ 46 DRiG beziehungsweise zum Beispiel § 4 Abs. 1 Satz 1 Landesrichtergesetz NRW[385] als Verweisungsnormen auf die beamtenrechtlichen Vorschriften), ebenso für Personalakten von Soldaten über § 29 Abs.

---

380 BVerwG, Urteil vom 4. Juni 1970 - 2 C 5.68 -, in: BVerwGE 35, 225, 227f.; Eyermann, § 99 Rand-Nr. 11; Rudisile in Schoch/Schmidt-Aßmann/Pietzner, § 99 Rand-Nr. 20.

381 BVerwG, Beschluss vom 19. August 1964 - 6 B 15.62 -, in: BVerwGE 19, 179, 186; Urteil vom 4. Juni 1970 - 2 C 5.68 -, in: BVerwGE 35, 225, 228; Fürst, §§ 90 - 90g BBG Rand-Nr. 80; Schnellenbach, ZBR 1997, 169, 179.

382 Plog/Wiedow/Beck/Lemhöfer, vor § 90 Erl. 5.

383 Vgl. Gola, RiA 1994, 1, sowie insgesamt zum Personalaktendatenschutz im öffentlichen Dienst; vgl. zum Gebot der Lückenlosigkeit des historischen Geschehensablaufs und zu dem Prinzip der Vollständigkeit der Personalakten: Urteil vom 6. Januar 1972 - 6 C 96. 67 -, in: BayVBl. 1972, 334 = Buchholz 232 § 90 BBG Nr. 16; Urteil vom 8. April 1976 - 2 C 15.74 -, in: DVBl. 1977, 423, 424f.; BVerwG, Urteil vom 30. Juni 1978 - 6 C 43. 76 -, in: BVerwGE 56, 102, 104; siehe zu den Grundsätzen der Vollständigkeit, Kontinuität, Offenheit, Wahrheit und Vertraulichkeit auch: Fürst; §§ 90 - 90g BBG Rand-Ziffern 9 - 15.

384 Vgl. auch BVerwG, Urteil vom 1. Juli 1983 - 2 C 42.82 -, in: BVerwGE 67, 300, 301f.

385 LRiG vom 29. März 1966 (GV NW S. 217/SGV NW 312) in der Fassung vom 20. April 1999 (GV NRW S. 148).

3 Soldatengesetz[386]. Hinsichtlich der Entfernung oder Vernichtung von Inhalten der Personalakte wird auf die einschlägigen beamtenrechtlichen Bestimmungen verwiesen (so beispielsweise § 56e BRRG, § 90e BBG, § 102 e LBG NRW, § 62 LBG Bbg).

2. Beihilfeakten

In den beamtenrechtlichen Gesetzen ist die Beihilfeakte ausdrücklich als Teilakte einer Personalakte gesetzlich normiert. Sie enthält die den Beamten betreffenden Unterlagen über die Beihilfe (vgl. § 56 a BRRG, § 90a BBG, § 102 a LBG NRW, § 58 LBG Bbg).

3. Sicherheitsakten

Sicherheitsakten gehören nach § 56 Abs. 1 Satz 4 BRRG, § 90 Abs. 1 Satz 4 BBG, § 102 Abs. 1 Satz 4 LBG NRW, § 57 Abs. 1 Satz 4 LBG Bbg nicht zu den Personalakten[387]. Sie bestehen ausschließlich aus Vorgängen, die in Zusammenhang mit einer Sicherheitsüberprüfung eines Beamten angefallen sind, zum Beispiel wenn ein Beamter Geheimnisträger ist oder an sicherheitsempfindlichen Stellen eingesetzt wird[388]. Sie sind keine Personalakten, in die jederzeit Einsicht zu gewähren ist[389]. Es handelt sich vielmehr um Sachakten[390].

---

386 SG in der Neufassung vom 19. August 1975 (BGBl. I S. 2273) in der Fassung vom 29. Juni 1998 (BGBl. I S. 1666, 3128); BVerwG, Beschluss vom 23. Januar 1991 - 1 WB 89/90 -, in: BVerwGE 93, 28.

387 Plog/Wiedow/Beck/Lemhöfer, § 90 Erl. 22.

388 BVerwG, Urteil vom 26. Januar 1978 - 2 C 66.73 -, in: BVerwGE 55, 186, 189 = NJW 1978, 1643 = DVBl. 1978, 606f. = DÖV 1978, 926f.; siehe auch: Kunz, VR 1994, 217, 218.

389 BVerwG, Urteil vom 26. Januar 1978 - 2 C 66.73 -, in BVerwGE 55, 186, 189 = NJW 1978, 1643 = DVBl. 1978, 606f. = DÖV 1978, 926f.; auch: BVerwG, Beschluss vom 1. August 1997 - 1 WB 37/97 -, in: NVwZ-RR 1998, 184, 185; Rudisile in Schoch/ Schmidt-Aßmann/Pietzner, § 99 VwGO, Rand-Nr. 20.

390 Vgl. BVerwG, Urteil vom 26. Januar 1978 - 2 C 66.73 -, in: BVerwGE 55, 186ff. = Buchholz 232 § 90 BBG Nr. 21 = NJW 1978, 1643f. = DÖV 1978, 926f. = DVBl. 1978, 606f.; vgl. auch Gola, RiA 1994, 1, 5; s. auch Kunz, VR 1994, 217, 218; Fürst, §§ 90 - 90g BBG Rand-Ziffern 27ff.; Schwab, S. 36; vgl. zu Sicherheitsakten eines Soldaten: BVerwG, Beschluss vom 1. August 1997 - 1 WB 37/97 -, in: NVwZ-RR 1998, 184f., unter Hinweis auf § 18 Abs. 3 Gesetz über die Voraussetzungen und Verfahren von Sicherheitsüberprüfungen des Bundes (Sicherheitsüberprüfungsgesetz - SÜG -) vom 20. April 1994 (BGBl. I S. 867), nach dessen § 23 Abs. 6 i. V. m. Abs. 3 die Sicherheitsakte dem Betroffenen grundsätzlich nicht zugänglich gemacht werden darf.

Eine Einsichtnahme in Sicherheitsakten ist aufgrund der Vorschriften der §§ 56c Abs. 4 Satz 1 2. Halbsatz BRRG, 90c Abs. 4 Satz 1 2. Halbsatz BBG, 102c Abs. 4 LBG NRW sowie 60 Abs. 4 LBG Bbg ausgeschlossen. Über die im Rahmen einer Sicherheitsüberprüfung gesammelten Daten kann sich ein Betroffener gemäß § 23 Abs. 6 i. V. m. den Absätzen 2 bis 5 Sicherheitsüberprüfungsgesetz[391] Kenntnis durch Akteneinsicht verschaffen.

Allerdings dürfte auch hier einem betroffenen Beamten die Möglichkeit von Rechtsschutz zustehen, wenn sein Dienstherr aufgrund von Erkenntnissen aus Sachakten zu Lasten des Beamten nachteilige Rechtsfolgen zu ziehen beabsichtigt. In einem solchen Fall müsste der Dienstherr jedenfalls so viel offenbaren, dass der Beamte seine Rechte sachgemäß wahren kann[392].

4. Prüfungsakten

Prüfungsakten, die ebenfalls nach § 56 Abs. 1 Satz 4 BRRG, § 90 Abs. 1 Satz 4 BBG, § 102 Abs. 1 Satz 4 LBG NRW, § 57 Abs. 1 Satz 4 LBG Bbg nicht zu den Personalakten gehören, enthalten die Unterlagen über Prüfungen wie Gutachten und Prüferstellungnahmen beziehungsweise die Protokolle der mündlichen Prüfung und Korrekturbemerkungen in schriftlichen Arbeiten[393]. Prüfungsakten sind Sachakten einer Behörde, die einen Prüfungsvorgang betreffen. Sie sind auch dann keine Personalakten oder Bestandteile von Personalakten, wenn es um die Prüfung von Beamten im Vorbereitungsdienst geht[394]. Keine Prüfungsakten dagegen sind beispielsweise Akten eines Dienstherrn über formlose Auswahlprüfungen oder Assessment-Center[395]. Entsprechende Unterlagen hierüber gehören in die jeweilige Personalakte[396].

---

[391] Gesetz über die Voraussetzungen und das Verfahren von Sicherheitsüberprüfungen vom 20. April 1994 (BGBl. I S. 867).

[392] BVerwG, Urteil vom 26. Januar 1978 - 2 C 66.73 -, in: BVerwGE 55, 186ff. = Buchholz 232 § 90 BBG Nr. 21 = NJW 1978, 1643f. = DÖV 1978, 926f. = DVBl. 1978, 606f.; Rudisile in Schoch/Schmidt-Aßmann/Pietzner, § 99 VwGO Rand-Nr. 20.

[393] Vgl. BVerwG, Urteil vom 24. Februar 1993 - 6 C 35.92 -, in: BVerwGE 92, 132, 137; Urteil vom 16. März 1994 - 6 C 1.93 -, in: BVerwGE 95, 237, 238 und 252; Kunz, VR 1994, 217; siehe auch: Fürst, §§ 90 - 90g BBG Rand-Ziffern 30 - 35.

[394] Vgl. Kunz, VR 1994, 217.

[395] Vgl. Kunz, VR 1994, 217.

[396] Vgl. Kunz, VR 1994, 217.

Musterlösungen oder Lösungsskizzen werden nicht vom Aktenbegriff umfasst, weil sie nicht das konkrete Prüfungsverfahren eines einzelnen Prüflings betreffen und den Prüfern nur einen nicht verbindlichen Hinweis zur Lösung der Prüfungsaufgabe geben[397]. Anders kann es allerdings dann sein, wenn im Einzelfall ein Prüfer sich konkret auf Angaben in der Musterlösung stützt und sich darauf bezieht[398].

Eine Einsichtnahmemöglichkeit des Prüflings in seine Prüfungsakten ist zunächst lange Zeit verneint worden mit der Begründung, dass diese Akten ihrem Wesen nach geheim seien, um die Unbefangenheit des einzelnen Prüfers zu gewährleisten[399]. Sodann ist ein Recht auf Akteneinsicht nach abgeschlossener Prüfung über § 29 VwVfG allgemein anerkannt worden[400]. Inzwischen ergibt sich ein ent-

---

397 BVerwG, Beschluss vom 11. Juni 1996 - 6 B 88.95 -, in: Buchholz 421.0 Prüfungswesen Nr. 368; Beschluss vom 3. April 1997 - 6 B 4.97 -, in: HFR 1988, 770; Rudisile in Schoch/Schmidt-Aßmann/Pietzner, § 99 VwGO Rand-Nr. 12; im Ergebnis auch: Lang in Sodan/Ziekow, § 99 Rand-Nr. 42.

398 BVerwG, Beschluss vom 3. April 1997 - 6 B 4.97 -, in: HFR 1998, 770.

399 BVerwG, Urteil vom 11. Juli 1958 - 7 C 98.57 -, in: BVerwGE 7, 153ff.; BVerwG, Beschluss vom 23. Februar 1962 - 7 B 21.61 -, in: BVerwGE 14, 31ff. (zu den Prüfungsakten eines Landesjustizprüfungsamtes über die Große Juristische Staatsprüfung, die dem Wesen nach geheim sein sollten); BVerwG, Urteil vom 15. Oktober 1970 - 2 C 36.66 -, in: BVerwGE 36, 134ff.; Urteil vom 29. April 1971 - 2 C 32.69 -, in: BVerwGE 38, 94ff.; VGH Mannheim, Beschluss vom 4. September 1969 - 4 701/69 -, in: NJW 1969, 2254; vgl. auch Kunz, VR 1994, 217, 218 m. w. N.

400 BVerfG, Beschluss vom 17. April 1991 - 1 BvR 419/81, 213/83 -, in: NJW 1991, 2007, 2010 (Beurteilungen in berufsbezogenen Prüfungen unterliegen der vollen gerichtlichen Nachprüfung); BVerfG, Beschluss vom 17. April 1991 - 1 BvR 1529/84, 138/87 -, in: NJW 1991, 2008 (zur gerichtlichen Überprüfbarkeit von Multiple-Choice-Prüfungen); BVerwG, Urteil vom 9. Dezember 1992 - 6 C 3.92 -, in: BVerwGE 91, 262 = NVwZ 1993, 677 = DVBl. 1993, 503 = DÖV 1993, 481 (Einsicht in schriftliche Bewertung einer Prüfungsarbeit); BVerwG, Urteil vom 24. Februar 1993 - 6 C 35.92 -, in: BVerwGE 92, 132, 137 (Einsicht in Prüfungsakten und -protokolle der mündlichen Prüfung und in Korrekturbemerkungen der schriftlichen Arbeiten); BVerwG, Urteil vom 16. März 1994 - 6 C 1.93 -, in: BVerwGE 95, 237, 238 und 252 = NVwZ 1994, 1209 (Einsicht in Akten eines Habilitationsverfahrens, insbesondere in darin befindliche Gutachten und Prüferstellungnahmen); VGH München, Beschluss vom 11. Juni 1996 - 3 C 95.4126 -, in: DVBl. 1997, 378, 379; zur Offenlegung von Voten und Gutachten zu einer rechtswissenschaftlichen Habilitationsschrift gegenüber einem Verwaltungsgericht: OVG Münster, Beschluss vom 12. September 1972 - 5 B 138/71 -, in: JZ 1973, 242ff.; Knack, § 29 Rand-Nr. 22; Kopp/Ramsauer, VwVfG, § 29 Rand-Nr. 26; Schwab, S. 33; Zimmerling/Brehm, NVwZ 1997, 451, 452f.; die Darstellung bei Kunz, VR 1994, 217ff., verneint noch unzutreffenderweise die Annahme eines Akteneinsichtsrechts durch die Rechtsprechung; zur Rechts-

sprechender Anspruch unmittelbar aus § 56c Abs. 4 Satz 1 1. Halbsatz BRRG, § 90c Abs. 4 Satz 1 1. Halbsatz BBG, § 102c Abs. 4 Satz 1 1. Halbsatz LBG NRW beziehungsweise § 60 Abs. 4 Satz 1 1. Halbsatz LBG Bbg.

5. Vorakten, Parallelakten, Musterfallakten, Berufungsfallakten

In der Literatur werden verschiedentlich weitere Begriffe genannt, ohne diese letztlich eindeutig zu definieren und voneinander abzugrenzen.

Unter Vorakten sind solche Akten zu verstehen, die bei einer Behörde in derselben Angelegenheit vorhanden sind; auch wenn sie im konkreten Verwaltungsverfahren noch nicht beigezogen worden sind, unterliegen sie dem materiellen Aktenbegriff[401], da ansonsten die Behörde die Möglichkeit hätte, dem Betroffenen bestimmte Informationen vorzuenthalten[402]. Bei Vorakten handelt es sich insbesondere um in einem früheren Verwaltungsverfahren des Betroffenen entstandene Vorgänge[403]. Jedenfalls bestimmt sich eine Akteneinsicht nach den Grundsätzen eines früheren Beteiligten bezüglich eines abgeschlossenen Verwaltungsverfahrens; sie soll in einem solchen Fall nach der herrschenden Auffassung in Rechtsprechung und Literatur im pflichtgemäßen Ermessen der Behörde liegen (vgl. 2. Teil 2. Kapitel).

Parallelakten, Musterfall(verfahrens)akten oder Berufungsfallakten sollen vorliegen, wenn eine Behörde diese in gleich oder ähnlich gelagerten Parallel- oder Musterfällen angelegt hat; diese sollen nicht dem Aktenbegriff unterliegen[404].

---

lage bei Prüfungsfragen in standardisierten Massentestverfahren: Rudisile in Schoch/Schmidt-Aßmann/Pietzner, § 99 Rand-Nr. 22 (m. w. N.).

401 So: Kopp/Ramsauer, VwVfG, § 29 Rand-Nr. 6; Obermayer, § 29 Rand-Nr. 19; Widhofer-Mohnen, VR 1980, 285, 287; wohl auch: Grüner, § 25 Erl. III. 2.

402 Vgl. Preussner, VBlBW 1982, 1, 2.

403 Trantas, S. 460; wohl auch: Obermayer, 3 29 Rand-Nr. 19; unklar: Engel, S. 14, der wohl letztlich nur darauf abstellt, dass es sich hierbei um Vorgänge handelt, die sich zeitlich vor Einleitung des konkreten Verwaltungsverfahrens ereignet haben und nunmehr von Bedeutung sind.

404 Vgl. Grüner, § 25 Erl. III. 2.; Hufen, Rand-Nr. 238; Kopp/Ramsauer, VwVfG, § 29 Rand-Nr. 12; Widhofer, VR 1980, 285, 287; Obermayer, § 29 Rand-Nr. 19 (es sei denn, gerade in diesen Akten habe die Behörde die maßgeblichen tatsächlichen und rechtlichen Prüfungen angestellt); a. A.: Preussner, VBlBW 1982, 1, 2 zu von ihm „Berufungsfall"-Akten genannten Vorgängen, da ansonsten die Behörde die Möglichkeit hätte, dem Betroffenen bestimmte Informationen vorzuenthalten, und Engel, S. 15, wenn die Behörde die entsprechenden Unterlagen zur Entscheidungsfindung im konkreten Verfahren beiziehen will,

Zutreffenderweise werden diese Akten bei einer Beiziehung Aktenbestandteil. Wird auf sie von der Behörde lediglich hingewiesen, besteht auf jeden Fall ein Anspruch des Betroffenen, hinsichtlich ihres Inhalts und der von der Behörde auf dieser Grundlage beabsichtigten weiteren Vorgehensweise informiert zu werden[405].

XI. Begriff der Einsichtnahme und Abgrenzung zur Auskunfts- und Informationsgewährung sowie zur Herausgabe

Der Begriff der Einsichtnahme ist in den hier untersuchten Vorschriften ebenfalls nicht gesetzlich definiert, offensichtlich weil seine Bedeutung dem Gesetzgeber selbstverständlich erschien. Er erfasst vom Wortsinn her zunächst nur das bloße Hineinsehen in eine Akte oder das Durchsehen einer Akte[406]. Der Begriff beschränkt sich aber nicht lediglich auf eine Kenntnisnahme des Akteninhalts, sondern soll dem Akteneinsichtsberechtigten die Möglichkeit geben, sich zu dem Inhalt der Akten zu äußern[407].
Während die §§ 29 VwVfG, 91 AO und 25 SGB X keine weiteren Möglichkeiten eröffnen, können nach den §§ 100 Abs. 2 Satz 1 VwGO und 78 Abs. 1 Satz 1 FGO Ausfertigungen, Auszüge und Abschriften und nach § 120 Abs. 2 Satz 1 i. V. m. Abs. 3 Satz 1 SGG Auszüge und Abschriften erteilt werden. Der Akteneinsichtnehmende muss aber in allen Verfahrensarten aufgrund des Wesens der Akteneinsicht auch in der Lage sein, als erste unmittelbare Folge seines Hineinsehens handschriftliche Auszüge und Anmerkungen anfertigen zu dürfen, um selber ein „Doppel" von ihm wichtig erscheinenden Akteninhalten zur besseren Verfahrens- und Prozessführung in Händen zu halten[408].

BGH, Urteil vom 17. Dezember 1965 - 4 ZR 290/64 -, in: VersR 1966, 193f. = MDR 1966, 665f., nimmt ein Parallelverfahren an, wenn in einem zweiten Verfahren um die gleiche Rechtsfrage gestritten wird.

405 Hufen, Rand-Nr. 238 (ausdrücklich zu Parallel- und Musterfallakten); Engel, S. 15 (zu Parallel- und Berufungsfällen, der diesbezüglich sogar ein Recht auf Akteneinsicht bejahen will).

406 Vgl. Mecking, NVwZ 1992, 316, 318; Bonk/Kallerhoff in Stelkens/Bonk/Sachs, § 29 Rand-Nr. 29 spricht von der „Gelegenheit zum Studium der Akten"; der Begriff erfasst nicht die Rekonstruktion einer bereits vernichteten Akte: LSG Berlin, Entscheidung vom 24. September 1997 - L 9 Kr 9/97 -.

407 Vgl. nur: BVerwG, Urteil vom 24. November 1961 - 7 C 151.60 -, in: BVerwGE 13, 187, 190; VGH Mannheim, Beschluss vom 4. Juli 1997 - 13 S 973/97 -, in: NVwZ-RR 1998, 687.

408 Vgl. Mecking, NVwZ 1992, 316, 318; ähnlich: Obermayer, § 29 Rand-Nr. 24; Bonk/Kallerhoff in Stelkens/Bonk/Sachs, § 29 Rand-Nr. 29, bejaht auf jeden Fall die

Bei der Gewährung von Akteneinsicht ist die Behörde nur zur Vorlage der betreffenden Akten beziehungsweise Aktenteile verpflichtet; sie muss hinsichtlich des Akteninhalts keine besonderen Erläuterungen oder Erklärungen abgeben, darf es aber tun[409]. Die Akteneinsicht ist nämlich zu trennen von förmlichen Beratungs- und Auskunftspflichten, wie sie beispielsweise in § 25 Satz 2 VwVfG für das verwaltungsbehördliche, in § 83 SGB X für das sozialbehördliche sowie in § 89 Satz 2 AO für das Steuerfestsetzungsverfahren vorgesehen sind[410]. Bei der Akteneinsichtnahme ist aber der Einsichtnehmende grundsätzlich nicht auf die bloße Weitergabe von Akteninhalten durch dritte Personen beschränkt, wenn auch eine Auskunftserteilung oder Informationsgewährung als Akteneinsicht in weiterem Sinne bezeichnet werden kann[411] oder als ein Minus gegenüber einer Einsichtnahme[412].

Denn eine Akteneinsicht ohne die Möglichkeit einer schriftlichen Fixierung ist wenig praktikabel und erscheint vom Gesetzgeber auch deswegen nicht als gewollt. Unter Akteneinsicht muss damit jede Möglichkeit des die Akteneinsicht Nehmenden verstanden werden, vom Inhalt von behördlichen oder gerichtlichen Akten Kenntnis zu nehmen und die zur Kenntnis genommenen Informationen auf geeignete Weise zu speichern, was in der Regel durch das Fertigen von Ablichtungen und Abschriften auf Kosten des Akteneinsichtnehmenden erfolgen kann[413]. Bei einer an einen Prozessbevollmächtigten erfolgten Aktenversendung nach § 100 Abs. 2 Satz 3 VwGO darf dieser daher selber Ablichtungen aus den Akten fertigen[414]; ein bei einer anderen Behörde oder bei einem anderen Gericht

---

„Gelegenheit zum Studium der Akten und zur Anfertigung von Notizen und Auszügen"; zur Verneinung des Abschreibens oder Ablichtens der gesamten (Prüfungs)akte, damit nicht eine zweite (Prüfungs)akte entsteht: Kunz, VR 1994, 217, 220, wobei diese Auffassung in dieser Allgemeinheit rechtlich wohl nicht haltbar sein dürfte.

409 Bonk/Kallerhoff in Stelkens/Bonk/Sachs, § 29 Rand-Nr. 31; Obermayer, § 29 Rand-Nr. 24; Vahle, DVP 1999, 102, 103.

410 Vgl. Knack, § 29 Rand-Nr. 6.

411 Vgl. zu § 299 ZPO: Hartmann in Baumbach/Lauterbach, § 299 Rand-Nr. 8.

412 VG Giessen, Urteil vom 19. März 1991 - I/1 E 760/90 -, in: NVwZ 1992, 401.

413 Vgl. ausdrücklich zu § 29 VwVfG: Preussner, VBlBW 1982, 1, 7, nach dem das Recht auf Akteneinsicht nur so sinnvoll ausgeübt werden kann; auch: Obermayer, § 29 Rand-Nr. 24; Kunz, VR 1994, 217, 220 (zu Prüfungsakten); Mecking, NVwZ 1992, 316, 318ff., der neben dem Notieren und Exzerpieren auch das Diktieren als Form des Abschreibens, das Kopieren und das Fotografieren für zulässig erachtet; Bonk/Kallerhoff in Stelkens/Bonk/Sachs, § 29 Rand-Nrn. 79 und 80 (nach pflichtgemäßem Ermessen der Behörde); zur Zulässigkeit der Anfertigung von Fotographien: Vahle, DVP 1999, 185, 189.

414 VGH München, Beschluss vom 29. Juli 1997 - 7 C 97. 1151 -, in: NVwZ-RR 1998, 686f.

Einsichtnehmender hat dagegen die Möglichkeit, sich gemäß § 100 Abs. 2 Satz 1 VwGO Ablichtungen erteilen zu lassen. Bei einer erfolgten Verfilmung von Akten(teilen) oder ihrer elektronischen Speicherung muss gleichfalls die Möglichkeit des Lesens und der anschließenden Ausgabe von Abdrucken gegeben sein[415].

Aber auch eine fernmündliche „Einsichtnahme" in Form einer Vermittlung bestimmter Akteninhalte (Auskunft) an einen Verfahrensbeteiligten ist nicht ausgeschlossen, wenn sichergestellt ist, dass die Übermittlung tatsächlich an den Beteiligten erfolgt[416] (beispielsweise wenn dieser der die „Einsicht" gewährenden Person bekannt ist). Insbesondere bei elektronischen Akten und einer zukünftigen online-Akteneinsicht ist die Identität des die Einsicht Begehrenden und seine Berechtigung zweifelsfrei zu klären (Stichwort: elektronische Signatur); diesbezüglich bedarf es allerdings gesetzlicher Vorgaben[417].

Dagegen umfasst der Einsichtnahmebegriff nicht ein Verlangen auf Herausgabe einer Akte[418].

---

415 Obermayer, § 29 Rand-Nr. 24; Bonk/Kallerhoff in Stelkens/Bonk/Sachs, § 29 Rand-Nr. 80, unter Hinweis auf § 299a ZPO; im verwaltungsgerichtlichen Verfahren verweist § 100 Abs. 2 Satz 2 VwGO ausdrücklich auf § 299a ZPO.

416 Umbach/Dollinger in Umbach/Clemens, § 20 BVerfGG Rand-Nr. 19.

417 Boehme-Neßler, NVwZ 2001, 374, 377f.; Roßnagel, DÖV 2001, 221, 228f. (m. w. N. und Vorschlägen für eine Umsetzung).

418 VG Gießen, Urteil vom 14. Februar 2000 - 10 E 2505/99 -, in: DVP 2001, 38f. = NVwZ-RR 2001, 33f.

2. Teil: Akteneinsicht im verwaltungsbehördlichen und im verwaltungsgerichtlichen Verfahren

1. Kapitel: Akteneinsicht nach § 29 VwVfG

1. Anwendungsbereich der Norm

In der Literatur wird zwischen der unmittelbaren (siehe nachfolgend 1.1.) und der analogen (siehe nachfolgend 1.2.) Anwendung unterschieden.

1.1. Unmittelbare Anwendung

Die Vorschrift des § 29 VwVfG ist die zentrale Vorschrift des behördlichen Akteneinsichtsrechts. Sie regelt die Akteneinsicht durch die Beteiligten eines laufenden Verwaltungsverfahrens sowohl nach dem Verwaltungsverfahrensgesetz des Bundes[419] als auch nach den Verwaltungsverfahrensgesetzen der Bundesländer[420]. Die Verwaltungsverfahrensgesetze der Länder haben mit Ausnahme von Bayern und Schleswig-Holstein im wesentlichen inhaltsgleiche Regelungen[421].

---

[419] Vom 25. Mai 1976 (BGBl. I S. 1253) in der Fassung der Bekanntmachung vom 21. September 1998 (BGBl. I S. 3050); soweit nicht anders gekennzeichnet, ist im folgenden auf § 29 VwVfG des Bundes abgestellt; zur Akteneinsicht im europäischen Verwaltungsrecht: Nolte, DÖV 1999, 363, 364ff. (Überblick).

[420] Vgl. Knack, § 29 Rand-Nrn. 1 und 2; zu den aktuellen Länderregelungen vgl. die Auflistung der Gesetze und ihrer Fundstellen in: Sartorius I, Verfassungs- und Verwaltungsgesetze der Bundesrepublik.

[421] Knack, § 29 Rand-Nr. 1, unter Hinweis auf Art. 29 des Bayerischen Verwaltungsverfahrensgesetzes, wonach die Akteneinsicht nur auf die einzelnen Teile der Akte beschränkt ist; Art. 88 Schleswig-Holsteinisches Landesverwaltungsgesetz erkennt einen Rechtsanspruch nur bei gesetzlicher Normierung an; ansonsten liegt die Akteneinsicht im Ermessen der Behörde; in den Landesgesetzen von Baden-Württemberg, Bremen, Mecklenburg-Vorpommern, Niedersachsen und Schleswig-Holstein gilt zudem das Recht auf Akteneinsicht nicht für Berufungsverfahren für wissenschaftliches und künstlerisches Personal im Hochschulbereich; § 29 Abs. 2 des Verwaltungsverfahrensgesetzes des Bundes und des Landes Nordrhein-Westfalen ist in Brandenburg durch die folgenden Sätze 2 und 3 (klarstellend) ergänzt worden: Satz 2: „Die Beeinträchtigung der ordnungsgemäßen Erfüllung ihrer Aufgaben hat die Behörde durch hinreichend gewichtige, konkret angebbare Gründe dem Betroffenen mitzuteilen." Satz 3: „§ 18 Abs. 5 des Brandenburgischen Datenschutzgesetzes bleibt unberührt."; § 18 Abs. 5 Bbg DSG lautet: „Die Verpflichtung zur Auskunftsertei-

Hinsichtlich der konkreten Anwendung der Bundesregelung beziehungsweise der Länderregelungen ist auf den jeweiligen den Anwendungsbereich regelnden § 1 zu verweisen.

§ 29 VwVfG gewährt kein allgemeines Akteneinsichtsrecht für jedermann in Behördenakten[422]. Diesbezüglich kann sich jedoch ein Anspruch aus Informations (freiheits)gesetzen ergeben (vgl. die bereits bestehenden Regelungen in Brandenburg, Berlin und Schleswig-Holstein). Die Vorschrift regelt vielmehr die Gewährung von Akteneinsicht nur an Beteiligte eines Verwaltungsverfahrens (Prinzip der „beschränkten Aktenöffentlichkeit“[423]). Dies ergibt sich sowohl aus dem Wortlaut („den Beteiligten“, „Einsicht in die das Verfahren betreffenden Akten“) als auch aus der systematischen Stellung der Vorschrift im Teil II des Verwaltungsverfahrensgesetzes (Allgemeine Vorschriften über das Verwaltungsverfahren)[424]. § 29 Abs. 1 VwVfG gewährt ein subjektives Recht auf Akteneinsicht; ein

---

lung oder zur Gewährung der Akteneinsicht sowie zur Benachrichtigung entfällt, soweit die personenbezogenen Daten oder die Tatsache ihrer Speicherung nach einer Rechtsvorschrift oder wegen der überwiegenden berechtigten Interessen eines Dritten geheimgehalten werden müssen und deswegen das Interesse des Betroffenen an der Auskunftserteilung zurücktreten muß.“

422 Obermayer, § 29 Rand-Nr. 2; Bonk/Kallerhoff in Stelkens/Bonk/Sachs, § 29 Rand-Nr. 2; insbesondere nicht über das Recht auf „informationelle Selbstbestimmung“: FG Düsseldorf, Urteil vom 23. August 1996 - 18 K 8159/92 -, in: EFG 1998, 11f. (rechtskräftig).

423 Vgl. Amtliche Begründung, BT-Drs. 7/910, S. 52; Knack, § 29 Rand-Nrn. 2 und 5; Obermayer, § 29 Rand-Nr. 2; Bonk/Kallerhoff in Stelkens/Bonk/Sachs, § 29 Rand-Nr. 3; Widhofer-Mohnen, VR 1980, 285, 286; Thiele, DÖD 1978, 65, 66 (anstelle einer Aktengeheimhaltung); Schwab, S. 20, unter Hinweis darauf, dass es kein Prinzip einer Aktenöffentlichkeit gibt, wonach grundsätzlich jedermann ein Recht auf Akteneinsicht in Verwaltungsakten hat - vgl. hierzu aber das Akteneinsichts- und Informationszugangsgesetz (AIG) des Landes Brandenburg; Hufen, Rand-Nr. 234, der von einer „begrenzbare(n) Aktenöffentlichkeit“ spricht; Preussner VBlBW 1982, 1, 2, 3, der von einem „Prinzip der beschränkten Akteneinsicht“ beziehungsweise „Aktenöffentlichkeit“ spricht; Mengel, Die Verwaltung 1990, 377, 381, der die „eingeschränkte Aktenöffentlichkeit“ auf verschiedene inhaltliche Regelungen des § 29 VwVfG stützt: Akteneinsicht gelte nur für Beteiligte von der Einleitung bis zum Abschluss eines Verwaltungsverfahrens bei Vorliegen eines rechtlichen Interesses und bei Nichtvorliegen von Ausschlussgründen; kritisch zu diesen vorgenannten Einschränkungen: Rupp, AöR 108, 445, der in der gegenwärtigen gesetzlichen Regelung keinen ausreichend deutlichen Schritt weg vom früheren Geheimhaltungsprinzip zur Kontrolle der Verwaltung durch die Öffentlichkeit sieht; im Umweltrecht ist insbesondere aufgrund der Vorschriften des Umweltinformationsgesetzes eine Hinwendung zu einer „Verwaltungsöffentlichkeit“ erfolgt: Kloepfer, § 5 Rand-Nr. 175.

424 Obermayer, § 29 Rand-Nr. 9.

Ermessen der Behörde besteht diesbezüglich nicht[425]. § 29 VwVfG beinhaltet dagegen kein Recht und keinen Anspruch auf Beiziehung (noch) nicht tatsächlich zum Verfahren beigezogener Akten[426]. Aufgrund des zunehmenden Einsatzes moderner Informations- und Kommunikationstechnologien („Electronic Government"[427]) und der Verwendung rechnergestützter Datensammlungen gewährt die Norm auch einen Anspruch auf Einsicht in oder auf Informationen über die verfahrensbezogenen Daten, die gespeichert sind und sich nicht unmittelbar in der Akte befinden[428]. § 29 VwVfG umfasst gleichfalls einen Auskunftsanspruch von Beteiligten eines Verwaltungsverfahrens als Minus zum Anspruch auf Akteneinsicht[429]. Die Norm regelt nicht die Akteneinsicht von Nichtbeteiligten (Dritten oder früheren Beteiligten) beziehungsweise die Akteneinsicht außerhalb eines anhängigen Verwaltungsverfahrens[430]. Gleichwohl ist auch bei diesen Fallkonstellationen die Möglichkeit der Gewährung von Akteneinsicht zu bejahen. Allerdings besteht hier kein subjektives Recht auf Akteneinsicht. Die Gewährung steht in diesen Fällen nach Meinung der Rechtsprechung und der Literatur allein im

425 Vgl. Hufen, Rand-Nr. 236; Obermayer, § 29 Rand-Nr. 2; König, DÖV 2000, 45, 47.

426 Knack, § 29 Rand-Nr. 12.; Obermayer, § 29 Rand-Nr. 19; Preussner, VBlBW 1982, 1, 2; Widhofer-Mohnen, VR 1980, 285, 287; nach Bonk/Kallerhoff in Stelkens/Bonk/Sachs, § 29 Rand-Nrn. 8 und 36, kann dagegen ein Anspruch auf Beiziehung bestehen, soweit es um das Verfahren betreffende Akten geht; die zur Begründung herangezogene Entscheidung des OVG Hamburg, Beschluss vom 25. September 1995 - Bf IV 8/94 -, in: NVwZ-RR 1996, 304, stützt diese Auffassung indes nicht: das OVG hat lediglich einen Anspruch auf vollständige Ablichtung und Übersendung einer bereits beigezogenen Akte mit mehr als 300 Seiten als rechtsmissbräuchlich abgelehnt; in Rand-Nr. 25 wird dagegen ein Recht auf allgemeine Aktenbeiziehung - zutreffenderweise - verneint; Turiaux, Einl. Rand-Nr. 34, verneint ebenfalls zutreffend einen Anspruch auf Beschaffung von über die beigezogenen Akten hinausgehenden Informationen über § 29.

427 Vgl. nur: Boehme-Neßler, NVwZ 2001, 374ff.; Groß, DÖV 2001, 159ff. (m. w. N.); Holznagel/Krahn/Werthmann, DVBl. 1999, 1477ff.; Rosenbach, DVBl. 2001, 332, 333.

428 Vgl. Groß, DÖV 2001, 159, 163f.; Hufen, Rand-Nr. 243; zur - gesetzlich allerdings noch zu normierenden - Online-Akteneinsicht: Roßnagel, DÖV 2001, 228f. (m. w. N.).

429 VG Giessen, Urteil vom 19. März 1991 - I/1 E 760/90 -, in: NVwZ 1992, 401 (bezüglich der Bekanntgabe eines Behördeninformanten).

430 BVerwG, Urteil vom 20. Februar 1990 - 1 C 42.83 -, in: BVerwGE 84, 375, 376; BVerwG, Urteil vom 1. Juli 1983 - 2 C 42.82 -, in: BVerwGE 67, 300, 303f. = NVwZ 1984, 445 = DVBl. 1984, 56; OVG Münster, Beschluss vom 9. Juni 1998 - 5 B 1634/97 -, in: DÖV 1998, 1022, 1023 = NWVBl. 1998, 487, 488; Knack, § 29 Rand-Nr. 2; Lodde, S. 25; Obermayer, § 29 Rand-Nr. 1; Bonk/Kallerhoff in Stelkens/Bonk/Sachs, § 29 Rand-Nrn. 2 und 18; Turiaux, Einl. Rand-Nr. 29.

pflichtgemäßen Ermessen der zur Entscheidung berufenen Behörde[431]. Akteneinsicht kann danach gewährt werden, wenn die Kenntnis des Akteninhalts Voraussetzung für eine wirksame Rechtsverfolgung ist[432]. § 29 schließt somit das Einsichtsrecht von Dritten oder früheren Beteiligten beziehungsweise außerhalb eines laufenden Verwaltungsverfahrens nicht aus[433]. Wegen der Einzelheiten wird jedoch auf die nachfolgenden Darstellungen im zweiten Kapitel dieser Arbeit verwiesen.

Grafisch lässt sich der Anwendungsbereich des § 29 VwVfG nach der gegenwärtigen allgemeinen Auffassung vereinfacht darstellen (s. Abb. 1 im *Anhang*)[434].

1.2. Analoge Anwendung

„Sinngemäß-analog" wird § 29 VwVfG auf Verwaltungsverfahren für anwendbar erachtet, die an sich zwar gemäß § 2 des Verwaltungsverfahrensgesetzes des Bundes beziehungsweise der einzelnen Länder von der Anwendung dieses Gesetzes ausgenommen sind, für die aber entsprechende eigene Rechtsvorschriften fehlen[435]. So gilt beispielsweise gemäß § 2 Abs. 1 VwVfG das Gesetz ausdrücklich nicht für die Tätigkeit der Kirchen und der Religionsgesellschaften. Denn

---

431 Vgl. BVerwG, Urteil vom 1. Juli 1983 - 2 C 42.82 -, in: BVerwGE 67, 300, 304f. = NVwZ 1984, 445 = DVBl. 1984, 56; VGH München, Urteil vom 17. Februar 1998 - 23 B 95.1954 -, in: BayVBl 1998, 693; OVG Münster, Beschluss vom 9. Juni 1998 - 5 B 1634/97 -, in: DÖV 1998, 1022, 1023 = NWVBl. 1998, 487, 488; Knack, § 29 Rand-Nr. 2; Kopp/Ramsauer, VwVfG, § 29 Rand-Nr. 20; Obermayer, § 29 Rand-Nr. 12; Bonk/Kallerhoff in Stelkens/Bonk/Sachs, § 29 Rand-Nr. 18; Turiaux, Einl. Rand-Nr. 28, befürwortet die analoge Anwendung des § 29 VwVfG auch für Personen, die im Hinblick auf ihre eventuelle Beteiligung am Verwaltungsverfahren und zur Prüfung der Erfolgsaussichten möglicher Rechtsbehelfe Akteneinsicht begehren; so im Fall des Nachbarn einer emmittierenden Anlage, dem nicht zugemutet werden könne, zuerst Rechtsbehelfe einzulegen, um dann erst im Rahmen des Verwaltungs- oder Gerichtsverfahrens Akteneinsicht zu erlangen; kritisch: Schoenemann, DVBl. 1988, 520, der für die Weitergabe von Daten an Dritte aufgrund des Rechts auf informationelle Selbstbestimmung eine besondere gesetzliche Ermächtigung für erforderlich hält; vgl. zu diesem Aspekt: 2. Teil, 2. Kapitel.

432 BVerwG, Urteil vom 23. August 1968 - 4 C 235.65 -, in: BVerwGE 30, 154, 159f. (Entscheidung zur Möglichkeit einer Akteneinsicht durch Dritte); letztlich auch: OVG Koblenz, Urteil vom 2. Oktober 1991 - 7 A 10880/91 -, in: NVwZ 1992, 384 = DVBl. 1991, 1367; Bonk/Kallerhoff in Stelkens/Bonk/Sachs, § 29 Rand-Nrn. 32 und 40 (Akteneinsicht von früheren Beteiligten).

433 Turiaux, Einl. Rand-Nr. 29.

434 Vgl. Schwab, S. 35.

435 Kopp/Ramsauer, VwVfG, § 29 Rand-Nr. 5.

Kirchen als Körperschaften des öffentlichen Rechts (Art. 140 GG i. V. m. 137 Abs. 4 WRV) regeln und verwalten ihre (inneren) Angelegenheiten selbständig innerhalb der Schranken des für alle geltenden Gesetzes (Art. 140 GG i. V. m. 137 Abs. 3 Satz 1 WRV). Insbesondere dürfen sie unter anderem die Rechte und Pflichten ihrer Mitglieder regeln[436]. Grundlage hierfür ist das jeweilige theologische Selbstverständnis[437]. Daher sind sie berechtigt, u. a. auch die Norm des § 29 VwVfG auf ihre inneren Verwaltungstätigkeiten anzuwenden[438]. Eine allgemeine entsprechende Anwendung ohne oder gegen ihren Willen verbietet sich indes.

In Verfahren der Finanzbehörden hingegen findet § 29 VwVfG keine Anwendung, weil hier in § 2 Abs. 2 Ziff. 1 VwVfG ausdrücklich die Anwendbarkeit der Abgabenordnung und damit die Geltung von Sonderregelungen normiert ist. Gleiches gilt beispielsweise für das sozialbehördliche Verfahren; hier trifft § 2 Abs. 2 Ziff. 4 VwVfG mit der Anwendbarkeit des Sozialgesetzbuches X eine entsprechende Sonderregelung[439].

---

[436] Vgl. zum Beispiel das Kirchengesetz über die Rechtsverhältnisse der Kirchenbeamten (Kirchenbeamtengesetz) in der Fassung vom 31. März 1987 (ABl. EKD S. 254), abgedruckt in der Rechtssammlung der Evangelischen Kirche im Rheinland, herausgegeben vom Landeskirchenamt der Evangelischen Kirche im Rheinland, begründet von Hönscheid; Kirchenbeamten steht indes über § 38 Abs. 1 Satz 1 ein Einsichtsrecht in die Personalakten zu; um innerkirchliche Regelungen handelt es sich auch um solche in einem kirchlichen Verwaltungsgerichtsgesetz: Kirchengesetz über die kirchliche Verwaltungsgerichtsbarkeit (Verwaltungsgerichtsgesetz - VwGG -) vom 16. Juni 1996 (ABl. EKD S. 390) und Kirchengesetz über die kirchliche Verwaltungsgerichtsbarkeit in der Evangelischen Kirche im Rheinland (Verwaltungskammergesetz - VwKG -) vom 9. Januar 1997 (KABl. S. 78); § 34 VwGG bestimmt: „Die Beteiligten können die Gerichtsakten und die dem Gericht vorgelegten Akten einsehen" (Abs. 1). „Die Beteiligten können sich auf ihre Kosten Kopien oder Abschriften durch die Geschäftsstelle fertigen lassen" (Abs. 2).

[437] Vgl. Hemmrich in: von Münch, Art. 140 Rand-Nr. 19, wonach solche Regelungen auch hinsichtlich des Kirchenaustritts anzunehmen seien; diesbezüglich ist aber beispielsweise in Nordrhein-Westfalen das Gesetz zur Regelung des Austritts aus Kirchen, Religionsgemeinschaften und Weltanschauungsgemeinschaften des öffentlichen Rechts (Kirchenaustrittsgesetz) vom 26. Mai 1981 (GV NW S. 260) maßgeblich, wonach der Austritt durch Erklärung bei dem Amtsgericht erfolgt.

[438] Beispielsweise im kirchlichen Prüfungsrecht, wo es im Bereich der Evangelischen Kirche im Rheinland keine Möglichkeit der Gewährung von Akteneinsicht nach kirchenrechtlichen Normen gibt.

[439] Vgl. hierzu auch OVG Hamburg, Urteil vom 10. März 1978 - Bf I 34/77 -, in: NJW 1979, 1219, wodurch das OVG den Anspruch eines Vormundes in die Jugendakten des von ihm vertretenen Mündels nach § 29 des Hamburgischen Verwaltungsverfahrensgesetzes zutreffend verneinte, da § 8 SGB - X - die Kinder- und Jugendhilfe zum Bestandteil des Sozialgesetzbuches zählte und damit dieses vorrangig Anwendung fand.

2. Verhältnis zu anderen Vorschriften

Sofern Sondervorschriften das Verwaltungsverfahren regeln (vgl. diesbezüglich die Ausführungen im 3. Kapitel, Gliederungspunkte 1. und 14.), gehen diese der allgemeinen Bestimmung des § 29 VwVfG vor[440]. Insbesondere ist die Vorschrift des § 25 SGB X für das sozialbehördliche Verwaltungsverfahren als Sonderregelung gegenüber der Vorschrift des § 29 VwVfG vorrangig (vgl. diesbezüglich die Ausführungen im 4. Teil 1. Kapitel)[441]. Datenschutzrechtliche Vorschriften - beispielsweise die §§ 18 DSG NRW und Bbg -, die die Akteneinsicht von Betroffenen regeln, treten gemäß § 2 Absatz 3 DSG NRW, § 18 Abs. 4 Satz 2 DSG Bbg, hinter die diesbezüglich die Akteneinsicht von Beteiligten eines behördlichen Verwaltungsverfahrens regelnde spezielle Norm des § 29 VwVfG des Bundes und der Länder zurück[442]. § 19 BDSG wiederum gewährt Betroffenen lediglich einen Auskunfts-, aber keinen Akteneinsichtsanspruch[443] und geht daher dem § 29 VwVfG schon aus diesem Grund nicht vor[444]. Unberührt von § 29 VwVfG bleibt die die Akteneinsicht im verwaltungsgerichtlichen Verfahren regelnde Vorschrift des § 100 VwGO[445].

Bei reinen Auskunftsbegehren eines Beteiligten geht § 29 VwVfG der Vorschrift des § 25 Satz 2 VwVfG als Spezialregelung vor, da das Recht auf Akteneinsicht

---

440 Vgl. Hirschberger, S. 99; Hufen, Rand-Nr. 234; Knack, § 29 Rand-Nrn. 30ff.; Kopp/Ramsauer, VwVfG, § 29 Rand-Nrn. 6 und 7; Obermayer, § 29 Rand-Nr. 6; Bonk/Kallerhoff in Stelkens/Bonk/Sachs, § 29 Rand-Nr. 2; vgl. auch Preussner, VBlBW 1982, 1, 2: soweit die Akteneinsicht in Spezialgesetzen erwähnt sei, handele es sich dabei um Ergänzungen des in § 29 VwVfG geregelten Akteneinsichtsrechts, so dass daneben diese Regelung des § 29 zu beachten bleibe (unter Hinweis auf OVG Lüneburg; Beschluss vom 12. April 1976 - 7 B 18/76 -, in: OVGE 32, 370ff., woraus sich diese Feststellung allerdings nicht ergeben dürfte; die Entscheidung bezieht sich allein auf einen Anspruch Dritter auf Herstellung und Zusendung von Fotokopien oder Fotografien im Rahmen eines immissionsschutzrechtlichen Genehmigungsverfahrens); beispielsweise auch Vorrang des § 102c LBG NRW als beamtenrechtliche Spezialnorm gegenüber § 18 DSG NRW: OVG Münster, Urteil vom 8. Februar 1994 - 6 A 2704/91 -, in: OVGE 44, 29, 34.

441 Trantas, S. 453, befürwortet zwar die analoge Anwendung von § 25 Abs. 2 SGB X im Rahmen von § 29 VwVfG; allerdings lässt sich eine hierfür erforderliche unbewusste planwidrige Lücke des VwVfG-Gesetzgebers nicht erkennen.

442 So ausdrücklich zur früheren Rechtslage in Nordrhein-Westfalen, wo § 18 Abs. 2 Satz 2 den Vorrang von § 29 VwVfG ausdrücklich normierte: Stähler, § 2 Erl. 12.

443 Ordemann/Schomerus, § 19 Rand-Nr. 5.2.

444 Obermayer, § 29 Rand-Nr. 5.

445 Bonk/Kallerhoff in Stelkens/Bonk/Sachs, § 29 Rand-Nr. 2.

als Minus auch ein Recht auf Auskunft enthält[446]. § 25 Satz 2 VwVfG erfasst demgegenüber richtigerweise nur Auskunftsbegehren betreffend die konkreten bestehenden Rechte und Pflichten eines Beteiligten innerhalb seines konkreten Verfahrens[447].

3. Tatbestandsvoraussetzungen

Nachfolgend werden die einzelnen Tatbestandsvoraussetzungen für die Gewährung der Akteneinsicht gemäß § 29 VwVfG aufgezeigt und erläutert.

3.1. Beteiligte (§ 29 Abs. 1 Satz 1 i. V. m. § 13 VwVfG) und ihre Vertreter (§ 29 Abs. 1 Satz 3 VwVfG)

Nach § 29 Abs. 1 Satz 1 VwVfG haben nur Beteiligte[448] einen Anspruch auf Akteneinsicht. Wer Beteiligter ist, ergibt sich aus § 13 VwVfG. Dies sind insbesondere der Antragsteller (in der Regel der Bürger) und der Antragsgegner (in der Regel eine Behörde) nach § 13 Abs. 1 Ziff. 1 VwVfG sowie diejenigen, die nach § 13 Abs. 2 VwVfG von der Behörde hinzugezogen worden sind (vgl. § 13 Abs. 1 Ziff. 4 VwVfG)[449]. Diese Regelung der Hinzuziehung entspricht inhaltlich der Beiladung nach § 65 VwGO im verwaltungsgerichtlichen Verfahren.

---

446 Vgl. VG Gießen, Urteil vom 19. März 1991 - I/1 E 760/90 -, in: NVwZ 1992, 401 (bezüglich der Bekanntgabe eines Behördeninformanten); zur Nichtanwendbarkeit der mit § 25 Satz 2 VwVfG übereinstimmenden Vorschrift des § 89 Satz 2 AO im finanzbehördlichen Verfahren: BFH, Urteil vom 8. Februar 1994 - VII R 88/92 -, in: BStBl. II 1994, S. 552ff.

447 Kopp/Ramsauer, VwVfG, § 25 Rand-Nrn. 14, 15; so zwar auch: Knack, § 25 Rand-Nrn. 5 bis 7 sowie 15 und 17, und Bonk/Kallerhoff in Stelkens/Bonk/Sachs, § 25 Rand-Nrn. 2, 12 und 44, die allerdings gleichzeitig einen Auskunftsanspruch eines Beteiligten beispielsweise über einen Behördeninformanten zur Verwirklichung des eigenen Grundrechtsschutzes nach § 25 Satz 2 VwVfG bejahen, wobei die Entscheidung hierüber im Ermessen der Behörde stehen soll. Soweit teilweise auf die Entscheidung des BVerwG vom 23. Juni 1982 - 1 C 222/79 -, in: MDR 1983, 344ff., verwiesen wird, betrifft diese allerdings ein Auskunftsbegehren eines Nichtbeteiligten, welcher sich bereits tatbestandsmäßig nicht auf die Vorschrift des § 25 Satz 2 VwVfG berufen kann.

448 Vgl. nur: BVerwG, Urteil vom 20. Februar 1990 - 1 C 42.83 -, in: BVerwGE 84, 375; Kopp/Ramsauer, VwVfG, § 29 Rand-Nr. 19; Obermayer, § 29 Rand-Nr. 10; Bonk/Kallerhoff in Stelkens/Bonk/Sachs, § 29 Rand-Nr. 32.

449 Turiaux, Einl. Rand-Nr. 26.

Umstritten ist, ob einem tatsächlich Betroffenen, der von der Behörde (bisher) noch nicht beteiligt worden ist, aber selbst nur aufgrund der Aktenlage feststellen kann, ob eine Beteiligung in Betracht kommt, ein Akteneinsichtsrecht zusteht[450]. Gegen eine solche Auslegung spricht der eindeutige Wortlaut des § 13 Abs. 1 Ziff. 4 VwVfG („hinzugezogen worden *sind*"), mithin die tatsächlich erfolgte Hinzuziehung zu einem Verfahren[451]. Für die Annahme der Beteiligteneigenschaft ist nicht maßgeblich eine etwaige rechtliche Betroffenheit, sondern allein die formale, d. h. die durch den formellen Akt der Antragstellung, der Eröffnung eines Verwaltungsverfahrens oder der Beiladung begründete Stellung im Verfahren[452]. Ein Betroffener muss deshalb bei der Behörde zunächst einen Antrag auf Beteiligung stellen und hat in diesem Rahmen als Beteiligter eines konkreten Verfahrens auch ein Akteneinsichtsrecht nach § 29 Abs. 1 VwVfG[453].

Die Stellung eines Antrages und damit die formale Begründung einer Beteiligteneigenschaft bei einer Behörde allein mit dem Ziel, dadurch eine Einsichtnahme in bestimmte Unterlagen Dritter zu erreichen, vermag indes zu keiner entsprechenden Gewährung zu führen. Denn in einem solchen Fall betrifft die begehrte Akteneinsicht nicht die eigenen Akten im Sinne von § 29 Abs. 1 Satz 1 VwVfG.

Frühere Beteiligte eines Verwaltungsverfahrens fallen nicht unter die Regelung des § 29 Abs. 1 VwVfG, da sie nicht (mehr) Beteiligte sind[454].

Ein Bevollmächtigter oder Beistand im Sinne von § 14 VwVfG ist nicht selbst Beteiligter im Sinne von § 13 VwVfG und hat damit kein eigenständiges Akten-

---

[450] So: VGH München, Beschluss vom 10. März 1988 - 5 C 86.03492 -, in: NJW 1989, 2643; Hufen, Rand-Nr. 236; Turiaux, Einl. Rand-Nr. 28, der hier von einer analogen Anwendung des § 29 VwVfG ausgeht.

[451] Knack, § 29 Rand-Nr. 8; Lodde, S. 25; Schwab, S. 21f.; Bonk/Kallerhoff in Stelkens/Bonk/Sachs, § 29 Rand-Nr. 32; im Ergebnis nunmehr auch Kopp/Ramsauer, VwVfG, § 29 Rand-Nr. 19.

[452] Vgl. OVG Schleswig, Urteil vom 13. Dezember 1994 - 4 K 1/94 -, in: NVwZ 1986, 408; Bonk/Kallerhoff in Stelkens/Bonk/Sachs, § 29 Rand-Nr. 32.

[453] Vgl. Borsdorff/Schwab, DÖD 1989, 164, 165; Engel, S. 21; Hufen, Rand-Nr. 236 Fußnote 365; Knack, § 29 Rand-Nr. 8; Obermayer, § 29 Rand-Nr. 10; Thiele, DÖD 1978, 65, 66; Preussner, VBlBW 1982, 1, 2, der bei nachbarrechtlichen Problemstellungen davon ausgeht, dass der Nachbar zunächst Beteiligter geworden sein muss und erst dann ein Akteneinsichtsrecht geltend machen kann; Widhofer-Mohnen, VR 1980, 285, 286, die darauf abstellt, dass zunächst eine Hinzuziehung durch die Behörde gemäß § 13 Abs. 1 Ziff. 4 und Abs. 2 VwVfG tatsächlich erfolgt sein muss;.

[454] Kopp/Ramsauer, VwVfG, § 29 Rand-Nr. 21

einsichtsrecht beispielsweise aufgrund der Stellung eines Rechtsanwalts als Organ der Rechtspflege (vgl. § 1, § 3 Bundesrechtsanwaltsordnung[455]). Ein Rechtsanwalt nimmt nämlich nur das Recht eines Beteiligten als dessen Bevollmächtigter wahr[456]. Dies gilt auch für sonstige Bevollmächtigte und Beistände nach § 14 VwVfG[457].

Wenn ein Bevollmächtigter oder Beistand die Rechte des von ihm vertretenen Beteiligten ausübt, steht neben diesem auch dem Beteiligten selbst die Ausübung des Akteneinsichtsrechts zu[458]. § 29 Abs. 1 Satz 3 VwVfG schließt ein solches Recht lediglich für den Fall aus, dass in sogenannten Massenverfahren nach den §§ 17, 18 VwVfG nur die bevollmächtigten (gemeinsamen) Vertreter einen Anspruch auf Akteneinsicht haben[459]. Diese Regelung erfolgte aufgrund der ansonsten zu erwartenden Schwierigkeiten bei der Durchführung eines ordnungsgemäßen Verfahrens[460]. Gleichwohl kann die Behörde im Rahmen ihres Ermessens auch den Vertretenen selbst die Akteneinsicht gewähren, wenn eine Beeinträchtigung der Durchführung des Verfahrens dadurch nicht zu befürchten ist[461]. Bei der Bestellung eines Vertreters von Amts wegen (vgl. § 16 VwVfG) kann dieser für

---

455 BRAO vom 1. August 1959 (BGBl. I S. 565) in der Fassung vom 17. Dezember 1999 (BGBl. I S. 2448); zur Stellung eines Rechtsanwaltes: BVerfG, Beschluss vom 8. Oktober 1974 - 2 BvR 747 bis 753/73 -, in: BVerfGE 38, 105, 119; BVerwG, Beschluss vom 10. Februar 1981 - 7 B 26/81 -, in: NJW 1981, 2270 = DVBl. 1981, 683 = MDR 1981, 874.

456 BVerwG, Beschluss vom 10. Februar 1981 - 7 B 26/81 -, in: NJW 1981, 2270 = DVBl. 1981, 683 = MDR 1981, 874; vgl. auch BVerwG, Urteil vom 5. Juni 1984 - 5 C 73.82 -, in: DVBl. 1984, 1078, 1079, zum Recht eines Anwalts auf Einsicht in allgemeine Weisungen einer Behörde; vgl. auch Hufen, Rand-Nr. 237; Knack, § 29 Rand-Nr. 8; Schwab, S. 22; Bonk/Kallerhoff in Stelkens/Bonk/Sachs, § 29 Rand-Nrn. 19 und 34.

457 BVerwG, Beschluss vom 10. Februar 1981 - 7 B 26/81 -, in: NJW 1981, 2270 = DVBl. 1981, 683 = MDR 1981, 874; Bonk/Kallerhoff in Stelkens/Bonk/Sachs, § 29 Rand-Nrn. 19 und 34.

458 Kopp/Ramsauer, VwVfG, § 29 Rand-Nr. 19; offen gelassen, ob nur der Vertreter und/ oder auch der Vertretene zur Akteneinsicht berechtigt ist: Hufen, Rand-Nr. 237; eine Ausnahme ist beispielsweise dann anzunehmen, wenn auf diese Weise das Verfahren rechtsmissbräuchlich verzögert werden soll (vgl. § 29 Abs. 2 Fall 1; 1. Kapitel, Gliederungspunkt 3.6.1.).

459 Vgl. Lodde, S. 25; Obermayer, § 29 Rand-Nr. 11.

460 Knack, § 29 Rand-Nr. 11; Preussner, VBlBW 1982, 1, 2; Bonk/Kallerhoff in Stelkens/ Bonk/Sachs, § 29 Rand-Nr. 49; Turiaux, Einl. Rand-Nr. 27; Widhofer-Mohnen, VR 1980, 285, 286.

461 Obermayer, § 29 Rand-Nr. 11; Bonk/Kallerhoff in Stelkens/Bonk/Sachs, § 29 Rand-Nr. 49.

den von ihm Vertretenen dessen Akteneinsichtsrecht ausüben; dies gilt ebenso bei gesetzlichen Vertretern (z. B. Eltern).

3.2. Verwaltungsverfahren (§ 29 Abs. 1 Satz 1 i. V. m. § 9 VwVfG)

Das Akteneinsichtsrecht des § 29 Abs. 1 VwVfG besteht nur im Rahmen eines laufenden Verwaltungsverfahrens. Ein solches Verwaltungsverfahren beginnt mit der nach aussen wirkenden Tätigkeit der Behörden, die auf die Prüfung der Voraussetzungen, die Vorbereitung und den Erlass eines Verwaltungsaktes oder auf den Abschluss eines öffentlich-rechtlichen Vertrages gerichtet ist (vgl. § 9 VwVfG) und endet mit seinem Abschluss[462]. Richtigerweise ist dieser Zeitpunkt erst bei unanfechtbarem Abschluss gegeben, d. h. nicht bereits bei Erlass eines (anfechtbaren) Verwaltungsaktes[463]. Ähnlich ist die Sachlage im verwaltungsgerichtlichen Verfahren. Dieses wird erst mit rechtskräftigem Abschluss als beendet angesehen (vgl. 4. Kapitel, Gliederungspunkt 2.1.5.).

Damit kann die Akteneinsicht auch bei Durchführung eines Rechtsbehelfsverfahrens (Vorverfahrens) gemäß § 79 VwVfG i. V. m. §§ 68ff. VwGO bis zur Unan-

---

462 Vgl. Amtliche Begründung, BT-Drs. 7/910, S. 53; Engel, S. 16; Schwab, S. 25, wonach ein Verwaltungsverfahren durch den Erlass eines Verwaltungsaktes oder den Abschluss eines öffentlich-rechtlichen Vertrages erfolgen kann (vgl. hierzu § 9 VwVfG) und auch durch jede andere Entscheidung, durch einen Vergleich, eine Erledigungserklärung oder die Rücknahme eines Antrages.

463 Vgl. BVerwG, Urteil vom 1. Juli 1983 - 2 C 42.82 -, in: BVerwGE 67, 300, 303f. = NVwZ 1984, 445 = DVBl. 1984, 56; BVerwG, Urteil vom 18. April 1986 - 8 C 81/83 -, in: NVwZ 1987, 224, 225; Borsdorff/Schwab, DÖD 1989, 164, 166; Knack, § 29 Rand-Nr. 12, § 9 Rand-Nr. 31; Kopp/Ramsauer, VwVfG, § 9 Rand-Nr. 30; anderer Auffassung unter Abstellen auf den Zeitpunkt des Erlasses eines Verwaltungsaktes oder Vertrages: VGH München, Beschluss vom 8. Dezember 1987 - 25 C 87.01145 -, in: BayVBl. 1988, 210; König, DÖV 2000, 45, 48; Obermayer, § 29 Rand-Nr. 9 (mit Erhebung des Widerspruchs beginne ein neues Verwaltungsverfahren (Widerspruchsverfahren), in dessen Rahmen erneut Akteneinsicht über § 29 VwVfG genommen werden könne; allerdings könne die Behörde im Rahmen ihres Ermessens auch zwischen Bekanntgabe und Widerspruchserhebung Akteneinsicht gewähren); Preussner, VBlBW 1978, 1, 2, 4; Schwab, S. 25; Bonk/Kallerhoff in Stelkens/Bonk/Sachs, § 29 Rand-Nr. 33; Engel, S. 20, hält die Entscheidung dieser Frage nur von geringer Bedeutung, da bei Abschluss des Verwaltungsverfahrens durch den Erlass eines Verwaltungsaktes dem Betroffenen danach Einsicht zur Prüfung der Erfolgsaussichten eines Rechtsmittels gewährt werden müsse, da sich das behördliche Ermessen hier zu einer entsprechenden Rechtspflicht verdichte.

fechtbarkeit des Widerspruchsbescheides (§ 73 VwGO) ausgeübt werden[464]. Auch wenn das Vorverfahren aufgrund seiner besonderen gesetzlichen Ausgestaltung als eigenständiges Verfahren angesehen werden kann, gilt die Vorschrift des § 29 VwVfG gleichermaßen[465]. Erst im Fall einer Klageerhebung ist vom Zeitpunkt ihres Eingangs bei dem Verwaltungsgericht Akteneinsicht nur noch dort nach § 100 VwGO möglich[466].

Nicht erfasst als Verwaltungsverfahren im Sinne des § 9 VwVfG sind behördliche Verfahren zum Erlass von Satzungen oder Verordnungen oder die Durchführung von verwaltungsinternen Maßnahmen[467]. Auch bei Verfahren, deren Abschluss in einem Realhandeln ohne Regelungscharakter oder in einer Wissenserklärung liegt[468] beziehungsweise bei privatrechtlichen Vorgängen einer Verwaltung[469], handelt es sich nicht um Verwaltungsverfahren nach § 9 VwVfG. Außerhalb eines laufenden Verwaltungsverfahrens besteht grundsätzlich kein Akteneinsichtsrecht mehr[470]. Eine Ausnahme von diesem Grundsatz besteht nach allgemeiner Auffassung nur dann, wenn im Einzelfall ein berechtigtes Interesse be-

---

[464] BVerwG, Urteil vom 10. April 1996 - 6 C 27.77 -, in: BVerwGE 55, 299, 303, wonach das Vorverfahren allerdings mit Zustellung des Widerspruchsbescheides beendet sein soll (Entscheidung zu § 96 Abs. 4 VwVfG); Widhofer-Mohnen, VR 1980, 285, 186, die das Vorverfahren mit Erlass des Widerspruchsbescheides als beendet ansieht.

[465] Preussner, VBlBW 1978, 1, 2; Bonk/Kallerhoff in Stelkens/Bonk/Sachs, § 29 Rand-Nr. 85 (der Akteneinsichtsanspruch entsteht im Vorverfahren neu); unklar derselbe in Rand-Nr. 33 (der Anspruch auf Akteneinsicht entstehe neu beziehungsweise setze sich fort); nach Widhofer-Mohnen, VR 1980, 285, 286, gehört das Vorverfahren zum Verwaltungsverfahren; Akteneinsicht könne aber in dem Zeitraum zwischen Erlass des Widerspruchsbescheides und Klageerhebung nicht erfolgen); dieser zuletzt genannten Ansicht ist zu widersprechen, denn es darf keine Lücke im System der Gewährung von Akteneinsicht geben. Auf jeden Fall müsste nach der gegenwärtigen allgemeinen Auffassung ein Begehren auf Akteneinsicht nach pflichtgemäßem Ermessen entschieden werden.

[466] Bonk/Kallerhoff in Stelkens/Bonk/Sachs, § 29 Rand-Nrn. 33 und 85, Widhofer-Mohnen, VR 1980, 285, 286.

[467] Vgl. Borsdorff/Schwab; DÖD 1989, 164, 165; Schwab, S. 23; Bonk/Kallerhoff in Stelkens/Bonk/Sachs, § 29 Rand-Nr. 14; Widhofer-Mohnen, VR 1980, 285, 286.

[468] Bonk/Kallerhoff in Stelkens/Bonk/Sachs, § 29 Rand-Nr. 13.

[469] Schwab, S. 23; Bonk/Kallerhoff in Stelkens/Bonk/Sachs, § 29 Rand-Nr. 14 (ebenso wenig fallen fiskalische Vorgänge unter ein Verwaltungsverfahren).

[470] Vgl. BVerwG, Urteil vom 1. Juli 1983 - 2 C 42/83 -, in: DVBl. 1984, 53, 56; OVG Münster, Urteil vom 24. Februar 1992 - 24 A 3327/91 -; OVG Münster, Beschluss vom 27. März 1992 - 24 B 70/92 -; Schwab, S. 23; Bonk/Kallerhoff in Stelkens/Bonk/Sachs, § 29 Rand-Nr. 18.

steht. In solchen Fällen entscheidet die Behörde nach pflichtgemäßem Ermessen[471]. Diesbezüglich wird auf die Ausführungen im 2. Kapitel verwiesen.

3.3.Das Verfahren betreffende Akten (§ 29 Abs. 1 Satz 1 VwVfG)

§ 29 Abs. 1 VwVfG gewährt lediglich die Akteneinsicht in die „eigenen" Behördenakten sowie in beigezogene Akten anderer Behörden und Gerichte[472]. Das Einsichtsrecht besteht hinsichtlich der vollständigen Verfahrensakten; es darf nicht durch eine Aufteilung in Haupt- und Nebenakten unterlaufen werden[473]. Zur Vermeidung des Anscheins einer nicht ordnungsgemäßen Aktenführung wäre es für den Bürger wünschenswert, dass die Verwaltung ihre Akten von Anfang an paginiert[474], was in der Praxis allerdings selten geschieht. Akten „betreffen" ein Verfahren, wenn sie im Hinblick auf eine Entscheidung angelegt beziehungsweise beigezogen worden sind oder materiell-rechtlich in konkretem Zusammenhang mit diesem Verfahren stehen[475] und für seine Entscheidung von Bedeutung sein können[476], insbesondere die Grundlagen für eine Entscheidung wie beispielsweise Beweisergebnisse, Rechtsgutachten über Vorfragen, Stellungnahmen von Fachbehörden, Niederschriften über mündliche Verhandlungen, Äußerungen Beteiligter bei einer Anhörung enthalten[477]. Mithin besteht Akteneinsicht im Rahmen eines laufenden Verwaltungsverfahrens nur in die Akten dieses Verfahrens[478].

---

471 BVerwG, Urteil vom 1. Juli 1983 - 2 C 42/82, in: DVBl. 1984, 53, 57 (bei Vorliegen von besonderen Umständen, etwa wenn die Aktenkenntnis Voraussetzung für eine wirksame Rechtsverfolgung ist); OVG Münster, Urteil vom 24. Februar 1992 - 24 A 3327/91 -; Schwab, S. 30; Bonk/Kallerhoff in Stelkens/Bonk/Sachs, § 29 Rand-Nr. 18.

472 Amtliche Begründung, BT-Drs. 7/910, S. 53; vgl. Hufen, Rand-Nr. 240; Kopp/Ramsauer, VwVfG, § 29 Rand-Nr. 12; Preussner, VBlBW 1978, 1, 2; Bonk/Kallerhoff in Stelkens/Bonk/Sachs, § 29 Rand-Nr. 35; Widhofer-Mohnen, VR 1980, 285, 287; hinsichtlich sogenannter „Vorakten" vgl. 1. Teil Gliederungspunkt X. 5.

473 Vgl. Schwab, S. 23; Borsdorff/Schwab, DÖD 1989, 164, 165; vgl. zum Verbot des Führens von „schwarzen Akten" oder Geheimakten: Ulsamer in Maunz/Schmidt-Bleibtreu/Klein/Ulsamer, § 20 Rand-Nr. 7; Obermayer, § 29 Rand-Nr. 19; auch: Hufen, Rand-Nr. 241.

474 Vgl. insbesondere: Lang in Sodan/Ziekow, § 100 VwGO Rand-Nr. 22.

475 Amtliche Begründung, BT-Drs. 7/910, S. 53; Obermayer, § 29 Rand-Nrn. 17 und 19; Bonk/Kallerhoff in Stelkens/Bonk/Sachs, § 29 Rand-Nrn. 8 und 36.

476 Kopp/Ramsauer, VwVfG, § 29 Rand-Nr. 14.

477 So ausdrücklich: Obermayer, § 29 Rand-Nr. 22.

478 BVerwG, Urteil vom 1. Juli 1983 - 2 C 42.82 -, in: BVerwGE 67, 300, 303f. = NVwZ 1984, 445 = DVBl. 1984, 56.

Hinsichtlich beigezogener Akten ist zu beachten, dass diese in dem Umfang geheimzuhalten sind, wie die aktenführende Stelle hierzu verpflichtet ist. Denn die entsprechenden Vorgänge müssen auch nach ihrer Beiziehung in demselben Umfang geschützt sein wie vorher[479].

3.4. Soweit die Kenntnis zur Geltendmachung oder Verteidigung von rechtlichen Interessen erforderlich ist (§ 29 Abs. 1 Satz 1 VwVfG)

Der Anspruch auf Gewährung von Akteneinsicht ist bereits im ersten Satz entgegen der Regelung im verwaltungsgerichtlichen Verfahren nach § 100 Abs. 1 VwGO durch das Erfordernis des Bestehens eines eigenen rechtlichen Interesses beschränkt[480]. Ein solches ist dann anzunehmen, wenn die Akteneinsicht dazu dient, die Voraussetzungen für „ein rechtlich relevantes Verhalten nach dem Ergebnis der Einsichtnahme zu regeln oder eine gesicherte Grundlage für die Verfolgung eines Anspruchs zu erhalten"[481] beziehungsweise wenn „eine tatsächliche Unsicherheit über ein Rechtsverhältnis" geklärt wird, um sein eigenes Verhalten danach ausrichten zu können[482]. Darunter fallen auch die Rechte des § 42 Abs. 2 VwGO[483]. Der Begriff des rechtlichen Interesses ist indes weiter zu verstehen als der Begriff des subjektiven Rechts nach § 42 Abs. 2 VwGO[484].

Wenn Verfahrensbeteiligte einen Antrag auf Akteneinsicht stellen, ist allein aufgrund ihrer bestehenden Beteiligung eine Vermutung für das Bestehen eines rechtlichen Interesses gegeben[485]. Ein lediglich berechtigtes Interesse im Sinne eines vernünftigen Interesses rechtlicher, wirtschaftlicher und ideeller Art reicht

---

479 Ausdrücklich für das sozialbehördliche Verfahren: Grüner, § 25 Erl. III. 2.

480 König, DÖV 2000, 45, 47; Obermayer, § 29 Rand-Nr. 13.

481 Vgl. Amtliche Begründung, BT-Drs. 7/910, S. 53; Knack, § 29 Rand-Nr. 16; Kopp/Ramsauer, VwVfG, § 29 Rand-Nr. 15; Obermayer, § 29 Rand-Nr. 13; Bonk/Kallerhoff in Stelkens/Bonk/Sachs, § 29 Rand-Nr. 42; Thiele, DÖD 1978, 65, 66; Widhofer-Mohnen, VR 1980, 285, 287.

482 Vgl. Amtliche Begründung, BT-Drs. 7/910, S. 53; Knack, § 29 Rand-Nr. 16; Preussner, VBlBW 1982, 1, 2; Bonk/Kallerhoff in Stelkens/Bonk/Sachs, § 29 Rand-Nr. 42; Thiele, DÖD 1978, 65, 66.

483 Vgl. Widhofer-Mohnen, VR 1980, 285, 287; auch: Turiaux, Einl. Rand-Nr. 30.

484 Turiaux, Einl. Rand-Nr. 30.

485 Vgl. Schwab, S. 25, weshalb in Zweifelsfällen die Behörde zugunsten des Akteneinsichtsuchenden entscheiden müsse; Hufen, Rand-Nr. 239; vgl. dagegen Kopp/Ramsauer, VwVfG, § 29 Rand-Nr. 15, der fordert, dass ein Beteiligter sein rechtliches Interesse im Zweifelsfall substantiiert darlegen müsse; so auch Obermayer, § 29 Rand-Nr. 15, wobei die Anforderungen indes nicht überspannt werden dürften.

dem gegenüber aufgrund des unmissverständlichen Wortlauts des § 29 Abs. 1 VwVfG nicht aus[486].

Begründet ist die Annahme eines rechtlichen Interesses jedenfalls, wenn die Akten oder die Aktenteile, in die Einsicht genommen werden soll, von Bedeutung sein können, ohne dass im Rahmen des Verwaltungsverfahrens bereits konkrete Anträge gestellt oder ein Rechtsmittel erhoben sein muss[487]. Ein rechtliches Interesse ist auch zu bejahen, wenn der Akteneinsuchende insbesondere mit dem Ziel der Durchsetzung von Rechten ein eigenes, gewichtiges und auf andere Weise als durch die Akteneinsicht nicht zu befriedigende Informationsbedürfnis hat[488].

Nur wenn die Akten oder Aktenteile von vornherein unter keinem denkbaren Gesichtspunkt als geeignet oder erforderlich zur Wahrung der rechtlichen Interessen des Beteiligten erscheinen, ist die Akteneinsicht abzulehnen[489]. Der aktenführenden Behörde ist es daher grundsätzlich untersagt, aufgrund einer eigenen Prüfung ein geltend gemachtes rechtliches Interesse abzuwehren und den Anspruch auf Akteneinsicht damit zu unterlaufen.

3.5. Einer Einsicht nicht zugängliche Unterlagen (§ 29 Abs. 1 Satz 2 VwVfG)

Das Akteneinsichtsrecht des § 29 Abs. 1 Satz 1 VwVfG gilt gemäß Satz 2 dieser Norm bis zum Abschluss des Verwaltungsverfahrens nicht für Entwürfe zu Entscheidungen sowie die Arbeiten zu ihrer unmittelbaren Vorbereitung. Entwürfe sind dabei solche Schriftstücke, die noch keine (endgültig) unterschriebene und damit authorisierte Entscheidung darstellen[490]. Arbeiten zur unmittelbaren Vorbereitung sind solche Ausarbeitungen und Unterlagen, die unmittelbar mit dem

---

486 Vgl. Knack, § 29 Rand-Nr. 4.4; König, DÖV 2000, 45, 47; Kopp/Ramsauer, VwVfG, § 29 Rand-Nr. 15; Obermayer, § 29 Rand-Nr. 13; Schwab, S. 24; Turiaux, Einl. Rand-Nr. 30;

487 Vgl. Engel, S. 24; Knack, § 29 Rand-Nr. 16; Widhofer-Mohnen, VR 1980, 285, 287; Schwab, S. 24 Fußnote 2, der darauf abstellt, dass die Aktenkenntnis für die Rechtsverfolgung von Bedeutung sein kann.

488 BVerwG, Urteil vom 23. August 1968 - 4 C 235.65 -, in: BVerwGE, 30, 154, 160; insbesondere zu bejahen, wenn der Betroffene um Rechtsschutz gegen eine behördliche Entscheidung nachsuchen möchte; OVG Münster, Urteil vom 22. Juli 1988 - 20 A 1063/87 -, in: NJW 1989, 544, 545.

489 Vgl. Hufen, Rand-Nr. 244; Knack, § 29 Rand-Nr. 16; Obermayer, § 29 Rand-Nr. 14; Preussner, VBlBW 1982, 1, 2; Bonk/Kallerhoff in Stelkens/Bonk/Sachs, § 29 Rand-Nr. 45; Widhofer-Mohnen, VR 1980, 285, 287.

490 Vgl. Obermayer, § 29 Rand-Nr. 21.

(anstehenden) Entscheidungsprozess zusammenhängen[491]. Darunter fallen insbesondere auch die in einem Personalcomputer gespeicherten Ausarbeitungen[492]. Der Einsicht nicht zugänglich sind damit beispielsweise von der Behörde zusammengestellte Materialsammlungen, die interne Darlegung der vorläufigen Rechtslage, Rechtsprechungsübersichten, Entscheidungsentwürfe und ähnliche Arbeiten im Vorfeld einer möglichen Entscheidung[493] sowie beispielsweise ein zusammenfassender Bericht zur Vorbereitung der Besetzung einer Beamtenstelle[494]. Durch diese Regelung soll „die Unbefangenheit in der Aktenführung und deren inhaltliche Vollständigkeit" gewährleistet sein[495]. Nach Abschluss des Verwaltungsverfahrens sollen dann diese Entwürfe für den Beteiligten zugänglich sein[496]. Allerdings dürfte sich dieses Problem in der Praxis kaum stellen, da entsprechende Vorentwürfe weder Bestandteil der Akte werden (müssen), noch tatsächlich in der Behördenakte verbleiben werden. Das Bundesverwaltungsgericht lehnt auch nach Beendigung des Verwaltungsverfahrens eine Akteneinsicht in die entsprechenden Entwürfe ab[497]. Allerdings darf eine Behörde im Rahmen ihres pflichtgemäßen Ermessens auch eine Einsichtnahme in die in § 29 Abs. 1 Satz 2 VwVfG aufgeführten Unterlagen gestatten[498].

In der Praxis hat es sich als sachgerecht erwiesen, entsprechende vorbereitende Unterlagen nicht durch sofortiges Einheften zur Akte zu nehmen, sondern sie von vornherein als eigenes Heft zu führen. Somit kann vermieden werden, dass bei einem Antrag auf Akteneinsicht diese Teile wieder (vorübergehend) entnommen

---

491 Obermayer, § 29 Rand-Nr. 22.

492 Vgl. Ulsamer in Maunz/Schmidt-Bleibtreu/Klein/Ulsamer, § 20 BVerfGG Rand-Nr. 8 (hinsichtlich eines Richterarbeitsplatzes).

493 Amtliche Begründung, BT-Drs. 7/910, S. 53; vgl. Preussner, VBlBW 1982, 1, 4; Bonk/Kallerhoff in Stelkens/Bonk/Sachs, § 29 Rand-Nr. 46; auch Kopp/Ramsauer, VwVfG, § 29 Rand-Nr. 27.

494 BVerwG, Urteil vom 1. Juli 1983 - 2 C 42/82 -, in: BVerwGE 67, 300ff. = DVBl. 1984, 55ff. = NVwZ 1984, 445f. (nicht zur Personalakte des Beamten gehörend).

495 Amtliche Begründung, BT-Drs. 7/910, S. 53; hierdurch sollen mögliche Streitigkeiten im Vorfeld vermieden werden: Bonk/Kallerhoff in Stelkens/Bonk/Sachs, § 29 Rand-Nr. 46; König, DÖV 2000, 45, 48: es sollten Missverständnisse bei einer Akteneinsicht vermieden werden.

496 Vgl. Hufen, Rand-Nr. 245; Obermayer, § 29 Rand-Nr. 23; Preussner, VBlBW 1982, 1, 4; Schwab, S. 30; Bonk/Kallerhoff in Stelkens/Bonk/Sachs, § 29 Rand-Nr. 48; Turiaux, Einl. Rand-Nr. 31.

497 Urteil vom 1. Juli 1983 - 2 C 42.82 -, in: BVerwGE 67, 300, 304.

498 Obermayer, § 29 Rand-Nr. 20; Bonk/Kallerhoff in Stelkens/Bonk/Sachs, § 29 Rand-Nr. 46.

werden müssen; ferner ist gewährleistet, dass die Akte weiterhin von Anfang an fortlaufend mit Seitenzahlen versehen ist, ohne dass das zwischenzeitliche Entheften erläutert werden müsste.

3.6. Ausschlussgründe (§ 29 Abs. 2 VwVfG)

Nach § 29 Abs. 2 VwVfG ist die Behörde bei Vorliegen der in dieser Norm (abschließend) genannten drei Ausschlussgründe nicht zur Gestattung der Akteneinsicht verpflichtet[499]. Durch die Aufstellung dieses Ausnahmekatalogs werden die Verweigerungsgründe, auf die sich die Behörde berufen kann, aufgeführt; es wird jedoch kein generelles Verbot einer Akteneinsicht normiert[500].

Zu beachten ist, dass diese Verweigerungsgründe nur auf die Akten oder Aktenteile oder auf einzelne Blätter, Angaben, Worte und Daten anzuwenden sind, auf die sich im konkreten Fall die Ausschlussgründe beziehen[501]. Die Behörde hat daher stets zu prüfen, ob nicht eine teilweise Akteneinsicht erfolgen kann, bei der die geheim zu haltenden Informationen durch Entnahme einzelner Aktenblätter, Schwärzung oder sonstiger Anonymisierung bestimmter Angaben geschützt werden können[502]. Der Betroffene ist von der Behörde über die Entfernung oder Veränderung in geeigneter Weise zu informieren[503]. Die Regelung des § 29 Abs. 3 VwVfG, wonach die drei Rechtskreise (ordnungsgemäße Erfüllung der Aufgaben der Behörde, Wohle des Bundes oder eines Landes und Geheimhaltungserfordernis nach einem Gesetz oder dem Wesen nach), geschützt sind, hat keine (direkte) Entsprechung im Prozessrecht[504]. Die jeweiligen unbestimmten Rechtsbegriffe

---

499 So auch die Amtliche Begründung, BT-Drs. 7/910, S. 53; Kopp/Ramsauer, VwVfG, § 29 Rand-Nr. 23; Obermayer, § 29 Rand-Nr. 26; vgl. zu Bedenken in rechtsstaatlicher Hinsicht aufgrund der Verwendung von unbestimmten Rechtsbegriffen: Hufen, Rand-Nr. 246; vgl. auch Mengel, Die Verwaltung 1990, 377, 386, der diese Regelung als unbefriedigend ansieht.

500 Vgl. Knack, § 29 Rand-Nr. 18; Widhofer-Mohnen, VR 1980, 285, 287; auch: Obermayer, § 29 Rand-Nr. 26.

501 Amtliche Begründung, BT-Drs. 7/910, S. 53; Bonk/Kallerhoff in Stelkens/Bonk/Sachs, § 29 Rand-Nrn. 24 und 53; ähnlich: Obermayer, § 29 Rand-Nr. 47.

502 Turiaux, Einl. Rand-Nr. 35; König, DÖV 2000, 45, 48.

503 Turiaux, Einl. Rand-Nr. 35; Preussner, VBlBW 1982, 1, 3, der ansonsten einen Verstoß gegen § 28 VwVfG annimmt.

504 Vgl. Hufen, Rand-Nr. 246; Preussner, VBlBW 1982, 1, 4, der darauf hinweist, dass es auch bei Gerichten sogenannte Massenverfahren gebe (z. B. bei der Genehmigung von Landebahnen von Flughäfen), ohne dass die gerichtlichen Verfahren in ihrer Funktionsfähigkeit gelitten hätten.

sind gerichtlich voll überprüfbar[505], wobei die Ausnahmetatbestände wegen der rechtsstaatlichen Bedeutung des Akteneinsichtsrechts eng auszulegen sind [506].

3.6.1.Beeinträchtigung der ordnungsgemäßen Erfüllung der Aufgaben der Behörde (§ 29 Abs. 2 Fall 1 VwVfG)

Diese Tatbestandsvoraussetzung liegt vor, wenn im allgemeinen oder bezüglich eines konkreten Verfahrens die Durchführung der behördlichen Aufgaben durch die Akteneinsichtnahme unzumutbar beeinträchtigt wäre, da die Funktionsfähigkeit der Behörde vor übermäßiger Belastung geschützt sein soll[507]. Dabei ist zu berücksichtigen, dass § 29 Abs. 1 Satz 3 VwVfG für den Bereich der sogenannten Massenverfahren nach den § 17 und 18 VwVfG eine weitere Beschränkung insoweit vorsieht, als in solchen Verfahren nur den Vertretern von Beteiligten Akteneinsicht gewährt werden darf. Die ordnungsgemäße Aufgabenerfüllung wird als beeinträchtigt angesehen, wenn der Erfolg oder der Zweck eines bestimmten Verfahrens durch die Akteneinsichtnahme gefährdet werden könnte[508], wenn sich das konkrete oder andere Verfahren durch die Gewährung eine Akteneinsicht unangemessen verzögern[509], oder wenn die Effektivität des Verwaltungshandelns beeinträchtigt würde[510]. Nach der Amtlichen Begründung[511] soll durch diese Regelung nämlich sichergestellt werden, dass „der normale Geschäftsgang der Behörde durch die Akteneinsicht nicht unzumutbar belastet wird,... denn die Einsichtnahme muß naturgemäß unter der Kontrolle der Behörde erfolgen“. Diese Begründung erscheint wenig überzeugend, da beispielsweise in verwaltungsgerichtlichen Verfahren auch ohne das Fehlen derartiger Beschränkungen im Bereich der Akteneinsicht keine Fälle bekannt geworden sind, in denen die Funktionsfähigkeit eines gerichtlichen Spruchkörpers durch die kurzzeitige Gewährung von Akteneinsicht unzumutbar beeinträchtigt worden wäre.

---

505 Bonk/Kallerhoff in Stelkens/Bonk/Sachs, § 29 Rand-Nr. 51, unter Hinweis auf VGH München, Beschluss vom 12. Februar 1990 - 5 C 89.198 -, in: NVwZ 1990, 778ff. (hinsichtlich der gerichtlichen Überprüfbarkeit der Voraussetzungen des § 99 Abs. 1 Satz 2 VwGO).

506 Kopp/Ramsauer, VwVfG, § 29 Rand-Nr. 24; Turiaux, Einl. Rand-Nr. 36.

507 Vgl. Knack, § 29 Rand-Nr. 19; Kopp/Ramsauer, VwVfG, § 29 Rand-Nr. 29; nach der Amtlichen Begründung, BT-Drs. 7/910, S. 53, soll bereits der normale Geschäftsgang nicht unzumutbar belastet werden.

508 Vgl. Kopp/Ramsauer, VwVfG, § 29 Rand-Nr. 29; Knack, § 29 Rand-Nr. 19, und Preussner, VBlBW 1982, 1, 5, beide insbesondere unter Verweis auf Fallkonstellationen im Polizeirecht; ebenso Obermayer, § 29 Rand-Nr. 30.

509 Kopp/Ramsauer, VwVfG, § 29 Rand-Nr. 29; Obermayer, § 29 Rand-Nr. 29.

510 Amtliche Begründung, BT-Drs. 7/910, S. 53; vgl. Widhofer-Mohnen, VR 1980, 285, 287.

511 BT-Drs. 7/910, S. 53.

Tatbestandsmäßig ist nur eine konkrete und unmittelbare aktuelle Beeinträchtigung[512]. Eine bloße Gefährdung der behördlichen Aufgabenerfüllung oder eine reine Verzögerung des Verfahrens reichen nicht aus[513]. Eine (zumutbare) Belastung des üblichen Geschäftsgangs einer Behörde ist ebenfalls nicht ausreichend für die Verweigerung von Akteneinsicht[514]. Denn die Behörde ist in solchen Fällen verpflichtet, gegebenenfalls organisatorische Vorkehrungen zur Gewährung der Akteneinsicht zu treffen. Dies kann durch die Verweisung der Akteneinsichtnahme auf bestimmte Wochentage, Dienststunden oder konkrete Termine, die Anordnung von Überstunden für Behördenmitarbeiter oder die Vorbereitung entsprechender Räumlichkeiten für die Akteneinsichtnahme erfolgen[515]. Erscheint ein Beteiligter unangemeldet und befindet sich die begehrte Akte im Geschäftsgang, ist es grundsätzlich rechtmäßig, mit ihm einen Termin zur späteren Akteneinsichtnahme zu vereinbaren; diese muss nicht sofort gewährt werden[516]. Allerdings hat die Behörde zu prüfen, ob nicht gleichwohl ohne Beeinträchtigung des Arbeitsablaufs eine sofortige Akteneinsicht gewährt werden kann.

Eine Beeinträchtigung der ordnungsgemäßen Aufgabenerfüllung kann dann zu bejahen sein, wenn durch eine Akteneinsicht Namen von Informanten, auf deren Aufgaben die Behörde angewiesen ist, bekannt würden[517]; indes kann in entsprechenden Fällen der Name des Informanten (und Einzelheiten, die auf seine Identität schließen lassen) von der Einsichtnahme beispielsweise durch Schwärzung ausgenommen werden, um dessen Identität zu schützen[518].

---

512 Vgl. Hufen, Rand-Nr. 246; Knack, § 29 Rand-Nr. 19; Kopp/Ramsauer, VwVfG, § 29 Rand-Nr. 30; Preussner, VBlBW 1982, 1, 4; Bonk/Kallerhoff in Stelkens/Bonk/Sachs, § 29 Rand-Nr. 54; Widhofer-Mohnen, VR 1980, 285, 288.

513 So Hufen, Rand-Nr. 246; Bonk/Kallerhoff in Stelkens/Bonk/Sachs, § 29 Rand-Nr. 54, sofern sie unwesentlich und folgenlos bleibe; Amtliche Begründung, BT-Drs. 7/910, S. 53: eine unangemessene Verzögerung ist nicht hinzunehmen.

514 Kopp/Ramsauer, VwVfG, § 29 Rand-Nrn. 32 und 33.

515 Vgl. Schwab, S. 31, der auch im Einzelfall die Verstärkung des Behördenpersonals als zumutbar ansieht (Fußnote 1 auf S. 31); Knack, § 29 Rand-Nr. 19; Kopp/Ramsauer, VwVfG, § 29 Rand-Nr. 33; Obermayer, § 29 Rand-Nr. 29; Preussner, VBlBW 1982, 1, 5; Bonk/Kallerhoff in Stelkens/Bonk/Sachs, § 29 Rand-Nr. 54; Widhofer-Mohnen, VR 1980, 285, 288.

516 Bonk/Kallerhoff in Stelkens/Bonk/Sachs, § 29 Rand-Nr. 56.

517 Vgl. auch VerfGH Rh.-Pf., Entscheidung vom 4. November 1998 - VGH B 5/98, B 6/98 -, in: DVBl. 1999, 309ff. = DÖV 1999, 251ff. = ZfB 1999, 62f.

518 Obermayer, § 29 Rand-Nr. 31; Lang in Sodan/Ziekow, § 99 VwGO Rand-Nr. 40, erachtet die Namen von Polizeiinformanten, verdeckten Ermittlern pp. als dem Wesen nach geheim

Im Falle der Verweigerung der Akteneinsicht hat die Behörde dies auf hinreichend gewichtige, konkret angegebene und „plausibel“ dargelegte Gründe zu stützen[519]. Dabei muss die Entscheidung die konkrete Sachverhaltsgestaltung und die Gefährdung der entgegenstehenden Rechtsgüter feststellen. Im Rahmen der Abwägung gilt der allgemeine Verhältnismäßigkeitsgrundsatz[520], auch in sogenannten Massenverfahren[521].

Weiterhin ist zu beachten, dass im Falle einer Ablehnung der Akteneinsicht die Behörde zur Wahrung des rechtlichen Gehörs den Akteneinsichtsuchenden in anderer Weise über den wesentlichen Akteninhalt zu unterrichten hat[522].

3.6.2. Nachteile für das Wohl des Bundes oder eines Landes (§ 29 Abs. 2 Fall 2 VwVfG)

Nach übereinstimmender Auffassung ist der Nachteilsbegriff des § 29 Abs. 2 VwVfG vergleichbar mir dem in § 5 Abs. 2 Satz 2 VwVfG (Verbot der Amtshilfeleistung, wenn die Hilfeleistung dem Wohle des Bundes oder eines Landes erhebliche Nachteile bereiten würde)[523] und mit dem in § 99 Abs. 1 Satz 1 Fall 1 VwGO[524]. Ein Nachteil ist in der Regel bei einer Beeinträchtigung oder Gefährdung der äußeren oder inneren Sicherheit des Bundes oder eines Landes oder einer erheblichen Störung der öffentlichen Ordnung gegeben (zum Beispiel bei geheimzuhaltenden Angelegenheiten der Verteidigung oder des Verfassungsschut-

---

an, nicht zuletzt wohl auch deswegen, weil in § 99 VwGO eine dem § 29 Abs. 2 Fall 1 VwVfG entsprechende Regelung fehle; vgl. auch: 3. Kapitel Gliederungspunkt 13.

519 Vgl. Knack, § 29 Rand-Nr. 19; Kopp/Ramsauer, VwVfG, § 29 Rand-Nr. 31; Widhofer-Mohnen, VR 1980, 285, 288.

520 Vgl. Hufen, Rand-Nr. 246.

521 Vgl. Hufen, Rand-Nr. 247.

522 Vgl. Preussner, VBlBW 1982, 1, 5; Widhofer-Mohnen, VR 1980, 285, 288.

523 Vgl. nur Knack, § 29 Rand-Nr. 20; Kopp/Ramsauer, VwVfG, § 29 Rand-Nr. 34; Preussner, VBlBW 1982, 1, 5 (der eine weitgehende Deckung des Begriffs darüber hinaus mit der Regelung in § 62 BBG sieht); Bonk/Kallerhoff in Stelkens/Bonk/Sachs, § 29 Rand-Nr. 58; Widhofer-Mohnen, VR 1980, 285, 288.

524 Amtliche Begründung, BT-Drs. 7/910, S. 53, wonach die Rechtsprechung zu § 99 entsprechend herangezogen werden kann; Knack, § 29 Rand-Nr. 20; Kopp/Ramsauer, VwVfG, § 29 Rand-Nr. 34; Obermayer, § 29 Rand-Nr. 32; Preussner, VBlBW 1982, 1, 5; Bonk/Kallerhoff in Stelkens/Bonk/Sachs, § 29 Rand-Nr. 58; Widhofer-Mohnen, VR 1980, 285, 288.

zes)[525] beziehungsweise wenn der Bestand oder die Funktionsfähigkeit des Staates oder seiner Institutionen existentiell beeinträchtigt wird[526]. Dabei steht eine konkrete unmittelbare Gefährdung grundsätzlich einer - bereits erfolgten - Beeinträchtigung gleich[527]. Nicht erfasst werden Nachteile für unterstaatliche Einrichtungen[528] oder für eine jeweilige Regierung[529]. Sofern auch der gesamte diplomatische Schriftverkehr geschützt sein soll[530], ist diese Auffassung als zu umfassend abzulehnen[531].

Nicht zu fordern ist, dass die Nachteile mit an Sicherheit grenzender Wahrscheinlichkeit eintreten müssen; die bloße Möglichkeit eines solchen Nachteils reicht jedoch nicht[532].

Die Verweigerung der Akteneinsicht ist nicht zulässig, wenn ein Betroffener dadurch an der wirksamen Verfolgung seiner Ansprüche gegen einen Hoheitsträger gehindert wird[533]. Ebensowenig darf die Akteneinsicht verweigert werden, weil die Behörde einen Prozessverlust befürchtet[534]. Auch fiskalische Nachteile rei-

---

525 Kopp/Ramsauer, VwVfG, § 5 Rand-Nr. 34, § 29 Rand-Nr. 23; Knack, § 29 Rand-Nr. 20; Preussner, VBlBW 1982, 1, 5; Schwab, S. 31 Fußnote 2.

526 Lang in Sodan/Ziekow, § 99 Rand-Nr. 28.

527 Kopp/Ramsauer, VwVfG, § 29 Rand-Nr. 34.

528 Vgl. Preussner, VBlBW 1982, 1, 5 (Gemeinden); Widhofer-Mohnen, VR 1980, 285, 288; wohl auch: Obermayer, § 29 Rand-Nr. 33, der Gemeinden und juristische Personen des öffentlichen Rechts nicht als geschützt ansieht.

529 Obermayer, § 29 Rand-Nr. 33; Preussner, VBlBW 1982, 1, 5; Bonk/Kallerhoff in Stelkens/Bonk/Sachs, § 29 Rand-Nr. 58.

530 Ziekow, BayVBl. 1992, 132, 134, Fußnote 39.

531 Vgl. auch Ress, ZaöRV 32 (1972), 420, 474f.

532 Preussner, VBlBW 1982, 1, 5; Eyermann, § 99 Rand-Nr. 8, fordert eine hohe Wahrscheinlichkeit; Kopp/Schenke, VwGO, § 99 Rand-Nr. 7, fordert eine hinreichende Wahrscheinlichkeit; ebenso: Obermayer, § 29 Rand-Nr. 34, und Ziekow, BayVBl. 1992, 132, 134; Rudisile in Schoch/Schmidt-Aßmann/Pietzner, § 99 Rand-Nr. 16, fordert eine massive Störung der öffentlichen Sicherheit und Ordnung, der Nachteil müsse mit hoher Wahrscheinlichkeit zu erwarten sein; Lang in Sodan/Ziekow, § 99 Rand-Nr. 30, dagegen befürwortet eine mit an Sicherheit grenzende Wahrscheinlichkeit eines Schadenseintritts, weil nur so eine zutreffende Abwägung der entgegenstehenden Rechtsgüter gewährleistet sei.

533 So ausdrücklich die Amtliche Begründung, BT-Drs. 7/910, S. 53; anderer Auffassung dagegen: Knack, § 29 Rand-Nr. 20, und Kopp/Ramsauer, VwVfG, § 29 Rand-Nr. 35 (wenn auch z. B. die Funktionsfähigkeit des Staates durch die Akteneinsicht in Frage gestellt würde).

534 Nast, S. 77; Rudisile in Schoch/Schmidt-Aßmann/Pietzner, § 99 Rand-Nr. 16; Lang in Sodan/Ziekow, § 99 Rand-Nr. 31 (jeweils zu § 99 VwGO)

chen grundsätzlich nicht aus, es sei denn, hierdurch würde die Funktionsfähigkeit des Staates oder seine wirtschaftliche Leistungsfähigkeit in Frage gestellt[535].

Die Verweigerung der Akteneinsicht muss aber durch die Behörde nach Abwägung der entgegenstehenden Interessen so einleuchtend dargelegt und glaubhaft gemacht werden, dass sie als triftig anerkannt werden kann[536]. Zu beachten ist, dass die „Nachteile" nicht absolut zu sehen sind. Vielmehr sind sie mit den entstehenden Nachteilen für den einzelnen Beteiligten bei einer Verweigerung der Akteneinsicht in Bezug zu setzen und sorgfältig darzustellen. Blankettbegriffe wie beispielsweise „freundschaftliche Beziehungen" zu dritten Staaten oder Organisationen sind nicht hinreichend bestimmt[537].

3.6.3. Geheimhaltungserfordernis nach einem Gesetz oder dem Wesen nach (§ 29 Abs. 2 Fall 3 VwVfG)

Geheimnisse sind dabei zunächst alle sich auf einen bestimmten Rechtsträger und dessen Lebensverhältnisse beziehende Tatsachen, die nur einem begrenzten Personenkreis bekannt sind und an deren Nichtverbreitung der Rechtsträger ein berechtigtes Interesse hat[538]. Übereinstimmend wird auch bezüglich des Begriffes des Geheimnisses auf die Vorschrift des § 5 Abs. 2 Satz 2 VwVfG, wonach eine ersuchte Behörde zur Leistung von Amtshilfe nicht verpflichtet ist, wenn be-

---

[535] Kopp/Ramsauer, VwVfG, § 29 Rand-Nr. 34; Rudisile in Schoch/Schmidt-Aßmann/Pietzner, § 99 Rand-Nr. 16; grundsätzlich fiskalische Nachteile verneinend: Lang in Sodan/Ziekow, § 99 Rand-Nr. 31.

[536] Kopp/Ramsauer, VwVfG, § 29 Rand-Nr. 35; Bonk/Kallerhoff in Stelkens/Bonk/Sachs, § 29 Rand-Nr. 60; Schwab, S. 31: das Interesse des Rechtsuchenden an der Beibringung von Beweismitteln und das daraus folgende Interesse an der Wahrheitsfindung ist mit dem entgegenstehenden öffentlichen oder privaten Interesse an der Geheimhaltung gewisser Vorgänge abzuwägen.

[537] Vgl. Hufen, Rand-Nr. 248; auch: Widhofer-Mohnen, VR 1980, 285, 288; laut Bonk/Kallerhoff in Stelkens/Bonk/Sachs, § 29 Rand-Nr. 58, soll die Beeinträchtigung entsprechender Beziehungen grundsätzlich ausreichend sein; nach Rudisile in Schoch/Schmidt-Aßmann/Pietzner, § 99 Rand-Nr. 16, sollen freundschaftliche Beziehungen zu anderen Staaten oder internationalen Organisationen ebenfalls ausreichend sein, ohne dass er dies näher begründet; wie Rudisile in Schoch/Schmidt-Aßmann/Pietzner auch Obermayer, § 29 Rand-Nr. 33, und Lang in Sodan/Ziekow, § 99 Rand-Nr. 28.

[538] Vgl. Schwab, S. 32.

stimmte Vorgänge geheimgehalten werden müssen, sowie auf § 99 Abs. 2 Satz 1 Fall 2 a. F. VwGO verwiesen[539].

Vorgänge sind nach einem Gesetz geheimzuhalten, wenn eine Rechtsvorschrift (keine Verwaltungsvorschrift) eine Geheimhaltungspflicht in Bezug auf Behörden oder Amtsträger normiert und keine Offenbarungsbefugnis gegeben ist[540]. Gesetzliche Geheimhaltungspflichten sind beispielsweise im wesentlichen in § 30 AO (Steuergeheimnis)[541] und in den §§ 67ff. SGB X (Sozialdatenschutz)[542] geregelt. Teilweise wird darunter auch § 203 StGB[543] eingeordnet. In der Literatur besteht indes Uneinigkeit darüber, ob die Regelung des § 30 VwVfG, wonach die Beteiligten Anspruch darauf haben, dass ihre Geheimnisse, insbesondere die zum persönlichen Lebensbereich gehörenden Geheimnisse, sowie die Betriebs- und Geschäftsgeheimnisse von der Behörde nicht unbefugt offenbart werden, ebenfalls als gesetzliche Geheimhaltungsvorschrift anzusehen ist[544]. Die beispielswei-

---

539 Knack, § 29 Rand-Nr. 21; Kopp/Ramsauer, VwVfG, § 29 Rand-Nrn. 36 und 37; Bonk/Kallerhoff in Stelkens/Bonk/Sachs, § 29 Rand-Nr. 65.

540 Obermayer, § 29 Rand-Nr. 37.

541 Vgl. Borsdorff/Schwab, DÖD 1989, 164, 166; Eyermann, § 99 Rand-Nr. 9; Knack, § 29 Rand-Nr. 23; Kopp/Ramsauer, VwVfG § 5 Rand-Nr. 24; Kopp/Schenke, VwGO, § 99 Rand-Nr. 9; Schwab, S. 32; Bonk/Kallerhoff in Stelkens/Bonk/Sachs, § 29 Rand-Nr. 69; Rudisile in Schoch/Schmidt-Aßmann/Pietzner, § 99 Rand-Nr. 17; Ziekow, BayVBl. 1992, 132, 135; zu den Voraussetzungen, unter denen Behörden der Finanzverwaltung und der Sozialverwaltung im Rahmen eines Gewerbeuntersagungsverfahrens den Gewerbebehörden Auskünfte über den betroffenen Gewerbetreibenden geben dürfen, vgl.: BVerwG, Urteil vom 2. Februar 1982 - 1 C 146/80 -, in: BVerwGE 65, 1ff. = DVBl. 1972, 694ff. = GewArch. 1982, 294ff.

542 Borsdorff/Schwab, DÖD 1989, 164, 166; Knack, § 29 Rand-Nr. 23; Kopp/Ramsauer, VwVfG, § 29 Rand-Nr. 24; Rudisile in Schoch/Schmidt-Aßmann/Pietzner, § 99 Rand-Nr. 17.

543 Vgl. zum Schutz des Arztgeheimnisses über § 203 Abs. 1 Ziff. 1 StGB: Borsdorff/Schwab, DÖD 1989, 165, 166; Kopp/Ramsauer, VwVfG, § 5 Rand-Nr. 24; Preussner, VBlBW 1982, 1, 6; Schwab, S. 32; ablehnend: Ziekow, BayVB. 1992, 132, 135, da es sich um keine behördenadressierte Geheimhaltungsanordnung handele; Lang in Sodan/Ziekow, § 99 Rand-Nr. 32.

544 Als gesetzliche Vorschrift im Sinne des § 29 Abs. 2 VwVfG sehen den § 30 VwVfG an: Hufen, Rand-Nr. 250f., wonach § 30 VwVfG in § 29 Abs. 2 „hineinzulesen“ ist; Kopp/Ramsauer, VwVfG, § 29 Rand-Nr. 38 und § 5 Rand-Nr. 24; Preussner, VBlBW 1982, 1, 6; Schwab, S. 32; Bonk/Kallerhoff in Stelkens/Bonk/Sachs, § 29 Rand-Nr. 65; diese Norm ist geeignet, den Konflikt zwischen dem Informationsanspruch einerseits und dem Schutz von persönlichen und geschäftlichen Geheimnissen andererseits angemessen zu lösen, wobei aber stets der Grundsatz der Verhältnismäßigkeit zu beachten ist. Je deutlicher der Akteninhalt den Kern eines Persönlichkeitsrechts betrifft, desto gewichtiger wird der

se in § 61 BBG geregelte Pflicht zur allgemeinen Amtsverschwiegenheit wird dagegen übereinstimmend nicht als gesetzliche Geheimhaltungsverpflichtung angesehen[545], weil sie nur gegenüber den an einem Verwaltungsverfahren unbeteiligten Personen gilt[546]. Ob der Persönlichkeitsrechtsschutz nach der Rechtsprechung des Bundesverfassungsgerichts (Zuerkennung eines Rechts auf „informationelle Selbstbestimmung“[547]) ebenfalls im Einzelfall eine gesetzliche Geheimhaltungspflicht zu begründen vermag, war bisher - soweit ersichtlich - noch nicht Gegenstand einer gerichtlichen Entscheidung. Jedoch dürfte nicht zweifelhaft sein, dass die dergestalt über Art. 2 Abs. 1 i. V. m. Art. 1 Abs. 1 GG geschützten personenbezogenen Daten grundsätzlich einer über das Grundgesetz garantierten Geheimhaltungspflicht unterliegen.

Bestehen gesetzliche Schutzvorschriften, hat die Behörde hinsichtlich einer begehrten Akteneinsicht stets eine Abwägung zwischen den betroffenen Rechtsgütern zu vorzunehmen[548].

Ihrem Wesen nach geheimzuhalten[549] sind vor allem Vorgänge, die unter den Schutz der privaten Persönlichkeits- und Intimsphäre fallen sowie Geschäfts- und

---

Schutz des § 30 und des § 29 Abs. 2 VwVfG. Die Behörde hat bei ihrer Abwägung auch zu berücksichtigen, ob der Akteneinsichtsuchende durch den Einsatz von Methoden der Datenverarbeitung seine Kenntnisse kombinieren und dadurch erst den Schutzbereich des § 30 VwVfG tangieren könnte; ablehnend: Knack, § 29 Rand-Nr. 23.; Rudisile in Schoch/Schmidt-Aßmann/Pietzner, § 99 Rand-Nr. 17; in Nordrhein-Westfalen und Brandenburg ist § 30 VwVfG NRW nicht besetzt.

545 VGH Kassel, Beschluss vom 21. Juli 1983 - 1 TE 14/83 -, in: NJW 1985, 216; Eyermann, § 99 Rand-Nr. 9; Kopp/Ramsauer, VwVfG, § 5 Rand-Nr. 25 und § 29 Rand-Nr. 37; Kopp/Schenke, VwGO, § 99 Rand-Nr. 8; Kuhla/Hüttenbrink, Rand-Nr. E 141; Preussner, VBlBW 1982, 1, 6, Redeker/von Oertzen, § 99 Rand-Nr. 4; Rudisile in Schoch/Schmidt-Aßmann/Pietzner, § 99 Rand-Nr. 17; Lang in Sodan/Ziekow, § 99 Rand-Nr. 38, befürwortet angesichts der Regelung des § 99 Abs. 2 VwGO im gerichtlichen Verfahren eine grosszügigere Handhabung; Widhofer, VR 1980, 285, 288; Ziekow, BayVBl. 1992, 132, 135.

546 Obermayer, § 29 Rand-Nr. 39.

547 Vgl. BVerfG, Urteil vom 15. Dezember 1983 - 1 BvR 209, 269, 362, 420, 440, 484/83 -, in: BVerfGE 65, 1ff. = NJW 1984, 419ff.

548 Vgl. Hufen, Rand-Nr. 249; nach Rudisile in Schoch/Schmidt-Aßmann/Pietzner, § 99 Rand-Nr. 17, zählen datenschutzrechtliche Vorschriften nicht dazu.

549 Lang in Sodan/Ziekow, § 99 Rand-Nr. 34 (zu § 99 VwGO), verneint verfassungsrechtliche Bedenken an dieser Formulierung.

Betriebsgeheimnisse[550], nachrichtendienstliche Feststellungen und vertrauliche Auskünfte[551]. Allgemeiner ausgedrückt dürfen durch das Bekanntwerden von Geheimnissen keine schwerwiegenden Nachteile für gewichtige öffentliche oder private Interessen drohen[552]. Personalakten eines Beamten beispielsweise sind grundsätzlich geheim[553]. Sogenannte Sichtvermerksakten dagegen sind nicht generell geheimhaltungsbedürftig[554]. Verfassungsschutzakten sind nicht allein we-

---

550 Siehe insbesondere die Amtliche Begründung, BT-Drs. 7/910, S. 53: Angaben über Einkommensverhältnisse, familiäre Zustände, Betriebs- und Geschäftsgeheimnisse, Gesundheitszeugnisse usw.; Kopp/Ramsauer, VwVfG, § 29 Rand-Nr. 38; Obermayer, § 29 Rand-Nrn. 41, 42; Rudisile in Schoch/Schmidt-Aßmann/Pietzner, § 99 Rand-Nrn. 19 und 20; Knack, § 29 Rand-Nr. 22, der keine allgemein gültige Definition gibt, sondern den Begriff anhand von Einzelfällen beispielhaft zu erläutern versucht; kritisch: Hufen, Rand-Nr. 249: es gebe keine dem Wesen oder der Natur nach geheimhaltungsbedürftige Akten, da solche und die in ihnen enthaltenen Vorgänge kein Wesen hätten, sondern nur Inhalte und Rechte und Pflichten umschreiben würden. Deren Kenntnis könne im Einzelfall konkrete andere Rechtsgüter gefährden. Diese könnten aber ein so großes Gewicht haben, dass die Akteneinsicht verweigert werden könne; vgl. zur grundsätzlichen Unantastbarkeit und zum Schutz des Intimbereichs beziehungsweise des Bereichs der privaten Lebensgestaltung eines Bürgers: BayVGH, Beschluss vom 24. Oktober 1977 - Nr. 280 VI 76 -, in: BayVBl. 1978, 86f., wonach eine Geheimhaltungsbedürftigkeit der zwischen einem Krankenhausträger und den dort beschäftigten Ärzten hinsichtlich der geschlossenen Anstellungsverträge im Rahmen eines gerichtlichen Verfahrens der Prüfung der Erhöhung von Pflegesätzen verneint wurde; BVerwG, Urteil vom 27. Februar 1976 - 7 C 44.74 -, in: BVerwGE 50, 255, 264 = DÖV 1976, 174, zum Schutz von Privatbriefen; ebenso: Eyermann, § 99 Rand-Nr. 13, und Kopp/Schenke, VwGO, § 99 Rand-Nr. 8; nach Cosack/Tomerius, NVwZ 1993, 841, 842, zählen Betriebsgeheimnisse zum technischen und Geschäftsgeheimnisse zum kaufmännischen Bereich eines Unternehmens.

551 Kopp/Ramsauer, VwVfG, § 5 Rand-Nr. 26 und § 29 Rand-Nr. 38; Kopp/Schenke, VwGO, § 99 Rand-Nr. 8; Rudisile in Schoch/Schmidt-Aßmann/Pietzner, § 99 Rand-Nr. 19.

552 Rudisile in Schoch/Schmidt-Aßmann/Pietzner, § 99 Rand-Nr. 18.

553 Vgl. hier nur Kuntze in Bader/Funke-Kaiser/Kuntze/von Albedyll, § 99 Rand-Nr. 10; Rudisile in Schoch/Schmidt-Aßmann/Pietzner, § 99 Rand-Nr. 20; Lang in Sodan/Ziekow, § 99 Rand-Nr. 37 (auch Gefangenenpersonalakten); bezüglich weiterer Einzelheiten wird auf den 1. Teil Gliederungspunkt X. 1. verwiesen.

554 VG Köln, Beschluss vom 23. März 1962 - 4 K 1336/61 -, in: DVBl. 1962, 606 (unter Hinweis darauf, dass die Gründe für die Erteilung und Versagung eines Sichtvermerks nach dem im Zeitpunkt der Entscheidung geltenden Paßgesetz abschließend geregelt und einer gerichtlichen Nachprüfung nicht entzogen waren); nach der gegenwärtigen Rechtslage ist gemäß § 3 Ausländergesetz in der Fassung vom 15. Juli 1999 (BGBl. I S. 1618) von Ausländern vor ihrer Einreise in das Bundesgebiet eine Aufenthaltsgenehmigung in der Form des Sichtvermerks (Visum) einzuholen, wobei die Voraussetzungen für die Erteilung oder Versagung einer Aufenthaltsgenehmigung in den §§ 5ff., 15, 17, 27 bis 30 Ausländer-

gen ihres Wesens als geheimhaltungsbedürftig anzusehen; vielmehr muss zusätzlich ein Nachteil vorliegen[555]. Zu den schützenswerten Geheimnissen gehören insbesondere auch Informationen, die nach einer Verschlusssachen(VS)-Anweisung als geheim anzusehen sind[556].

Bei der Beurteilung, ob ein schützenswertes Geheimnis dem Begehren auf Akteneinsicht entgegensteht, ist ein strenger Maßstab anzulegen[557]. In den Fällen, in denen ein Betroffener auf die Geheimhaltung ihn betreffender Tatsachen und Daten verzichtet beziehungsweise sein Einverständnis in eine Akteneinsicht erklärt, kann die Behörde die Akteneinsicht nur verweigern, wenn noch zusätzlich öffentliche Interessen zu schützen[558] oder Missbrauchsfälle auszuschliessen sind[559]. Denn § 29 Abs. 2 VwVfG dient nicht dazu, den Akteneinsichtsuchenden vor sich selbst zu schützen[560]. Eine Ausnahme hiervon erscheint nur gerechtfertigt, wenn die Urteilsfähigkeit des Akteneinsichtsuchenden beeinträchtigt oder wenn eine konkrete schwerwiegende Gesundheitsgefährdung zu befürchten ist[561]. Dies kann beispielsweise bei der Einsicht in medizinische oder psychiatrische Akten der Fall sein, so dass in solchen Fällen im jeweiligen Einzelfall und gegebenenfalls auch nur vorübergehend die Akteneinsicht verweigert werden darf. Eine solche muss dann aber einem gesetzlichen oder von Amts wegen bestellten Vertreter bezie-

---

gesetz geregelt sind; auch: Rudisile in Schoch/Schmidt-Aßmann/Pietzner, § 99 Rand-Nr. 23.

555 BVerwG, Urteil vom 19. August 1986 - 1 C 7.85 -, in: BVerwGE 75, 1 = NJW 1987, 202 = DVBl. 1986, 1208; BVerwG, Beschluss vom 21. Juni 1993 - 1 B 62/92 -, in: NVwZ 1994, 72ff. (zu § 99 VwGO); Kuntze in Bader/Funke-Kaiser/Kuntze/von Albedyll, § 99 Rand-Nr. 10; Rudisile in Schoch/Schmidt-Aßmann/Pietzner, § 99 Rand-Nrn. 15 und 21 (ebenso nachrichtendienstliche Akten).

556 Redeker/von Oertzen, § 99 Rand-Nr. 5.

557 VGH München, Beschluss vom 24. Oktober 1977 - Nr. 280 VI 76 -, in: BayVBl. 1978, 86 (zu § 99 VwGO); zum Schutz von Geheimnissen Dritter schlägt Preussner, VBlBW 1982, 1, 6, eine Analogie zu § 10 Abs. 2 Bundes-Immissionsschutzgesetz - BImSchG - und zu § 3 Abs. 2 AtVfG vor. Bei der Akteneinsicht im Rahmen dieser gesetzlich geregelten Verfahren enthält der Akteneinsichtsberechtigte lediglich eine aussagekräftige, aber letztlich bereinigte Fassung zum Schutz vor betriebswirtschaftlicher Konkurrenz; Eyermann, § 99 Rand-Nr. 10; Kopp/Schenke, VwGO, § 99 Rand-Nr. 9; Rudisile in Schoch/Schmidt-Aßmann/Pietzner, § 99 Rand-Nr. 18.

558 Kopp/Ramsauer, VwVfG, § 29 Rand-Nr. 39; Widhofer-Mohnen, VR 1980, 285, 288.

559 Hufen, Rand-Nr. 251.

560 Hufen, Rand-Nr. 251; Preussner, VBlBW 1982, 1, 6; Widhofer-Mohnen, VR 1980, 285, 288.

561 Vgl. Obermayer, § 29 Rand-Nr. 43; auch Kopp/Ramsauer, VwVfG, § 29 Rand-Nr. 39.

hungsweise Betreuer gewährt werden, um dem Erfordernis des rechtlichen Gehörs ausreichend Rechnung zu tragen[562].

3.7. Ort der Akteneinsicht (§ 29 Abs. 3 VwVfG)

Nach § 29 Abs. 3 Satz 1 VwVfG erfolgt die Akteneinsicht bei der Behörde, die die Akten führt. Sind bei sogenannten mehrstufigen Verwaltungsakten mehrere Behörden an einem Verfahren beteiligt, erfolgt die Einsichtnahme grundsätzlich am Ort der für die abschließende Entscheidung zuständigen Behörde[563]. Nach § 29 Abs. 3 Satz 2 erster Halbsatz VwVfG kann im Einzelfall die Einsicht auch bei einer anderen Behörde oder bei einer diplomatischen oder berufskonsularischen Vertretung der Bundesrepublik Deutschland im Ausland erfolgen[564]. Nach Satz 2 zweiter Halbsatz können hinsichtlich des Ortes der Akteneinsichtnahme darüber hinaus weitere Ausnahmen durch die aktenführende Behörde gestattet werden[565]. Mithin hat diese Behörde hinsichtlich des Ortes der Akteneinsichtnahme einen weiten Handlungsspielraum, da jedenfalls nach der zuletzt genannten Möglichkeit eine Vielzahl von Ausnahmen von dem Grundsatz des Satzes 1 zugelassen werden können; insoweit kann auch eine Versendung der Akten erfolgen[566]. Dies folgt bereits aus § 29 Abs. 3 Satz 2 erster Halbsatz VwVfG, wonach die Akteneinsicht auch bei einer anderen Stelle als der aktenführenden erfolgen kann. Die Behörde hat ihr Ermessen stets pflichtgemäß auszuüben[567] und dabei zu berücksichtigen, dass die Akteneinsicht nicht unzumutbar erschwert wird[568]. Ein Anspruch auf Versendung einer Akte ergibt sich aus § 29 Abs. 3 jedoch

---

562 Preussner, VBlBW 1982, 1, 6; Widhofer-Mohnen, VR 1980, 285, 288.

563 Trantas, S. 500.

564 Trantas, S. 502: Botschaften, Missionen, (General-)Konsulate oder Vertretung bei inter(supra)nationalen Organisationen.

565 Amtliche Begründung, BT-Drs. 7/910, S. 53: sofern die Einsichtnahme am Ort der aktenführenden Behörde im Einzelfall zu unbilligen Ergebnissen führen kann.

566 Amtliche Begründung, BT-Drs 7/910: eine Aktenübergabe oder -versendung insbesondere entsprechend § 100 Abs. 2 Satz 2 VwGO sollte nicht ausgeschlossen werden; vgl. auch Schwab, S. 37; nach Engel, S. 25, kommt eine Akteneinsichtnahme danach grundsätzlich bei Behörden als Organen der unmittelbaren Staatsverwaltung als auch bei Organen der mittelbaren Staatsverwaltung in Betracht (Körperschaften, Stiftungen, Anstalten) sowie bei beliehenen Unternehmern im Rahmen ihrer hoheitlichen Tätigkeit; auch: Kopp/Ramsauer, VwVfG, § 29 Rand-Nrn. 40 und 41.

567 Vgl. OVG Münster, Urteil vom 3. September 1979 - 6 A 2223/78 -, in: NJW 1980, 722; Knack, § 29 Rand-Nr. 6; Kopp/Ramsauer, VwVfG, § 29 Rand-Nr. 40; Bonk/Kallerhoff in Stelkens/Bonk/Sachs, § 29 Rand-Nr. 74.

568 Kopp/Ramsauer, VwVfG, § 29 Rand-Nr. 41; auch: Engel, S. 26.

nicht[569]. Ebenso besteht kein Anspruch auf Übersendung einer ganzen kopierten Akte[570]. Bei ihrer Entscheidung soll die Behörde unter anderem die zügige Durchführung des Verwaltungsverfahrens berücksichtigen[571]. Ein Aktenverlust geschieht in der Praxis indes höchst selten[572], so dass er in aller Regel nicht als sachgerechter Grund anzusehen ist. Bei einer Versendung zu berücksichtigen ist aber beispielsweise, ob bei der Behörde selbst ein adäquater Platz zur Akteneinsichtnahme besteht und ob möglicherweise ein Diktiergerät oder ein Kopierer benutzt werden können[573]. Auf die Möglichkeit von Terminsabsprachen ist zurückzugreifen, so dass die Dauer der Abwesenheit der Akte möglichst kurz gehalten werden kann; ebenso kann vereinbart werden, dass die Akten nicht versandt, sondern persönlich abgeholt und zurückgebracht werden[574]. Dieser Weg dürfte sich insbesondere bei der Überlassung von Akten mit sensiblen Inhalten anbieten[575]. Eine Aktenversendung dürfte ferner in Betracht kommen, um im Einzelfall auch einem entfernt wohnenden Beteiligten die Wahrung seines Rechts auf Akteneinsicht zu sichern[576]. Bei Entfernungen in der Regel von über 50 km wird eine Ablehnung der Versendung in aller Regel als ermessenfehlerhaft angesehen, da die Nachteile bei einer Versendung hier geringer wiegen als die Aufwendungen für eine Anreise zur Akteneinsicht[577]. Allerdings darf die Versendung im Ergebnis nicht von einer bestimmten kilometermäßigen Entfernung abhängig gemacht wer-

569 Knack, § 29 Rand-Nr. 6; Obermayer, § 29 Rand-Nr. 49; Schwab, S. 39; Widhofer-Mohnen, VR 1980, 285, 290;.

570 OVG Lüneburg, Beschluss vom 12. April 1976 - 7 OVG B 18/76 -, in: OVGE 32, 370, 372; Preussner, VBlBW 1982, 1, 7; Bonk/Kallerhoff in Stelkens/Bonk/Sachs, § 29 Rand-Nr. 74 (beziehungsweise von umfangreichen Aktenteilen).

571 OVG Münster, Urteil vom 3. September 1979 - 6 A 2223/78 -, in: NJW 1980, 722, wonach verfahrenstechnische Gesichtspunkte berücksichtigt werden können und auch der Gleichbehandlungsgrundsatz zu beachten ist; einem besonderen Schutz unterliegen dabei Personalakten eines Beamten; Obermayer, § 29 Rand-Nr. 49; Schwab, S. 39, der diese Kriterien nach der Intention des Gesetzgebers höher bewerten will als mögliche Erschwernisse, die durch die Akteneinsicht bei der die Akten führenden Behörde entstehen.

572 Preussner, VBlBW 1982, 1, 8.

573 Vgl. Obermayer, § 29 Rand-Nr. 49; Preussner, VBlBW 1982, 1, 8.

574 So Preussner, VBlBW 1982, 1, 8.

575 So wohl auch: Obermayer, § 29 Rand-Nr. 49; Brandt/Sachs, B 28, halten insbesondere die Nichtversendung von „Archivakten historischer Bedeutung" für vertretbar.

576 Vgl. Hufen, Rand-Nr. 240.

577 Vgl. Preussner, VBlBW 1982, 1, 7; Versendung bei großen Entfernungen: Schwab, S. 39; VG Braunschweig, Beschluss vom 21. April 1986 - 4 D 43/86 -, in: NJW 1987, 459f.: um eine unzumutbare Erschwerung der Akteneinsicht zu verhindern, sollte die Behörde im Rahmen ihres Ermessens über die Aktenversendung an ein anderes Verwaltungsgericht oder in die Kanzlei des Prozessbevollmächtigten entscheiden.

den. Maßstab ist auch hier eine zumutbare Gewährung von Akteneinsicht an den diese begehrenden Beteiligten.
Eine Versendung darf in aller Regel nicht in die Wohnung eines Verfahrensbeteiligten erfolgen, weil hier nicht hinreichend sichergestellt und überprüft werden kann, dass ausschließlich der Beteiligte Einsicht nimmt. Daher können die Akten an eine sich am Wohnsitz des Beteiligten befindliche andere Verwaltungsbehörde gesandt werden[578].

Auch ein Rechtsanwalt als Verfahrensbevollmächtigter hat keinen Anspruch auf Versendung der Akten in seine Kanzlei[579]. Wenn teilweise die Übersendung an einen Verfahrensbevollmächtigten analog § 100 Abs. 2 Satz 2 VwGO für zulässig erachtet wird[580], sind die Voraussetzungen einer Analogie aufgrund der eindeutigen gesetzlichen Regelung nicht gegeben[581]. Aber auch diesbezüglich steht die Entscheidung über die Versendung letztlich im Ermessen der Behörde[582], wobei nach der überwiegenden Auffassung in Rechtsprechung und Literatur die Übersendung jedoch nur in Ausnahmefällen in Betracht kommen soll[583]. Richtigerwei-

---

578 Allgemein diese Möglichkeit bejahend: Kopp/Ramsauer, VwVfG, § 29 Rand-Nr. 40.

579 OVG Münster, Urteil vom 3. September 1979 - 6 A 2223/78 -, in: NJW 1980, 722; Engel, S. 26: es besteht kein Anspruch auf Zusendung von Akten; Knack, § 29 Rand-Nr. 26; Kopp/Ramsauer, VwVfG, § 29 Rand-Nr. 41; Obermayer, § 29 Rand-Nr. 49; Schwab, S. 38, 39.

580 Vgl. Borsdorff/Schwab, DÖD 1989, 164, 165; Kopp/Ramsauer, VwVfG, § 29 Rand-Nr. 41; Widhofer-Mohnen, VR 1980, 285, 290.

581 OVG Münster, Urteil vom 3. September 1979 - 6 A 2223/78 -, in: NJW 1980, 722: der Grundsatz des § 100 VwGO sei nicht übertragbar; Preussner, VBlBW 1982, 1, 8, unter Hinweis auf das Gesetzgebungsverfahren, in dem eine Regelung wie in § 100 Abs. 2 Satz 3 VwGO ausdrücklich nicht aufgenommen wurde, da sie - anders als bei Gerichtsakten - kaum praktikabel sein könne: BT-Drs. 7/910, S. 53; vgl. dagegen § 29 Abs. 3 Satz 2 VwVfG Bayern, wonach Organen der Rechtspflege, wozu Rechtsanwälte nach § 1 und § 3 BRAO gehören, die Akten zur Einsicht vorübergehend in ihre Geschäftsräume überlassen werden können; vgl. auch Schwab, S. 39.

582 Amtliche Begründung, BT-Drs. 7/910, S. 53: eine Versendung ist nicht ausdrücklich durch § 29 Abs. 3 ausgeschlossen; vgl. auch: Knack, § 29 Rand-Nr. 26; Preussner, VBlBW 1982, 1, 8; Bonk/Kallerhoff in Stelkens/Bonk/Sachs, § 29 Rand-Nr. 76;.

583 Vgl. OVG Münster, Urteil vom 3. September 1979 - 6 A 2223/78 -, in: NJW 1980, 722; anderer Auffassung: Preussner, VBlBW 1982, 1, 8: da ein Rechtsanwalt als unabhängiges Organ der Rechtspflege gemäß § 1 Abs. 1 BRAO nach § 43 BRAO verpflichtet sei, seinen Beruf gewissenhaft auszuüben, sei er berechtigt, sich aus dieser Stellung ergebende Begünstigungen wahrzunehmen. Unzumutbar sei es, wenn ein Rechtsanwalt einen wesentlichen Teil seiner Arbeit außerhalb seiner Kanzlei erledigen müsse; ähnlich: Engel, S. 27; zustimmend für Personalakten und „sensible" Akten mit personenbezogenen Informationen:

se hat aber die Behörde auch hier eine Ermessensentscheidung unter Einbeziehung der vorstehenden Ermessensgesichtspunkte zu treffen[584].

Allerdings dürfte die Ermessensausübung der Behörde zu einer Übersendung an einen Rechtsanwalt führen, sofern keine Gründe in dessen Person bestehen, die einer Versendung entgegenstehen[585] (Ermessensreduktion auf Null). Grundsätzlich ist nämlich bei einem Rechtsanwalt als Organ der Rechtspflege (§§ 1, 3 BRAO) davon auszugehen, dass die Garantie für die Sicherheit der Akten in seiner Kanzlei besteht[586]. Eine solche Handhabung entspricht letztlich auch dem Gebot der Rationalisierung (die Akten können in Ruhe gelesen, fotokopiert und bearbeitet werden)[587]. Allerdings muss gleichzeitig eine flexible Arbeitsweise der Behörde in dem konkreten Fall gewährleistet bleiben[588]. Jedenfalls ist es beispielsweise nicht ermessensgerecht, einen Antrag auf Übersendung eines Verwaltungsvorgangs dergestalt zu bescheiden, dass die Behörde von sich aus beliebig einige Ablichtungen fertigt und übersendet (siehe im *Anhang Entwurf 1.*) oder einerseits zunächst die Übersendung in die Kanzlei eines Rechtsanwalts mit der Begründung ablehnt, dass der Vorgang der Behörde jederzeit zur Verfügung stehen müsse, andererseits einen Antrag auf kurzfristige Übersendung an ein gewünschtes Gericht positiv bescheiden würde und dies letztlich unter Gewährung einer sehr großzügigen Frist auch tut (siehe im *Anhang Entwurf 2.*).

Insbesondere kommt aufgrund des ausdrücklichen Gesetzeswortlauts eine Versendung an einen Honorarkonsul nicht in Betracht[589].

In Nordrhein-Westfalen beispielsweise hat der Innenminister bereits mit Runderlass vom 21. Dezember 1988 (I B 2/17 - 21.14)[590] Vorgaben für die „Übersen-

---

Bonk/Kallerhoff in Stelkens/Bonk/Sachs, § 29 Rand-Nr. 77, wenn nämlich ein etwaiger Verlust nicht hinnehmbar beziehungsweise der Missbrauch von Daten nicht ausgeschlossen erscheine.

584 So Obermayer, § 29 Rand-Nr. 49, unter Hinweis auf eine möglichst großzügige Handhabung.

585 So wohl Brandt/Sachs, N 28.

586 Trantas, S. 503, 504; dies ist wohl der Hintergrund für § 29 Abs. 3 Satz 2 VwVfG Bayern; auch: Preussner, VBlBW 1982, 1, 8.

587 Trantas, S. 504.

588 Trantas, S. 504.

589 Preussner, VBlBW 1982, 1, 7; Bonk/Kallerhoff in Stelkens/Bonk/Sachs, § 29 Rand-Nr. 75; Trantas, S. 502 (wegen der Natur des Amtsverhältnisses eines Honorarkonsuls).

590 MBl. NW 1989 S. 41/SGV NW 2010.

dung von Akten in die Kanzleiräume von bevollmächtigten Rechtsanwälten" veröffentlicht, wonach zutreffenderweise jeweils auf die Umstände des konkreten Einzelfalls abzustellen ist. Der Erlass ist im Anhang in Ablichtung beigefügt (*hinter Entwurf 2.*).

Einer besonderen Beurteilung unterliegt die Frage, an welchem Ort die Akteneinsicht zu gewähren ist, in gebührenrechtlichen Verfahren, insbesondere bei der Erhebung von Grundbesitzabgaben (beispielsweise Entwässerungs-, Abfallbeseitigungs- beziehungsweise Müllabfuhr- sowie Straßenreinigungsgebühren) auf der Grundlage landesrechtlicher Vorschriften in Verbindung mit kommunalen Satzungen[591]. Zu erwähnen sind ebenso Verfahren betreffend die Erhebung von Erschließungsbeiträgen[592]. In diesen Streitigkeiten füllen die Erschließungs- beziehungsweise Kalkulationsunterlagen häufig mehrere Aktenordner. Diese Unterlagen sind in der Regel Grundlage für die Erteilung von Bescheiden an eine große Anzahl von Betroffenen und basieren nicht zuletzt auf einer Vielzahl von Rechnungen, die der Behörde nur einmal im Original vorliegen. Sämtliche vorgenannten Unterlagen werden faktisch getrennt von den einzelnen Akten der individuell Betroffenen geführt. Gleichwohl unterliegen sie dem oben definierten Aktenbegriff, da sich ein Betroffener nur aufgrund der gesamten Unterlagen ein Bild über die Rechtmäßigkeit der letztlich erfolgten Gebühren- oder Beitragserhebung machen kann. Aufgrund des Umfangs dieser Unterlagen dürfte es regelmäßig sachgerecht sein, Akteneinsicht nur am Ort der aktenführenden Behörde zu gewähren. Maßgeblich für eine solche Handhabung ist zum einen der Umfang der Unterlagen, die eine Versendung erheblich erschweren. Zum anderen sind hier durchaus die Folgen eines möglichen Verlustes der gesamten Unterlagen oder der Entfernung einzelner Teile zu berücksichtigen, die sich unmittelbar auf eine Vielzahl paralleler Verfahren auswirken würden. Bei einer Versendung könnte sich überdies die Gewährung von Akteneinsicht an andere Betroffene verzögern und somit die zügige Gebühren- beziehungsweise Beitragsanforderung unzumutbar in die Länge ziehen. In der Praxis wird daher ermessensfehlerfrei ein Termin zur Akteneinsichtnahme in den Räumen der Behörde in der Regel während der Dienststunden vereinbart.

---

[591] In Nordrhein-Westfalen aufgrund des Kommunalabgabengesetzes (KAG) vom 21. Oktober 1969 (GV NRW S. 712/SGV NRW 610) in der Fassung vom 17. Dezember 1999 (GV NRW S. 718), vgl. hier § 6 [Benutzungsgebühren].

[592] Vgl. in Nordrhein-Westfalen § 8 KAG; s. auch die §§ 127ff. Baugesetzbuch (BauGB) in der Fassung der Bekanntmachung vom 27. August 1997 (BGBl. I S. 2141) in der Fassung vom 27. Juli 2001 (BGBl. I S. 1950).

3.8. Ausgestaltung der Akteneinsichtsgewährung (§ 29 Abs. 3 VwVfG)

§ 29 (Abs. 3) VwVfG regelt nicht den Umfang und die Ausgestaltung der Einsichtnahme. Diesbezüglich steht der Behörde ebenfalls ein Ermessensspielraum zu[593], der vor dem Hintergrund einer zumutbaren Einsichtnahme auszufüllen ist. Dieser bezieht sich auf alle Modalitäten der Gewährung von Akteneinsicht[594], insbesondere auf die Form und den Zeitpunkt genauso wie auf die Erteilung von Auszügen und Abschriften aus den Akten[595]. So ist die Gestattung der Einsichtnahme nur im Beisein eines Behördenmitarbeiters insbesondere zur Vermeidung von Manipulationen zulässig[596], es sei denn, die einsichtnehmende Person ist als zuverlässig bekannt. Ermessensgerecht ist es auch, dass die Behörde die Identität des die Akteneinsicht Nehmenden überprüft[597] sowie die Einsichtnahme nach Voranmeldung oder nur zu bestimmten Zeitpunkten gestattet[598].

§ 29 (Abs. 3) VwVfG regelt ebenfalls nicht, inwieweit sich der Akteneinsichtnehmende Abschriften beziehungsweise Kopien anfertigen (lassen) darf. Eine sinnvolle Ausübung des Akteneinsichtsrechts ist jedoch nur anzunehmen, wenn man den gelesenen Akteninhalt auch „speichern" kann[599], was insbesondere bei umfangreichen Akten oder komplizierten Sachverhalten zwingend erscheint. Wegen weiterer Einzelheiten wird zur Vermeidung von Wiederholungen auf den 1. Teil, Gliederungspunkt XI. verwiesen.

Gegebenenfalls kann sich sogar aus dem Gebot eines fairen und bürgerfreundlichen Verhaltens ergeben, dass in Einzelfällen die Behörde Kopien übersendet, wenn dadurch die Einsichtnahme erleichtert wird und keine Gründe der Übersendung entgegenstehen[600].

---

593 Lodde, S. 72; Obermayer, § 29 Rand-Nr. 52; Preussner, VBlBW 1982, 1, 7.

594 Preussner, VBlBW 1982, 1, 7.

595 Knack, § 29 Rand-Nr. 6.

596 Vgl. Borsdorff/Schwab, DÖD 1989, 164, 165; Schwab, S. 38; Preussner, VBlBW 1982, 1, 7; auch Trantas, S. 500, 501 (wenn die Besorgnis der Aktenverfälschung oder -vernichtung besteht).

597 Preussner, VBlBW 1982, 1, 7.

598 Knack, § 29 Rand-Nr. 27; Preussner, VBlBW 1982, 1, 7; zutreffend erscheint die Auffassung von Trantas, S. 500 Fußnote 385, dass die Einsichtnahme nur zu den Geschäftsstunden erfolgen kann, wenn damit nicht lediglich die Öffnungszeiten für das Publikum gemeint sein sollen.

599 Ähnlich: Obermayer, § 29 Rand-Nrn. 24 und 53.

600 Trantas, S. 505; Obermayer, § 29 Rand-Nrn. 24 und 53 (der die Übersendung von Notizen, Auszügen, Abschriften oder Ablichtungen befürwortet); ähnlich: Brandt/Sachs, B 27.

Die Norm des § 25 Abs. 5 Satz 1 SGB X gesteht im Gegensatz zu § 29 VwVfG den Beteiligten eines sozialbehördlichen Verfahrens explizit das Recht zu, Auszüge oder Abschriften selbst fertigen oder sich Ablichtungen durch die Behörde erteilen lassen zu können. Nachvollziehbare Gründe, warum diese gesetzlich geregelte Ausgestaltung nicht ebenso in verwaltungsbehördlichen Verfahren ausgeführt werden kann, sind nicht ersichtlich. Mithin darf die Behörde darüber entscheiden, ob im Rahmen der Akteneinsicht insbesondere Ablichtungen erteilt werden[601]. Die Grenze hierbei ist letztlich dort zu ziehen, wo die Funktionsfähigkeit der Behörde betroffen wird[602]. Der Überlassung einer Ablichtung von Plänen, Fotografien und Zeichnungen stehen insbesondere auch nicht die Regelungen des § 45 Abs. 1, Abs. 2 Urheberrechtsgesetz[603] und des § 24 Kunsturhebergesetz[604] entgegen[605], da einzelne Vervielfältigungen zur Verwendung beispielsweise in einem behördlichen oder gerichtlichen Verfahren angefertigt werden dürfen[606].

Ein Anspruch auf Abschriften oder Kopien besteht indes nicht[607]. Insbesondere wenn der Einsichtnehmende die Kosten für die Erstellung von Abschriften oder Kopien zu übernehmen bereit ist, wäre die Ablehnung eines entsprechenden Antrages ermessensfehlerhaft[608], wenn in der Sache keine ausreichenden Gründe gegen eine grundsätzliche Einsichtnahme vorliegen.

---

601 OVG Koblenz, Beschluss vom 17. Februar 2000 - 2 B 10209/00 -, in: DÖD 2000, 140 (rechtskräftig); auch: Kopp/Ramsauer, VwVfG, § 29 Rand-Nr. 42.

602 Schwab, S. 37, 38; Borsdorff/Schwab, DÖD 1989, 164, 165; Preussner, VBlBW 1982, 1, 7 unter Hinweis auf die Rechtslage in Schleswig-Holstein, wo ein Anspruch auf Erteilung von Abschriften und Ablichtungen ausdrücklich gesetzlich normiert ist.

603 Gesetz über Urheberrecht und verwandte Schutzrechte (UrkG) vom 9. September 1965 (BGBl. I S. 1273) in der Fassung vom 1. September 2000 (BGBl. I S. 1374), wonach (einzelne) Ablichtungen zur Verwendung in behördlichen und gerichtlichen Verfahren erstellt werden dürfen.

604 Gesetz betreffend das Urheberrecht an Werken der bildenden Künste und der Photographie (KunstUrkG) vom 9. Januar 1907 (RGBl. S. 7) in der Fassung vom 16. Februar 2001 (BGBl. I S. 266), wonach Behörden im öffentlichen Interesse Bildnisse vervielfältigen dürfen.

605 Obermayer, § 29 Rand-Nr. 53; Preussner, VBlBW 1982, 1, 7.

606 Obermayer, § 29 Rand-Nr. 53.

607 Vgl. Sigmaringen, Beschluss vom 6. Oktober 1992 - 4 K 1204/92 -, in: VBlBW 1993, 116, 117; Obermayer, § 29 Rand-Nrn. 24 und 53; Bonk/Kallerhoff in Stelkens/Bonk/Sachs, § 29 Rand-Nr. 79.

608 Vgl. Sigmaringen, Beschluss vom 6. Oktober 1992 - 4 K 1204/92 -, in: VBlBW 1993, 116, 117.

Auch eine mehrfache Akteneinsichtnahme - sei es im Rahmen des behördlichen Verfahrens oder zusätzlich auch im Rahmen des Widerspruchsverfahrens - muss als zulässig erachtet werden, sofern diese nicht rechtsmissbräuchlich ist[609]. Denn grundsätzlich muss ein Beteiligter jederzeit die Möglichkeit haben, sich über den aktuellen Verfahrensstand informieren zu können.

Gelegentlich erlassen Behörden zur einheitlichen Regelung der Gewährung von Akteneinsicht und zur Vereinfachung ihrer Entscheidung ermessenslenkende Verwaltungsrichtlinien. Eine solche Vorgehensweise ist grundsätzlich zulässig[610]. Allerdings ist zu beachten, dass in jedem konkreten Einzelfall die vollständigen Umstände des Sachverhalts in die Ermessensbetätigung einfließen müssen, was unter Umständen zu einer Nichtanwendbarkeit einer Richtlinie führen kann.
Die Frage, ob eine Behörde das ihr zustehende Ermessen in rechtlich nicht zu beanstandender Weise ausgeübt hat, ist gerichtlich voll überprüfbar[611].

4. Entscheidungsform der Gewährung/Versagung von Akteneinsicht sowie der Erteilung von Ausfertigungen, Auszügen und Abschriften und Rechtsmittel gegen die Versagung

Die behördliche Entscheidung über die Gewährung von Akteneinsicht ist ein Verwaltungsakt im Sinne von § 35 Satz 1 VwVfG[612]. Wird die begehrte Akteneinsicht im Rahmen eines Verwaltungsverfahrens (rechtswidrigerweise) nicht gewährt, handelt es sich um einen Verfahrensfehler (gegebenenfalls um einen Verstoß gegen die Anhörungspflicht des § 28 Abs. 1 VwVfG), der aber bei Vorliegen der Voraussetzungen der §§ 45, 46 VwVfG heilbar ist[613]. Nach der überwiegenden Auffassung in der Rechtsprechung und der Literatur kann dieser Ver-

---

609 BVerwG, Urteil vom 15. Oktober 1970 - 2 C 36.66 -, in: BVerwGE 36, 134, 135 (zur Einsicht in Personalakten).

610 Vgl. OVG Münster, Urteil vom 3. September 1979 - 6 A 2223/78 -, in: NJW 1980, 722.

611 OVG Lüneburg, Urteil vom 18. Juli 1996 - 7 A 9/96 -, in: NJW 1997, 2468.

612 Vgl. an dieser Stelle nur: Amtliche Begründung, BT-Drs. 7/910, S. 54; a. A.: VGH München, Urteil vom 5. September 1989 - 25 B 88.01631 -, in: BayVBl. 1990, 622; OVG Münster, Beschluss vom 12. Mai 1999 - 13 B 632/99 -; Hufen, Rand-Nr. 254, weil die Weitergabe von Information eine schlichte Informationsvermittlung sei, der aber im Einzelfall auch Regelungscharakter zukommen könne.

613 So: Hufen, Rand-Nr. 256 (Anwendbarkeit des § 45, obwohl dieser die rechtswidrige Verweigerung von Akteneinsicht ausdrücklich nicht aufführt); Kopp/Ramsauer, VwVfG, § 29 Rand-Nr. 43; Knack, § 29 Rand-Nr. 28; Obermayer, § 29 Rand-Nr. 55; Preussner, VBlBW 1982, 1, 9; Bonk/Kallerhoff in Stelkens/Bonk/Sachs, § 29 Rand-Nr. 81.

waltungsakt nur unter Berücksichtigung des § 44 a Satz 1 VwGO[614] von den Beteiligten eines Verwaltungsverfahrens im Rahmen eines späteren Klageverfahrens zusammen mit der Entscheidung in der Hauptsache angegriffen werden[615]. Wird gleichwohl isoliert Klage auf Akteneinsicht erhoben, ist diese grundsätzlich unzulässig[616]. Gleiches gilt hinsichtlich eines abgelehnten Antrags auf Erteilung von Ablichtungen, es sei denn, dem Antragsteller entstünde bei einem Zuwarten ein materieller Rechtsverlust[617].

§ 44a VwGO kommt demgegenüber nicht zur Anwendung, wenn ein Beteiligter einen selbständigen Anspruch auf Akteneinsicht geltend macht oder die Akten-

---

614 Zur Verfassungsmäßigkeit des § 44a VwGO vgl. BVerwG, Urteil vom 10. Februar 1999 - 11 A 21/98 -, in: NJW 1999, 1729.

615 Ausdrücklich: Amtliche Begründung, BT-Drs 7/910, S. 54; vgl. hinsichtlich einer Auskunftserteilung: BVerwG, Urteil vom 25. Februar 1969 - 1 C 65/67 -, in: BVerwGE 31, 301 = NJW 1969, 1131f. (nur zur Anwendbarkeit von § 44a VwGO); Urteil vom 12. April 1978 - 8 C 7/77 -, in: NJW 1979, 177 (nur zur Anwendbarkeit von § 44a VwGO); Urteil vom 27. Mai 1981 - 8 C 13/80 -, in: NJW 1982, 120; OVG Münster, Beschluss vom 23. April 1979 - 1 B 391/78 -, in: DÖV 1980, 222f.; OVG Münster, Beschluss vom 13. Juni 1980 - 4 B 1862/79 -, in: NJW 1981, 70 (nur zur Anwendbarkeit von § 44a VwGO); VGH München, Urteil vom 7. Februar 1972 - Nr. 49 V 70 -, in: BayVBl. 1972, 364; Kopp/Ramsauer, VwVfG, § 29 Rand-Nr. 44; Knack, § 29 Rand-Nr. 28; Mengel, S. 388; Obermayer, § 29 Rand-Nr. 57; Preussner, VBlBW 1982, 1, 9; Schwab, S. 40f.; Bonk/Kallerhoff in Stelkens/Bonk/Sachs, § 29 Rand-Nr. 81, der hinsichtlich § 44a VwGO lediglich auf die streitige Lage hinweist; Widhofer-Mohnen, VR 1980, 285, 290; kritisch: Redeker/von Oertzen, § 44a Rand-Nr. 3: § 44a soll dort nicht eingreifen, wo die Verletzung von Verfahrensbestimmungen gerügt wird, die grundrechtliche Positionen beinhalten beziehungsweise wo die Verfahrensrechte von einem materiellen Anspruch auf Akteneinsicht überlagert werden, unter Verweis auf BVerwG, Urteil vom 27. April 1989 - 3 C 4/86 -, in: BVerwGE 82, 45ff. (wobei das BVerwG in dieser Entscheidung lediglich einem ehemaligen Untergebrachten die Einsicht in seine Krankenakte gestattete unter Prüfung der Schranken des Art. 2 Abs. 1 GG und § 44a Satz 1 gar nicht erwähnte); auch: Eyermann, § 44a Rand-Nr. 16, wenn die erst nachträglich mögliche Rüge von Rechtsverletzungen zu irreversiblen Schäden führen könne; Schoenemann, DVBl. 1988, 520, 524, will dann einen Rechtsbehelf - auch im Bereich des vorläufigen Rechtsschutzes - zuerkennen, wenn „Beteiligte durch die andere Beteiligte begünstigende Gestattung der Einsicht in ihren Grundrechten betroffen" werden, wobei unklar bleibt, um was für Fallgestaltungen es sich dabei handeln soll; im übrigen dürfte dies wenig praxisrelevant sein.

616 BVerwG, Urteil vom 27. Mai 1981 - 8 C 13/80 -, in: NJW 1982, 120; BVerwG, Urteil vom 12. April 1978 - 8 C 7/77 -, in: NJW 1979, 177 (unter Hinweis darauf, dass § 44a Satz 1 VwGO Verzögerungen in einem Verfahren verhindern will nach der Begründung zum Regierungsentwurf (BT-Drs 7/910, S. 97f.)).

617 OVG Koblenz, Beschluss vom 17. Februar 2000 - 2 B 10209/00 -, in: DÖD 2000, 140.

einsicht durch spezialgesetzliche Normen ausgestaltet ist (wie zum Beispiel nach dem Umweltinformationsgesetz[618], dem Stasi-Unterlagen-Gesetz[619] oder im Beamtenrecht (Einsichtnahme in die Personalakten))[620].
Dagegen ist die Vorschrift anwendbar in Verfahren auf Gewährung vorläufigen Rechtsschutzes nach § 123 VwGO[621].

Eine dritte Person oder ein früherer Beteiligter kann nach herrschender Auffassung das Begehren auf Gewährung von Akteneinsicht direkt mit einer Verpflichtungsklage nach § 42 Abs. 1 Fall 2 VwGO durchsetzen beziehungsweise über das Begehren auf Erlass einer einstweiligen Anordnung nach § 123 VwGO[622], weil § 44a Satz 1 VwGO aufgrund des Satzes 2 für diese Personen keine Anwendung findet[623].

---

618 UIG in der Fassung der Bekanntmachung vom 23. August 2001 (BGBl. I S. 2218); vgl. Kollmer, NVwZ 1995, 858, 863.

619 StasiUG vom 20. Dezember 1991 (BGBl. I S. 2272) in der Fassung vom 19. Dezember 1998 (BGBl. I S. 3778); vgl. Kopp/Schenke, VwGO, § 44a Rand-Nr. 4a; allgemein: Stelkens in Schoch/Schmidt-Aßmann/Pietzner, § 44a Rand-Nr. 6.

620 Redeker/von Oertzen, § 44a Rand-Nr. 3a.

621 Obermayer, § 29 Rand-Nr. 58; vgl. auch OVG Magdeburg, Beschluss vom 29. Oktober 1997 - B 2 S 723/97 -, in: NVwZ-RR 1998, 694.

622 OVG Münster, Beschluss vom 9. Juni 1998 - 5 B 1634/97 -, in: DÖV 1998, 1022, 1023 = NWVBl. 1998, 487, 488.

623 BVerwG, Urteil vom 27. Februar 1976 - 7 C 44.74 -, in: BVerwGE 50, 255 = NJW 1976, 1376; BVerwG, Urteil vom 27. Mai 1981 - 8 C 13/80 -, in: NJW 1982, 120; wohl auch: BVerwG, Urteil vom 12. April 1978 - 8 C 7/77 -, in: NJW 1979, 177; Borsdorff/Schwab, DÖD 1989, 164, 167; hinsichtlich von Dritten vgl.: OVG Lüneburg, Urteil vom 22. Januar 1974 - II OVG A 40/73 -, in: MDR 1975, 786; VG Giessen, Urteil vom 19. März 1991 - I/1 E 760/90 -, in: NVwZ 1992, 401; VG Sigmaringen, Beschluss vom 6. Oktober 1992 - 4 K 1204/92 -, in: VBlBW 1993, 116, 117; Knack, § 29 Rand-Nr. 28; Kopp/Ramsauer, VwVfG, § 29 Rand-Nr. 44; Obermayer, § 29 Rand-Nr. 60; Redeker/von Oertzen, § 44a Rand-Nr. 3; Turiaux, Einl. Rand-Nr. 43; Bonk/Kallerhoff in Stelkens/Bonk/Sachs, § 29 Rand-Nr. 82: insbesondere durch Leistungsklage; allgemein Vahle, DVP, 1999, 102, 104; das VG Saarlouis, Beschluss vom 9. April 1987 - 1 F 3/87 -, in: NVwZ 1987, 730f. (rechtskräftig), hat einem Studienplatzbewerber einen Anspruch auf Einsichtnahme in Akten, die im Zusammenhang mit Auswahlgesprächen bei einer Studienplatzvergabe entstanden sind, ausnahmsweise über die analoge Anwendung des § 44a Satz 2 VwGO zuerkannt, da dieser ansonsten unter Beachtung des Gebotes von Art. 19 Abs. 4 GG einen Widerspruch gegen die Durchführung des Auswahlverfahrens nicht hätte begründen können; ähnlich OVG Magdeburg, Beschluss vom 29. Oktober 1997 - B 2 S 723/97 - in: NVwZ-RR 1998, 694f., wo es einem Studienplatzbewerber einen Anspruch auf Einsicht in die sogenannten Kapazitätsunterlagen der Hochschule zugebilligt hat, damit dieser seinen Widerspruch gegen die Nichtzulassung in ausreichender Form begründen könne.

Wenn eine betroffene Person befürchtet, dass ihr aufgrund der Akteneinsicht eines Dritten Nachteile entstehen könnten, wird als zutreffende Rechtsschutzform eine vorbeugende Unterlassungsklage angenommen[624].

5. Grundlose Verweigerung der Einsichtnahme als Befangenheitsgrund

Verweigert ein Behördenmitarbeiter im Einzelfall grundlos die begehrte Akteneinsicht, so kann dies Misstrauen gegen die Unparteilichkeit des entsprechenden Mitarbeiters im Sinne von § 21 VwVfG begründen, wenn noch weitere Anhaltspunkte hinzukommen[625].

6. Kosten bei der Gewährung von Akteneinsicht

Die Kosten für die Gewährung von Akteneinsicht und insbesondere für die Versendung von Akten sind von dem jeweiligen Akteneinsichtnehmenden nach den einschlägigen Verwaltungsgebührengesetzen[626] unabhängig vom Ausgang des jeweiligen Verfahrens zu begleichen[627].

---

624 Vgl. Hufen, Rand-Nr. 254.

625 Vahle, DVP 2001, 212.

626 In Nordrhein-Westfalen GebG NRW in der Fassung der Bekanntmachung vom 23. August 1999 (GV NRW S. 524/SGV NRW 2011), vgl. hier insbesondere für Ausfertigungen, Abschriften und Auszüge § 10 Abs. 1 Ziff. 1 i. V. m. § 136 Abs. 3 bis 5 Kostenordnung in der Fassung vom 13. Juli 2001 (BGBl. I S. 1542); wonach insbesondere für Ablichtungen pro Seite für die ersten 50 Seiten 0,50 Euro und für jede weitere Seite 0,15 Euro erhoben werden (Abs. 3); vgl. insbesondere wegen der Euro-Beträge das Gesetz zur Umstellung des Kostenrechts und der Steuerberatergebührenverordnung auf Euro (KostR EuroUG) vom 27. April 2001 (BGBl. I S. 751); Kostenschuldner nach § 13 Abs. 1 Ziff. 1 GebG NRW ist derjenige, der die Amtshandlung verursacht oder zu wessen Gunsten sie vorgenommen wird.

627 Vgl. Preussner, VBlBW 1982, 1, 7; Schwab, S. 37, 38; Bonk/Kallerhoff in Stelkens/Bonk/Sachs, § 29 Rand-Nr. 80; VG Bremen, Gerichtsbescheid vom 18. Juni 1996 - 2 A 10/95 -, in: NVwZ-RR 1997, 767, wonach der Vertretene und nicht der Vertretende die Kosten begleichen muss, da diese Pflicht den Beteiligten trifft; VG Köln, Urteil vom 4. März 1976 - 8 K 1187/75 -, in: AnwBl. 1976, 312; OVG Koblenz, Urteil vom 20. April 1993 - 6 A 12354/92 -, in: NVwZ-RR 1994, 465, 466, wonach allerdings für eine Akteneinsicht in einem Bußgeldverfahren keine Gebühr verlangt werden darf; a. A. OVG Koblenz, Urteil vom 26. November 1985 - 6 A 107/85 -.

2. Kapitel: Akteneinsicht durch Dritte oder frühere Beteiligte

Nur gelegentlich wird bei der Gewährung von Akteneinsicht an Nichtbeteiligte unterschieden zwischen Dritten und früheren Beteiligten[628]. Dabei sind Dritte nicht an einem Verwaltungsverfahren beteiligte oder beteiligt gewesene Personen. Frühere Beteiligte sind ehemalige Beteiligte eines Verwaltungsverfahrens, die nach dessen Abschluss nicht weiterhin Beteiligte sind, aber beispielsweise nunmehr Akteneinsicht begehren, um überprüfen zu können, ob ein erlassener Verwaltungsakt nach § 44 VwVfG nichtig ist und gemäß § 44 Abs. 5 VwVfG aufzuheben wäre, ob ein solcher Verwaltungsakt rechtswidrig ist und gemäß § 48 VwVfG zurückgenommen werden könnte oder ob Wiederaufnahmegründe gemäß § 51 VwVfG vorliegen.
Eine solche graduelle Unterscheidung erscheint grundsätzlich sinnvoll. Denn ein früherer Beteiligter weist regelmäßig eine größere Sachnähe und ein höheres Interesse hinsichtlich eines nunmehr abgeschlossenen Verwaltungsverfahrens auf, als ein diesbezüglich völlig unbeteiligter Dritter. Dieser Unterschied kann im Ergebnis dazu führen, dass einem Dritten keine Akteneinsicht zu gewähren ist, einem früheren Beteiligten indes doch, insbesondere aufgrund der oben angesprochenen Vorschriften des Verwaltungsverfahrensgesetzes.

Unanwendbar in verwaltungsbehördlichen Verfahren ist die Vorschrift des § 299 Abs. 2 ZPO, die für das zivilgerichtliche Verfahren ausdrücklich bestimmt, dass dritten Personen eine Akteneinsicht gestattet werden kann, weil § 29 VwVfG gerade nicht auf § 299 Abs. 2 ZPO verweist[629]. Eine analoge Anwendung kommt ebenfalls nicht in Betracht, da nicht von einer unbewussten planwidrigen Gesetzeslücke auszugehen ist. Denn im Rahmen des Gesetzgebungsverfahrens sollte durch § 29 VwVfG allein den Beteiligten eines laufenden Verwaltungsverfahrens eine Einsichtnahme in die sie betreffenden Akten gewährt werden[630].

---

[628] So ausdrücklich: Behn, RV 1980, 125ff., zur entsprechenden Problematik in sozialbehördlichen und in sozialgerichtlichen Verfahren; auch Kopp/Ramsauer, VwVfG, § 29 Rand-Nr. 21, der allerdings beide Gruppen hinsichtlich der Behandlung von Anträgen auf Akteneinsicht gleich behandelt.

[629] Vgl. Lodde, S. 71.

[630] Amtliche Begründung zum Gesetzentwurf der Bundesregierung zum damaligen die Akteneinsicht regelnden § 25 VwVfG, BT-Drs. 7/910, S. 52, 53.

Gleichwohl ist die Zulässigkeit der Gewährung von Akteneinsicht an Nichtbeteiligte allgemein anerkannt[631]. Diesen wird im jeweils konkret zu prüfenden Einzelfall bei Darlegung oder Glaubhaftmachung eines berechtigten beziehungsweise qualifizierten Interesses ein Anspruch auf eine ermessensfehlerfreie Entscheidung durch die Behörde zuerkannt[632]. Ein solches Interesse ist in eigenen Angelegenheiten zu bejahen, wenn es gewichtig und anders nicht zu befriedigen[633] beziehungsweise die Akteneinsicht zur wirksamen Rechtsverfolgung erforderlich ist[634]. Bei der Ermessensentscheidung hat die Behörde die für und gegen eine Akteneinsicht sprechenden Gründe und entgegenstehenden Interessen sorgfältig gegeneinander abzuwägen[635].

Sofern bei der Durchsicht der Rechtsprechung bei einigen Entscheidungen der Eindruck entstehen kann, dass Akteneinsicht dritten Personen gegenüber oder

---

631 BVerwG, Urteil vom 1. Juli 1983 - 2 C 42.82 -, in: BVerwGE 67, 300, 304f. = NVwZ 1984, 445 = DVBl 1984, 56; BVerwG, Urteil vom 5. Juni 1984 - 5 C 73.82 -, in: BVerwGE 69, 278, 279f. = BayVBl 1985, 221f.; OVG Münster, Beschluss vom 9. Juni 1998 - 5 B 1634/97 -, in: DÖV 1998, 1022, 1023 = NWVBl. 1998, 487, 488; VGH München, Urteil vom 17. Februar 1998 - 23 B 95.1954 -, in: BayVBl. 1998, 693; Kopp/Ramsauer, VwVfG, § 29 Rand-Nr. 20, spricht hinsichtlich der Akteneinsicht durch Dritte von einer „allenfalls analog(en)“ Anwendung von § 29 VwVfG, ohne jedoch dies weiter zu begründen und die Voraussetzungen einer Analogie zu prüfen; vgl. auch: Hufen, Rand-Nr. 2, 3, 9; Knack, § 29 Rand-Nrn. 2 und 9; Bonk/Kallerhoff in Stelkens/Bonk/Sachs, § 29 Rand-Nrn. 18 und 32; dies gilt ebenso für die Erteilung einer Auskunft: vgl. OVG Münster, Urteil vom 13. August 1998 - 13 A 2118/96 -, in: NWVBl. 1999, 139ff., zur Bekanntgabe der Namen von Mitgliedern einer „Gutachterkommission für ärztliche Haftungsfragen“.

632 Vgl. BVerwG, Urteil vom 1. Juli 1983 - 2 C 42.82 -, in: BVerwGE 67, 300, 304f. = NVwZ 1984, 445 = DVBl 1984, 56; OVG Lüneburg, Urteil vom 18. Juli 1996 - 7 A 9/96 -, in: NJW 1997, 2468f.; VGH München, Urteil vom 17. Februar 1998 - 23 B 95.1954 -, in: BayVBl. 1998, 693; OVG Münster, Beschluss vom 9. Juni 1998 - 5 B 1634/97 -, in: DÖV 1998, 1022, 1023 = NWVBl. 1998, 487, 488; Knack, § 29 Rand-Nrn. 2 und 9; Kopp/Ramsauer, VwVfG, § 29 Rand-Nr. 20; Lodde, S. 72; Bonk/Kallerhoff in Stelkens/Bonk/Sachs, § 29 Rand-Nr. 32.

633 Vgl. BVerwG, Urteil vom 23. August 1968 - 4 C 235.65 -, in: BVerwGE, 30, 154, 160; OVG Lüneburg, Urteil vom 18. Juli 1996 - 7 A 9/96 -, in: NJW 1997, 2468, 2469; Lodde, S. 73.

634 BVerwG, Beschluss vom 10. Februar 1981 - 7 B 26.81 -: Voraussetzung wäre, dass die Akteneinsicht durch ein eigenes gewichtiges und auf andere Weise nicht zu befriedigendes Interesse des Antragstellers gedeckt werde, in: DVBl. 1981, 683; VGH München, Urteil vom 17. Februar 1998 - 23 B 95.1954 -, in: BayVBl. 1998, 693; Lodde, S. 73; Thiele, DÖD 1978, 65, 66.

635 OVG Lüneburg, Urteil vom 18. Juli 1996 - 7 A 9/96 -, in: NJW 1997, 2468, 2469; Lodde, S. 73.

Akteneinsicht außerhalb eines Verwaltungsverfahrens unmittelbar nach Art. 2 Abs. 1 i. V. m. Art. 1 Abs. 1 GG[636], nach dem in Art. 20 Abs. 3 GG verankerten Rechtsstaatsprinzip[637], nach dem Grundsatz von Treu und Glauben (§ 242 Bürgerliches Gesetzbuch - BGB -[638]), über die besondere Fürsorgepflicht des Dienstherrn gegenüber Beamten und Richtern[639] oder aus allgemeinen rechtsstaatlichen Gründen[640] gewährt werden kann, ist zu beachten, dass letztlich in allen Fällen auf eine behördliche Ermessensausübung nach den oben stehenden Grundsätzen abgestellt worden ist[641].

---

636 BVerwG, Urteil vom 27. April 1989 - 3 C 4.86 -, in: BVerwGE 82, 45ff. = NJW 1989, 2960f. = VBlBW 1989, 411ff.; siehe auch OVG Lüneburg, Urteil vom 18. Juli 1996 - 7 A 9/96 -, in: NJW 1997, 2468, 2469, ein Recht auf umfassende Information und damit auf Kenntniserlangung über genetische Erbanlagen bejahend, ohne allerdings ausdrücklich auf die Rechtsprechung des Bundesverfassungsgerichts zum Recht auf informationelle Selbstbestimmung einzugehen.

637 OVG Koblenz, Beschluss vom 11. Dezember 1996 - 7 B 13243/96 -, in: NJW 1997, 2342; aus allgemeinen rechtsstaatlichen Gründen: OVG Schleswig, Urteil vom 13. Dezember 1994 - 4 K 1/94 -, in: NVwZ 1996, 408ff.

638 VGH Mannheim, Urteil vom 28. Mai 1974 - 4 43/74 -, in: DVBl. 1974, 817ff., bestätigt durch BVerwG, Urteil vom 27. Februar 1976 - 7 C 44/74 -, in: NJW 1976, 1364f.; Urteil vom 31. Oktober 1995 - 9 S 1518/94 -, in: NJW 1996, 613f.; OVG Koblenz, Urteil vom 2. Oktober 1991 - 7 A 10880/91 -, in: DVBl. 1991, 1367f. = NVwZ 1992, 384f.

639 BVerwG, Urteil vom 1. Juli 1983 - 2 C 42.82 -, in: BVerwGE 67, 300ff.; VG Frankfurt/Main, Urteil vom 28. Mai 1986 - III/V - E 1373/83 -, in: NVwZ 1986, 864, 865.

640 VG Potsdam, Beschluss vom 16. November 1998 - 2 L 873/98 -, in: LKV 1999, 155f. = LKV 2000, 319f.

641 So hat es das Bundesverwaltungsgericht in seinem Urteil vom 27. April 1989 - 3 C 4/86 -, in: BVerwGE 82, 45, 48 = NJW 1989, 2960 = VBlBW 1989, 411, 412, ausdrücklich dahinstehen lassen, ob die über Art. 2 Abs. 1 i. V. m. Art. 1 Abs. 1 GG garantierte allgemeine Handlungsfreiheit auch das Recht eines ehemaligen in einer psychiatrischen Klinik Untergebrachten einschließe, sich im nachhinein über den Inhalt der ihn betreffenden Akten zu informieren; das Bundesverwaltungsgericht hat lediglich klargestellt, dass es mit dem allgemeinen Persönlichkeitsrecht nicht zu vereinbaren sei, dem ehemaligen Untergebrachten die Einsicht ausschließlich unter Hinweis auf die angeblich damit verbundene Selbstgefährdung zu verweigern, da eine solche Bevormundung nicht verfassungsgemäß sei. Allerdings seien Fälle denkbar, in denen ein Betreffender die Risiken eigenen Handelns nicht selbst einschätzen könne und Eigengefährdungen auftreten könnten; das OVG Koblenz erkannte in einem Verfahren auf Gewährung vorläufigen Rechtsschutzes einem Fahrerlaubnisinhaber aufgrund des Rechtsstaatsprinzips (Art. 20 Abs. 3 GG) zu, dass die Führerscheinstelle die bei ihr geführte Akte an den vom Antragsteller beauftragten Gutachter zum Zwecke der ordnungsgemäßen Erstellung eines (Privat-)Gutachtens zu überlassen hatte: Beschluss vom 11. Dezember 1996 - 7 B 13243/96 -, in: NJW 1997, 2342; vgl. dagegen VGH München, Beschluss vom 31. Juli 1991 - 11 CE 91.2004 -, in: DAR 1992, 34, das einen Anspruch auf Überlassung der Fahrerlaubnisakten an einen noch zu bestellenden Obergut-

achter unter Hinweis auf die Regelung des § 44a Satz 1 VwGO verneinte; Bejahung eines Anspruchs eines abgelehnten Bewerbers auf Einsichtnahme in zwei Schreiben von Hochschullehrern, die sich gegen die Anstellung des Bewerbers ausgesprochen hatten, unter Berufung auf § 242 BGB, da hier der Bewerber um ein öffentliches Amt ein erhebliches berechtigtes Interesse an einer Einsichtnahme hätte, da er aus Art. 33 Abs. 2 GG einen Anspruch auf eine fehlerfreie und sachliche Entscheidung über seine Bewerbung und auch bei künftigen Bewerbungen einen Anspruch auf Unterlassung der Verwendung von Aktenteilen mit unrichtigen Behauptungen hätte, demgegenüber könne der Beklagte unschwer und ohne Gefährdung seiner berechtigten Belange die Einsicht gewähren: VGH Mannheim, Urteil vom 28. Mai 1974 - 4 43/74 -, in: DVBl. 1974, 817, 818f.; mit Urteil vom 31. Oktober 1995 - 9 S 1518/94 -, in: NJW 1996, 613f., erkannte der VGH Mannheim einem Zahnarzt, dem die Zahnärztekammer zunächst einen Antrag auf Anerkennung zum Führen der Bezeichnung „Kieferorthopädie" abgelehnt und ihm später stattgegeben hatte, einen Anspruch auf Akteneinsicht zu, weil der klagende Zahnarzt ein berechtigtes Interesse an der Einsichtnahme dargelegt hätte, da er sich aufgrund der Verfahrensverzögerung erst mit zweimonatiger Verspätung hätte niederlassen können. Die Akteneinsicht erschien deswegen erforderlich, um im zivilrechtlichen Schadensersatzprozess seine Rechtsstellung verbessern zu können durch die (zusätzliche) Darlegung von anspruchsbegründenden Tatsachen und Beweisangeboten; das OVG Koblenz verneinte mit Urteil vom 2. Oktober 1991 - 7 A 10880/91 -, in: DVBl. 1991, 1367, 1368, die Einsicht in Verwaltungsakten im Zusammenhang mit einem abgeschlossenen personenstandsrechtlichen Verfahren des Vaters des Klägers, welches die beklagte Kreisverwaltung wegen Zweifeln an der Berechtigung der Beifügung des Adelsprädikats zum Namen angestrengt hatte. Das Gericht führte aus, dass auch nach dem allgemeinen Rechtssatz von Treu und Glauben ein ausreichendes Interesse an der begehrten Akteneinsicht darzulegen sei. Ein Kläger könne sich nicht in mehr oder weniger pauschaler Form darauf beziehen, dass er feststellen möchte, in welcher Weise die Kreisverwaltung die Ehre eines Familienangehörigen beziehungsweise die persönliche Ehre verletzt habe; allgemein dazu, dass der Grundsatz von Treu und Glauben im gesamten Rechtsleben und nicht nur im Zivilrecht anwendbar ist: Reichsgericht, Urteil vom 2. Februar 1926 - III 627/24 -, in: RGZ 113, 19, 24; das Bundesverwaltungsgericht führte betreffend die Akteneinsicht eines Richters nach Abschluss eines Besetzungsverfahrens aus, dass die dem Dienstherrn über § 46 DRiG i. V. m. § 79 BBG obliegende Fürsorgepflicht eine Entscheidung nach pflichtgemäßem Ermessen erfordere (was auch außerhalb des Beamten- beziehungsweise Richterrechts gefordert wird): Urteil vom 1. Juli 1983 - 2 C 42.82 -, in: BVerwGE 67, 300, 304f.; das VG Potsdam zitiert Entscheidungen des Bundesverwaltungsgerichts, Urteil vom 23. August 1968 - 4 C 235.65 -, in: BVerwGE 30, 154, 160, und des Verwaltungsgerichtshofs Mannheim, Urteil vom 31. Oktober 1995 - 9 S 1518/94 -, in: NJW 1996, 613, die allerdings in der Gewährung von Akteneinsicht an Dritte unmissverständlich eine Ermessensentscheidung sehen. Eine solche trifft letztlich auch das Verwaltungsgericht Potsdam im Rahmen einer Abwägung der sich entgegenstehenden Belange, vgl. LKV 1999, 155, 156, mit dem Ergebnis, dass die vom Dritten (Antragsteller) beabsichtigte Rechtsverfolgung gegen den Antragsgegner (eine Behörde) als jedenfalls nicht ausgeschlossen erschien und ein berechtigtes Interesse daher bejaht wurde.

Gegen die Gewährung von Akteneinsicht an Dritte oder frühere Beteiligte allein nach pflichtgemäßem Ermessen wird indes gelegentlich eingewendet, dass eine solche Handhabung nicht ohne eine ausdrückliche gesetzliche Ermächtigungsgrundlage statthaft sei[642]. Dieser Auffassung ist nicht zuletzt aus Gründen der Rechtsklarheit und Rechtssicherheit[643] zuzustimmen. Denn das Bundesverfassungsgericht hat in seiner Entscheidung zum Recht auf „informationelle Selbstbestimmung"[644] unmissverständlich gefordert, dass zum Schutz jedes einzelnen Betroffenen eine Übermittlung von Daten nur unter bestimmten Voraussetzungen und nur aufgrund einer gesetzlichen Grundlage, die dem rechtsstaatlichen Gebot der Normenklarheit entsprechen müsse, erfolgen dürfe. Eine Entscheidung über die Gewährung von Akteneinsicht allein nach dem pflichtgemäßen Ermessen einer Behörde ohne jede gesetzliche Vorgabe entspricht den vom Bundesverfassungsgericht geforderten Anforderungen erkennbar nicht. Ein die Akteneinsicht begehrender Dritter oder früherer Beteiligter, die zur Entscheidung berufene Behörde und die unter Umständen durch die Gewährung von Akteneinsicht betroffenen weiteren Personen müssen daher die Voraussetzungen der Gewährung von Akteneinsicht in verlässlicher Form erkennen können. Allein dadurch kann sichergestellt werden, dass persönliche Daten nur bei Vorliegen von bestimmten schriftlich niedergelegten Voraussetzungen weitergegeben werden. Nur dies entspricht einem transparenten Verwaltungshandeln und dem erforderlichen Schutz von persönlichen Daten. Weiterhin ist eine Ermessensentscheidung auch nur im Rahmen der Voraussetzungen des § 114 VwGO gerichtlich überprüfbar. Das Gericht kann mithin insbesondere nur nachprüfen, ob von einem eingeräumten Ermessen in einer nicht entsprechenden Weise Gebrauch gemacht worden ist (vgl.

---

642 Schoenemann, DVBl. 1988, 520; allgemein: Simon/Franke/Sachs; § 21 Rand-Nr. 5, wonach für Eingriffe in das informationelle Selbstbestimmungsrecht eine den Anforderungen des Bundesverfassungsgerichts entsprechende Rechtsgrundlage zu schaffen sei; wohl auch Vahle, DVP 1999, 102, der generell einen Anspruch nur bei einer entsprechenden Erlaubnisnorm bejahen will; ansatzweise wohl auch Nolte, DÖV 1999, 363, 369ff., unter Hinweis auf die Bedeutung der Materie und mit dem Hinweis auf eine großzügigere Praxis bei der behördlichen Ermessensbetätigung nach der allgemeinen Auffassung.

643 Zur Rechtssicherheit gehören solche Elemente des Rechtsstaatsprinzips, die grundsätzlich mit der Verlässlichkeit des Rechts zu tun haben; eines dieser Elemente ist die Rechtsklarheit, die u. a. vom Gesetzgeber fordert, dass Rechtsnormen widerspruchsfrei für die Adressaten verständlich sind sowie praktikable Merkmale enthalten: vgl. hierzu Sachs, Art. 20 Rand-Nrn. 122 und 125.

644 Urteil vom 15. Dezember 1983 - 1 BvR 209, 269, 362, 420, 440, 484/83 -, in: BVerfGE 65, 1ff. = NJW 1984, 419ff.

§ 114 Satz 1 VwGO). Daher ist die „Kontrolldichte“ bei der Nachprüfung von Ermessensentscheidungen der Behörden durch die Gerichte beschränkt[645].

Auf der Grundlage dieser herrschenden Meinung ist in der Rechtsprechung und Literatur bisher kaum erörtert worden, inwieweit datenschutzrechtliche Bestimmungen eine gesetzliche Grundlage für die Gewährung von Akteneinsicht an Nichtbeteiligte sein können. Für die Tätigkeit von aktenführenden öffentlichen Stellen des Bundes wie Bundesbehörden (vgl. § 1 Abs. 2 Ziff. 1, § 2 Abs. 1 BDSG) bestimmt zwar § 16 Abs. 1 Ziff. 2 Satz 1 BDSG, dass die Übermittlung personenbezogener Daten an nicht-öffentliche Stellen zulässig ist, wenn der Empfänger, also der Dritte, ein berechtigtes Interesse an der Kenntnis der zu übermittelnden Daten glaubhaft darlegt und der Betroffene kein schutzwürdiges Interesse an dem Ausschluss der Übermittlung hat. Personenbezogene Daten nach der Legaldefinition des § 3 Abs. 1 BDSG sind grundsätzlich alle Angaben zu den persönlichen oder sachlichen Verhältnissen eines Betroffenen[646]. Nichtöffentliche Stellen sind unter anderem nach § 2 Abs. 4 Satz 1 BDSG natürliche und juristische Personen. Eine Übermittlung als Bekanntgeben entsprechender Daten (vgl. § 3 Abs. 4 Ziff. 3 BDSG) kann beispielsweise mündlich, telefonisch, durch Übersendung oder insbesondere durch Einsichtnahme erfolgen[647].

Für Landes- oder Kommunalbehörden (vgl. beispielsweise § 1 Abs. 2 Ziff. 2 1. Halbsatz BDSG, § 2 Abs. 1 DSG NRW und DSG Bbg) enthält § 16 Abs. 1 lit. c DSG NRW und DSG Bbg eine der Bundesregelung inhaltlich vergleichbare Regelung. Danach ist eine Übermittlung personenbezogener Daten an Personen oder Stellen außerhalb des öffentlichen Bereichs (vgl. § 3 Abs. 1, Abs. 2 Ziff. 4, Abs. 3 DSG NRW beziehungsweise § 3 Abs. 1, Abs. 2 Ziff. 4, Abs. 4 Ziff. 3 DSG Bbg) zulässig, wenn der Auskunftbegehrende ein rechtliches Interesse an

---

645 So Kopp/Schenke, VwGO, § 114 Rand-Nr. 1.

646 Bergmann/Möhrle/Herb, § 3 Rand-Nrn. 13-19; auch Stähler, § 3 Erl. 4, zur Rechtslage in Nordrhein-Westfalen.

647 Bergmann/Möhrle/Herb, § 3 Rand-Nrn. 84 und 85; Stähler, § 3 Erl. 13: Bereithalten zur Einsichtnahme; Ordemann/Schomerus, § 3 Anm. 10: Übermitteln als Weitergabe an einen Dritten beispielsweise durch Einsichtnahme; vgl. auch zur Akteneinsicht eines Konkursverwalters während eines staatsanwaltlichen Ermittlungsverfahrens nach § 16 Abs. 1 lit. c DSG NRW: OLG Hamm, Entscheidung vom 10. September 1996 - 1 VAs 34, 36, 37, 45/96 -, in: JURIS-Dokument Nr. 501793; bezüglich eines nicht beteiligten Dritten: OLG Hamm, Entscheidung vom 22. Dezember 1992 - 1 VAs 55/92 -, in: JURIS-Dokument Nr. 433045.

der Kenntnis der zu übermittelnden Daten glaubhaft macht und kein Grund zu der Annahme besteht, dass das Geheimhaltungsinteresse des Betroffenen überwiegt.

Vor diesem Hintergrund hat das Oberlandesgericht Hamm[648] ausdrücklich bejaht, dass das Datenschutzgesetz des Landes Nordrhein-Westfalen eine gesetzliche Grundlage im Sinne der Rechtsprechung des Bundesverfassungsgerichts zum Recht auf „informationelle Selbstbestimmung" darstelle. Insbesondere die Entscheidung über die Gewährung von Akteneinsicht an Dritte habe gemäß § 16 DSG NRW zu erfolgen. Die die Akteneinsicht begehrende Person habe dabei insbesondere ein rechtliches Interesse glaubhaft zu machen und die diesbezüglichen Tatsachen beizubringen. Das rechtliche Interesse sei ein unbestimmter Rechtsbegriff, dessen Vorliegen vom Gericht uneingeschränkt überprüfbar sei. Es sei insbesondere dann zu bejahen, wenn der Auskunftsuchende die begehrten Daten zur Geltendmachung oder Durchsetzung von Rechtsansprüchen oder zur Rechtsverteidigung brauche oder wenn sie in unmittelbarem Zusammenhang mit seinen Rechtsverhältnissen stehen würden.

Ein berechtigtes Interesse ist dabei weniger als ein rechtliches Interesse; auch rein wirtschaftliche Aspekte unterliegen diesem Begriff[649]. Geschützt ist das informationelle Selbstbestimmungsrecht des Betroffenen, das mit den entgegenstehenden Interessen des Dritten an einer Akteneinsicht abzuwägen ist[650]. Dabei dürfte dem Akteneinsichtsrecht grundsätzlich der gleiche Rang wie dem Recht auf „informationelle Selbstbestimmung" zukommen[651].

Allerdings sind die genannten datenschutzrechtlichen Bestimmungen inhaltlich nicht einfach zu verstehen. Sie enthalten auch keine konkreten Gründe, die einer Akteneinsicht entgegenstehen können, wie dies beispielsweise in § 29 Abs. 2 VwVfG der Fall ist. Die Bestimmungen regeln desweiteren auch nicht hinreichend klar die näheren Umstände einer Einsichtsgewährung, so dass diesbezüglich die zur Entscheidung berufene Behörde wiederum eine Ermessensentscheidung zu treffen hat. Maßstab müssen dabei stets die konkreten Umstände des Einzelfalls, die zumutbare Gewährung von Akteneinsicht und der Schutz von persönlichen Daten sein. Allerdings ist vor dem Hintergrund des Rechtsstaatsprin-

---

648 Beschluss vom 22. Dezember 1992 - 1 VAs 55/92 -, in: JURIS-Dokument Nr. 433045.
649 Bergmann/Möhrle/Herb, § 16 Rand-Nr. 9.
650 Bergmann/Möhrle/Herb, § 16 Rand-Nrn. 18 und 19.
651 Simon/Franke/Sachs, § 21 Rand-Nr. 29 (zum Akteneinsichtsrecht für jedermann in Art. 21 Abs. 4 Landesverfassung Brandenburg).

zips für die Bejahung der Klarheit und Bestimmtheit einer Gesetzesnorm erforderlich, dass der Gesetzgeber seine Vorschriften so zu fassen hat, dass ein Betroffener die Rechtslage erkennen und sein Verhalten danach einrichten kann[652].

Wegen der unterschiedlichen Regelungen in den jeweiligen Datenschutzgesetzen der Länder einerseits und der Regelung im Bundesdatenschutzgesetz andererseits erscheint die gegenwärtige Situation unbefriedigend. Es ist daher eine konkrete gesetzliche Normierung des Akteneinsichtsrechts für dritte Personen und frühere Beteiligte vom Gesetzgeber zu fordern. Im siebten Teil dieser Arbeit wird ein entsprechender Lösungsvorschlag für eine gesetzliche Neuregelung unterbreitet.

3. Kapitel: Ausgewählte Einzelprobleme

1. Akteneinsicht im Rahmen von Planfeststellungsverfahren

Eine Reihe von Gesetzen enthalten Vorschriften über die Durchführung und Ausgestaltung von förmlichen Planfeststellungsverfahren. Dabei ist stets zu unterscheiden zwischen der Möglichkeit einer Einsichtnahme in die ausgelegten Planunterlagen[653] und einem späteren Akteneinsichtsrecht in die Akten des Genehmigungsverfahrens[654].
Die Unterscheidung ist deshalb von Bedeutung, weil die ausgelegten Unterlagen in der Regel nicht identisch sind mit dem Inhalt einer Akte im Verwaltungsverfahren[655]. Die Befugnis zur Akteneinsicht erstreckt sich auch auf alle nicht ausgelegten Vorgänge, soweit sie Aktenbestandteil sind[656]. Sie ist somit umfassender als das Einsichtsrecht in die ausgelegten Planunterlagen[657]. Denn Gutachten und

---

652 BVerfG, Beschluss vom 18. Mai 1998 - 2 BvR 579/84 -, in: BVerfGE 78, 205, 212 = NJW 1988, 2593, 2594; ähnlich: Beschluss vom 26. September 1978 - 1 BvR 525/77 -, in: BVerfGE 49, 168, 181.

653 Wobei auch hier eine Gestattung der Anfertigung von Ablichtungen von diesen zulässig ist, vgl. Kopp/Ramsauer, VwVfG, § 73 Rand-Nr. 46.

654 Vgl. allgemein: Hirschberger, S. 100, 101; Kopp/Ramsauer, VwVfG, § 73 Rand-Nr. 46; Bonk/Kallerhoff in Stelkens/Bonk/Sachs, § 72 Rand-Nrn. 115, 116; Turiaux, Einl. Rand-Nrn. 44 bis 46; (jeweils zu den §§ 72, 73 VwVfG und dort zu der Trennung zwischen Einsicht in die Planunterlagen nach § 73 Abs. 1 Satz 1 und dem Akteneinsichtsrecht nach § 72 Abs. 1 Satz 2 i. V. m. § 29 VwVfG).

655 Bonk/Kallerhoff in Stelkens/Bonk/Sachs, § 72 Rand-Nr. 116.

656 Allgemein: Bonk/Kallerhoff in Stelkens/Bonk/Sachs, § 72 Rand-Nr. 116.

657 Allgemein: Turiaux, Einl. Rand-Nr. 70.

Stellungnahmen anderer Behörden beispielsweise können, müssen aber nicht ausgelegt werden[658].

Die Vorschriften der §§ 72ff. VwVfG finden Anwendung, wenn entsprechende Fachgesetze keine eigenen Regelungen enthalten[659]. § 72 Abs. 1 2. Halbsatz VwVfG erklärt die allgemeine Regelung des § 29 VwVfG mit der Maßgabe für anwendbar, dass die Akteneinsicht den Beteiligten nur nach pflichtgemäßem Ermessen zu gewähren ist[660]. Mithin besteht kein Anspruch, wie ihn § 29 Abs. 1 Satz 1 VwVfG normiert[661]. Hintergrund für diese abweichende Regelung waren verfahrensökonomische Gesichtspunkte aufgrund einer möglicherweise hohen Zahl von Beteiligten und Akteneinsichtsanträgen in Planfeststellungsverfahren[662]. Die übrigen Regelungen des § 29 Abs. 1 bis 3 VwVfG bleiben indes unberührt und sind daher auch in Planfeststellungsverfahren anwendbar[663].
Für das Einsichtsrecht im Anhörungsverfahren nach § 73 Abs. 3 VwVfG gilt dagegen § 72 Abs. 1 2. Halbsatz i. V. m. § 29 VwVfG bereits vom Wortlaut her nicht[664]. Die Verweigerung der Einsicht ist allerdings nur dann ermessensfehlerfrei, wenn schwerwiegende Gründe gegen die Gewährung sprechen[665]. Grundsätzlich wird eine Verpflichtung zur Gewährung der Einsicht bejaht[666].

Da nach § 72 Abs. 1 1. Halbsatz VwVfG insbesondere die Vorschriften der §§ 17, 18 VwVfG anwendbar sind[667], kann somit über § 29 Abs. 1 Satz 3 VwVfG bei einer entsprechenden Vertretung ermessensfehlerfrei nur den Vertretern Akteneinsicht gewährt werden[668]. Zuständig für die Gewährung der Ak-

---

658 Kopp/Ramsauer, VwVfG, § 73 Rand-Nrn. 34, 35.
659 Engel, S. 28.
660 Knack, § 29 Rand-Nr. 29; Kopp/Ramsauer, VwVfG, § 29 Rand-Nr. 6. (zum Vorrang der §§ 72, 73).
661 Knack, § 72 Rand-Nr. 22; Kopp/Ramsauer, VwVfG, § 72 Rand-Nr. 19; Bonk/Kallerhoff in Stelkens/Bonk/Sachs, § 72 Rand-Nr. 115.
662 Amtliche Begründung, BT-Drs 7/910, S. 87; Kopp/Ramsauer, VwVfG, § 72 Rand-Nr. 19; Bonk/Kallerhoff in Stelkens/Bonk/Sachs, § 29 Rand-Nr. 115; Schwab, S. 37.
663 Bonk/Kallerhoff in Stelkens/Bonk/Sachs, § 72 Rand-Nr. 115.
664 Bonk/Kallerhoff in Stelkens/Bonk/Sachs, § 72 Rand-Nr. 115.
665 Vgl. Widhofer-Mohnen, VR 1980, 285, 286; Kopp/Ramsauer, VwVfG, § 72 Rand-Nr. 19; Turiaux, Einl. Rand-Nr. 47.
666 Vgl. Schwab, S. 37; Borsdorff/Schwab, DÖD 1989, 164, 166; wohl auch Kopp/Ramsauer, VwVfG, § 72 Rand-Nr. 19.
667 Ausdrücklich: Knack, § 72 Rand-Nr. 18.
668 Kopp/Ramsauer, VwVfG, § 72 Rand-Nr. 19.

teneinsicht ist die Behörde, die nach dem Stand des Verfahrens über die Akten verfügt[669].

Die Planfeststellungsbehörde darf allerdings auch bevollmächtigten Rechtsanwälten die Planunterlagen oder Teile von ihnen außerhalb der allgemeinen Auslegungsfrist zur Einsichtnahme an den Kanzleisitz übersenden; ein diesbezüglicher Anspruch besteht indes nicht[670].

Im Rahmen des nach § 73 VwVfG durchzuführenden Anhörungsverfahrens ist für die Einsichtsberechtigung in die ausgelegten Pläne anders als bei einer Akteneinsicht nach den §§ 72 Abs. 1, 29 VwVfG keine förmliche Beteiligteneigenschaft nach § 13 Abs. 1 Ziff. 1 bis 3 VwVfG und keine Hinzuziehung nach § 13 Abs. 1 Ziff. 4, Abs. 2 VwVfG vorgesehen. Die Darlegung von rechtlichen Interessen für die Wahrnehmung des Einsichtsrechts ist ebenfalls nicht erforderlich[671]. Denn das Anhörungsverfahren dient der Information beziehungsweise der Anhörung von potentiell Betroffenen im Vorfeld einer behördlichen Planungsentscheidung[672]. Einwendungsberechtigt ist mithin jeder, dessen eigene rechtlichen oder berechtigten Interessen beeinträchtigt werden können[673]. Jedem Einwender steht auch im späteren Verwaltungsverfahren ein Einsichtsrecht[674] in Form eines Anspruchs auf eine ermessensfehlerfreie Entscheidung zu[675].

Hinsichtlich der gegenüber den §§ 72ff. VwVfG spezialgesetzlich geregelten und damit vorrangigen Planfeststellungsverfahren wird an dieser Stelle lediglich beispielsweise auf die einschlägigen Vorschriften verwiesen:

---

669 BVerwG, Beschluss vom 26. August 1998 - 11 VR 4/98 -, in: NVwZ 1999, 535, 536; dem folgend Knack, § 29 Rand-Nr. 22.

670 Kopp/Ramsauer, VwVfG; § 29 Rand-Nr. 46; VGH München, Beschluss vom 21. Oktober 1985 - 8 AE 85 A. 2795 -, in: DÖV 1987, 744 (für das wasserrechtliche Planfeststellungsverfahren).

671 Turiaux, Einl. Rand-Nr. 46.

672 König, DÖV 2000, 45, 47; Kopp/Ramsauer, VwVfG, § 73 Rand-Nr. 2.

673 König, DÖV 2000, 45, 47.

674 Lodde, S. 25 bis 27 (27); Turiaux, Einl. Rand-Nr. 45f.

675 König, DÖV 2000, 45, 47 (wegen der zu erwartenden großen Anzahl von Anspruchsberechtigten).

§ 7 Abs. 4 Satz 3 Gesetz über die friedliche Verwendung der Kernenergie und den Schutz gegen ihre Gefahren[676] i. V. m. § 6 Verordnung über das Verfahren bei der Genehmigung von Anlagen nach § 7 des AtomG[677]; § 10 Abs. 2, 3 und 10 Gesetz zum Schutz vor schädlichen Umwelteinwirkungen durch Luftverunreinigungen, Geräusche, Erschütterungen und ähnliche Vorgänge[678] i. V. m. §§ 10, 10a der Verordnung zur Durchführung des Bundes-Immissionsschutzgesetzes[679]; im vereinfachten Verfahren (vgl. § 19 BImSchG) sind gemäß § 24 der 9. BImSchV die §§ 10, 10a nicht anwendbar, so dass unmittelbar auf § 29 VwVfG zurückzugreifen ist[680]; ein selbständig durchsetzbarer Anspruch eines Nachbarn gegen einen Anlagenbetreiber auf Einsicht in die Unterlagen über eine immissionsschutzrechtlich genehmigungsbedürftige Anlage besteht nicht[681]; in den Verfahren nach § 3 Abs. 2 Satz 1 Baugesetzbuch[682], § 17 Abs. 3a, 3b Satz 2 Bundesfernstraßengesetz[683], § 17 Ziff. 2 Bundeswasserstraßengesetz[684], § 10 Luftverkehrsgesetz[685], § 20 Abs. 1 Allgemeines Eisenbahngesetz[686] sowie § 18

---

676 Atomgesetz - AtomG - in der Fassung der Bekanntmachung vom 15. Juli 1985 (BGBl. I S. 1565) in der Fassung vom 5. März 2001 (BGBl. I S. 326).

677 Atomrechtliche Verfahrensverordnung - AtVfG - in der Fassung der Bekanntmachung vom 3. Februar 1995 (BGBl. I S. 180).

678 Bundes-Immissionsschutzgesetz - BImSchG - in der Fassung der Bekanntmachung vom 14. Mai 1990 (BGBl. I S. 880) in der Fassung vom 9. September 2001 (BGBl. I S. 2331).

679 Verordnung über das Genehmigungsverfahren - 9. BImSchV - in der Fassung der Bekanntmachung vom 29. Mai 1992 (BGBl. I S. 1001) in der Fassung vom 27. Juli 2001 (BGBl. I S. 1950).

680 Turiaux, Einl. Rand-Nr. 76.

681 Vgl. VGH München, Urteil vom 8. Juni 1988 - 22 B 87.03045 -, in: NVwZ 1989, 266: in diesem Fall begehrten die Kläger bei dem Gericht Akteneinsicht in die Akten des Beklagten als ehemaligen Betreiber der immissionsschutzrechtlichen Anlage mit der Rüge, dass die im Genehmigungsverfahren ausgelegten Unterlagen unzureichend gewesen seien. Das Gericht verneinte einen solchen Anspruch, da ein Dritter nicht unmittelbar gegen den Anlagenbetreiber, also gewissermaßen durchgriffsweise, Einsicht in dessen Unterlagen begehren könne. Akteneinsicht könne nur nach den einschlägigen gesetzlichen Vorschriften im Rahmen des Genehmigungsverfahrens begehrt werden; Jarass, § 10 Rand-Nr. 68.

682 BauGB in der Fassung der Bekanntmachung vom 27. August 1997 (BGBl. I S. 2141) in der Fassung vom 27. Juli 2001 (BGBl. I S. 1950).

683 FStrG in der Fassung der Bekanntmachung vom 19. April 1994 (BGBl. I S. 854) in der Fassung vom 18. Juni 1997 (BGBl. I S. 1452).

684 WaStrG in der Fassung der Bekanntmachung vom 4. November 1998 (BGBl. I S. 3294) in der Fassung vom 25. August 1998 (BGBl. I S. 2489).

685 LuftVG in der Fassung der Bekanntmachung vom 27. März 1999 (BGBl. I S. 550).

686 AEG vom 27. Dezember 1993 (BGBl. I, S. 2378, 2396, ber. 1994 I, S. 2439) in der Fassung vom 26. August 1998 (BGBl. I, S. 2521).

Abs. 3 Gentechnikgesetz[687] i. V. m. der Gentechnik-Anhörungsverordnung[688] sind für die jeweiligen Planverfahren keine Verweisungen auf die Vorschrift des § 29 VwVfG enthalten.

2. Akteneinsicht in Personalakten und Disziplinarakten

Diese bestimmt sich nach den §§ 56 BRRG, 90c BBG für das Bundesbeamtenrecht sowie beispielsweise nach den §§ 102, 102c LBG NRW sowie nach § 60 LBG Bbg; für Richter verweist § 46 Abs. 1 DRiG auf die beamtenrechtlichen Vorschriften.
Das Akteneinsichtsrecht eines Beamten ist ein höchstpersönliches Recht, welches uneingeschränkt nur diesem zusteht[689]. Dies folgt daraus, dass die Personalakten ihrem Inhalt nach den Beamten betreffen[690]. § 90c BBG, § 102c LBG NRW, § 60 LBG Bbg setzen das jederzeitige rechtliche Interesse des Beamten an der Einsicht in seine Personalakte bereits voraus[691]. Insoweit ist im Gegensatz zu § 29 Abs. 1 Satz 1 VwVfG kein berechtigtes Interesse an der begehrten Akteneinsicht gesondert darzulegen. Das Akteneinsichtsrecht kann grundsätzlich jederzeit und zeitlich unbeschränkt[692] wiederholt - bis zur Grenze des Rechtsmissbrauchs - ausgeübt werden[693]. Die Akteneinsicht ist grundsätzlich ungehindert zu gewährleisten; der Dienstherr darf lediglich die technischen Einzelheiten ihres Ablaufs regeln[694], etwa an welchem Ort und in welchen Räumlichkeiten (vgl. beispielsweise § 90c Abs. 3 Satz 1 BBG) und zu welchen Zeiten die Einsicht genommen werden kann[695]. Grundsätzlich erfolgt die Akteneinsicht kostenlos am Ort der aktenführenden Behörde, gegebenenfalls unter Aufsicht eines Mitarbeiters der personalaktenführenden Stelle zum Schutz vor einer möglichen Manipulation der Akte[696]. Der Beamte braucht sich insbesondere nicht darauf verweisen zu lassen, in seine Personalakten bei einer Behörde (oder einem Gericht) einzusehen, die

---

687 GentG in der Fassung der Bekanntmachung vom 16. Dezember 1993 (BGBl. I S. 2066) in der Fassung vom 2. November 2000 (BGBl. I S. 1478).
688 In der Fassung der Bekanntmachung vom 4. November 1996 (BGBl. I S. 1649).
689 Fürst, §§ 90 bis 90g Rand-Nr. 52.
690 Rapsch, ZBR 1989, 234, 236.
691 Fürst, §§ 90 bis 90g Rand-Nr. 49.
692 Fürst, §§ 90 bis 90g Rand-Nr. 50; Plog/Wiedow/Beck/Lemhöfer, § 90c Erl. 14, 15.
693 BVerwG, Urteil vom 15. Oktober 1970 - 2 C 36.66 -, in: BVerwGE 36, 134; Plog/Wiedow/Beck/Lemhöfer, § 90c Erl. 5.
694 Schwab, S. 36; Fürst, §§ 90 bis 90g Rand-Nr. 50.
695 Fürst, §§ 90 bis 90g Rand-Nr. 50; Plog/Wiedow/Beck/Lemhöfer, § 90c Erl. 14, 15.
696 OVG Koblenz, Urteil vom 22. Mai 1985 - 2 A 4/85 -, in: DÖD 1985, 204.

nicht zum Geschäftsbereich seines Dienstherrn gehört[697]. Nur in besonders gelagerten Fällen soll eine Versendung an den unter Umständen anderen Beschäftigungsort erfolgen. Die Entscheidung hierüber liegt im pflichtgemäßen Ermessen des Dienstherrn[698]. Die (ergänzende) Anwendung der Vorschrift des § 29 VwVfG kommt nicht in Betracht[699]. Eine Versendung an den Beamten selbst kommt nur in Ausnahmefällen in Betracht[700], ist aber durch die gesetzlichen Vorschriften nicht ausgeschlossen. Daher sind stets die Umstände des Einzelfalls und der besondere Schutz der Personalakten zu berücksichtigen[701]. Dies gilt auch hinsichtlich der Versendung an einen bevollmächtigten Rechtsanwalt. Verwaltungsvorschriften, die eine solche Handhabung generell ausschließen (unter Hinweis auf die dann fehlende Zugriffsmöglichkeit der Behörde im Bedarfsfall) und statt dessen eine Versendung an ein Gericht am Kanzleisitz vorschreiben, sind daher ermessenfehlerhaft. Wenn nach § 90c Abs. 3 Satz 2 BBG, § 102c Abs. 3 Satz 2 LBG NRW, § 60 Abs. 3 Satz 2 LBG Bbg Auszüge, Abschriften, Ablichtungen oder Ausdrucke angefertigt werden können, trifft der Dienstherr eine Entscheidung hierüber ebenfalls im pflichtgemäßen Ermessen[702]. Begrenzt werden kann auch dieses Recht des Beamten grundsätzlich nur bei rechtsmissbräuchlicher Ausübung[703].
Zu beachten ist im Einzelfall beim Zugang zu Personalakten, dass die Informationsgewährung unter Berücksichtigung des Grundsatzes der Verhältnismäßigkeit abgestuft erfolgen kann (beispielsweise Vorlage der Gesamtakte, Vorlage von Teilen daraus oder lediglich Auskunftserteilung)[704].

Die Einsichtnahme durch Bevollmächtigte des Beamten, die als Person konkret namentlich zu bestimmen sind[705], ist dagegen nur zu gewähren, wenn dienstliche

---

697 OVG Koblenz, Urteil vom 22. Mai 1985 - 2 A 4/85 -, in: DÖD 1985, 204; Fürst, §§ 90-90g Rand-Nr. 50.

698 Fürst, §§ 90 bis 90g Rand-Nr. 50: zum Beispiel unter Beachtung von fürsorgerischen Gründen.

699 OVG Koblenz, Urteil vom 22. Mai 1985 - 2 A 4/85 -, in: DÖD 1985, 204.

700 VGH München, Urteil vom 1. Februar 1989 -3 B 88. 01323 -, in: ZBR 1990, 187.

701 OVG Münster, Urteil vom 3. September 1979 - 6 A 2223/78 -, in: NJW 1980, 722; Fürst, §§ 90-90g Rand-Nr. 50.

702 Fürst, §§ 90 bis 90g Rand-Nr. 51; Plog/Wiedow/Beck/Lemhöfer, 3 90c Erl. 18.

703 OVG Koblenz, Urteil vom 22. März 1985 - 2 A 4/85 -, in: DÖD 1985, 204; Plog/Wiedow/Beck/Lemhöfer, § 90c Erl. 18.

704 BVerwG, Urteil vom 4. Juni 1970 - 2 C 5.68 -, in: BVerwGE 35, 225, 229 = NJW 1970, 1760f.; Rudisile in Schoch/Schmidt-Aßmann/Pietzner, § 99 Rand-Nr. 26.

705 Fürst, §§ 90 bis 90g Rand-Nr. 52: die allgemeine Bevollmächtigung einer Gewerkschaft oder des Personalrats reiche nicht; bei schwerbehinderten Beamten dürfe aber der Vertrau-

Gründe nicht entgegenstehen. Dies ist gegenüber § 29 VwVfG eine engere Voraussetzung. Gleiches gilt für das Einsichtsrecht von Hinterbliebenen eines Beamten[706]. Die Versendung von Personalakten an einen bevollmächtigten Rechtsanwalt erfordert ebenfalls eine Ermessensentscheidung, die die Umstände des Einzelfalls und den Schutz dieser Akten vor unbefugter Einsichtnahme zu berücksichtigen hat.

Exemplarisch wird auf folgende Einzelfälle verwiesen:

Die Akteneinsicht eines Beamten in Vorgänge, die Angaben über Dritte enthalten, zum Beispiel Stellenbesetzungsberichte, Beurteilungshefte oder Entscheidungsprotokolle hinsichtlich der Besetzung einer offenen Stelle durch einen Konkurrenten erfolgt nach den §§ 56c Abs. 4 Satz 1 1. Halbsatz BRRG, 90c Abs. 4 Satz 1 1. Halbsatz BBG, 102c Abs. 4 Satz 1 1. Halbsatz LBG NRW beziehungsweise 60 Abs. 4 Satz 1 1. Halbsatz LBG Bbg[707], ohne dass auf die Vorschrift des § 29 VwVfG oder Fürsorgepflichten des Dienstherrn zurückzugreifen wäre[708].

Die Akteneinsicht des Dienstherrn im Rahmen der bestimmungsgemäßen Benutzung der Personalakte fällt bereits begrifflich nicht unter die Akteneinsicht und ist daher zulässig[709].

---

ensmann der Schwerbehinderten ohne besondere Vollmacht hinzugezogen werden (vgl. § 22 Abs. 3 SchwbG); Rapsch, ZBR 1989, 234, 237.

706 Wobei Hinterbliebene nahe Angehörige eines verstorbenen Beamten sind: Ehegatte, Abkömmlinge (Kinder): Rapsch, ZBR 1989, 234, 235; Hintergrund ist die Höchstpersönlichkeit des Akteneinsichtsrechts eines Beamten: Rapsch, ZBR 1989, 234, 236.

707 VGH Kassel, Beschluss vom 7. Oktober 1993 - 1 TJ 1705/93 -, in: NVwZ 1994, 398 = DÖV 1994, 127f. = DVBl. 1994, 592 = DÖD 1994, 234f.; eine ähnliche Rechtslage besteht im Hochschulzulassungsrecht: soweit dort mit einzelnen Bewerbern Auswahlgespräche geführt worden sind, hat ein unterlegener Bewerber Anspruch auf Einsicht in die geführten Niederschriften: Lang in Sodan/Ziekow, § 100 VwGO Rand-Nr. 28 Fußnote 2, unter Hinweis auf VG Saarlouis, Beschluss vom 9. April 1987 - 1 F 3/87 -, in: NVwZ 1987, 730f. (rechtskräftig).

708 Schöbener, BayVBl. 2001, 321, 327; auch zur früheren Rechtslage: Schnellenbach, Rand-Nr. 346; zur Einsichtnahmemöglichkeit über § 100 VwGO in die Personalakte des Mitbewerbers und zur Fertigung von Ablichtungen: OVG Koblenz, Beschluss vom 8. Dezember 1995 - 2 E 13607/95.OVG -.

709 Fürst, §§ 90 bis 90g Rand-Nr. 49; Rapsch, ZBR 1989, 234, 235; vgl. auch § 90d Abs. 1 Sätze 1, 2 BBG.

Die Personalvertretung bedarf zur Einsichtnahme in Personalakten der Zustimmung des Beamten[710]. Nur wenn der Personalrat an einer personellen Maßnahme zu beteiligen ist, hat er aufgrund der Spezialregelungen des § 68 Abs. 2 Sätze 3 und 4 Bundespersonalvertretungsgesetz[711] und der inhaltsgleichen landesrechtlichen Regelungen eine Sonderstellung[712].

Gewerkschaften haben kein Personalakteneinsichtsrecht[713].

Anderen Behörden steht ein solches Recht nur unter Beachtung beispielsweise der Voraussetzungen des § 90d Abs. 1 BBG zu, insbesondere nicht darüber hinaus über den Grundsatz der Amtshilfe gemäß Art. 35 Abs. 1 GG[714]. Eine Gleichstellungsbeauftragte gehört nach § 90d Abs. 1 Satz 1 BBG grundsätzlich zu dem Kreis derjenigen Beschäftigen, die Zugang zu Personalakten haben. Denn sie ist im Rahmen der Personalverwaltung mit der Bearbeitung von Personalangelegenheiten beauftragt. Allerdings hängt der Zugriff auf die Personalakten davon ab, dass dies zu Zwecken der Personalverwaltung oder der Personalwirtschaft erforderlich ist[715].

Eine Vorlage von Personalakten im Rahmen eines Disziplinarverfahrens kommt indes nach § 29 Bundesdisziplinargesetz[716] in Betracht.

Nach den §§ 61 Abs. 3 und 70 der Bundesdisziplinarordnung[717] stehen dem Beamten in einem Disziplinarverfahren ebenfalls Akteneinsichtsrechte zu. Nach Inkrafttreten des BDG werden eingeleitete förmliche Disziplinarverfahren gemäß § 85 Abs. 3 BDG nach altem Recht fortgeführt. Das Bundesdisziplinargesetz sieht dem gegenüber keine ausdrücklichen Vorschriften über die Akteneinsicht

---

710 VGH Kassel, Beschluss vom 29. November 1989 - HPV TL 1046/88 -, in: DÖV 1990, 577; Fürst; §§ 90 bis 90g Rand-Nr. 53.

711 BPersVG vom 15. März 1974 (BGBl. I, S. 693) in der Fassung vom 9. Juli 2001 (BGBl. I S. 1510).

712 BVerwG, Beschluss vom 26. Januar 1994 - 6 P 21.92 -, in: DVBl. 1994, 1071ff.; auch: OVG Münster, Urteil vom 8. Februar 1994 - 6 A 2704/91 -, in: RiA 1994, 258ff.; Fürst, §§ 90 bis 90g Rand-Nr. 53.

713 Fürst, §§ 90 bis 90g Rand-Nr. 54.

714 Fürst, §§ 90 bis 90g Rand-Nr. 55.

715 Ausführlich: OVG Münster, Urteil vom 4. Mai 1994 - 6 A 690/93 -, in: OVGE 44, 68ff. = NWVBl. 1995, 13 = NVwZ-RR 1995, 98 = ZBR 1995, 84 = RiA 1995, 298.

716 BDG vom 9. Juli 2001 (BGBl. I S. 1510).

717 In der Fassung der Bekanntmachung vom 20. Juli 1967 (BGBl. I S. 751, ber. BGBl. I S. 986) in der Fassung vom 29. Juni 1998 (BGBl. I S. 1666).

mehr vor, so dass die allgemeinen Bestimmungen und damit § 29 VwVfG anzuwenden sind[718].

Bezüglich der Akteneinsicht des Gemeinderats und/oder seiner Mitglieder in Personalakten der von der Gemeinde beschäftigten Beamten ist auf die jeweiligen landesrechtlichen Vorschriften zu verweisen[719].

3. Akteneinsicht in Krankenunterlagen

Dabei geht es zum einen zunächst um Begehren von Personen, die vom zuständigen örtlichen Gesundheitsamt zu einer Untersuchung vorgeladen werden und aus diesem Anlass in den bei der Behörde über sie angelegten Verwaltungsvorgang einsehen wollen[720]. Grundsätzlich muss es hier dem einzelnen Bürger überlassen bleiben zu entscheiden, welche Kenntnisse er für seine Lebensführung für erforderlich hält. Eine behördliche Bevormundung braucht er nicht zu dulden. Eine Ausnahme vom Anspruch auf Akteneinsicht nach § 29 VwVfG kann nur in besonderen (Extrem)Fällen, beispielsweise wenn durch die persönliche Einsichtnahme die Gefahr eines Suizids oder die Verstärkung einer Suizidpsychose zu befürchten ist[721], angenommen werden. Wenn in einem solchen Fall keine per-

---

[718] Vgl. amtliche Begründung zum Gesetzentwurf (abgedruckt in Fürst, Anhang D 051 zum Bundesdisziplinarrecht: zu § 21: „Durchführung der Ermittlungen erfolgt... nach den allgemeinen Regeln des Verwaltungshandelns.“; zu § 40 (jetzt § 41): „Widerspruchsverfahren ist ein Vorverfahren...“.

[719] Für Nordrhein-Westfalen nach § 55 Gemeindeordnung (GO) in der Fassung vom 28. März 2000 (GV NRW S. 245).

[720] VGH München, Beschluss vom 8. Dezember 1987 - Nr. 25 C 87.01145 -, in: BayVBl. 1988, 209ff.

[721] VGH München, Beschluss vom 8. Dezember 1987 - Nr. 25 C 87.01145 -, in: BayVBl. 1988, 209ff.; so wohl allgemein hinsichtlich Begehren auf Einsichtnahme in Krankenunterlagen: BVerfG, Beschluss der 1. Kammer des 1. Senats vom 16. September 1998 - 1 BvR 1130/98 -, in: NJW 1999, 1777 = DVP 2000, 176; vgl. weiterhin BVerwG, Urteil vom 27. April 1989 - 3 C 4/86 -, in: BVerwGE 82, 45, 49 = NJW 1989, 2960f. = VBlBW 1989, 411ff. = BayVBl 1989, 536f.; OVG Münster, Beschluss vom 23. April 1979 - 1 B 391/78 -, in: DÖV 1980, 222; OVG Münster, Beschluss vom 13. September 1973 - 1 B 511/73 -, in: OVGE 29, 102 = DÖV 1974, 105 = RiA 1974, 34f.; vgl. auch Eyermann, § 99 Rand-Nr. 13; Kopp/Schenke, VwGO, § 99 Rand-Nr. 9; Obermayer, § 29 Rand-Nr. 43 (in Grenzfällen von schweren Lebensgefährdungen); Preussner, VBlBW 1982, 1, 6; Schwab, S. 34; zum privatrechtlichen Anspruch eines Patienten auf Einsicht in seine Krankenunterlagen, soweit sie Aufzeichnungen über objektive physische Befunde und Berichte über Behandlungsmaßnahmen betreffen, als Ausfluss des Arzt-Patienten-Verhältnisses und des Selbstbestimmungsrechts des Patienten sowie seiner personalen Würde: BVerfG, Be-

sönliche Akteneinsicht gewährt werden kann, hat diese indes gegenüber dem gesetzlichen oder bestellten Bevollmächtigten zu erfolgen; eine generelle Ablehnung wäre rechtswidrig.

Zum anderen geht es um Akteneinsichtsbegehren von ehemals in einer Einrichtung für psychisch Kranke Untergebrachten nach Beendigung des jeweiligen Unterbringungsverhältnisses und damit außerhalb eines laufenden Verwaltungsverfahrens. Das Bundesverwaltungsgericht hat hier nicht lediglich einen Anspruch auf eine pflichtgemäße Ausübung des behördlichen Ermessens bejaht, sondern ergänzend einen Anspruch auf Einsicht in die die eigene Person betreffenden Akten als Ausfluss des jeweiligen landesrechtlichen öffentlich-rechtlichen Unterbringungsverhältnisses anerkannt[722]. Ein Anspruch auf Einsichtnahme ist im Ergebnis nur dann zu verneinen, wenn durch die Akteneinsichtnahme die Gefahr eines Suizids oder die Verstärkung einer Suizidpsychose zu befürchten ist[723].

---

schluss der 1. Kammer des 1. Senats vom 16. September 1998 - 1 BvR 1130/98 -, in: NJW 1999, 1777 = DVP 2000, 176; BGH, Urteil vom 23. November 1982 - VI ZR 222/79 -, in: BGHZ 85, 327 = NJW 1983, 328; Urteil vom 23. November 1982 - VI ZR 177/81 (KG) -, in: NJW 1983, 330; siehe hinsichtlich des Anspruchs von Angehörigen/Erben: Urteil vom 31. Mai 1983 - VI ZR 259/81 -, in: NJW 1983, 2627; auch Ordemann/Schomerus, § 33 Anm. 6.3; zur Rechtslage bei der Einsichtnahme in Patientendaten in Nordrhein-Westfalen vgl. Gesundheitsdatenschutzgesetz - GDSG NRW - vom 22. Februar 1994 (GV NRW S. 84/SGV NRW 2128) in der Fassung vom 17. September 1999 (GV NRW S. 662).

722 BVerwG, Urteil vom 27. April 1989 - 3 C 4/86 -, in: BVerwGE 82, 45f. = NJW 1989, 2960, 2961 = VBlBW 1989, 411ff. = BayVBl. 1989, 536f., wobei eine Abwägung zwischen dem Grundrecht auf freie Entfaltung der Persönlichkeit gemäß Art. 2 Abs. 1 i. V. m. Art. 1 Abs. 1 GG des ehemals Untergebrachten und möglicher entgegenstehender Rechte anderer Personen zu erfolgen habe. Dabei könne die Einsichtnahme grundsätzlich nicht mit der Begründung verneint werden, dass der Antragsteller sich durch eine Einsichtnahme gesundheitlich schädigen könne, denn das Selbstbestimmungsrecht des Einzelnen gebiete eine Einsichtnahme ohne Bevormundung; in Nordrhein-Westfalen beispielsweise nach dem Gesetz über Hilfen und Schutzmaßnahmen bei psychischen Krankheiten (PsychKG) vom 17. Dezember 1999 (GV NRW S. 662/SGV NRW 2128); nach § 12 Satz 1 PsychKG wird die Unterbringung auf Antrag der örtlichen Ordnungsbehörde vom Amtsgericht angeordnet.

723 Vgl. BVerwG, Urteil vom 27. April 1989 - 3 C 4/86 -, in: BVerwGE 82, 45, 49 = NJW 1989, 2960f. = VBlBW 1989, 411ff. = BayVBl. 1989, 536f.; VGH München, Beschluss vom 8. Dezember 1987 - Nr. 25 C 87.01145 -, in: BayVBl. 1988, 209ff.; OVG Münster, Beschluss vom 13. September 1973 - 1 B 511/73 -, in: OVGE 29, 102 = DÖV 1974, 105 = RiA 1974, 34f.; OVG Münster, Beschluss vom 23. April 1979 - 1 B 391/78 -, in: DÖV 1980, 222; vgl. auch Eyermann, § 99 Rand-Nr. 13; Kopp/Schenke, VwGO, § 99 Rand-Nr. 9; Preussner, VBlBW 1982, 1, 6; Redeker/von Oertzen, § 99 Rand-Nr. 5; Schwab, S. 34.

Auch die Berücksichtigung von datenschutzrechtlichen Normen würde zu keiner klaren Lösung führen. Soweit beispielsweise ein Krankenhaus als öffentliche Stelle des Bundes gemäß § 1 Abs. 2 Ziff. 1 BDSG anzusehen ist[724], ergibt sich aus § 19 BDSG nur ein Auskunfts-, aber kein Akteneinsichtsanspruch[725]; soweit ein Krankenhaus eine öffentliche Stelle des Landes, einer Gemeinde oder eines Gemeindeverbandes ist (beispielsweise in Nordrhein-Westfalen nach § 2 Abs. 1 Satz 1 DSG NRW beziehungsweise in Brandenburg DSG Bbg), würde sich das Einsichtsbegehren eines Betroffenen nach § 18 DSG NRW beziehungsweise § 18 DSG Bbg beurteilen. Wenn ein Krankenhaus wiederum als Eigenbetrieb im Sinne von § 88 GO NRW beziehungsweise § 103 GO Bbg geführt wird, würde zum einen gemäß § 2 Abs. 2 Ziff. 1 DSG NRW beziehungsweise § 2 Abs. 2 Ziff. 2 Bbg die jeweilige Vorschrift des § 18 nicht gelten. Zum anderen würde sich aus den für anwendbar erklärten Vorschriften des Bundesdatenschutzgesetzes wiederum kein Akteneinsichtsanspruch ergeben.

Das Oberverwaltungsgericht Lüneburg[726] hat in einem weiteren Fall den Akteneinsichtsanspruch eines klagenden Kindes mit dem Ziel der Kenntniserlangung der in der Todesbescheinigung seines Elternteils genannten Erkrankungen und Todesursachen hinsichtlich möglicher geerbter Krankheiten verneint. Zur Begründung hat es unter Berücksichtigung der Grundsätze der herrschenden Meinung zur Gewährung von Akteneinsicht an Dritte im Rahmen der Überprüfung der Ermessensentscheidung dargelegt, dass das Interesse des Klägers nach Art. 2 Abs. 1 GG den postmortalen Persönlichkeitsschutz des Verstorbenen nach § 203 StGB nicht überwiege, da sich in dem vorliegenden Fall der Kläger selbst auf Erbkrankheiten hätte untersuchen lassen und sich Klarheit hinsichtlich geerbter Krankheiten hätte verschaffen können.

4. Akteneinsicht in Unterlagen des Verfassungsschutzes

Die Anwendbarkeit von § 29 VwVfG scheiterte in der Vergangenheit daran, dass die die Akteneinsicht begehrende Person nicht Beteiligte eines Verwaltungsverfahrens im Sinne von § 9 VwVfG war, da die Tätigkeit des Verfassungsschutzes weder auf Erlass eines Verwaltungsaktes noch auf Abschluss eines öffentlich-

---

[724] Ordemann/Schomerus, § 12 Anm. 2.

[725] BGH, Urteil vom 23. November 1982 - VI ZR 222/79 -, in: BGHZ 85, 327ff. = NJW 1983, 328, 330 (zum damaligen Bundesdatenschutzgesetz); so auch die gegenwärtige Fassung des § 19 BSDG.

[726] Urteil vom 18. Juli 1996 - 7 A 9/96 -, in: NJW 1997, 2468f.

rechtlichen Vertrages gerichtet ist[727]. Zwischenzeitlich ist in § 15 Bundesverfassungsschutzgesetz[728] ausdrücklich ein Auskunftsanspruch normiert. Für eine Akteneinsicht demgegenüber besteht keine gesetzliche Grundlage. Allerdings kann nach der herrschenden Meinung unter Ermessensgesichtspunkten ein Anspruch im Einzelfall zu prüfen sein[729]. Vorrangig dürften allerdings aufgrund der in dieser Untersuchung vertretenen Auffassung des Erfordernisses einer gesetzlichen Grundlage die jeweils vorhandenen landesdatenschutzrechtlichen Regelungen einer Akteneinsicht sein.

5. Akteneinsicht in Unterlagen eines Datenschutzbeauftragten

Ein Akteneinsichtsrecht gemäß § 29 VwVfG in die Akten (Ermittlungsergebnisse) eines Landesdatenschutzbeauftragten auf die vorherige Bitte eines Betroffenen, im Rahmen seiner Zuständigkeit einen Sachverhalt auf datenschutzrechtliche Verstösse zu überprüfen, ist zu verneinen. Denn der die Einsichtnahme begehrende Betroffene ist nicht Beteiligter eines Verwaltungsverfahrens nach § 9 VwVfG. Ein Datenschutzbeauftragter ist nämlich gegenüber einer Behörde, wenn er datenschutzrechtliche Verstöße feststellt, nicht weisungs- beziehungsweise regelungsbefugt und darf mithin keinen Verwaltungsakt erlassen. Aufgrund seiner Aufgabe kommt ihm lediglich ein Beanstandungsrecht zu[730] (vgl. beispielsweise § 24 DSG

---

[727] BVerwG, Urteil vom 20. Februar 1990 - 1 C 42.83 -, in: BVerwGE 84, 375ff. = NJW 1990, 2761ff. = DVBl. 1990, 707ff. = DÖV 1990, 700ff. = MDR 1990, 850f.; OVG Berlin, Urteil vom 16. Dezember 1986 - 8 B 3/85 -, in: NVwZ 1987, 817ff.

[728] Gesetz über die Zusammenarbeit des Bundes und der Länder in Angelegenheiten des Verfassungsschützes und über das Bundesamt für Verfassungsschutz (BVerfSchG) vom 20. Dezember 1990 (BGBl. I S. 2954, 2970) in der Fassung vom 26. Juni 2001 (BGBl. I S. 1254, ber. S. 2298).

[729] Vgl. BVerwG, Urteil vom 19. August 1986 - 1 C 7/85 -, in: BVerwGE 75, 1, 4 = NJW 1987, 202, wonach Verfassungsschutzakten im Rahmen des § 96 StPO nicht grundsätzlich geheimhaltungsbedürftig sind; so auch: Eyermann, § 99 Rand-Nr. 12; BVerwG, Beschluss vom 21. Juni 1993 - 1 B 62/92 -, in: NVwZ 1994, 72, 73, wonach immer auf den konkreten Einzelfall abzustellen ist; ebenso: VGH Kassel, Beschluss vom 4. Februar 1977 - VI TE 444/76 -, in NJW 1977, 1844ff. = DÖV 1977, 663f. = DVBl. 1977, 428ff., wonach entsprechende Akten nur insoweit als geheimhaltungsbedürftig anzusehen seien, als sich aus ihnen die Arbeitsweise und die Organisation des Verfassungsschutzes ergebe.

[730] Vgl. VGH München, Beschluss vom 10. März 1988 - 5 C 86.03492 -, in: NJW 1989, 2643, zu Art. 29 Abs. 1 BayVwVfG; zum Auskunfts- und Akteneinsichtsanspruch eines Datenschutzbeauftragten gegen eine Behörde: OVG Bautzen, Beschluss vom 25. September 1998 - 3 S 379/98 -, in: NJW 1999, 2832ff. (wobei die maßgebliche Vorschrift in Brandenburg und Nordrhein-Westfalen der jeweilige § 22 Abs. 2 Ziff. 1 DSG NRW und auf Bundesebene der § 24 Abs. 4 Ziff. 1 BDSG ist).

NRW, § 25 DSG Bbg). Ein Akteneinsichtsrecht außerhalb von § 29 VwVfG dürfte zu verneinen sein, da die Aktenkenntnis zur Geltendmachung oder Verteidigung der rechtlichen Interessen des Einsichtnehmenden nicht erforderlich erscheint, weil es keinen Rechtsanspruch auf Beanstandung durch den Landesdatenschutzbeauftragten gibt[731].

6. Akteneinsicht in vertrauliche Auskünfte, eingeholte Referenzen und interne Stellungnahmen

In einem vom Verwaltungsgericht Frankfurt/Main entschiedenen Fall[732] hatte ein Hochschulprofessor bei der Volkswagen-Stiftung ein Akademiestudium beantragt, welches die Stiftung nach Einholung einer Stellungnahme des hessischen Kultusministers ablehnte. Den anschließenden Antrag auf Gewährung von Akteneinsicht in die entsprechenden Unterlagen des Ministers lehnte das Verwaltungsgericht mit der Begründung ab, dass Akteneinsicht nach § 29 Hessisches Verwaltungsverfahrensgesetz nur Verfahrensbeteiligten während eines laufenden Verfahrens gewährt werden könne. Mit Ablehnung des Stipendiums sei ein solches abgeschlossen gewesen. Allerdings bejahte das Gericht unter Berücksichtigung der beamtenrechtlichen Fürsorgepflicht gegenüber dem Professor in diesem Einzelfall eine pflichtgemäße Ermessensentscheidung hinsichtlich seines Begehrens. Zu berücksichtigen ist bei eingeholten vertraulichen Auskünften beziehungsweise Referenzen generell, dass diese Unterlagen zunächst als dem Wesen nach geheim angesehen werden[733]. Das Akteneinsichtsbegehren ist in diesem Fall nach den einschlägigen landesdatenschutzrechtlichen Bestimmungen zu beurteilen.

---

[731] VGH München, Beschluss vom 10. März 1988 - 5 C 86.03492 -, in: NJW 1989, 2643, zu Art. 29 Abs. 1 Ba VwVfG.

[732] Urteil vom 28. Mai 1986 - III/V-E 1373/83 -, in: NVwZ 1986, 864, 865; vgl. auch Schwab, S. 17 und 27.

[733] OVG Koblenz, Beschluss vom 6. Mai 1976 - 2 B 7/76 -, in: NJW 1977, 266f. = DVBl. 1977, 425ff. (zu Auskünften, die eine Industrie- und Handelskammer unter Zusage der Wahrung der Vertraulichkeit hinsichtlich der Person des Auskunftgebers über einen Bewerber für eine öffentliche Bestellung als Sachverständiger eingeholt hat, weil die Geheimhaltung für die Erfüllung der im öffentlichen Interesse liegenden Aufgaben der Kammer als auch zum Schutz der berechtigten Interessen der Informanten erforderlich sei); auch: Lang in Sodan/Ziekow, § 99 Rand-Nr. 44.

7. Akteneinsicht in Akten des Luftfahrtbundesamtes

In dem vom Verwaltungsgericht Braunschweig entschiedenen Fall[734] begehrten die Erben eines bei einem Flugzeugabsturz Getöteten Akteneinsicht zum Zwecke der zivilrechtlichen Durchsetzung von Ansprüchen gegen die Versicherung des abgestürzten Flugzeuges. Das Verwaltungsgericht verneinte die Gewährung von Akteneinsicht nach § 29 VwVfG mit der Begründung, dass die dem Luftfahrtbundesamt übertragene Aufgabe der Untersuchung von Störungen bei dem Betrieb von Luftfahrzeugen und der Mitwirkung bei der Verhütung von Luftfahrzeugunfällen kein Verwaltungsverfahren nach § 9 VwVfG sei, weil ein solches Verfahren nicht mit einem Verwaltungsakt beendet würde. Allein der nach Abschluss einer Untersuchung veröffentlichte Abschlussbericht sei keine rechtsverbindliche Verwaltungsäußerung und enthalte nur das zusammengefasste Untersuchungsergebnis. Das Verwaltungsgericht bejahte jedoch ein im pflichtgemäßen Ermessen der Behörde stehendes Akteneinsichtsrecht, da im vorliegenden Fall das Interesse der Erben auf andere Weise nicht zu befriedigen gewesen wäre. Denn in dem Zivilprozess gegen die Versicherung des abgestürzten Flugzeuges seien die Erben als Kläger darlegungs- und beweispflichtig und die Akten des Luftfahrtbundesamtes zur Führung dieses Verfahrens für die Erben notwendig. Auch seien der Untersuchungszweck oder künftige Untersuchungen durch die Einsichtnahme in die gesamten Akten nicht gefährdet, weil das Luftfahrtbundesamt die Störungen nur aus fachlicher Sicht festzustellen habe.
Zutreffenderweise ist hier in entsprechenden Fällen die Vorschrift des § 16 BDSG (Datenübermittlung an nicht-öffentliche Stellen) zu prüfen.

8. Akteneinsicht in Katastrophenpläne von Kernkraftwerken und in Gutachten zur Sabotagesicherheit

Entsprechende Anträge auf Einsicht in Katastrophenpläne sind eine Zeitlang vermehrt gestellt worden aus Furcht vor Flugzeugabstürzen oder Naturkatastrophen in der Nähe von Kernkraftwerken. Ziel dieser Begehren auf Akteneinsicht ist dabei in der Regel nicht der sogenannte allgemeine Maßnahmeteil, der die Maßnahmen enthält, die bei einer Katastrophe zu ergreifen sind, da dieser (zum Teil) allgemein zugänglich ist[735]. Die Einsichtnahme soll vielmehr in den sogenannten

---

[734] Beschluss vom 21. April 1986 - 4 D 43/86 -, in: NJW 1987, 459f.; vgl. hierzu auch Schwab, S. 18 und S. 27.

[735] Vgl. Schwab, S. 16 unter Hinweis auf den entsprechenden Beschluss der Landesregierung Baden-Württemberg, Staatsanzeiger vom 25. Oktober 1980.

Auslöseteil erfolgen. Dieser enthält unter anderem sicherheitsempfindliche oder personenbezogene Daten (etwa Telefonnummern)[736]. Auch hierbei handelt es sich um amtliche Unterlagen[737]. Über einen entsprechenden Antrag auf Akteneinsicht ist nach der herrschenden Meinung nach pflichtgemäßem Ermessen entscheiden, wobei das Geheimhaltungsbedürfnis betreffend den Dritten und das Interesse an der Akteneinsicht gegeneinander abzuwägen wären. Dabei wäre es nicht ermessensfehlerhaft, die Akteneinsicht auf den sogenannten Maßnahmeteil zu beschränken[738].
Auch hier sind die Tatbestandsvoraussetzungen der die Datenübermittlung an nicht-öffentliche Stellen normierenden datenschutzrechtlichen Vorschriften des Bundes oder des jeweiligen Bundeslandes zu prüfen.

Ferner besteht im Rahmen eines laufenden Verfahrens kein Anspruch auf Einsichtnahme in von einer Genehmigungsbehörde eingeholte Gutachten zur Sabotagesicherheit von Atomkraftwerken, da ihre Vorlage zum einen dem Wohl des Bundes oder eines Landes Nachteile bereiten würde (§ 29 Abs. 2 Fall 2 VwVfG, § 99 Abs. 1 Satz 2 Fall 1 VwGO) und sie zum anderen ihrem Wesen nach geheim sind (§ 29 Abs. 2 Fall 3 VwVfG, § 99 Abs. 1 Satz 2 Fall 2 VwGO)[739].

Nach Verfahrensbeendigung oder außerhalb eines laufenden Verfahrens sind wiederum die Tatbestandsvoraussetzungen der die Datenübermittlung an nicht-öffentliche Stellen normierenden datenschutzrechtlichen Vorschriften des Bundes oder des jeweiligen Bundeslandes zu prüfen.

9. Akteneinsicht von Nachbarn in Baugenehmigungsverfahren

Zu bejahen ist grundsätzlich ein Anspruch eines am Baugenehmigungsverfahren nicht beteiligten Nachbarn auf ermessensfehlerfreie Entscheidung über die Akteneinsicht in die das Verfahren betreffenden Verwaltungsvorgänge, wenn der

---

736 Schwab, S. 16.
737 Schwab, S. 16.
738 Schwab, S. 16.
739 Lang in Sodan/Ziekow, § 99 VwGO Rand-Nr. 45; VG Koblenz, Beschluss vom 16. Juni 1975 - 7 K 30/75 -, in: Gew Arch 1975, 294 (in der Hauptsache haben die Beteiligten das Verfahren für erledigt erklärt); die grundsätzliche Geheimhaltungsbedürftigkeit von Unterlagen über die Sabotagesicherheit gefährdeter Einrichtungen bejahend: Eyermann, § 99 Rand-Nr. 13.

Nachbar die Akteneinsicht zur Vorbereitung einer zivilrechtlichen Klage gegen den Bauherrn benötigt[740].
Nach dem in dieser Untersuchung vertretenen Verständnis sind die einschlägigen landesdatenschutzrechtlichen Vorschriften zu prüfen.

Im übrigen ist ein Nachbar in einem Genehmigungsverfahren grundsätzlich beizuladen und hat aufgrund seiner dadurch erfolgten Beteiligtenstellung ein Einsichtsrecht nach § 29 VwVfG.

10. Akteneinsicht in Akten eines Zweckverbandes

Der Verwaltungsgerichtshof München[741] hat in einem weiteren Fall einen Anspruch eines Grundstückseigentümers in einem Markt, der Mitglied eines Zweckverbandes war, auf Akteneinsicht in einer beitragsrechtlichen Streitigkeit abgelehnt. Zur Begründung hat das Gericht darauf verwiesen, dass der Kläger nicht Beteiligter eines Verwaltungsverfahrens nach § 29 Bayerisches Verwaltungsverfahrensgesetz zwischen ihm und dem Zweckverband sei, denn er sei nur gegenüber dem für eine Beitragserhebung zuständigen Markt Beitragsschuldner. Gegen dessen Beitragsbescheid könne er Rechtsmittel einlegen und seine Rügen gegen die Beitragshöhe als Beteiligter in diesem Verfahren geltend machen. Dabei könne er auch Akteneinsicht nehmen. Ein berechtigtes Interesse des Klägers auf Akteneinsicht außerhalb dieses Verwaltungsverfahrens sei nicht erkennbar, so dass die die Akteneinsicht ablehnende Ermessensentscheidung des Zweckverbandes rechtmäßig sei.
Nach der in dieser Untersuchung vertretenen Auffassung ist wiederum das Vorliegen der Voraussetzungen der einschlägigen landesdatenschutzrechtlichen Vorschriften zu prüfen.

11. Akteneinsicht in Akten einer Enquete-Kommission

Das Oberverwaltungsgericht Münster hat ein Einsichtsrecht der Scientology Kirche Deutschland e. V. gegenüber der Enquete-Kommission „Sogenannte Sekten und Psychogruppen“ des Bundestages in deren Akten und die darin enthaltenen

---

740 OVG Münster, Urteil vom 22. Juli 1988 - 20 A 1063/87 -, in: NJW 1989, 544, 545: aufgrund der möglicherweise privatrechtsgestaltenden Wirkungen der im Baugenehmigungsverfahren getroffenen Entscheidungen; vgl. auch Lodde, S. 74.

741 Urteil des VGH vom 17. Februar 1998 - 23 B 95.1954 -, in: BayVBl. 1998, 693.

Unterlagen über eine Vielzahl von nichtöffentlichen Anhörungen verneint[742]. Zur Begründung hat das Gericht im wesentlichen ausgeführt, die Scientology Kirche könne sich nicht auf § 29 VwVfG berufen, da sie nicht Beteiligte eines Verwaltungsverfahrens im Sinne des § 9 VwVfG sei. Denn die Tätigkeit der Enquete-Kommission ende lediglich mit einem (Abschluss)bericht, der nach § 56 GO BT nur der Vorbereitung von parlamentarischen Entscheidungen diene. Der Kommissionsvorsitzende habe der Kirche als Dritter auch ermessensfehlerfrei die Akteneinsicht verweigert, da die Beratungen der Enquete-Kommission grundsätzlich nichtöffentlich seien (§§ 74 i. V. m. 69 Abs. 1 Satz 1 GO BT) und ein Recht auf Einsicht in Protokolle und sonstige Unterlagen nicht bestehe (§ 73 Abs. 3 GO BT i. V. m. Ziff. I 1. und Ziff. III der hierzu ergangenen Richtlinien).
Nach der in dieser Untersuchung vertretenen Auffassung ist vorrangig das Vorliegen von datenschutzrechtlichen Vorschriften (insbesondere § 16 Abs. 1 Ziff. 2 BDSG) zu prüfen[743]. Eine Enquete-Kommission ist als Unterorgan (Untergliederung) des Bundestages[744] eine andere öffentlich-rechtlich organisierte Einrichtung des Bundes und damit gemäß § 1 Abs. 2 Ziff. 1, § 2 Abs. 1 Satz 1 BDSG an die Vorschriften des Bundesdatenschutzgesetzes gebunden[745]. Mit den obigen Begründungsansätzen ergibt sich allerdings auch nach den Tatbestandsvoraussetzungen des § 16 kein Einsichtsrecht.

12. Akteneinsicht in hochschulrechtlichen Kapazitätsverfahren

Das Oberverwaltungsgericht Magdeburg[746] hat einem Antragsteller einen Anspruch auf Überlassung der Kapazitätsunterlagen der Hochschule, bei der er sich um seine Zulassung zum Studium beworben hatte, zuerkannt. Denn er müsse in die Lage versetzt werden, gegen die von der Hochschule errechnete Kapazität vorgehen zu können. Dies sei nur durch die vorherige Einsicht in die sogenannten Kapazitätsunterlagen möglich.

---

742 OVG Münster, Beschluss vom 9. Juni 1998 - 5 B 1634/97 -, in: DÖV 1998, 1022, 1023 = NWVBl. 1998, 487, 488 = DVBl. 1998, 1357f. = DVP 2000, 131.

743 Die Vorschrift des § 15 Abs. 4 BDSG, die bei einer Übermittlung von Daten an öffentlich-rechtliche Religionsgemeinschaften die Absätze 1 bis 3 für anwendbar erklärt, gilt nicht für die Scientology-Kirche, da sie keine Religionsgemeinschaft i. S. d. Art. 140 GG i. V. m. Art. 137 WRV ist; vgl. hierzu: Bergmann/Möhrle/Herb, § 15 Rand-Nr. 39.

744 Jarass/Pieroth, Art. 40 Rand-Nr. 2 (ebenso Ausschüsse).

745 Vgl. allgemein: Ordemann/Schomerus, § 2 Rand-Nrn. 4 und 6.1.

746 Beschluss vom 29. Oktober 1997 - B 2 S 723/97 -, in: NVwZ-RR 1998, 694f.

Ein Anspruch auf Akteneinsicht in Niederschriften über zuvor durchgeführte Auswahlgespräche mit Mitbewerbern in hochschulrechtlichen Zulassungsverfahren an einen Studienplatzbewerber besteht, wenn dieser nachvollziehen will, warum ein Mitbewerber statt seiner zum Studium zugelassen worden ist[747]. Dabei hat das Gericht unter Beachtung des Gebotes des Art. 19 Abs. 4 GG eine Ausnahme in analoger Anwendung von § 44a Satz 2 VwGO zugelassen, da der Antragsteller ohne die begehrte Einsichtnahme seinen Widerspruch über generelle Einwendungen gegen das Auswahlverfahren hinaus bezogen auf seinen konkreten Fall nicht hätte begründen können[748].

13. Akteneinsicht und Schutz von Behördeninformanten

Häufig begehren Verfahrensbeteiligte von einer Behörde Akteneinsicht oder Auskunft, um auf diesem Weg Namen beziehungsweise Anschriften von Personen zu erhalten, die der Behörde Informationen über sie weitergegeben haben (sollen) [749], denn grundsätzlich haben Bürger das Recht zu erfahren, „wer was wann und bei welcher Gelegenheit über sie weiß“[750]. Wenn ein Beteiligter im Rahmen eines Verwaltungsverfahrens die Bekanntgabe eines Behördeninformanten begehrt, ist die Anwendung des § 29 VwVfG zu bejahen. Außerhalb eines Verwaltungsverfahrens hat nach der oben aufgezeigten herrschenden Meinung eine pflichtgemäße Ermessensentscheidung der Behörde zu erfolgen.

Nach dem Wortlaut des § 29 Abs. 1 Satz 1 VwVfG besteht ein Anspruch nur dann, wenn die Kenntnis des Akteninhalts zur Geltendmachung oder Verteidigung von rechtlichen Interessen des Akteneinsichtnehmenden erforderlich ist.

---

747 VG Saarlouis, Beschluss vom 9. April 1987 - 1 F 3/87 -, in: NVwZ 1987, 730f.

748 Vgl. hinsichtlich der Auswahlgespräche die zum Zeitpunkt der gerichtlichen Entscheidung anzuwendende Verordnung über die zentrale Vergabe von Studienplätzen und die Durchführung eines Feststellungsverfahrens vom 12. August 1985 (ABl. S. 837) in der Fassung vom 22. Oktober 1986 (ABl. S. 968).

749 Vgl. an dieser Stelle nur: VG Giessen, Urteil vom 19. März 1991 - I/1 E 760/90 -, in: NVwZ 1992, 401: im zur Entscheidung stehenden Fall war dem Kläger seine Fahrerlaubnis entzogen worden aufgrund einer vorherigen Anzeige eines Informanten, der der Behörde mitgeteilt hatte, der Kläger leide an verschiedenen gesundheitlichen die Fahrtüchtigkeit einschränkenden Beeinträchtigungen.

750 BVerfG, Urteil vom 15. Dezember 1983 - 1 BvR 209, 269, 362, 420, 440, 484/83 -, in: BVerfGE 65, 1, 43 = NJW 1984, 419, 422; vgl. ausdrücklich § 19 Abs. 1 Ziff. 1 DSG, wonach sich der dort geregelte Auskunftsanspruch grundsätzlich auch auf die Herkunft der gespeicherten Daten bezieht; so auch z. B. § 18 Abs. 1 Ziff. 3 DSG NRW; vgl. dazu Zilkens/Beyer, DÖV 2001, 374, 376ff.

Wenn es dem Beteiligten lediglich darum geht, den Informanten außerhalb des Verwaltungsverfahrens zur Rechenschaft zu ziehen oder sonst zu belangen, ist ein solcher Anspruch nicht durchsetzbar[751]. Grundsätzlich unterliegen diese Angaben der Geheimhaltungspflicht der Behörde nach § 29 Abs. 2 VwVfG[752]. Insbesondere ist im Rahmen der Prüfung des § 29 Abs. 2 Fall 1 VwVfG zu berücksichtigen, dass die Behörde zur Durchführung ihrer gesetzlichen Aufgaben oft auf die Mitarbeit der Bevölkerung und auf Angaben von Informanten angewiesen ist; entsprechende Informationen sind jedoch vielfach nur dann zu erhalten, wenn die Vertraulichkeit dieser Angaben gewährleistet ist[753]. Zu beachten ist stets das geschützte Selbstbestimmungsrecht des betroffenen Informanten[754]. Die Grenze des Informantenschutzes ist allerdings dort zu ziehen, wo hinreichende Anhaltspunkte dafür bestehen, dass der Informant bewusst wahrheitswidrige Angaben gemacht hat, beispielsweise um einen Betroffenen zu schädigen[755]. Der Schutz eines In-

---

[751] Vgl. VG Giessen, Urteil vom 19. März 1991 - I/1 E 760/90 -, in: NVwZ 1992, 401; vgl. auch OVG Münster, Beschluss vom 23. April 1979 - 1 B 391/78 -, in: DÖV 1980, 222, 223.

[752] Vgl. Kopp/Ramsauer, VwVfG, § 29 Rand-Nr. 31; Kopp/Schenke, VwGO, § 99 Rand-Nr. 9; Knack, § 29 Rand-Nr. 5.3, und Lang in Sodan/Ziekow, § 99 Rand-Nr. 40 (Geheimhaltung dem Wesen nach); Schutz von Polizeiinformanten: BVerwG, Beschluss vom 30. August 1976 - 7 B 116.76 -, in: Buchholz 310 § 99 VwGO Nr. 14; Schutz von V-Leuten des Verfassungsschutzes: BVerwG, Beschluss vom 1. Oktober 1981 - 2 B 73/81 -, in: JURIS-Dokument Nr. 674 049; Schutz von Behördeninformationen unter dem Gesichtspunkt der ordnungsgemäßen Erfüllung öffentlicher Aufgaben: VerfGH Rh.-Pf., Entscheidung vom 4. November 1998 - VGH B 5/98, 6/98 -, in: DVBl. 1999, 309ff. = DÖV 1999, 251ff. = ZfB 1999, 62f. = DStZ 2000, 184ff. (mit Anmerkung von Wollweber, DVBl. 1999, 980, 981f.).

[753] Vgl. VerfGH Rh.-Pf., Entscheidung vom 4. November 1998 - VGH B 5/98, 6/98 -, in: DVBl. 1999, 309ff. = DÖV 1999, 251ff. = ZfB 1999, 62f. = DStZ 2000, 184ff.; VG Giessen, Urteil vom 19. März 1991 - I/1 E 760/90 -, in: NVwZ 1992, 401; Preussner, VBlBW 1982, 1, 6; Widhofer-Mohnen, VR 1980, 285, 289; vgl. auch BVerwG, Urteil vom 30. April 1965 - 7 C 83/63 -, in: DVBl 1965, 488, 489: bei einer behördlicherseits zugesicherten vertraulichen Behandlung von Informationen dürfen sich die Informanten auf diese Zusage verlassen; ohne „zwingenden Grund" dürfen ihre Namen nicht preisgegeben werden; zur Geheimhaltung von Informanten auch: Borsdorff/Schwab, DÖD 1989, 164, 166 (wohl aufgrund Art. 2 Abs. 1 Grundgesetz und dem Recht auf informationelle Selbstbestimmung); Obermayer, § 29 Rand-Nr. 44; Schwab, S. 34.

[754] VerfGH Rh.-Pf., Entscheidung vom 4. November 1998 - VGH B 5/98, 6/98 -, in: DVBl. 1999, 309ff. = DÖV 1999, 251ff. = ZfB 1999, 62f. = DStZ 2000, 184ff.; Vahle, DVP 1999, 102.

[755] VerfGH Rh.-Pf., Entscheidung vom 4. November 1998 - VGH B 5/98, 6/98 -, in: DVBl. 1999, 309ff. = DÖV 1999, 251ff. = ZfB 1999, 62f. = DStZ 2000, 184ff.; vgl. VG Giessen, Urteil vom 19. März 1991 - I/1 E 760/90 -, in: NVwZ 1992, 401, 402; BVerwG, Urteil

formanten deckt nicht dessen verleumderische Angaben, üble Nachreden oder leichtfertige falsche Verdächtigungen ab; er erfasst dagegen Angaben, die sich im nachhinein als nicht richtig erweisen oder sich der Informant zum Beispiel aufgrund leichter Fahrlässigkeit geirrt hat[756]. Sowohl bei der Prüfung der Geheimhaltung im Rahmen des § 29 Abs. 2 VwVfG als auch im Rahmen einer Ermessensentscheidung der Behörde oder bei einer Entscheidung unter Berücksichtigung von datenschutzrechtlichen Bestimmungen ist die sorgfältige Abwägung der entgegenstehenden Interessen erforderlich[757].

---

vom 30. April 1965 - 7 C 83/63 -, in: DVBl 1965, 488, 489: ein Bürger dürfe nicht diffamiert und damit bei der Behörde als Querulant abgestempelt werden durch herabsetzende Behauptungen; hiergegen müsse sich ein Betroffener wirksam verteidigen können; dies könne es erforderlich machen, dass ihm Inhalt und Herkunft der belastenden Aussagen bekannt gegeben werden; auch: Obermayer, § 29 Rand-Nr. 44.

756 VerfGH Rh.-Pf., Entscheidung vom 4. November 1998 - VGH B 5/98, 6/98 -, in: DVBl. 1999, 309ff. = DÖV 1999, 251ff. = ZfB 1999, 62f.

757 VG Düsseldorf, Urteil vom 12. August 1997 - 3 K 11501/96 -: in diesem Fall wies das Gericht die Klage einer ein Altenheim betreibenden Klägerin nach Begehung des Heims durch die Behörde ab. Denn zum einen sei § 29 VwVfG nicht mehr einschlägig, da sich aufgrund der Begehung ein zunächst bestehender Verdacht gegen die Heimbetreiberin nicht bestätigt habe und somit auch kein Verwaltungsverfahren eingeleitet worden sei; zum anderen wäre bei einer Bekanntgabe des Informanten die ordnungsgemäße Erfüllung der Aufgaben der Behörde beeinträchtigt. Denn nach § 9 Abs. 1 Heimgesetz würden Heime durch wiederkehrende Prüfung der zuständigen Behörde überwacht. Nach § 9 Abs. 2 Heimgesetz seien die zuständigen Behörden befugt, die für das Heim benutzten Grundstücke und Räume während der üblichen Geschäftszeit zu betreten und Prüfungen und Besichtigungen vorzunehmen. Da insbesondere eine Nachschau nach § 9 Abs. 2 Heimgesetz nicht einmal an einen konkreten Anlass gebunden sei, müsse sich ein Informant an die Heimaufsichtsbehörde wenden können, ohne Folgen befürchten zu müssen (vgl. diesbezüglich auch OVG Koblenz, Urteil vom 6. Dezember 1988 - 7 A 14/88 -, in: NVwZ-RR 1990, 81, 82); vgl. auch VGH München, Beschluss vom 23. Juni 1986 - Nr. 21 B 85 A. 965 -, in: BayVBl. 1987, 146, 147, wonach im Rahmen der Ermessensentscheidung über ein Begehren auf Bekanntgabe der Personalien eines Informanten der Polizei zur Geltendmachung strafrechtlichen Ehrenschutzes und zivilrechtlicher Schadensersatzansprüche zwingende öffentliche Interessen, insbesondere Gründe des Staatsschutzes, den Nachrang schutzwürdiger Interessen des Staatsbürgers an der Offenbarung der Anonymität des Informanten gebieten können; siehe auch OVG Münster, Urteil vom 13. August 1998 - 13 A 2118/96 -, in: DVBl. 1999, 1053ff., welches eine verklagte Ärztekammer auf Neubescheidung über einen Antrag eines klagenden Arztes auf Auskunftserteilung über die Namen der Mitglieder einer „Gutachterkommission für ärztliche Haftpflichtfragen“, die dem Arzt einen Behandlungsfehler bescheinigt hatte, verpflichtete; Preussner, VBlBW 1982, 1, 6; Vahle, DVP 1999, 102, 103; Widhofer-Mohnen, VR 1980, 285, 289.

In der Praxis werden gelegentlich Akteneinsichtsbegehren eines Vormundes/ Pflegers in die beim Jugendamt geführten Akten der von diesem betreuten Person[758], von (früheren) Inhabern einer Pflegeerlaubnis nach § 44 Abs. 1 Satz 1 Sozialgesetzbuch - 8. Buch -[759], auf Akteneinsicht in die sie betreffenden Pflegschaftsakten der Behörde[760] oder Klagen einer Kindesmutter nach einer sogenannten Inkognito-Adoption ihres Kindes auf Auskunft über das Verfahren von dem Jugendamt als Adoptionsvermittlungsstelle geltend gemacht[761]. Hier kann das Akteneinsichtsbegehren im Rahmen eines Verwaltungsverfahrens nicht auf die Vorschrift des § 29 VwVfG gestützt werden, da diese nicht anwendbar sind (vgl. § 2 Abs. 2 Ziff. 4 VwVfG, § 2 Abs. 2 Ziff. 3 VwVfG NRW); vielmehr ist § 25 SGB X anwendbar (vgl. daher 4. Teil, 1. Kapitel).

14. Akteneinsicht nach ausgewählten spezialgesetzlich normierten Bundesregelungen (Überblick)

Art. 44 GG gewährt in Verbindung mit § 18 Abs. 1 Gesetz zur Regelung des Rechts der Untersuchungsausschüsse des Deutschen Bundestages[762] nunmehr ausdrücklich einem parlamentarischen Untersuchungsausschuss[763] ein Akteneinsichtsrecht[764]. Die Pflicht zur Vorlage von Akten dürfte allerdings weiterhin nicht während eines schwebenden behördlichen oder gerichtlichen Verfahrens bestehen, da der Untersuchungsausschuss nicht deren Tätigkeit stillegen oder unter-

[758] Vgl. OVG Hamburg, Urteil vom 10. März 1978 - Bf I 34/77 -, in: NJW 1979, 1219, 1220 = FEVS 28, 158ff.; OVG Münster, Urteil vom 20. März 1989 - 8 A 608/88 -.

[759] SGB VIII in der Fassung vom 8. Dezember 1998 (BGBl. I S. 3546) in der Fassung vom 2. November 2000 (BGBl. I S. 1815).

[760] Vgl. OVG Münster, Beschluss vom 27. März 1992 - 24 B 70/92 -.

[761] Vgl. OVG Münster, Urteil vom 20. Juni 1984 - 8 A 846/83 -, in: FEVS 35, 72ff. = NJW 1985, 1107f.

[762] Untersuchungsausschussgesetz - PUAG - vom 19. Juni 2001 (BGBl. I S. 1142).

[763] Zu den Aufgaben und zur Rechtsstellung von parlamentarischen Untersuchungsausschüssen vgl. BVerfG, Beschluss vom 1. Oktober 1987 - 2 BvR 1178/86 u. a. -, in: DVBl. 1988, 200ff.; eine Enquete-Kommission findet ihre gesetzliche Grundlage dagegen nicht in Art. 44 GG, sondern in Art. 40 Abs. 1 GG: OVG Münster, Beschluss vom 9. Juni 1998 - 5 B 1634/97 -, in: DÖV 1998, 1022, 1023 = NWVBl. 1998, 487, 488.

[764] Vgl. zum früheren gesetzlich nicht geregelten Einsichtsrecht BVerfG, Urteil vom 17. Juli 1984 - 2 BvE 11, 15/83 -, in: BVerfGE 67, 100f., 128ff. = DÖV 1984, 754f.: das Beweiserhebungsrecht erstreckt sich auch auf das Recht zur Vorlage von Akten; dieses Recht kann nur unter ganz besonderen Umständen eingeschränkt sein; S. 132: das Recht auf Aktenvorlage gehört zum „Wesenskern“ des Untersuchungsrechts.

brechen darf[765], obwohl Gerichte und Verwaltungsbehörden nach § 18 Abs. 4 Satz 1 PUAG zur Rechts- und Amtshilfe verpflichtet sind. Für einen Ausschuss für Verteidigung nach Art. 45a GG gelten die obigen Ausführungen entsprechend, da dieser über Art. 45a Abs. 2 Satz 1 GG auch die Rechte eines Untersuchungsausschusses hat (vgl. dazu § 34 PUAG).

Hinsichtlich der Befugnisse von Petitionsausschüssen (vgl. § 45c GG) gesteht das auf der Grundlage von Art. 45c Abs. 2 GG erlassene Gesetz über die Befugnisse des Petitionsausschusses des Deutschen Bundestages[766] in seinem § 1 auch diesem ausdrücklich ein Akteneinsichts- und Auskunftsrecht zu.

Nach § 95 Abs. 1 Bundeshaushaltsordnung[767] sind Unterlagen, die der Bundesrechnungshof zur Erfüllung seiner Aufgaben für erforderlich hält, diesem ohne Einschränkung[768] auf Verlangen innerhalb einer bestimmten Frist zu übersenden oder seinen Beauftragten vorzulegen, ohne dass die prüfungsbetroffenen Stellen berechtigt sind, dem Anspruch mit der Begründung entgegenzutreten, dass eine Auskunfterteilung für nicht notwendig gehalten wird (Abs. 2). Diese Verpflichtung besteht auch gegenüber dem zur Vorbereitung, Unterstützung und Ergänzung der Prüfungsfähigkeit des Bundesrechnungshofs errichteten Prüfungsamt (§ 100 Sätze 1, 2 BHO, § 20a Abs. 2 Sätze 1, 2 Gesetz über den Bundesrechnungshof[769].

---

765 Vgl. BVerfG, Urteil vom 17. Juli 1984 - 2 BvE 11, 15/83 -, in: BVerfGE 67, 100, 139 = DÖV 1984, 754f.; Maunz/Dürig/Herzog/Scholz, Art. 44 Rand-Nr. 56; vgl. zum gerichtlichen Antrag einer Arzneimittelfirma gegen ein Bundesland auf Untersagung der Herausgabe steuerstrafrechtlicher Ermittlungsakten der Staatsanwaltschaft an den Untersuchungsausschuss des Landes: VG Mainz, Beschluss vom 19. September 1985 - 1 L 49/85 -, JURIS-Dokument 55829, und OVG Koblenz, Beschluss vom 7. Januar 1986 - 7 B 74/85 -, wodurch die erstinstanzliche Entscheidung aufgehoben wurde.

766 Gesetz nach Art. 45c des Grundgesetzes vom 19. Juli 1975 (BGBl. I S. 1921).

767 BHO vom 29. August 1969 (BGBl. I S. 1284) in der Fassung vom 17. Juni 1999 (BGBl. I S. 1334).

768 Vgl. Piduch, § 95 Rand-Nr. 2; auch bezüglich von Personalakten: VG Wiesbaden, Beschluss vom 8. Juni 1998 - 8 G 526/98 (2) -, in: NVwZ-RR 1999, 550f.(rechtskräftig, da der VGH Kassel mit Beschluss vom 30. Oktober 1998 den Antrag auf Zulassung der Beschwerde abgelehnt hat - 1 TZ 2509/98 -).

769 Bundesrechnungshofgesetz (BRHG) vom 11. Juli 1985 (BGBl. I S. 1445) in der Fassung vom 22. Dezember 1997 (BGBl. I S. 3251); VG Wiesbaden, Beschluss vom 8. Juni 1998 - 8 G 526/98 (2) -, in: NVwZ-RR 1999, 550f. (rechtskräftig, da der VGH Kassel mit Beschluss vom 30. Oktober 1998 den Antrag auf Zulassung der Beschwerde abgelehnt hat - 1 TZ 2509/98 -); zur Vorlage von Patientenakten an den Landesrechnungshof zu Prü-

Bundestagsmitglieder haben gemäß § 16 Geschäftsordnung des Deutschen Bundestages[770] ein Akteneinsichtsrecht.
Für Verschlusssachen gilt über § 17 GOBT die vom Bundestag beschlossene Geheimschutzordnung (Anlage 3 zur GOBT).

Nach § 4 Abs. 1 Satz 1 UIG hat grundsätzlich jeder Bürger einen Anspruch[771] auf freien Zugang zu Informationen über die Umwelt, sofern nicht Gründe nach den §§ 7, 8 vorliegen, die den Anspruch ausschließen oder beschränken[772]. Dieser erstreckt sich nur auf die vorhandenen Daten; eine Datenbeschaffungspflicht wird von der Norm nicht erfasst[773]. Nach § 4 Abs. 1 Satz 2 kann die zuständige Behörde als eine Möglichkeit der Informationsgewährung Akteneinsicht erteilen[774]. Hierbei hat sie nach pflichtgemäßem Ermessen über die Art und Weise des In-

---

fungszwecken: BVerwG, Urteil vom 11. Mai 1989 - 3 C 68.85 -, in: BVerwGE 82, 56ff. = NJW 1989, 2961f. = BayVBl. 1990, 217f. (zu § 95 der niedersächsischen Landeshaushaltsordnung): nach Auffassung des Bundesverwaltungsgerichts konnte der Kläger als Leiter einer psychiatrischen Abteilung einer Universitätsklinik nicht unter Berufung auf seine ärztliche Schweigepflicht die Übersendung entsprechender Patientenakten an den Landesrechnungshof verweigern, da die Regelung in der Landeshaushaltsordnung der Wahrung eines Allgemeininteresses diene, das der ärztlichen Schweigepflicht übergeordnet sei und dem Grundsatz der Verhältnismäßigkeit Rechnung trage. Das Bundesverwaltungsgericht wies allerdings darauf hin, dass Ärzte grundsätzlich berechtigt seien, jeden Besuch eines Patienten nach Zeit, Dauer und Art in den Akten zu vermerken und bezüglich des Gesprächsinhaltes auf eine getrennt von der Akte aufzubewahrende Niederschrift verweisen dürfen, so dass der Landesrechnungshof in diese speziellen Patientendaten dann gegebenenfalls kein Einsichtnahmerecht im Rahmen seiner Prüfungstätigkeit haben dürfte.

770 In der Fassung der Bekanntmachung vom 2. Juli 1980 (BGBl. I S. 1237) in der Fassung vom 12. Februar 1998 (BGBl. I S. 428).

771 Knack, § 29 Rand-Nr. 32; Bonk/Kallerhoff in Stelkens/Bonk/Sachs, § 29 Rand-Nr. 21; der Anspruch kann auch dem Ortsverband einer politischen Partei zustehen: BVerwG, Urteil vom 25. März 1999 - 7 C 21.98 -, in: DÖV 1999, 778ff. = DVBl. 1999, 1134ff. (zu Informationen über die staatliche finanzielle Förderung eines umweltverbessernden Produktionsverfahrens); Behörden steht kein Recht über § 4 UIG zu: BVerwG, Beschluss vom 31. Oktober 1995 - 1 B 126/95 -, in: Gew Arch 1996, 86, 87f.; Rossi, UPR 2000, 175, 177.

772 VGH Mannheim, Urteil vom 10. Juni 1998 - 10 S 58/97 -, in: NVwZ 1998, 987ff. (u. a. zum Ausschluss des Umweltinformationsanspruchs wegen des Schutzes personenbezogener Daten sowie von Geschäfts- und Betriebsgeheimnissen).

773 BR-Drs. 797/93, S. 30; Moormann in Landmann/Rohmer, § 4 UIG Rand-Nr. 9

774 Moormann in Landmann/Rohmer, § 4 UIG Rand-Nrn. 10 und 11.

formationszuganges zu entscheiden; nur hinsichtlich des „Ob“ der Informationserteilung besteht ein strikter Rechtsanspruch[775].

Die Vorschrift des § 29 VwVfG gilt bei Vorliegen eines konkreten (laufenden) Verwaltungsverfahrens unberührt weiter; die Ansprüche nach dem UIG kommen zusätzlich hinzu[776]; allerdings bestehen Ansprüche beispielsweise nach § 7 Abs. 1 Nr. 2 UIG während der Dauer eines verwaltungsbehördlichen Verfahrens und während der Dauer eines Gerichtsverfahrens nicht hinsichtlich der Daten, die der Behörde aufgrund des Verfahrens erst zugehen[777]. Ein Anspruch ist während eines Gerichts- oder strafrechtlichen Ermittlungsverfahrens überdies hinsichtlich aller Daten ausgeschlossen, die Gegenstand des anhängigen Verfahrens sind[778].

Insbesondere ist bei den in der Praxis häufig vorkommenden Klagen von Gewerbetreibenden auf Einsicht in die behördlichen Genehmigungsakten ihrer Konkurrenten der Schutz von Betriebs- und Geschäftsgeheimnissen zu beachten (vgl. § 8 Abs. 1 Satz 2)[779].

Schließlich enthält das Stasi-Unterlagen-Gesetz eine Vielzahl von Auskunfts- und Einsichtsrechten (vgl. die §§ 3 Abs. 1: Auskunfts- und Einsichtsrecht in die Unterlagen des Einzelnen; § 13 Abs. 3: Einsichtsrecht für den Betroffenen; § 13 Abs. 7: Einsichtsrecht für Dritte; § 16 Abs. 3: Einsichtsrecht für Stasi-Mitarbeiter; § 17: Einsichtsrecht für Begünstigte; § 19: Einsichtsrecht für öffentliche und nicht

---

775 Vgl. BVerwG, Urteil vom 6. Dezember 1996 - 7 C 64.95 -, in: BayVBl. 1997, 698ff. = DVBl. 1997, 438f. = DÖV 1997, 734ff.; Moormann in Landmann/Rohmer, § 4 UIG Rand-Nrn. 2 und 10; s. auch Erichsen, Jura 1993, 180, 182ff.; Turiaux, Anmerkungen zu § 4; nach Rand-Nr. 17 *ist* Zugang zu den Originaldaten zu gewähren; Rossi, UPR 2000, 175, 179.

776 Vgl. nur Knack, § 29 Rand-Nr. 32; Bonk/Kallerhoff in Stelkens/Bonk/Sachs, § 29 Rand-Nr. 21.

777 BR-Drs. 797/93, S. 33f.; VGH Mannheim, Urteil vom 10. Juni 1998 - 10 S 58/97 -, in: DVBl. 1998, 1192; Knack, § 29 Rand-Nr. 38; Moormann in Landmann/Rohmer, § 7 Rand-Nr. 36ff. und Bonk/Kallerhoff in Stelkens/Bonk/Sachs, § 29 Rand-Nrn. 21 und 23 (mit kritischen Anmerkungen).

778 BVerwG, Urteil vom 28. Oktober 1999 - 7 C 32.98 -, in: DVBl. 2000, 198ff. = DÖV 2000, 247ff. = BayVBl. 2000, 473ff.

779 OVG Münster, Urteil vom 27. September 1993 - 21 A 2565/92 -, in: NWVBl. 1994, 458ff. (mit kritischer Anmerkung von Röger auf S. 460ff.) zur damaligen Richtlinie des Rates der Europäischen Gemeinschaften vom 7. Juni 1990 vor ihrer Umsetzung in das nationale Recht; unter Berufung auf diese Entscheidung Knack, § 29 Rand-Nr. 38; Bonk/Kallerhoff in Stelkens/Bonk/Sachs, § 29 Rand-Nr. 23.

öffentliche Stellen und § 33: Einsichtsrecht für Forschungszwecke). Gemäß § 43 StasiUG gehen die Regelungen dieses Gesetzes den Vorschriften über die Zulässigkeit der Übermittlung personenbezogener Informationen in anderen Gesetzen vor. Ferner enthält § 31 eine Sonderregelung hinsichtlich der gerichtlichen Überprüfung von Entscheidungen des Bundesbeauftragten für die Unterlagen des Staatssicherheitsdienstes der ehemaligen Deutschen Demokratischen Republik auf Ersuchen einer Behörde (§ 19) um Mitteilung, Einsichtnahme oder Herausgabe von Unterlagen. Dabei bestehen die Einsichts- und Auskunftsrechte hinsichtlich sämtlicher Unterlagen. Dies sind alle Informationsträger unabhängig von der Form der Speicherung (vgl. § 6 Abs. 1). Der verwendete Begriff der Unterlage umfasst dabei Akten, Dateien und andere papiergebundene und EDV-gestützte Informationsquellen[780].

4. Kapitel: Akteneinsicht nach § 100 VwGO

1. Geltungsbereich der Norm

1.1. Klageverfahren und Verfahren auf Gewährung vorläufigen Rechtsschutzes nach den §§ 80, 80a und 123 VwGO unter Berücksichtigung der Sonderregelung des § 82 AsylVfG

Aus dem Standort der Vorschrift im Teil II der Verwaltungsgerichtsordnung, der das Verfahren vor den Verwaltungsgerichten regelt, und hier im 9. Abschnitt, der Einzelheiten über das Verfahren im ersten Rechtszug enthält, ergibt sich ihr Anwendungsbereich für alle erstinstanzlichen Verfahren, auch soweit das Oberverwaltungsgericht oder das Bundesverwaltungsgericht als Eingangsinstanz zuständig sind (vgl. §§ 48 und 50 VwGO)[781].
§ 125 Abs. 1 Satz 1 VwGO erklärt darüber hinaus für das Berufungsverfahren die Vorschriften des Teils II für entsprechend anwendbar; für das Revisionsverfahren

---

780 Vgl. Bonk/Kallerhoff in Stelkens/Bonk/Sachs, § 29 Rand-Nr. 89; vgl. zum StasiUG und zur Einsichtnahme in Stasiprotokolle: Umbach in Clemens/Umbach, Grundgesetz, Art. 44 Rand-Nr. 88.

781 Hinsichtlich von Verfahren in Personalvertretungsangelegenheiten (vgl. § 187 Abs. 2 VwGO i. V. m. §§ 83 und 106 BPersVG sind die Verwaltungsgerichte ebenfalls zur Entscheidung berufen; soweit § 83 Abs. 2 BPersVG die Vorschriften des Arbeitsgerichtsgesetzes über das Beschlussverfahren für entsprechend anwendbar erklärt, mithin die §§ 80ff. ArbGG, so gilt in diesen Verfahren die Regelung des § 100 VwGO aufgrund des Vorrangs der Vorschriften des Arbeitsgerichtsgesetzes allerdings nicht; vgl. auch Gliederungspunkt 1.3.2.

gelten wiederum gemäß § 141 Satz 1 VwGO die Vorschriften über die Berufung entsprechend. Da die das Berufungs- und Revisionsverfahren regelnden Vorschriften der §§ 124ff. und 132ff. VwGO hinsichtlich der Gewährung von Akteneinsicht keine Sonderregelungen enthalten, ist die Vorschrift des § 100 VwGO auch in diesen Verfahren anwendbar[782].

Sie gilt ferner in den Verfahren auf Gewährung vorläufigen Rechtsschutzes nach den §§ 80, 80 a und 123 sowie 47 Abs. 6 VwGO[783]. Der Anwendbarkeit in Beschlussverfahren steht insbesondere nicht die Regelung des § 122 Abs. 1 VwGO entgegen, denn es ist allgemein anerkannt, dass die Aufzählung von Vorschriften in § 122 Abs. 1 VwGO nicht abschließend ist[784]. So gelten die meisten Vorschriften des 9. und 10. Abschnitts der Verwaltungsgerichtsordnung (Vorschriften über das Verfahren im 1. Rechtszug nach den §§ 81 bis 106 und Vorschriften über Urteile und andere Entscheidungen in den §§ 107 bis 122) auch für Beschlussverfahren und damit für Verfahren im Bereich des vorläufigen Rechtsschutzes[785]. Da die Akteneinsicht Ausprägung des verfassungsrechtlich garantierten Anspruchs auf rechtliches Gehör nach Art. 103 Abs. 1 GG ist[786], würde die Versagung von Akteneinsicht im Verfahren auf Gewährung vorläufigen Rechtsschutzes gegen diesen Grundsatz verstoßen, was erkennbar weder vom Gesetzgeber beabsichtigt war noch in der Rechtsprechung und Literatur überhaupt als Problem angesehen worden ist[787]. § 100 VwGO ist schließlich auf Beschwerdeverfahren nach den §§ 146 bis 152 VwGO anwendbar.

---

782 So ausdrücklich Eyermann, VwGO, § 100 Rand-Nr. 2, wonach § 100 für alle Rechtszüge gilt.

783 Ausdrücklich Eyermann, § 100 Rand-Nr. 2, der das Einsichtsrecht hinsichtlich aller Verfahrensarten der Verwaltungsgerichtsordnung für einschlägig erklärt; Kuhla/Hüttenbrink, Rand-Nr. K 237, speziell zur Akteneinsicht in Verfahren nach § 123 VwGO; ebenso OVG Magdeburg, Beschluss vom 29. Oktober 1997 - B 2 S 723/97 -, in NVwZ-RR 1998, 694f., und VG Potsdam, Beschluss vom 16. November 1998 - 2 L 873/98 -, in: LKV 1999, 155f.

784 Vgl. nur Eyermann, § 122 Rand-Nr. 4; Kopp/Schenke, VwGO, § 122 Rand-Nr. 3; Redeker/von Oertzen, § 122 Rand-Nr. 6; Clausing in: Schoch/Schmidt-Aßmann/Pietzner, § 122 Rand-Nr. 3.

785 Vgl. Kopp/Schenke, VwGO, § 122 Rand-Nr. 3.

786 BVerwG, Urteil vom 24. November 1961 - 7 C 151.60 -, in: BVerwGE 13, 187, 190; Eyermann, § 100 Rand-Nr. 1; Kopp/Schenke, VwGO, § 100 Rand-Nr. 1; Redeker/von Oertzen, § 100 Rand-Nr. 2.

787 Vgl. auch ausdrücklich Eyermann, § 122 Rand-Nrn. 4 und 5, wonach die §§ 99 und 100 VwGO Anwendung finden; auch: Redeker/von Oertzen, § 122 Rand-Nr. 6, wonach § 99 und § 108 Abs. 2 VwGO Anwendung finden; Clausing in: Schoch/Schmidt-Aßmann/Pietzner, § 122 Rand-Nr. 3, wonach § 108 Abs. 2 Anwendung findet.

Insbesondere gilt die Vorschrift des § 100 VwGO auch in asylrechtlichen Klageverfahren, da § 82 AsylVfG eine Sonderregelung für die Verfahren des vorläufigen Rechtsschutzes nach dem Asylverfahrensgesetz normiert[788].

1.2. Verfahren auf Bewilligung von Prozesskostenhilfe nach den §§ 166 VwGO i. V. m. 114 ff. ZPO

Im Rahmen eines Prozesskostenhilfeverfahrens steht den Beteiligten grundsätzlich ebenfalls das Recht auf Akteneinsicht nach § 100 VwGO zu, da es sich auch bei diesem Verfahren um ein verwaltungsgerichtliches Verfahren handelt[789]. Allerdings hat der Gegner des Prozesskostenhilfe beantragenden Antragstellers kein Recht auf Einsicht in die Aktenteile, die sich zu den persönlichen und wirtschaftlichen Verhältnissen des Antragstellers verhalten, es sei denn, der Antragsteller hat seine Zustimmung erteilt (vgl. § 166 VwGO i. V. m. § 117 Abs. 2 Satz 2 ZPO). Durch diese mit Gesetz vom 10. Oktober 1994[790] eingefügte Neuregelung ist die frühere Rechtsprechung zu dieser Thematik[791] nicht mehr einschlägig. Mithin besteht auch über § 100 VwGO kein Einsichtsrecht in die getrennt von der Prozessakte zu führende Prozesskostenhilfeakte[792].

Ist ein Kläger ohne Prozesskostenhilfe nicht in der Lage, die sich beim (Berufungs)Gericht befindlichen Akten durch einen Rechtsanwalt einsehen zu lassen, hat das Gericht dem Wunsch des Klägers auf Akteneinsicht entweder durch die

788 Vgl. BT-Drs. 12/2062, S. 42; Hailbronner, § 82 Rand-Nr. 5; Marx, § 82 Rand-Nr. 1.

789 BVerwG, Beschluss vom 16. Juni 1997 - 5 B 77/96 -; vgl. auch: BVerfG, Beschluss vom 25. Oktober 1966 - 2 BvR 217/66 -, in: BVerfGE, 20, 347, 349 (allgemein zur Geltung des Anspruchs auf rechtliches Gehör im ehemals so bezeichneten Armenrechtsverfahren).

790 BGBl. I S. 2954.

791 BVerfG, Beschluss der 3. Kammer des 1. Senats vom 14. Januar 1991 - 1 BvR 41/88 -, in: NJW 1991, 2078, durch den das Bundesverfassungsgericht den Beschluss des Bundesgerichtshofs vom 15. November 1983 - IV ZR 100/83 -, in BGHZ 89, 65ff. = NJW 1984, 740ff., bestätigt hat: der BGH hat im wesentlichen ausgeführt, dass sich im Prozesskostenhilfeverfahren lediglich der Antragsteller und das Gericht als Bewilligungsstelle gegenüberstehen und diesbezüglich der Gegner nicht Verfahrensbeteiligter sei; dieser werde auch in seiner prozessualen Stellung nicht dadurch berührt, wenn der Antragsteller über die Bewilligung von Prozesskostenhilfe in den Zustand gesetzt werde, ein Klageverfahren durchzuführen, da niemand ein Recht habe, von einer Klageerhebung nur deswegen verschont zu werden, weil der Klageerhebende die entsprechenden Mittel nicht aufbringen könne. Der Gegner könne sich vor einer missbräuchlichen Klageerhebung dadurch schützen, dass er zu den sachlichen Aussichten der Rechtsverfolgung Stellung nimmt.

792 Zöller, § 117 Rand-Nr. 20; ähnlich: Kuntze in Bader/Funke-Kaiser/Kuntze/von Albedyll, § 100 Rand-Nr. 2.

Bewilligung von Prozesskostenhilfe zur Akteneinsicht am Gerichtsort oder durch die Übersendung der Akten an ein für den Kläger erreichbares Gericht nachzukommen[793].

1.3. Verhältnis des § 100 VwGO zu anderen Vorschriften

1.3.1. Besonderheiten gemäß § 31 Abs. 2 StasiUG

Während nach § 100 VwGO die Beteiligten ein uneingeschränktes Akteneinsichtsrecht haben, sieht die Sonderregelung des § 31 Abs. 2 StasiUG dies für die dieser Norm unterliegenden verwaltungsgerichtlichen Klageverfahren nicht vor[794]. § 31 Abs. 2 erfasst solche Fälle, in denen der Bundesbeauftragte für die Unterlagen des Staatssicherheitsdienstes (Bundesbeauftragter) und eine Behörde darüber streiten, ob die Ablehnung eines Antrages dieser Behörde auf Akteneinsicht oder Auskunft beziehungsweise Herausgabe von Unterlagen rechtmäßig war. In diesen kann der Vorsitzende aus besonderen Gründen die Einsicht in die Akten oder in Aktenteile sowie die Fertigung oder Erteilung von Auszügen und Abschriften versagen oder beschränken (Satz 1). Vorsitzender ist dabei der Senatsvorsitzende des jeweils zuständigen Spruchkörpers bei dem Oberverwaltungsgericht für das Land Berlin, da der Bundesbeauftragte dort seinen Sitz, nämlich seine Zentralstelle, hat (vgl. § 31 Abs. 1 Satz 4 i. V. m. § 35 Abs. 1 Satz 2 StasiUG[795]). Wenn das Oberverwaltungsgericht seine Entscheidung über die Rechtmäßigkeit der Ablehnung des behördlichen Antrags nicht ohne Hinzuziehung der entsprechenden Akten, um die gestritten wird, treffen kann, darf es selber in die vorgelegten Akten einsehen, ohne dass die Beteiligten entgegen der Vorschrift des § 100 VwGO mit Vorlage der entsprechenden Akten einen Anspruch auf Akteneinsicht hätten; ansonsten würde nämlich die antragstellende Behörde regelmäßig die Informationen erlangen können, die ihr der Bundesbeauftragte versagt hat. Wegen der großen Bedeutung und Schutzbedürftigkeit der hier in Rede stehenden Unterlagen hat sich der Gesetzgeber daher deutlich vor der Neuregelung des § 99

---

793 BVerwG, Beschluss vom 16. Juni 1997 - 5 B 77/96 -, in: JURIS-Dokument Nr. 524811; Rudisile in Schoch/Schmidt-Aßmann/Pietzner, § 100 Rand-Nr. 18; Lang in Sodan/Ziekow, § 100 Rand-Nr. 8.

794 Vgl. Eyermann, § 99 Rand-Nr 23; Geiger/Klinghardt, § 31 Rand-Nr. 5; Redeker/von Oertzen, § 99 Rand-Nr 10a; Stoltenberg, § 31 Rand-Nr. 4.

795 Vgl. auch Weberling, § 31 Rand-Nr. 5.

VwGO durch Gesetz vom 20. Dezember 2001[796] für ein solches sogenanntes „in camera-Verfahren" entschieden[797].

1.3.2. Anwendbarkeit des § 299 ZPO in personalvertretungsrechtlichen Angelegenheiten

In Angelegenheiten nach dem Bundespersonalvertretungsgesetz sind in bestimmten Bereichen zwar die Verwaltungsgerichte zuständig[798]. § 83 Abs. 2 BPersVG (ebenso § 79 Abs. 2 Satz 1 LPVG NRW) erklärt aber die Vorschriften des Arbeitsgerichtsgesetzes[799] über das arbeitsgerichtliche Beschlussverfahren für entsprechend anwendbar. Nach § 80 Abs. 2 ArbGG gelten dabei für das Beschlussverfahren des ersten Rechtszugs die für das Urteilsverfahren des ersten Rechtszugs maßgeblichen Vorschriften über Prozessfähigkeit, Prozessvertretung, Ladungen, Termine und Fristen, Ablehnung und Ausschließung von Gerichtspersonen, Zustellungen, persönliches Erscheinen der Parteien, Öffentlichkeit, Befugnisse des Vorsitzenden und der ehrenamtlichen Richter, Vorbereitung der streitigen Verhandlung, Verhandlung vor der Kammer, Beweisaufnahme, pünktliche Erledigung des Verfahrens, Wiedereinsetzung in den vorigen Stand und Wiederaufnahme des Verfahrens entsprechend, soweit dies nicht durch die §§ 81 bis 84 ArbGG ausgeschlossen ist. Dass die Gewährung von Akteneinsicht nicht ausdrücklich aufgeführt ist, führt jedoch nicht zur Anwendbarkeit des § 100 VwGO. Denn grundsätzlich ist das arbeitsgerichtliche Beschlussverfahren wie das arbeitsgerichtliche Urteilsverfahren ausgestaltet; § 80 Abs. 2 ist keine abschließende Regelung dergestalt, dass abgesehen von den hier aufgeführten Vorschriften andere Normen nicht entsprechend herangezogen werden könnten[800]. Mithin kommt über die Vorschrift des § 46 Abs. 2 Satz 1 ArbGG, wonach für arbeitsgerichtliche Urteilsverfahren die Vorschriften der Zivilprozessordnung für Verfahren vor den Amtsgerichten entsprechend gelten, zur Anwendung. Im Rahmen der

---

796 BGBl. I S. 3987.

797 Vgl. Geiger/Klinghardt, § 31 Rand-Nr. 5; Stoltenberg, § 31 Rand-Nr. 4.

798 § 83 Abs. 1 BPersVG und § 106 BPersVG (in Nordrhein-Westfalen in Verbindung mit den §§ 79, 80 Personalvertretungsgesetz für das Land Nordrhein-Westfalen - Landespersonalvertretungsgesetz - LPVG vom 3. Dezember 1974 (GV NRW S. 1514/SGV NRW 2035) in der Fassung vom 12. Dezember 2000 (GV NRW S. 754); in Brandenburg § 95 Abs. 2 Personalvertretungsgesetz für das Land Brandenburg (Landespersonalvertretungsgesetz - PersVG -) i. d. F. v. vom 15. Dezember 1999 (GVBl. I S. 670).

799 ArbGG in der Fassung der Bekanntmachung vom 2. Juli 1979 (BGBl. I S. 853, ber. S. 1036) in der Fassung vom 19. Juni 2001 (BGBl. I S. 1046).

800 Vgl. Grunsky, § 80 Rand-Nrn. 13 und 32.

diesbezüglichen Vorschriften der §§ 495 bis 510b ZPO erklärt § 495 Abs. 1 ZPO grundsätzlich die Vorschriften über das Verfahren vor den Landgerichten (§§ 253 bis 494a ZPO) für anwendbar; mithin ist hiervon auch die die Akteneinsicht nach der Zivilprozessordnung regelnde Vorschrift des § 299 erfasst. Somit haben die Verwaltungsgerichte über die vorgenannte Paragraphenkette Akteneinsicht nach der Vorschrift des § 299 ZPO zu gewähren.

1.3.3. Anwendbarkeit des § 299 Abs. 1 ZPO analog

In der Vergangenheit gab es in der Rechtsprechung und Literatur einige Male Anlass zu der Klarstellung, dass die Vorschrift des § 100 VwGO die vollständige und abschließende Regelung der Gewährung von Akteneinsicht an Beteiligte im verwaltungsgerichtlichen Verfahren darstellt und damit in vollem Umfang die Norm des § 299 Abs. 1 ZPO ersetzt. Diese findet außer in den im vorstehenden Gliederungspunkt 1.3.2. genannten Fällen im verwaltungsgerichtlichen Verfahren weder direkt noch in analoger Form (mangels Vorliegens einer unbewussten planwidrigen Lücke) und auch nicht über die Norm des § 173 VwGO Anwendung[801].

1.3.4. Anwendbarkeit von datenschutzrechtlichen Vorschriften

Die Vorschrift des § 100 VwGO verdrängt in verwaltungsgerichtlichen Verfahren die Anwendbarkeit von datenschutzrechtlichen Normen[802]. Zwar gilt das Bundesdatenschutzgesetz grundsätzlich auch für die Tätigkeit von Organen der Rechtspflege des Bundes und der Länder und damit für Gerichte (vgl. § 1 Abs. 2 Ziff. 1, 2b und § 2 Abs. 1 Satz 1, Abs. 2 BDSG)[803]. Für die rechtsprechende Tätigkeit beispielsweise des Bundesverwaltungsgerichts als oberster Gerichtshof des Bun-

801 Vgl. OVG Lüneburg, Beschluss vom 4. Juli 1963 - 2 OVGB 13/63 -, in: OVGE 19, 371ff. = VwRspr. 16, Nr. 76 = NJW 1963, 1798; so auch bereits: Jung, S. 45, Eyermann/Fröhler, 9. Auflage 1988, § 100 Rand-Nr. 1 (ab der 10. Auflage 1998 nicht mehr problematisiert); Peglau, NJ 1993, 440, 442; Redeker/von Oertzen, § 100 Rand-Nr. 2.

802 Vgl. zu § 1 Abs. 4 BDSG 1990 und § 299 ZPO: Prütting, ZZP 106 (1993), 427, 456; nach Teschner, SchlHA 1997, 59, 60, sind landesdatenschutzrechtliche Vorschriften dagegen „zweifellos anzuwenden".

803 Vgl. zur grundsätzlichen Anwendbarkeit für Bundesgerichte sowohl in ihrer Eigenschaft als Justizverwaltung als auch als rechtsprechende Gewalt: Dammann in Simitis, § 2 Rand-Nrn. 25, 28; Bergmann/Möhrle/Herb, § 2 Rand-Nrn. 11, 20; zur Anwendbarkeit von datenschutzrechtlichen Normen im Bereich der Gerichtsbarkeit auch: Prütting, ZZP 106 (1993), 427, 437ff.

vorliegenden Akten informieren zu können[807]. Als ein Minus zum Akteneinsichtsrecht steht dem Beteiligten grundsätzlich auch ein Anspruch auf Auskunftserteilung zu. Auch darf jeder Beteiligter insbesondere grundsätzlich die von ihm vorgelegten Unterlagen einsehen[808].

Bei besonders wertvollen oder historisch bedeutsamen Akten (oder Plänen) wird teilweise vertreten, dass sich eine Beschränkung des Einsichtsrechts aufgrund deren Zustandes oder Bedeutung ergeben könne, so dass eine Einsichtnahme nur in gefertigte Ablichtungen erfolgen könne[809]. Zum einen dürften solche Fälle in der Praxis kaum vorkommen, zum anderen kann sich in Einzelfällen durchaus ein Anspruch auf Einsichtnahme in das Original ergeben, wobei unter Umständen eine befugte Aufsichtsperson die Originale vorzeigt und umblättert pp. Auch führt die Zugehörigkeit der Akten zum Bestand des Vermögens einer Verwaltung nicht zu einem Ausschluss der Akteneinsicht. Denn die Eigentumslage ist kein (gesetzlich normierter oder sonst anerkannter) Grund für eine Geheimhaltung[810].

2.1.1. Beteiligte

2.1.1.1. Die Verfahrensbeteiligten nach § 63 VwGO

Der Beteiligtenbegriff des § 63 VwGO ist als gemeinsame Bezeichnung für alle Personen, die am Verwaltungsprozess mit eigenen Verfahrensrechten beteiligt sind, zu verstehen[811]. § 63 VwGO nennt ausdrücklich den Kläger (Ziff. 1) und den Beklagten (Ziff. 2). Beteiligte sind allerdings im Rahmen eines Verfahrens auf Gewährung vorläufigen Rechtsschutzes auch der jeweilige Antragsteller und der jeweilige Antragsgegner[812]. Weiter sind beteiligt nach Ziff. 3 der Beigeladene

---

807 BVerwG, Urteil vom 24. November 1961 - 7 C 151.60 -, in: BVerwGE 13, 187, 190; VGH Mannheim, Beschluss vom 4. Juli 1997 - 13 S 973/97 -, in: NVwZ-RR 1998, 687, 688; Redeker/von Oertzen, § 100 Rand-Nr. 2; Rudisile in Schoch/Schmidt-Aßmann/Pietzner, § 100 Rand-Nr. 6.

808 Rudisile in Schoch/Schmidt-Aßmann/Pietzner, § 100 Rand-Nr. 6.

809 Kuntze in Bader/Funke-Kaiser/Kuntze/von Albedyll, § 100 Rand-Nr. 3.

810 Trantas, S. 301.

811 Vgl. Kopp/Schenke, VwGO, § 63 Rand-Nr. 1; auch Eyermann, § 63 Rand-Nr. 1; hierzu gehört beispielsweise auch ein Insolvenzverwalter nach der Insolvenzordnung (InsO i. d. F. v. 27. Juli 2001 (BGBl. I S. 1887)), der nach der herrschenden „Amtstheorie" (als Partei) im eigenen Namen für und gegen den Gemeinschuldner handelt: vgl. Delhaes in Nerlich/Römermann, vor § 56 Rand-Nrn. 8ff.; zum Konkursverwalter nach früherem Recht: BFH, Beschluss vom 15. Juni 2000 - IX B 13/00 -, in: BStBl. II S. 431f.

812 Ausdrücklich: Czybulka in: Sodan/Ziekow, § 63 Rand-Nr. 2.

(einfache Beiladung nach § 65 Abs. 1 und notwendige Beiladung nach § 65 Abs. 2 VwGO) sowie nach Ziff. 4 der Vertreter des Bundesinteresses beim Bundesverwaltungsgericht (§ 35 VwGO) und der Vertreter des öffentlichen Interesses (§ 36 VwGO)[813]. Hinsichtlich des Vertreters des Bundesinteresses und des Vertreters des öffentlichen Interesses ist allerdings zu beachten, dass diese sich tatsächlich am konkreten Rechtsstreit beteiligen müssen, denn das Gesetz sieht keine automatische Beteiligteneigenschaft in jedem Verfahren vor[814]. Für die Vielzahl aller von den Verwaltungsgerichten zu entscheidenden Fallgestaltungen legt der jeweilige Vertreter des öffentlichen Interesses in der Regel eine umfassende Verzichtserklärung des Inhalts, dass er sich an den in dieser Erklärung genannten Fallgestaltungen nicht beteiligt, vor. Der Vertreter des öffentlichen Interesses wird allerdings ein sogenannter beschränkt Beteiligter, wenn er erklärt, dass ihm nur die Klageschrift und ansonsten die gerichtlichen Entscheidungen mitgeteilt werden sollen[815].

2.1.1.2. Weitere Verfahrensbeteiligte nach bundesgesetzlichen Normen

Darüber hinaus ist anerkannt, dass über die in § 63 Ziffern 1 bis 4 VwGO genannten Beteiligten hinaus weitere Beteiligte durch bundesgesetzliche Regelungen in Betracht kommen können[816]. Als sogenannte „Vertreter der besonderen Interessen“[817] können dies sein:

- der Vertreter der Interessen des Ausgleichsfonds (VIA) gemäß § 322 Lastenausgleichsgesetz[818]

---

[813] In Nordrhein-Westfalen ist z. B. ab 1. Januar 2001 der VöI bei den Verwaltungsgerichten gemäß Art. 31 2. Gesetz zur Modernisierung von Regierung und Verwaltung (Zweites Modernisierungsgesetz vom 9. Mai 2000) - GVBl. NRW S. 462 (472) - entfallen.

[814] Lang in Sodan/Ziekow, § 100 Rand-Nr. 6; Redeker/von Oertzen, § 35 Rand-Nr. 3 und § 36 Rand-Nr. 8: der frühere OBA (§ 35) und der VÖI entscheiden jeweils eigenverantwortlich, ob sie sich an einem Verfahren beteiligen.

[815] Schulz-Hardt, 3. Kapitel VII 2 c, S. 20.

[816] Vgl. Kopp/Schenke, VwGO, § 63 Rand-Nr. 6; Czybulka in: Sodan/Ziekow, § 63 Rand-Nr. 2.

[817] Vgl. Redeker/von Oertzen, § 63 Rand-Nr. 5.

[818] LAG i. d. F. v. 2. Juni 1993 (BGBl. I 845) i. d. F. v. 20. Oktober 1998 (BGBl. I 3180); vgl. Kopp/Schenke, VwGO, § 63 Rand-Nr. 6; Eyermann, § 63 Rand-Nr. 3; Redeker/von Oertzen, § 63 Rand-Nr. 5, unter Hinweis darauf, dass der VIA seine Beteiligung am Lastenausgleichsverfahren nicht ausdrücklich zu erklären braucht; allgemein zum VIA: Löbach/Wilbertz in: Löbach/Kreuer, Erläuterungen zu § 322 LAG.

- der Bundesbeauftragte für Asylangelegenheiten (BbfA) gemäß § 6 AsylVfG[819]; dieser kann sich gemäß § 6 Abs. 2 Satz 1 Fall 2 AsylVfG u. a. an asylrechtlichen Klageverfahren vor den Gerichten der Verwaltungsgerichtsbarkeit beteiligen; für Verfahren auf Gewährung vorläufigen Rechtsschutzes ist eine Beteiligungsmöglichkeit nicht vorgesehen[820]. Die Beteiligung an Klageverfahren ist in der gerichtlichen Praxis so ausgestaltet, dass der Bundesbeauftragte, soweit er nicht selber Kläger ist, in der Regel nur die Ausfertigungen von Entscheidungen in Klageverfahren übersandt haben möchte[821].
- der Vertreter des Bundesinteresses nach § 56 Allgemeines Kriegsfolgengesetz[822]
- der Vertreter des Bundesinteresses gemäß § 45 Gesetz über die Abgeltung von Besatzungsschäden[823]
- der Bundesdisziplinaranwalt gemäß §§ 37 bis 39 Bundesdisziplinarordnung[824] (nach § 85 Abs. 4 Satz 1 BDG wird die Behörde des Bundesdisziplinaranwalts aufgrund der Neuregelung des Disziplinarrechts mit Ablauf des 31. Dezember 2003 aufgelöst werden)
- der Wehrdisziplinaranwalt gemäß § 74 Wehrbeschwerdeordnung[825].

2.1.1.3. Der Prozessbevollmächtigte der Beteiligten

In einem erstinstanzlichen Verfahren vor dem Verwaltungsgericht kann sich ein Beteiligter gemäß § 67 Abs. 2 Satz 1 VwGO in jeder Lage des Verfahrens durch einen Bevollmächtigten vertreten lassen, wobei jede Person als Bevollmächtigter

---

819 Nach § 6 Abs. 2 Satz 1 AsylVfG kann sich der BbfA an den Asylverfahren vor dem Bundesamt und an Klageverfahren vor den Gerichten der Verwaltungsgerichtsbarkeit beteiligen; nach Satz 2 ist ihm Gelegenheit zur Äußerung zu geben; siehe auch Eyermann, § 63 Rand-Nr. 3; Kopp/Schenke, VwGO, § 63 Rand-Nr. 6; Redeker/von Oertzen, § 63 Rand-Nr. 5; der BbfA kann sich gemeinsam und mit dem VÖI beteiligen: BVerwG, Urteil vom 19. Januar 1987 - 9 C 247.86 -, in: BVerwGE 75, 337, 339.

820 Vgl. Renner, § 61 AsylVfG Rand-Nrn. 10, 11.

821 Obwohl er als Beteiligter grundsätzlich fortlaufend über den gesamten Verfahrensstand zu informieren ist: so auch Renner, § 61 AsylVfG Rand-Nrn. 15 bis 18.

822 AKG vom 5. November 1957 (BGBl. I S. 1747); vgl. Eyermann, § 63 Rand-Nr. 3; Redeker/von Oertzen, § 63 Rand-Nr. 5.

823 BesSchAbgG vom 1. Dezember 1955 (BGBl. I S. 734); vgl. Redeker/von Oertzen, § 63 Rand-Nr. 5.

824 Vgl. Eyermann, § 63 Rand-Nr. 3.

825 WBO i. d. B. v. 11. September 1972 (BGBl. I 1737) i. d. F. v. 16. Januar 1991 (BGBl. I 47) in der Fassung vom 19. Dezember 2000 (BGBl. I S. 1815); vgl. Eyermann, § 63 Rand-Nr. 3.

auftreten darf, die zum sachgemäßen Vortrag fähig ist (§ 67 Abs. 2 Satz 3 VwGO). Allerdings darf eine Vertretung nicht gegen die Vorschriften des Rechtsberatungsgesetzes[826] verstoßen. Vor dem Oberverwaltungsgericht und dem Bundesverwaltungsgericht ist der in § 67 Abs. 2 geregelte Vertretungszwang zu beachten, wobei grundsätzlich ein Rechtsanwalt oder Rechtslehrer an einer deutschen Hochschule im Sinne des Hochschulrahmengesetzes mit Befähigung zum Richteramt zur Vertretung berechtigt ist (§ 67 Abs. 1 Satz 1 VwGO)[827].
Der auftretende Rechtsanwalt muss dabei stets bei einem deutschen Gericht zugelassen sein[828].
Rechtslehrer sind Personen, denen die Lehrbefugnis für juristische Fächer an einer deutschen Hochschule zusteht[829], mithin (außer)ordentliche und auch emerilierte Professoren, Honorarprofessoren, Privatdozenten und Lehrbeauftragte[830].

---

826 RBerG vom 13. Dezember 1935 (RGBl. I S. 1478) in der Fassung vom 19. Dezember 1998 (BGBl. I S. 3836).

827 Siehe auch die Möglichkeit der Bestellung eines gemeinsamen Bevollmächtigten bei der Beteiligung von mehr als 20 Personen im gleichen Interesse an einem Rechtsstreit nach § 67a VwGO; zur Vertretungsbefugnis beispielsweise in sozialhilferechtlichen Streitigkeiten für Mitglieder und Angestellte von Verbänden nach § 67 Abs. 1 Satz 4 VwGO Rechtsstreitigkeiten über sozialhilferechtliche Ansprüche: VGH Mannheim, Beschluss vom 21. September 1998 - 7 S 2091/98 -, in: DÖV 1999, 524 (zu § 67 Abs. 1 Satz 4 a. F.).

828 BVerwG, Beschluss vom 22. Mai 1970 - 3 CB 34.70 -, in: Buchholz 310, § 67 VwGO Nr. 32 (unter Hinweis auf § 18 Abs. 1 BRAO); Brandt/Sachs, N 305; Rechtsanwälte aus Mitgliedsstaaten der Europäischen Gemeinschaften können in Einzelfällen bei einer zeitlich begrenzten Tätigkeit im Einvernehmen mit einem an einem deutschen Gericht zugelassenen Rechtsanwalt vor dem Oberverwaltungsgericht/Verwaltungsgerichtshof und dem Bundesverwaltungsgericht auftreten gemäß Gesetz zur Durchführung der Richtlinie des Rates der Europäischen Gemeinschaften vom 22. März 1977 zur Erleichterung der tatsächlichen Ausübung des freien Dienstleistungsverkehrs der Rechtsanwälte vom 16. August 1980 (BGBl. I S. 1453) i. d. F. des Gesetzes vom 14. März 1990 (BGBl. I S. 479): vgl. Brandt/ Sachs, N 307; vor den Verwaltungsgerichten in erster Instanz können solche Rechtsanwälte im Rahmen einer vorübergehenden Tätigkeit bestellt werden verbunden mit der Verpflichtung, einen bei einem deutschen Gericht zugelassenen Rechtsanwalt als Zustellungsbevollmächtigten zu verpflichten: Brandt/Sachs, N 308.

829 Brandt/Sachs, N 310; Redeker/von Oertzen, § 67 Rand-Nr. 2.

830 BVerwG, Beschluss vom 16. Oktober 1970 - 2 C 50/68 -, in: NJW 1970, 2314 = Buchholz 310 § 67 Nr. 33; zu Honorarprofessoren auch: BVerwG, Urteil vom 16. März 1977 - 8 C 17.76 -, in: BVerwGE 52, 163f., wobei auf die jeweiligen landesrechtlichen Regelungen über die Rechtsstellung eines Professors abzustellen ist; nicht dagegen Fachhochschullehrer: BVerfG, Beschluss des Vorprüfungsausschusses vom 9. Juli 1975 - 1 BvR 54/75 -, in: NJW 1975, 2340f., und nicht wissenschaftliche Assistenten: BVerwG, Beschluss vom 16. Oktober 1970 - 2 C 50/68 -, in: NJW 1970, 2314 = Buchholz 310 § 67 Nr. 33.

Der Prozessbevollmächtigte eines Beteiligten ist selber nicht Beteiligter des Verfahrens. Er hat damit kein eigenes Akteneinsichtsrecht. Dies gilt insbesondere für einen Rechtsanwalt. Dieser kann ein Einsichtsrecht auch nicht aus seiner Stellung als Organ der Rechtspflege (vgl. §§ 1 und 3 BRAO) herleiten[831]. Ist ein von einem Beteiligten bestellter Bevollmächtigter vom Gericht zurückgewiesen worden (beispielsweise wegen eines Verstoßes gegen das Rechtsberatungsgesetz), darf er ebenfalls keine Akteneinsicht nehmen[832].

Darüber hinaus kommen noch verschiedene andere Personengruppen in Einzelfällen zur Vertretung in Betracht, beispielsweise:

1. Diplom-Juristen als die nach den Ausbildungsregelungen der ehemaligen Deutschen Demokratischen Republik übernommenen Juristen[833],
2. der amtlich bestellte Vertreter eines Rechtsanwalts nach § 53 BRAO,
3. der Abwickler einer Rechtsanwaltskanzlei nach § 55 BRAO,
4. der Stationsreferendar eines Rechtsanwalts nach § 59 Abs. 2 BRAO,
5. Rechtsbeistände nach Art. 1 § 1 RBerG, § 4 Abs. 1 Zweite Verordnung zur Ausführung des RBerG[834],
6. Steuerberater - auch Steuerberatungsgesellschaften - und Steuerbevollmächtigte nach § 1 Ziff. 1 Steuerberatungsgesetz[835] in Abgabenangelegenheiten,
7. Wirtschaftsprüfer - auch Wirtschaftsprüfergesellschaften - sowie vereidigte Buchprüfer - auch Buchprüfergesellschaften - nach § 3 Ziff. 2 SteuerberG in Abgabenangelegenheiten,
8. Vertreter von zur Vertretung befugten Verbänden oder von Gewerkschaften (z. B. des Deutschen Beamtenbundes in beamtenrechtlichen Streitigkeiten sowie in den Fällen des § 67 Abs. 1 Satz 4 VwGO).

---

831 Vgl. BVerwG, Beschluss vom 10. Februar 1981 - 7 B 26.81 -, in: NJW 1981, 2270 = DVBl. 1981, 683 = MDR 1981, 874; Rudisile in Schoch/Schmidt-Aßmann/Pietzner, § 100 Rand-Nr. 10; Lang in Sodan/Ziekow, § 100 Rand-Nr. 8.

832 BVerwG, Beschluss vom 8. Januar 1992 - 6 B 18.91 -, in: Buchholz 310 § 100 Nr. 7 (wobei das Einsichtsrecht des Beteiligten natürlich hiervon unberührt bleibt); BVerwG, Beschluss vom 8. Januar 1992 - 6 B 18.91 -, in: Buchholz, 421.11 § 2 GFaG; Lang in Sodan/Ziekow, § 100 Rand-Nr. 35; Brandt/Sachs, O 145.

833 OVG Münster, Beschluss vom 21. April 1997 - 10 A 1878/97 -.

834 Vom 3. April 1936 (RGBl. I S. 359); BVerfG, Beschluss der 1. Kammer des 2. Senats vom 12. Februar 1998 - 1 BvR 272/97 -, in: NVwZ 1998, 836f.

835 SteuerberG vom 19. Dezember 1998 (BGBl. I S. 3836) in der Fassung vom 24. Juni 2000 (BGBl. I S. 874).

2.1.1.4. Die bei einem Prozessbevollmächtigten der Beteiligten beschäftigten Personen und Unterbevollmächtigte

Gelegentlich soll in der Praxis die Akteneinsicht nicht unmittelbar durch den benannten Prozessbevollmächtigten eines Beteiligten erfolgen, sondern - insbesondere aus zeitlichen Gründen - durch bei diesem beschäftigte oder sonst tätige Personen. Dabei handelt es sich in der Regel um bei einem Rechtsanwalt tätige Assessoren ohne eigene Anwaltszulassung oder um Rechtsreferendare[836].
Einem Prozessbevollmächtigten ist es grundsätzlich möglich, eine bei ihm tätige Person mit der Akteneinsichtnahme zu betrauen[837]. Es sind nämlich keine Rechtsgründe ersichtlich, die die Ausübung des Akteneinsichtsrechts durch eine insoweit vom Prozessbevollmächtigten eines Beteiligten beauftragte Person untersagen würden, es sei denn, dass dies durch den Beteiligten ausdrücklich vertraglich ausgeschlossen worden ist. Zwar soll die Gewährung von Akteneinsicht nach § 100 Abs. 1 VwGO nur den Beteiligten und ihren Bevollmächtigten zustehen. Genauso wenig wie es einem Beteiligten grundsätzlich versagt werden kann, sich von mehreren Prozessbevollmächtigten vertreten zu lassen, die dann jeweils für den Beteiligten das Akteneinsichtsrecht ausüben dürfen, kann einem Mitarbeiter des Bevollmächtigten bei Vorlage einer entsprechenden Vollmacht die Akteneinsicht versagt werden. Denn auch in diesen Fallkonstellationen kann ge-

---

836 Die darüber hinaus kurzfristig bei Rechtsanwälten und bei Behörden tätigen Studenten, die aufgrund einer Studienordnung innerhalb ihres Studiums ein Praktikum ableisten oder die praktische Studienzeit nach § 5a DRiG i. V. m. den entsprechenden landesgesetzlichen Vorschriften absolvieren oder die im Vorbereitungsdienst stehenden Bewerber für die Laufbahn des höheren allgemeinen Verwaltungsdienstes mit einem abgeschlossenen Studium der Wirtschafts-, Verwaltungs- oder Sozialwissenschaften (in Nordrhein-Westfalen gemäß der entsprechenden Verordnung über die Ausbildung und Prüfung vom 6. Mai 1995 (GVBl. S. 502)) werden - soweit ersichtlich - in aller Regel nicht mit der Wahrnehmung der Akteneinsicht in gerichtlichen Verfahren betraut. Für diese Personen gelten aber die obigen Ausführungen in gleichem Umfang.

837 So bezogen auf juristische Mitarbeiter (Rechtsanwälte, Assessoren, Referendare) im Rahmen eines Strafverfahrens: OLG Brandenburg, Beschluss vom 20. September 1995 - 2 Ws 174/95 -, in: JR 1996, 169ff., wobei das OLG die Übertragung von Einzelaufträgen wie beispielsweise die Akteneinsichtnahme an Hilfskräfte eines Verteidigers nur ausnahmsweise für solche Fälle anerkennt, in denen die Wahrnehmung des Akteneinsichtsrechts des Verteidigers ansonsten wegen des Umfangs des Verfahrensstoffes kaum möglich oder zumutbar sei oder die Hilfskraft über besondere Kenntnisse verfüge, um auf diese Weise eine Waffengleichheit im Rahmen eines Strafverfahrens herzustellen; zustimmend: Krack, JR 1996, 172.

nauso gut sichergestellt werden, dass die zur Einsichtnahme vorgelegten Akten nicht verändert beziehungsweise verfälscht werden.
Insoweit sind diese Fälle vergleichbar mit einer Unterbevollmächtigung. Hierbei nimmt beispielsweise ein vom Prozessbevollmächtigten eines Beteiligten beauftragter anderer zugelassener Rechtsanwalt den mündlichen Verhandlungstermin wahr. Grundsätzlich hat auch dieser dann ein Recht auf Akteneinsicht, soweit dieses nicht missbräuchlich beantragt wird, um beispielsweise das Verfahren zu verzögern[838].

2.1.1.5. Bevollmächtigung

§ 100 Abs. 1 VwGO enthält - anders als Abs. 2 Satz 3 - keine Regelung hinsichtlich der Notwendigkeit der Vorlage einer Vollmacht. Die Verwaltungsgerichtsordnung enthält im Gegensatz zu der Regelung des § 80 Abs. 1 ZPO, wonach der Bevollmächtigte die Bevollmächtigung durch eine schriftliche Vollmacht nachzuweisen und diese zu den Gerichtsakten zu geben hat, keine entsprechende Verpflichtung. Zwar sieht § 67 Abs. 3 VwGO grundsätzlich eine Prüfung der Vollmacht von Amts wegen vor. Diese Bestimmung wird jedoch ergänzt durch § 88 Abs. 2 ZPO, wonach eine Berücksichtigung des Mangels der Vollmacht von Amts wegen dann nicht stattfindet, wenn als Bevollmächtigter ein Rechtsanwalt auftritt. Im verwaltungsgerichtlichen Verfahren ist daher bei Auftreten eines Rechtsanwalts die Prüfung seiner Vollmacht durch das Gericht grundsätzlich entbehrlich, es sei denn, dass besondere Umstände Anlass geben, die Bevollmächtigung in Zweifel zu ziehen[839]. In der Praxis wird diese Erleichterung regelmäßig nicht wahrgenommen; vielmehr wird mit der Klage-/Antragseingangsverfügung die Vorlage einer Prozessvollmacht angefordert.

---

[838] Das Bundesverwaltungsgericht hat in seinem Beschluss vom 8. Januar 1992 - 6 B 18.91 -, in: Buchholz, 421.11 § 2 GFaG, dahinstehen lassen, ob bevollmächtigten Hilfspersonen der Verfahrensbeteiligten, die nicht Prozessbevollmächtigte sind, immer ein Akteneinsichtsrecht zustehen kann; das Gericht hat allerdings darauf hingewiesen, dass ein solches Recht regelmäßig anzuerkennen sei, soweit mit der Akteneinsicht der Anspruch auf rechtliches Gehör verwirklicht werden solle.

[839] BVerwG, Urteil vom 22. Januar 1985 - 9 C 105.84 -, in: BVerwGE 71, 20, 23f.; vgl. auch: BVerwG, Beschluss vom 16. März 1993 - 4 B 253.92 -, in: DVBl. 1993, 884, 885, wonach die Vorlage einer auf einen Bediensteten einer Behörde ausgestellten Vollmacht nicht erforderlich sei, da dieser nach § 67 Abs. 1 Satz 3 VwGO nicht Prozessbevollmächtigter im üblichen Sinne sei und daher sein Name auch nicht im Rubrum erscheine; BFH, Urteil vom 29. Juli 1997 - IX R 20/96 -, in: NJW 1998, 264 (zu den Anforderungen an eine Prozessvollmacht im finanzgerichtlichen Verfahren).

Hinsichtlich des Umfangs der Prozessvollmacht ist gemäß § 173 VwGO auf die §§ 81ff. ZPO zurückzugreifen[840]. Die Vollmacht ist stets schriftlich zu erteilen. Die Vollmachtsurkunde muss von dem Vollmachtgeber eigenhändig und handschriftlich unterzeichnet werden[841]. Insbesondere in asylrechtlichen Streitigkeiten enthalten Vollmachtsurkunden häufig andere als hier üblicherweise verwandten (lateinischen) Schriftzeichen. Eine auf solche Art unterzeichnete Vollmacht ist rechtswirksam, wenn der Name des Vollmachtgebers in deutscher Schrift an anderer Stelle der Vollmacht oder in einem gemeinsam mit der Vollmacht überreichten Begleitschreiben erscheint[842]. Entscheidend ist nämlich die Möglichkeit einer Identifizierung des jeweiligen Unterzeichners, das heißt, die Feststellung des Bezuges des Schriftzuges zu dessen Namen. § 67 Abs. 3 Satz 1 VwGO erfordert lediglich allgemein ein Schriftformerfordernis, so dass es für die Wirksamkeit ausreicht, dass es sich erkennbar um Buchstaben einer verwendeten Schrift handelt und das Schriftbild einen individuellen Charakter trägt[843].

Die vorstehenden Erfordernisse gelten sinngemäß auch für des Schreibens unkundige Personen, die regelmäßig mit Kreuzen oder mit einem Fingerabdruck Schriftstücke unterzeichnen. Zwar handelt es sich hierbei um keine Buchstaben einer Schrift; dies kann bei schreibunkundigen Personen auch nicht verlangt werden.

Auch eine Blankounterzeichnung einer Vollmachtsurkunde ohne Angabe des Rechtsstreits, eines Ortes beziehungsweise eines Datums ist rechtswirksam, wenn die vorstehenden Angaben vom Rechtsanwalt später vervollständigt werden[844]. Die Bevollmächtigung kann auch zu gerichtlichem Protokoll erklärt werden[845]. Da sich die erteilte Vollmacht auf den konkreten Rechtsstreit beziehen muss, reicht eine allein auf das Verwaltungsverfahren bezogene Vollmacht für das gerichtliche Verfahren nicht aus[846].

---

840 Redeker/von Oertzen, § 67 Rand-Nr. 5.

841 Redeker/von Oertzen, § 67 Rand-Nr. 6.

842 Vgl. VGH München, Beschluss vom 16. August 1976 - Nr. 118 VIII/75 -, in: NJW 1978, 510, 511, zu einer mit arabischen Schriftzeichen versehenen Vollmacht.

843 VGH München, Beschluss vom 16. August 1976 - Nr. 118 VIII/75 -, in: NJW 1978, 510, 511.

844 BVerwG, Beschluss vom 16. August 1983 - 1 CB 19.81 -, in: DÖV 1984, 775; Redeker/von Oertzen, § 67 Rand-Nr. 6.

845 Redeker/von Oertzen, § 67 Rand-Nr. 6.

846 Redeker/von Oertzen, § 67 Rand-Nr. 6; soweit diese dabei auf die gegenteilige Auffassung des OVG Münster, Beschluss vom 21. Juni 1972 - I B 188/72 -, in: NJW 1972, 1910, verweisen, ist dies so unzutreffend: das OVG hat festgestellt, dass sich eine Vollmacht für das behördliche Verwaltungsverfahren dann auf den nachfolgenden verwaltungsgerichtlichen Prozess erstrecke, wenn die Vollmacht nicht entsprechend eingeschränkt sei. Denn

2.1.1.6. Einsichtsrecht der Beteiligten bei der Vertretung durch einen Bevollmächtigten

Bei der Vertretung durch einen Prozessbevollmächtigten kann grundsätzlich sowohl der Verfahrensbeteiligte selber als auch der von ihm beauftragte Bevollmächtigte Akteneinsicht nehmen. Durch die Bevollmächtigung wird der Verfahrensbeteiligte von diesem Recht nicht ausgeschlossen[847]. Die Einsichtnahme durch einen Beteiligten und seinen Bevollmächtigten kann im Einzelfall nur versagt werden, wenn diese Vorgehensweise rechtsmissbräuchlich erscheint, um beispielsweise das Verfahren zu verzögern.

2.1.1.7. Einsichtsrecht bei Prozessunfähigkeit von Beteiligten

Prozessunfähige Beteiligte haben kein eigenes Akteneinsichtsrecht. Auch die Akteneinsichtnahme ist eine zum verwaltungsgerichtlichen Verfahren gehörende Handlung, hinsichtlich der Prozessfähigkeit gegeben sein muss[848]. Allerdings wird in entsprechenden Fällen unter Beachtung des Grundsatzes des rechtlichen Gehörs beispielsweise ein Betreuer (§ 1896 BGB) oder Prozesspfleger (§ 62 Abs. 4 VwGO i. V. m. § 57 ZPO in direkter oder in analoger Anwendung[849]) zu bestellen sein, der in dieser Eigenschaft Akteneinsicht zu nehmen berechtigt ist.

2.1.2. Gerichtsakten und vorgelegte Akten

Das Akteneinsichtsrecht des § 100 Abs. 1 VwGO umfasst die Gerichtsakten und die dem Gericht vorgelegten Akten; letztere werden als Beiakten bezeichnet und als solche durch die Geschäftsstelle erfasst und der jeweiligen Gerichtsakte zuge-

---

der sehr weit gezogene Wirksamkeitsbereich einer Vollmacht lasse den Rückschluss zu, dass sich eine solche auch auf das an das Verwaltungsvorverfahren anschließende gerichtliche Verfahren erstrecken solle; Bader in Bader/Funke-Kaiser/Kuntze/von Albedyll, § 67 Rand-Nr. 37.

847 OVG Koblenz, Beschluss vom 8. Dezember 1995 - 2 E 13607/95.OVG; Brandt/Sachs, O 145; Kopp/Schenke, VwGO, § 100 Rand-Nr. 2 (auch in Verfahren mit Anwaltszwang); Lang in Sodan/Ziekow, § 100 Rand-Nr. 7; Rudisile in Schoch/Schmidt-Aßmann/Pietzner, § 100 Rand-Nr. 10, der darauf hinweist, dass nur so ein Beteiligter die sachgerechte Prozessführung seines Bevollmächtigten überprüfen könne; wohl auch: Redeker/von Oertzen, § 100 Rand-Nr. 2.

848 VGH Stuttgart, Beschluss vom 24. April 1953 - 4 S 22/53 -, in: DÖV 1953, 350; Redeker/von Oertzen, § 62 Rand-Nr. 7.

849 Bier in Schoch/Schmidt-Aßmann/Pietzner, § 62 Rand-Nr. 16.

ordnet. Das Einsichtsrecht erstreckt sich damit auf alle Akten im vorbezeichneten Sinne eines konkreten Rechtsstreits[850]. § 100 VwGO beinhaltet dagegen kein Recht beziehungsweise keinen Anspruch auf Beiziehung weiterer Akten[851].

2.1.2.1. Gerichtsakten

2.1.2.1.1. Verfahrensakte

Hierbei handelt es sich um die mit Eingang eines Rechtsschutzbegehrens bei dem Gericht anzulegende Akte, deren einzelne Seiten nach Maßgabe der jeweiligen Aktenordnung in der Reihenfolge ihres Eingangs geheftet und paginiert werden[852].

2.1.2.1.2. Interne Entscheidungssammlungen des Gerichts

In Gerichtsbibliotheken beziehungsweise in den einzelnen Spruchkörpern eines Verwaltungsgerichts befinden sich in aller Regel in Ordnern geführte oder computermäßig erfasste Entscheidungssammlungen des jeweiligen Gerichts beziehungsweise von Entscheidungen der nächsthöheren Instanz(en) oder von Entscheidungen aus anderen Bundesländern. Diese Unterlagen sind aufgrund der obigen Ausführungen zum Aktenbegriff (vgl. 1. Teil, Gliederungspunkt VIII.) nicht Bestandteil der Gerichtsakte. Sie stehen nämlich nicht mit einem konkreten Verfahren in Zusammenhang, sondern dienen dem erkennenden Gericht zur allgemeinen Information genauso wie Fachliteratur oder aus allgemein zugänglichen

---

850 Vgl. BVerfG, Beschluss vom 7. Dezember 1982 - 2 BvR 900/82 -, in: BVerfGE 62, 338, 343f.; BVerfG, Beschluss vom 12. Januar 1983 - 2 BvR 864/81 -, in: BVerfGE 63, 45, 60, 62 (jeweils zu der Vorschrift des § 147 StPO); OVG Münster, Beschluss vom 17. April 1961 - 4 B 822/60 -, in: DVBl. 1962, 22, 23; OVG Münster, Beschluss vom 20. Oktober 1961 - 4 A 252/61 -, in: NJW 1963, 1797 = DÖV 1963, 771; Kuntze in Bader/Funke-Kaiser/Kuntze/von Albedyll, § 100 Rand-Nr. 2; Eyermann, § 100 Rand-Nr. 4; Kopp/Schenke, VwGO, § 100 Rand-Nr. 3; Kuhla/Hüttenbrink, Rand-Nr. E 148; Redeker/von Oertzen, § 100 Rand-Nr. 1; Rudisile in Schoch/Schmidt-Aßmann/Pietzner, § 100 Rand-Nr. 6; Trantas, S. 427, 428.

851 BVerfG, Beschluss vom 12. Januar 1983 - 2 BvR 864/81 -, in: BVerwGE 63, 45, 60f.; Kuntze in Bader/Funke-Kaiser/Kuntze/von Albedyll, § 100 Rand-Nr. 2; Kopp/Schenke, VwGO, § 100 Rand-Nr. 1; Rudisile in Schoch/Schmidt-Aßmann/Pietzner, § 100 Rand-Nr. 8; Lang in Sodan/Ziekow, § 100 Rand-Nr. 17 Fußnote 6.

852 Vgl. beispielsweise für Nordrhein-Westfalen die AktO-VG vom 27. Mai 1997 (JMBl. NW S. 146) i. d. F. v. 27. November 2001 (JMBl. NRW 2002 S. 2).

Quellen zusammengetragene Entscheidungen, Aufsätze und sonstige Erkenntnisse[853].
Mithin ist die Vorschrift des § 100 VwGO bei einem Antrag auf entsprechende Einsichtnahme nicht anwendbar. Dies gilt auch dann, wenn einzelne Entscheidungen, Aufsätze oder sonstige Erkenntnisse durch das Gericht in ein anhängiges gerichtliches Verfahren einbezogen worden sind. Denn hierdurch verliert eine entsprechende Unterlage nicht ihren Charakter als allgemeine Erkenntnisquelle. In einem solchen Fall ist jedoch unter Beachtung des rechtlichen Gehörs nach Art. 103 Abs. 1 GG eine Einsichtnahme in eine anonymisierte Entscheidungsausfertigung zu gestatten[854].

Wenn an einem verwaltungsgerichtlichen Verfahren Nichtbeteiligte beispielsweise die Einsicht in oder die Überlassung einer gerichtlichen Entscheidung beantragen, ist § 100 VwGO ebenfalls nicht anzuwenden. Denn hierin liegt kein Begehren eines Beteiligten auf Einsichtnahme in die dem Gericht vorliegenden Akten. Allerdings werden in der Praxis entsprechende Begehren durch die jeweilige Gerichtsverwaltung dergestalt beschieden, dass der jeweilige Antragsteller in der Regel gegen Kostenerstattung eine anonymisierte Fassung des Entscheidungsabdrucks erhält, um so dem Schutz der in einer solchen Entscheidung enthaltenen personenbezogenen Daten gerecht zu werden[855].

---

[853] Vgl. Eyermann, § 100 Rand-Nr. 4; Obermayer, § 29 VwVfG Rand-Nr. 19; Rudisile in Schoch/Schmidt-Aßmann/Pietzner, § 100 Rand-Nr. 4.

[854] Vgl. auch Kammergericht, Beschluss vom 9. Januar 1976 - 1 VA 4/75 -, in: OLGZ 76, 158ff. (zur Ablehnung eines Antrags eines Rechtsanwalts auf Akteneinsicht in die Entscheidungssammlungen mehrerer Spruchkörper eines Gerichts). Das Kammergericht verneinte ein Akteneinsichtsrecht unter Anwendung des § 299 Abs. 2 ZPO mit der Begründung, dass zur Durchsicht aller Entscheidungen die Schwärzung der Angaben der darin enthaltenen Beteiligten zu erfolgen habe, um deren Rechte zu wahren, was nicht durchführbar sei beziehungsweise einen unvertretbaren Aufwand verursache. Das Heraussuchen einzelner Urteile würde ferner eine unzulässige Erteilung von Rechtsauskünften durch ein Gericht darstellen. Das OLG München, Beschluss vom 16. August 1984 - 9 VA 4/83 -, in: OLGZ 84, 477, erkannte dagegen einem Rechtsanwalt über § 299 Abs. 2 ZPO einen Rechtsanspruch auf Unterrichtung über eine bestimmte gerichtliche Entscheidung zu, die in einem Rechtsfall ergangen war, der dem des Rechtsanwalts ähnlich gelagert und für den von ihm vertretenen Fall von Bedeutung war.

[855] Vgl. auch Mallmann, DRiZ 1987, 377ff.

2.1.2.1.3. Auskunfts- und Erkenntnissammlungen des Gerichts in Asylverfahren (Asylfaktendokumentationen)

Die bei einem Gericht im Rahmen der Bearbeitung von asylrechtlichen Verfahren gesammelten Informationen wie Auskünfte, Gutachten, Stellungnahmen, Presseberichte und ähnliches über die relevanten Verhältnisse in den Herkunftsländern von Asylbewerbern (sogenannte Asylfaktendokumentationen) gehören ebenfalls nicht zu den § 100 Abs. 1 VwGO genannten Akten. Sie sind vielmehr Bestandteil einer Sammlung von Erkenntnisquellen verschiedenster Herkunft, die als Informationsmaterial regelmäßig bei jedem mit der Bearbeitung von Asylverfahren befassten Verwaltungsgericht angelegt und geführt werden und jedenfalls zum Teil in elektronischen Datenbanken zugänglich und verfügbar sind. Auch wenn ein Verwaltungsgericht bestimmte Erkenntnisse beispielsweise vor Durchführung einer mündlichen Verhandlung in einer den Beteiligten übersandten Liste aufführt, werden diese dadurch nicht Aktenbestandteil[856], da sich hierdurch ihr grundsätzlicher Charakter nicht verändert. Etwas anderes ist nur dann anzunehmen, wenn im Rahmen eines Gerichtsverfahrens aufgrund eines Beweisbeschlusses oder von Amts wegen einzelfallbezogene Auskünfte eingeholt werden[857], da es sich hier um einen Schriftwechsel innerhalb dieses Verfahrens handelt.

---

856 Vgl. OVG Münster, Beschluss vom 20. März 1997 - 14 A 990/97.A -, in: NVwZ Beilage Nr. 11/1997, S. 81; VGH Mannheim, Beschluss vom 17. September 1985 - A 12 S 525/85 -; VG Stuttgart, Urteil vom 21. Februar 1992 - A 4 K 9984/91 -, in: JURIS-Dokument 324903; anderer Auffassung: OVG Bremen, Beschluss vom 18. Januar 1988 - OVG 2 B 142/87 -, in: AnwBl 1988, 36: die Gerichtsakten umfassen alle Schriftstücke, die das Verwaltungsgericht aufgrund seiner Erforschungspflicht nach § 86 Abs. 1 Satz 1 VwGO ohne Mitwirkung der Beteiligten herangezogen und damit zum Gegenstand des Verfahrens gemacht hat; Eyermann, § 100 Rand-Nr. 4, bejaht ein Einsichtsrecht, wenn bestimmte Erkenntnisse in ein konkretes Verfahren eingeführt worden sind, als Ausfluss des Grundsatzes der Gewährung rechtlichen Gehörs; Hailbronner, § 82 AsylVfG Rand-Nr. 2 (Erkenntnislisten sind keine Akten); Marx, § 82 AsylVfG Rand-Nr. 4 (Erkenntnislisten sind keine Akten); Renner, § 82 AsylVfG Rand-Nr. 2 (Urkunden und sonstige Unterlagen, die als Grundlage der Ermittlung des Sachverhalts dienen und mithin keine Akten darstellen); anderer Auffassung: Rudisile in Schoch/Schmidt-Aßmann/Pietzner, § 100 Rand-Nr. 7, der entsprechende Unterlagen dann als Aktenbestandteil ansieht, wenn sie konkret in das gerichtliche Verfahren eingeführt worden sind; so wohl auch Kuntze in Bader/Funke-Kaiser/Kuntze/von Albedyll, § 100 Rand-Nr. 5; Lang in Sodan/Ziekow, § 100 Rand-Nrn. 18 bis 21, bejaht ein Einsichtsrecht nach § 100 VwGO, ohne allerdings deutlich zu machen, dass über den Grundsatz der Gewährung rechtlichen Gehörs ein Einsichtsrecht eben nicht ausschließlich über § 100 VwGO erfolgen muss.

857 VGH Mannheim, Urteil vom 17. September 1985 - A 12 S 525/85 -; a. A. Rudisile in Schoch/Schmidt-Aßmann/Pietzner, § 100 Rand-Nr. 7.

Allerdings ist den Beteiligten unter Berücksichtigung des Grundsatzes der Gewährung rechtlichen Gehörs eine Einsichtnahme in die Erkenntnisse auf Antrag zu ermöglichen[858], soweit § 100 VwGO tatbestandsmäßig nicht anwendbar ist. Ein Anspruch auf Zusendung der Erkenntnislisten oder Erkenntnisse dürfte nicht bestehen; der Grundsatz des rechtlichen Gehörs gebietet es jedoch, dass mit den Prozessbeteiligten die maßgeblichen Erkenntnisse in der mündlichen Verhandlung erörtert werden[859]. Allerdings ist eine vorherige Übersendung in der Praxis allgemein üblich und rechtlich zulässig[860].

2.1.2.1.4. Ärztliche Gutachten

§ 100 VwGO sieht keine Einschränkung der Akteneinsicht aus besonderen Gründen vor, wie es die Vorschrift des § 120 Abs. 3 SGG normiert. Eine Einsichtnahme beispielsweise in eingeholte ärztliche Gutachten, die beim Betroffenen im Falle einer persönlichen Einsicht zu nachteiligen gesundheitlichen Auswirkungen führen können, ist damit nicht möglich. Eine analoge Anwendbarkeit dieser Norm auch im verwaltungsgerichtlichen Verfahren[861] ist wegen des unmissverständlichen Wortlauts und des Fehlens einer unbewussten planwidrigen Lücke des Gesetzgebers abzulehnen[862]. Nur in Einzelfällen, in denen beispielsweise konkret ein Suizidversuch zu befürchten ist, dürfte zum Schutz des Betroffenen eine Ausnahme vom Anspruch auf höchstpersönliche Akteneinsicht vertreten sein[863]

---

858 OVG Münster, Beschluss vom 20. März 1997 - 14 A 990/97.A -, in: NVwZ Beilage Nr. 11/1997, S. 81, 82; VGH Mannheim, Beschluss vom 17. September 1985 - A 12 S 525/85 -; VG Stuttgart, Urteil vom 21. Februar 1992 - A 4 K 9984/91 -, in: JURIS-Dokument 324903; auch Marx, § 82 AsylVfG Rand-Nr. 4.

859 VGH Mannheim, Urteil vom 10. Oktober 1980 - A 12 S 17/80 -, Marx, § 82 AsylVfG Rand-Nr. 4; Renner, § 82 AsylVfG Rand-Nr. 3: hinsichtlich Urkunden und sonstiger Unterlagen, die als Grundlage der Ermittlung des Sachverhalts dienen, ist rechtliches Gehör zu gewähren.

860 Vgl. BVerwG, Beschluss vom 7. September 1981 - 9 B 375.81 -, in: Buchholz 402.24 § 28 AuslG Nr. 30; Hailbronner, § 82 AsylVfG Rand-Nr. 2; Marx, § 82 AsylVfG Rand-Nr. 4.

861 Vgl. Redeker/von Oertzen, § 99 Rand-Nr. 5.

862 Im Ergebnis auch: Schoenemann, DVBl. 1988, 520, 524 Fußnote 36.

863 Vgl. für das verwaltungsbehördliche Verfahren: VGH München, Beschluss vom 8. Dezember 1987 - Nr. 25 C 87. 01145 -, in: BayVBl. 1988, 209ff.

2.1.2.2. Vorgelegte Akten

Der Begriff der vorgelegten Akten erfasst sowohl die von am konkreten Verfahren beteiligten und nicht beteiligten Behörden nach § 99 VwGO vorgelegten Akten (siehe hierzu 2.1.2.2.1.) als auch die von anderen Gerichten vorgelegten Gerichtsakten (2.1.2.2.2.). Zur Veranschaulichung der gegenwärtigen Handhabung in der Praxis soll die Übersicht (*Abb. 2 im Anhang*) dienen.

2.1.2.2.1. Behördenakten (§ 99 VwGO)

§ 99 Abs. 1 Satz 1 VwGO normiert auch in der Neufassung vom 20. Dezember 2001[864] die Vorlage von Behördenakten an das Verwaltungsgericht im verwaltungsgerichtlichen Verfahren und sieht eine gesetzliche Verpflichtung der Behörden vor[865]. Dies ist im Interesse der umfassenden Klärung des Sachverhalts durch das Gericht. In Verbindung mit § 100 VwGO wird zudem den Beteiligten Gelegenheit gegeben, von allen Vorgängen im Prozess Kenntnis nehmen zu können und ihr Vorbringen darauf abzustellen[866]. Die Vorschrift kann als „Kernstück der verwaltungsgerichtlichen Sachverhaltsermittlung" (i. V. m. den §§ 86 und 87 Abs. 1 Ziffern 2 bis 4 VwGO) angesehen werden[867]. Sie ist Folge des Rechtsstaatsprinzips gemäß Art. 20 Abs. 3 GG, des Grundsatzes des rechtlichen Gehörs gemäß Art. 103 Abs. 1 GG sowie des verfassungsrechtlichen Grundsatzes der Gewaltentrennung, wonach die Judikative bei Erfüllung ihrer Aufgaben frei von den Einwirkungen anderer Staatsorgane tätig sein soll[868]. § 99 VwGO dient

---

864 BGBl. I S. 3987.

865 Vgl. Blaeser, S. 30, 31; Kopp/Schenke, VwGO, § 99 Rand-Nr. 1; Kuhla/Hüttenbrink, Rand-Nr. E 138; Ziekow, BayVBl. 1992, 132, 133.

866 Lang in Sodan/Ziekow, § 99 Rand-Nr. 7 und § 100 Rand-Nr. 3.

867 Kuntze in Bader/Funke-Kaiser/Kuntze/von Albedyll, § 99 Rand-Nr. 1; auf die Verbindung mit dem in § 86 Abs. 1 VwGO normierten Untersuchungsgrundsatz hinweisend: Rudisile in Schoch/Schmidt-Aßmann/Pietzner, § 99 Rand-Nr. 6, da über diese Norm ein Gericht grundsätzlich die Vorlage auch solcher Unterlagen verlangen kann, die keine Akten beziehungsweise behördliche Verwaltungsvorgänge sind und damit nicht der Vorlagepflicht des § 99 VwGO unterliegen; so bezüglich von Musterlösungen und allgemeinen Prüfungsskizzen: BVerwG, Beschluss vom 11. Juni 1996 - 6 B 88.95 -, in: Buchholz 421.0 Prüfungswesen Nr. 368; Rudisile in Schoch/Schmidt-Aßmann/Pietzner, § 99 Rand-Nr. 12.

868 Vgl. Kuntze in Bader/Funke-Kaiser/Kuntze/von Albedyll, § 99 Rand-Nr. 1; Kopp/Schenke, VwGO, § 99 Rand-Nr. 1; Rudisile in Schoch/Schmidt-Aßmann/Pietzner, § 99 Rand-Nr. 4, der § 99 VwGO als Folge des Rechtsstaatsprinzips und als in engem Zusammenhang mit Art. 103 Abs. 1 GG stehend ansieht; Trantas, S 344, 345, begründet die

(weiterhin) dem Ausgleich der widerstreitenden Interessen der Prozessbeteiligten hinsichtlich der Vorlagepflicht der Akten einerseits und der im Einzelfall zu überprüfenden Geheimhaltungspflicht in bestimmten Fällen andererseits[869]. Der Rechtsausschuss des Deutschen Bundestages hat hierzu in seinem Bericht an den Bundestag im Rahmen des Gesetzgebungsverfahrens ausgeführt[870]: „Im Ergebnis hat der Ausschuß in der Anfügung einer Vorschrift über die gerichtliche Nachprüfbarkeit des behördlichen Verhaltens ein geeignetes Mittel anerkannt, um einen Ausgleich zwischen den Staatsinteressen und den berechtigten Wünschen der Beteiligten herbeizuführen. Dabei wurde davon ausgegangen, daß die gesetzlich vorgesehenen Weigerungsgründe eng auszulegen und zum Beispiel fiskalische Bedenken oder prozessuale Nachteile nicht entscheidend sein dürfen"[871]. § 99 VwGO ist ferner Ausdruck und Konkretisierung des Grundsatzes der Verpflichtung der Behörden zur Gewährung von Amtshilfe[872], der für das verwaltungsgerichtliche Verfahren in § 14 VwGO niedergelegt ist[873]. Für die Vorlage von Behördenakten stellt indes § 99 VwGO eine Spezialvorschrift gegenüber § 14 VwGO dar[874].

Vorlagepflicht in § 99 VwGO, § 86 FGO und § 119 SGG mit dem sich aus Art. 2 Abs. 1 GG i. V. m. dem Rechtsstaatsprinzip ergebenden Fairnessgebot.

869 Vgl. BVerwG, Beschluss vom 19. August 1964 - 6 B 15.62 -, in: BVerwGE 19, 179, 186f.; Nast, S. 27, 28 (jeweils zur bis zum 31. Dezember 2001 gültigen Fassung).

870 BT-Drs. III/1094, S. 10.

871 Vgl. auch Rudisile in Schoch/Schmidt-Aßmann/Pietzner, § 99 Rand-Nr. 1.

872 BVerwG, Urteil vom 23. August 1968 - 4 C 235.65 -, in: BVerwGE 30, 154, 157, die bei prozessbeteiligten Behörden durch eine Pflicht unmittelbar aus dem Prozessrechtsverhältnis überlagert sei; Kuntze in Bader/Funke-Kaiser/Kuntze/von Albedyll, § 99 Rand-Nr. 1; Rudisile in Schoch/Schmidt-Aßmann/Pietzner, § 99 Rand-Nrn. 4 und 6; Lang in Sodan/Ziekow, § 99 Rand-Nr. 8.

873 Vgl. Cosack/Tomerius, NVwZ 1993, 841, 842; Eyermann, § 99 Rand-Nr. 1; Kopp/Schenke, VwGO, § 99 Rand-Nr. 1; Redeker/von Oertzen, § 99 Rand-Nr. 1; Ziekow, BayVBl. 1992, 132, die den Grundsatz der Amtshilfe aus Art. 35 Abs. 1 GG in Verbindung mit § 14 VwGO entnehmen; Rudisile in Schoch/Schmidt-Aßmann/Pietzner, § 99 Rand-Nr. 6 (Spezialvorschrift zu § 14 VwGO); wohl auch: Lang in Sodan/Ziekow, § 99 Rand-Nr. 9.

874 BVerwG, Urteil vom 23. August 1968 - 4 C 235.65 -, in: BVerwGE 30, 154, 157; Stelkens in Schoch/Schmidt-Aßmann/Pietzner, § 14 Rand-Nr. 10; allgemein dazu, dass das Recht auf „informationelle Selbstbestimmung" die Anwendung von Amtshilfegrundsätzen nicht ausschließt, sofern eine ausreichende gesetzliche Ermächtigung gegeben ist: BVerwG, Beschluss vom 2. Oktober 1991 - 1 B 58.91 -, in: Buchholz, 403.1 Allgemeines Datenschutzrecht Nr. 12 (zum Melderecht); Trantas, S. 344 bis 348, erachtet § 99 a. F. dagegen aufgrund seines Wortlauts als zu allgemein gehalten; dabei verkennt er allerdings,

Der Pflicht zur Vorlage von Behördenakten entspricht das Recht der Beteiligten auf Einsicht in diese nach § 100 Abs. 1 VwGO[875]. § 99 VwGO berechtigt eine Behörde nicht zur Verweigerung des Einverständnisses in eine Einsichtnahme durch die übrigen Prozessbeteiligten in vorgelegte Akten[876], da mit der Vorlage die vorgelegten Unterlagen dem Einsichtsrecht des § 100 VwGO unterliegen[877]. Das Gericht ist nicht verpflichtet, die Beteiligten auf die Möglichkeit einer Akteneinsichtnahme nach § 100 VwGO hinzuweisen; es muss die Beteiligten lediglich rechtzeitig vor einer Entscheidung als Ausfluss der Gewährung rechtlichen Gehörs auf das Vorliegen von angeforderten beziehungsweise beigezogenen Akten hinweisen[878].

Die erfolgte Beiziehung von Akten begründet allerdings für den Prozessbevollmächtigten eines Beteiligten keine Beweisgebühr nach § 31 Abs. 1 Ziff. 3 BRAO[879].

2.1.2.2.1.1. Pflicht zur Vorlage nach § 99 Abs. 1 Satz 1 VwGO

Nach dem Gesetzeswortlaut sind Behörden zur Vorlage von Urkunden oder Akten und zur Erteilung von Auskünften verpflichtet. Dieser Wortlaut lässt eine Vielzahl von Fragestellungen offen, die nachfolgend beantwortet werden sollen.

---

dass auch die Verwendung von mehreren unbestimmten Rechtsbegriffen grundsätzlich zulässig ist.

875 BVerwG, Urteil vom 23. August 1968 - 4 C 235.65 -, in: BVerwGE 30, 154, 158; Kopp, VwGO, § 99 Rand-Nr. 1; Maetzel, DVBl. 1966, 665, 668; Lang in Sodan/Ziekow, § 100 Rand-Nr. 4.

876 OVG Münster, Beschluss vom 20. Oktober 1961 - 4 A 252/61 -, in: NJW 1963, 1797; Eyermann, § 100 Rand-Nr. 4; Merkel, S. 14; gleichwohl hat eine Bundesbehörde noch mit Schreiben vom 29. Oktober 2001 u. a. den Präsidenten des Oberverwaltungsgerichts Münster darauf hingewiesen, dass sie „keine Bedenken gegen die Übersendung der Verfahrensakte an die Geschäftsräume der bevollmächtigten Rechtsanwälte“ durch das Gericht bei dort begehrter Akteneinsicht habe.

877 BVerwG, Urteil vom 23. August 1968 - 4 C 235.65 -, in: BVerwGE 30, 154, 158; Kopp/Schenke, VwGO, § 99 Rand-Nr. 1; Eyermann, § 99 Rand-Nr. 15; nach Teschner, SchlHA 1997, 59, 61, bestehen gegen diese „starre Verbindung“ zwischen § 99 und § 100 VwGO datenschutzrechtliche Bedenken.

878 Eyermann, § 100 Rand-Nr. 8; Redeker/von Oertzen, § 100 Rand-Nr. 3; Rudisile in Schoch/Schmidt-Aßmann/Pietzner, § 99 Rand-Nr. 13 und § 100 Rand-Nr. 9; insbesondere auch bei Personalakten: Schnellenbach, ZBR 1997, 169, 179.

879 Eyermann, § 99 Rand-Nr. 43.

§ 99 Abs. 1 Satz 1 VwGO normiert eine umfassende Vorlagepflicht sowohl von Akten in ihrer Gesamtheit als auch von einzelnen Aktenteilen oder von nicht Aktenbestandteilen wie Urkunden[880] und auch Augenscheinsobjekten[881]. Diese Vorlagepflicht besteht in allen Instanzen[882] und in jedem Stadium des verwaltungsgerichtlichen Rechtsstreits[883], in allen Klage- und in allen Beschlussverfahren[884]. Grundsätzlich fordert das Gericht bei Klageeingang die Verwaltungsakten einer Behörde an. Diese umfassen sowohl den das Verwaltungsverfahren betreffenden Grundvorgang als auch den Widerspruchsvorgang. Der Widerspruchsvorgang wird in der Regel in den Fällen, in denen die einen Bescheid erlassende Ausgangsbehörde gleichzeitig Widerspruchsbehörde ist (vgl. § 73 Abs. 1 Ziffern 2 und 3 VwVfG), nicht in Form einer eigenständigen Akte geführt. Jedenfalls hat die Behörde auch bei getrennt geführten (Sonder)Akten aufgrund des materiellen Aktenbegriffs die gesamte Streitakte vorzulegen[885], mithin uneingeschränkt die vollständigen vom Gericht angeforderten Unterlagen[886]. Der Behörde ist es daher untersagt, auch nur einzelne Teile zu entfernen oder nicht vorzulegen[887]. Ausnahmsweise - denkbar sind Fallgestaltungen im kommunalen Steuerrecht, im Wehrrecht oder im Unterhaltssicherungsrecht - kann bei der Anforderung von Steuerakten durch das Verwaltungsgericht bei der zuständigen Finanzbehörde die

---

880 Eyermann, § 99 Rand-Nr. 3; Kuhla/Hüttenbrink, Rand-Nr. E 139; Ziekow, BayVBl. 1992, 132, 133, der auch Augenscheinsobjekte einbezieht.

881 Lang in Sodan/Ziekow, § 99 Rand-Nr. 17.

882 Lang in Sodan/Ziekow, § 99 Rand-Nr. 24.

883 Auch im Verfahren auf Zulassung der Berufung: OVG Greifswald, Beschluss vom 14. Dezember 1998 - 2 L 204/98 -; Lang in Sodan/Ziekow, § 99 Rand-Nr. 24.

884 Kuntze in Bader/Funke-Kaiser/Kuntze/von Albedyll, § 99 Rand-Nr. 2; Eyermann, § 99 Rand-Nr. 2; Redeker/von Oertzen, § 99 Rand-Nr. 1.

885 Vgl. Lodde, S. 20 unter Hinweis auf BGH, Urteil vom 29. November 1989 - 2 StR 264/89 -, in: NJW 1990, 584ff., wonach in einem Strafverfahren eine Vorlagepflicht auch von geheimen Sonderakten hier bezüglich einer erfolgten Telefonüberwachung angenommen wurde; auch: Kuhla/Hüttenbrink, Rand-Nrn. E 139, 140; nach Trantas, S. 455, wäre eine Trennung in eine offizielle Haupt- und in eine inoffizielle Nebenakte ohne Bedeutung für die Vorlagepflicht.

886 VG Cottbus, Urteil vom 25. März 1997 - 4 K 434/95 -, in: NVwZ 1997, 1242; Eyermann, § 99 Rand-Nr. 4; Kopp/Schenke, VwGO, § 99 Rand-Nr. 1a; Kronisch/Gohde, S. 42; Kuhla/Hüttenbrink, Rand-Nr. E 139; Redeker/von Oertzen, § 99 Rand-Nrn. 1 und 10; Ziekow, BayVBl. 1992, 132, 133.

887 Vgl. Kuntze in Bader/Funke-Kaiser/Kuntze/von Albedyll, § 99 Rand-Nr. 2; Eyermann, § 99 Rand-Nr. 4.

Vorlage lediglich von Teilakten in Betracht kommen, wenn sich in den Steuerakten nach § 30 AO schützenswerte Daten Dritter befinden[888].

Die Pflicht zur Vorlage betrifft grundsätzlich alle Akten, die das Verwaltungsgericht bezeichnet und angefordert hat[889]. Das können sowohl sogenannte Sachakten sein, die den eigentlichen Streitgegenstand betreffen, als auch sogenannte Vergleichsakten beziehungsweise sonstige Unterlagen, die für das gerichtliche Verfahren bedeutsam sein können[890]. Unerheblich ist es, wo sich die Akten im Zeitpunkt der Anforderung durch das Gericht befinden[891]. Es ist grundsätzlich allein Aufgabe des Gerichts zu entscheiden, ob die einen konkreten Fall betreffenden Akten angefordert werden oder nicht[892]. Der Behörde steht insoweit kein (eigenes) Überprüfungsrecht zu[893]. Das Gericht braucht die Akten auch nicht einzeln zu benennen, da die Aktenführung bei jeder Behörde durchaus nach unterschiedlichen Ordnungsgesichtspunkten erfolgen kann, die einzelnen Akten vom Gericht im Einzelfall (daher) gar nicht genau bezeichnet werden können[894]. Das Gericht ist ferner bei seiner Entscheidung allgemein frei von der Zustimmung oder Ablehnung der Beteiligten des Rechtsstreits[895]. Im übrigen dürfte auch eine

---

888 Lang in Sodan/Ziekow, § 99 Rand-Nr. 16, unter Verweis auf vertrauliche Mitteilungen von Hinweisgebern in den Steuerakten; so für die Vorlage von Akten einer Finanzbehörde an ein Finanzgericht: BFH, Beschluss vom 25. Juli 1994 - X B 333/93 -, in: NJW 1995, 352.

889 Eyermann, § 99 Rand-Nr. 4; Kopp/Schenke, VwGO, § 99 Rand-Nr. 1a; Cosack/Tomerius, NVwZ 1993, 841, 842: das Gericht bestimmt den Umfang der Vorlage; ähnlich: Rudisile in Schoch/Schmidt-Aßmann/Pietzner, § 99 Rand-Nr. 9, und Kuntze in Bader/Funke-Kaiser/Kuntze/von Albedyll, § 99 Rand-Nr. 2; zur Vorlage insbesondere von Personalakten: Schnellenbach, ZBR 1997, 169, 179.

890 Vgl. Nast, S. 17 und 18; Lepper, DÖV 1962, 813, 816: insbesondere um dem Gericht eine Prüfung von Fällen der Selbstbindung der Verwaltung nach Art. 3 Abs. 1 Grundgesetz zu ermöglichen.

891 Vgl. Kopp/Schenke, VwGO, § 99 Rand-Nr. 1a.

892 Kuntze in Bader/Funke-Kaiser/Kuntze/von Albedyll, § 99 Rand-Nr. 3; Rudisile in Schoch/Schmidt-Aßmann/Pietzner, § 99 Rand-Nr. 9.

893 Vgl. auch Kuntze in Bader/Funke-Kaiser/Kuntze/von Albedyll, § 99 Rand-Nr. 3; Nast, S. 26; Rudisile in Schoch/Schmidt-Aßmann/Pietzner, § 99 Rand-Nr. 9; Lang in Sodan/Ziekow, § 99 Rand-Nr. 18.

894 Lang in Sodan/Ziekow, § 99 Rand-Nr. 18.

895 BVerwG, Beschluss vom 22. November 1991 - 1 B 142.91 -, in: DÖV 1993, 536; OVG Münster, Beschluss vom 20. Oktober 1961 - 4 A 252/61 -, in: NJW 1963, 1797; Kuntze in Bader/Funke-Kaiser/Kuntze/von Albedyll, § 99 Rand-Nr. 2; Kopp/Schenke, VwGO, § 99 Rand-Nr. 1.

Einwilligung des jeweiligen Klägers bereits aufgrund seiner Klageerhebung in die Beiziehung der ihn betreffenden Akten anzunehmen sein[896].

Vorzulegen sind nur die das konkrete Klageverfahren betreffenden Akten. Die Vorlagepflicht besteht nur dann nicht, wenn die angeforderten Vorgänge keinerlei Bezug zur anhängigen Streitsache haben[897], denn bei den angeforderten Unterlagen ist stets auf den materiellen Inhalt abzustellen, also auf den Bezug zur Streitsache[898]. Die Vorlagepflicht soll entfallen, wenn die mit einer Klage geltend gemachten Ansprüche dem Kläger ersichtlich nicht zustehen[899]. Diese Auffassung war und ist von § 99 VwGO indes nicht gedeckt. Häufig übersenden in der Praxis die Behörden auch weitere Vorgänge, die der gesetzlichen Vorlagepflicht nicht unterliegen. So werden beispielsweise in Beihilfesachen nicht nur die Unterlagen des konkreten Beihilferechtsstreits übersandt, sondern die gesamte Beihilfeakte insbesondere mit ärztlichen Bescheinigungen und Unterlagen, die für den konkreten Fall ohne Bedeutung sind. Auch werden die vollständigen Personalakten ungeachtet ihrer sich aus den beamtenrechtlichen Vorschriften ergebenden grundsätzlichen Geheimhaltungspflicht übersandt. In Wehrpflichtsachen übersenden die Wehrersatzbehörden fast regelmäßig auch die sogenannten Gesundheits(G)-Unterlagen eines Wehrpflichtigen, ohne dass dessen Tauglichkeit Klagegegen-

---

896 Trantas, S. 84; allerdings kann auf diesem Wege beispielsweise nicht die Beiziehung (auch) von den Personalakten eines Beamten in einem Beihilferechtsstreit über die Vorlage der konkreten Beihilfeunterlagen gerechtfertigt werden, denn die Personalunterlagen sind für den Beihilferechtsstreit ohne Bedeutung; ähnlich: Dörner, NZA 1989, 950, 955.

897 Vgl. Kopp/Schenke, VwGO, § 99 Rand-Nr. 3; Kuhla/Hüttenbrink, Rand-Nr. E 141; Lang in Sodan/Ziekow, § 99 Rand-Nr. 21: wenn die Akten für den Rechtsstreit ohne Bedeutung sind.

898 Vgl. Kopp/Schenke, VwGO, § 99 Rand-Nr. 2; Kuhla/Hüttenbrink, Rand-Nr. E 140; Rudisile in Schoch/Schmidt-Aßmann/Pietzner, § 99 Rand-Nr. 10.

899 BVerwG, Beschluss vom 9. November 1962 - 7 B 91.61 -, in: BVerwGE 15, 132, 133 = NJW 1963, 553 (wenn die angeforderten Akten den konkreten Streitgegenstand nicht betreffen); BVerwG, Beschluss vom 22. Januar 1987 - 2 B 14.85 -, in: Buchholz 310 § 99 VwGO Nr. 18; OVG Koblenz, Beschluss vom 6. Mai 1976 - 2 B 7/76 -, in: DVBl. 1977, 425, 426 (eine Vorlagepflicht bestehe nur hinsichtlich solcher Akten, deren Inhalt der Führung des Prozesses überhaupt dienlich sein könne); VGH Kassel, Beschluss vom 21. Juli 1983 - 1 TE 14/83 -, in: NJW 1985, 216; VGH Mannheim, Beschluss vom 6. Mai 1997 - 1 S 2581/96 -, in: DVBl. 1998, 107 = DÖV 1998, 42 (wenn es auf die Akten offensichtlich nicht ankomme); Eyermann, § 99 Rand-Nr. 4 (wenn nach keiner Betrachtungsweise dem Kläger ein Anspruch zustehen könne); Ziekow, BayVBl. 1992, 132, 133; Lepper, DÖV 1962, 813, 814 (wenn der Kläger sein Klagebegehren noch nicht verdeutlicht habe und somit nicht feststellbar sei, welche Akten vorzulegen seien beziehungsweise wenn die Klage unzulässig oder offensichtlich unbegründet sei).

stand ist. Schließlich kommt es in asyl- und ausländerrechtlichen Verfahren gelegentlich vor, dass sich in den übersandten Behördenakten Schriftverkehr zwischen der Ausländerbehörde und konsularischen Vertretungen fremder Staaten befindet, der als streng vertraulich eingestuft ist und dem betreffenden Ausländer nicht ohne vorherige Erlaubnis zur Kenntnis gebracht werden soll.
Werden derartige Akten an das Gericht übersandt, die nicht das konkrete Verfahren betreffen, sind sie weder von einer gerichtlichen Anforderung zur Vorlage noch von der Regelung des § 99 Abs. 1 Satz 1 VwGO gedeckt. Diese Unterlagen sind trotz der „zufälligen" Kenntnisnahme durch das Gericht nicht in das Verfahren eingeführt und dürfen nicht verwertet werden[900].

Der Behörde steht nur unter den Voraussetzungen des § 99 Abs. 1 Satz 2 VwGO ein Vorlageverweigerungsrecht zu[901]. Allerdings hat das Bundesverfassungsgericht mit Beschluss vom 27. Oktober 1999[902] festgestellt, dass § 99 Abs. 1 Satz 2 i. V. m. Abs. 2 Satz 1 VwGO mit dem Grundgesetz (Gebot des effektiven Rechtsschutzes nach Art. 19 Abs. 4 GG) unvereinbar ist, soweit die Vorlage von Akten an das Gericht auch in denjenigen Fällen ausgeschlossen wird, in denen die Gewährung effektiven Rechtsschutzes gerade von der Kenntnis dieser (nicht vorgelegten) Verwaltungsvorgänge abhängt. Desweiteren hielt das Bundesverfassungsgericht eine Beschränkung der Einsichtnahmemöglichkeit der Beteiligten in die betreffenden Akten nach § 100 Abs. 1 VwGO mit Art. 103 Abs. 1 GG vereinbar, wenn sich hierdurch der gebotene effektive Rechtsschutz ermöglichen lässt (zur gesetzlichen Neuregelung vgl. Gliederungspunkt 2.1.2.2.1.5.).

Nicht der Vorlagepflicht des § 99 VwGO unterliegen allerdings solche Vorgänge, bezüglich derer der Kläger bei der Behörde bereits Akteneinsicht begehrt hat, die Einsichtnahme dort aber über § 29 VwVfG abgelehnt worden ist (sogenannte selbständige Akteneinsichtsverfahren). Über den Umweg einer Klageerhebung darf der Kläger nunmehr nicht nach § 100 VwGO in den Stand gesetzt werden, die entsprechende Akteneinsicht zu erhalten. Die Behörde ist in diesen Fällen le-

---

900 Vgl. Czermak, DVBl. 1969, 612; dagegen dürfen die angeforderten vorgelegten Akten auch ohne Zustimmung der Beteiligten durch das Gericht verwertet werden: BVerwG, Beschluss vom 22. November 1991 - 1 B 142.91 -, in: DÖV 1993, 536.

901 Vgl. Eyermann, § 99 Rand-Nr. 4; Kopp/Schenke, VwGO, § 99 Rand-Nrn. 1 und 2; Kuhla/Hüttenbrink, Rand-Nr. E 140; Kronisch/Gohde, S. 41; Merkel, S. 14; Nast, S. 26; Redeker/von Oertzen, § 99 Rand-Nr. 9.

902 1 BvR 385/90 -, in: BVerfGE 101, 106ff. = NJW 2000, 1175ff. = DÖV 2000, 287ff. = DVBl. 2000, 346ff. = NVwZ 2001, 185ff.; Vorinstanz war der VGH München, Beschluss vom 12. Februar 1990 - 5 C 89.198 -, in: NVwZ 1990, 778ff.

diglich zur Vorlage der das Begehren auf Akteneinsicht enthaltenen Aktenteile verpflichtet; nur in diese ist dem Kläger Einsicht zu gewähren[903]. Gleiches gilt in den Fällen, in denen eine Behörde die Voraussetzungen des § 8 Abs. UIG bejaht[904]. Werden gleichwohl die gesamten Akten übersandt, hat das Gericht die die Sache betreffenden Unterlagen daher wieder an die Behörde zurückzusenden.

Gelegentlich sind auch in den von einer Behörde übersandten Verwaltungsvorgängen Ablichtungen oder Erkenntnisse aus Strafakten des Klägers eines verwaltungsgerichtlichen Verfahrens enthalten, wobei das Strafverfahren noch nicht abgeschlossen ist und gemäß § 147 Strafprozessordnung[905] dem Kläger als Beschuldigten des Strafverfahrens und/oder seinem Verteidiger Akteneinsicht verweigert wurde. Ebenso werden manchmal nach einer gerichtlichen Anforderung die Strafakten übersandt, ohne dass die staatsanwaltlichen Ermittlungen abgeschlossen sind. Diese Unterlagen sind ebenfalls vom Gericht zurückzusenden, da ansonsten über die gegenüber der Spezialvorschrift des § 147 StPO allgemeinere Vorschrift des § 100 VwGO Akteneinsicht in Vorgänge genommen werden könnte, die allein die nach § 147 Abs. 5 StPO zuständige Stelle aufgrund der für ihr Verfahren geltenden Spezialvorschrift des § 147 StPO gewähren darf[906]. Nach anderer Auffassung darf jedenfalls die von dem Verwaltungsgericht zu gewährende Akteneinsicht nicht zu einer weitergehenderen Erkenntnisübermittlung führen, als sie nach der StPO zulässig wäre (Umgehungsgedanke)[907].

---

903 OVG Münster, Beschluss vom 16. Juli 1962 - 2 A 265/62 -, in: OVGE 18, 27, 28, denn bei einer Akteneinsichtnahme durch den Kläger wäre für diesen die Sache erledigt, weshalb das OVG die entsprechenden Akten als dem Wesen nach geheimhaltungsbedürftig angesehen hat; VGH München, Beschluss vom 12. Februar 1990 - 5 C 89.198 -, in: VGHE 43, 51ff. = NVwZ 1990, 778, 779 = BayVBl. 1990, 625; Eyermann, § 99 Rand-Nr. 5; Kopp/Schenke, VwGO, § 99 Rand-Nr. 10; Redeker/von Oertzen, § 99 Rand-Nr. 8; Rudisile in Schoch/Schmidt-Aßmann/Pietzner, § 99 Rand-Nr. 11; wohl auch: Kuntze in Bader/ Funke-Kaiser/Kuntze/von Albedyll, § 99 Rand-Nr. 4; Flümann, NJW 1985, 1452; Kuhla/ Hüttenbrink, Rand-Nr. E 140; Lang in Sodan/Ziekow, § 99 Rand-Nr. 19; Ziekow, BayVBl. 1992, 132, 133.

904 Redeker/von Oertzen, § 99 Rand-Nr. 8.

905 StPO in der Fassung der Bekanntmachung vom 7. April 1987 (BGBl. I S. 1074, ber. S. 1319) in der Fassung vom 18. Mai 2001 (BGBl. I S. 904).

906 So ausdrücklich für Verfahren vor dem Bundesverfassungsgericht: Ulsamer in Maunz/ Schmidt-Bleibtreu/Klein/Ulsamer, § 20 BVerfGG Rand-Nr. 11.

907 Hilger, NStZ 2001, 15 Fußnote 60; für das sozialbehördliche Verfahren: Grüner, § 25 Erl. III. 2.; für das Strafverfahren bestimmt Nr. 187 Abs. 2 Satz 2 RiStBV ausdrücklich: „In Akten einer anderen Verwaltung darf nur mit deren ausdrücklichen Zustimmung Einsicht gewährt werden“.

Häufig erfolgt in kommunalsteuerrechtlichen Angelegenheiten, in Streitigkeiten nach dem Wehrpflichtgesetz gerichtet auf die Zurückstellung wegen Unentbehrlichkeit im eigenen oder elterlichen Betrieb oder in Streitigkeiten nach dem Unterhaltssicherungsgesetz die Vorlage der vom Gericht angeforderten Steuerakten eines Klägers erst nach eindringlichem Hinweis des Verwaltungsgerichts darauf, dass trotz des in § 30 AO normierten Steuergeheimnisses die Vorlage von Akten auch an das Verwaltungsgericht und auch ohne Zustimmung des Steuerpflichtigen in Betracht kommt. Auch in gewerberechtlichen Untersagungsverfahren sind die Finanzbehörden häufig erst unter Hinweis auf § 30 Abs. 4 Ziff. 5 AO und die einschlägige Rechtsprechung des Bundesverwaltungsgerichts[908] zur Vorlage ihrer Verwaltungsvorgänge zu bewegen. Dennoch kann von der Vorlage nicht abgesehen werden, weil nur auf diesem Wege beispielsweise die Zuverlässigkeit eines Gewerbetreibenden unter dem Gesichtspunkt der (pünktlichen) Begleichung seiner Steuerschulden überprüft werden kann.

§ 99 Abs. 1 Satz 1 VwGO ermächtigt das Gericht nicht zu einer globalen Beiziehung von Verwaltungsakten, da dieses Vorgehen nicht dem Untersuchungsgrundsatz entspricht[909]. Es besteht auch keine entsprechende Verpflichtung des Gerichts, (ohne konkreten Anlass) bei einer Behörde allgemein nach Akten zu forschen[910].

Vorzulegen sind die Originalverwaltungsvorgänge; die Vorlage von Kopien reicht nicht[911], weil bei dieser Vorgehensweise das Gericht nicht zu einer sachgerechten Überprüfung der Vollständigkeit der vorgelegten Unterlagen in der Lage ist. Soweit teilweise vertreten wird, dass eine Ausnahme zu machen sei, wenn es um besonders wertvolle und historisch bedeutsame Akten gehe, die wegen ihres Zustandes nicht vorlagefähig seien[912], dürfte zum einen ein solcher Sachverhalt in der Praxis kaum relevant werden. Zum anderen sind dann geeignete Übersendungs- und Aufbewahrungsmöglichkeiten abzuklären. In Einzelfällen kann es

---

908 Vgl. nur BVerwG, Urteil vom 2. Februar 1982 - 1 C 146.80 -, in: BVerwGE 65, 1, 5ff. = GewArch 1982, 294ff. = DVBl. 1982, 694ff.

909 Vgl. Czermak, DVBl. 1969, 612, 613f.

910 BVerwG, Urteil vom 18. Januar 1967 - 6 C 82.63 -, in: BVerwGE 26, 30, 31; kein „Ausforschungsrecht": Lepper, DÖV 1962, 813, 814.

911 Kuntze in Bader/Funke-Kaiser/Kuntze/von Albedyll, § 99 Rand-Nr. 5 (da eine volle Beweiskraft nur Originalurkunden zukomme); Eyermann, § 99 Rand-Nr. 6; Rudisile in Schoch/Schmidt-Aßmann/Pietzner, § 99 Rand-Nr. 13; Lang in Sodan/Ziekow, § 99 Rand-Nr. 16; Ziekow, BayVBl. 1992, 132, 133.

912 Kuntze in Bader/Funke-Kaiser/Kuntze/von Albedyll, § 99 Rand-Nr. 5.

auch ausreichend sein, wenn das Original in einem Erörterungstermin oder im Rahmen der persönlichen Verhandlung vorgelegt wird und gegebenenfalls im Vorfeld lediglich (brauchbare) Ablichtungen übersandt werden. Die Akten sind ferner geheftet und paginiert vorzulegen, um insbesondere ihre Vollständigkeit zu dokumentieren und dem Verlust einzelner Seiten vorzubeugen[913].

Bei gebührenrechtlichen Streitigkeiten, insbesondere bei der Erhebung von Erschließungsbeiträgen oder von Straßenreinigungsgebühren, erheben in der Regel mehrere Betroffene Klage bei dem Verwaltungsgericht. In diesen Fällen reicht es aus, wenn die Behörde ihre Originalverwaltungsvorgänge lediglich zu einem Verfahren einreicht und in den anderen Verfahren hierauf verweist. Die zusätzliche Übersendung von Ablichtungen des Originalvorgangs zu jedem einzelnen weiteren gerichtlichen Verfahren stellt einen nicht erforderlichen Aufwand sowohl bei der Verwaltung im Rahmen der Erstellung der Ablichtungen als auch bei dem Gericht im Rahmen der dortigen Verarbeitung dar. Die den Berechnungen der Behörde zugrundeliegenden Rechnungen werden von der Behörde in der Regel in eigenen Ordnern gesammelt und dem Gericht nur auf ausdrückliche Anforderung, etwa wenn ein Kläger sich speziell gegen die Richtigkeit dieser Rechnungen wendet, zur Verfügung gestellt.

Die von § 99 Abs. 1 Satz 1 VwGO erfassten Behörden sind alle deutschen und nicht nur die am Verfahren beteiligten Behörden[914]. Dabei ist der Behördenbegriff aus den Verwaltungsverfahrensgesetzen zu übernehmen[915]. § 99 Abs. 1 Satz 1 VwGO gilt sowohl für Beliehene als auch für natürliche oder juristische privatrechtliche Personen, denen hoheitliche Aufgaben übertragen worden sind[916]. Die Vorschrift ist allerdings nicht auf Organe privatrechtlich organisierter Rechtsträger, deren Anteile sich überwiegend in öffentlicher Hand befinden oder von ihr kontrolliert werden, anwendbar, weil sie weder Behörde sind noch die Verwal-

---

913 Eyermann, § 99 Rand-Nr. 6; Kronisch/Gohde, S. 42; Rudisile in Schoch/Schmidt-Aßmann/Pietzner, § 99 Rand-Nr. 13; Lang in Sodan/Ziekow, § 99 Rand-Nr. 22.

914 Vgl. Kuntze in Bader/Funke-Kaiser/Kuntze/von Albedyll, § 99 Rand-Nr. 3; Cosack/Tomerius, NVwZ 1993, 841, 842; Eyermann, § 99 Rand-Nr. 2; Kopp/Schenke, VwGO, § 99 Rand-Nr. 1a; Rudisile in Schoch/Schmidt-Aßmann/Pietzner; § 99 Rand-Nr 8 (einschließlich der Auslandsvertretungen der Bundesrepublik Deutschland).

915 Lang in Sodan/Ziekow, § 99 Rand-Nr. 10; Ziekow, BayVBl. 1992, 132, 133.

916 Kopp/Schenke, VwGO, § 99 Rand-Nr. 1a; Rudisile in Schoch/Schmidt-Aßmann/Pietzner, § 99 Rand-Nr. 8; Ziekow, BayVBl. 1992, 132, 133.

tungsgerichtsordnung auf sie anwendbar ist[917]. Dies gilt damit auch für zu 100 % staatlich kontrollierte Rechtsträger[918]. Nicht erfasst werden Gerichte[919].

§ 99 Abs. 1 Satz 1 VwGO bestimmt nicht, in welcher Form die Aufforderung zur Vorlage ergehen muss, wer konkret die Vorlage verlangen darf und zu welchem Zeitpunkt die Vorlage erfolgen muss. Dies ergibt sich jedoch aus den das verwaltungsgerichtliche Verfahren im einzelnen regelnden Vorschriften der §§ 86 Abs. 5, 87 Abs. 1 Satz 2 Ziffern 2 bis 4, 87b Abs. 2 Ziff. 2 VwGO[920] und nach § 86 Abs. 1 VwGO. Die Aktenanforderung ist eine prozessleitende Verfügung nach § 146 Abs. 2 VwGO, mithin eine richterliche Maßnahme, die dem gesetz- und zweckmäßigen Ablauf und Fortgang des gerichtlichen Verfahrens zur Vorbereitung der abschließenden Entscheidung dient[921]. Sie kann mündlich, fernmündlich, schriftlich oder auch in Form eines Beweisbeschlusses ergehen[922] und ist an keine Form gebunden[923]. Zur Anforderung berechtigt ist entweder der Vorsitzende einer Kammer oder eines Senats, der Berichterstatter (vgl. § 87 Abs. 1 VwGO) oder der Einzelrichter nach erfolgter Übertragung des Rechtsstreits gemäß § 6 Abs. 1 VwGO (dann ebenfalls nach § 87 Abs. 1 VwGO).

Hinsichtlich des Zeitpunkts der Anforderung erscheint es im Hinblick auf das im verwaltungsgerichtlichen Verfahren herrschende Konzentrationsprinzip und das Akteneinsichtsrecht der Beteiligten regelmäßig geboten, die Akten rechtzeitig vor der mündlichen Verhandlung oder einer sonstigen Entscheidung beizuziehen und

---

917 Rudisile in Schoch/Schmidt-Aßmann/Pietzner, § 99 Rand-Nr. 8; Lang in Sodan/Ziekow, § 99 Rand-Nrn. 11 bis 14; Ziekow, BayVBl. 1992, 132, 133; anderer Auffassung, allerdings ohne Begründung: Kopp/Schenke, VwGO, § 99 Rand-Nr 1a.

918 a. A. Lang in Sodan/Ziekow, § 99 Rand-Nr. 13, unter Hinweis auf die vollständige hoheitliche Kontrolle.

919 Eyermann, § 99 Rand-Nr. 2; Kopp/Schenke, VwGO, § 99 Rand-Nr. 5; Rudisile in Schoch/Schmidt-Aßmann/Pietzner, § 99 Rand-Nr. 8, der allerdings für diese eine Pflicht zur Amts- beziehungsweise Rechtshilfe nach § 14 VwGO annimmt (vgl. hierzu die Ausführungen zu Gliederungspunkt 2.1.2.2.2.1.).

920 Eyermann, § 99 Rand-Nr. 1.

921 Redeker/von Oertzen, § 146 Rand-Nr. 7; Meyer-Ladewig in Schoch/Schmidt-Aßmann/Pietzner, § 146 Rand-Nr. 10.

922 Eyermann, § 99 Rand-Nr. 1; Rudisile in Schoch/Schmidt-Aßmann/Pietzner, § 99 Rand-Nr. 9; Ziekow, BayVBl. 1992, 138.

923 OVG Greifswald, Beschluss vom 14. Dezember 1998 - 2 L 204/98 -; Lang in Sodan/Ziekow, § 99 Rand-Nr. 22.

die Beteiligten von ihrem Eingang zu benachrichtigen[924]. Damit ist sichergestellt, dass diese rechtzeitig von ihrem Akteneinsichtsrecht gemäß § 100 Abs. 1 VwGO Gebrauch machen können.

§ 99 Abs. 1 Satz 1 VwGO erfasst grundsätzlich auch die Vorlage von internen Überlegungen, Entwürfen und Gutachten, wie sie in § 29 Abs. 1 Satz 2 VwVfG aufgeführt sind, da die Regelung des § 100 Abs. 3 VwGO sich nur auf entsprechende Arbeiten des Gerichts beziehen[925]. Hierbei dürfte es sich aber eher um eine akademische Frage handeln, da die internen behördlichen Ausarbeitungen nach Erlass der Verwaltungsentscheidung sich kaum noch in der Akte befinden dürften oder, wie es in der Praxis recht häufig vorkommt, in Form von rechtlichen Ausarbeitungen des Rechtsamtes Bestandteil der Akte geworden sind.

Die Vorlagepflicht bezieht sich nicht auf die das anhängige Prozessverfahren betreffenden behördlichen Prozessakten[926], weil diese sich nicht auf den Streitgegenstand selbst, sondern auf das Gerichtsverfahren beziehen und erst während dieses Verfahrens entstanden sind[927]. Wohl aber sind alle das Verwaltungsverfahren betreffenden weiteren Vorgänge (Erklärungen, Schriftverkehr, Gutachten und so weiter) von der Behörde dem Gericht zu übersenden[928]. In der Praxis erfolgt dies häufig nur auf gesonderte Anforderung des Gerichts, insbesondere im Zusammenhang mit einer Ladung zur mündlichen Verhandlung; nur gelegentlich übersenden Behörden von sich aus die entstandenen weiteren Unterlagen in der Sache.

Die behördliche Vorlagepflicht nach § 99 Abs. 1 Satz 1 VwGO besteht schließlich nur im Rahmen eines (anhängigen) gerichtlichen Verfahrens[929]. Allerdings kann ausnahmsweise auch nach einer beidseitigen Erledigungserklärung in der Hauptsache für das Gericht hinsichtlich der zu treffenden Kostenentscheidung nach § 161 Abs. 2 VwGO das Bedürfnis nach Vorlage des behördlichen Ver-

---

924 BVerwG, Urteil vom 7. November 1973 - 6 C 5.73 -, in: DÖV 1974, 321; ähnlich: Rudisile in Schoch/Schmidt-Aßmann/Pietzner, § 99 Rand-Nr. 13: Zeitpunkt der Anforderung steht im gerichtlichen Ermessen.

925 Vgl. OVG Münster, Beschluss vom 20. Oktober 1961 - 4 A 252/61 -, in: NJW 1963, 1797; Eyermann, § 99 Rand-Nr. 4; Redeker/von Oertzen, § 99 Rand-Nr. 10.

926 Eyermann, § 99 Rand-Nr. 4; Kopp/Schenke, VwGO, § 99 Rand-Nr. 1a; Rudisile in Schoch/Schmidt-Aßmann/Pietzner, § 99 Rand-Nr. 12.

927 Rudisile in Schoch/Schmidt-Aßmann/Pietzner, § 99 Rand-Nr. 12.

928 Czermak, DVBl. 1969, 612, 613.

929 Lang in Sodan/Ziekow, § 99 Rand-Nr. 20.

waltungsvorgangs bestehen, wenn dieser bis dahin noch nicht vorgelegt worden ist. Er ist sodann auf Anforderung dem Gericht vorzulegen.

2.1.2.2.1.2. Gründe für die Nichtvorlage nach § 99 Abs. 1 Sätze 2, 3 VwGO

Ähnlich wie § 29 Abs. 2 VwVfG enthält § 99 Abs. 1 Sätze 2 und 3 VwGO Gründe, bei deren Vorliegen die Behörde Urkunden oder Akten nicht vorzulegen und Auskünfte nicht zu erteilen braucht. Diese Regelung stellt eine Konkretisierung des Gedankens dar, wonach die Geheimhaltung von Vorgängen zum Nachteil individueller Interessen zulässig sein kann, wenn es öffentliche Interessen, insbesondere solche des Staatsschutzes, erfordern[930]. Wegen ihres Ausnahmecharakters sind die Ausnahmetatbestände eng auszulegen[931]. Weitere Gründe über die in § 99 Abs. 1 Sätze 2, 3 VwGO genannten bestehen nicht[932]. Die Verweigerungsgründe des § 99 Abs. 1 Sätze 2, 3 VwGO entsprechen denen des § 29 Abs. 2 Fälle 2 und 3 VwVfG und brauchen daher an dieser Stelle nicht erneut dargestellt werden (vgl. wegen der Einzelheiten 1. Kapitel, Gliederungspunkte 3.6.2. und 3.6.3.). Über die zu § 29 Abs. 2 Fall 2 VwVfG aufgeführten Gründe hinaus kann im Rahmen des § 99 Abs. 1 Satz 2 Fall 1 VwGO ein Nachteil auch angenommen werden, wenn und soweit die Bekanntgabe des Akteninhalts Leben, Gesundheit oder Freiheit von Personen gefährden würde[933]. Der Verweigerungsgrund des § 29 Abs. 2 Fall 1 VwGO (Beeinträchtigung der ordnungsgemäßen Erfüllung der Aufgaben der Behörde) ist von der Natur der Sache her nicht auch in § 99 Abs. 1 Satz 2 VwGO aufgenommen worden, da das Verwaltungsverfahren im Zeitpunkt der Klageerhebung bis auf die Fälle der sogenannten Untätigkeitsklage nach § 75 VwGO durch eine Verwaltungsentscheidung abgeschlossen ist. Eine Beeinträchtigung des Verwaltungsablaufs ist danach in der Regel nicht mehr gegeben; eine gerichtliche Überprüfung im Rahmen des § 86 Abs. 1 VwGO

---

930 Zu § 99 Abs. 1 Satz 2 a. F.: BVerwG, Urteil vom 21. März 1986 - 7 C 71.83 -, in: BVerwGE 74, 115, 119 = NJW 1986, 2329 = NVwZ 1986, 338; OVG Berlin, Urteil vom 16. Dezember 1986 - 8 B 3/85 -, in: NVwZ 1987, 817, 819.

931 Rudisile in Schoch/Schmidt-Aßmann/Pietzner, § 99 Rand-Nr. 14; Ziekow, BayVBl. 1992, 132, 134; und jeweils unter Hinweis auf den schriftlichen Bericht des Rechtsausschusses zu dem Regierungsentwurf einer Verwaltungsgerichtsordnung (BT-Drs. 3/1094, Anlage 1 (zu § 100 VwGO)); Lang in Sodan/Ziekow, § 99 Rand-Nr. 25 (wegen der Durchbrechung des Grundsatzes des rechtlichen Gehörs in § 99 Abs. 1 Satz 2 VwGO a. F.).

932 Zu § 99 Abs. 1 Satz 2 a. F.: Kuntze in Bader/Funke-Kaiser/Kuntze/von Albedyll, § 99 Rand-Nr. 8; Kopp/Schenke, VwGO, § 99 Rand-Nr. 10; Rudisile in Schoch/Schmidt-Aßmann/Pietzner, § 99 Rand-Nr. 24.

933 Lang in Sodan/Ziekow, § 99 Rand-Nr. 29; vgl. auch BVerwG, Beschluss vom 14. Juni 1995 - 1 B 132/94 -, in: NVwZ 1995, 1134.

kann nur unter Zugrundelegung der einschlägigen behördlichen Vorgänge erfolgen.

Wie im Fall des § 29 Abs. 2 VwVfG unterliegen die in § 99 Abs. 1 Sätze 2, 3 VwGO verwendeten unbestimmten Rechtsbegriffe der vollen gerichtlichen Überprüfung[934]. Die Behörde hat über die in § 99 Abs. 1 Satz 2 VwGO aufgeführten Fälle hinaus kein Prüfungs- oder Weigerungsrecht hinsichtlich der Vorlage ihrer Akten; entscheidend für die Vorlagepflicht ist die gerichtliche Aufforderung[935]. Eine Weigerung der ersuchten Behörde ist für das Gericht unbeachtlich[936]. Die Befugnis, die Vorlage von angeforderten Akten zu verweigern, ist nur der zuständigen obersten Aufsichtsbehörde vorbehalten[937], wenn die Ausgangsbehörde zuvor deren Geheimhaltungsbedürftigkeit bejaht hat[938]. Das Gericht ist an eine solche Weigerung der Aufsichtsbehörde gebunden[939]. Oberste Aufsichtsbehörde ist das jeweilige Bundes- oder Landesministerium, nicht die Bundes- oder Landesregierung[940]. Denn eine Regierung hat keine Aufsichtsbefugnisse über die einzelnen Bundesminister, sofern diese ihren Geschäftsbereich nach Art. 65 Satz 2 GG, Art. 55 Abs. 2 Verf NRW beziehungsweise Art. 89 Satz 2 Verf Bbg innerhalb der vom Bundeskanzler oder Ministerpräsidenten bestimmten Richtlinien der Politik

---

934 Kopp/Schenke, VwGO, § 99 Rand-Nr. 6; Lang in Sodan/Ziekow, § 99 Rand-Nr. 54.

935 Vgl. Eyermann, § 99 Rand-Nr. 4; Kopp/Schenke, VwGO, § 99 Rand-Nrn. 1 und 2; Kronisch/Gohde, S. 41; Kuhla/Hüttenbrink, Rand-Nr. E 140; Redeker/von Oertzen, § 99 Rand-Nrn. 9 und 10; auch: Merkel, S. 14; Nast, S. 26.

936 Vgl. Eyermann, § 99 Rand-Nr. 15; Redeker/von Oertzen, § 99 Rand-Nr. 11.

937 So steht insbesondere der um Vorlage ersuchten Behörde kein Weigerungsrecht mit der Begründung zu, die Akten seien für das Gericht nicht erheblich: Kopp/Schenke, VwGO, § 99 Rand-Nr. 11; allgemein: Rudisile in Schoch/Schmidt-Aßmann/Pietzner, § 99 Rand-Nr. 28.

938 OVG Münster, Beschluss vom 25. November 1999 - 13 B 1812/99 -, in: NWVBl. 2000, 189, 190.

939 Vgl. Blaeser, S. 31; Eyermann, § 99 Rand-Nr. 16; Redeker/von Oertzen, § 99 Rand-Nr. 12; Rudisile in Schoch/Schmidt-Aßmann/Pietzner, § 99 Rand-Nr. 30.

940 BVerwG, Beschluss vom 19. August 1964 - 6 B 15.62 -, in: BVerwGE 19, 179, 183 = DÖV 1964, 820; BVerwG, Beschluss vom 1. Februar 1996 - 1 B 37.95 -, in: Buchholz 310 § 99 VwGO Nr. 24 = DVBl. 1996, 814 = NVwZ-RR 1997, 133; Kuntze in Bader/Funke-Kaiser/Kuntze/von Albedyll, § 99 Rand-Nr. 8; Eyermann, § 99 Rand-Nr. 15; Kopp/Schenke, VwGO, §§ 99 Rand-Nr. 12; Rudisile in Schoch/Schmidt-Aßmann/Pietzner, § 99 Rand-Nr. 29; Lang in Sodan/Ziekow, § 99 Rand-Nr. 48; Ziekow, BayVBl. 1992, 132, 137.

in eigener Verantwortung ausüben[941]. Die Weigerungserklärung darf dabei von dem zuständigen Prozesssachbearbeiter oder von einem sonstigen Referenten unterschrieben sein[942]. Insbesondere muss nicht der Minister persönlich unterschreiben[943] oder sein Stellvertreter beziehungsweise der jeweilige Behördenleiter[944].

Im Rahmen des der Aufsichtsbehörde nach § 99 Abs. 1 Satz 2 VwGO eingeräumten Ermessens hat diese die im jeweiligen Einzelfall bestehenden Interessen an der Vorlage der Akten an das Gericht einerseits und der Geheimhaltung andererseits sorgfältig abzuwägen[945], das heißt, dass auch bei Vorliegen der Tatbestandsvoraussetzungen für eine Geheimhaltungsbedürftigkeit eine Offenbarung

---

941 BVerwG, Beschluss vom 19. August 1964 - 6 B 15.62 -, in: BVerwGE 19, 179, 183 = NJW 1965, 214f. (zur Bundesregelung); Rudisile in Schoch/Schmidt-Aßmann/Pietzner, § 99 Rand-Nr. 29.

942 BVerwG, Beschluss vom 1. Februar 1996 - 1 B 37/95 -, in: Buchholz 310 § 99 VwGO Nr. 24 = DVBl. 1996, 814 = NVwZ-RR 1997, 133f., wobei das BVerwG ausdrücklich darauf hingewiesen hat, dass sein Urteil vom 1. Juli 1975 - 1 C 44.70 -, in: BVerwGE 49, 44, 50 = NJW 1975, 2156 nicht die Frage der Vorlagepflicht von Akten nach § 99 VwGO betraf und daher im Rahmen des § 99 Abs. 2 VwGO nicht herangezogen werden dürfe; Kuntze in Bader/Funke-Kaiser/Kuntze/von Albedyll, § 99 Rand-Nr. 8; Eyermann, § 99 Rand-Nr. 15; Rudisile in Schoch/Schmidt-Aßmann/Pietzner, § 99 Rand-Nr. 29.

943 Vgl. BVerwG, Beschluss vom 19. August 1964 - 6 B 15.62 -, in: BVerwGE 19, 179, 184 = DÖV 1964, 820, 821; Eyermann, § 99 Rand-Nr. 15; Kopp/Schenke, VwGO, § 99 Rand-Nr. 12; Redeker/von Oertzen, § 99 Rand-Nr. 11; Ziekow, BayVBl. 1992, 132, 137, befürwortete dagegen unzutreffenderweise, dass nur der Minister oder sein Vertreter das Gericht durch ihre Verweigerungserklärung binden können; anders jetzt in: Lang in Sodan/Ziekow, § 99 Rand-Nrn. 49 und 50; Rudisile in Schoch/Schmidt-Aßmann/Pietzner, § 99 Rand-Nr. 29.

944 Rudisile in Schoch/Schmidt-Aßmann/Pietzner, § 99 Rand-Nr. 29.

945 BVerwG, Beschluss vom 19. August 1964 - 6 B 15.62 -, in: BVerwGE 19, 179, 186; VGH München, Beschluss vom 10. März 1975 - Nr. 1 V 75 -, in: BayVBl. 1975, 675f. = MDR 1975, 873f.; OVG Koblenz, Beschluss vom 6. Mai 1976 - 2 B 7/76 -, in: NJW 1977, 266; Eyermann, § 99 Rand-Nr. 18; Kopp/Schenke, VwGO, § 99 Rand-Nr. 14; Redeker/von Oertzen, § 99 Rand-Nr. 9a; Rudisile in Schoch/Schmidt-Aßmann/Pietzner, § 99 Rand-Nrn. 25 und 26; Maetzel, DVBl. 1966, 665, 669 und Fußnote 45, verneint dagegen generell das Vorliegen eines Ermessens unter Hinweis auf den Beschluss des Bundesverwaltungsgerichts vom 7. Juni 1956 - 2 C 234.54 -, in: BVerwGE 3, 324ff., der sich indes nur auf § 55 des rheinland-pfälzischen VGG bezog, wonach eine Behörde zur Vorlage von Urkunden nicht verpflichtet war, sofern die Vorlage öffentliche Belange erheblich gefährdete.

gegenüber dem Gericht erfolgen kann[946]. Im Rahmen der Ermessensausübung hat die Behörde alle ihr zumutbaren Anstrengungen zu unternehmen, um zur Wahrung einer umfassenden Sachaufklärung Zugang zu den Akten zu gewähren[947].

Insbesondere muss die oberste Aufsichtsbehörde im Falle ihrer Weigerung die betreffenden Akten zunächst nicht sofort dem Gericht vorlegen, da diese dann über § 100 VwGO dem Akteneinsichtsrecht der Prozessbeteiligten unterlegen würden und damit die Beteiligten gerade die bis dahin verweigerte Akteneinsicht nehmen könnten[948]. Auch wenn der Kläger beziehungsweise die übrigen Prozessbeteiligten übereinstimmend erklären, auf das Akteneinsichtsrecht nach § 100 VwGO verzichten zu wollen, kann die Vorlage der Akten verweigert werden[949]. Zu beachten ist, dass die aktenführende Behörde bei allen geheimzuhaltenden Vorgängen alles Zumutbare tun muss, um die Sachaufklärungspflicht des Gerichts zu unterstützen[950]. Sie hat insbesondere zu prüfen, ob nicht auch eine teilweise Vorlage der Unterlagen oder von Kopien erfolgen darf.

2.1.2.2.1.3. Durchsetzbarkeit der Vorlagepflicht

§ 99 VwGO beinhaltet keine Sanktionsmöglichkeit für das Gericht, falls die Behörde ihrer Vorlagepflicht nach § 99 Abs. 1 Satz 1 VwGO nicht nachkommt[951]. Zwar erscheint es rechtlich zulässig, eine Verzögerungsgebühr gemäß § 1 Abs. 1 Ziff. 1 lit. b i. V. m. § 34 Abs. 1 Ziff. 1 2. Alternative GKG zu verhängen[952], wenn z. B. aufgrund einer schuldhaften Nichtvorlage der Behördenakten eine bereits anberaumte mündliche Verhandlung vertagt werden müsste. Zum einen ist

---

946 BVerwG, Beschluss vom 19. August 1964 - 6 B 15.62 -, in: BVerwGE 19, 179 (186) = NJW 1965, 214 (zur Möglichkeit der Vorlage von Personalakten eines Beamten); Kuntze in Bader/Funke-Kaiser/Kuntze/von Albedyll, § 99 Rand-Nr. 8; Kopp/Schenke, VwGO, § 99 Rand-Nr. 14; Redeker/von Oertzen, § 99 Rand-Nr. 9a; Rudisile in Schoch/Schmidt-Aßmann/Pietzner, § 99 Rand-Nr. 25; Lang in Sodan/Ziekow, § 99 Rand-Nr. 53.

947 Rudisile in Schoch/Schmidt-Aßmann/Pietzner, § 99 Rand-Nr. 26.

948 Vgl. Cosack/Tomerius, NVwZ 1993, 841, 844; Rudisile in Schoch/Schmidt-Aßmann/Pietzner, § 99 Rand-Nrn. 30 und 38.

949 VGH München, Beschluss vom 12. Februar 1990 - 5 C 89.198 -, in: NVwZ 1990, 778; Kuhla/Hüttenbrink, Rand-Nr. E 143.

950 Rudisile in Schoch/Schmidt-Aßmann/Pietzner, § 99 Rand-Nr. 26.

951 Eyermann, § 99 Rand-Nr. 4; Redeker/von Oertzen, § 99 Rand-Nr. 1; Kopp/Schenke, VwGO, § 99 Rand-Nr. 4; Rudisile in Schoch/Schmidt-Aßmann/Pietzner, § 99 Rand-Nr. 53; Lang in Sodan/Ziekow, § 99 Rand-Nr. 23.

952 Hierzu VGH Kassel, Beschluss vom 24. April 1996 - 12 TJ 1109/96 -, in: NVwZ-RR 1997, 669f.

diesbezüglich ein strenger Maßstab anzulegen[953], zum anderen dürfte eine entsprechende Fallgestaltung wenig praxisrelevant sein und die Verhängung einer Gebühr im Einzelfall ebenfalls nicht die Aktenvorlage erzwingen können. Es sollte zunächst eine (weitere) Fristsetzung[954] zur Aktenvorlage erfolgen, um die Behörde an die Vorlagepflicht zu erinnern. Sodann sollte der Erlass einer auf § 87b VwGO beruhenden richterlichen Verfügung aufgrund der Präklusionswirkung bei nicht fristgerechter Erfüllung angewandt werden[955]. Das Gericht hat schließlich die tatsächliche Möglichkeit, die vorgesetzte Behörde (Aufsichtsbehörde) oder den Vorgesetzten des die Vorlage verweigernden Beamten auf die Pflicht zur Vorlage hinzuweisen[956]. Wenn gleichwohl die angeforderten Vorgänge nicht vorgelegt werden, kann das Gericht letztlich nur unter Berücksichtigung der Grundsätze der Beweisvereitelung die Nichtvorlage zu Lasten der Behörde werten[957]. Nicht verwertbare Tatsachen dürfen indes nicht bei der Entscheidungsfindung berücksichtigt werden[958].
Soweit in der Vergangenheit vereinzelt die Auffassung vertreten worden ist, die Vorlage von angeforderten Akten könne mittels eines vollstreckbaren Beschlusses des Gerichts über die §§ 167, 168 VwGO erzwungen werden[959], ist dieser Auffassung nicht zu folgen. Denn soweit insbesondere § 168 Abs. 1 Ziff. 1 VwGO normiert, dass aus gerichtlichen Entscheidungen vollstreckt wird, ist diese Vorschrift auf die Aktenvorlagepflicht des § 99 VwGO nicht anzuwenden, da sich aus dem Wortlaut und aus Sinn und Zweck des § 99 VwGO für eine solche Handhabung nichts ergibt[960].

---

953 VGH Kassel, Beschluss vom 24. April 1996 - 12 TJ 1109/96 -, in: NVwZ-RR 1997, 669f.

954 So vorgeschlagen von Rudisile in Schoch/Schmidt-Aßmann/Pietzner, § 99 Rand-Nr. 53.

955 Vgl. Rudisile in Schoch/Schmidt-Aßmann/Pietzner, § 99 Rand-Nr. 53.

956 So Redeker/von Oertzen, § 99 Rand-Nr. 1.

957 Vgl. BVerwG, Beschluss vom 1. Februar 1996 - 1 B 37.95 -, in: Buchholz 310 § 99 VwGO Nr. 24 = DVBl. 1996, 814, 816 = NVwZ-RR 1997, 133, 134; Eyermann, § 99 Rand-Nrn. 4 und 22; Rudisile in Schoch/Schmidt-Aßmann/Pietzner, § 99 Rand-Nr. 53; Lang in Sodan/Ziekow, § 99 Rand-Nr. 23.

958 BVerwG, Urteil vom 1. Juli 1975 - 1 C 44.70 -, in: BVerwGE 49, 44, 50: eine Verwertbarkeit ist nur unter strengen Voraussetzungen gegeben; Eyermann, § 99 Rand-Nr. 22.

959 Depenbrock, RiA 1962, 193, 195.

960 So führen die einschlägigen Kommentierungen eine Vollstreckung von Beschlüssen nach § 99 überhaupt nicht an: vgl. nur Bader in Bader/Funke-Kaiser/ Kuntze/von Albedyll, § 168 Rand-Nrn. 3 ff.; Eyermann, § 168 Rand-Nrn. 2 ff.; Pietzner in Schoch/Schmidt-Aßmann/Pietzner, § 168 Rand-Nrn. 13ff.

2.1.2.2.1.4. Rechtmäßigkeit der Rücksendung von vorgelegten angeforderten/ nicht angeforderten) Akten

In beiden Fallgestaltungen entspricht es zunächst dem Grundsatz des rechtlichen Gehörs nach Art. 103 Abs. 1 GG und dem Grundsatz eines fairen (offenen) Gerichtsverfahrens, die Beteiligten über den Eingang der Akten bei dem Gericht zu informieren. Bei vom Gericht angeforderten Akten wird ihnen hierdurch die Möglichkeit gegeben, Akteneinsicht nach § 100 Abs. 1 VwGO zu beantragen. Bei nicht angeforderten Akten dagegen sind die Beteiligten lückenlos über den Ablauf und Stand des Verfahrens zu informieren, da sie von allen das Verfahren betreffenden Vorgängen Kenntnis erhalten müssen und es keine geheimen Abläufe innerhalb des Gerichtsverfahrens geben darf. Gleichzeitig ist ihnen mitzuteilen, dass die nicht angeforderten Akten an die übersendenden Behörde zurückgesandt worden sind, da sie nicht das Klageverfahren betreffen[961] oder Vorgänge enthalten, diesbezüglich die Akteneinsicht (bereits) nach anderen Vorschriften versagt worden ist. Auch wenn in der Literatur ein gerichtliches Prüfungsrecht oder eine Prüfungspflicht teilweise verneint wird[962], entspricht es dem Gebot eines rechtsstaatlichen und fairen Verfahrens, wie oben dargestellt vorzugehen. Sofern Unterlagen zurückgegeben worden sind, dürfen sie allerdings auch vom Gericht nicht bei der Entscheidungsfindung berücksichtigt werden[963]. Wenn die Akten durch die Behörde vorgelegt worden sind, obwohl die oberste Aufsichtsbehörde ihr Ermessen gemäß § 99 Abs. 1 Satz 2 VwGO anders ausgeübt hat, sind die entsprechenden Akten oder Aktenteile ebenfalls zurückzugeben[964]. Wenn die Akten bereits dem Gericht übersandt worden sind und die Aufsichtsbehörde erst im Anschluss daran ihr entsprechendes Ermessen nach § 99 Abs. 1 Satz 2 VwGO ausgeübt hat, sind die Akten bereits Verfahrensgegenstand geworden, mithin

---

961 Zur Rücksendung von nicht das Verfahren betreffenden Akten nach entsprechender gerichtlicher Einsichtnahme: Maetzel, DVBl. 1966, 665, 669 und Fußnote 41, wonach in solche Akten kein Einsichtnahmerecht nach § 100 Abs. 1 bestehe; so auch im Falle von aus der Akte von der Behörde enthefteten und in einem verschlossenen Umschlag an das Gericht übersandten Aktenteilen mit dem Bemerken, sie beträfen nicht das konkrete Verfahren: BFH, Urteil vom 16. November 1965 - I 302/61 S -, in: BStBl. III 1966, 97 und 99.

962 So Rudisile in Schoch/Schmidt-Aßmann/Pietzner, § 99 Rand-Nrn. 49 und 50.

963 Rudisile in Schoch/Schmidt-Aßmann/Pietzner, § 99 Rand-Nr. 52 (bei Annahme einer Rückgabepflicht).

964 Schoenemann, DVBl. 1988, 520, 525; Maetzel, DVBl. 1966, 665, 671, bejaht insbesondere bei Akten, die politische Geheimnisse (Angelegenheiten des Staatsschutzes) und Geheimnisse Dritter (Angelegenheiten des Persönlichkeitsschutzes) betreffen, eine Rückgabeverpflichtung der Behörde, aber auch eine diesbezügliche Geheimhaltungspflicht des Gerichts.

durch die Beteiligten einsehbar und vom Gericht verwertbar[965]. Gleiches gilt, wenn die Akten dem Gericht vorgelegt worden sind, weil keine dies verhindernde Erklärung abgegeben worden ist[966].

Wird nach Eingang von Akten bei dem Gericht nachträglich deren Vorlage verweigert, ist eine solche nachträgliche Verweigerungserklärung unbeachtlich[967].

2.1.2.2.1.5. Verfahren nach § 99 Abs. 2 VwGO

Nach § 99 Abs. 2 VwGO a. F. hatte die oberste Aufsichtsbehörde die Verweigerungsgründe glaubhaft zu machen[968]. Dies musste gegenüber dem Gericht geschehen, wobei die Erklärung auch über die Ausgangsbehörde vorgelegt werden konnte[969]. Insbesondere musste sie nicht die genauen Gründe angeben, da hierdurch bereits die Geheimhaltung in Frage gestellt worden wäre[970]. „Die Behörde soll selbstverständlich nicht gezwungen werden, zunächst einmal die Auskunft zu erteilen oder die Akten vorzulegen, von denen sie glaubt, daß ein Geheimnis zu wahren ist, sondern der Zwischenstreit (nach § 99 Abs. 2 VwGO) geht nur dar-

---

965 Eyermann, § 99 Rand-Nr. 15; Redeker/von Oertzen, § 99 Rand-Nr. 11; Rudisile in Schoch/Schmidt-Aßmann/Pietzner, § 99 Rand-Nr. 30; Kuntze in Bader/Funke-Kaiser/Kuntze/von Albedyll, § 99 Rand-Nr. 8; anderer Auffassung: Kopp/Schenke, VwGO, § 99 Rand-Nr. 12, der in diesen Fällen eine Verpflichtung des Gerichts zur Rücksendung der Akten bejaht.

966 Lang in Sodan/Ziekow, § 99 Rand-Nr. 27.

967 Kuntze in Bader/Funke-Kaiser/Kuntze/von Albedyll, § 99 Rand-Nr. 8; Eyermann, § 99 Rand-Nr. 15; Redeker/von Oertzen, § 99 Rand-Nr. 11; Rudisile in Schoch/Schmidt-Aßmann/Pietzner, § 99 Rand-Nr. 30; Kopp/Schenke, VwGO, § 99 Rand-Nr. 12, befürworten dagegen in diesen Fällen die Aussonderung der entsprechenden Akten und ihre Rücksendung; diese Vorgehensweise dürfte aber in Anforderungen an ein rechtsstaatliches Verfahren und dem rechtlichen Gehör der Verfahrensbeteiligten nicht entsprechen.

968 Vgl. BVerwG, Beschluss vom 21. Juni 1993 - 1 B 62.92 -, in: Buchholz 310 § 99 Nr. 22 = NVwZ 1994, 72, 73 = DVP 1997, 216; BVerwG, Beschluss vom 1. Februar 1996 - 1 B 37.95 -, in: Buchholz 310 § 99 VwGO Nr. 24 = DVBl. 1996, 814, 815 = NVwZ-RR 1997, 133, 134.

969 Rudisile in Schoch/Schmidt-Aßmann/Pietzner, § 99 Rand-Nr. 30.

970 Vgl. BVerwG, Beschluss vom 21. Juni 1993 - 1 B 62.92 -, in: Buchholz 310 § 99 VwGO Nr. 22 = NVwZ 1994, 72, 73 = DVP 1997, 216; BVerwG, Beschluss vom 1. Februar 1996 - 1 B 37.95 -, in: Buchholz 310 § 99 VwGO Nr. 24 = DVBl. 1996, 814, 815 = NVwZ-RR 1997, 133, 134; auch: ; Kuntze in Bader/Funke-Kaiser/Kuntze/von Albedyll, § 99 Rand-Nr. 15; Blaeser, S. 32; Cosack/Tomerius, NVwZ 1993, 841, 843; Ziekow, BayVBl. 1992, 132, 139.

um, ob die Voraussetzungen einer Geheimhaltungspflicht glaubhaft erscheinen..."[971].

Ausreichend war, dass der Wahrheitsgehalt der Erklärung der obersten Aufsichtsbehörde mit hinreichender Sicherheit beurteilt werden konnte[972]; die Vorlage einer eidesstattlichen Versicherung (vgl. § 173 VwGO i. V. m. § 294 ZPO) konnte diesbezüglich erfolgen, musste aber nicht[973]. Es reichte die überwiegende Wahrscheinlichkeit, dass die glaubhaft zu machende Behauptung zutraf; der volle Beweis musste nicht erbracht werden[974]. Die Wertung der Umstände der Geheimhaltungsbedürftigkeit mussten aber so einleuchtend dargelegt werden, dass das Gericht diese Wertung noch als triftig ansehen konnte[975]. Die Erklärung der Aufsichtsbehörde musste deshalb mehr enthalten als die bloße Wiedergabe oder Umschreibung der gesetzlichen Gründe des § 99 Abs. 1 Satz 2 VwGO[976]; die Darlegungspflicht ging jedoch nicht soweit, dass Rückschlüsse auf die geheimzuhaltenden Tatsachen gezogen werden konnten[977]. Das Gericht musste aber die

---

971 So der Berichterstatter des Vermittlungsausschusses des Deutschen Bundestages auf der Grundlage des Vorschlages des Vermittlungsausschusses, vgl. BT-Drs. III/1487, S. 2 (Anlage, dort als § 98 bezeichnet), ausweislich der Zitierung von Rudisile in Schoch/Schmidt-Aßmann/Pietzner, § 99 Rand-Nr. 2 und Fußnote 4.

972 Vgl. BVerwG, Beschluss vom 21. Juni 1993 - 1 B 62.92 -, in: Buchholz 310 § 99 VwGO Nr. 22 = NVwZ 1994, 72, 73 = DVP 1997, 216; BVerwG, Beschluss vom 1. Februar 1996 - 1 B 37.95 -, in: Buchholz 310 § 99 VwGO Nr. 24 = DVBl. 1996, 814, 815 = NVwZ-RR 1997, 133, 134; VGH München, Beschluss vom 10. März 1975 - Nr. 1 V 75 -, in: BayVBl. 1975, 675, 676 = MDR 1975, 873, 874; Kuntze in Bader/Funke-Kaiser/Kuntze/von Albedyll, § 99 Rand-Nr. 15.

973 Kuntze in Bader/Funke-Kaiser/Kuntze/von Albedyll, § 99 Rand-Nr. 15.

974 Vgl. BVerwG, Beschluss vom 21. Juni 1993 - 1 B 62.92 -, in: Buchholz 310 § 99 VwGO Nr. 22 = NVwZ 1994, 72, 73 = DVP 1997, 216; BVerwG, Beschluss vom 1. Februar 1996 - 1 B 37.95 -, in: Buchholz 310 § 99 VwGO Nr. 24 = DVBl. 1996, 814, 815 = NVwZ-RR 1997, 133, 134; VGH München, Beschluss vom 10. März 1975 - Nr. 1 V 75 -, in: BayVBl. 1975, 675, 676 = MDR 1975, 873, 874.

975 Vgl. BVerwG, Beschluss vom 29. Oktober 1982 - 4 B 172.82 -, in: BVerwGE 66, 233, 236, BVerwG, Urteil vom 19. August 1986 - 1 C 7.85 -, in: BVerwGE 75, 1, 9 (zu § 96 StPO); BVerwG, Beschluss vom 21. Juni 1993 - 1 B 62.92 -, in: Buchholz 310 § 99 VwGO Nr. 22 = NVwZ 1994, 72, 73 = DVP 1997, 216; BVerwG, Beschluss vom 1. Februar 1996 - 1 B 37.95 -, in: Buchholz 310 § 99 VwGO Nr. 24 = DVBl. 1996, 814, 815 = NVwZ-RR 1997, 133, 134; ; Kuntze in Bader/Funke-Kaiser/Kuntze/von Albedyll, § 99 Rand-Nr. 15; Cosack/Tomerius, NVwZ 1993, 841, 843; Eyermann, § 99 Rand-Nr. 18; Kopp/Schenke, VwGO, § 99 Rand-Nr. 13; Rudisile in Schoch/Schmidt-Aßmann/Pietzner, § 99 Rand-Nr. 36.

976 Rudisile in Schoch/Schmidt-Aßmann/Pietzner, § 99 Rand-Nr. 36.

977 BVerwG, Beschluss vom 21. Juni 1993 - 1 B 62.92 -, in: Buchholz 310 § 99 VwGO Nr. 22 = NVwZ 1994, 72, 73 = DVP 1997, 216; BVerwG, Beschluss vom 1. Februar 1996

Weigerung auf offensichtliche Fehler überprüfen können[978]. Keine ausreichende Glaubhaftmachung war der bloße Hinweis einer Aufsichtsbehörde auf die allgemein bekannte Notwendigkeit, Informationsquellen von Sicherheitsbehörden zu schützen und die Konzeption der behördlichen Verbrechensbekämpfung geheimzuhalten[979], die Interessen von Nachrichtendiensten beachten zu müssen[980] beziehungsweise der Einwand, dass die Arbeit von Verfassungsschutz- oder anderen Sicherheitsbehörden erschwert würde[981].

§ 99 Abs. 2 VwGO in seiner neuen Fassung sieht nunmehr in Anlehnung an die Vorgaben des Bundesverfassungsgerichts in seinem Urteil vom 27. Oktober 1999[982] vor, dass das Ober- bzw. das Bundesverwaltungsgericht auf Antrag eines Beteiligten, der bei dem für die Hauptsache zuständigen Gericht zu stellen ist, durch Beschluss feststellen kann, ob die Verweigerung der Vorlage rechtmäßig ist (§ 99 Abs. 2 Sätze 1 bis 3 VwGO). Dieser Antrag ist nicht fristgebunden[983]. Auch ergibt sich aus dem Gesetzeswortlaut nicht, dass dieser Antrag nur dann zulässig wäre, wenn die Aktenvorlage aufgrund eines förmlichen Gerichtsbeschlusses verweigert worden ist[984]. Dem für die Entscheidung zuständigen besonderen Spruchkörper bei dem Ober- bzw. Bundesverwaltungsgericht (vgl. § 189

- 1 B 37.95 -, in: Buchholz 310 § 99 VwGO Nr. 24 = DVBl. 1996, 814, 815 = NVwZ-RR 1997, 133, 134; Rudisile in Schoch/Schmidt-Aßmann/Pietzner, § 99 Rand-Nr. 36.

978 Vgl. BVerwG, Beschluss vom 21. Juni 1993 - 1 B 62.92 -, in: Buchholz 310 § 99 VwGO Nr. 22 = NVwZ 1994, 72, 73 = DVP 1997, 216; BVerwG, Beschluss vom 1. Februar 1996 - 1 B 37.95 -, in: Buchholz 310 § 99 VwGO Nr. 24 = DVBl. 1996, 814, 815 = NVwZ-RR 1997, 133, 134.

979 BVerwG, Beschluss vom 29. Oktober 1982 - 4 B 172/82 -, in: BVerwGE 66, 233ff. = NVwZ 1983, 407, wo das BVerwG den Verweis auf die Besonderheiten der innerdeutschen Beziehungen im damaligen Verhältnis zwischen der Bundesrepublik Deutschland und der Deutschen Demokratischen Republik sowie die Notwendigkeit ihrer Vertraulichkeit als ausreichend erachtete; Beschluss vom 1. Februar 1996 - 1 B 37.95 -, in: Buchholz 310 § 99 VwGO Nr. 24 = DVBl. 1996, 814, 815 = NVwZ-RR 1997, 133, 134; Rudisile in Schoch/Schmidt-Aßmann/Pietzner; § 99 Rand-Nr. 36: formelhafte Wendungen genügen nicht.

980 BVerwG, Beschluss vom 3. Oktober 1974 - I WB 1. 74 - (bezüglich des Bundesnachrichtendienstes).

981 Kuntze in Bader/Funke-Kaiser/Kuntze/von Albedyll, § 99 Rand-Nr. 15.

982 1 BvR 385/90 -, in: BVerfGE 101, 106ff. = NJW 2000, 1175ff. = DÖV 2000, 287ff. = DVBl. 2000, 346ff. = NVwZ 2001, 185ff.; Vorinstanz war der VGH München, Beschluss vom 12. Februar 1990 - 5 C 89.198 -, in: NVwZ 1990, 778ff.

983 Eyermann, § 99 Rand-Nr. 16; Redeker/von Oertzen, § 99 Rand-Nr. 12; Rudisile in Schoch/Schmidt-Aßmann/Pietzner, § 99 Rand-Nr. 31 (jeweils zu § 99 a. F.).

984 Rudisile in Schoch/Schmidt-Aßmann/Pietzner, § 99 Rand-Nr. 31 (zu § 99 a. F.).

VwGO)[985] sind die nach § 99 Abs. 1 Satz 2 VwGO verweigerten Akten auf Aufforderung vorzulegen (§ 99 Abs. 2 Satz 5). Dieses Gericht entscheidet sodann in einem sogenannten „in-camera-Verfahren“[986], ohne wie nach der früheren Rechtslage allein auf die von der Behörde glaubhaft gemachten Verweigerungs-

[985] Kritisch: Eyermann, § 99 Rand-Nr. 22b.

[986] Vorbild ist der Freedom of Information Act vom 4. Juli 1967 im Rechtssystem der USA: vgl. nur Angelov, S. 101ff. und 255ff. (m. w. N.); kritisch hierzu im wesentlichen im Hinblick auf Art. 103 Abs. 1 GG: BVerwG, Urteil vom 20. Februar 1990 - 1 C 42.83 -, in: BVerwGE 84, 375, 389 = NJW 1990, 2761; BVerwG, Beschluss vom 21. Juni 1993 - 1 B 62/92 -, in: NVwZ 1994, 72, 73; BVerwG, Beschluss vom 1. Februar 1996 - 1 B 37.95 -, in: Buchholz 310 § 99 VwGO Nr. 24 = DVBl. 1996, 814, 815 = NVwZ-RR 1997, 133, 134; Eyermann, § 99 Rand-Nr. 14; Rudisile in Schoch/Schmidt-Aßmann/Pietzner, § 100 Rand-Nrn. 28, 39, 40, und § 99 Rand-Nr. 27; Brandt/Sachs, O 144; Redeker/von Oertzen, § 99 Rand-Nr. 2, unter Hinweis darauf, dass unter Umständen nur einzelne Blätter der angeforderten Akte als geheimhaltungsbedürftig auszuheften seien; so auch Kopp/Schenke, VwGO, § 99 Rand-Nr. 14; Schoenemann, DVBl. 1988, 520, 524; Nast, S. 148f., der darauf hinweist, dass bei dem sogenannten „in-camera-Verfahren“ ein Verstoß gegen das rechtliche Gehör bestehe und ebenso die Gefahr, dass sich aus dem Urteil des Gerichts unter Umständen Rückschlüsse auf die eigentlich geheimzuhaltenden Tatsachen ergeben könnten; Nast, S. 163, verweist ferner auf die Regelung des § 26 Abs. 2 BVerfGG, wonach aufgrund eines Beschlusses von zwei Dritteln der Mitglieder eines Senats des Bundesverfassungsgerichts die Beiziehung einzelner Urkunden unterbleiben kann, wenn ihre Verwendung mit der Staatssicherheit unvereinbar ist, wobei aber zuvor das Gericht die entsprechenden Unterlagen prüft; Cosack/Tomerius, NVwZ 1993, 841, 844f., die die Vorlage entsprechender Aktenteile an unabhängige Sachverständige vorschlagen; Mengel, Die Verwaltung 1990 (23), 377, 390f., befürwortet dagegen eine „in-camera“-Lösung im Vertrauen auf eine unabhängige Justiz und um eine grösstmögliche Erfassung des wahren Sachverhalts zu ermöglichen; vgl. auch die „in-camera“-Lösung in § 31 Abs. 2 StasiUG; demgegenüber sieht das Bundesverfassungsgericht in seiner genannten Entscheidung in dem „in-camera-Verfahren“ eine Verbesserung des Rechtsschutzes der Beteiligten im Rahmen des § 99 VwGO, da das zur Entscheidung berufene Gericht selbst die Akten einsehen und damit aufgrund eigener Kenntnis eine Entscheidung darüber treffen kann, ob die fraglichen Akten(teile) geheimhaltungsbedürftig sind; es ist nicht mehr lediglich auf die entsprechenden „triftigen“ Angaben der obersten Aufsichtsbehörde angewiesen. Vor diesem Hintergrund erscheint die Auffassung des Bundesverfassungsgerichts gut vertretbar, da die Rechtsposition der Verfahrensbeteiligten insgesamt verbessert wird, wenn auch weiterhin die Beteiligten selber die dem Gericht vorgelegten Akten nicht einzusehen berechtigt sind; vgl. auch Margedant, NVwZ 2001, 759ff.; hinsichtlich der Anwendbarkeit des „in-camera-Verfahrens“ in telekommunikationsrechtlichen Entgeltregulierungsstreitverfahren vgl. Beutling, DVBl. 2001, 1252ff., unter Würdigung der Rechtsprechung des VG Köln (Beschluss vom 23. Januar 2001 - 1 L 1184/99 -) und des OVG Münster (Beschlüsse vom 23. November 2000 - 13 E 276/00 - und vom 4. Juli 2001 - 13 E 189/01 -).

gründe angewiesen zu sein. Für die in diesem Verfahren vorgelegten Akten gilt das Einsichtsrecht des § 100 VwGO ausdrücklich nicht (§ 99 Abs. 2 Satz 9 VwGO). Um dem materiellen Geheimnisschutz (ausdrücklich in § 99 Abs. 2 Satz 7 VwGO normiert) umfassend Rechnung tragen zu können, kann in besonderen Fällen die gerichtliche Aufforderung zur Vorlage der streitigen Akten dadurch bewirkt werden, dass diese in von der obersten Aufsichtsbehörde bestimmten Räumlichkeiten zur Verfügung gestellt werden (§ 99 Abs. 2 Satz 8 VwGO), also nicht an das Gericht in die dortigen Räumlichkeiten zu übersenden sind.

Beteiligte dieses auf gerichtliche Überprüfung der Geheimhaltungsbedürftigkeit gerichteten Zwischenverfahrens sind die Prozessbeteiligten und die nach § 99 Abs. 2 Satz 6 VwGO beizuladende oberste Aufsichtsbehörde[987]. Die oberste Aufsichtsbehörde dürfte allerdings auch nach der Neufassung entgegen des Wortlautes nicht förmlich gemäß § 65 VwGO beizuladen sein; vielmehr ist diese selber Partei[988].

Der Tenor der gerichtlichen Entscheidung muss darlegen, ob die Verweigerung der Aktenvorlage rechtmäßig ist (§ 99 Abs. 2 Satz 1 VwGO)[989]. Der Beschluss bedarf einer Begründung; die Entscheidungsgründe dürfen indes Art und Inhalt

---

987 Eyermann, § 99 Rand-Nr. 17; Kopp/Schenke, VwGO, § 99 Rand-Nr. 16; Redeker/von Oertzen, § 99 Rand-Nr. 12; Rudisile in Schoch/Schmidt-Aßmann/Pietzner, § 99 Rand-Nrn. 32 und 33 (jeweils zu § 99 Abs. 2 a. F.).

988 OVG Koblenz, Beschluss vom 6. Mai 1976 - 2 B 7/76 -, in: NJW 1977, 266; VGH Kassel, Beschluss vom 21. Juli 1983 - 1 TE 14/83 -, in: NJW 1985, 216; Eyermann, § 99 Rand-Nr. 17; Nast, S. 131; Rudisile in Schoch/Schmidt-Aßmann/Pietzner, § 99 Rand-Nr. 32; Lang in Sodan/Ziekow, § 99 Rand-Nr. 58; Ziekow, BayVBl. 1992, 132, 138; teilweise wird die Auffassung vertreten, dass der Beigeladene wie ein Zeuge im Zwischenstreit über das Zeugnisverweigerungsrecht nach § 387 ZPO zu behandeln sei: Kopp/Schenke, VwGO, § 99 Rand-Nr. 16 (jeweils zu § 99 Abs. 2 a. F.); a. A.: Kuntze in Bader/Funke-Kaiser/Kuntze/von Albedyll, § 99 Rand-Nr. 14 (der eine Beiladung bejaht).

989 Nach der früheren Rechtslage musste der Tenor darlegen, ob die oberste Aufsichtsbehörde die Gründe für die Verweigerung der fraglichen Akten glaubhaft gemacht hat: BVerwG, Beschluss vom 21. Juni 1993 - 1 B 62.92 -, in: Buchholz 310 § 99 VwGO Nr. 22 = NVwZ 1994, 72 = DVP 1997, 216; BVerwG, Beschluss vom 1. Februar 1996 - 1 B 37.95 -, in: Buchholz 310 § 99 VwGO Nr. 24 = DVBl. 1996, 814 = NVwZ-RR 1997, 133; Eyermann, § 99 Rand-Nr. 19; Rudisile in Schoch/Schmidt-Aßmann/Pietzner, § 99 Rand-Nrn. 35 und 39; Kopp/Schenke, VwGO, Rand-Nrn. 15 und 17: insbesondere ob die von der Aufsichtsbehörde getroffene Ermessensentscheidung ermessensgerecht war; Ziekow, BayVBl. 1992, 132, 139; das Gericht hatte zu prüfen, ob die überwiegenden Interessen an der Wahrheitsfindung die Aktenvorlage geboten haben: BVerwG, Beschluss vom 19. August 1964 - 6 B 15.62 -, in: BVerwGE 19, 179, 187.

der geheimgehaltenen Akten(teile) nicht erkennen lassen (§ 99 Abs. 2 Satz 10 2. Halbsatz VwGO). Das Gericht dürfte auch nach der Neufassung eine Kostenentscheidung hinsichtlich dieses Zwischenstreits zu treffen haben[990].

Nach § 99 Abs. 2 Satz 12 VwGO ist als Rechtsmittel gegen den Beschluss des Oberverwaltungsgerichts die Beschwerdemöglichkeit (nach § 146 VwGO) eröffnet. Über die Beschwerde entscheidet danach das Bundesverwaltungsgericht (vgl. § 99 Abs. 2 Satz 13 VwGO). In dem Beschwerdeverfahren gelten gemäß § 99 Abs. 2 Satz 14 VwGO die Sätze 4 bis 11 sinngemäß.

Das Verfahren nach § 99 Abs. 2 VwGO scheidet in den Fällen aus, in denen der Kläger lediglich die Beiziehung weiterer Akten begehrt, die das Gericht allerdings nicht für erforderlich hält; es erfasst nämlich nur das Verfahren nach der Verweigerung der Vorlage von durch das Gericht angeforderten Akten[991]. Das Verfahren nach § 99 Abs. 2 VwGO ist auch vorrangig gegenüber der Erhebung einer Anfechtungsklage eines Beteiligten gegen die Weigerung der obersten Aufsichtsbehörde nach § 99 Abs. 1 Satz 2 VwGO, unabhängig davon, ob in dieser ein Verwaltungsakt nach § 35 Satz 1 VwVfG liegt oder nicht[992].

2.1.2.2.2. Akten anderer Gerichte/Spruchkörper

Für die Vorlage von Akten anderer Gerichte gilt die Vorschrift des § 99 VwGO ebensowenig[993] wie für die Vorlage von Akten anderer Spruchkörper desselben Gerichts, da diese eigene unabhängige Rechtsprechungsorgane sind[994].

---

990 Kuntze in Bader/Funke-Kaiser/Kuntze/von Albedyll, § 99 Rand Nr. 16; Eyermann, § 99 Rand-Nr. 19; Rudisile in Schoch/Schmidt-Aßmann/Pietzner, § 99 Rand-Nr. 39 (jeweils zu § 99 a. F.).

991 OVG Münster, Beschluss vom 9. April 1986 - 6 B 734/86 -; OVG Lüneburg, Beschluss vom 31. August 1987 - 2 OVG B 57/87 -; Kuhla/Hüttenbrink, Rand-Nr. E 147; Ziekow, BayVBl. 1992, 132, 133: § 99 Abs. 2 stellt keine materielle Anspruchsnorm dar (jeweils zu § 99 a. F.).

992 Nast, S. 147, 148 (zu § 99 a. F.).

993 Eyermann, § 99 Rand-Nr. 2; Kopp/Schenke, VwGO, § 99 Rand-Nr. 5; Rudisile in Schoch/Schmidt-Aßmann/Pietzner, § 99 Rand-Nr. 8.

994 Trantas, S. 94.

2.1.2.2.2.1. Rechtsgrundlage für eine Pflicht zur Vorlage nach Art. 35 Abs. 1 GG, 14 VwGO

Als Ausgangspunkt für eine entsprechende Vorlagepflicht gilt der in Art. 35 Abs. 1 GG geregelte Grundsatz, wonach alle Behörden des Bundes und der Länder sich gegenseitig Rechts- und Amtshilfe leisten[995]. Zu dem hier verwendeten Behördenbegriff gehören auch die Gerichte[996]. Die Anwendung von Amtshilfegrundsätzen wird durch das Recht auf „informationelle Selbstbestimmung" auch nicht grundsätzlich ausgeschlossen; allerdings ist eine ausreichende gesetzliche Ermächtigung für die Übermittlung von Daten erforderlich[997]. Eine Aktenübersendung eines Gerichts auf Ersuchen eines anderen Gerichts oder Spruchkörpers ist bei dieser Rechtslage durch Art. 35 Abs. 1 GG nicht gedeckt[998]. Denn diese Norm enthält keine Bestimmungen über den Inhalt und den Umfang der im Einzelfall zu leistenden Hilfe und ist damit lediglich eine Rahmenvorschrift[999].

Für das verwaltungsgerichtliche Verfahren wird die Regelung des § 14 VwGO als Spezialregelung sowohl gegenüber Art. 35 Abs. 1 GG als auch gegenüber § 99 VwGO angesehen[1000]. Nach § 14 VwGO leisten Gerichte aller Gerichtszweige

---

995 Nach BVerfG, Beschluss vom 15. Januar 1970 - 1 BvR 13/68 -, in: BVerfGE 27, 344, 352 = NJW 1970, 555ff., und OLG Köln, Beschluss vom 3. Januar 1994 - 7 VA 6-7/93 -, in: NJW 1994, 1075, 1076, folgt hieraus allerdings noch kein Recht auf jederzeitige Aktenvorlage; wohl auch: Lang in Sodan/Ziekow, § 100 Rand-Nr. 14 (ohne weitere Ausführungen).

996 Vgl. nur: Maunz/Dürig/Herzog/Scholz, Art. 35 Rand-Nr. 3; Gubelt in von Münch, Art. 35 Rand-Nr. 3; Bonk/Kallerhoff in Stelkens/Bonk/Sachs, § 4 Rand-Nr. 3.

997 BVerwG, Beschluss vom 2. Oktober 1991 - 1 B 58.91 -, in: Buchholz, Allgemeines Datenschutzrecht 403.1 Nr. 12; Trantas, S. 311: der Staat habe bei einer Weitergabe von Daten im Wege der Amtshilfe das Recht auf „informationelle Selbstbestimmung" ausdrücklich zu beachten; eine förmliche Ermächtigungsgrundlage fordernd: Magen in Umbach/Clemens, Grundgesetz, Art. 35 Rand-Nr. 26.

998 Stähler, § 14 Erl. 2; Teschner, SchlHA 1997, 59, 63; Magen in Umbach/Clemens, Grundgesetz, Art. 35 Rand-Nr. 26.

999 Vgl. nur: Gubelt in von Münch, Art. 35 Rand-Nr. 11.

1000 Eyermann, § 99 Rand-Nr. 2; Stelkens in Schoch/Schmidt-Aßmann/Pietzner, § 14 Rand-Nr. 2; Rudisile in Schoch/Schmidt-Aßmann/Pietzner, § 99 Rand-Nr. 6; Kopp/Schenke, VwGO, § 99 Rand-Nr. 5, und § 14 Rand-Nr. 2, nennen Art. 35 Abs. 1 GG und § 14 VwGO; auf jeden Fall ist nicht die Regelung des § 299 Abs. 2 ZPO in analoger Anwendung heranzuziehen, da unabhängig vom Vorliegen der Voraussetzungen für eine Analogie diese Norm nur Dritten, mithin Privatpersonen, ein Akteneinsichtsrecht gewährt und nicht Gerichten oder Behörden: zutreffend Prütting, ZZP 1993 (106), 462; Dörner, NZA 1992, 950, 952; Kissel, GVG, § 12 Rand-Nr. 110, bejaht demgegenüber ein Einsichtsrecht von

und Verwaltungsbehörden des Bundes und der Länder den Gerichten der Verwaltungsgerichtsbarkeit Rechts- und Amtshilfe[1001]. Die Aktenübersendung an das Verwaltungsgericht wird als Amtshilfeleistung und nicht als Rechtshilfe angesehen[1002]. Auch wenn beispielsweise Akten eines Verwaltungsgerichts unterer Instanz (auf entsprechende Anforderung) in einem Rechtsmittelverfahren an ein Verwaltungsgericht übergeordneter Instanz gesandt werden, liegt danach Amtshilfe vor[1003]. Gleiches gilt hinsichtlich der Übersendung von Akten zwischen Gerichten einer Instanz und insbesondere auch innerhalb eines Gerichts zwischen den verschiedenen Spruchkörpern. Denn jeder Spruchkörper ist ein für sich unabhängiges Organ der Rechtsprechung[1004].

Hiervon zu trennen sind solche Fälle, in denen beispielsweise das Verwaltungsgericht Akten eines Finanzgerichts beigezogen hat, und das Finanzgericht nunmehr den Beteiligten des finanzgerichtlichen Verfahrens Akteneinsicht dergestalt gewähren will, dass die Beteiligten diese bei dem Verwaltungsgericht nehmen sollen; in solchen Fällen wird Rechtshilfegewährung bejaht[1005].

Die nähere Ausgestaltung der Amtshilfe ist weder in Art. 35 Abs. 1 GG noch in § 14 VwGO nicht geregelt. Sie erfolgt nach allgemeiner Ansicht über die §§ 4ff.

---

an einem Verfahren nicht beteiligten Behörden über Art. 35 GG, sofern spezialgesetzliche Regelungen nicht bestehen.

1001 Vgl. auch Redeker/von Oertzen, § 14 Rand-Nr. 4; Stelkens in Schoch/Schmidt-Aßmann/Pietzner, § 14 Rand-Nr. 2; entsprechende Verpflichtungen gegenüber den Sozialgerichten enthält § 5 SGG; hinsichtlich der Verpflichtung gegenüber den Finanzgerichten ist § 13 FGO heranzuziehen.

1002 BVerwG, Urteil vom 23. August 1968 - 4 C 235.65 -, in: BVerwGE 30, 154, 159; OLG München, Beschluss vom 7. Dezember 1971 - 9 VA 1/71 -, in: OLGZ 1972, 360, 362; Eyermann, § 14 Rand-Nr. 4; Gubelt in von Münch, Art. 35 Rand-Nr. 10; Redeker/von Oertzen, § 14 Rand-Nr. 4; Schilken, Rand-Nr. 252; Stelkens in Schoch/Schmidt-Aßmann/Pietzner, § 14 Rand-Nr. 2.

1003 So ausdrücklich zur Übersendung von Akten eines Amtsgerichts an das übergeordnete Landgericht: OLG München, Beschluss vom 7. Dezember 1971 - 9 VA 1/71 -, in: OLGZ 1972, 360, 362.

1004 Trantas, S. 94 (der die Beiziehung von Akten innerhalb eines Gerichts nur bei Einwilligung des Klägers oder bei nicht entgegenstehenden Geheimhaltungsvorschriften bejaht, S. 95).

1005 OLG Frankfurt/Main, Beschluss vom 1. Dezember 1980 - 1 WS (B) 269/80 OWiG -, in: NStZ 1981, 191; Stelkens in Schoch/Schmidt-Aßmann/Pietzner, § 14 Rand-Nr. 9; a. A. mit der Begründung, dass es hierbei nicht um die Einschaltung eines anderen Gerichts zur Durchführung richterlicher Handlungen gehe, sondern nur um die Unterstützung einer vom Gericht selbst beabsichtigten Amtshandlung: Redeker/von Oertzen, § 14 Rand-Nrn. 2 und 4; Holch, ZZP 1974, 14ff.; Gubelt in von Münch, Art. 35 Rand-Nr. 10, bejaht Amtshilfe.

VwVfG[1006]. Insbesondere hat dabei ein um Aktenvorlage ersuchtes Gericht die sich aus Art. 2 Abs. 1 i. V. m. Art 1 Abs. 1 GG - Recht auf „informationelle Selbstbestimmung" - ergebenden Grundrechte der Betroffenen zu beachten[1007]. Soweit unter Hinweis auf die entsprechende Rechtsprechung des Bundesverfassungsgerichts[1008] eine ausdrückliche gesetzliche Grundlage für eine Aktenübersendung gefordert wird[1009], ist dieser Auffassung bereits aus Gründen der Rechtsklarheit und Rechtssicherheit zuzustimmen, obwohl die allgemeine Ansicht übereinstimmend unter Berücksichtigung und Abwägung der entgegenstehenden Interessen im jeweiligen konkreten Einzelfall eine Aktenübersendung nach obigen Grundsätzen als zulässig ansieht.

Die Gerichte der ordentlichen Gerichtsbarkeit und Staatsanwaltschaften haben bei der Übermittlung von Daten die mit Wirkung vom 1. Juni 1998 eingeführten Bestimmungen der §§ 12ff. Einführungsgesetz zum Gerichtsverfassungsgesetz[1010] zu beachten[1011]. Ferner regelt inzwischen für die Strafverfahren § 474 Abs. 1 StPO die Akteneinsicht durch andere Gerichte, wenn dies für Zwecke der Rechtspflege erforderlich ist. Dabei hat die einsichtsbegehrende Stelle schlüssig darzulegen, dass sie Einsicht für diesen Zweck benötigt[1012]. Aufgrund der eindeutigen Gesetzeswortlaute gelten diese Vorschriften aber nicht für Verwaltungsgerichte. Auch

---

1006 OLG Köln, Beschluss vom 3. Januar 1994 - 7 VA 6-7/93 -, in: NJW 1994, 1075, 1076; Stelkens in Schoch/Schmidt-Aßmann/Pietzner, § 14 Rand-Nr. 2.

1007 OLG Köln, Beschluss vom 3. Januar 1994 - 7 VA 6-7/93 -, in: NJW 1994, 1075, 1076: die in der Entscheidung des BVerfG vom 20. November 1967 - 1 BvR 13/68 - aufgestellten Grundsätze gelten auch für gerichtliche Aktenanforderungen; das Bundesverfassungsgericht wies bereits in seinem Beschluss vom 15. Januar 1970 - 1 BvR 13/68 -, in: NJW 1970, 555f. (sogenannter Ehescheidungsaktenfall), darauf hin, dass die Scheidungsakten nur unter Berücksichtigung von Art. 2 Abs. 1 GG und des Grundsatzes der Verhältnismäßigkeit an einen Untersuchungsführer eines Disziplinarverfahrens übersandt werden dürfen; Trantas, S. 311: das Recht auf „informationelle Selbstbestimmung" sei zu beachten; so wohl auch: Magen in Umbach/Clemens, Grundgesetz, Art. 35 Rand-Nr. 26.

1008 Urteil vom 15. Dezember 1983 - 1 BvR 209, 269, 362, 420, 440, 484/83 -, in: BVerfGE 65, 1ff. = NJW 1984, 419ff.

1009 Liebscher, S. 115, zur Rechtslage in zivilgerichtlichen Verfahren vor Inkrafttreten des Justizmitteilungsgesetzes vom 18. Juni 1997 (BGBl. I, S. 1430, ber. 2779); Trantas, S. 311, 312: weil der Staat bei einer Weitergabe von Daten im Wege einer Akteneinsicht insbesondere im Rahmen der Amtshilfe das Recht auf „informationelle Selbstbestimmung" zu beachten habe, seien die gesetzlichen Datenschutzregelungen erlassen worden.

1010 EGGVG vom 27. Januar 1877 (RGBl. S. 77) i. d. F. vom 2. August 2000 (BGBl. I S. 1253).

1011 Zöller, § 299 Rand-Nr. 8; auch: Kissel, GVG, § 12 Rand-Nr. 110.

1012 Hilger, NStZ 2001, 15, Fußnote 62.

eine analoge Anwendung kommt mangels Vorliegens einer unbewussten planwidrigen Lücke nicht in Betracht.

Das Problem der Rechtmäßigkeit der Übersendung von Gerichtsakten anderer Gerichte an Gerichte der Verwaltungsgerichtsbarkeit lässt sich im Ergebnis auch nicht befriedigend durch die Anwendung von datenschutzrechtlichen Vorschriften lösen[1013]. Grundsätzlich gehen diese Vorschriften als spezielle und damit als vorrangige Vorschriften für die Übermittlung personenbezogener Daten an andere öffentliche Stellen den §§ 4ff. VwVfG des Bundes und der Länder vor (vgl. § 1 Abs. 4 BDSG)[1014]. Andere Behörden oder insbesondere Gerichte sind dabei als andere öffentliche Stellen im Sinne § 15 BDSG oder beispielsweise der §§ 14 DSG NRW beziehungsweise Bbg anzusehen[1015].
Für die Verwaltungsgerichte und Oberverwaltungsgerichte beispielsweise der Länder Nordrhein-Westfalen und Brandenburg gelten die jeweiligen Landesdatenschutzgesetze, soweit die Gerichte Verwaltungsaufgaben wahrnehmen (§ 2 Abs. 1 Satz 2 1. Halbsatz DSG NRW und Bbg). Bei einer Aktenversendung an ein anderes Gericht als Amtshilfeleistung kommt daher § 14 DSG NRW und Bbg (Datenübermittlung innerhalb des öffentlichen Bereichs) zur Anwendung[1016]. Diese Normen sind dann zwingender Ausgangspunkt jeder Entscheidung über eine Versendung von Gerichtsakten an andere Gerichte oder Behörden; aufgrund dieser Vorschriften muss die ersuchte Stelle überprüfen, ob die angeforderten Akten übersandt werden dürfen[1017]. Dies kann aber nicht geschehen, wenn - wie in der gegenwärtigen Verfahrenspraxis üblich - Akten lediglich mittels Vordrucken zu einem bestimmten Aktenzeichen, die keine weiteren Angaben enthalten, angefordert werden[1018].

[1013] Die Anwendbarkeit datenschutzrechtlicher Vorschriften hinsichtlich der Beurteilung der Rechtmäßigkeit der Übersendung von Gerichtsakten auf Ersuchen anderer Gerichte und Behörden nach dem Datenschutzgesetz des Landes Schleswig-Holstein bejahend: Teschner, SchlHA 1997, 59, 63.

[1014] Bonk/Kallerhoff in Stelkens/Bonk/Sachs, § 4 Rand-Nr. 9; Teschner, SchlHA 1997, 59, 63; Ordemann/Schomerus, § 15 Rand-Nr. 3 (zum Bundesdatenschutzgesetz); Stähler, § 14 Erl. 2 (zur Rechtslage in Nordrhein-Westfalen).

[1015] Ordemann/Schomerus, § 15 Rand-Nr. 1.3., § 16 Rand-Nr. 2; Stähler, § 14 Erl. 3, § 16 Erl. 2.

[1016] Teschner, SchlHA 1997, 59, 63, zum (damaligen) § 12 Abs. 3 DSG Schl.-H., der dem § 14 Abs. 3 DSG NRW entsprach, ohne allerdings auf die grundsätzliche Frage der Anwendbarkeit des Datenschutzgesetzes einzugehen.

[1017] Teschner, SchlHA 1997, 59, 63.

[1018] Teschner, SchlHA 1997, 59, 63.

Die vorstehenden Überlegungen gelten ebenfalls für die Anforderung und Übersendung von Akten innerhalb eines Gerichts, da auch in diesem Bereich der Schutz von persönlichen Daten gilt und uneingeschränkt zu beachten ist. Dies gilt sowohl für den Bereich des Bundesdatenschutzgesetzes[1019] als auch beispielsweise für die Länder Nordrhein-Westfalen und Brandenburg nach dem ausdrücklich geltenden § 14 Abs. 4 DSG NRW[1020] bzw. § 14 Abs. 5 DSG Bbg. Danach gelten nämlich die Abs. 1 bis 3 (bzw. 4) entsprechend, wenn personenbezogene Daten innerhalb einer öffentlichen Stelle weitergegeben werden. Die gegenwärtige Praxis, wonach Akten ohne weitere Angaben über die jeweilige Geschäftsstelle oder Serviceeinheit von anderen Kammern oder Senaten angefordert und an diese ohne weitere Prüfung übersandt werden, erweist sich mithin ebenfalls als rechtswidrig. Richtigerweise ist darzulegen, aus welchem Anlass und für welchen Zweck eine konkrete Akte angefordert wird.

2.1.2.2.2.2. Gründe für die Nichtvorlage

§ 14 VwGO enthält keine Gründe, bei deren Vorliegen ein um Übersendung von Akten gebetenes Gericht deren Vorlage verweigern darf. Bei einer Anwendung der Amtshilfevorschriften der §§ 4ff. VwVfG ergeben sich jedoch hieraus Schranken zur Vorlage von Urkunden oder Akten sowie zur Erteilung von Auskünften. Gemäß § 5 Abs. 2 Ziffern 1 und 2 VwVfG darf die Amtshilfe nämlich nicht geleistet werden, wenn die ersuchte Stelle hierzu aus rechtlichen Gründen nicht in der Lage ist oder wenn durch die Hilfeleistung dem Wohl des Bundes oder eines Landes erhebliche Nachteile bereitet würden. Der zuletzt genannte Grund entspricht dem Geheimhaltungsgrund des § 29 Abs. 2 Fall 2 VwVfG. Nach § 5 Abs. 2 Satz 2 VwVfG ist die ersuchte Stelle weiterhin nicht zur Amtshilfeleistung verpflichtet, wenn die Vorgänge nach einem Gesetz oder ihrem Wesen nach geheimgehalten werden müssen. Diese Vorschrift wiederum entspricht der des § 29 Abs. 2 Fall 3 VwVfG. Deshalb ist hier ebenfalls eine schrankenlose Aktenversendung unter Berücksichtigung des Schutzes anderer Interessen nicht gegeben. Auch bei Anwendung von datenschutzrechtlichen Vorschriften kommt keine unbeschränkte Aktenübersendung in Betracht. Die übermittelnde Stelle hat bei Ersuchen auf Aktenübersendung zu prüfen, ob das Übermittlungsersuchen im Rahmen der Aufgaben des Empfängers liegt (vgl. beispielsweise § 15 Abs. 2 Satz 3 BDSG; § 14 Abs. 2 Satz 2 DSG NRW und § 14 Abs. 3 Satz 2 DSG Bbg). Wenn ein Gericht lediglich mittels eines Vordrucks um Aktenübersendung zu ei-

---

[1019] Ordemann/Schomerus, § 15 Rand-Nr. 8.
[1020] Stähler, § 14 Erl. 8.

nem bestimmten Aktenzeichen ersucht, kann eine solche Prüfung nicht erfolgen[1021]. Denn aus der Rechtsprechung des Bundesverfassungsgerichts zum Recht auf „informationelle Selbstbestimmung" ist der Schluss zu ziehen, dass auch zwischen Gerichten grundsätzlich kein Datenaustausch oder keine Aktenübersendung ohne eine ausreichende gesetzliche Grundlage erfolgen darf. Die ersuchende Stelle hat damit sicherzustellen, dass die Erforderlichkeit der begehrten Aktenübersendung überprüft werden kann[1022], auch wenn letztlich die ersuchende Stelle die Verantwortung für eine ordnungsgemäße Verwendung der erhaltenen Informationen trägt, die nur für den Zweck verwendet werden dürfen, zu dem sie übermittelt worden sind (§ 15 Abs. 2 Satz 2 BDSG).

2.1.2.2.2.3. Durchsetzbarkeit der Vorlagepflicht

Diesbezüglich bestehen keine gesetzlichen Regelungen.

2.1.2.2.2.4. Rechtmäßigkeit der Rücksendung von vorgelegten angeforderten/nicht angeforderten) Akten

Hier gelten dieselben Erwägungen wie bereits unter dem Gliederungspunkt 2.1.2.2.1.4. dargestellt. Die Tatsache, dass ein Gericht anstelle einer Behörde Akten vorgelegt hat, führt zu keiner anderen Beurteilung der Rechtslage.

2.1.3. Zuständigkeit (Vorsitzender, Berichterstatter, Einzelrichter, Urkundsbeamter der Geschäftsstelle)

§ 100 VwGO regelt bis auf den Fall der Übergabe der Akten an einen bevollmächtigten Rechtsanwalt in Abs. 2 Satz 3 nicht, wer für die Bewilligung oder Ablehnung der Akteneinsicht zuständig ist. Entgegen der in der gerichtlichen Praxis weit verbreiteten Auffassung, die Entscheidung über die Akteneinsicht ergehe (stets) in richterlicher Unabhängigkeit[1023], ist hierfür der Urkundsbeamte der Ge-

---

1021 Teschner, SchlHA 1997, 59, 63.

1022 Teschner, SchlHA 1997, 59, 63; zur Unzulässigkeit von ständigen Datenverbindungen zwischen Behörden (Online-Zugriff): Gubelt in von Münch, Art. 35 Rand-Nr. 6.

1023 So auch Kissel, GVG, § 12 Rand-Nr. 109; in Zweifelsfällen (wenn beispielsweise unklar ist, ob sich in einer Akte nach einer Einsicht nicht zugängliche Unterlagen befinden) legen die Geschäftsstellen im Bereich des OVG Saarlouis die Akte vor Gewährung der Akteneinsicht dem Vorsitzenden, dem Berichterstatter oder einem anderen Richter des zuständigen Senats vor (Ziff. 10 Regeln für den Geschäftsbetrieb des Oberverwaltungsgerichts des Saarlandes); nach Mitteilung des Präsidenten des VGH Mannheim auf die Anfrage des

schäftsstelle bis auf die Entscheidung über eine Übergabe der Akten nach § 100 Abs. 2 Satz 3 VwGO zuständig[1024]. Die Geschäftsstellenmitarbeiter sind sich dieser Befugnis allerdings häufig nicht bewusst, da sie in einer Vielzahl von Fällen zunächst einen Angehörigen des richterlichen Dienstes um eine entsprechende Verfügung bitten.
Soweit es insbesondere um die Übersendung beziehungsweise Überlassung der Akten an Orte außerhalb des Gerichtsgebäudes geht, ohne dass ein Anwendungsfall des § 100 Abs. 2 Satz 3 VwGO gegeben ist, soll hierfür in analoger Anwendung des § 100 Abs. 2 Satz 3 VwGO der Vorsitzende zuständig sein[1025]. Auch für diese Handhabung ergibt sich aufgrund des Gesetzeswortlauts keine Grundlage; eine unbewusste planwidrige Lücke des Gesetzgebers als Voraussetzung für eine Analogie ist nicht ersichtlich.

Wird Akteneinsicht in der mündlichen Verhandlung begehrt, entscheidet hierüber allerdings der Vorsitzende[1026] beziehungsweise der zuständige Einzelrichter, bei einem Erörterungstermin vor dem Berichterstatter dieser.

2.1.4. Form der Entscheidung

Die Entscheidung kann formlos ergehen. Ein förmlicher Beschluss ist nicht erforderlich, da die Verwaltungsgerichtsordnung diesbezüglich keine Vorschrift enthält.

Lehrstuhls von Professor Umbach legt dagegen gemäß § 5 Abs. 5 Baden-Württembergische Aktenordnung für die Geschäftsstellen der Gerichte der Verwaltungsgerichtsbarkeit (AktO-VG) die Geschäftsstelle (sämtliche) Ersuchen um Gewährung von Akteneinsicht, um Übersendung von Akten sowie um Erteilung von Abschriften aus Akten in anhängigen und abgeschlossenen Verfahren den Akten (entgegen des Wortlauts von § 100 VwGO) dem Vorsitzenden zur Entscheidung vor; der Präsident des OVG Magdeburg hat sogar angegeben: „In jedem Fall entscheidet der Vorsitzende darüber, ob Akteneinsicht genommen werden darf"; auch nach Auffassung des Präsidenten des OVG Berlin entscheidet der jeweilige Vorsitzende eines Spruchkörpers über die Gewährung der Akteneinsicht.

1024 Vgl. zur Befugnis des Urkundsbeamten: Kopp/Schenke, VwGO, § 100 Rand-Nr. 8; Redeker/von Oertzen, § 100 Rand-Nr. 7; Rudisile in Schoch/Schmidt-Aßmann/Pietzner, § 100 Rand-Nr. 19; Lang in Sodan/Ziekow, § 100 Rand-Nrn. 15, 32.

1025 Eyermann, § 100 Rand-Nr. 16; Kopp/Schenke, VwGO, § 100 Rand-Nr. 8.

1026 Rudisile in Schoch/Schmidt-Aßmann/Pietzner, § 100 Rand-Nr. 9; Lang in Sodan/Ziekow, § 100 Rand-Nr. 15.

2.1.5. Beginn, Dauer und Ende der Akteneinsichtnahme sowie ihre Ausgestaltung

Das gerichtliche Akteneinsichtsrecht der Beteiligten entsteht mit dem Beginn eines verwaltungsgerichtlichen Verfahrens, mithin mit der schriftlichen oder zur Niederschrift des Urkundsbeamten der Geschäftsstelle des Gerichts erhobenen Klageerhebung nach § 81 Abs. 1 Sätze 1 und 2 VwGO. Sinnvollerweise kann es allerdings erst dann ausgeübt werden, wenn die angeforderten Behördenakten oder sonstigen Unterlagen bei dem Gericht eingegangen sind. Eine vorprozessuale Einsichtnahmemöglichkeit, wie sie beispielsweise im Zivilprozess bei Schutzschriften gelegentlich für zulässig erachtet wird[1027], gibt es im Verwaltungsprozess nicht.

Das Akteneinsichtsrecht endet nach allgemeiner Auffassung mit dem rechtskräftigen Abschluss des Verfahrens[1028]. Daher können die Prozessbeteiligten auch noch nach Erlass einer den Rechtsstreit beendenden gerichtlichen Entscheidung bis zum Ablauf der bestehenden Rechtsmittelfristen die Gewährung von Akteneinsicht erhalten. Dies ist dann sinnvoll, wenn nach Erlass einer gerichtlichen Entscheidung ein zuvor anwaltlich nicht vertretener Beteiligter nunmehr einen Prozessbevollmächtigten einschaltet oder wenn kurzfristig der Prozessbevollmächtigte gewechselt wird. In beiden Fällen besteht für die neuen Bevollmächtigten zutreffenderweise die Berechtigung zur Akteneinsicht nach § 100 VwGO. Es muss nämlich nicht erst ein Rechtsmittel eingelegt werden, um in diesem Verfahren Einsicht in die Akten zu nehmen; eine solche Vorgehensweise wäre im übrigen in hohem Maß unökonomisch.
Nach rechtskräftigem Abschluss kann in die behördlichen Verwaltungsakten wiederum ein Akteneinsichtsrecht bei der Behörde unter Beachtung der Voraussetzungen des § 29 VwVfG oder der Grundsätze der Gewährung von Akteneinsicht an frühere Beteiligte bestehen[1029].

[1027] Vgl. Prütting, ZZP 1993 (106), 427, 458; ein solches Einsichtsrecht wegen fehlender gesetzlicher Grundlage verneinend: Zöller, § 299 Rand-Nr. 6a.

[1028] Eyermann, § 100 Rand-Nr. 8; Kopp/Schenke, VwGO, § 100 Rand-Nr. 3; Redeker/von Oertzen, § 100 Rand-Nr. 8; Rudisile in Schoch/Schmidt-Aßmann/Pietzner, § 100 Rand-Nr. 8; Lang in Sodan/Ziekow, § 100 Rand-Nr. 26; OVG Bremen, Beschluss vom 7. Mai 1984 - 2 B 56/84 -, in: NVwZ 1984, 527: nach rechtskräftigem Abschluss des gerichtlichen Verfahrens lässt sich aus § 100 VwGO kein Recht auf Einsicht in bereits zurückgegebene Behördenakten herleiten, da Ziel der Akteneinsicht die Ermöglichung einer sachgerechten Prozessführung für die Beteiligten ist.

[1029] Brandt/Sachs, O 141.

Wird ein Rechtsstreit in der nächsten Instanz aufgrund eines eingelegten Rechtsmittels fortgeführt, besteht das Akteneinsichtsrecht der Beteiligten auch in dieser Instanz.

In jedem Fall ist einem Beteiligten zu ermöglichen, rechtzeitig (vor einer mündlichen Verhandlung oder gerichtlichen Entscheidung) Einsicht zu nehmen[1030].

Diese kann grundsätzlich während der allgemeinen Dienststunden auf der jeweiligen Geschäftsstelle oder Serviceeinheit unter Aufsicht erfolgen[1031]. Überall sind in der Regel an Gerichtsstelle Fotokopiergeräte vorhanden, wo Ablichtungen selber gefertigt oder durch Geschäftsstellenbedienstete angefertigt werden können[1032]. Bei jeder Akteneinsichtnahme ist grundsätzlich sicherzustellen, dass aus der Akte nichts entfernt und ihr nicht hinzugefügt werden kann[1033].

1030 Lang in Sodan/Ziekow, § 100 Rand-Nr. 25.

1031 Eyermann, § 100 Rand-Nr. 5; so auch die übereinstimmenden Auffassungen des Präsidenten des Bundesverwaltungsgerichts und der Präsidenten der Oberverwaltungsgerichte und Verwaltungsgerichtshöfe; teilweise geschieht dabei die Einsichtnahme nur nach vorheriger Terminsvereinbarung (so bei den Oberverwaltungsgerichten in Münster, Bremen und Greifswald). Beteiligte und von diesen bevollmächtigte Rechtsanwälte werden dabei in der Regel unterschiedslos behandelt; allerdings wird es bei dem OVG Koblenz bei umfangreichen Beiakten gestattet, diese in einem anderen Raum als dem der Geschäftsstelle in Anwesenheit eines Wachtmeisters einzusehen; in Berlin dürfen Rechtsanwälte die Akten gegen ein Pfand auch in Räume außerhalb des Gerichts, beispielsweise in das Anwaltszimmer des benachbarten Amtsgerichts Tiergarten, mitnehmen; ausweislich der Stellungnahme des Präsidenten des VG Dresden wird Akteneinsicht dort meist ohne Anwesenheit einer Mitarbeiterin gewährt, letztlich sei es jedoch eine Frage des Einzelfalls.

1032 So die Antworten der Präsidenten des Bundesverwaltungsgerichts und der Oberverwaltungsgerichte beziehungsweise Verwaltungsgerichtshöfe. Nur in Einzelfällen steht eine „umfassende EDV-Ausstattung“ zur Verfügung (im OVG Münster) oder kann Einsicht in Datenträger über die EDV-Anlage des Gerichts genommen werden (im VGH München); ein Videogerät steht im OVG Koblenz zur Verfügung, welches auch vom VG Koblenz mitbenutzt werden kann; im VG Greifswald ist ebenfalls ein Videogerät mit Bildschirm vorhanden, welches auch vom OVG Greifswald benutzt werden darf; bei dem VG Dresden wird die Entwicklung beobachtet, um gegebenenfalls entsprechende Vorrichtungen bereithalten zu können; bei dem OVG in Lüneburg können andere Informationsträger als Papierakten jedenfalls nicht außerhalb der mündlichen Verhandlung eingesehen werden.

1033 So z. B. ausdrücklich Ziff. 10 der Regeln für den Geschäftsbetrieb des Oberverwaltungsgerichts des Saarlandes; nach der Aktenordnung für den Bayerischen Verwaltungsgerichtshof (Stand: 1. Juni 1998) hat die Geschäftsstellenverwaltung „insbesondere darauf zu achten, daß aus den Akten weder Schriftstücke entfernt, noch Schriftstücke hinzugefügt werden“.

Hinsichtlich der Dauer einer Übergabe von Akten ausser Haus erscheint die im Bereich des OVG Hamburg offenbar generell praktizierte Handhabung, diese an Rechtsanwälte für 2 x 48 Stunden herauszugeben, dann bedenklich, wenn in konkreten Einzelfällen jeweils abhängig von den Umständen keine individuellen Terminsvereinbarungen getroffen werden. Vorrangig zu beachten ist nämlich als Ausfluss des rechtlichen Gehörs stets die zumutbare Möglichkeit einer Akteneinsichtnahme.

2.1.6. Mehrfache Akteneinsichtnahme im gerichtlichen Verfahren in einer Instanz und im Verlauf eines Instanzenzuges sowie zusätzlich zum vorgeschalteten behördlichen Verfahren

Grundsätzlich ist eine mehrfache Akteneinsichtnahme im gerichtlichen Verfahren einer Instanz als auch im Verlauf eines Instanzenzuges in jeder Instanz zulässig[1034]. Dies hat eine tatsächliche Bedeutung insbesondere in Fällen, in denen während eines laufenden Gerichtsverfahrens oder in der nächsthöheren Instanz ein Wechsel des Bevollmächtigten erfolgt[1035]. Dem neu bestellten Bevollmächtigten kann grundsätzlich nicht entgegengehalten werden, der bisherige Bevollmächtigte habe bereits Einsicht genommen oder hätte diese nehmen können[1036]. Insbesondere kann einem Prozessbeteiligten auch nicht sein im Verwaltungsverfahren zustehendes Akteneinsichtsrecht nach § 29 VwVfG bei Gewährung einer Akteneinsicht nach § 100 VwGO entgegengehalten werden, da die entsprechenden Akteneinsichtsrechte unabhängig voneinander für die jeweiligen Verfahren gelten, da jeweils in diesen eine sachgerechte Prozessführung möglich sein muss.

1034 BVerwG, Urteil vom 15. Oktober 1970 - 2 C 36.66 -, in: BVerwGE 36, 134, 137 (zur wiederholten Einsicht eines Beamten in seine Personalakten); BVerwG, Beschluss vom 14. Oktober 1997 - 9 B 799.97 -; OVG Münster, Beschluss vom 17. Februar 1984 - 7 a NE 30/80 -, in: Kostenrechtsprechung BRAGO § 27 Nr. 68, wonach eine mehrfache Akteneinsichtnahme insbesondere in Normenkontrollverfahren „regelmäßig zumutbar" und „durchaus üblich" sei; zur grundsätzlichen Möglichkeit einer mehrmaligen Akteneinsicht auch: VGH Mannheim, Beschluss vom 22. Dezember 1983 - 2 S 2782/83 -, in: Kostenrechtsprechung § 27 BRAGO Nr. 69 = VBlBW 1984, 376; Rudisile in Schoch/Schmidt-Aßmann/Pietzner, § 100 Rand-Nr. 6; Lang in Sodan/Ziekow, § 100 Rand-Nr. 24.

1035 BVerwG, Beschluss vom 14. Oktober 1997 - 9 B 799/97 -; Rudisile in Schoch/Schmidt-Aßmann/Pietzner, § 100 Rand-Nr. 6 Fussnote 18; Lang in Sodan/Ziekow, § 100 Rand-Nr. 24.

1036 Lang in Sodan/Ziekow, § 100 Rand-Nr. 24.

2.1.7. Grenzen und Ausschluss der Akteneinsicht, insbesondere Gründe für die Nichtgewährung der Akteneinsicht in vorgelegte Akten zum Schutz Dritter

Zum Teil wird in der Literatur vertreten, dass die Vorschrift des § 99 Abs. 1 Satz 2 VwGO im Rahmen der Gewährung von Akteneinsicht nach § 100 VwGO analog anzuwenden sei[1037]. Dieser Ansicht ist nicht zu folgen[1038]. Zum einen sind keine Anhaltspunkte für eine unbewusste planwidrige Regelungslücke des Gesetzgebers ersichtlich. Zum anderen ist eine Ausnahmevorschrift, wie sie der § 99 Abs. 1 Satz 2 VwGO ist, nicht einer Analogie fähig[1039].
Insbesondere ist auch kein Ausschluss oder keine Beschränkung der Akteneinsicht gegenüber Beteiligten mit der Begründung zulässig, dass die Akten oder Aktenteile für das gerichtliche Verfahren nicht von Interesse seien oder es auf sie nicht ankomme. So dürfen auch nicht Aktenteile durch das Gericht ausgesondert und von der Akteneinsicht ausgenommen werden, da Akteneinsicht in die gesamten Prozessakten gewährt werden muss[1040].

Allerdings kann in Einzelfällen die Gewährung von umfassender Akteneinsicht wegen Rechtsmissbrauchs versagt werden, wenn ein Beteiligter oder/und sein Bevollmächtigter diese erstmals in der mündlichen Verhandlung beantragt und beispielsweise aufgrund des Umfangs der Akten eine Sachentscheidung des Gerichts am Verhandlungstag dadurch nicht mehr möglich ist. In diesen Fällen hat das Gericht aber gleichwohl die Beteiligten über den für eine Entscheidung maßgeblichen Sachverhalt zu unterrichten. Dabei dürften allerdings einzelne Unterlagen den Beteiligten auch zur Einsichtnahme gezeigt werden, da hierdurch keine maßgebliche Verfahrensverzögerung eintreten dürfte. Die Gewährung von Akteneinsicht kann auch versagt werden, wenn ein Beteiligter sie nur außerhalb der Dienststunden nehmen will[1041]. Allerdings ist unter Beachtung des Grundsatzes des rechtlichen Gehörs gemäß Art. 103 Abs. 1 GG dann eine Möglichkeit für die

---

[1037] So Kopp/Schenke, VwGO, § 100 Rand-Nr. 3a: denn auch bei den von einer Behörde vorgelegten Unterlagen sei nicht auszuschliessen, dass diese geheimhaltungsbedürftige Tatsachen im Sinne des § 99 Abs. 1 Satz 2 VwGO enthalten, die das Gericht nicht offenbaren dürfe; diese vom Gesetz offensichtlich nicht beabsichtigte Regelungslücke sei durch analoge Anwendung des § 99 Abs. 1 Satz 2 auszufüllen.

[1038] Vgl. Kuntze in Bader/Funke-Kaiser/Kuntze/von Albedyll, § 100 Rand-Nr. 3; Eyermann, § 100 Rand-Nr. 7; Pieroth, JUS 1981, 625; Schoenemann, DVBl. 1988, 520, 524; Lang in Sodan/Ziekow, § 100 Rand-Nr. 38.

[1039] Eyermann, § 100 Rand-Nr. 7.

[1040] Vgl. nur Prütting, ZZP 1993 (106), S. 427, 456 (zu § 299 ZPO).

[1041] Kuntze in Bader/Funke-Kaiser/Kuntze/von Albedyll, § 100 Rand-Nr. 7.

Gewährung zu suchen, wenn der Beteiligte das entsprechende Gericht während der Dienststunden tatsächlich nicht zu erreichen vermag. In diesem Fall ist beispielsweise an eine Versendung der Akten an ein Gericht oder eine Behörde am Wohn- oder Arbeitsort des Betreffenden zu denken. Hinsichtlich der Handhabung gegenüber einem Prozessbevollmächtigten wird auf die Ausführungen zu § 100 Abs. 2 Satz 3 VwGO (Gliederungspunkt 2.2.3.) hingewiesen. Insbesondere darf das Argument, die Akten seien nicht verfügbar („im Geschäftsgang“) oder in der Kanzlei oder würden zur richterlichen Bearbeitung benötigt[1042], nicht allgemein verwendet werden. Es sind stets die konkreten Umstände des Einzelfalls festzustellen und zu beurteilen, um eine Akteneinsicht in zumutbarer Weise zu ermöglichen.

2.1.8. Akteneinsicht durch Dritte oder frühere Beteiligte

§ 100 VwGO regelt nur die Akteneinsicht von Beteiligten während eines noch nicht rechtskräftig abgeschlossenen gerichtlichen Verfahrens. Er entspricht damit grundsätzlich der Vorschrift des § 29 Abs. 1 VwVfG für das verwaltungsbehördliche Verfahren. § 100 VwGO ist ebenfalls vom Wortlaut her nicht anwendbar auf Akteneinsichtsbegehren durch dritte Personen während eines gerichtlichen Verfahrens oder nach dessen rechtskräftigen Abschluss und durch frühere Beteiligte nach rechtskräftigem Abschluss des gerichtlichen Verfahrens. Eine Unterscheidung zwischen dritten Personen und früheren Beteiligten erfolgt in der Rechtsprechung und der herrschenden Auffassung in der Literatur aber ebenfalls nicht[1043], ohne dass ein sachgerechter Grund besteht, für den Bereich des verwaltungsgerichtlichen Verfahrens zu einer anderen Einschätzung als für das verwaltungsbehördliche Verfahren zu gelangen. Insbesondere können frühere Beteiligte mittels einer Nichtigkeits- und Restitutionsklage gemäß § 153 Abs. 1 VwGO die Wiederaufnahme eines abgeschlossenen Verfahrens begehren und daher rechtlich anders zu beurteilen sein als ein nichtbeteiligter Dritter (vgl. 2. Kapitel).

[1042] Kuntze in Bader/Funke-Kaiser/Kuntze/von Albedyll, § 100 Rand-Nr. 7 (mit der Folge der Versorgung einer Akteneinsicht).

[1043] Lang in Sodan/Ziekow, § 100 Rand-Nr. 27, befürworten lediglich allgemein die Möglichkeit, Beteiligten auch nach Abschluss des Verfahrens nach Ermessen des Gerichts Akteneinsicht zu gewähren; Peters/Sautter/ Wolff, § 120 SGG Anm. 1, sehen keinen Anlass dafür, frühere Beteiligte anders als Dritte anzusehen.

Soweit darüber hinaus in der Literatur gelegentlich Behörden, „die mit dem Rechtsstreit nichts zu tun haben", oder anderen Gerichten ein Akteneinsichtsrecht nach Art. 35 Abs. 1 GG zugestanden wird[1044], ist dieser Auffassung entgegenzuhalten, dass Art. 35 Abs. 1 GG nach der überwiegenden Auffassung zutreffenderweise keinerlei Akteneinsichtsrecht beinhaltet[1045].

Auch ein Dienstvorgesetzter eines am Verfahren beteiligten Behördenmitarbeiters soll nach einer Auffassung in der Literatur ein Akteneinsichtsrecht haben[1046]. Ebenso wird Fach- und Berufsverbänden, in deren Bereich ein konkretes Verfahren hineinreicht, ein Akteneinsichtsrecht zugestanden[1047]. Akteneinsicht ist indes nur Verfahrensbeteiligten zu gewähren, so dass Akteneinsicht an die vorgenannten Personen und Organisationen rechtmäßigerweise nur über die Grundsätze der Gewährung an Nichtbeteiligte zu gewähren ist[1048] bzw. wenn Mitglieder eines Verbandes oder einer Gewerkschaft zulässigerweise als Prozessbevollmächtigte auftreten dürfen (vgl. § 67 Abs. 1 Satz 4 VwGO).

2.1.8.1. Anwendbarkeit des § 299 Abs. 2 ZPO

Zum Teil wird die Anwendbarkeit der das Akteneinsichtsrecht von dritten Personen in zivilrechtlichen Verfahren regelnden Vorschrift des § 299 Abs. 2 ZPO bejaht[1049]. Danach kann der Vorstand des Gerichts im pflichtgemäßen Ermessen dritten Personen ohne Einwilligung der Prozessparteien die Einsicht in die Akten

---

1044 So: Rudisile in Schoch/Schmidt-Aßmann/Pietzner, § 100 Rand-Nr. 13; teilweise auch: Kissel, GVG, § 12 Rand-Nr. 110.

1045 Vgl. nur: BVerwG, Urteil vom 12. Oktober 1971 - 6 C 99.67 - in: BVerwGE 38, 336, 340; BVerwG, Urteil vom 8. April 1976 - 2 C 15.74 -, in: BVerwGE 50, 310.

1046 Vgl. Kissel, GVG, § 12 Rand-Nr. 110.

1047 Vgl. Kissel, GVG, § 12 Rand-Nr. 112; Kopp/Schenke, VwGO, § 100 Rand-Nr. 2 (bei Vorliegen eines rechtlichen Interesses).

1048 Ausdrücklich verneinen daher Peters/Sautter/Wolff, § 120 Anm. 1, zutreffenderweise ein Einsichtsrecht einer übergeordneten Behörde und einer Aufsichtsbehörde.

1049 Kopp/Schenke, VwGO, § 100 Rand-Nr. 2; Rudisile in Schoch/Schmidt-Aßmann/Pietzner, § 100 Rand-Nr. 11, über § 173 VwGO; wohl auch: Lang in Sodan/Ziekow, § 100 Rand-Nrn. 11, 12; Eyermann, § 100 Rand-Nr. 3, über § 173 VwGO, sofern die Prozessbeteiligten keine Einwilligung in die Akteneinsichtnahme durch Dritte erteilt haben; so auch der Präsident des OVG Münster in seiner Antwort auf die Anfrage des Lehrstuhls von Professor Umbach; ebenso der Präsident des OVG Koblenz und der Präsident des OVG Schleswig; desweiteren erachtet der Präsident des OVG Koblenz die Gewährung von Akteneinsicht an Dritte für zulässig, wenn für diese ein berechtigtes Interesse besteht und die Beteiligten ihr Einverständnis erklärt haben.

gestatten, wenn ein rechtliches Interesse glaubhaft gemacht wird. In einem verwaltungsgerichtlichen Verfahren wäre der jeweilige Gerichtspräsident zuständig; dieser könnte die Befugnis auch delegieren[1050].
§ 299 Abs. 2 ZPO lässt sich indes weder über die Norm des § 173 VwGO heranziehen noch kommt eine analoge Anwendung in Betracht. Nach § 173 Satz 1 VwGO ist die Zivilprozessordnung nämlich nur dann entsprechend anzuwenden, wenn die Verwaltungsgerichtsordnung keine Bestimmungen über das Verfahren enthält und die grundsätzlichen Unterschiede der beiden Verfahrensarten dies nicht ausschließen. Zwar enthält § 100 VwGO keine Bestimmungen über das Akteneinsichtsrecht von Dritten. Die Vorschrift regelt indes die Akteneinsicht in einem verwaltungsgerichtlichen Verfahren abschliessend und vollständig, so dass die Heranziehung des § 299 Abs. 2 ZPO über § 173 Satz 1 VwGO nicht in Betracht kommt[1051]. Aus der Entstehungsgeschichte des § 100 VwGO ergibt sich zudem keine unbewusste planwidrige Lücke des Gesetzgebers hinsichtlich der Gewährung von Akteneinsicht an Dritte, die eine analoge Anwendung des § 299 Abs. 2 ZPO rechtfertigen könnte[1052].

2.1.8.2. Voraussetzungen für die Gewährung von Akteneinsicht

Auch für den Bereich der verwaltungsgerichtlichen Verfahren wird von der herrschenden Meinung die Gewährung von Akteneinsicht ähnlich wie bei einem verwaltungsbehördlichen Verfahren unter bestimmten Voraussetzungen für zulässig erachtet[1053]. Die Entscheidung steht auch hier im pflichtgemäßen Ermessen[1054].

1050 Eyermann, § 100 Rand-Nr. 3.

1051 OVG Lüneburg, Beschluss vom 4. Juli 1963 - II OVG B 13/63 -, in: OVGE 19, 371 = VwRspr. 16 Nr. 76 = NJW 1963, 1798; Jung, S. 45; Redeker/von Oertzen, § 100 Rand-Nr. 2; Peglau, NJ 1993, 440, 442; a. A. ohne Begründung: Kuntze in Bader/Funke-Kaiser/Kuntze/von Albedyll, § 100 Rand-Nr. 6, und Teschner, SchlHA 1997, 59, 63.

1052 Hirschberger, S. 50, der eine entsprechende Anwendung des § 299 Abs. 2 ZPO verneint; ausdrücklich die Gewährung von Akteneinsicht an Dritte verneint haben in ihrer Antwort gegenüber dem Lehrstuhl von Professor Umbach die Präsidentin des OVG Greifswald und der Präsident des OVG Bremen (Dritte können dort bei Bestehen eines rechtlichen Interesses auf Antrag (nur) anonymisierte gerichtliche Entscheidungen erhalten), sowie der Präsident des OVG Saarlouis und der Präsident des OVG Magdeburg; der Präsident des VGH München hat angegeben: „Bei Dritten ist jedoch zu beachten, daß diese gemäß § 100 VwGO grundsätzlich kein Akteneinsichtsrecht haben"; nach Mitteilung des Präsidenten des VGH Mannheim können nach § 100 VwGO „grundsätzlich nur die Beteiligten die Gerichtsakten und die dem Gericht vorgelegten Akten einsehen...".

1053 Kopp/Schenke, VwGO, § 100 Rand-Nr. 2, bejahen ein Recht dritter, am Verfahren nicht beteiligter Personen aus allgemeinen rechtsstaatlichen Gründen; Redeker/von Oertzen,

Die Gewährung von Akteneinsicht soll erfolgen, wenn die Kenntnis des Akteninhalts Voraussetzung für eine wirksame Rechtsverfolgung ist[1055] oder wenn ein berechtigtes Interesse an der Akteneinsicht glaubhaft gemacht wird, wobei das Interesse an der Geheimhaltung des Prozessstoffs mit den Belangen von Dritten und den Interessen des Gerichts abzuwägen ist[1056]. Zur Begründung wird im wesentlichen auf die Entscheidungen des Bundesverwaltungsgerichts zur Akteneinsicht von Dritten in einem verwaltungsbehördlichen Verfahren verwiesen[1057]. Insbesondere ist bei dem Abwägungsvorgang der entgegenstehenden Interessen das Grundrecht auf „informationelle Selbstbestimmung" zu berücksichtigen[1058]. Eine dergestalt (mögliche) Akteneinsicht soll dabei grundsätzlich nur an Gerichtsstelle erfolgen[1059]; in der Praxis werden keine Unterschiede zwischen durch Dritte oder durch Beteiligte bevollmächtigte Rechtsanwälte insbesondere bei einer Übergabe oder Versendung gemacht[1060]. Zuständig für die Gewährung von Akteneinsicht an

---

§ 100 Rand-Nr. 2, bejahen ein Einsichtsrecht Dritter nur nach Zustimmung der Beteiligten und weisen in Rand-Nr. 8 darauf hin, dass nach rechtskräftigem Abschluss des gerichtlichen Verfahrens ein Akteneinsichtsrecht in zurückgegebene Behördenakten nur noch nach § 29 VwVfG bestehe, wobei anzumerken ist, dass bei einem solchen Akteneinsichtsbegehren die Behörde zu prüfen hat, ob der Antragsteller Beteiligter eines noch laufenden Verfahrens oder nur noch Dritter ist; Eyermann, § 100 Rand-Nr. 3, bejaht das Einsichtsrecht von Dritten ebenfalls bei einer Einwilligung der Prozessbeteiligten; ebenso Peglau, NJ 1993, 440, 442; Lang in Sodan/Ziekow, § 100 Rand-Nr. 11, 12, bejaht ein Einsichtsrecht unter Hinweis auf ein grundrechtlich vermitteltes Anliegen auf Akteneinsicht; auch sei das Gerichtsverfahren öffentlich; Kuhla/Hüttenbrink, Rand-Nr. E 148, verneinen dagegen ein Akteneinsichtsrecht für Dritte; das BVerwG, Urteile vom 23. August 1968 - 4 C 235.65 -, in: BVerwGE 30, 154, 157, und vom 1. Juli 1983 - 2 C 42.82 -, in: BVerwGE 67, 300, 303f., bezieht sich nur auf die Akteneinsicht Dritter in Akten eines verwaltungs*behördlichen* Verfahrens; der Präsident des Bundesverwaltungsgerichts hat in seiner Antwort auf die Anfrage des Lehrstuhls von Professor Umbach hinsichtlich der Praxis der Gewährung von Akteneinsicht mitgeteilt, diesbezüglich keine Angaben machen zu können, weil entsprechende Wünsche dort bisher nicht bekannt geworden seien.

1054 Vgl. nur: Rudisile in Schoch/Schmidt-Aßmann/Pietzner, § 100 Rand-Nr. 5.

1055 Kopp/Schenke, VwGO, § 100 Rand-Nr. 2.

1056 Eyermann, § 100 Rand-Nr. 3.

1057 Kopp/Schenke, VwGO, § 100 Rand-Nr 2, unter Verweis auf BVerwG, Urteil vom 23. August 1968 - 4 C 235.65 -, in: BVerwGE 30, 154, 157, sowie BVerwG, Urteil vom 1. Juli 1983 - 2 C 42.82 -, in: BVerwGE 67, 300, 303f.

1058 Kissel, GVG, § 12 Rand-Nr. 113.

1059 So der Präsident des OVG Münster in seiner Antwort auf die Anfrage des Lehrstuhls von Professor Umbach, obwohl nach § 299 Abs. 2 ZPO eine Übergabe oder Versendung jedenfalls an bevollmächtigte Rechtsanwälte nicht ausgeschlossen ist; vgl. auch Kissel, GVG, § 12 Rand-Nr. 115; Zöller, § 299 Rand-Nr. 4a.

1060 So der Präsident des OVG Koblenz in seiner Antwort.

dritte Personen oder frühere Beteiligte außerhalb eines gerichtlichen Verfahrens ist nach übereinstimmender Auffassung der Vorstand des jeweiligen Verwaltungsgerichts (der Präsident), so wie es für das zivilgerichtliche Verfahren in § 299 Abs. 2 ZPO ausdrücklich geregelt ist[1061]. Grundsätzlich ist damit die Sachlage im verwaltungsbehördlichen und im verwaltungsgerichtlichen Verfahren vergleichbar, ohne dass aber - soweit ersichtlich - zu diesem Problemkreis ober- beziehungsweise höchstrichterliche Entscheidungen veröffentlicht sind. Wegen der fehlenden gesetzlichen Grundlage ist die Rechtslage jedenfalls höchst unbefriedigend, selbst wenn man die Auffassung teilen würde, dass ein Dritter dann ein Akteneinsichtsrecht habe, wenn die Beteiligten der Einsichtnahme zustimmen würden[1062]. So unterliegen nämlich gerichtliche Interessen (beispielsweise Vermerke, Verfügungen pp.) nicht der Dispositionsbefugnis der Beteiligten und könnten daher einer entsprechenden Akteneinsichtnahme entgegenstehen[1063]. Auch besteht die Möglichkeit, dass nach einer solchen Zustimmung beispielsweise im Wege der Beiladung der Kreis der Beteiligten erweitert wird. Aufgrund dieser Situation ist das Bundesverfassungsgerichtsgesetz zwischenzeitlich durch einen zweiten Abschnitt „Akteneinsicht außerhalb des Verfahrens" (§§ 35a bis 35c) ergänzt[1064] worden und gewährt durch diese Neuregelung ausdrücklich auch nicht am Verfahren beteiligten Personen oder Stellen ein eigenes Akteneinsichtsrecht[1065]. Somit hat der Gesetzgeber hier eine Gesetzeslücke erkannt und sie entsprechend geschlossen.

2.1.8.3. Erfordernis einer gesetzlichen Grundlage

Unter Berücksichtigung der Rechtsprechung des Bundesverfassungsgerichts zum Recht auf „informationelle Selbstbestimmung"[1066] ist für die Gewährung von Akteneinsicht an dritte Personen oder frühere Beteiligte im verwaltungsgerichtlichen Verfahren ebenfalls eine Rechtsgrundlage zu schaffen.

Soweit ähnlich wie bei der Gewährung im verwaltungsbehördlichen Verfahren die Darlegung eines berechtigten Interesses verlangt wird, kann dies die Notwen-

---

[1061] Kissel, GVG, § 12 Rand-Nrn. 111 und 114.
[1062] So aber: Eyermann, § 100 Rand-Nr. 3; Jung, S. 45; Lang in Sodan/Ziekow, § 100 Rand-Nr. 13.
[1063] Zu Recht: Lang in Sodan/Ziekow, § 100 Rand-Nr. 13 Fußnote 1.
[1064] Gesetz vom 16. Juli 1998 (BGBl. I S. 1823).
[1065] Vgl. Benda/Klein, Rand-Nr. 251.
[1066] Vom 15. Dezember 1983 - 1 BvR 209, 269, 362, 420, 440, 484/83 -, in: BVerfGE 65, 1ff. = NJW 1984, 419ff.

digkeit einer gesetzlichen Regelung unter Berücksichtigung der Grundsätze des Bundesverfassungsgerichts in seinem Volkszählungsurteil nicht außer Acht lassen. Denn die Weitergabe von Daten ist danach nur aufgrund einer ausreichenden gesetzlichen Grundlage zulässig[1067].

Vor diesem Hintergrund hat der Bundesgesetzgeber vor geraumer Zeit bereits das Justizmitteilungsgesetz[1068] erlassen. Hierdurch wurde das EGGVG durch einen zweiten Abschnitt ergänzt, der die Übermittlung personenbezogener Daten von Amts wegen durch Gerichte der ordentlichen Gerichtsbarkeit und Staatsanwaltschaften beinhaltet. Zuvor waren in diesen Bereichen die Allgemeine Verfügung über Mitteilungen in Zivilsachen[1069] bzw. die Anordnungen über Mitteilungen in Strafsachen[1070] als zulässige Rechtsgrundlagen erachtet worden[1071], wobei die MiZi in der Literatur zutreffenderweise als nicht ausreichende rechtliche Grundlage unter Berücksichtigung der vom Bundesverfassungsgericht aufgestellten Grundsätze im Volkszählungsurteil angesehen wurde[1072]. Die Vorschriften des EGGVG sind von ihrem Wortlaut her nicht auf die Gerichte der Verwaltungsgerichtsbarkeit anwendbar; eine analoge Anwendung kommt ebenso nicht in Betracht, weil nicht vom Vorliegen einer unbewussten planwidrigen Gesetzeslücke ausgegangen werden kann. Zwar ist dem Gesetzgeber grundsätzlich eine Über-

---

1067 Vgl. BVerwG, Beschluss vom 2. Oktober 1991 - 1 B 58/91 -, in: Buchholz, 403.1 Allgemeines Datenschutzrecht Nr. 12; Simon/Franke/Sachs, § 21 Rand-Nr. 5, wonach für Eingriffe in das informationelle Selbstbestimmungsrecht eine den Anforderungen des Bundesverfassungsgerichts entsprechende Rechtsgrundlage zu schaffen ist; wohl auch Kissel, GVG, § 12 Rand-Nr. 111.

1068 Gesetz zur Änderung kostenrechtlicher Vorschriften und anderer Gesetze (JuMiG) vom 18. Juni 1997 (BGBl. I S. 1430).

1069 MiZi vom 1. Oktober 1967 (BAnz Nr. 218/1967, für den Bund geändert durch Erlass vom 11. November 1985 (BAnz Nr. 219/1985)).

1070 MiStra i. d. B. v. 15. März 1985 (BAnz Nr. 60).

1071 Vgl. OLG Karlsruhe, Beschluss vom 18. September 1987 - 4 VAs 10/87 -, in: NStZ 1988, 184, 185f. (allerdings nur für eine gewisse Übergangszeit); OLG Hamm, Beschluss vom 13. Oktober 1987 - 1 VAs 53/87 -, in: NStZ 1988, 186f. = NJW 1988, 1402.

1072 Vgl. Prütting, ZZP 1985 (106), 427, 426f.; Liebscher, S. 115; siehe auch zu den Richtlinien für das Strafverfahren und das Bußgeldverfahren (RiStBV) vom 1. Januar 1977 den Beschluss des OLG Hamm vom 11. November 1985 - 1 VAs 106/85 -, in: MDR 1986, 516: im Hinblick auf das informationelle Selbstbestimmungsrecht bedürfe an sich die Gewährung von Akteneinsicht an Dritte einer gesetzlichen Grundlage. Mangels einer solchen Regelung sei zur Zeit nach der gegenwärtigen Verwaltungsübung zu verfahren, wobei jedoch die Einzelfallentscheidung im Lichte der Wertentscheidung der Verfassung zu treffen sei.

gangsfrist für eine sachgerechte Regelung einzuräumen[1073]. Diese erscheint aber nunmehr abgelaufen, so dass eine weitere gesetzgeberische Tätigkeit des Gesetzgebers auch für den Bereich der Verwaltungsgerichtsbarkeit notwendig wird.

Zwar lassen sich auch im verwaltungsgerichtlichen Verfahren die datenschutzrechtlichen Vorschriften beispielsweise des § 16 Abs. 1 Ziff. 2 BDSG und des § 16 Abs. 1 lit. c DSG NRW und Bbg (Übermittlung an Personen außerhalb des öffentlichen Bereichs) anwenden[1074]. Gleichwohl ist die Rechtslage nicht hinreichend klar. Die datenschutzrechtlichen Vorschriften treten zunächst nicht hinter § 100 VwGO zurück, da diese Norm nur die Akteneinsicht von Beteiligten regelt. Die Regelung des Bundesdatenschutzgesetzes kommt beispielsweise in Verfahren vor dem Bundesverwaltungsgericht zur Anwendung, wenn das Gericht im Rahmen einer Akteneinsichtsgewährung an Dritte als Gerichtsverwaltung eine Verwaltungstätigkeit entfaltet und damit als Behörde gemäß § 1 Abs. 2 Ziff. 1 BDSG tätig wird[1075]. Die landesrechtlichen Bestimmungen kommen in Verfahren vor den Verwaltungs- und Oberverwaltungsgerichten in Betracht, da nach § 2 Abs. 1 Satz 2 1. Halbsatz DSG NRW und Bbg die Datenschutzgesetze gerade für Verwaltungsaufgaben wahrnehmende Gerichte gelten. Nach § 16 Abs. 1 Ziff. 2 BDSG und § 16 Abs. 1 lit. c DSG NRW und Bbg ist eine Datenübermittlung zulässig, wenn der Empfänger ein berechtigtes Interesse an der Kenntnis der zu übermittelnden Daten glaubhaft macht und das schutzwürdige Geheimhaltungsinteresse des Betroffenen nicht überwiegt. Mithin ist hier eine Ermessensentscheidung unter Berücksichtigung der auch von der herrschenden Meinung vertretenden Auffassung vorzunehmen.
Weitere Einzelheiten hinsichtlich Art und Umfang einer Akteneinsichtsgewährung enthalten aber auch die datenschutzrechtlichen Bestimmungen nicht. Soweit in Einzelfällen entsprechende Weisungen in Aktenordnungen von Gerichten enthalten sein mögen, stellen diese als Verwaltungsvorschriften keine ausreichende gesetzliche Ermächtigung nach Maßgabe der Rechtsprechung des Bundesverfassungsgerichts zum Recht auf „informationelle Selbstbestimmung" dar.

1073 Vgl. OLG Hamm, Beschluss vom 11. November 1985 - 1 VAs 106/85 -, in: MDR 1986, 516, 517, unter Verweis auf BVerfG, Beschluss vom 14. März 1972 - 2 BvR 41/71 -, in: BVerfGE 33, 1, 13 (betreffend das Fehlen eines Strafvollzugsgesetzes).

1074 OLG Hamm, Beschluss vom 22. Dezember 1992 - 1 VAs 55/92 - (bezüglich eines strafrechtlichen Verfahrens).

1075 So wohl auch Kissel, GVG, § 12 Rand-Nrn. 110 und 114, der die Akteneinsichtsgewährung gegenüber Dritten allgemein als Aufgabe der Gerichtsverwaltung ansieht; Dammann in Simitis, § 2 Rand-Nrn. 25 und 28, der das Bundesdatenschutzgesetz sowohl für die rechtsprechende als auch für die justizverwaltende Tätigkeit für anwendbar hält.

2.2. Absatz 2

Nachfolgend werden die Tatbestandsvoraussetzungen des § 100 Abs. 2 Sätze 1 bis 3 VwGO dargestellt.

2.2.1. Satz 1: Erteilen von Ausfertigungen, Auszügen und Abschriften

Nach dieser Vorschrift kann sich ein Beteiligter anstatt des Fertigens von eigenen Aktenauszügen und -abschriften Ausfertigungen, Auszüge sowie beglaubigte und unbeglaubigte Abschriften durch die Geschäftsstelle anfertigen lassen[1076], um die nach seiner Ansicht für eine wirksame Prozessführung erforderlichen Unterlagen zu erhalten[1077]. Diese Möglichkeit ist auch bevollmächtigten Rechtsanwälten zuzugestehen, deren Kanzlei außerhalb des Gerichtsortes liegt und denen es daher im Einzelfall schwerlich zuzumuten ist, die Unterlagen persönlich bei Gericht einzusehen[1078]. Ein rechtliches Interesse für die Erteilung von Ausfertigungen ist grundsätzlich nicht darzulegen[1079]. Die Möglichkeit des Fertigens oder Fertigenlassens von Ablichtungen besteht in der Regel bei allen Gerichten der Verwaltungsgerichtsbarkeit. Insbesondere auch bei einer gemäß § 100 Abs. 2 Satz 3 VwGO erfolgten Übergabe oder Versendung an einen bevollmächtigten Rechtsanwalt darf dieser für sich daraus selber Ablichtungen fertigen[1080].

2.2.1.1. Zuständigkeit des Urkundsbeamten der Geschäftsstelle

Hinsichtlich der Erteilung von Ausfertigungen, Auszügen und Abschriften normiert § 100 Abs. 2 Satz 1 VwGO ausdrücklich die Zuständigkeit der Geschäftsstelle, mithin des jeweiligen Urkundsbeamten der Geschäftsstelle[1081]. Wenn dieser, wie es in der gerichtlichen Praxis nicht unüblich ist, vor seiner Entscheidung über die Gewährung von Akteneinsicht die vorherige Entscheidung des Vorsit-

---

[1076] Redeker/von Oertzen, § 100 Rand-Nr. 6.

[1077] OVG Koblenz, Beschluss vom 8. Dezember 1995 - 2 E 13607/95 OVG -; Kopp/Schenke, VwGO, § 100 Rand-Nr. 5.

[1078] OVG Magdeburg, Beschluss vom 29. Oktober 1997 - B 2 S 723/97 -, in: NVwZ-RR 1998, 694; Lang in Sodan/Ziekow, § 100 Rand-Nr. 30.

[1079] BVerwG, Urteil vom 3. November 1987 - 9 C 235.86 -, in: NJW 1988, 1280f. = BayVBl. 1988, 251ff. = Buchholz 310 § 100 Nr. 5.

[1080] VGH München, Beschluss vom 29. Juli 1997 - 7 C 97.1151 -, in: NVwZ-RR 1198, 686f.

[1081] Kuntze in Bader/Funke-Kaiser/Kuntze/von Albedyll, § 100 Rand-Nr. 8; Eyermann, § 100 Rand-Nr. 10; ; Kopp/Schenke, VwGO, § 100 Rand-Nr. 8; Redeker/von Oertzen, § 100 Rand-Nr. 7; Rudisile in Schoch/Schmidt-Aßmann/Pietzner, § 100 Rand-Nr. 23.

zenden einer Kammer oder eines Senates oder des Berichterstatters beziehungsweise des Einzelrichters einholt, ist dieses Vorgehen vom Gesetzeswortlaut nicht gedeckt. Ebensowenig ist die auf Bitten des Urkundsbeamten verfügte richterliche Genehmigung der Akteneinsicht in diesen Fällen mit dem Gesetz vereinbar. Denn allein in dem Fall des § 100 Abs. 2 Satz 3 VwGO sieht das Gesetz eine richterliche Entscheidung vor[1082].

2.2.1.2. Form der Entscheidung

Die Entscheidung kann formlos ergehen. Ein förmlicher Beschluss ist nicht erforderlich[1083], da er von der Verwaltungsgerichtsordnung nicht vorgeschrieben wird.

2.2.1.3. Begriffsbestimmungen

2.2.1.3.1. Ausfertigung, Auszug, Abschrift, Ablichtung

Die in § 100 Abs. 2 Satz 1 VwGO verwendeten Begriffe der Ausfertigung, des Auszuges und der Abschrift sind weder in dieser Norm noch in der Verwaltungsgerichtsordnung definiert. Daher sollen an dieser Stelle die entsprechenden Begriffsbestimmungen erfolgen.

Eine Ausfertigung ist eine in gesetzlich bestimmten Formen gefertigte amtliche Abschrift einer amtlichen Urkunde, die die Urschrift im Rechtsverkehr vertreten soll. Ihr kommt die gleiche Wirkung wie einer beglaubigten Abschrift zu, soweit es um den Wortlaut der Urkunde geht; wenn es auf deren Besitz ankommt, vertritt nur die Ausfertigung die Urschrift (beispielsweise bei einer Vollmachtsurkunde). Sie enthält einen Ausfertigungsvermerk und kann nur von der Stelle, die die Urschrift verwahrt beziehungsweise von der diese stammt, erstellt werden[1084]. Diesbezüglich kann auf die §§ 47 bis 49 Beurkundungsgesetz[1085] verwiesen werden[1086]. Nach dem Gerichtskostengesetz liegt eine Ausfertigung vor, wenn es sich

[1082] Eyermann, § 100 Rand-Nr. 5; Kopp/Schenke, VwGO, § 100 Rand-Nr. 8.

[1083] Vgl. Kopp/Schenke, VwGO, § 100 Rand-Nr. 8.

[1084] Vgl. auch Peters/Sautter/Wolff, § 120 SGG Anm. 1, wonach nur die das Original erstellende Stelle hiervon auch eine Ausfertigung erteilen darf.

[1085] BeurkG vom 28. August 1969 (BGBl. I S. 1513) in der Fassung vom 16. Februar 2001 (BGBl. I S. 266).

[1086] Vgl. zur Definition auch: Creifelds und Tilch, jeweils zum Begriff „Ausfertigung"; zur Ausfertigung nach der Zivilprozessordnung: Hartmann in Baumbach/Lauterbach, § 170 Rand-Nr. 5.

um ein Schriftstück mit Urkundscharakter handelt, das der Richter oder der Urkundsbeamte unterzeichnet hat, das zur Herausgabe bestimmt ist und keine Urschrift darstellt, wobei eine solche auch nicht bei der Gerichtsakte bleiben muss (beispielsweise eine Ladung)[1087].

Der Begriff des Auszuges ist weder in den Rechtswörterbüchern noch in den Rechtslexika definiert. Nach allgemeiner Begriffsbestimmung stellt ein Auszug einen Ausschnitt aus einem Schriftwerk dar[1088]. Aufgrund der gemeinsamen Verwendung mit den Begriffen Ausfertigung und Abschrift liegt es nahe, hierunter allgemein die handschriftliche oder auf sonstige Weise erstellte Wiedergabe eines Teiles einer Akte zu verstehen.

Eine Abschrift kann in einer unbeglaubigten (einfachen) oder beglaubigten Abschrift bestehen. Sie ist zunächst eine Zweitschrift eines Originals beziehungsweise jede Vervielfältigung[1089]. Sie erfasst neben der „klassischen" Abschrift auch eine Kopie, Telekopie (Telefax beziehungsweise Fernkopie) sowie einen Telebrief (fernkopierter Brief)[1090]. Eine unbeglaubigte oder einfache Abschrift gibt den Inhalt eines anderen Schriftstücks wieder und tritt an dessen Stelle; eine beglaubigte Abschrift gibt ein Zeugnis über die Echtheit der Originalurkunde oder über die Identität der Abschrift mit der Originalurkunde wieder[1091]. Sie bezeugt nicht die inhaltliche Richtigkeit der Originalurkunde[1092].

§ 100 Abs. 2 Satz 1 VwGO enthält zwar nicht die Begriffe der Ablichtung und der (Foto)Kopie. Hierbei handelt es sich um mechanische Vervielfältigungen eines Originals oder anderer Schriftstücke. Da eine Abschrift ebenfalls eine mechanische Vervielfältigung sein kann[1093], sind die Begriffe der Ablichtung und der (Foto)Kopie dem genannten Begriff der Abschrift gleichzustellen[1094].

Darüber hinaus ergibt sich aus dieser Vorschrift auch das Recht von Beteiligten, beispielsweise Ausdrucke von elektronisch erfassten Daten zu erhalten, um der

---

[1087] Hartmann, KV 9000 Rand-Nr. 2.
[1088] Brockhaus-Enzyklopädie, zum Begriff „Auszug".
[1089] Stelkens/Bonk/Sachs, § 33 Rand-Nr. 14.
[1090] Tilch, zum Begriff „Abschrift".
[1091] Vgl. Tilch, zum Begriff „Abschrift".
[1092] Stelkens/Bonk/Sachs, § 33 Rand-Nr. 10.
[1093] Tilch, zum Begriff „Fotokopie".
[1094] So verwendet auch Kopp/Schenke, VwGO, § 100 Rand-Nr. 5, die Bezeichnung „Ablichtungen"; ebenso Eyermann, § 100 Rand-Nr. 10.

im Gesetz normierten Berechtigung zur vollständigen Akteneinsicht umfassende Geltung zu verschaffen. Insbesondere sind im Bedarfsfall die auf einem Bild- oder anderen Datenträger nach § 100 Abs. 2 Satz 2 VwGO i. V. m. § 299a ZPO übertragenen Akten in Papierform wiederzugeben[1095].

2.2.1.3.2. Erteilen: Übergabe, Übersendung, telefonische Übermittlung, Übermittlung durch Telefax

Der Begriff des Erteilens ist ebenfalls nicht definiert. Die Erteilung soll im Ergebnis sicherstellen, dass die Beteiligten auf geeignete Weise in den verkörperten Besitz des sie interessierenden Akteninhalts gelangen können. Dies kann dadurch geschehen, dass der Urkundsbeamte der Geschäftsstelle eigenhändig auf Bitten des jeweiligen Prozessbeteiligten einen Auszug (Abschrift, Ablichtung) erstellt und dem Beteiligten diesen übergibt oder schriftlich übermittelt[1096]. Auch eine fernmündliche Weitergabe des Akteninhalts oder Teilen davon ist zulässig[1097]. Ein Anspruch auf Erteilung von Auszügen (Abschriften, Ablichtungen) besteht dann nicht, wenn der Beteiligte diese ohne Schwierigkeiten auch selbst anfertigen kann[1098]. Insbesondere bei Rechtsanwälten ist zu berücksichtigen, ob diesen die Akten nicht gemäß § 100 Abs. 2 Satz 3 VwGO übergeben werden können, damit sie die notwendig erscheinenden Ablichtungen in ihren Büroräumen anfertigen (lassen) können. Letztlich handelt es sich um eine Einzelfallentscheidung, wobei stets die Wahrung des Grundsatzes der Gewährung rechtlichen Gehörs zu beachten ist[1099].

[1095] Eyermann, § 100 Rand-Nr. 10; Kopp/Schenke, VwGO, § 100 Rand-Nr. 5; Obermayer, § 29 VwVfG Rand-Nr. 24; Bonk/Kallerhoff in Stelkens/Bonk/Sachs, § 29 VwVfG Rand-Nr. 80; Zöller, § 299a ZPO Rand-Nr. 4.

[1096] BVerwG, Urteil vom 3. November 1987 - 9 C 235.86 -, in: NJW 1988, 1280f. = BayVBl. 1988, 251ff.; Rudisile in Schoch/Schmidt-Aßmann/Pietzner, § 100 Rand-Nr. 21.

[1097] Vgl. BGH, Beschluss vom 15. Dezember 1965 - IV ZB 696/65 -, in: NJW 1966, 658, 659; so für das Verfahren vor dem Bundesverfassungsgericht: Umbach/Dollinger in Umbach/Clemens, § 20 Rand-Nr. 19.

[1098] BVerwG, Urteil vom 3. November 1987 - 9 C 235.86 -, in: NJW 1988, 1280f. = BayVBl. 1988, 251ff.; Redeker/von Oertzen, § 100 Rand-Nr. 6.

[1099] BVerwG, Urteil vom 3. November 1987 - 9 C 235/86 -, in: NJW 1988, 1280f. (zum Beispiel könne bei dünnen Akten mit wenigen Blättern eine Durchsicht der entscheidungserheblichen Aspekte durch einen Rechtsanwalt ohne Fertigung von Ablichtungen erfolgen). Dabei ist jedoch wiederum stets auf den konkreten Akteninhalt abzustellen: beispielsweise Verträge oder Dokumente, bei denen es auf die genaue Form oder den exakten Wortlaut ankommt, sind in Ablichtung zu übergeben, um eine ordnungsgemäße Prozessführung zu ermöglichen.

2.2.1.4. Beschränkung der Erteilung von Ausfertigungen, Auszügen und Abschriften

Eine Beschränkung der Erteilung ist nur bei missbräuchlicher Geltendmachung oder Ausübung des Rechts auf Erteilung von Ausfertigungen, Auszügen und Abschriften anzunehmen[1100]. Das ist insbesondere der Fall, wenn „ins Blaue" oder „auf Verdacht" bzw. gedankenlos die Anfertigung von Kopien einer umfangreichen Akte verlangt wird[1101], wenn Material „für alle Fälle" gesammelt wird[1102], oder wenn ein Bevollmächtigter die entsprechenden Ablichtungen unschwer selber anfertigen kann[1103]. Rechtsmissbrauch ist auch dann anzunehmen, wenn Kopien von offensichtlich nicht zur Sache gehörenden Unterlagen, von mehrfach zu den Akten genommenen identischen Schriftstücken verlangt oder wenn pauschal Ablichtungen begehrt werden[1104]. Andererseits ist stets zu berücksichtigen, dass nach dem ausdrücklichen Gesetzeswortlaut die Erteilung auf Kosten des jeweiligen Beteiligten zu erfolgen hat. Inwieweit im Hinblick auf diesen Gesichtspunkt in Streitigkeiten nach dem Asylverfahrensgesetz, für das gemäß § 83b VwGO keine Gerichtskosten erhoben werden, eine andere Beurteilung zu erfolgen hat, wird im 5. Kapitel erörtert.

[1100] Kuntze in Bader/Funke-Kaiser/Kuntze/von Albedyll, § 100 Rand-Nr. 8; Kopp/Schenke, VwGO, § 100 Rand-Nr. 5; Rudisile in Schoch/Schmidt-Aßmann/Pietzner, § 100 Rand-Nr. 21; Lang in Sodan/Ziekow, § 100 Rand-Nr. 30.

[1101] Kopp/Schenke, VwGO, § 100 Rand-Nr. 5; OVG Hamburg, Beschluss vom 25. September 1995 - Bf IV 8/94 -, in: NVwZ-RR 1996, 304, wo ein Kläger ohne Konkretisierung und vorherige Prüfung auf Relevanz der Aktenbestandteile für seine Rechtsverfolgung die Ablichtung einer gesamten - umfänglichen - Beiakte von über 300 Blättern verlangt hatte; BVerwG, Urteil vom 3. November 1987 - 9 C 235.86 -, in: NJW 1988, 1280f. = BayVBl. 1988, 251ff. = Buchholz 310 § 100 Nr. 5, wonach das Recht auf Erteilung von Ausfertigungen pp. im unmittelbaren Zusammenhang mit dem Akteneinsichtsrecht nach § 100 Abs. 1 VwGO stehe und damit insbesondere der Verwirklichung durch Art. 103 Abs. 1 GG verfassungsrechtlich garantierten Anspruchs auf Gewährung des rechtlichen Gehörs diene. Das Recht auf Erteilung sei unabhängig vom Darlegen eines besonderen rechtlichen Interesses gegeben. Entscheidend sei allein, ob einer der Prozessbeteiligten die hier erbetenen 19 Ablichtungen aus einer 43 Seiten enthaltenen Akte als erforderlich ansehen könne; dazu, dass ein Beteiligter sein Begehren konkretisieren muss: Lang in Sodan/Ziekow, § 100 Rand-Nr. 30; auch: VGH München, Beschluss vom 29. August 2000 - 8 C 99.2099 -, in: BayVBl. 2001, 157, 158.

[1102] VGH München, Beschluss vom 29. August 2000 - 8 C 99.2099 -, in: BayVBl. 2001, 157, 158.

[1103] Rudisile in Schoch/Schmidt-Aßmann/Pietzner, § 100 Rand-Nr. 21.

[1104] Eyermann, § 100 Rand-Nr. 10.

Ermessensgerecht ist es, dass bei begehrten umfangreicheren Ablichtungen die Geschäftsstelle die entsprechenden Blattzahlen notiert, die Ablichtungen nach der Einsichtnahme angefertigt und den Beteiligten oder dessen Rechtsanwalt zusendet[1105].

Bei Begehren auf Erteilen von Ablichtungen aus Personalakten eines Mitbewerbers in beamtenrechtlichen Konkurrentenstreitverfahren ist das Recht des § 100 Abs. 2 Satz 1 VwGO mit dem informationellen Selbstbestimmungsrecht des entsprechenden Konkurrenten abzuwägen[1106]. Dabei wird zum einen die Auffassung vertreten, dass Ablichtungen aus den Personalakten und den Beiakten an anwaltlich nicht vertretene Kläger nicht zu erteilen sind, da eine Vervielfältigung entsprechender Personalvorgänge durch Privatpersonen, anders als etwa bei Rechtsanwälten, angesichts der besonderen Geheimhaltungsbedürftigkeit solcher Vorgänge nicht angebracht erscheint[1107]. Eine solche enge Auffassung ist allerdings vom Wortlaut des § 100 Abs. 2 Satz 1 VwGO nicht gedeckt[1108]. Bezüglich sogenannter Besetzungsakten („Beurteilungshefte"), die sich ausschließlich auf die konkrete angefochtene Auswahlentscheidung des Dienstherrn beziehen, wird zum anderen zutreffenderweise dem klagenden Mitkonkurrenten als notwendige Folge seines Akteneinsichtsrechts auch ein Recht auf Überlassung von Ablichtungen zugestanden, soweit es dabei um seine Eignung, Befähigung und fachliche Leistung im Vergleich zu dem bevorzugten Konkurrenten geht[1109]. Entsprechende Einschätzungen bezüglich weiterer Mitbewerber betreffen ihn nicht, so dass die zu fertigenden Ablichtungen in geeigneter Form auf diejenigen Teile beschränkt werden dürfen, die ihn und den bevorzugten Konkurrenten betreffen[1110].

1105 Vgl. diesbezüglich die Mitteilung des Präsidenten des VG Chemnitz.

1106 Rudisile in Schoch/Schmidt-Aßmann/Pietzner, § 100 Rand-Nr. 21.

1107 VGH Kassel, Beschluss vom 7. Oktober 1993 - 1 TJ 1705/93 -, in: NVwZ 1994, 398 = DÖV 1994, 127f. = DVBl. 1994, 592; grundsätzlich zustimmend OVG Koblenz, Beschluss vom 8. Dezember 1995 - 2 E 13607/95.OVG -; Rudisile in Schoch/Schmidt-Aßmann/Pietzner, § 100 Rand-Nr. 21 (unter Bezugnahme auf die vorgenannte Entscheidung des VGH Kassel).

1108 Schöbener, BayVBl. 2001, 321, 327; Schnellenbach, ZBR 1997, 169, 179.

1109 OVG Koblenz, Beschluss vom 8. Dezember 1995 - 2 E 13607/95.OVG -; Schöbener, BayVBl. 2001, 321, 327; Schnellenbach, ZBR 1997, 169, 179.

1110 OVG Koblenz, Beschluss vom 8. Dezember 1995 - 2 E 13607/95.OVG -; die gleichen Grundsätze müssen auch für Klagen beispielsweise im Hochschulzulassungsrecht hinsichtlich von Ablichtungen von Niederschriften über Auswahlgespräche des bevorzugten Bewerbers gelten: so jedenfalls allgemein hinsichtlich der Einsichtnahme: Lang in Sodan/Ziekow, § 100 Rand-Nr. 28 und Fußnote 2; VG Saarlouis, Beschluss vom 9. April 1987 - 1 F 3/87 -, in: NVwZ 1987, 730f. (rechtskräftig).

2.2.1.5. Kosten der Erteilung

Nach dem Wortlaut des § 100 Abs. 2 Satz 1 VwGO können sich die Beteiligten die Ausfertigungen, Auszüge und Abschriften auf ihre Kosten erteilen lassen. Die Höhe der Kosten für die Fertigung von Abschriften ergibt sich aus § 11 Abs. 1 Gerichtskostengesetz[1111] in Verbindung mit dem Kostenverzeichnis der Anlage 1 zu diesem Gesetz[1112]. Nach dem Gebührentatbestand Nummer 9000 betragen die Schreibauslagen, wozu auch die Erstellung von Ablichtungen gerechnet wird, für die ersten 50 Seiten ab 1. Januar 2002 jeweils 0,50 Euro und für jede weitere Seite 0,15 Euro, unabhängig von dem Format, der Art der Herstellung, dem tatsächlichen Zeitaufwand, dem tatsächlichen Marktpreis oder der Art des Originals[1113]. Wegen weiterer Einzelheiten wird auf den Gliederungspunkt 5. verwiesen.

2.2.2. Satz 2: Anwendbarkeit des § 299a ZPO

Gemäß § 100 Abs. 2 Satz 2 VwGO findet § 299a ZPO entsprechende Anwendung, wenn die Gerichtsakten zur Ersetzung der Urschrift auf einem Bildträger verkleinert wiedergegeben worden sind. Nach der durch das Zivilprozessreformgesetz vom 27. Juli 2001[1114] geltenden Fassung des § 299a ZPO können nunmehr durch die Geschäftsstelle Ausfertigungen, Auszüge und Abschriften entsprechender ordnungsgemäß erstellter Prozessakten erteilt werden. Allerdings hat das Gericht als eine Art Vorstufe den Beteiligten die Benutzung entsprechender Lesegeräte zu ermöglichen[1115]. Gegenwärtig werden allerdings jedenfalls in der Verwaltungsgerichtsbarkeit in Nordrhein-Westfalen mangels gesetzlicher Vorgaben noch keine entsprechenden Akten geführt.

[1111] GKG in der Fassung der Bekanntmachung vom 15. Dezember 1975 (BGBl. I S. 3047) in der Fassung vom 13. Juli 2001 (BGBl. I S. 1542); Eyermann, § 100 Rand-Nr. 10.

[1112] In der Fassung vom 19. April 2001 (BGBl. I S. 623).

[1113] Hartmann, KV 9000 Rand-Nr. 3.

[1114] BGBl. I 1887.

[1115] Eyermann, § 100 Rand-Nr. 10; Kopp/Schenke, VwGO, § 100 Rand-Nr. 5; Zöller, § 299a ZPO Rand-Nr. 4 (jeweils zur früheren Rechtslage); ausdrücklich bezüglich elektronisch gespeicherter Akten: Kuntze in Bader/Funke-Kaiser/Kuntze/von Albedyll, § 100 Rand-Nr. 9.

2.2.3. Satz 3: Übergabe an bevollmächtigten Rechtsanwalt zur Mitnahme

Nach § 100 Abs. 2 Satz 3 VwGO können nach dem Ermessen des Vorsitzenden die (dem Gericht vorliegenden) Akten dem bevollmächtigten Rechtsanwalt zur Mitnahme in seine Wohnung oder in seine Geschäftsräume übergeben werden. Diese Vorschrift normiert eine Ausnahme vom Grundsatz der Akteneinsicht auf der Geschäftsstelle des Gerichts[1116] oder der Serviceeinheit. Nach dem Gesetzeswortlaut handelt es sich zum einen um eine Ermessensentscheidung des Vorsitzenden einer Kammer oder eines Senats und nicht des jeweiligen Berichterstatters oder eines Einzelrichters. Zum anderen normiert die Vorschrift lediglich eine Übergabe und nicht auch um eine Versendung der Akten und dies nur gegenüber einem bevollmächtigten Rechtsanwalt und nicht gegenüber einem anderen von einem Prozessbeteiligten bevollmächtigten Vertreter.

Nicht geregelt ist die Möglichkeit der Übersendung von Akten an ein anderes Gericht zur dortigen Akteneinsicht durch einen Beteiligten oder Bevollmächtigten. Eine solche Vorgehensweise wird indes allgemein für zulässig erachtet, um dem Gebot der Wahrung des rechtlichen Gehörs ausreichend zu entsprechen[1117].

Zur besseren Veranschaulichung dient die sich im *Anhang* befindliche Übersicht *(Abb. 3)*.

2.2.3.1. Zuständigkeit (Vorsitzender, Berichterstatter, Einzelrichter)

Im Zeitpunkt des Erlasses der Verwaltungsgerichtsordnung und der Regelung des § 100 Abs. 2 Satz 3 VwGO bestand die gesetzliche Möglichkeit der Einzelrichterübertragung gemäß § 6 VwGO noch nicht[1118].

[1116] Der Gesetzgeber habe nämlich diese Ausnahmeregelung zugunsten der Rechtsanwälte erlassen, da er davon ausgegangen sie, dass diese aufgrund ihrer von gesetzlichen Pflichten geprägten Stellung innerhalb der Rechtspflege, wegen des für sie geltenden Disziplinarrechts und wegen der Aufsicht durch die Rechtsanwaltskammer im Umgang mit ihnen überlassenen Akten besonders zuverlässig seien: BVerfG, Beschluss der 2. Kammer des 1. Senats vom 12. Februar 1998 - 1 BvR 272/97 -, in: NVwZ 1998, 836, 837; vgl. auch Rudisile in Schoch/Schmidt-Aßmann/Pietzner, § 100 Rand-Nr. 15.

[1117] Vgl. Rudisile in Schoch/Schmidt-Aßmann/Pietzner, § 100 Rand-Nr. 20.

[1118] Diese Regelung wurde erst durch Gesetz zur Entlastung der Rechtspflege (Rechtspflege-Entlastungs-Gesetz) vom 11. März 1993 (BGBl. I S. 50) in die VwGO eingefügt.

Vor dem Hintergrund des strikten Kammerprinzips sollte insbesondere die Weggabe von Gerichtsakten und beigezogenen Akten aus dem Verwaltungsgericht heraus grundsätzlich nur durch den Vorsitzenden einer Kammer verfügt werden. Dieser Grundsatz gilt weiterhin, wenn von der Möglichkeit der Einzelrichterübertragung (noch) kein Gebrauch gemacht worden ist.
Mit erfolgter Übertragung ist allerdings der Einzelrichter als alleiniger gesetzlicher Richter für eine Entscheidung nach § 100 Abs. 2 Satz 3 VwGO zuständig[1119].

In der gerichtlichen Praxis erfolgt gelegentlich eine entsprechende Entscheidung durch den Berichterstatter. Dies kann in den Fällen erfolgen, in denen der Vorsitzende seine sich aus § 100 Abs. 2 Satz 3 VwGO ergebende Befugnis in der Regel durch eine mündliche Vereinbarung mit den Berichterstattern seiner Kammer ganz oder teilweise auf diese übertragen hat. Denn weder § 100 Abs. 2 Satz 3 VwGO noch die übrigen den Verfahrensablauf regelnden Vorschriften der Verwaltungsgerichtsordnung untersagen eine solche Vorgehensweise[1120].

Zuständig für eine Versendung von Akten an ein anderes Gericht ist nach obigen Grundsätzen ebenfalls der Vorsitzende, Einzelrichter oder Berichterstatter und nicht der Urkundsbeamte der Geschäftsstelle oder sogar die Kammer beziehungsweise der Senat. Denn es kann keinen Unterschied machen, an welchem konkreten Empfänger im Einzelfall die Akten übersandt werden. Entscheidend ist die Weggabe aus den Räumlichkeiten des versendenden Gerichts[1121].

1119 Eyermann, § 100 Rand-Nr. 13; missverständlich: Rudisile in Schoch/Schmidt-Aßmann/Pietzner, § 100 Rand-Nr. 15, der weiterhin eine Übergabe oder Übersendung (lediglich) durch den Vorsitzenden erwähnt; ebenso: Lang in Sodan/Ziekow, § 100 Rand-Nr. 32.

1120 Kopp/Schenke, VwGO, § 100 Rand-Nr. 8, befürwortet zwar grundsätzlich die Befugnis des Vorsitzenden nach § 100 Abs. 2 Satz 3 VwGO, halten jedoch die Übersendung beziehungsweise Überlassung der Akten außerhalb des Gerichtsgebäudes nach dieser Norm beziehungsweise in analoger Anwendung bei einer Zustimmung des jeweiligen Vorsitzenden für zulässig, wobei bei Vorliegen einer solchen Zustimmung auch der jeweilige Urkundsbeamte der Geschäftsstelle zu einer entsprechenden Entscheidung befugt sein soll; Eyermann, § 100 Rand-Nr. 13, weist dagegen daraufhin, dass eine Entscheidungsbefugnis des Berichterstatters das Gesetz nicht vorgesehen hat, ohne hierzu weitere Ausführungen zu machen; Redeker/von Oertzen, § 100 Rand-Nr. 5, sehen die Entscheidung hinsichtlich der Übergabe allein im Ermessen des Vorsitzenden; Kuntze in Bader/Funke-Kaiser/Kuntze/von Albedyll, § 100 Rand-Nr. 10, verneint (ohne Begründung) eine entsprechende Befugnis des Berichterstatters.

1121 Rudisile in Schoch/Schmidt-Aßmann/Pietzner, § 100 Rand-Nr. 20.

2.2.3.2. Form

§ 100 Abs. 2 Satz 3 VwGO enthält keine Angaben hinsichtlich der Form einer entsprechenden Entscheidung. Eine solche erfordert daher nicht eine Beschlussform, sondern kann - wie es in der Praxis regelmäßig zutreffenderweise erfolgt - durch eine einfache gerichtliche Verfügung erfolgen.

2.2.3.3. Begriffsbestimmung und -erweiterung auf Versendung

Obwohl § 100 Abs. 2 Satz 3 VwGO lediglich von einer Übergabe der Akten im Sinne eines persönlichen Aushändigens spricht[1122], ist auch eine Versendung der Akten auf dem Postwege in Erweiterung des Gesetzeswortlauts zulässig und allgemein anerkannt[1123]. Soweit gelegentlich vertreten wird, dass eine Versendung nur nach Einholung einer vorherigen Stellungnahme der aktenführenden Behörde erfolgen dürfe[1124], findet diese Handhabung im Gesetz keine rechtliche Grundlage. Denn aus § 100 Abs. 2 Satz 3 VwGO ergibt sich unmissverständlich, dass die Weggabe der dem Gericht vorliegenden Akten außer Haus ausschließlich eine gerichtliche Entscheidung ist.

2.2.3.4. Bevollmächtigter Rechtsanwalt und Erweiterung auf andere Personen

Obwohl § 100 Abs. 2 Satz 3 VwGO ausdrücklich nur die Aktenüberlassung an einen bevollmächtigten Rechtsanwalt, der bei einem deutschen Gericht zugelassen sein muss[1125], erwähnt[1126], wird die Überlassung auch an Hochschullehrer an

---

[1122] Hintergrund dieser Gesetzesformulierung war erkennbar der Ausnahmecharakter der Weggabe von Gerichtsakten und beigezogenen Akten aus dem Gericht und sollte die Gefahr eines Verlustes oder einer Beschädigung minimieren; vgl. zur zulässigen Übertragung der Entscheidungsbefugnis nach § 299 Abs. 2 ZPO vom Gerichtsvorstand auf den zuständigen Richter: siehe Hartmann in Baumbach/Lauterbach/Albers/Hartmann, § 299 Rand-Nr. 6; AG Potsdam, Beschluss vom 27. August 1997 - 35 N 727/96 -, in: Rpfleger 1998, 37.

[1123] Kopp/Schenke, VwGO, § 100 Rand-Nr. 7, und Rudisile in Schoch/Schmidt-Aßmann/Pietzner, § 100 Rand-Nr. 15, die die Möglichkeit einer Übersendung ohne weiteres für zulässig erachtet; ebenso Eyermann, § 100 Rand-Nr. 12, und Redeker/von Oertzen, § 100 Rand-Nr. 5.

[1124] So der Präsident des OVG Berlin in seiner Antwort auf die Anfrage des Lehrstuhls von Professor Umbach.

[1125] BVerwG, Beschluss vom 22. Mai 1970 - 3 CB 34.70 -, in: Buchholz 310 § 67 VwGO Nr. 32; OVG Münster, Beschluss vom 29. August 1977 - 10 A 1062/77 -, in: NJW 1978, 69.

[1126] Kuntze in Bader/Funke-Kaiser/Kuntze/von Albedyll, § 100 Rand-Nr. 10, beschränkt den Anwendungsbereich der Norm daher (fälschlicherweise) auch nur auf Rechtsanwälte.

einer deutschen Hochschule allgemein für zulässig erachtet, da sich ihre grundsätzliche Gleichstellung mit Rechtsanwälten aus der Regelung des § 67 Abs. 1 Satz 1 ergibt[1127]. Die Vorschrift ist auch auf die in eine Rechtsanwaltskammer gemäß § 209 BRAO aufgenommenen Rechtsbeistände anzuwenden, da deren Stellung weitgehend der des Rechtsanwalts angeglichen ist[1128]. Das Bundesverfassungsgericht hat in seiner Entscheidung vom 12. Februar 1998 die Regelung des § 100 Abs. 2 Satz 3 VwGO verfassungskonform ausgelegt und insbesondere ausgeführt, dass sich weder aus § 100 VwGO noch aus anderen Regelungen der Verwaltungsgerichtsordnung ableiten lasse, dass ausschließlich Rechtsanwälte in den Vorzug einer Aktenüberlassung kommen sollten; dies sei auch nicht den Gesetzesmaterialien zu entnehmen[1129].

§ 100 Abs. 2 Satz 3 VwGO ist allerdings nicht auf alle Arten von Bevollmächtigten auszudehnen[1130]. Eine Erweiterung des genannten Personenkreises kommt nur unter Berücksichtigung der vom Bundesverfassungsgericht in der vorgenannten Entscheidung genannten Gesichtspunkte im Rahmen einer erfolgten verfas-

---

1127 OVG Münster, Beschluss vom 29. August 1977 - 10 A 1062/77 -, in: NJW 1978, 69; Brandt/Sachs, O 146; Eyermann, § 100 Rand-Nr. 11; Kopp/Schenke, VwGO, § 100 Rand-Nr. 7 (die eine entsprechende Anwendbarkeit des § 100 Abs. 2 Satz 3 VwGO befürworten); Redeker/von Oertzen, § 100 Rand-Nr. 5; Rudisile in Schoch/Schmidt-Aßmann/Pietzner, § 100 Rand-Nr. 16.

1128 BVerfG, Beschluss der 2. Kammer des 1. Senats vom 12. Februar 1998 - 1 BvR 272/97 -, in: NVwZ 1998, 836, 837, wodurch die entgegengesetzte Entscheidung des OVG Münster (Beschluss vom 20. November 1996 - 17 A 4978/96 -, in: NVwZ-RR 1997, 764) als mit Art. 3 Abs. 1 Grundgesetz unvereinbar erachtet wurde; vgl. ebenso: Rudisile in Schoch/Schmidt-Aßmann/Pietzner, § 100 Rand-Nr. 16; Lang in Sodan/Ziekow, § 100 Rand-Nrn. 33, 34.

1129 BVerfG, Beschluss der 2. Kammer des 1. Senats vom 12. Februar 1998 - 1 BvR 272/97 -, in: NVwZ 1998, 836, 837, unter Verweisung auf das Protokoll der 178. Sitzung des Bundestagsausschusses für Rechtswesen und Verfassungsrecht vom 14. Januar 1957, S. 12f., und auf das Protokoll der 48. Sitzung des Bundestags-Rechtsausschusses vom 5. Februar 1959, S. 19, jeweils unter Hinweis auf die Regelung des § 147 Abs. 4 StPO.

1130 Eyermann, § 100 Rand-Nr. 11; Rudisile in Schoch/Schmidt-Aßmann/Pietzner, § 100 Rand-Nr. 16; wohl auch Redeker/von Oertzen, § 100 Rand-Nr. 6; anderer Auffassung: Kopp/Schenke, VwGO, § 100 Rand-Nr. 7, die die Norm des § 100 Abs. 2 Satz 3 entsprechend auf die anderen in § 67 Abs. 1 VwGO vertretungsbefugte Personen anwenden wollen sowie auf den Vertreter des öffentlichen Interesses und den Oberbundesanwalt, auch auf Behördenvertreter; nur ausnahmsweise soll die Regelung auch auf sonstige, dem § 67 Abs. 1 VwGO nicht unterfallende Bevollmächtigte oder die Beteiligten selbst anzuwenden sein, da sicherzustellen sei, dass übersandte Akten nicht vernichtet, beschädigt oder verfälscht werden und dass keine Gefahr besteht, dass sie verloren gehen können.

sungskonformen Auslegung in Betracht. Danach kann der Personenkreis, an den Akten außerhalb des Verwaltungsgerichts übergeben werden dürfen, nicht unbeschränkt erweitert werden. Steuerberater und Steuerbevollmächtigte sind in den berechtigten Personenkreis einzubeziehen. Sie unterliegen den gesetzlichen Bestimmungen des Steuerberatungsgesetzes und haben danach eine den Rechtsanwälten grundsätzlich vergleichbare Stellung. Insbesondere haben nach § 57 Abs. 1 StBerG Steuerberater und Steuerbevollmächtigte ihren Beruf unabhängig, eigenverantwortlich, gewissenhaft und verschwiegen auszuüben und sich nach Abs. 2 Satz 1 jeder Tätigkeit zu enthalten, die mit ihrem Beruf oder mit dem Ansehen des Berufs nicht vereinbar ist.
Demgegenüber erscheint die Übergabe oder Versendung an sonstige Vertreter, auch an Verbandsvertreter, mit § 100 Abs. 2 Satz 3 VwGO und der dargestellten Rechtsprechung des Bundesverfassungsgerichts nicht vereinbar[1131].

Eine Übersendung an Beteiligte eines verwaltungsgerichtlichen Verfahrens kommt deswegen in der Regel nicht in Betracht, weil in diesen Fällen der sorgsame Umgang mit den übersandten Akten im Regelfall ebenso wenig sichergestellt werden kann wie die Möglichkeit einer Kenntnisnahme des Akteninhalts durch weitere Personen[1132].
Eine Übersendung an einen sich selbst vertretenden Rechtsanwalt ist dagegen möglich[1133]. Letztlich ist aber eine Entscheidung unter Berücksichtigung der konkreten Umstände des Einzelfalls zu treffen.

2.2.3.5. Ermessensentscheidung

Die Entscheidung über eine Überlassung der Akten nach § 100 Abs. 2 Satz 3 VwGO ist eine Entscheidung nach pflichtgemäßem Ermessen. Ein Anspruch auf Übersendung der Akten nach § 100 Abs. 2 Satz 3 VwGO besteht nicht[1134]; bei

---

[1131] Dies aber im sozialgerichtlichen Verfahren ohne weitere Begründung bejahend: Meyer-Ladewig, § 120 SGG Rand-Nr. 4.

[1132] Redeker/von Oertzen, § 100 Rand-Nr. 5, verneinen die Anwendung des § 100 Abs. 2 Satz 3 auf übrige Beteiligte.

[1133] Redeker/von Oertzen, § 100 Rand-Nr. 5.

[1134] VGH München, Beschluss vom 12. Oktober 1966 - Nr. 145 III 66 -, in: BayVBl. 1966, 427 = AnwBl. 1967, 158 - 160; Eyermann, § 100 Rand-Nr. 12; Kissel, GVG, § 12 Rand-Nr. 115; Kopp/Schenke, VwGO, § 100 Rand-Nr. 7; Redeker/von Oertzen, § 100 Rand-Nr. 5, sprechen nur von einem Ermessen des Vorsitzenden hinsichtlich der Entscheidung nach § 100 Abs. 2 Satz 3 VwGO; Rudisile in Schoch/Schmidt-Aßmann/Pietzner, § 100 Rand-Nr. 15.

dem Bundesverwaltungsgericht erfolgt allerdings grundsätzlich die Versendung der Gerichts- und beigezogenen Behördenakten an die Prozessbevollmächtigten der Beteiligten in deren Büro[1135]. Dem gegenüber wird allgemein ein Anspruch auf Übersendung an ein anderes Gericht zur Akteneinsicht auf der dortigen Geschäftsstelle (oder bei der dortigen Serviceeinheit) bejaht[1136]. Diese Vorgehensweise ist unter dem Gesichtspunkt der Beachtung des rechtlichen Gehörs nach Art. 103 Abs. 1 Grundgesetz auf jeden Fall erforderlich, um die Beteiligten in die Lage zu versetzen, sich zu dem vom Gericht zu würdigenden Sachverhalt zu äußern[1137]. Eine entsprechende Übersendung ist dabei nicht nur Rechtsanwälten und sonstigen Bevollmächtigten zu ermöglichen, soweit ihnen die Akten nicht gemäß § 100 Abs. 2 Satz 3 VwGO in die Kanzlei oder Wohnung übersandt worden sind, sondern auch anwaltlich nicht vertretenen Beteiligten[1138]. Zu berücksichtigen ist darüber hinaus, dass das Recht auf eine ungestörte Akteneinsicht auch allgemein der Rechtspflege dient, da eine gute Verfahrensvorbereitung durch einen Prozessbevollmächtigten im Interesse aller Beteiligter eines gerichtlichen Verfahrens

---

[1135] So der Präsident des Bundesverwaltungsgerichts in seiner Antwort auf die Anfrage des Lehrstuhls von Professor Umbach hinsichtlich der Gewährung von Akteneinsicht in der gerichtlichen Praxis; ebenso im Bereich des OVG Greifswald; bei dem OVG Koblenz werden Akten an gerichtsbekannte Rechtsanwälte regelmäßig übersandt, aber auch in anderen Fällen wird dort diese Handhabung zur schnellen und unbürokratischen Akteneinsicht praktiziert; an als zuverlässig bekannte Anwaltskanzleien werden Akten durch den VGH München versandt; in aller Regel werden im Bereich des VGH Mannheim Rechtsanwälten die Akten übersandt.

[1136] Eyermann, § 100 Rand-Nr. 14, der die Versendung an ein anderes Verwaltungsgericht oder an ein Amtsgericht für zulässig erachtet; Kopp/Schenke, VwGO, § 100 Rand-Nr. 6 (Versendung sowohl an ein anderes Verwaltungsgericht als auch an ein Gericht eines anderen Gerichtszweiges als auch an eine Behörde); Redeker/von Oertzen, § 100 Rand-Nr. 4, die diesbezüglich eine Versendungspflicht annehmen; laut Antwort des Präsidenten des Bundesverwaltungsgerichts geschieht dies, wenn im Einzelfall mit einem Prozessbevollmächtigten schlechte Erfahrungen gesammelt worden sind (z. B. unpünktliche oder unvollständige Rücksendung der Akten); ebenso im Bereich des OVG Saarlouis: bei bekannter oder anzunehmender Unzuverlässigkeit, und im Bereich des OVG Greifswald, wenn nämlich nach früherer Erfahrung oder Kenntnis der Richterkollegen Zweifel daran bestehen, ob die Akten anderenfalls mit der nötigen Sorgfalt behandelt oder fristgerecht und vollständig zurückgegeben würden.

[1137] Redeker/von Oertzen, § 100 Rand-Nr. 4; Rudisile in Schoch/Schmidt-Aßmann/Pietzner, § 100 Rand-Nr. 18: es ist eine zumutbare Möglichkeit der Einsichtnahme zu schaffen.

[1138] Eyermann, § 100 Rand-Nr. 15; so die Präsidentin des OVG Greifswald in ihrer Antwort auf die Anfrage des Lehrstuhls von Professor Umbach; auch besonders umfangreiche oder sensible Akten werden (nur) an andere Gerichte gesandt.

liegt[1139]. Im Regelfall dürfte somit eine Übersendung zu bejahen sein, wenn der bevollmächtigte Rechtsanwalt zuverlässig ist und die Akten bei dem Gericht (kurzfristig) entbehrt werden können[1140].

Bei der zu treffenden Ermessensentscheidung ist jeweils die konkrete Sachverhaltsgestaltung zu würdigen. Recht häufig wird die Übersendung von Akten mit der Begründung abgelehnt, dass hierbei die Akten verloren gehen oder beschädigt werden könnten. Diese Argumentation darf keine tragende Ermessenserwägung sein[1141]. Zwar ist nachvollziehbar, dass bei der Herausgabe von Akten besondere Vorsicht geboten ist, da sowohl die Behördenakten als auch die Gerichtsakten in aller Regel Originale sind und bei Verlust oder Beschädigung teilweise nur mit erheblichem Zeitaufwand wieder hergestellt werden können und in diesen enthaltene Originalurkunden nicht mehr reproduzierbar sind[1142]. Diese Gefahr besteht insbesondere bei Personalakten in beamtenrechtlichen Streitigkeiten[1143]. In der Regel aber ist der Verlust von Akten oder ihre Beschädigung auf dem Postweg oder im Zuständigkeitsbereich des Empfängers in der Praxis kaum gegeben[1144], zumal bei einer Versendung per Einschreiben bei der zuständigen Stelle der Post AG eine Nachforschung nach dem Verbleib erfolgen kann. Unübersichtliche und unpaginierte Akten werden jedoch beispielsweise von den meisten Senaten des Oberverwaltungsgerichts Hamburg zutreffenderweise nicht aus dem Haus gegeben, weil bei diesen so die Gefahr eines Durcheinandergeratens oder teilweisen Verlorengehens minimiert werden soll[1145].

1139 BVerfG, Beschluss der 2. Kammer des 1. Senats vom 12. Februar 1998 - 1 BvR 272/97 -, in: NVwZ 1998, 836, 837; Rudisile in Schoch/Schmidt-Aßmann/Pietzner, § 100 Rand-Nr. 15.

1140 VGH München, Beschluss vom 29. Juli 1997 - 7 C 97.1151 -, in: NVwZ-RR 1998, 686, 687; Lang in Sodan/Ziekow, § 100 Rand-Nr. 32.

1141 So wohl auch: Rudisile in Schoch/Schmidt-Aßmann/Pietzner, § 100 Rand-Nr. 15.

1142 Eyermann, § 100 Rand-Nr. 12.

1143 Eyermann, § 100 Rand-Nr. 12.

1144 So ist dem Verfasser aus der gerichtlichen Praxis der letzten Jahre ein Fall bekannt, wo Gerichtsakten nach einem Brandanschlag auf die Kanzlei eines Rechtsanwalts vernichtet wurden; in einem anderen Fall hatte eine Angestellte einer Kanzlei mehrfach die abzusendende Anwaltspost und dabei auch einmal eine Gerichtsakte schlicht weggeworfen, wobei die Akte durch einen Finder letztlich zurückgegeben wurde; schließlich kam es in einem weiteren Fall mehrfach zu Verzögerungen bei der Rücksendung von überlassenen Akten durch einen Rechtsanwalt, dem zwischenzeitlich aber die Zulassung entzogen worden ist.

1145 So der Präsident des OVG Hamburg in seiner Antwort auf die Anfrage des Lehrstuhls von Professor Umbach.

Insbesondere steht die gelegentlich vertretene Auffassung, dass Streitakten generell weder übergeben noch versandt werden[1146], mit dem Wortlaut des § 100 Abs. 2 Satz 3 VwGO nicht im Einklang. Wenn Verwaltungsvorgänge beispielsweise in beamtenrechtlichen Konkurrentenstreitverfahren oder in Streitigkeiten bezüglich von Stasi-Unterlagen nicht übergeben oder versandt werden[1147], kann diese Handhabung dagegen im konkreten Einzelfall unter dem Gesichtspunkt des größtmöglichen Schutzes der entsprechenden persönlichen Daten als ermessensgerecht angesehen werden[1148].

Eine Versendung kommt dann nicht in Betracht, wenn bereits beispielsweise in einer Anwaltskanzlei schon einmal Akten beschädigt oder verloren gegangen sind[1149]. In solchen Fällen hat unter Beachtung des Grundsatzes der Gewährung rechtlichen Gehörs jedoch eine Versendung an ein anderes Gericht[1150] oder an eine Behörde mit der Auflage, die einsichtnehmende Person nicht unbeobachtet zu lassen, zu erfolgen. Dabei müssen aber konkrete Gründe gegen die Annahme der Zuverlässigkeit eines Bevollmächtigten bestehen[1151], denn aufgrund § 3 BRAO kann grundsätzlich davon ausgegangen werden, dass Rechtsanwälte sich im Umgang mit ihren überlassenen Akten als zuverlässig erweisen[1152]. Ermessensfehlerhaft ist es grundsätzlich, wenn die Akten nicht an einen bevollmächtigten Rechtsanwalt übersandt werden, der sich in der Vergangenheit als zuverlässig

---

1146 So die Präsidentin des VG Greifswald in ihrer Antwort auf die Anfrage des Lehrstuhls von Professor Umbach.

1147 So die Präsidentin des VG Greifswald in ihrer Antwort auf die Anfrage des Lehrstuhls von Professor Umbach.

1148 So werden auch im Bereich des OVG Berlin Akten mit geheimhaltungsbedürftigen Inhalten nicht versandt.

1149 Allgemein bei Unzuverlässigkeit des Rechtsanwalts: der Präsident des OVG Münster in seiner Antwort auf die Anfrage des Lehrstuhls von Professor Umbach; wenn ein begründetes Misstrauen im Hinblick auf den sorgsamen Umgang mit den Akten besteht: so der Präsident des OVG Koblenz; auch bei einer nicht rechtzeitigen Rückgabe der Akte oder sonstigen Problemen: so der Präsident des OVG Magdeburg; beziehungsweise bei einer wiederholten nicht termingerechten Rückgabe von Akten: so der Präsident des OVG Bremen; bei einer nicht sorgfältigen Behandlung der Akten oder nicht fristgerechter oder unvollständiger Rückgabe: so die Präsidentin des OVG Greifswald; ebenso Rudisile in Schoch/Schmidt-Aßmann/Pietzner, § 100 Rand-Nr. 15.

1150 So der Präsident des VGH München und die Präsidenten der OVG Magdeburg und Lüneburg.

1151 Rudisile in Schoch/Schmidt-Aßmann/Pietzner, § 100 Rand-Nr. 15; so wohl auch Dolde, VBlBW 1985, 248, 249, wenn er von mehrfachen Problemen bei der Rückgabe von Akten spricht.

1152 Rudisile in Schoch/Schmidt-Aßmann/Pietzner, § 100 Rand-Nr. 15.

erwiesen hat[1153]. Im Geschäftsbereich des Oberverwaltungsgerichts Hamburg besteht die allgemeine Praxis, Akten grundsätzlich nicht mit der Post zu versenden, da die Rechtsanwälte die Möglichkeit hätten, die Akten in der Geschäftsstelle für 2 x 48 Stunden abholen und hinbringen zu lassen, was in einem Stadtstaat wie Hamburg kein Problem sei. Auch im Stadtstaat Bremen erfolgt an einheimische Rechtsanwälte nur eine Übergabe der Akten mit einer je vom Einzelfall abhängigen Einsichtsdauer[1154]. Im Stadtstaat Berlin wird ein Bedürfnis für die Versendung von Akten nach Mitteilung des Präsidenten des Oberverwaltungsgerichts nicht häufig anerkannt, da es in der Praxis den Rechtsanwälten dort meist ohne weiteres möglich sei, an Gerichtsstelle Einsicht zu nehmen. Auch diese Praxis verkennt die Vorschrift des § 100 Abs. 2 Satz 3 VwGO[1155]. Denn in allen aufgeführten Fällen ist stets zu berücksichtigen, inwieweit es einem Prozessbevollmächtigten zumutbar ist, ein sorgfältiges Aktenstudium insbesondere von umfangreichen Akten bei dem Gericht durchzuführen[1156]. Dabei kann darauf abgestellt werden, ob dort die Möglichkeit besteht, Ablichtungen anzufertigen, Diktate vorzunehmen beziehungsweise aufgrund der technischen Möglichkeiten umfassende Akteneinsicht zu nehmen[1157]. Gerade Rechtsanwälten dürfen aufgrund eines grundsätzlichen engen Zeitplans (Termine bei Gericht am Vormittag und Mandantengespräche am Nachmittag) auch in diesen Fällen durchaus die Akten zugesandt werden[1158]. Diese Vorgehensweise ermöglicht es einem Rechtsanwalt zu-

---

[1153] VGH München, Beschluss vom 29. Juli 1997 - 7 C 97.1151 -, in: NVwZ-RR 1998, 686, 687; Kopp/Schenke, VwGO, § 100 Rand-Nr. 7; wohl auch: Dolde, VBlBW 1985, 248, 249.

[1154] So der Präsident des OVG Bremen in seiner Antwort.

[1155] So wohl auch: Rudisile in Schoch/Schmidt-Aßmann/Pietzner, § 100 Rand-Nr. 15.

[1156] OLG Frankfurt, Beschluss vom 9. Juli 1991 - 20 W 201/91 -, in: NJW 1992, 846; Kissel, GVG, § 12 Rand-Nr. 115; auch Rudisile in Schoch/Schmidt-Aßmann/Pietzner, § 100 Rand-Nr. 15.

[1157] Kissel, GVG, § 12 Rand-Nr. 115; hinsichtlich der Möglichkeit des Abspielens eines Videobandes: BayOBLG, Beschluss vom 27. November 1990 - 2 OB Owi 279/90 -, in: NJW 1991, 1070 (zu § 147 StPO, wonach dem Verteidiger die Kopie eines Videobandes zugänglich zu machen war, da es dem Verteidiger aufgrund der großen Entfernung zu der das Originalband aufbewahrenden Polizeidienststelle nicht zumutbar war, sich dort das Original anzusehen); Rudisile in Schoch/Schmidt-Aßmann/Pietzner, § 100 Rand-Nr. 15, weist darauf hin, dass Arbeitserleichterungen für den Prozessbevollmächtigten durch Einsatz von Hilfskräften und eigener bürotechnischer Hilfsmittel sowie Zeit und Kostenersparnis bei der Ermessensentscheidung zu berücksichtigen seien.

[1158] Zur Möglichkeit, Aktenauszüge in der Kanzlei einfacher und kostengünstiger anfertigen zu können, zu den Schwierigkeiten einer grundsätzlich auf die Geschäftszeiten beschränkten Akteneinsichtnahme und anderweitiger gerichtlicher Terminswahrnehmungen und Besprechungen im Rahmen der Kanzleitätigkeit, dem Umfang der Akten sowie die räumlichen

dem, sich die Zeit hinsichtlich der Bearbeitung der Akte frei einzuteilen und die Sache gegebenenfalls auch unter Berücksichtigung der Originalakte mit seinem Mandanten besprechen zu können[1159]. Allein die Berufung von Rechtsanwälten auf ihre Stellung als Organ der Rechtspflege nach § 3 BRAO ist allerdings nicht ausreichend. Ferner ist die räumliche Entfernung zu dem erkennenden Gericht oder zu einem anderen Gericht zu berücksichtigen[1160], der Umfang der Akten[1161] sowie mögliche körperliche Beeinträchtigungen[1162] oder sonstige Verhinderungsgründe. Des weiteren ist bei der Ermessensentscheidung zu bedenken, ob der Versand oder die Herausgabe von Akten zu einer Verzögerung bei der Bearbeitung durch das Gericht führt[1163]. Dies kann insbesondere bei Eilsachen der Fall sein. Allerdings kann eine Versendung auch in Verfahren auf Gewährung vorläufigen Rechtsschutzes grundsätzlich durchaus erfolgen[1164]. Bei Rechtsmissbrauch z. B. im Sinne einer Verfahrensbehinderung durch häufig wiederholte Anträge auf Akteneinsicht ist es ermessensgerecht, Akten nicht zu versenden[1165]. Demgegenüber können sich Gerichte nicht pauschal auf eine Mehrbelastung durch die Ak-

---

Ausstattungen in einem Gericht - insbesondere Platzmangel und Probleme beim Anfertigen von Ablichtungen oder Auszügen -: Pawlita, AnwBl. 1986, 1; auch Rudisile in Schoch/Schmidt-Aßmann/Pietzner, § 100 Rand-Nr. 15, weist darauf hin, dass die Übersendung von Akten zur Chancengleichheit zwischen der beteiligten Behörde und dem Prozessbevollmächtigten führe.

1159 Dolde, VBlBW 1985, 248, 249.

1160 So die Präsidentin des VGH München und des OVG Saarlouis in ihren Antworten auf die Anfrage des Lehrstuhls von Professor Umbach sowie die Antworten der Präsidenten der OVG der Stadtstaaten Berlin, Bremen und Hamburg; auch: Eyermann, § 100 Rand-Nr. 12.

1161 Eyermann, § 100 Rand-Nr. 12; Kissel GVG, § 12 Rand-Nr. 115.

1162 Eyermann, § 100 Rand-Nr. 12; Kissel, GVG, § 12 Rand-Nr.115.

1163 VGH München, Beschluss vom 29. Juli 1997 - 7 C 97.1151 -, in: NVwZ-RR 1998, 686, 687; Eyermann, § 100 Rand-Nr. 12; auch Kissel, GVG, § 12 Rand-Nr. 115; Kopp/Schenke, VwGO, § 100 Rand-Nr. 7; zum Gesichtspunkt der Entbehrlichkeit auch: der Präsident des VGH Mannheim in seiner Antwort; ebenso der Präsident des OVG Berlin; eine Versendung erfolgt zutreffenderweise insbesondere nicht, wenn die (rechtzeitige) Rücksendung der Akte, insbesondere bei einer bereits erfolgten Terminierung nicht gesichert erscheint: so der Präsident des VG Schwerin; bei kurzfristig vor einem Termin oder einer Sachentscheidung gestellten Anträgen kann es nach Mitteilung des Präsidenten des OVG Lüneburg dazu kommen, dass die Akteneinsicht an Gerichtsstelle zu nehmen ist und die Akten nicht versandt werden; keine Übersendung bei Unabkömmlichkeit der Akten: Rudisile in Schoch/Schmidt-Aßmann/Pietzner, § 100 Rand-Nr. 15.

1164 OVG Magdeburg, Beschluss vom 29. Oktober 1997 - B 2 S 723/97 -, in: NVwZ-RR 1998, 694f.

1165 So der Präsident des OVG Lüneburg in seiner Antwort auf die Anfrage des Lehrstuhls von Professor Umbach.

tenversendung oder eine übliche Praxis berufen, da hierdurch die Umstände des Einzelfalls in der Regel keine zutreffende Würdigung erfahren. Teilweise wird in der gerichtlichen Praxis auch darauf verwiesen, dass die Versendung von Akten lediglich eine Ausnahmevorschrift darstellt[1166]. Dies macht aber eine Ermessensentscheidung unter Berücksichtigung der jeweiligen Umstände des Einzelfalls nicht entbehrlich[1167].

Weiterhin ist zu bedenken, dass bei einer Übergabe oder Versendung in jedem Einzelfall eine ausreichende Zeitspanne für die Akteneinsicht gewährt werden muss[1168]. Im Regelfall erscheint hierfür eine Arbeitswoche ausreichend zu sein[1169]. Eine generelle Abgabe außer Haus nur für 2 x 48 Stunden, wie es im Geschäftsbereich des Oberverwaltungsgerichts Hamburg allgemein gehandhabt wird, dürfte zu pauschal und daher nicht ermessensgerecht sein.

Wenn im Einzelfall eine Aktenversendung nicht in Betracht kommt beziehungsweise nicht gewünscht wird, kann einem Beteiligten oder seinem Bevollmächtigten auch der wesentliche Akteninhalt bekanntgegeben werden. Insbesondere eine fernmündliche Mitteilung bestimmter Daten und Zahlen aus den Gerichtsakten kann erfolgen, wenn Missverständnisse dabei vernünftigerweise nicht zu besorgen sind[1170]. Grundsätzlich hat auch die Akteneinsicht an Gerichtsstelle während der üblichen Geschäftszeiten und unter Aufsicht zu erfolgen[1171].

Schließlich beinhaltet die Ermessensentscheidung auch die Art und Weise der Versendung und der Rückgabe (beispielsweise per Einschreiben) zur Gewährleistung eines möglichst sicheren Versandes.

[1166] Pawlita, AnwBl. 1986, 1, 6.

[1167] Im Ergebnis wohl auch: Pawlita, 1986, 1, 6.

[1168] Rudisile in Schoch/Schmidt-Aßmann/Pietzner, § 100 Rand-Nr. 17 und Fußnote 57, wobei zwei Tage zu kurz bemessen sein dürften; allerdings kann in dringlichen Fällen, beispielsweise im Rahmen von einstweiligen Rechtsschutzverfahren, auch eine solche kurze Frist dem Gebot der Gewährung rechtlichen Gehörs entsprechen.

[1169] Dolde, VBlBW 1985, 248, 249, hält zwei Wochen für i. d. R. als ausreichend, insbesondere unter Berücksichtigung einer durchschnittlichen Verfahrensdauer von 20,5 Monaten in der Verwaltungsgerichtsbarkeit des Landes Nordrhein-Westfalen im Jahre 1998 (vgl. LT-Drs. 12/4578, Antwort des Justizministers vom 20. Dezember 1999 auf eine Große Anfrage der CDU-Ladtagsfraktion).

[1170] BGH, Beschluss vom 15. Dezember 1965 - 4 ZB 696/65 -, in: NJW 1966, 658, 659.

[1171] Eyermann, § 100 Rand-Nr. 5.

Zusammenfassend sind die wesentlichen Ermessensgesichtspunkte für (linke Spalte) und gegen (rechte Spalte) eine Aktenversendung noch einmal stichwortartig in der nachfolgenden Übersicht dargestellt:

1. Akten werden nicht zur aktuellen Bearbeitung im Gericht benötigt	1. Unzumutbare Verzögerung der Bearbeitung durch das Gericht insbesondere in Eilsachen; rechtzeitige Rücksendung vor einem Termin nicht gewährleistet
2. (Gerichtsbekannter) zuverlässiger Rechtsanwalt, Rechtsbeistand, Hochschullehrer, Steuerberater	2. Bei (konkreter) Unzuverlässigkeit oder bei begründetem Misstrauen Versendung ggf. an ein anderes Gericht in der Nähe des Sitzes der Kanzlei des Bevollmächtigten
3. Ermöglichung einer ungestörten sorgfältigen Akteneinsichtnahme im Interesse einer guten Verfahrensvorbereitung bei eigener Zeiteinteilung (Möglichkeit des Fotokopierens, Diktierens, Abspielen eines Videobandes pp.), Zeit- und Kostenersparnis insbesondere durch Einsatz von Hilfskräften	3. Sensible geheimhaltungsbedürftige Akteninhalte, wertvolle Akten(teile), Originalpläne, -urkunden, Unikate (Schutz vor unbefugter Kenntnisnahme oder vor Verlust); unübersichtliche, unpaginierte Akten (Schutz der Vollständigkeit)
4. Größere Entfernung zwischen Gericht und Kanzleiort	4. Rechtsmissbrauch
5. Körperliche oder sonstige Beeinträchtigungen	

Hat ein Bevollmächtigter Akteneinsicht erhalten, ist es eine „selbstverständliche Folge der Übersendung..., dass der Prozeßbevollmächtigte für sich daraus Kopien fertigen darf“[1172].

2.3. Absatz 3: Entwürfe, Arbeiten zu ihrer Vorbereitung und sonstige Schriftstücke als eine Akteneinsicht nicht zugängliche Unterlagen

Von dem Einsichtsrecht nach § 100 Abs. 1 VwGO gibt es nur die in Abs. 3 geregelten Ausnahmen[1173]. Danach werden die Entwürfe zu Urteilen, Beschlüssen und

---

[1172] VGH München, Beschluss vom 29. Juli 1997 - 7 C 97.1151 -, in NVwZ-RR 1998, 686f.

Verfügungen, die Arbeiten zu ihrer Vorbereitung, ferner die Schriftstücke, die Abstimmungen betreffen, weder vorgelegt noch abschriftlich den Beteiligten mitgeteilt, da diese nicht dem oben genannten Aktenbegriff unterliegen. Insoweit besteht eine Übereinstimmung mit der Regelung des § 29 Abs. 1 Satz 2 VwVfG, wonach ein Akteneinsichtsrecht in Entwürfe zu Entscheidungen sowie in Arbeiten zu ihrer unmittelbaren Vorbereitung ebenfalls ausgeschlossen ist. Bei der Regelung des § 100 Abs. 3 VwGO kommt hinzu, dass Entwürfe, insbesondere die sogenannten Voten[1174], und Aufzeichnungen eines jeweiligen Richters während der Entscheidungsberatung dem Beratungsgeheimnis des § 43 DRiG unterliegen[1175]. Die Regelung gilt für alle vorbereiteten Arbeiten der Richter sowie von gegebenenfalls vorhandenen Arbeiten von Referendaren und wissenschaftlichen Mitarbeitern des Gerichts[1176]. Die Aushändigung eines Exemplares des Sachberichts und/oder eines Votums an den (protokollführenden) Urkundsbeamten der Geschäftsstelle stellt keinen Verstoß gegen § 100 Abs. 3 VwGO dar, da es sich hierbei lediglich um eine Mitteilung im dienstlichen Verkehr handelt und nicht um eine Mitteilung der in dieser Norm genannten Schriftstücke an die Beteiligten[1177]. § 100 Abs. 3 bezieht sich ausschließlich auf die in dieser Norm genannten gerichtsinternen Vorgänge[1178].

Die analoge Anwendung von § 99 Abs. 1 Satz 2 VwGO oder von § 120 Abs. 3 SGG kommt aufgrund des eindeutigen Wortlautes von § 100 Abs. 3 VwGO und mangels Vorliegens einer unbewussten planwidrigen Regelungslücke des VwGO-Gesetzgebers nicht in Betracht[1179].

1173 Rudisile in Schoch/Schmidt-Aßmann/Pietzner, § 100 Rand-Nr. 28.

1174 Rudisile in Schoch/Schmidt-Aßmann/Pietzner, § 100 Rand-Nr. 25.

1175 Eyermann, § 100 Rand-Nr. 6; Kopp/Schenke, VwGO, § 100 Rand-Nr. 11.

1176 Kopp/Schenke, VwGO, § 100 Rand-Nr. 11; Rudisile in Schoch/Schmidt-Aßmann/Pietzner, § 100 Rand-Nr. 25.

1177 BVerwG, Beschluss vom 17. Oktober 1986 - 7 B 42/86 -, in: NVwZ 1987, 127; Kopp/Schenke, VwGO, § 100 Rand-Nr. 11; Rudisile in Schoch/Schmidt-Aßmann/Pietzner, § 100 Rand-Nr. 27.

1178 BVerwG, Beschluss vom 17. Oktober 1986 - 7 B 42/86 -, in: NVwZ 1987, 127; OVG Münster, Beschluss vom 17. April 1961 - 4 B 822/60 -, in: DVBl. 1962, 22, 23; OVG Münster, Beschluss vom 20. Oktober 1961 - 4 A 252/61 -, in: NJW 163, 1797 = DÖV 1963, 771 = VRspr. 16, Nr. 77; vgl. auch Schneider, JR 1977, 270ff., dazu, dass das Selbstablehnungsgesuch eines Richters wegen Besorgnis der Befangenheit kein rein inneres Verhältnis des Gerichts darstelle, so aber: BGH, Urteil vom 11. Juni 1970 - III ZR 7/69 -, in: NJW 1970, 1644 = MDR 1970, 994.

1179 Rudisile in Schoch/Schmidt-Aßmann/Pietzner, § 100 Rand-Nrn. 28, 29 und 30; Lang in Sodan/Ziekow, § 100 Rand-Nr. 38.

3. Rechtscharakter der Gewährung/Versagung von Akteneinsicht sowie der Erteilung von Ausfertigungen, Auszügen und Abschriften und Rechtsmittel

Diesbezüglich wird zunächst auf die Übersicht im *Anhang (Abb. 4)* verwiesen.

Die Verweigerung von Akteneinsicht beziehungsweise der Erteilung von Ausfertigungen, Auszügen und Abschriften ist grundsätzlich ein Verstoß gegen das sich aus Art. 103 Abs. 1 Grundgesetz ergebende Gebot des rechtlichen Gehörs[1180]. Darin kann ein Berufungs- oder Revisionszulassungsgrund liegen (§ 124 Abs. 2 Nr. 5, § 132 Abs. 2 Nr. 5 VwGO)[1181]. Zu beachten ist indes, dass nicht allein pauschal aufgrund einer abschlägigen Entscheidung mit Erfolg ein Verfahrensfehler gerügt werden kann; maßgeblich sind stets die Umstände im Einzelfall[1182]. Ein relevanter Verfahrensfehler liegt nur vor, wenn es für den Betroffenen unmöglich oder unzumutbar war, die Akten (rechtzeitig) einzusehen und gegebenenfalls Kopien zu fertigen beziehungsweise fertigen zu lassen[1183]. Hat ein Betei-

1180 BVerwG, Urteil vom 3. November 1987 - 9 C 235.86 -, in: Buchholz, 310 § 100 VwGO Nr. 5; OVG Münster, Beschluss vom 25. Mai 1987 - 21 B 20684/87 -, in: NJW 1988, 221; VGH Kassel, Beschluss vom 25. Mai 1999 - 6 TZ 1326/99 -, in: DVBl. 2000, 1668; Eyermann, § 100 Rand-Nr. 17; Kopp/Schenke, VwGO, § 100 Rand-Nr. 10; Lang in Sodan/Ziekow, § 100 Rand-Nr. 39; Redeker/von Oertzen, § 100 Rand-Nr. 7, weisen darauf hin, dass eine entsprechende negative Entscheidung als Verfahrensfehler über § 124 Abs. 2 Ziff. 5, § 132 Abs. 2 Ziff. 3 oder § 138 Ziff. 3 VwGO gerügt werden könne.

1181 Lang in Sodan/Ziekow, § 100 Rand-Nr. 50; allerdings ist eine beantragte (und noch nicht erhaltene) Akteneinsicht kein Hindernis für eine rechtzeitige Einlegung einer Beschwerde i. S. v. § 60 VwGO: BVerwG, Beschluss vom 21. Juni 1969 - 3 B 61.69 -, in: DVBl. 1970, 279f; dazu, dass ein nicht beschiedener Antrag auf Akteneinsicht und einer deswegen nicht rechtzeitig erstellten Begründung einer Nichtzulassungsbeschwerde nicht stets einen Verstoß gegen die Gewährung rechtlichen Gehörs darstellt: BVerwG, Beschluss vom 10. Oktober 1989 - 9 B 268/89 -, in: NJW 1990, 1313.

1182 BVerwG, Beschluss vom 3. November 1987 - 9 C 235.86 -, in: Buchholz 310, § 100 Nr. 5 = BayVBl. 1988, 251, 252.

1183 Entscheidung des Bundesverwaltungsgerichts: das Bundesverwaltungsgericht sah zwar in den erbetenen und nicht übersandten Ablichtungen aus einer Gerichtsakte eine Verletzung des § 100 Abs. 2 Satz 1 VwGO; ein durchgreifender Verfahrensfehler nach § 138 Ziff. 3 VwGO wurde jedoch verneint, da im vorliegenden Fall der Prozessbevollmächtigte des Klägers bei der erfolgten Durchsicht des insgesamt nur 41 Seiten umfassenden Verwaltungsvorgangs auch ohne die Anfertigung von Ablichtungen die ihm für die Berufungsbegründung wichtig erscheinenden Daten hätte erfassen können; vgl. auch Eyermann, § 100 Rand-Nr. 17, der bei vom Umfang her beschränkten Vorgängen, das heißt, Akten bis zu 50 Seiten, keinen durchgreifenden Verfahrensfehler annehmen will, wobei richtigerweise jedoch auf die Umstände des Einzelfalles wie Möglichkeit der Einsichtnahme Entfernung, beziehungsweise Verhinderung eines Prozessbevollmächtigten zu berücksichtigen ist; auch:

ligter sein prozessuales Recht auf Akteneinsicht nicht genutzt, kann er die Entscheidung des Gerichts nicht mit der Begründung anfechten, sie sei unter Verstoß gegen den Grundsatz der Gewährung rechtlichen Gehörs ergangen[1184]. Des weiteren ist zu beachten, dass bei der Rüge des Verfahrensmangels einer nicht gewährten oder verweigerten Akteneinsicht im Sinne von § 138 Ziff. 3 VwGO nicht dargelegt werden muss, was bei ordnungsgemäßer Gewährung der Akteneinsicht vorgetragen worden und inwieweit dieser Vortrag zur Klärung des geltend gemachten Anspruchs geeignet gewesen wäre[1185]. Denn dieses Erfordernis der Darlegung gilt ausnahmsweise nicht, wenn der Betroffene aufgrund der Eigenart des konkreten Verstoßes gegen die Gewährung rechtlichen Gehörs tatsächlich nicht in der Lage ist, Ausführungen darüber zu machen, was er im Falle einer ordnungsgemäßen Gewährung rechtlichen Gehörs vorgetragen hätte; dies ist insbesondere dann der Fall, wenn der Verstoß bei einer verweigerten Akteneinsicht den gesamten Prozessstoff erfasst[1186], mithin insbesondere bei einem Verstoß gegen die Vorschrift des § 100 VwGO; denn ein Betroffener, dem die begehrte Akteneinsichtnahme verweigert worden ist, ist somit mangels Kenntnis des Akteninhalts regelmäßig nicht in der Lage darzulegen, was er bei ordnungsgemäß gewährter Akteneinsicht noch vorgetragen hätte[1187]. Somit reicht es für eine Rüge

---

VGH Mannheim, Beschluss vom 4. Juli 1997 - 13 S 973/97 -, in: NVwZ-RR 1998, 687, 688: das Recht, die Verletzung des rechtlichen Gehörs zu rügen, gehe verloren, wenn ein Beteiligter nichts unternehme, um sich auf das ihm zustehende rechtliche Gehör zu berufen und es sich zu verschaffen.

1184 Lang in Sodan/Ziekow, § 100 Rand-Nr. 23.

1185 Vgl. VGH Mannheim, Beschluss vom 4. Juli 1997 - 13 S 973/97 -, in: NVwZ-RR 1998, 687, 688, unter Bezugnahme auf BVerwG, Beschluss vom 29. September 1976 - 7 CB 46.76 -, in: Buchholz 310 § 138 Nr. 3 VwGO Nr. 23, dazu, dass bei einer Rüge der Verletzung rechtlichen Gehörs grundsätzlich vorgetragen werden muss, was der Betroffene über sein bisheriges Vorbringen hinaus noch hätte vortragen wollen und dass dieses Vorbringen zu Klärung der geltend gemachten Ansprüche geeignet gewesen wäre; VGH Kassel, Beschluss vom 25. Mai 1999 - 6 TZ 1326/99 -, in: DVBl. 2000, 1668.

1186 Vgl. VGH Mannheim, Beschluss vom 4. Juli 1997 - 13 S 973/97 -, in: NVwZ-RR 1998, 687, 688, unter Bezugnahme auf BVerwG, Urteil vom 18. Oktober 1983 - 9 C 127.83 -, in: Buchholz 310 § 108 Nr. 3 VwGO Nr. 140, zur Entscheidung über eine Klage durch ein Gericht bei Nichterscheinen des Klägers zur mündlichen Verhandlung, da in der Ladung ein unrichtiger Verhandlungstag angegeben worden war, sowie unter Bezugnahme auf BVerwG, Beschluss vom 28. August 1992 - 5 B 159.91 -, in: Buchholz 310 § 108 VwGO Nr. 252 = NJW 1993, 80f. = NVwZ 1993, 166 L. (zur Ablehnung eines Vertagungsantrages, nachdem der den Kläger vertretende Rechtsanwalt kurz vor dem Verhandlungstermin sein Mandat niedergelegt hatte).

1187 VGH Mannheim, Beschluss vom 4. Juli 1997 - 13 S 973/97 -, in: NVwZ-RR 1998, 687, 688.

der Verletzung rechtlichen Gehörs aus, wenn dargelegt wird, dass aufgrund einer Entscheidung nach § 100 VwGO keine Einsicht in die Akten genommen werden konnte[1188]. Schließlich kann sich ein Beteiligter nicht mehr auf eine erfolgte Verweigerung der Akteneinsicht berufen, wenn er zuvor auf eine entsprechende Rüge (in einer durchgeführten mündlichen Verhandlung) verzichtet hat[1189].

Denn wer als Verfahrensbeteiligter aus Unkenntnis sein Recht auf Akteneinsicht nicht wahrnimmt, kann sich nicht zu einem späteren Zeitpunkt darauf berufen, hierzu ohne Verschulden außerstande gewesen zu sein[1190]. Er kann sich mithin auch nicht in einem Berufungs- oder Revisions(zulassungs)verfahren darauf berufen, dass ihm rechtliches Gehör versagt worden sei (vgl. § 124 Abs. 2 Ziff. 5, § 132 Abs. 2 Ziff. 3 VwGO).

4. Grundlose Verweigerung der Einsichtnahme als Befangenheitsgrund

Soweit vertreten wird, dass eine grundlose Verweigerung der Akteneinsicht durch einen Richter Misstrauen gegen dessen Unparteilichkeit rechtfertigen könnte (§ 54 VwGO i. v. m. §§ 41 bis 49 ZPO)[1191], kann dies allenfalls dann angenommen werden, wenn weitere Anhaltspunkte für die Befangenheit des handelnden Richters sprechen. Denn in aller Regel führen (auch grobe) Verfahrensverstöße - soweit sie nicht willkürlich sind oder auf manipulativen Erwägungen beruhen - allein nicht zur Bejahung einer Parteilichkeit[1192].

[1188] VGH Mannheim, Beschluss vom 4. Juli 1997 - 13 S 973/97 -, in: NVwZ-RR 1998, 687, 688; im Ergebnis wohl auch: Lang in Sodan/Ziekow, § 100 Rand-Nr. 50.

[1189] BVerwG, Urteil vom 7. November 1973 - 6 C 5/73 -, in: VerwRspr. 26, 116, 117; BVerwG, Urteil vom 6. Juli 1998 - 9 C 45/97 -, in: NVwZ 1999, 65; VGH München, Beschluss vom 19. März 1998 - 19 ZB 98.30375 - (zu § 78 Abs. 3 Ziff. 3 AsylVfG, § 138 Ziff. 3 VwGO); auch Lang in Sodan/Ziekow, § 100 Rand-Nr. 52.

[1190] So BVerwG, Beschluss vom 7. März 1975 - III B 96.73 -, in: Buchholz 310 § 153 VwGO Nr. 14 (hinsichtlich der Zulässigkeit einer Restitutionsklage nach § 153 VwGO i. V. m. § 582 ZPO).

[1191] Vahle, DVP 2001, 212 (unter Hinweis auf eine Entscheidung des BayOblG).

[1192] Vgl. nur OVG Münster, Beschluss vom 6. August 1999 - 23 A 58/98 A -; ähnlich VGH Kassel, Beschluss vom 27. Februar 1996 - 13 UZ 1851/95 -, in: NVwZ 1997, 311f.

5. Kosten bei der Gewährung von Akteneinsicht

Im Zusammenhang mit der Gewährung von Akteneinsicht können Kosten entstehen für das Anfertigen von Ablichtungen aus den Akten beziehungsweise für deren Versendung und für Reisekosten, um die Akten persönlich einzusehen.

Hinsichtlich der Kosten für die Erteilung von Ablichtungen wird zunächst auf die Ausführungen im 4. Kapitel, Gliederungspunkt 2.2.1.5. verwiesen.

Bei geltend gemachten Reisekosten gehören nach § 162 Abs. 1 VwGO zu den Kosten des Verfahrens nur die zur zweckentsprechenden Rechtsverfolgung notwendigen Aufwendungen der Beteiligten. Daher sind grundsätzlich die Reisekosten zum Zwecke der Terminswahrnehmung oder zur Information des Prozessbevollmächtigten in jeder Instanz erstattungsfähig[1193]. Unter Berücksichtigung des Grundsatzes von Treu und Glauben und des Gebots einer sparsamen Prozessführung ergibt sich jedoch auch hier die Pflicht, den Aufwand möglichst niedrig zu halten[1194]. Vor diesem Hintergrund sind Reisekosten zwecks Akteneinsicht bei einem 220 km entfernten Verwaltungsgericht nicht erstattungsfähig, da zur Vermeidung dieser Kosten eine Versendung der Akten an ein näherliegendes Gericht oder an eine Behörde hätte beantragt werden können[1195].

Hinsichtlich der Versendung von Akten wird aufgrund des § 11 Abs. 1 GKG i. V. m. Nr. 9003 des Kostenverzeichnisses eine pauschale Gebühr in Höhe von 8,00 Euro je Sendung für die Versendung von Akten auf Antrag erhoben[1196]. Die Erhebung einer solchen Auslagenpauschale hat das Bundesverfassungsgericht als verfassungsgemäß erachtet[1197]. Sie setzt begrifflich eine entgeltliche Aktenübermittlung an einen anderen Ort voraus, da nur in diesem Fall erstattungsfähige

---

1193 VGH München, Beschluss vom 22. März 1996 - 23 C 96.463 -, in: JURIS-Dokument Nr. 537619.

1194 VGH München, Beschluss vom 22. März 1996 - 23 C 96.463 -, in: JURIS-Dokument Nr. 537619.

1195 VGH München, Beschluss vom 22. März 1996 - 23 C 96.463 -, in: JURIS-Dokument Nr. 537619.

1196 Vgl. beispielsweise die entsprechende Praxis im Bereich des VG Leipzig und des VGH Mannheim ausweislich der angeführten Stellungnahmen gegenüber dem Lehrstuhl von Professor Umbach.

1197 BVerfG, Beschluss der 2. Kammer des 2. Senats vom 6. März 1996 - 2 BvR 386/96 -, in: NJW 1996, 2222; folgend u. a.: LSG Schl.-H., Beschluss vom 9. September 1996 - L 1 SK 5/96 -, in: Breith 1997 Nr. 64.

Mehrkosten beziehungsweise Auslagen entstehen; allein das Bereitstellen von Akten an Gerichtsstelle zur Übergabe dort erfüllt den Tatbestand nicht[1198]. Ausreichend für das Entstehen der Kostenpauschale ist bereits das Verschicken von Aktenteilen, nicht dagegen die Übersendung von einzelnen Ablichtungen[1199]. Da der Gebührentatbestand eine pauschale Gebühr erhebt, ist diese sowohl bei tatsächlich höheren als auch bei tatsächlich geringeren Kosten zu erheben[1200], da die Pauschale unabhängig von der Höhe der konkreten Kosten geschaffen wurde[1201]. Wenn weiterhin die Pauschale „je Sendung" in Ansatz gebracht werden darf, ist darauf abzustellen, ob es sich bei den übersandten Akten um einen einheitlichen Vorgang handelt (beispielsweise wenn bei umfangreichen Akten mehrere Pakete versandt werden müssen) oder nicht (beispielsweise wenn verschiedene einzelne Akten an einen Rechtsanwalt gesandt werden)[1202].

Wird im Rahmen einer Klage aus den Sachgebieten Sozialhilfe, Jugendhilfe, Kriegsopferfürsorge, Schwerbehindertenfürsorge sowie der Ausbildungsförderung Einsicht oder die Überlassung von Ablichtungen begehrt, bezieht sich die in § 188 Satz 2 VwGO für diese Verfahren normierte Gerichtskostenfreiheit auch auf die Einsichtnahme oder erstellte Ablichtungen. Denn eine solche Klage ist als Nebenverfahren den in § 188 Satz 1 VwGO abschließend aufgeführten Sachgebieten zuzuordnen[1203]. Die generelle Ablehnung einer Versendung allein aus Portogründen[1204] ist vor diesem Hintergrund zweifelhaft.

[1198] Hartmann, KV 9003 Rand-Nr. 2 und § 56 Rand-Nr. 5; Notthoff, AnwBl. 1995, 538, 539 und 540; Schäpe, DAR 1996, 334, 335 und 336.

[1199] Hartmann, KV 9003 Rand-Nr. 1 und § 57 Rand-Nr. 6; Schäpe, DAR 1996, 334.

[1200] Schmidt, Rpfleger 1969, 117, 119 (zur insoweit unveränderten früheren Rechtslage).

[1201] Schäpe, DAR 1996, 334, 335.

[1202] Schmidt, Rpfleger 1969, 117, 119 (zur insoweit unveränderten früheren Rechtslage).

[1203] OVG Hamburg, Beschluss vom 23. Oktober 1997 - Bs IV 134/97 -; wenn wie im OVG Berlin (lediglich) ein Münzkopiergerät zur Verfügung steht, muss jedenfalls einem Prozessbeteiligten die Möglichkeit von kostenlosen Ablichtungen eingeräumt werden; einem bevollmächtigten Rechtsanwalt könnten die Akten übergeben werden, wobei darauf zu achten ist, dass eine Übergabe oder die Ablehnung einer Versendung nicht allein aus Kostengründen erfolgen darf; im Vordergrund steht die Einräumung einer zumutbaren Gewährung des rechtlichen Gehörs; im Ergebnis auch: Rudisile in Schoch/Schmidt-Aßmann/Pietzner, § 100 Rand-Nr. 23.

[1204] So offenbar die Praxis im Geschäftsbereich des OVG Berlin ausweislich der Antwort des Präsidenten des OVG Berlin.

Kostenschuldner ist derjenige, der die Übersendung der Akten beantragt hat, in der Regel der bevollmächtigte Rechtsanwalt[1205].

6. Vollstreckung

Ein Urteil, das eine Behörde verpflichtet, Einsicht in eine bestimmte Akte oder Aktenteile zu gewähren, unterliegt grundsätzlich der Vollstreckung gemäß § 167 Abs. 1 VwGO i. V. m. §§ 883ff. ZPO (Zwangsvollstreckung zur Herausgabe beweglicher Sachen entsprechend § 883 Abs. 2, 3 ZPO wie ein Herausgabeanspruch); nur wenn die Behörde generell die Vorlage der unstreitig vorhandenen Unterlagen verweigert, kann die Verhängung eines Zwangsgeldes oder Zwangshaft gemäß § 888 Abs. 1 ZPO in Betracht kommen[1206]

6. Kapitel: Akteneinsicht nach § 82 AsylVfG

§ 82 AsylVfG stellt eine Sonderregelung für Verfahren auf Gewährung des vorläufigen Rechtsschutzes nach dem Asylverfahrensgesetz gegenüber § 100 VwGO dar.

1. Anlass für diese Regelung und Begründung des Gesetzgebers

Aufgrund der zunehmenden Zahl von asylrechtlichen Streitigkeiten bei den Verwaltungsgerichten und der beabsichtigten Beschleunigung dieser Verfahren wurde zur Verhinderung von Verfahrensverzögerungen in Verfahren des vorläufigen Rechtsschutzes in § 82 Satz 1 AsylVfG normiert, dass grundsätzlich Akteneinsicht auf der Geschäftsstelle des Gerichts gewährt wird. Nach der Auffassung des Gesetzgebers ist nämlich ein Asylantragsteller zu der Darlegung seines individu-

---

1205 BVerfG, Beschluss der 2. Kammer des 2. Senats vom 19. Juli 1995 - 2 BvR 1023/95 -, in: NJW 1995, 3177, wobei der Prozessbevollmächtigte die von ihm gegenüber dem Gericht zu entrichtenden Kosten wiederum seinem Mandanten in Rechnung stellen darf, wenn die Aufwendungen im Rahmen einer ordnungsgemäßen Mandatswahrnehmung erforderlich waren (vgl. §§ 675, 670 BGB); BVerfG, Beschluss der 2. Kammer des 2. Senats vom 6. März 1996 - 2 BvR 386/96 -, in: NJW 1999, 2222; so auch: Schäpe, DAR 1996, 334, 336; a. A. Notthoff, AnwBl. 1995, 538, 540, der als Kostenschuldner den jeweiligen Betroffenen beziehungsweise die jeweilige Prozesspartei ansieht.

1206 Hinsichtlich von Personalakten von Beamten: OVG Koblenz, Beschluss vom 4. Juli 1986 - 1 E 11/86 -, in: NJW 1987, 1220f.; für das steuerrechtliche Verfahren: BFH, Beschluss vom 16. Mai 2000 - VII B 200/98 -, in: BFHE 192, 8ff. = BStBl. II 2000, 541 = NVwZ 2000, 1334ff. = DStR 2000, 1305ff. = HFR 2000, 728ff. (unter Hinweis auf § 151 Abs. 1 Satz 1 1. Halbsatz FGO).

ellen Verfolgungsschicksals auch ohne Akteneinsicht in der Lage[1207]. Da aufgrund des Asylrechts-Änderungsgesetzes 1993 nach § 36 Abs. 2 Satz 1 das Bundesamt für die Anerkennung ausländischer Flüchtlinge gleichzeitig mit der Zustellung der Entscheidung dem Asylantragsteller beziehungsweise seinem Bevollmächtigten eine Kopie des Inhalts der Asylakte zu übersenden hat, ist der jeweilige Betroffene von ihrem Inhalt regelmäßig bereits informiert, ohne dass er sich hierüber nach Klageerhebung zunächst Kenntnis verschaffen muss[1208].

2. Geltungsbereich der Norm

§ 82 AsylVfG gilt aufgrund seines eindeutigen Wortlauts nicht für Hauptsacheverfahren (Klageverfahren)[1209]. Eine entsprechende oder analoge Anwendung auf Hauptsacheverfahren kommt auch aufgrund des eindeutigen Wortlauts der Norm nach dem Willen des Gesetzgebers nicht in Betracht[1210]. Allerdings ist bei der (zulässigen) Übergabe der Akten in einem parallel anhängigen Hauptsacheverfahren zu beachten, dass durch eine Herausgabe der Akten der Beschleunigungszweck des § 82 AsylVfG nicht unterlaufen wird[1211]. Im Rahmen der Ermessensausübung bei § 100 Abs. 2 Satz 3 VwGO ist daher der Zweck des § 82 AsylVfG zu beachten[1212]. Allerdings ist auch hierbei stets die ausreichende Gewährung rechtlichen Gehörs zu beachten, da dieser Verfassungsgrundsatz durch eine einfache bundesgesetzliche Regelung nicht umgangen werden kann und darf.

3. Tatbestandsvoraussetzungen

§ 82 AsylVfG enthält gegenüber der allgemeinen Regelung des § 100 VwGO lediglich eine vorrangig zu beachtende Vorschrift hinsichtlich des Ortes der Akteneinsicht (Satz 1) und der Übergabe beziehungsweise Versendung von Akten (Sätze 2 und 3) in sogenannten Eilverfahren. Eine Übergabe beziehungsweise Versendung wird in aller Regel deswegen abgelehnt, weil davon auszugehen ist, dass der Asylbewerber oder sein Rechtsanwalt eine Kopie des Inhalts der Asyl-

---

1207 BT-Drs. 12/2062 (42); auch: Hailbronner, § 82 Rand-Nr. 3.
1208 Marx, § 82 Rand-Nr. 2.
1209 BT-Drs. 12/2062 (42); Hailbronner, § 82 Rand-Nr. 5; Marx, § 82 Rand-Nr. 1; Renner, § 82 Rand-Nr. 3.
1210 Hailbronner, § 82 Rand-Nr. 5; Renner, § 82 Rand-Nr. 3.
1211 BT-Drs. 12/2062 (42); Hailbronner, § 82 Rand-Nr. 5; Marx, § 82 Rand-Nr. 1.
1212 BT-Drs. 12/2062 (42); Hailbronner, § 82 Rand-Nr. 5.

akte gemäß § 36 Abs. 2 Satz 1 AsylVfG erhalten hat[1213]. Sollte dies in Einzelfällen nicht geschehen sein, ist Akteneinsicht unter Berücksichtigung der oben ausführlich dargestellten Grundsätze des § 100 VwGO zu gewähren. Dabei ist stets die Wahrung des Grundsatzes des rechtlichen Gehörs zu beachten[1214]. Ist eine Verfahrensverzögerung ausgeschlossen, kann eine Aktenversendung nach Maßgabe des § 100 Abs. 2 Satz 3 VwGO in Betracht kommen[1215]. Rechtsmittel gegen einer Versagung oder Beschränkung der Akteneinsicht sind nach allgemeiner Meinung gemäß § 80 AsylVfG ausgeschlossen.

Zu beachten ist ferner die in § 83 b AsylVfG normierte Gerichtskostenfreiheit (Gebühren und Auslagen) im Hinblick auf das Anfertigenlassen von Ablichtungen oder das Versenden von Akten[1216]. Aufgrund der bereits angesprochenen Bestimmung des § 36 Abs. 2 Satz 1 AsylVfG dürfte die Übersendung von Ablichtungen aus der Asylakte eines Betroffenen lediglich in den Ausnahmefällen, in denen das Bundesamt für die Anerkennung ausländischer Flüchtlinge dieser Bestimmung nicht (in vollem Umfang) nachgekommen ist, in Betracht kommen. Vorrangig ist aber auch hier stets die zumutbare Gewährung rechtlichen Gehörs.

Schließlich ist daran zu denken, dass ein Antrag auf Zulassung der Berufung gemäß § 78 Abs. 4 Satz 1 AsylVfG innerhalb dieser Frist auch zu begründen ist (§ 78 Abs. 4 Satz 4). Weiterer Vortrag, den ein Beteiligter nach einer im Anschluss daran getätigten Akteneinsicht zusätzlich vorträgt, ist nicht mehr zu berücksichtigen[1217].

[1213] Ablehnung daher wegen Verfahrensverzögerung: so der Präsident des OVG Koblenz in seiner Antwort auf die Anfrage des Lehrstuhls von Professor Umbach.

[1214] Marx, AsylVfG, § 82 Rand-Nr. 6; Renner, § 82 Rand-Nr. 3.

[1215] Marx, AsylVfG, § 82 Rand-Nr. 5.

[1216] Vgl. auch Rudisile in Schoch/Schmidt-Aßmann/Pietzner, § 100 Rand-Nr. 23.

[1217] So VGH München, Beschluss vom 21. März 1996 - 24 AA 96.31303 -.

3. Teil: Akteneinsicht im finanzbehördlichen und im finanzgerichtlichen Verfahren

In diesem Teil werden die Voraussetzungen für die Gewährung von Akteneinsicht in steuerrechtlichen Verfahren dargestellt.

1. Kapitel: Rechtsgrundlagen für eine Akteneinsicht im finanzbehördlichen Verfahren

I. Akteneinsicht nach den §§ 91, 364 AO

Anders als im verwaltungs- und im sozialbehördlichen Verfahren, wo die Gewährung von Akteneinsicht in § 29 VwVfG und in § 25 SGB X ausdrücklich gesetzlich normiert ist, gibt es im finanzbehördlichen Besteuerungsverfahren eine solche Regelung für die Beteiligten weiterhin nicht[1218]. § 91 AO sieht lediglich vor, dass, bevor ein Verwaltungsakt erlassen wird, der in Rechte eines Beteiligten eingreift, diesem Gelegenheit gegeben werden soll, sich zu den für die Entscheidung erheblichen Tatsachen zu äußern (Satz 1); dies gilt insbesondere, wenn von dem in der Steuererklärung erklärten Sachverhalt zu Ungunsten des Steuerpflichtigen wesentlich abgewichen werden soll (Satz 2). Diese Vorschrift gilt sowohl für das Steuerfestsetzungs- und Steuerfeststellungsverfahren nach den §§ 155ff. AO[1219] als auch für das Vollstreckungsverfahren nach den §§ 249ff. AO[1220].

Die Vorschrift des § 364 AO bestimmt darüber hinaus, dass den Beteiligten, soweit es noch nicht geschehen ist, die Unterlagen der Besteuerung auf Antrag oder, wenn die Begründung des Einspruchs dazu Anlass gibt, von Amts wegen mitzuteilen sind. § 364 AO findet im aussergerichtlichen Rechtsbehelfsverfahren (Einspruchsverfahren) nach den §§ 347ff. AO Anwendung.

[1218] BFH, Urteil vom 6. Oktober 1993 - 8 B 121/92 -, in: BFH NV 1991, 311, 312; Dißars, NJW 1997, 481, 482 und 483; Söhn in Hübschmann/Hepp/Spitaler, § 91 Rand-Ziff. 24, und Birkenfeld in Hübschmann/Hepp/Spitaler, § 364 Rand-Ziff. 34; ; Klein, § 91 Rand-Nr. 4 und zu § 364; Tipke/Kruse, § 91 Text-Ziff. 12 und § 364 Text-Ziff. 3.

[1219] Tipke/Kruse, § 91 Text-Ziff. 14.

[1220] Dißars, NJW 1997, 481, 484.

Im Steuerstrafverfahren nach den §§ 369ff. AO gilt dagegen über die Regelung des § 385 Abs. 1 AO das in § 147 Strafprozessordnung normierte Akteneinsichtsrecht[1221].

Der AO-Anwendungserlaß[1222] stellt ausdrücklich klar: „Ein Recht auf Akteneinsicht im Steuerfestsetzungsverfahren wird den Beteiligten nicht einräumt. Im Einzelfall kann jedoch nach Ermessen der Finanzbehörde Akteneinsicht gewährt werden. Hierbei ist sicherzustellen, dass Verhältnisse eines anderen nicht unbefugt offenbart werden. Die Gewährung einer beantragten Akteneinsicht kann insbesondere nach einem Beraterwechsel zweckmäßig sein“. Er stellt jedoch als Verwaltungsvorschrift keine gesetzliche Grundlage dar.

Auch die vor Inkrafttreten der Abgabenordnung 1977 gültige Reichsabgabenordnung sah kein Akteneinsichtsrecht vor[1223]. Im Rahmen der Vorarbeiten zur AO 1977 hatte sich zwar der Finanzausschuss des Deutschen Bundestages ausdrücklich mit der Frage der Akteneinsicht befasst. Im Ergebnis wurde die Normierung eines Akteneinsichtsrechts allerdings abgelehnt[1224]. Der Ausschuss führte hierzu aus: „Die Steuerakten enthalten in vielen Fällen Tatsachen, die die steuerlichen Verhältnisse eines Dritten betreffen. Um eine Verletzung des Steuergeheimnisses zu vermeiden, müssten daher die Steuerakten vor jeder Einsichtnahme überprüft werden, was bei reger Inanspruchnahme des Akteneinsichtsrechts zu einer nicht vertretbaren Belastung der Verwaltung führen würde.“ Des weiteren war der Ausschuss der Auffassung, dass ein „allgemeines Akteneinsichtsrecht für die Steuerverwaltung nicht praktikabel sei. ... Es erscheine unter Berücksichtigung des Verwaltungsaufwands nicht vertretbar, wenn die Finanzbehörde vor jeder Akteneinsicht die Akten daraufhin überprüfen müsse, ob durch die Akteneinsicht Geheimhaltungsinteressen Dritter beeinträchtigt werden könnten.“ Auch im Regierungsentwurf wurde die Notwendigkeit der Normierung eines Akteneinsichtsrechts verneint[1225].

1221 Tipke/Kruse, § 91 Text-Ziff. 2, § 364 Text-Ziff. 1; auch Dißars, NJW 1997, 481, 485.

1222 Vom 24. September 1987 (BStBl. I, 664, 688 und 715), zuletzt geändert durch Schreiben des Bundesministers der Finanzen vom 27. Oktober 1995 (BStBl. I, S. 666).

1223 Vgl. zur historischen Entwicklung: Hegelau, S. 121ff.

1224 Ausschussbericht des Finanzausschusses, BT-Drs. 7/4292 S. 9 und S. 24f.; vgl. hierzu auch Hegelau, S. 125f.; Dißars, NJW 1997, 481.

1225 BT-Drs. VI/1982, S. 94, neu eingebracht als 7/79; im Vergleich zu dem damaligen Entwurf eines Verwaltungsverfahrensgesetzes (BT-Drs. VI/1173) und dem in diesem vorgesehenen Akteneinsichtsrecht hiess es im Regierungsentwurf: „Soweit Abweichungen vorliegen, sind sie auf die Besonderheiten des Steuerrechts und auf seine bisherige eigenstän-

Insbesondere ist die Regelung des § 29 VwVfG auf das finanzbehördliche Verfahren nicht übertragbar, da § 2 Abs. 2 Ziff. 1 VwVfG ausdrücklich den Ausschluss der Vorschriften des Verwaltungsverfahrensgesetzes für Verwaltungsverfahren nach der Abgabenordnung normiert[1226].

2. *Akteneinsicht nach pflichtgemäßem Ermessen*

Die Gewährung von Akteneinsicht als Ausfluss des Grundsatzes des rechtlichen Gehörs[1227] und der Umfang der Gewährung stehen nach allgemeiner Auffassung im pflichtgemäßen Ermessen (§ 5 AO) der jeweils zuständigen Finanzbehörde[1228]. Den Beteiligten steht nur ein Recht auf fehlerfreie Ermessensausübung zu[1229]. Im Rahmen dieser Ermessensausübung ist dabei das Interesse des die Akteneinsicht begehrenden Antragstellers gegenüber den Belangen der Allgemeinheit und der Finanzbehörde unter Berücksichtigung des Steuergeheimnisses nach § 30 AO abzuwägen[1230]. Insbesondere sind nach § 30 Abs. 2 AO die steuerlichen Verhältnisse Dritter geschützt. Dies sind alle Umstände, Vorgänge und Tatsachen, unab-

---

dige Entwicklung zurückzuführen. Es soll vermieden werden, ohne Not in eine durch Rechtsprechung gesicherte langjährige Verwaltungspraxis einzugreifen."; vgl. auch Hegelau, S. 123f.

1226 Vgl. auch Hegelau, S. 121; Dißars, NJW 1997, 481, 482 und 483, der allerdings lediglich allgemein die entsprechende Anwendung des § 29 VwVfG im Besteuerungs- und im Einspruchsverfahren ablehnt; Tipke/Kruse, § 91 Text-Ziff. 12.

1227 Hegelau, S. 126 (für das Besteuerungsverfahren); Tipke/Kruse, § 364 Text-Ziff. 1; Klein, § 91 Rand-Nr. 4, verneint ausdrücklich einen Anspruch auf Einsicht in die eigenen Steuerakten auch unter Beachtung des Grundsatzes des rechtlichen Gehörs.

1228 Vgl. nur BFH, Urteil vom 6. August 1965 - in: BStBl. III 1965, 675; FG Köln, Urteil vom 3. Mai 2000 - 11 K 6922/98 -, in: EFG 2000, 903f. = NVwZ 2001, 477ff.; Hegelau, S. 130; Söhn in Hübschmann/Hepp/Spitaler, § 91 Rand-Ziff. 25; Birkenfeld in Hübschmann/Hepp/Spitaler, § 364 Rand-Ziffern 34 und 35; Klein, § 91 Rand-Nr. 4 und zu § 364; Tipke/Kruse, § 91 Text-Ziff. 14 und § 364 Text-Ziff. 3.

1229 FG Köln, Urteil vom 3. Mai 2000 - 11 K 6922/98 -, in: EFG 2000, 903f. = NVwZ 2001, 477ff.; Dißars, NJW 1997, 481, 482 und 483; Söhn in Hübschmann/Hepp/Spitaler, § 91 Rand-Ziff. 25.

1230 BFH, Urteil vom 6. August 1965 - VI 349/63 U -, in: BStBl. III 1965, 675f.; zuletzt BFH, Urteil vom 8. Februar 1994 - VII R 88/92 -, in: BFHE 174, 197ff. = BStBl. II 1994, S. 552; dazu, dass ein Antrag ohne die Darlegung eines substantiierten oder offenkundigen Sachentscheidungsinteresses abgelehnt werden kann: FG Düsseldorf, Urteil vom 23. August 1996 - 18 K 8159/92 -, in: EFG 1998, 11f.; Hegelau, S. 130; Dißars, NJW 1997, 481, 482 und 483 (der auf die sachgerechte Wahrnehmung der steuerlichen Belange des Antragstellers auf der einen Seite und auf einen ordnungsgemäßen Geschäftsgang bei der Behörde auf der anderen Seite abstellt).

hängig davon, ob sie steuerlich relevant sind oder nicht[1231]. Im Einzelfall kann sich als Ergebnis der Abwägung durchaus eine Verpflichtung zur Gewährung von Akteneinsicht ergeben[1232], wenn Verhältnisse Dritter dadurch nicht berührt werden[1233]. Aber auch nur insoweit darf eine Einsichtnahme abgelehnt werden. Wird von der Finanzbehörde im Ergebnis keine vollständige Akteneinsicht gewährt, erscheint es sachgerecht zu prüfen, ob dem die Einsicht Begehrenden nicht eine teilweise Einsichtnahme zu gewähren ist unter beispielsweiser Schwärzung oder Herausnahme von Unterlagen, die die steuerlichen Verhältnisse von Dritten betreffen. Jedenfalls obliegt es der Behörde aber, den Betroffenen zum Beispiel mündlich oder schriftlich über den entscheidungserheblichen Akteninhalt zu informieren[1234], denn neben der Möglichkeit der Gewährung von Akteneinsicht besteht auch die Möglichkeit, Auskünfte hinsichtlich Tatsachen und Rechtsfragen zu erlangen[1235]. Ein solcher Auskunftsanspruch besteht insbesondere dann, wenn

---

1231 Dißars, NJW 1997, 481, 482 (unter Hinweis auf die Vielfalt der möglichen Fallgestaltungen); so ist auch grundsätzlich der Name eines Anzeigenerstatters geschützt mit der Ausnahme, dass dieser gegenüber der Finanzbehörde falsche Angaben gemacht hat; vgl. diesbezüglich auch: BFH, Urteil vom 7. Mai 1985 - 7 R 25/82 -, in: BFHE 143, 503, 506 = BStBl. II 1985, S. 571 = BB 1985, 1716, wonach ein Bürger gegen ungerechtfertigte Angriffe aus seine Ehre vorgehen können muss; vgl. auch BFH, Urteil vom 8. Februar 1994 - VII R 88/92 -, in: BFHE 174, 197ff. = BStBl. II 1994, 552ff.; FG Köln, Urteil vom 3. Mai 2000 - 11 K 6922/98 -, in: EFG 2000, 903f. = NVwZ 2001, 477ff.: Behörde muss Namen des Informanten nennen, wenn ein ungerechtfertigter Angriff auf die Ehre des Betroffenen als Ausfluss des Schutzes seines Persönlichkeitsrechts vorliegt; FG Hessen, Urteil vom 16. März 1990 - 1 K 4538/89 -, in: EFG 1990, 503ff.: kein Recht auf Akteneinsicht zwecks Überprüfung der Tätigkeit der Steuerfahndung (warum diese eingeschaltet wurde und ob Regressmöglichkeiten bestehen); Klein/Orlopp, § 30 Rand-Nr. 3b; für eine uneingeschränkte Auskunft auf Benennung eines Anzeigeerstatters: Streck/Olbing, BB 1994, 1267ff.; nach VerfGH Rh.-Pf., Entscheidung vom 4. November 1998 - VGH B5/98, B6/98 -, in: DVBl. 1999, 209ff., gefährden Auskünfte über einen Gewährsmann der Finanzverwaltung grundsätzlich die ordnungsgemäße Aufgabenerfüllung der Behörde; das Geheimhaltungsinteresse entfällt indes bei Vorliegen von ausreichenden Anhaltspunkten dafür, dass der Informant die Behörde wider besseres Wissen oder fahrlässig falsch informiert hat; kritisch hierzu: Anmerkung von Wollweber in DVBl. 1999, 981f., soweit auf leichte Fahrlässigkeit abgestellt wird.

1232 Hegelau, S. 130.

1233 FG Köln, Urteil vom 3. Mai 2000 - 16 K 6922/98 -, in: EFG 2000, 903f. = NVwZ 2001, 477ff.; Dißars, NJW 1997, 481, 482; Tipke/Kruse, § 91 Text-Ziff. 14, und § 44 Text-Ziff. 13 (bei der Zusammenveranlagung von Ehegatten ist dabei der jeweilige Ehegatte kein Dritter; hier jedoch entgegengesetzter Auffassung: Dißars, wie oben).

1234 Hegelau, S. 130.

1235 BFH, Urteil vom 7. Mai 1985 - 7 R 25/82 -, in: BFHE 143, 503, 505 = BStBl. II 1985, 571 = BB 1985, 1716; Tipke/Kruse, Vor § 204 AO Text-Ziffern 4 und 5: Die Behörde ist

es das allgemeine Persönlichkeitsrecht gebietet[1236]. Allerdings steht auch die Auskunftserteilung im pflichtgemäßen Ermessen der Finanzbehörde[1237]. Im Einspruchsverfahren ist nach allgemeiner Auffassung im Rahmen der Ermessensentscheidung zusätzlich zu beachten, dass der wesentliche Sinn und Zweck des außergerichtlichen Rechtsbehelfsverfahren in der Vermeidung eines finanzgerichtlichen Verfahrens, in dem Akteneinsicht nach § 78 FGO zu gewähren ist, liegt[1238]. Daher soll nicht „engherzig" ein Antrag auf Akteneinsicht abgelehnt werden, um nicht einen Steuerprozess zu verursachen[1239]. Insbesondere sind im Einspruchsverfahren Berichte oder Gutachten, aber auch Fundstellen und Entscheidungen, die im Ausgangsbescheid verwertet worden sind, zugänglich zu machen[1240]. Auch im Rahmen eines finanzbehördlichen Verfahrens kommt Akteneinsicht nicht für Entwürfe zu Entscheidungen sowie die Arbeiten zu ihrer unmittelbaren Vorbereitung in Betracht, selbst wenn diesbezüglich eine gesetzliche Normierung nicht gegeben ist.

In jedem Fall erscheint es sachlich gerechtfertigt, dass ein die Akteneinsicht begehrender Beteiligter ein berechtigtes (bzw. rechtliches) Interesse glaubhaft zu machen hat[1241], wie es § 29 Abs. 1 VwVfG für ein verwaltungsbehördliches Verfahren ausdrücklich vorsieht. Im Ergebnis ist allerdings einem Beteiligten grundsätzlich die Einsicht in seine eigenen Steuerakten zu gewähren, da diese in der Regel ausschließlich aus seinen und den ihm bekannten Daten bestehen[1242].

---

zu einer ordnungsgemäßen Auskunftserteilung im Rahmen ihrer Zuständigkeit über § 89 Satz 2 AO berechtigt.

1236 BFH, Urteil vom 7. Mai 1985 - 7 R 25/82 -, in: BFHE 143, 503, 506 = BStBl. II 1985, 571 = BB 1985, 1716; FG Köln, Urteil vom 3. Mai 2000 - 16 K 6922/98 -, in: EFG 2000, 903f. = NVwZ 2001, 477ff.

1237 Tipke/Kruse, Vor § 204 AO Text-Ziffern 4 und 5; Streck/Olbing, BB 1984, 1267.

1238 Dißars, NJW 1997, 481, 483; Birkenfeld in Hübschmann/Hepp/Spitaler, § 364 AO Rand-Ziff. 35; wohl auch Tipke/Kruse, § 364 Text-Ziff. 3.

1239 Birkenfeld in Hübschmann/Hepp/Spitaler, § 364 AO Rand-Ziff. 35.

1240 Birkenfeld in Hübschmann/Hepp/Spitaler, § 364 AO Rand-Ziff. 36.

1241 H. L., DB 1994, 2007.

1242 Vgl. die Ausführungen und Nachweise zum finanzgerichtlichen Verfahren im 2. Kapitel, Gliederungsziffer 2.; Klein, § 91 Rand-Nr. 4, will indes erkennbar auch eine solche Möglichkeit ausschließen unter Hinweis darauf, dass wegen des dem Steuerpflichtigen bekannten Akteninhalts unter dem Gesichtspunkt des rechtlichen Gehörs keine Akteneinsicht erforderlich sei.

Die Akteneinsicht kann dabei dem Beteiligten eines laufenden Verfahrens oder dem jeweiligen Bevollmächtigten (§ 80 Abs. 1 bis 3 AO) gewährt werden[1243]. Der Bevollmächtigte darf allerdings nicht gemäß § 80 Abs. 5 oder 6 AO zurückgewiesen worden sein. Dabei muss - wie auch im verwaltungsbehördlichen Verfahren - grundsätzlich sowohl einem Beteiligten persönlich als auch seinem Vertreter die Akteneinsicht eingeräumt werden. Eine Ausnahme ist nur in den Fällen denkbar, in denen das Einsichtsrecht missbräuchlich ausgeübt wird, um beispielsweise das Verfahren zu verzögern.

Beteiligte eines finanzbehördlichen Verfahrens sind der Antragsteller und Antragsgegner (§ 78 Ziff. 1 AO), derjenige, an den die Finanzbehörde den Verwaltungsakt richten will oder gerichtet hat (§ 78 Ziff. 2 AO) und diejenigen, mit denen die Finanzbehörde einen öffentlich-rechtlichen Vertrag schließen will oder geschlossen hat (§ 78 Ziff. 3 AO). Beteiligter des außergerichtlichen Rechtsbehelfsverfahrens ist nach § 359 Ziff. 1 AO derjenige, der den Einspruch eingelegt hat (Einspruchsführer) und nach Ziff. 2 derjenige, der zum Verfahren über § 360 AO hinzugezogen worden ist.
Als Folge der Akteneinsicht kann sich ein Beteiligter ähnlich der Vorschrift des § 100 Abs. 2 Satz 1 VwGO auch Ausfertigungen, Auszüge und Abschriften erteilen lassen, denn eine wirksame Akteneinsicht setzt auch im finanzbehördlichen Verfahren nicht nur das Hineinsehen in die Akte, sondern ebenfalls die Möglichkeit der Fertigung von handschriftlichen Aufzeichnungen oder Ablichtungen voraus.

Hinsichtlich des Ortes der Akteneinsichtnahme sind einschlägige Entscheidungen - soweit ersichtlich - bisher nicht getroffen beziehungsweise nicht veröffentlicht worden. In jedem Einzelfall hat aber ähnlich wie im verwaltungsbehördlichen Verfahren eine Ermessensentscheidung unter Abwägung der konkreten entgegenstehenden Interessen zu erfolgen, so dass auch eine Übersendung der Akten an einen Steuerberater oder Rechtsanwalt in Betracht zu ziehen ist.

[1243] BFH, Urteil vom 7. Mai 1985 - 7 R 25/82 -, in: BFHE 143, 503, 505 = BStBl. II 1985, S. 571 = BB 1985, 1716; FG Mecklenburg-Vorpommern, Urteil vom 23. Juni 1994 - I 174/93 -, in: EFG 1995, 50f.; H. L., DB 1994, 2007.

3. Anwendbarkeit datenschutzrechtlicher Bestimmungen

Die Datenschutzgesetze gelten grundsätzlich auch für die Tätigkeit der Finanzverwaltung nach Art. 108 GG, soweit sie Landesverwaltung ist[1244]. Sie würden nur in dem Fall einer sogenannten „Tatbestandskongruenz" gegenüber den §§ 91 und 364 AO zurücktreten. Eine solche läge vor, wenn sowohl steuerrechtliche als auch datenschutzrechtliche Normen die Gewährung von Akteneinsicht oder die Erteilung von Auskünften explizit regeln würden[1245]. Das ist hier aber nicht der Fall[1246]. Denn die Datenschutzgesetze beispielsweise der Länder von Nordrhein-Westfalen und Brandenburg enthalten ausdrücklich geregelte Akteneinsichtsrechtsbestimmungen (vgl. § 18 DSG NRW und Bbg). Mithin ist bei Anträgen auf Gewährung von Akteneinsicht gegenüber Finanzbehörden als Landesbehörden jeweils die spezialgesetzliche Vorschrift des § 18 DSG NRW beziehungsweise § 18 DSG Bbg anzuwenden[1247].

Da die datenschutzrechtlichen Normen allerdings ähnlich wie § 29 VwVfG keine Angaben zum Ort und der näheren Ausgestaltung einer Akteneinsicht enthalten, hat die zuständige Behörde diesbezüglich eine Ermessensentscheidung zu treffen, die insbesondere dem Grundsatz der Gewährung rechtlichen Gehörs ausreichend Rechnung tragen muss.

Angesichts dieses insgesamt unbefriedigenden Zustandes ist eine eindeutige gesetzliche Regelung zu fordern. Diesbezüglich wird auf den Lösungsvorschlag im 7. Teil dieser Untersuchung verwiesen.

[1244] Hüttemann, NJW 1997, 2020.

[1245] Hüttemann, NJW 1997, 2020.

[1246] Zutreffend Hüttemann, NJW 1997, 2020 und 2021; entgegenstehender Auffassung: Dißars, NJW 1997, 481, 483, der anscheinend § 364 AO als die Akteneinsicht in der Abgabenordnung regelnde vorrangig zu beachtende Vorschrift ansieht; im Ergebnis einen Anspruch auf Bekanntgabe des Namens eines Informanten über datenschutzrechtliche Normen wegen der gesetzlichen Geheimhaltungsvorschrift des § 30 AO verneinend: BFH, Urteil vom 8. Februar 1994 - VII R 88/92 -, in: BFHE 174, 197, 200.

[1247] Sofern Dißars, NJW 1997, 481, 482f., die Anwendbarkeit des Bundesdatenschutzgesetzes fordert, weil allein dem Bund über Art. 108 Abs. 5 GG die Gesetzgebungskompetenz hinsichtlich des Verfahrensrechts im Besteuerungsverfahren zustehe, regelt insbesondere der § 19 BDSG aber ausdrücklich nur ein Auskunfts- und kein Akteneinsichtsrecht (so Ordemann/Schomerus, § 19 Rand-Nr. 5.2), so dass hierin keine gesetzliche Spezialvorschrift zu sehen ist. Im übrigen wird auch das Bundesdatenschutzgesetz nicht als ein das Besteuerungsverfahren regelndes Bundesgesetz anzusehen sein, da dies allein die Abgabenordnung ist: so auch Sachs, Art. 108 Rand-Nrn. 31. und 32.

4. Rechtscharakter der Gewährung/Versagung von Akteneinsicht sowie der Erteilung von Ausfertigungen, Auszügen und Abschriften und Rechtsmittel

Richtigerweise erfolgt gegenüber einer ablehnenden Entscheidung deren Anfechtung durch Einspruch und gegebenenfalls durch anschliessende Verpflichtungsklage[1248].

Wird ein Antrag eines Steuerpflichtigen auf Akteneinsicht in die Ermittlungsakten nach Abschluss des steuerstrafrechtlichen Ermittlungsverfahrens abgelehnt, liegt eine Abgabenangelegenheit im Sinne des § 33 FGO vor; der Rechtsweg zu den Finanzgerichten ist somit gegeben[1249].

5. Kosten bei der Gewährung von Akteneinsicht

Über die einschlägigen Regelungen beispielsweise des § 18 Abs. 2 Satz 2 DSG NRW und des § 18 Abs. 4 Satz 4 DSG Bbg erfolgt bei entstandenen Auslagen deren Berechnung auch hier in Anwendung der jeweiligen Verwaltungsgebührengesetze der Länder. Zur Vermeidung von unnötigen Wiederholungen kann an dieser Stelle auf die Ausführungen im 2. Teil, 1. Kapitel, Gliederungspunkt 5., verwiesen werden.

Eine von einem Finanzamt für den Zeitraum der Gewährung der Akteneinsicht erhobene Verwaltungs(zeit)Gebühr gehört zu den nach § 139 Abs. 1 FGO erstattungsfähigen Aufwendungen unabhängig davon, ob die Erhebung einer solchen Gebühr landesrechtlich überhaupt zulässig ist[1250].

1248 Dißars, NJW 1997, 481, 482; Söhn in: Hübschmann/Hepp/Spitaler, § 91 AO Rand-Ziff. 25; wobei nach der gegenwärtigen Rechtslage nicht mehr die Beschwerde nach § 349 AO alte Fassung, sondern nur noch der Einspruch (gegen nach dem 31. Dezember 1995 bekanntgegebene Verwaltungsakte) statthaft ist: Tipke/Kruse, zu § 349 AO; Birkenfeld in: Hübschmann/Hepp/Spitaler, § 364 AO Rand-Ziff. 35.

1249 BFH, Urteil vom 2. Dezember 1976 - IV R 2/76 -, in: BFHE 120, 571, 575f. = BStBl. II 1977, 318, 320; FG Mecklenburg-Vorpommern, Urteil vom 23. Juni 1994 - I 174/93 -, in: EFG 1995, 50f.; auch FG Niedersachsen, Urteil vom 8. Dezember 1992 - I 368/89 -, in: EFG 1993, 531, zur Klage eines Steuerberaters auf Einsicht in die Akten eines abgeschlossenen Ermittlungsverfahrens; Hellmann, DStZ 1994, 371, 372ff., sieht allerdings in der Versagung der Akteneinsicht einen Justizverwaltungsakt im Sinne des § 23 EGGVG mit der Folge, dass die Versagung der Einsichtnahme vor den ordentlichen Gerichten anfechtbar ist, da die entstandenen Strafakten nicht automatisch mit Abschluss des Verfahrens in normale Steuerakten umgewidmet werden dürfen.

1250 FG Hessen, Beschluss vom 3. Februar 1997 - 12 Ko 5190/96 -, in EFG 1997, 427.

6. Akteneinsicht durch Dritte oder frühere Beteiligte

Ein Anspruch auf Akteneinsicht besteht außerhalb eines abgeschlossenen Verfahrens für Dritte oder frühere Beteiligte nicht[1251]. Zur Begründung wird allgemein ausgeführt, dass einer Privatperson zu nichtsteuerlichen Zwecken Einsicht in die Steuerakten eines anderen jedenfalls nicht ohne dessen Zustimmung gewährt werden dürfe[1252]. Das zu beachtende Steuergeheimnis des § 30 AO solle gerade die (steuerlichen) Verhältnisse vor unbefugter Offenbarung schützen. Ein allgemeiner Anspruch auf Einsichtnahme in Behörden- und Gerichtsakten durch Dritte besteht ebenfalls nicht; er lässt sich auch nicht über den in Art. 35 Abs. 1 GG normierten Grundsatz der Leistung von Rechts- und Amtshilfe herleiten[1253]. Nach der herrschenden Meinung liegt eine Gewährung von Akteneinsicht im pflichtgemäßen Ermessen der zuständigen Behörde[1254]. Allerdings müssen auch hier die bereits zu § 29 VwVfG angeführten Grundsätze der Gewährung von Akteneinsicht nach den datenschutzrechtlichen Bestimmungen beispielsweise des § 16 DSG NRW beziehungsweise Bbg herangezogen werden. Zur Vermeidung von Wiederholungen wird daher auf den 2. Teil, 2. Kapitel, dieser Arbeit verwiesen[1255]. Der Bundesfinanzhof hat dazu jedoch festgestellt, dass bundes- oder landesdatenschutzrechtliche Vorschriften hinter die Schutznorm des § 30 AO zurücktreten[1256]. Gerade auch deswegen ist eine gesetzliche Regelung erforderlich.

[1251] Vgl. nur: BFH, Beschluss vom 5. August 1969 - 7 B 72/66 -, in: NJW 1970, 679, 680; BFH, Urteil vom 7. Mai 1985 - 7 R 25/82 -, in: BFHE 143, 503, 505 = BStBl. II 1985, S. 571 = BB 1985, 1716.

[1252] BFH, Beschluss vom 5. August 1969 - 7 B 72/66 -, in: NJW 1970, 679, 680.

[1253] BFH, Beschluss vom 5. August 1969 - 7 B 72/66 -, in: NJW 1970, 679, 680; vgl. aber zu den Voraussetzungen, unter denen Behörden der Finanzverwaltung im Rahmen eines Gewerbeuntersagungsverfahrens den Gewerbebehörden Auskunft über den betroffenen Gewerbetreibenden geben dürfen: BVerwG, Urteil vom 2. Februar 1982 - 1 C 146/80 -, in: BVerwGE 65, 1ff. = NVwZ 1982, 503ff. = DVBl. 1982, 694ff.

[1254] Vgl. nur: BFH, Urteil vom 8. Februar 1994 - VII R 88/92 -, in: BStBl. II S. 552ff.

[1255] Das Finanzgericht Hessen hat beispielsweise einen Antrag auf Akteneinsicht mit dem Ziel zu erfahren, warum die Steuerfahndung tätig geworden ist beziehungsweise eine Akteneinsicht aus rein wirtschaftlichen Interessen zutreffenderweise abgelehnt: Urteil vom 16. März 1990 - 1 K 4538/89 -, in: EFG 1990, 503f.; vgl. auch Dißars, NJW 1997, 481, 482; Klein, § 91 Rand-Nr. 4; demgegenüber FG Niedersachsen, Urteil vom 8. Dezember 1992 - I 368/89 -, in: EFG 1993, 531: über den Antrag eines Steuerberaters auf Einsicht in die Akten eines abgeschlossenen Ermittlungsverfahrens wegen Steuerhinterziehung gegen den von ihm vertretenen Mandanten.

[1256] Vgl. Urteil vom 8. Februar 1994 - VII R 88/92 -, in: BStBl. II S. 552ff.

2. Kapitel: Akteneinsicht nach § 78 FGO

1. Geltungsbereich der Norm

Da die Vorschrift des § 78 FGO zum Teil mit der des § 100 VwGO übereinstimmt, kann insoweit die verwaltungsgerichtliche Rechtsprechung übertragen werden[1257]. § 78 FGO regelt die Akteneinsicht von Beteiligten eines finanzgerichtlichen Verfahrens. Dieser Regelung wird eine besondere Bedeutung beigemessen, weil die Abgabenordnung - wie aufgezeigt - keine gesetzliche Bestimmung hinsichtlich der Gewährung von Akteneinsicht enthält[1258]. Die Vorschrift gilt wie im verwaltungsgerichtlichen Verfahren auch im Finanzgerichtsprozess für alle Verfahrensarten und in jedem Instanzenzug. Datenschutzrechtliche Bestimmungen hinsichtlich der Akteneinsicht für Beteiligte treten ebenso wie im verwaltungsgerichtlichen Verfahren auch hier mit den gleichen Erwägungen hinter die Spezialvorschrift des § 78 FGO zurück.

Seit dem 1. Januar 2001 trifft § 93a Abs. 2 Satz 3 FGO eine Sonderregelung zum Einsichtsrecht für Aufzeichnungen von Zeugen- oder Sachverständigenaussagen. Die gefertigte Aufzeichnung darf nur auf der Geschäftsstelle (bzw. an Gerichtsstelle unter Aufsicht) erfolgen; Kopien werden nicht erteilt.

Akteneinsicht kann über die Erhebung einer Klage nicht in die Vorgänge begehrt werden, in die bereits die Finanzbehörde eine Einsichtnahme abgelehnt hat[1259].

2. Tatbestandsvoraussetzungen

Nach § 78 Abs. 1 Satz 1 FGO können die Beteiligten die Gerichtsakten und die dem Gericht vorgelegten Akten einsehen und sich durch die Geschäftsstelle auf ihre Kosten Ausfertigungen, Auszüge und Abschriften erteilen lassen. Wie in § 100 Abs. 1 VwGO wird damit ein grundsätzlicher Rechtsanspruch auf Akteneinsicht (bei Gericht) normiert[1260].

[1257] Vgl. auch: List in Hübschmann/Hepp/Spitaler, § 78 FGO Rand-Ziff. 1.

[1258] BFH, Urteil vom 7. Mai 1985 - 7 R 25/82 -, in: BFHE 143, 503, 505 = BStBl. II 1985, 571 = BB 1985, 1716; Gräber, § 78 Rand-Nr. 1; List in Hübschmann/Hepp/Spitaler, § 78 Rand-Ziff. 1.

[1259] BFH, Beschluss vom 24. Januar 1991 - X 7-8/90 -, in: BFH/NV 1991, 475.

[1260] Ständige Rechtsprechung des Bundesfinanzhofs, vgl. nur Beschluss vom 22. April 1997 - X B 62/97 -, in: NVwZ-RR 1998, 472.

Beteiligte eines finanzgerichtlichen Verfahrens sind nach § 57 Ziff. 1 FGO der Kläger, nach Ziff. 2 der Beklagte, nach Ziff. 3 der Beigeladene (vgl. § 60 Abs. 1, Abs. 3) und Ziff. 4 die beigetretene Behörde nach § 122 Abs. 2 FGO (Bundes- beziehungsweise Landesfinanzminister). Wenn sich ein Beteiligter durch einen Bevollmächtigten (§ 62 FGO) vertreten lässt, ist auch dieser als Vertreter des jeweiligen Beteiligten berechtigt, in die Akten einzusehen[1261]. Bevollmächtigte sind im wesentlichen die in § 3 Ziff. 1 bis 3 StBerG genannten Personen wie Rechtsanwälte, Steuerberater, Wirtschaftsprüfer, vereidigte Buchprüfer sowie entsprechende Gesellschaften. Die Akteneinsicht an Bevollmächtigte allgemein soll zwar generell erst nach Vorlage einer entsprechenden Vollmacht erfolgen[1262]. Die in § 3 Ziff. 1 bis 3 StBerG genannten Personen brauchen aufgrund der Neuregelung des § 62 Abs. 3 Satz 5 FGO[1263] nur noch bei Zweifeln eine Vollmacht nachzuweisen[1264].

Das Akteneinsichtsrecht bezieht sich ähnlich wie im verwaltungsgerichtlichen Verfahren sowohl auf die Gerichtsakte(n) als auch auf alle dem Gericht vorgelegten Akten; hinsichtlich der Behördenakten gilt dies für die Akten der am finanzgerichtlichen Verfahren beteiligten Behörden (§ 71 FGO) und für daran nicht beteiligte Behörden (über § 86 FGO)[1265]. Zu den vorzulegenden Steuerakten gehören auch die Arbeits(Hand)akten und Arbeitsbögen eines Betriebsprüfers[1266].

1261 Tipke/Kruse, § 78 Text-Ziff. 3; List in Hübschmann/Hepp/Spitaler, § 78 Rand-Ziffern 2 und 3, wonach in der Regel die Wahrung rechtlichen Gehörs durch Gewährung von Akteneinsicht gegenüber dem Bevollmächtigten ausreichend sein soll; Gräber, § 78 Rand-Nr. 7.

1262 BFH, Beschluss vom 28. September 1994 - VIII B 31/94 -, in: BFH/NV 1995, 608; Finanzgericht Baden-Württemberg, Beschluss vom 12. Januar 1994 - 6 K 134/93 -, in: EFG 1994, 666 = DStZ 1994, 757f. (bezüglich eines Steuerberaters); Tipke/Kruse, § 78 Text-Ziff. 3.

1263 Angefügt durch FGO-ÄndgG vom 19. Dezember 2000 (BGBl. I S. 1757).

1264 Tipke/Kruse, § 62 Text-Ziff. (31) 32.

1265 Ausdrücklich zur Beiziehung „fremde(r) Steuerakten": BFH, Urteil vom 17. Oktober 2001 - I R 103/00 -, in: DB 2001, 2474ff. (mit Anmerkungen von Wassermeyer, S. 2465ff.) unter Abweichung von der früheren Rechtsprechung; das Finanzamt könne jedoch von der Beihiehung solcher Akten absehen, wenn die Gefahr einer Verletzung von § 30 AO im Falle einer Einsichtnahme durch die Beteiligten bestehe; Gräber, § 78 Rand-Nr. 3; Hegelau, S. 56 bis 59; List in Hübschmann/Hepp/Spitaler, § 78 Rand-Ziff. 4; Tipke/Kruse, § 78 Text-Ziffern 5 bis 8.

1266 Vgl. nur BFH, Urteil vom 25. Juli 1994 - XB 333/93 -, in: BFHE 174, 491ff. = BStBl. II 1994, 802ff. = NJW 1995, 352 = HFR 1994, 663f. = BB 1994, 1775f. = DStR 1994, 1653; Tipke/Kruse, § 71 FGO Text-Ziff. 5 und § 78 Text-Ziff. 7.

Auch im Falle einer unzulässigen Klage muss dem Kläger das Akteneinsichtsrecht nach § 78 Abs. 1 FGO zugestanden werden[1267], damit der Kläger selber die Sach- und Rechtslage überprüfen kann.
Die Akteneinsicht ist ferner zu gewähren, wenn es nach Auffassung des Gerichts auf den Akteninhalt nicht (mehr) ankommt[1268]. Denn nur so wird dem Grundsatz auf Gewährung rechtlichen Gehörs ausreichend Rechnung getragen.

Einem Beteiligten eines finanzgerichtlichen Verfahrens ist grundsätzlich Einsicht in die eigenen Akten zu ermöglichen, da dieser nicht auf den Schutz des § 30 AO angewiesen ist; diese Vorschrift muss nur dann beachtet werden, wenn andere Personen Akteneinsicht begehren[1269] oder wenn sich in den eigenen Steuerakten schützenswerte Angaben Dritter befinden[1270]. So darf das Finanzamt vertrauliche Mitteilungen von Informanten grundsätzlich ausheften, um deren Identität als Dritte über § 30 Abs. 2 Ziff. 1 AO zu schützen[1271]; ansonsten sind entsprechende Unterlagen vom Gericht an die Behörde zurückzusenden[1272]. Das schützenswerte Interesse eines Anzeigeerstatters entfällt nur dann, wenn er wahrheitswidrige oder

---

[1267] Abzulehnen ist die verneinende Auffassung des FG Baden-Württemberg, Beschluss vom 12. Januar 1994 - 6 K 134/93 -, in: EFG 1994, 666 = DStZ 1994, 757f.; einschränkend: Tipke/Kruse, § 78 FGO Text-Ziff. 12, die die Akteneinsicht nur dann ablehnen wollen, wenn sich in den Akten keine Unterlagen befinden, die gerade (auch) die Unzulässigkeit der Klage betreffen; allerdings muss ein Rechtsschutzbedürfnis bestehen: BFH, Urteil vom 21. Juli 1999 - I R 111/98 -, in: NVwZ 2000, 838f. = HFR 2000, 169f. (verneint bezüglich einer Gemeinde in die finanzbehördlichen Gewerbesteuer-Zerlegungsakten bei einem zuvor vom Finanzamt festgestellten Gewerbesteuermessbetrag von 0).

[1268] Gräber, § 78 Rand-Nr. 5; Hegelau, S. 68; List in Hübschmann/Hepp/Spitaler, § 78 Rand-Ziff. 2.

[1269] FG Berlin, Beschluss vom 10. März 1993 - III 32/92 -, in: EFG 1993, 685; vgl. auch BFH, Urteil vom 8. Februar 1994 - VII R 88/92 -, in: BStBl. II, 552ff.; List in Hübschmann/Hepp/Spitaler, § 78 Rand-Ziff. 5; Tipke/Kruse, § 78 Text-Ziff. 19.

[1270] List in Hübschmann/Hepp/Spitaler, § 78 Rand-Ziff. 5; Tipke/Kruse, § 78 Text-Ziff. 19.

[1271] BFH, Urteil vom 25. Juli 1994 - XB 333/93 -, in: BFHE 174, 491ff. = BStBl. II 1994, 802ff. = NJW 1995, 352 = HFR 1994, 663f. = BB 1994, 1775f. = DStR 1994, 1653; Gräber, § 78 Rand-Nr. 4; Tipke/Kruse, § 71 Text-Ziff. 4 und § 78 Text-Ziff. 19, befürworten ein grundsätzliches Entfernen der entsprechenden Angaben oder Vorgänge; List in Hübschmann/Hepp/Spitaler, § 78 Rand-Ziff. 5, befürwortet alternativ eine Unkenntlichmachung der Angaben.

[1272] Gräber, § 78 Rand-Nr. 4; List in Hübschmann/Hepp/Spitaler, § 78 Rand-Ziff. 5; Tipke/Kruse, § 78 Text-Ziff. 19; zur Rücksendebefugnis siehe auch: BFH, Urteil vom 16. November 1965 - I 302/61 S -, in: BStBl. III 1966, 97; Podlech, ZfSH/SGB 1985, 1, 2.

falsche Angaben gemacht hat[1273]. Jedenfalls ist dem Beteiligten aber in geeigneter Form Auskunft über den Akteninhalt zu geben, da nur so der Grundsatz der Gewährung rechtlichen Gehörs gewährt werden kann.

Ein Anspruch eines Beteiligten auf Beiziehung von (bestimmten) behördlichen Akten besteht nicht; gegen die Ablehnung eines solchen Ersuchens ist ein Rechtsmittel nicht gegeben[1274], da nach § 128 Abs. 2 FGO keine Beschwerdemöglichkeit gegen prozessleitende Verfügungen besteht.

Ebenso wie § 100 Abs. 3 VwGO für das verwaltungsgerichtliche Verfahren bestimmt für das finanzgerichtliche Verfahren § 78 Abs. 2 FGO, dass die Entwürfe zu Urteilen, Beschlüssen und Verfügungen, die Arbeiten zu ihrer Vorbereitung sowie die Schriftstücke, die Abstimmungen (oder Ordnungsstrafen des Gerichts) betreffen, nicht vorzulegen sind.

§ 71 Abs. 2 FGO verpflichtet die beteiligte Finanzbehörde ausdrücklich zur Vorlage der den Streitfall betreffenden Akten nach Empfang der Klageschrift. Vorzulegen sind danach nur solche Akten nicht, die sich auf steuerliche Veranlagungszeiträume beziehen, die nicht Gegenstand des finanzgerichtlichen Verfahrens sind[1275]. Nach dem Wortlaut des § 71 FGO hat die beteiligte Behörde kein Recht, die Vorlage zu verweigern[1276]. Für beteiligte Behörden besteht jedoch die Möglichkeit, bei Vorliegen der Voraussetzungen des § 86 Abs. 1 und Abs. 2 FGO - ähnlich wie es im verwaltungsgerichtlichen Verfahren die Vorschrift des § 99 Abs. 2 VwGO a. F. bestimmte - die Vorlage bestimmter Akten oder Aktenteile zu verweigern[1277]. Unter Berücksichtigung der bereits angeführten Recht-

1273 Zu den Voraussetzungen, unter denen Behörden der Finanzverwaltung im Rahmen eines Gewerbeuntersagungsverfahrens den Gewerbebehörden Auskunft über den betroffenen Gewerbetreibenden geben dürfen: BVerwG, Urteil vom 2. Februar 1982 - 1 C 146/80 -, in: BVerwGE 65, 1ff. = NVwZ 1982, 503ff. = DVBl. 1982, 694ff.; BFH, Urteil vom 8. Februar 1994 - VII R 88/92 -, in: BStBl. II, 552ff.; Hegelau, S. 63.

1274 BFH, Beschluss vom 26. Januar 1971 - VII B 137/69 -, in: BStBl. II 1991, 306; BFH, Beschluss vom 7. März 1973 - II B 64/72 -, in: BStBl. II 1973, 504; Hegelau, S. 59; Tipke/Kruse, § 86 Text-Ziff. 5.

1275 Hegelau, S. 57; Tipke/Kruse, § 78 Text-Ziffern 6 und 18: Bei einer Klage gegen beispielsweise die Einkommensteuerveranlagung für das Jahr 01 sind nur die dieses Jahr betreffenden Akten dem Gericht zu übersenden; List in Hübschmann/Hepp/Spitaler, § 78 Rand-Ziff. 4: nur die entscheidungserheblichen Akten unterliegen der Vorlagepflicht.

1276 So ausdrücklich Gräber, § 78 Rand-Nr. 4; wohl auch List in Hübschmann/Hepp/Spitaler, § 71 FGO Anmerkung 10.

1277 Tipke/Kruse, § 86 Text-Ziffern 2 bis 4.

sprechung des Bundesverfassungsgerichts zu der Vorschrift des § 99 Abs. 1 Satz 2 i. V. m. Abs. 2 VwGO[1278] dürften die Forderungen des Gerichts indes auch auf das finanzgerichtliche Verfahren zu übertragen sein, wenn die Gewährung effektiven Rechtsschutzes (Art. 19 Abs. 4 GG) nur durch Vorlage der streitigen Akten an das Finanzgericht in Betracht kommen kann (vgl. wegen der Einzelheiten zu dieser Entscheidung: 2. Teil, 4. Kapitel, Gliederungspunkt 2.1.2.2.). Eine uneinschränkbare Aktenvorlagepflicht würde im Einzelfall jedenfalls dazu führen können, dass schützenswerte Rechte beziehungsweise Grundrechtspositionen Dritter allgemein hinter dem Recht auf Gewährung rechtlichen Gehörs zurücktreten müssen. Eine solche Handhabung würde aber jedenfalls den verfassungsrechtlichen Grundsatz der Verhältnismäßigkeit verletzen. Die eine Verweigerung rechtfertigenden Gründe des § 86 Abs. 2 FGO entsprechen denen des § 99 Abs. 2 a. F. VwGO. Aufgrund der Besonderheiten des Steuerrechts gewährt § 86 Abs. 1 FGO zudem ausdrücklich den Schutz vor einer unbefugten Offenbarung der Verhältnisse Dritter durch das Steuergeheimnis des § 30 AO[1279]. Allerdings verbietet § 30 AO nicht die Akteneinsicht eines Gesamtschuldners nach § 44 AO in die gesamten Steuerakten, also auch in die Unterlagen der übrigen Gesamtschuldner[1280].

Wie im verwaltungsgerichtlichen Verfahren kann auch im finanzgerichtlichen Verfahren die um Aktenvorlage ersuchte Behörde nicht geltend machen, die Vorlage der Akten sei unnötig oder unzweckmäßig[1281].

Die Behörde kann auch nicht Verwaltungsvorgänge mit der Maßgabe vorlegen, anderen Beteiligten keine Kenntnis hiervon beziehungsweise keine Akteneinsicht zu gewähren[1282]. Wie im verwaltungsgerichtlichen Verfahren muss das Finanzge-

[1278] Beschluss vom 27. Oktober 1999 - 1 BvR 385/90 -, in: BVerfGE 101, 106ff. = NJW 2000, 1175ff. = DVBl. 2000, 346ff. = DÖV 2000, 287ff.

[1279] Vgl. auch: Podlech, ZfSH/SGB 1985, 1, 2: eine Pflicht zur Aktenvorlage bestehe dann nicht, wenn hierdurch das Steuergeheimnis Dritter verletzt würde. Notfalls seien Akten zu teilen oder zum Teil verschlossen oder versiegelt zu übersenden.

[1280] BFH, Beschluss vom 15. Juni 2000 - IX B 13/00 -, in: BStBl. II S. 431f.; so sind beispielsweise die Ehegatten bei einer Zusammenveranlagung im Einkommensteuerrecht als Gesamtschuldner anzusehen: vgl. nur Tipke/Kruse, § 44 Text-Ziff. 13.

[1281] Hegelau, S. 60; Tipke/Kruse, § 71 FGO Text-Ziff. 4: Vorlagepflicht auch, wenn nach Auffassung der Behörde eine eingelegte Klage unzulässig oder unbegründet ist; siehe ferner Text-Ziff. 5.

[1282] BFH, Urteil vom 16. November 1965 - I 302/61 - S -, in: BFHE 84, 268 = BStBl. III 1966, 97, 99; Oswald, StuW 1967, 562, 583; Hegelau, S. 65, der in solchen Fällen befürwortet, dass das Gericht diese Akten ohne inhaltliche Kenntnisnahme an die Behörde zurückzusenden habe.

richt auch nicht den Eingang der nach § 71 Abs. 2 von der Behörde vorzulegenden Akten bekanntgeben; ein Kläger ist aber unter Beachtung des Grundsatzes des rechtlichen Gehörs gemäß § 79 Satz 3 FGO i. V. m. § 273 Abs. 4 Satz 1 ZPO von der Beiziehung der Akten einer nicht am Verfahren beteiligten Behörde zu informieren[1283].

§ 78 FGO enthält wie § 100 VwGO keine Bestimmung hinsichtlich des Ortes, an dem Akteneinsicht genommen werden kann. Entgegen der Regelung des § 100 Abs. 2 Satz 3 VwGO enthält die Vorschrift auch keinerlei Regelung hinsichtlich der Möglichkeit der Übergabe oder des Versendens der Akten an bevollmächtigte Rechtsanwälte. Ausweislich der Begründung des Gesetzentwurfs der Finanzgerichtsordnung[1284] ist diese Bestimmung aus der VwGO ausdrücklich nicht übernommen worden mit der Begründung, dass dies eine Bevorzugung der Rechtsanwälte gegenüber den anderen als Bevollmächtigte in Betracht kommenden Berufsgruppen bedeuten würde. Nach der Rechtsprechung des Bundesfinanzhofs würde das vom Gesetzgeber gewollte Regel-Ausnahme-Verhältnis umgekehrt werden, wenn man die Akten (nur) an Rechtsanwälte übersenden würde[1285]. Vor diesem Hintergrund ist es bis zum heutigen Zeitpunkt bei einer äusserst restriktiven Handhabung betreffend die Übergabe oder Versendung von Akten geblieben, wie im nachfolgenden aufgezeigt wird. Eine gesetzliche Neuregelung erscheint daher dringend geboten, um Rechtsanwälten, Steuerberatern pp. eine sachgemäße Einsichtnahme in Steuerakten zu ermöglichen und die Voraussetzungen für eine Aktenübersendung aus Gründen der Rechtsklarheit und Rechtssicherheit gesetzlich zu normieren.

Grundsätzlich erfolgt die Einsichtnahme in die dem Gericht vorliegenden Akten an Gerichtsstelle; hierdurch bedingte „normale“ Unbequemlichkeiten und Zeitverluste sollen von den Beteiligten hingenommen werden[1286]. Nach der Recht-

---

[1283] BFH, Urteil vom 10. Januar 1968 - I R 47/66 -, in: BFHE 91, 338 = BStBl. II 1968, 349; List in Hübschmann/Hepp/Spitaler, § 78 Rand-Ziff. 2a; Hegelau, S 67; Tipke/Kruse, § 71 FGO Text-Ziff. 5.

[1284] BT-Drs. IV/1446, S. 53 (zur damaligen die Akteneinsicht regelnden Vorschrift des § 75 FGO).

[1285] BFH, Beschluss vom 24. März 1981 - VII B 64/80 -, in: BFHE 133, 8ff. = BStBl. II 1981, 475, 478; vgl. auch Tipke/Kruse, § 78 Text-Ziff. 10.

[1286] Ständige Rechtsprechung des Bundesfinanzhofs und der Finanzgerichte, vgl. nur: BFH, Beschluss vom 23. Juli 1990 - IV B 87/90 -, in: BFH/NV 1991, 325; BFH, Beschluss vom 20. Juni 1995 - X B 131/94 -, in: BFH/NV 1996, 51; BFH, Beschluss vom 25. Juli 1996 - X B 133/94 -, in: BFH/NV 1997, 138 = JURIS-Dokument 494447; BFH, Beschluss vom

sprechung besteht lediglich ein Anspruch auf Akteneinsicht bei dem die Akten führenden Gericht[1287]. Eine gleichwohl im Einzelfall zulässige Übergabe an Bevollmächtigte eines Beteiligten oder eine Aktenübersendung ist eine Ermessensentscheidung[1288]. Eine Übergabe der Akten oder ihre Versendung, also ein Abweichen von der vorgenannten Regel, kommt nach der Rechtsprechung aber nur ausnahmsweise in Sonderfällen in Betracht[1289]. Diese Judikatur hat auch das Bundesverfassungsgericht als mit Art. 103 Abs. 1 GG vereinbar gehalten[1290]. Es hat zur Begründung ausgeführt, dass die Beteiligten eines finanzgerichtlichen Verfahrens nur einen Anspruch auf Einsicht in die Gerichtsakten und die dem Gericht vorliegenden Akten bei dem jeweiligen Finanzgericht hätten. Auch bevollmächtigte Rechtsanwälte hätten keinen Anspruch auf Möglichkeit der Einsichtnahme der Akten in ihrer Wohnung oder in ihren Geschäftsräumen. Nach der Vorschrift des § 78 FGO werde dem Recht auf Gehör ausreichend Rechnung getragen, da Art. 103 Abs. 1 GG nicht verlange, dass die Beteiligten in der ihnen bequemsten und am wenigsten zeitaufwendigen Form von der Möglichkeit der Akteneinsichtnahme Gebrauch machen können. Wenn aufgrund besonderer Umstände eine Einsichtnahme auf der Geschäftsstelle des Gerichts undurchführbar oder für die Beteiligten unzumutbar sei, könne das Gericht nach pflichtgemäßem Ermessen dem Bevollmächtigten eines Beteiligten die Akten auch zur Mitnahme in sein Büro oder in seine Wohnung überlassen. Ein solches Abweichen von der Regel des § 78 Abs. 1 Satz 1 FGO sei nur in Sonderfällen gestattet.

---

17. September 1996 - X B 137/94 -, in: NVwZ-RR 1997, 261; BFH, Beschluss vom 22. April 1997 - X B 62/97 -, in: NVwZ-RR 1998, 472.

[1287] Vgl. nur BFH, Beschluss vom 22. April 1997 - X B 62/97 -, in: NVwZ-RR 1998, 472.

[1288] Ständige Rechtsprechung des Bundesfinanzhofs und der Finanzgerichte, vgl. an dieser Stelle nur: BFH, Beschluss vom 29. September 1967 - III B 31/67 -, in: BFHE 90, 312, 316 = BStBl. II 1968, 82; BFH, Beschluss vom 10. August 1978 - IV B 20/77 -, in: BFHE 126, 1ff. = BStBl. II 1978, 677, 678 = DStZ 1979, 96ff.; BFH, Beschluss vom 24. März 1981 - VII B 64/80 -, in: BFHE 133, 8ff. = BStBl. II 1981, 475f.; BFH, Beschluss vom 31. August 1993 - XI B 31/93 -, in: NJW 1994, 751f.; BFH, Beschluss vom 22. April 1997 - X B 62/97 -, in: NVwZ-RR 1998, 472.

[1289] Ständige Rechtsprechung des Bundesfinanzhofs und der Finanzgerichte, vgl. an dieser Stelle daher nur: BFH, Beschluss vom 31. August 1993 - XI B 31/93 -, in: NJW 1994, 751f.; BFH, Beschluss vom 22. April 1997 - X B 62/97 -, in: NVwZ-RR 1998, 472; vgl. auch Tipke/Kruse, § 78 Text-Ziff. 11.

[1290] BVerfG, Beschluss des Dreier-Ausschusses vom 26. August 1981 - 2 BvR 637/81 -, in: HFR 1982, 77, mit Anmerkung von Oswald, AnwBl. 1983, 253f.

Bei der Ausübung des Ermessens sind die für und gegen eine Aktenübersendung sprechenden Interessen gegeneinander abzuwägen[1291]. Eine solche Abwägung hat sich in Anlehnung an die vorgenannte Entscheidung des Bundesverfassungsgerichts richtigerweise an dem Grundsatz der Zumutbarkeit in jedem Einzelfall auszurichten[1292]. Diese Ermessensentscheidung orientiert sich nicht an der Vorschrift des § 102 FGO, da diese lediglich das Gericht ermächtigt, Ermessensentscheidungen der Verwaltung zu überprüfen[1293].

In der Rechtsprechung ist eine Versendung der Akten bei einer größeren Entfernung (im zur Entscheidung stehenden Fall von rund 100 km) lediglich an das der Kanzlei des bevollmächtigten Rechtsanwalts nächstliegende Finanzamt, Hauptzollamt oder Amtsgericht als ermessensgerecht eingestuft worden[1294]. Eine große Entfernung der Kanzlei vom Gerichtsort ist nach der Rechtsprechung (weiterhin) kein zureichender Grund dafür, dem Prozessbevollmächtigten die Akten in seine Kanzlei zu übersenden[1295]. Lediglich wenn die Akten außergewöhnlich umfangreich und unübersichtlich seien und es daher dem Prozessbevollmächtigten eines Beteiligten, nicht zuletzt wegen der Dienstzeiten der Mitarbeiter des Finanzgerichts auch bei intensiven Bemühungen voraussichtlich nicht möglich sei, sich innerhalb eines angemessenen Zeitraums über den Akteninhalt zu informieren, hat der Bundesfinanzhof einen Sonderfall angenommen und einem Prozessbevollmächtigten die Akten in seine Geschäftsräume übergeben beziehungsweise versandt[1296]. Wenn dies dagegen nicht der Fall sei und die Akten darüber hinaus zu einem überwiegenden Teil aus den dem Beteiligten oder seinem Prozessbevollmächtigten bereits bekannten Unterlagen bestünden, habe die Akteneinsichtnahme bei dem Finanzgericht zu erfolgen[1297]. Auch räumliche Enge bei Gericht, das Fehlen von Kopiermöglichkeiten dort, eine starke Arbeitsüberlastung

---

1291 Vgl. nur BFH, Beschluss vom 21. November 1991 - VII B 55/91 -, in: BFH/NV 1992, 403; BFH, Beschluss vom 13. Juli 1992 - XI B 62, 63/91 -, in: BFH/NV 1992, 832; Beschluss vom 31. August 1993 - XI B 31/93 -, in: NJW 1994, 751, 752.

1292 Oswald, AnwBl. 1983, 253f.

1293 BFH, Beschluss vom 13. Juli 1992 - XI B 62, 63/91 -, in: BFH/NV 1992, 832.

1294 BFH, Beschluss vom 10. Oktober 1990 - II B 73/90 -, in: BFH/NV 1991, 332; BFH, Beschluss vom 21. November 1991 - VII B 55/91 -, in: BFH/NV 1992, 403; BFH, Beschluss vom 9. März 1993 - VII B 214/92 -, in: BFH/NV 1993, 742; Oswald, AnwBl. 1983, 253f., befürwortet eine Aktenversendung bei „weiten" Entfernungen auch in die Wohn- oder Praxisräume eines Bevollmächtigten.

1295 Vgl. nur BFH, Beschluss vom 10. Oktober 1990 - II B 73/90 -, in: BFH/NV 1991, 332.

1296 BFH, Beschluss vom 16. September 1994 - I B 180/93 -, in: BFH/NV 1995, 524.

1297 BFH, Beschluss vom 22. April 1997 - X B 62/97 -, in: NVwZ-RR 1998, 472.

des Prozessbevollmächtigten sowie der Zeitaufwand für die Fahrt zum Gericht sollen keinen Sonderfall begründen[1298], insbesondere weil im finanzgerichtlichen Verfahren eine dem § 100 Abs. 2 Satz 3 VwGO entsprechende Norm fehle. Schließlich habe der Steuergläubiger und jeder Steuerbürger ein schutzwürdiges Interesse an dem Bestand und der Unversehrtheit der Originalakten, so dass die mit jeder Versendung verbundene Verlustgefahr auf ein Mindestmaß zu beschränken sei. Auch berge jede Versendung die Gefahr in sich, dass unbefugte Dritte Kenntnis vom Akteninhalt erlangen und ihn weitergeben könnten; dieser Gefahr könne nur durch Übersendung an eine andere Behörde oder ein anderes Gericht begegnet werden, weil die dortigen Bediensteten als Amtsträger beziehungsweise für den öffentlichen Dienst besonders Verpflichtete dem Steuergeheimnis unterliegen würden[1299]. In der Praxis bestehe auch kein Eingriff in den Schutzbereich des Art. 12 Abs. 1 GG, da die Nichtüberlassung von Akten in Geschäftsräume keine übermäßig belastende und unzumutbare Auflage darstelle[1300]. Die Ablehnung einer Versendung von Akten kurz vor einem Termin zur mündlichen Verhandlung im Interesse der ständigen Verfügbarkeit der Akten zur Vorbereitung derselben sei ebenfalls eine zutreffende Ermessensbetätigung[1301].

Zwar weist der Bundesfinanzhof in seinen Entscheidungen richtigerweise darauf hin, dass bei der Ausübung des Ermessens die für und gegen eine Aktenversendung sprechenden Interessen gegeneinander abzuwägen seien, insbesondere das dienstliche Interesse an einem geordneten Geschäftsgang und das Interesse des Prozessbevollmächtigten an einer sachgerechten Wahrnehmung seines Vertretungsauftrags[1302]. Gleichwohl wird aber in aller Regel eine Versendung in die Ge-

---

[1298] Vgl. nur BFH, Beschluss vom 31. August 1993 - XI B 31/93 -, in: NJW 1994, 751, 752 (mit weiteren Nachweisen); so ebenfalls bereits BFH, Beschluss vom 13. Juli 1992 - XI B 62, 63/91 -, in: BFH/NV 1992, 832 (unter Hinweis darauf, dass Unbequemlichkeiten oder wirtschaftliche Nachteile mehr oder minder großen Gewichts keinen Sonderfall begründen können); siehe auch BFH, Beschluss vom 20. Juni 1995 - X B 131/94 -, in: BFH/NV 1996, 51 („die durch eine Einsichtnahme bei dem Gericht bedingen „normalen" Unbequemlichkeiten und Zeitverluste sind hinzunehmen").

[1299] BFH, Beschluss vom 31. August 1993 - XI B 31/93 -, in: NJW 1994, 751, 752.

[1300] BFH, Beschluss vom 31. August 1993 - XI B 31/93 -, in: NJW 1994, 751, 752.

[1301] Vgl. auch BFH, Beschluss vom 14. Dezember 1992 - X B 70/92 -, in: BFH/NV 1994, 36 (bei dieser Fallgestaltung sind die Akten auf der Geschäftsstelle des Senats einzusehen); ebenso unter Hinweis auf die Sicherstellung einer rechtzeitigen Rücksendung von Akten vor einer mündlichen Verhandlung: BFH, Beschluss vom 8. Mai 1992 - III B 123/92 -, in: BFH/NV 1993, 244; sowie BFH, Beschluss vom 20. Mai 1996 - X B 139/94 -, in: BFH/NV 1996, 834 = JURIS-Dokument 473283.

[1302] Vgl. nur BFH, Beschluss vom 13. Juli 1992 - XI B 62, 63/91 -, in: BFH/NV 1992, 832.

schäftsräume eines Bevollmächtigten abgelehnt. Die sich in der Rechtsprechung herausgebildete und vom Bundesverfassungsgericht bestätigte restriktive Praxis erscheint aber nur dann vertretbar, wenn die Versendung mit der Begründung abgelehnt wird, aufgrund eines anberaumten nahen Verhandlungstermins müssten die Akten bei dem zur Entscheidung berufenen Senat (Berichterstatter beziehungsweise Vorsitzender) zur Terminsvorbereitung vorliegen[1303]. Der Hinweis auf den Verlust von Akten erscheint hingegen als ein vorgeschobenes pauschales Argument gegen eine Versendung, da, soweit ersichtlich, befürchtete Aktenverluste in der Praxis lediglich in Einzelfällen vorgekommen sind beziehungsweise vorkommen dürften[1304]; es ist auch nichts dafür ersichtlich, dass ein solcher Verlust nur bei der Versendung von Akten an einen Prozessbevollmächtigten und nicht auch an ein anderes Finanzamt oder ein anderes Finanzgericht vorkommen könnte[1305]. Des weiteren sind insbesondere Rechtsanwälte nach den §§ 1, 3 BRAO unabhängige Organe der Rechtspflege und dürften bereits aus diesem Grund die Sicherheit für einen gewissenhaften Umgang mit den Akten bieten[1306]. Darüber hinaus sind sie aufgrund des konkreten Mandatsverhältnisses zu dem jeweiligen Steuerpflichtigen genauso wie die bei ihnen angestellten Mitarbeiterinnen und Mitarbeiter zur Verschwiegenheit hinsichtlich der erlangten Kenntnisse verpflichtet. Gleiches gilt grundsätzlich auch für Steuerberater und Wirtschaftsprüfer[1307]. Anders sind allein die Fälle zu beurteilen, in denen es um die Versendung an einen nicht durch einen Angehörigen einer solchen Berufsgruppe vertretenen Beteiligten geht. Hier ist in der Regel für das die Akteneinsicht gewährende Finanzamt nicht ersichtlich, inwieweit in dem privaten Umfeld eines Beteiligten die entsprechenden Akten ausreichend vor Einsichtnahme durch unbefugte dritte Personen oder vor Beschädigungen geschützt sein können.

Allein das Fehlen einer dem § 100 Abs. 2 Satz 3 VwGO entsprechenden Regelung in der Finanzgerichtsordnung darf nicht zu einer Ablehnung der Versendung führen[1308]. Dies ergibt sich nicht zuletzt bereits unmissverständlich aus der ge-

---

[1303] List in Hübschmann/Hepp/Spitaler, § 78 Rand-Ziff. 8a.

[1304] Tipke/Kruse, § 78 Text-Ziff. 13 (unter Hinweis darauf, dass Fälle des Verlustes von Akten bei Prozessbevollmächtigten nicht bekannt geworden sind).

[1305] Woring, DStR 1982, 402, 405.

[1306] Vgl. Trantas, S. 503, 504.

[1307] Felix, KÖSDI 1992, 9051, allgemein unter Hinweis auf das geltende Standesrecht.

[1308] Gräber, § 78 Rand-Nr. 9; Hegelau, S. 69; List in Hübschmann/Hepp/Spitaler, § 78 Rand-Ziff. 8a.

nannten Entscheidung des Bundesverfassungsgerichts[1309]. Die grundsätzliche Möglichkeit einer Aktenversendung wird überdies auch in der finanzgerichtlichen Rechtsprechung anerkannt[1310]. Auch aus der gesetzlichen Begründung[1311] ist nicht zu schließen, dass eine Versendung grundsätzlich ausgeschlossen werden sollte[1312]. Vielmehr liegt der Schluss nahe, dass der Gesetzgeber die Entscheidung in das Ermessen des Gerichts stellen wollte[1313]. Danach sind stets die Umstände des jeweiligen Einzelfalls zu berücksichtigen[1314], wobei zwischen dem Interesse des Gerichts an der Präsenz, Vollständigkeit und Unversehrtheit der Akten einerseits und dem Interesse des Bevollmächtigten, möglichst unter vernünftigem Zeit- und Kostenaufwand Einsicht nehmen zu können, abzuwägen ist[1315].

Insbesondere auch aufgrund der Größe der Finanzgerichtsbezirke - in Nordrhein-Westfalen sind dies die Bezirke Düsseldorf, Köln und Münster - ist jedenfalls ein Bedürfnis der Versendung der Akten anzuerkennen[1316]. Bei der Übersendung von Akten sind zwischen Rechtsanwälten, Steuerberatern, Wirtschaftsprüfern sowie entsprechenden Gesellschaften (vgl. § 3 Ziff. 1 bis 3 StBerG) keine Unterschiede zu machen.

Maßgebliche Ermessensgesichtspunkte, die eine Versendung der Akten (zeitweise) ausschließen können, sind richtigerweise die notwendige Verfügbarkeit

---

1309 Beschluss vom 26. August 1981 - 2 BvR 637/81 -, in: HFR 1982, S. 77; dieser wird von Felix, KÖSDI 1992, 9052, als „überholt" kritisiert.

1310 Felix, KÖSDI 1992, 9051, der zusätzlich darauf hinweist, dass mit der Gesetzesfassung des § 78 FGO lediglich verhindert werden sollte, dass die Rechtsanwälte vor den Finanzgerichten gegenüber Steuerberatern und Wirtschaftsprüfern privilegiert werden sollten, was zutreffenderweise bedeutet, dass die Finanzgerichtsordnung einem Steuerpflichtigen nicht weniger Rechtsschutz als einem Bürger nach der Verwaltungsgerichtsordnung gewähren will; so auch Woring, DStR 1982, 402, 404; wobei nach BFH, Beschluss vom 22. April 1997 - X B 62/97 -, in: BFH/NV 1997, 787, die Verfahrenspraxis in anderen Gerichtszweigen für die Finanzgerichtsbarkeit „ohne rechtliche Bedeutung" ist.

1311 BT-Drs. IV/1446, S. 53.

1312 List in Hübschmann/Hepp/Spitaler, § 78 Rand-Ziff. 8a.

1313 Vgl. hierzu auch BFH, Beschluss vom 24. März 1981 - VII B 64/80 -, in: BFHE 133, 8, 11 = BStBl. II 1981, 475; List in Hübschmann/Hepp/Spitaler, § 78 Rand-Ziff. 8a.

1314 List in Hübschmann/Hepp/Spitaler, § 78 Rand-Ziff. 8a.

1315 List in Hübschmann/Hepp/Spitaler, § 78 Rand-Ziff. 8a; eine generelle Verpflichtung zur Aktenübersendung, wie es Felix, KÖSDI, 1992, 9052, annimmt, lässt sich aus § 78 FGO allerdings nicht herleiten.

1316 Wobei Tipke/Kruse, § 78 Text-Ziff. 13, lediglich die Versendung an ein Amtsgericht oder ein anderes Gericht oder ein Finanzgericht anerkennen wollen.

der Akten zur Bearbeitung durch den Berichterstatter, den Einzelrichter (vgl. § 6 FGO) oder den Vorsitzenden (vor einer mündlichen Verhandlung) beziehungsweise durch den Kostenbeamten bei kostenrechtlichen Entscheidungen. Die Notwendigkeit einer ständigen Verfügbarkeit der Akten bei dem Gericht[1317] ist in dieser allgemeinen Form hingegen nicht nachzuvollziehen und insbesondere aufgrund der üblicherweise langen Verfahrensdauer[1318] ein fehlerhafter Ermessensgesichtspunkt[1319]. Im übrigen würden auch bei einer - grundsätzlich für zulässig erachteten - Übersendung an ein Finanzamt oder ein anderes Gericht zur dortigen Einsichtnahme die Akten dem Finanzgericht ebenfalls für eine gewisse Zeit entzogen werden[1320]. Ferner kommt eine Versendung zutreffenderweise nicht an solche Bevollmächtigten in Betracht, bei denen es in der Vergangenheit zu Unregelmäßigkeiten, beispielsweise im Hinblick auf die ihnen gesetzten Fristen, gekommen ist[1321]. Allerdings ist in diesen Fällen die generelle Ablehnung der Versendung im Hinblick auf den Grundsatz der Gewährung rechtlichen Gehörs ermessensfehlerhaft, da die Akteneinsicht dann bei einem anderen Gericht oder einem Finanzamt nahe dem Sitz der Kanzlei des Bevollmächtigten gewährt werden kann, zumal gegenüber der die Einsicht gewährenden Stelle ausdrücklich darauf hingewiesen werden kann, dass die Einsichtnahme auf jeden Fall unter Kontrolle einer Mitarbeiterin oder eines Mitarbeiters zu erfolgen hat. Angesichts der bereits angesprochenen durchschnittlichen Dauer finanzgerichtlicher Verfahren ist auch der Hinweis darauf, dass Prozessbevollmächtigte sich nicht mit Erfolg auf einen erhöhten Zeitaufwand bei einer Einsichtnahme an Gerichtsstelle berufen dürfen, ermessensfehlerhaft. Denn es ist zu berücksichtigen, dass Prozessbevollmächtigte in der Regel an den Vormittagen Gerichtstermine wahrzunehmen haben und an den Nachmittagen für ihre Mandanten in der Kanzlei anwesend sind, mithin zu einem sinnvollen Aktenstudium nur in der übrigen Zeit kommen[1322].

[1317] Vgl. nur BFH, Beschluss vom 17. September 1996 - X B 137/94 -, in: NVwZ-RR 1997, 261; BFH, Beschluss vom 22. April 1997 - X B 62/97 -, in: NVwZ-RR 1998, 472.

[1318] Nach der Informationsbroschüre „Zahlen aus der Justiz" des Bundesministeriums für Justiz, Stand 1. Januar 1998, betrug die durchschnittliche Verfahrensdauer bei finanzgerichtlichen Klagen 19,5 Monate (bezogen auf das Jahr 1996); Tipke/Kruse, § 78 Text-Ziff. 13.

[1319] So bereits Woring, DStR 1982, 402, 405.

[1320] Woring, DStR 1982, 402, 405.

[1321] Felix, KÖSDI, 1992, 9052.

[1322] Felix, KÖSDI 1992, 9051, der zusätzlich darauf hinweist, dass mit der Gesetzesfassung des § 78 FGO lediglich verhindert werden sollte, dass die Rechtsanwälte vor den Finanzgerichten gegenüber Steuerberatern und Wirtschaftsprüfern privilegiert werden sollten, was zutreffenderweise bedeutet, dass die Finanzgerichtsordnung einem Steuerpflichtigen nicht weniger Rechtsschutz als einem Bürger nach der Verwaltungsgerichtsordnung gewähren will; so auch Woring, DStR 1982, 402, 404.

Ein (weiterer) Sonderfall wird zutreffenderweise bei einer körperlichen Behinderung eines Beteiligten oder seines Prozessbevollmächtigten angenommen[1323] und auch anzunehmen sein.

Im übrigen sind dieselben Ermessenserwägungen zu berücksichtigen, die auch im verwaltungsgerichtlichen Verfahren zu beachten sind (vgl. 2. Teil, 4. Kapitel, Gliederungspunkt 2.2.3.5.).

Sofern in der Vergangenheit die Auffassung vertreten worden ist, dass eine Versendung von beigezogenen Akten nur mit Zustimmung der diese übersendenden Behörde rechtmäßig erfolgen konnte, weil diese Herrin ihrer Akten sei[1324], ist diese Auffassung nicht mehr aktuell. Zudem normiert § 86 Abs. 1 und Abs. 2 FGO ausdrücklich die Gründe für eine Nichtvorlagepflicht von Akten einer Behörde[1325].

Zuständig für die Gewährung von Akteneinsicht ist nach allgemeiner Auffassung der Vorsitzende eines Senats[1326]. Sofern gemäß § 6 FGO der Rechtsstreit dem Berichterstatter als Einzelrichter übertragen worden ist, hat dieser die entsprechende Entscheidung zu treffen[1327]. Eine besondere Form der Entscheidung ist nicht vorgeschrieben.

§ 78 FGO enthält wie § 100 VwGO keine gesetzlichen Vorgaben hinsichtlich der Art und Weise einer Einsichtnahme oder hinsichtlich des Umfangs der Akteneinsicht. Die diesbezüglichen Kriterien haben sich gleichfalls am Grundsatz der zumutbaren Gewährung rechtlichen Gehörs zu orientieren.

1323 BFH, Beschluss vom 24. März 1981 - VII B 64/80 -, in: BStBl. II 1981, 475, 478.

1324 BFH, Beschluss vom 29. September 1967 - III B 31/67 -, in: BFHE 90, 312 = BStBl. II 1968, 82.

1325 List in Hübschmann/Hepp/Spitaler, § 78 Rand-Ziff. 8a, weist ferner darauf hin, dass entgegen der vorgenannten Rechtsprechung des Bundesfinanzhofs auch kein Unterschied zwischen nach § 71 und nach § 86 FGO beigezogenen Akten gemacht werden dürfe.

1326 BFH, Beschluss vom 29. September 1967 - III B 31/67 -, in: BFHE 90, 312, 316 = BStBl. II 1968, 82; BFH, Beschluss vom 10. August 1978 - IV B 20/77 -, in: BFHE 126, 1, 3 = BStBl. II 1978, 677, 678 = DStZ 1979, 96ff.; BFH, Beschluss vom 20. Mai 1996 - X B 139/94 -, in: JURIS-Dokument Nr. 473283; FG Berlin, Beschluss vom 18. Mai 1976 - V 79-81/74 -, in: EFG 1976, 616, wobei in der Literatur dem Senat oder dem Vorsitzenden das Recht zugebilligt wird: Gräber, § 78 Rand-Nr. 14; Hegelau, S. 69f.; List in Hübschmann/Hepp/Spitaler, § 78 Rand-Ziff. 11; beziehungsweise der Berichterstatter: so Tipke/Kruse, § 78 Text-Ziff. 20.

1327 Gräber, § 78 Rand-Nr. 14; Tipke/Kruse, § 78 Text-Ziff. 20.

So muss einem Akteneinsicht Begehrenden hierfür eine angemessene Frist zur Verfügung stehen[1328]. Eine solche ist ihm bei einer Entscheidung durch eine mündliche Verhandlung grundsätzlich (rechtzeitig) vor Durchführung dieser Verhandlung einzuräumen[1329]. Als angemessene Frist gelten im Regelfall zwei Wochen[1330]. Dieser Zeitraum ist jedoch grundsätzlich abhängig vom jeweiligen Aktenumfang und sonstigen Umständen, die die Kenntnisnahme der Akten beeinflussen können[1331]. Diesbezüglich dürften dieselben Grundsätze wie in einem verwaltungsgerichtlichen Verfahren gelten (vgl. 2. Teil, 4. Kapitel, Gliederungspunkt 2.1.5.).

In der Regel bestehen keine Bedenken dagegen, dass die Akteneinsicht nur im Beisein des Urkundsbeamten der Geschäftsstelle des Gerichts erfolgt, um sicherzustellen, dass Veränderungen oder Beschädigungen an der Akte ausgeschlossen werden können[1332]. Nehmen Prozessbevollmächtigte Akteneinsicht, ist im Regelfall eine entsprechende Beaufsichtigung nicht erforderlich[1333]. Eine solche kommt nur dann in Betracht, wenn sich in der Vergangenheit bereits Unregelmäßigkeiten bei einer Akteneinsichtnahme gezeigt haben oder im vorliegenden Fall Anhaltspunkte dafür gegeben sind, dass der Akteninhalt verändert werden könnte. Solche Fallgestaltungen sind allerdings in der gerichtlichen Praxis eher die Ausnahme.

Grundsätzlich ist auch eine wiederholte Akteneinsichtnahme zulässig[1334]. Die Versagung der Akteneinsicht ist allerdings dann rechtmäßig, wenn sie rechts-

---

1328 Hegelau, S. 67; Tipke/Kruse, § 78 Text-Ziff. 2.

1329 Tipke/Kruse, § 78 Text-Ziff. 2.

1330 BFH, Beschluss vom 26. Oktober 1970 - III R 122/66 -, in: BFHE 101, 49 = BStBl. II 1971, 201; List in Hübschmann/Hepp/Spitaler, § 78 Rand-Ziff. 8a.

1331 Hegelau, S. 67.

1332 FG Hessen, Urteil vom 30. Juli 1992 - 10 K 4292/90 -, in: EFG 1993, 48; Hegelau, S. 72; List in Hübschmann/Hepp/Spitaler, § 78 Rand-Ziff. 8a (der ergänzend darauf hinweist, dass bei einer möglichen Akteneinsichtnahme während einer mündlichen Verhandlung die Aufsicht durch den Vorsitzenden des Senats zu erfolgen habe; zutreffenderweise liege es aber in seinem Ermessen, aufgrund der jeweiligen Umstände des konkreten Einzelfall zu entscheiden, ob die Akteneinsichtnahme unter Aufsicht und bejahendenfalls unter der Aufsicht welcher Personen zu erfolgen hat); Tipke/Kruse, § 78 Text-Ziff. 19.

1333 Hegelau, S. 72; Tipke/Kruse, § 78 Text-Ziff. 19, halten indes eine Aufsicht auch in diesen Fällen wohl für rechtmäßig.

1334 BFH, Beschluss vom 15. Januar 1996 - VI B 147/94 -, in: BFH/NV 1996, 429 = JURIS-Dokument Nr. 448874 (die Ablehnung der Versendung ist allerdings dann nicht zu beanstanden, wenn das Klagebegehren trotz Aufforderung nicht konkretisiert worden ist).

missbräuchlich begehrt wird[1335], insbesondere wenn hiermit die weitere Fortführung des Verfahrens verzögert werden soll oder wenn kein Rechtsschutzinteresse (Rechtsschutzbedürfnis) an einer Akteneinsicht besteht. Der zuletzt genannte Gesichtspunkt ist zutreffenderweise vom Bundesfinanzhof in einem Fall angenommen worden[1336], in dem die Prozessbevollmächtigten eines Klägers nach erfolgter Akteneinsichtnahme bei einem Finanzamt darüber hinaus erneute Akteneinsicht in ihren Kanzleiräumen begehrt hatten, ohne dass hierfür ein sachliches Erfordernis vorgetragen worden war. Des weiteren geht die finanzgerichtliche Rechtsprechung von einem fehlenden Rechtsschutzinteresse (Rechtsschutzbedürfnis) aus, wenn Akteneinsicht in die Akten im Rahmen eines Rechtsmittelverfahrens begehrt wird, das eingelegte Rechtsmittel aber unzulässig ist. Dann wird die Akteneinsicht als nicht geeignet angesehen, dem Rechtsschutz des Rechtsmittelführers zu dienen[1337]. Allerdings entspricht es dem Grundsatz einer umfassenden Gewährung rechtlichen Gehörs, den Beteiligten bzw. den Bevollmächtigten sich im Einzelfall selber hiervon durch eine Einsichtnahme überzeugen lassen zu können.

Nach § 78 Abs. 1 Satz 1 FGO können sich die Beteiligten zudem durch die Geschäftsstelle auf ihre Kosten Ausfertigungen, Auszüge und Abschriften erteilen lassen. Diese Regelung stimmt mit § 100 Abs. 2 Satz 1 VwGO für das verwaltungsgerichtliche Verfahren überein. Auch Ablichtungen werden von der Vorschrift des § 78 Abs. 1 Satz 1 FGO erfasst[1338]. Dies gilt auch dann, wenn die begehrten Ausfertigungen nach Auffassung des Gerichts zur Prozessführung nicht erforderlich sind, da allein der entsprechende Beteiligte hierüber zu entscheiden hat[1339]. Richtigerweise kann ein Erteilen von Ausfertigungen nur versagt werden,

---

[1335] List in Hübschmann/Hepp/Spitaler, § 78 Rand-Ziff. 6; Gräber, § 78 Rand-Nr. 5.

[1336] Beschluss vom 24. Oktober 1991 - V B 146/91 -, in: BFH/NV 1992, 402 = JURIS-Dokument Nr. 267210.

[1337] Vgl. nur BFH, Beschluss vom 27. April 1993 - VIII B 44/93 -, in: BFH/NV 1993, 750; BFH, Beschluss vom 27. September 1995 - VIII B 90, 91/95 -, in: BFH/NV 1996, 245; BFH, Beschluss vom 20. Mai 1996 - X B 139/94 -, in: BFH/NV 1996, 834 = JURIS-Dokument Nr. 473283; BFH, Beschluss vom 5. August 1996 - X B 83/96 -, in: BFH/NV 1997, 61 = JURIS-Dokument Nr. 488538 (keine Akteneinsicht nach der Hauptsache erledigtem Klageverfahren); BFH, Beschluss vom 10. März 1997 - V B 2/97 -, in: BFH/NV 1997, 770 (wenn das Verfahren rechtskräftig abgeschlossen ist).

[1338] Vgl. die Ausführungen des Rechtsausschusses des deutschen Bundestages, BT-Drs. IV/3523, 9, zu dem damaligen § 75 FGO; List in Hübschmann/Hepp/Spitaler, § 78 Rand-Ziff. 9.

[1339] Hegelau, S. 68; entgegengesetzter Auffassung: BFH, Beschluss vom 10. November 1992 - II B 202/91 -, in: BFH/NV 1994, 246, und Tipke/Kruse, § 78 Text-Ziff. 14, mit der Begründung, dass umfängliche Abschriften nicht verlangt werden könnten, wenn ein Betei-

wenn dieses Begehren rechtsmissbräuchlich ist. Dies ist ähnlich wie im verwaltungsgerichtlichen Verfahren dann anzunehmen, wenn ein Beteiligter pauschal den gesamten Inhalt einer Akte erhalten möchte, obwohl ihm die darin enthaltene Schriftsätze, Bescheide oder prozessleitenden Verfügungen des Gerichts bereits bekannt sind[1340]. Ein Anspruch auf Erstellung von „Zweitakten" besteht nicht [1341]. Vor diesem Hintergrund ist es nicht ermessensfehlerhaft, wenn der Urkundsbeamte der Geschäftsstelle die Seiten der fotokopierten Aktenblätter notiert[1342]. Wenn Prozessbevollmächtigten eines Beteiligten die Akten dagegen in deren Kanzlei übersandt würden, könnten dort die entsprechenden Ausfertigungen selber hergestellt werden, so dass es einer Erstellung durch die Geschäftsstelle des Gerichts nicht mehr bedarf[1343]. Sind Gerichtsakten auf einem Bildträger verkleinert wiedergegeben worden, gilt über § 78 Abs. 1 Satz 2 FGO die Regelung des § 299a ZPO sinngemäß. Diese Regelung entspricht dem § 100 Abs. 2 Satz 2 VwGO für das verwaltungsgerichtliche Verfahren. Mithin können entsprechende Ausfertigungen erstellt werden[1344].

3. Rechtscharakter der Gewährung/Versagung von Akteneinsicht sowie der Erteilung von Ausfertigungen, Auszügen und Abschriften und Rechtsmittel

Entscheidungen betreffend die Übergabe oder Versendung von Akten sind nach Auffassung des Bundesfinanzhofs anders als nach der verwaltungsgerichtlichen Rechtsprechung keine prozessleitenden Verfügungen[1345]. Hiergegen ist die Beschwerde nach § 128 FGO gegeben[1346]. Dabei können sowohl der jeweilige Be-

---

ligter sein Ziel auch durch Akteneinsicht erreichen könne. Diese Auffassung verkennt jedoch, dass der Anspruch auf Akteneinsicht nicht nur das bloße Hineinsehen gewährt, sondern einem Beteiligten auch darüber hinaus die Möglichkeit eröffnen soll, den Finanzgerichtsprozess sowie eine mögliche mündliche Verhandlung aufgrund seiner schriftlichen Aufzeichnungen oder gefertigter Ablichtungen sinnvoll führen können muss, und die Erteilung ferner auf Kosten des Beteiligten erfolgt.

1340 Kein Anspruch auf Fotokopien „von allen Akten": Tipke/Kruse, 3 78 Text-Ziff. 14.

1341 BFH, Beschluss vom 10. November 1992 - II B 202/91 -, in: BFH/NV 1994, 246; vgl. auch BFH, Beschluss vom 15. Juli 1992 - II B 29/92 -, in: BFH/NV 1993, 111.

1342 FG Hessen, Urteil vom 30. Juli 1992 - 10 K 4292/90 -, in: EFG 1993, 48.

1343 Vgl. Gräber, § 78 Rand-Nr. 5; List in Hübschmann/Hepp/Spitaler, § 78 Rand-Ziff. 6.

1344 Vgl. List in Hübschmann/Hepp/Spitaler, § 78 Rand-Ziff. 10.

1345 Vgl. nur BFH, Beschluss vom 24. März 1981 - VII B 64/80 -, in: BFHE 123, 8ff. = BStBl. II 1981, 475ff. = DB 1981, 1549f.; Beschluss vom 15. Juni 2000 - IX B 13/00 -, in: BStBl. II S. 431f.

1346 Vgl. nur BFH, Beschluss vom 9. November 1995 - 11 B 174, 175/95 -, in: BFH/NV 1996, 415; BFH, Beschluss vom 20. Mai 1996 - X B 139/94 -, in: BFH/NV 1996, 834 = JURIS-

teiligte als auch sein Prozessbevollmächtigter die Beschwerde erheben, wenn die Aktenüberlassung an den Bevollmächtigten verweigert worden ist[1347]. Richtigerweise sind allerdings auch im finanzgerichtlichen Verfahren aufgrund der Vergleichbarkeit der Sach- und Rechtslage entsprechende Entscheidungen als prozessleitende Verfügungen anzusehen[1348].

Gegen eine Entscheidung des Urkundsbeamten der Geschäftsstelle betreffend die Erteilung von Ausfertigungen ist zunächst eine Einholung der Entscheidung des Gerichts gemäß § 133 FGO erforderlich; gegen dessen ablehnende Entscheidung kann ebenfalls Beschwerde nach § 128 FGO erhoben werden[1349]. Diese Möglichkeit besteht auch bei einer Entscheidung des Urkundsbeamten der Geschäftsstelle hinsichtlich der Art und Weise der Gewährung der Akteneinsicht.
Das Rechtsschutzinteresse für eine Beschwerde wegen Nichtgewährung von Akteneinsicht durch das Finanzgericht entfällt dann, wenn das Gericht die Möglichkeit der Akteneinsicht gewährt, der Kläger oder sein Prozessbevollmächtigter sie aber aus von ihnen zu vertretenden Gründen nicht wahrnehmen[1350]. Es entfällt grundsätzlich auch nach erfolgter Rücknahme einer Klage[1351].

Wird die Akteneinsicht oder die Übergabe beziehungsweise Übersendung von Akten zu Unrecht verweigert, liegt hierin ein absoluter Revisionsgrund im Sinne der §§ 115 Abs. 2 Ziff. 3, 119 Ziff. 3 FGO[1352]. Ein entsprechender Mangel muss jedoch rechtzeitig gerügt werden[1353].

Dokument Nr. 473283; Gräber, § 78 Rand-Nr. 17; Hegelau, S. 73; List in Hübschmann/Hepp/Spitaler, § 78 Rand-Ziff. 11; Tipke/Kruse, § 78 Text-Ziff. 16.

1347 Vgl. nur BFH, Beschluss vom 29. September 1967 - III B 31/67 -, in: BFHE 90, 312 = BStBl. II 1968, 82; BFH, Beschluss vom 10. Juni 1978 - IV B 20/77 -, in: BFHE 126, 1ff. = BStBl. II 1978, 677 = DStZ 1979, 96ff.; BFH, Beschluss vom 24. März 1981 - VII B 64/80 -, in: BFHE 133, 8ff. = BStBl. II 1981, 475ff. = DB 1981, 1549f.; Gräber, § 78 Rand-Nr. 17; Hegelau, S. 73; Tipke/Kruse, § 78 Text-Ziff. 21.

1348 Lang in Sodan/Ziekow, § 100 Rand-Nrn. 47, 48.

1349 Hegelau, S. 73; List in Hübschmann/Hepp/Spitaler, § 78 Rand-Ziff. 10.

1350 BFH, Beschluss vom 8. Mai 1992 - III B 177/92 -, in: BFH/NV 1993, 370.

1351 List in Hübschmann/Hepp/Spitaler, § 78 Rand-Ziff. 7a.

1352 Gräber, § 78 FGO Rand-Nr. 2; Hegelau, S. 74.

1353 BFH, Urteil vom 18. Dezember 1970 - 6 R 313/68 -, in: BFHE 102, 202 = BStBl. II 1971, 591; Hegelau, S. 74.

4. Kosten bei der Gewährung von Akteneinsicht

Soweit ein Beteiligter die Erteilung von Ausfertigungen, Auszügen und Abschriften sowie Ablichtungen begehrt, enthält § 78 Abs. 1 Satz 1 Fall 2 FGO ausdrücklich die Kostentragungspflicht des Beteiligten. Die Kosten sind wie im verwaltungsgerichtlichen Verfahren aus dem Kostenverzeichnis, Anlage 1 zum Gerichtskostengesetz, Gebührentatbestand Ziffer 9000 zu entnehmen[1354]. Danach wird eine Gebühr von 0,50 Euro für die ersten 50 Seiten und 0,15 Euro für jede weitere Seite berechnet. Diese Aufwendungen sind unabhängig vom Ausgang des Klageverfahrens zu entrichten[1355]. Die Kosten für eine auf Antrag erfolgte Aktenübersendung trägt ebenfalls wie im verwaltungsgerichtlichen Verfahren unabhängig vom Ausgang des konkreten Verfahrens der jeweilige Antragsteller. Die Höhe beträgt pauschal 8,00 Euro und richtet sich nach Ziffer 9003 des Kostenverzeichnisses[1356]. Zur Vermeidung unnötiger Wiederholungen wird wegen weiterer Einzelheiten auf die Ausführungen im 2. Teil, 4. Kapitel, Gliederungspunkt 4., verwiesen.

5. Vollstreckung

Ein finanzgerichtliches Urteil, in welchem die Finanzbehörde dazu verurteilt worden ist, Einsicht in eine bestimmte Akte zu gewähren, unterliegt grundsätzlich der Vollstreckung nach § 151 Abs. 1 Satz 1 1. Halbsatz FGO i. V. m. § 888 ZPO; beruft sich die Behörde auf das Nichtvorhandensein der Akte oder weiterer Akteile und will der Gläubiger sicher sein, dass die ihm vorgelegte oder vorzulegende Akte vollständig ist, ist die Verpflichtung zur Einsichtgewährung in entsprechender Anwendung des § 883 Abs. 2 und 3 ZPO zu vollstrecken[1357].

1354 List in Hübschmann/Hepp/Spitaler, § 78 Rand-Ziff. 10; Tipke/Kruse, § 78 Text-Ziff. 14.

1355 H. L., DB 1994, 2007.

1356 BVerfG, Beschluss der 2. Kammer des 2. Senats vom 19. Juli 1995 - 2 BvR 1023/95 -, in: NJW 1995, 3177, wobei in der Regel ein die Übersendung beantragender Rechtsanwalt, Verteidiger oder sonstiger Bevollmächtigter die von ihm gegenüber dem Gericht zu entrichtenden Kosten seiner Mandantschaft als Aufwendungen im Rahmen einer ordnungsgemäßen Mandatswahrnehmung über §§ 675, 670 BGB in Rechnung stellen darf; Schwarz in Hübschmann/Hepp/Spitaler, § 139 Rand-Ziff. 89ff. (90).

1357 BFH, Urteil vom 16. Mai 2000 - VII B 200/98 -, in: BFHE 192, 8ff. = BStBl. II 2000, S. 541ff. = NVwZ 2000, 1334ff. = DStR 2000, 1305ff. = HFR 2000, 728ff.

6. Akteneinsicht durch Dritte oder frühere Beteiligte

Auch im finanzgerichtlichen Verfahren können die Beteiligten wie im verwaltungsgerichtlichen Verfahren Akteneinsicht nur bis zum rechtskräftigen Abschluss des Verfahrens nehmen[1358]. Nach diesem Zeitpunkt wird die Möglichkeit einer Akteneinsichtnahme mit der Begründung verneint, dass sich eine solche auf das finanzgerichtliche Verfahren nach diesem Zeitpunkt nicht mehr auswirken könne[1359].
Nichtbeteiligten wird durch § 78 FGO ebensowenig ein Akteneinsichtsrecht eingeräumt wie nach § 100 VwGO für das verwaltungsgerichtliche Verfahren. Für das finanzgerichtliche Verfahren wird die Möglichkeit der Akteneinsicht allerdings grundsätzlich dann bejaht, wenn die Beteiligten diesbezüglich zustimmen[1360], wobei fraglich ist, ob die Beteiligten über den Inhalt der Gerichtsakten überhaupt bestimmen dürfen. Teilweise wird die Vorschrift des § 299 Abs. 2 ZPO über § 155 FGO sinngemäß für anwendbar gehalten[1361]. Danach wäre eine Akteneinsicht durch Dritte zulässig, wenn die Besonderheiten des Steuerrechts und hier insbesondere das Steuergeheimnis gewahrt werden. Dies wird bejaht, wenn die Betroffenen zustimmen oder ein Rechtfertigungsgrund vorliegt oder Verhältnisse Dritter gar nicht berührt werden, so dass bei Glaubhaftmachung eines rechtlichen Interesses Akteneinsicht als Ausdruck des Grundrechtes auf „informationelle Selbstbestimmung" zu gewähren sei. Denn ein Dritter müsse erfahren können, wer was über ihn weiß. Dies sei nur möglich über die Gewährung einer wenn auch nur auszugsweisen Akteneinsicht. Der Konflikt zwischen dem informationellen Selbstbestimmungsrecht und dem Steuergeheimnis sei über den Grundsatz der sogenannten „praktischen Konkordanz" zu lösen[1362]. Insbesondere soll der Vorsitzende eines Senats Akteneinsicht gestatten können, wenn dies ein dringendes, sonst nicht zu befriedigendes Interesse eines Dritten erforde-

---

[1358] Gräber, § 78 Rand-Nr. 5; Tipke/Kruse, § 78 Text-Ziff. 9.

[1359] Vgl. nur BFH, Beschluss vom 19. Mai 1995 - III B 40/92 -, in: NVwZ-RR 1996, 179; so für den Fall eines Begehrens auf Akteneinsicht nach einer Klagerücknahme: List in Hübschmann/Hepp/Spitaler, § 78 Text-Ziff. 7a.

[1360] Gräber, § 78 Rand-Nr. 7; List in Hübschmann/Hepp/Spitaler, § 78 Rand-Ziff. 3; Tipke/Kruse, § 78 Text-Ziff. 3.

[1361] Vgl. Hegelau, S. 54; anderer Auffassung: List in Hübschmann/Hepp/Spitaler, § 78 Rand-Ziff. 3.

[1362] Hierzu Hegelau, S. 54, 55.

re und wenn bei pflichtgemäßer Abwägung der entgegenstehenden Interessen das des Steuerpflichtigen hinter dem des Dritten zurücktrete[1363].

Ebensowenig wie im verwaltungsgerichtlichen Verfahren ist aufgrund der Rechtsprechung des Bundesverfassungsgerichts zum Grundrecht auf „informationelle Selbstbestimmung" einerseits und des Steuergeheimnisses des § 30 AO andererseits eine gesetzliche Regelung bereits aus Gründen der Rechtsklarheit und Rechtssicherheit erforderlich. Dies gilt auch vor dem Hintergrund, dass wie im verwaltungsgerichtlichen Verfahren datenschutzrechtliche Normen vorrangig zu beachten sind. Zur Vermeidung von Wiederholungen wird daher auf den 2. Teil, 4. Kapitel, Gliederungspunkt 2.1.8.3. verwiesen.

[1363] Gräber, § 78 Rand-Nr. 7, unter Hinweis auf die Rechtsprechung des Bundesverwaltungsgerichts für das verwaltungsbehördliche Verfahren; dieser Grundsatz muss gleichermassen für den Berichterstatter als Einzelrichter gelten.

4. Teil: Akteneinsicht im sozialbehördlichen und im sozialgerichtlichen Verfahren

In diesem 4. Teil wird die Gewährung von Akteneinsicht im Rahmen eines sozialbehördlichen Verfahrens nach § 25 SGB X und eines sozialgerichtlichen Verfahrens nach § 120 SGG dargestellt.

1. Kapitel: Akteneinsicht nach § 25 SGB X

1. Geltungsbereich der Norm

Die Vorschrift des § 25 SGB X gilt für die Gewährung von Akteneinsicht im sozialbehördlichen Verwaltungsverfahren. Sie geht damit zwar als Spezialvorschrift der Norm des § 29 VwVfG vor, entspricht dieser jedoch in weiten Teilen[1364]. Wie im verwaltungsbehördlichen Verfahren nach § 29 VwVfG treten datenschutzrechtliche Auskunfts- und Einsichtsrechte hinter die spezielle die Akteneinsicht im sozialbehördlichen Verfahren regelnde Bestimmung des § 25 SGB X zurück[1365].

2. Tatbestandsvoraussetzungen

Auch im sozialbehördlichen Verfahren besteht grundsätzlich ein Rechtsanspruch auf Akteneinsicht für die Beteiligten eines laufenden Verwaltungsverfahrens nach den §§ 8 und 18 SGB X[1366]. Dabei gilt ebenfalls das Prinzip der beschränkten Aktenöffentlichkeit[1367]. § 25 SGB X gewährt keinen Anspruch eines Beteiligten

---

1364 Hauck, § 25 Rand-Nr. 2; von Wulffen, § 25 Rand-Nr. 2.

1365 So im Ergebnis auch: LSG Berlin, Urteil vom 24. September 1997 - L 9 Kr 9/97 -.

1366 OVG Münster, Urteil vom 20. März 1989 - 8 A 608/88 -; OVG Münster, Beschluss vom 27. März 1992 - 24 B 70/92 -; BSG, Beschluss vom 30. November 1994 - 11 RAr 89/94 -, in: Breith, 1995, Nr. 70; LSG Berlin, Urteil vom 24. September 1997 - L 9 Kr 9/97 -; Giese, § 25 Rand-Nr. 5; Grüner, § 25 Erl. III. 1., Erl. III.2.: auch in alle beigezogenen Akten; Hauck, § 25 Rand-Nr. 1; von Wulffen, § 25 Rand-Nrn. 2 und 5.

1367 Grüner, § 25 Erl. II. 3.; Hauck, § 25 Rand-Nrn. 2 und 8: grundsätzliche Aktenöffentlichkeit mit den Grenzen, dass nur Beteiligte bei einem rechtlichen Interesse und bei Wahrung des Sozialgeheimnisses einen Anspruch auf Akteneinsicht haben; von Mutius in Krause/ von Mutius/Schnapp/Siewert, § 25 Erl. 13; von Wulffen, § 25 Rand-Nr. 2.

auf Beiziehung von Akten anderer Behörden bzw. auf (Re)Konstruktion bereits vernichteter Akten beziehungsweise auf Bildung einer neuen Akte[1368].

Wer Beteiligter eines Verwaltungsverfahrens ist, ergibt sich für das sozialbehördliche Verfahren aus § 12 SGB X. Dies sind nach § 12 Abs. 1 Ziff. 1 der Antragsteller und der Antragsgegner, nach Ziff. 2 der Adressat eines Verwaltungsaktes, nach Ziff. 3 diejenigen, mit denen die Behörde einen öffentlich-rechtlichen Vertrag schließen will oder geschlossen hat, sowie nach Ziff. 4 diejenigen, die nach § 12 Abs. 2 SGB X von der Behörde als Beteiligte zu den Verfahren hinzugezogen worden sind[1369]. Grundsätzlich darf sowohl ein Beteiligter als auch sein Bevollmächtigter (§ 13 SGB X) Akteneinsicht nehmen[1370]. Ein Vormund hat kein eigenes Akteneinsichtsrecht allein aufgrund seiner Stellung[1371]. Für den Ausschluss des Akteneinsichtsrechts des Beteiligten selber in den Fällen, in denen für diesen ein Bevollmächtigter auftritt[1372], findet sich im Gesetz keine Grundlage. Wie im verwaltungsbehördlichen Verfahren haben Rechtsanwälte allein aufgrund ihrer Stellung als Organ der Rechtspflege kein eigenes Akteneinsichtsrecht[1373]. Weiterhin gilt das Akteneinsichtsrecht ausdrücklich nicht für Beistände im Sinne von § 13 Abs. 4 SGB X[1374].

Hinsichtlich des Beginns eines Verwaltungsverfahrens ist zu beachten, dass im Sozialhilferecht aufgrund der Regelung des § 5 Bundessozialhilfegesetz[1375] das Einsetzen der Sozialhilfe keinen (ausdrücklichen) Antrag erfordert, sondern lediglich das Bekanntwerden des Vorliegens der Voraussetzungen für die Gewährung[1376]. Eine Einsichtnahme nach § 25 SGB X ist bis zum rechtskräftigen Ab-

---

1368 LSG Berlin, Urteil vom 24. September 1997 - L 9 Kr 9/97 -; von Mutius in Krause/von Mutius/Schnapp/Siewert, § 25 Erl. 13; auch: Grüner, § 25 Erl. III. 2. und IV. 2.; er bejaht ausnahmsweise einen Anspruch auf Beiziehung, wenn der Inhalt der entsprechenden Vorgänge eine Vorenthaltung von effektivem Rechtsschutz wäre (Erl. III. 2.).

1369 Grüner, § 25 Erl. IV. 1.; von Mutius in Krause/von Mutius/Schnapp/Siewert, § 25 Erl. 13.

1370 Vgl. Giese, § 25 Rand-Nr. 6.1.; Hauck, § 25 Rand-Nr. 9; von Mutius in Krause/von Mutius/Schnapp/Siewert, § 25 Erl. 14.

1371 OVG Hamburg, Urteil vom 10. März 1978 - Bf I 34/77 -, in: NJW 1979, 1219.

1372 So wohl: von Wulffen, § 25 Rand-Nr. 6.

1373 Grüner, § 25 Erl. IV. 4.; von Mutius in Krause/von Mutius/Schnapp/Siewert, § 25 Erl. 14; von Wulffen, § 25 Rand-Nr. 6.

1374 Giese, § 25 Rand-Nr. 6.1.; von Mutius in Krause/von Mutius/Schnapp/Siewert, § 25 Erl. 14; von Wulffen, § 25 Rand-Nr. 6.

1375 BSHG in der Fassung der Bekanntmachung vom 23. März 1994 (BGBl. I 646, ber. 2975) i. d. F. v. 13. September 2001 (BGBl. I 2376).

1376 Vgl. Schoch, ZfS 1998, 129, 133f.

schluss des gesamten Verwaltungsverfahrens beziehungsweise bis zur Unanfechtbarkeit des erlassenen Verwaltungsaktes möglich[1377]. So ist bei einer Widerspruchserhebung natürlich die Einsicht in die Akten der Ausgangs- und der Widerspruchsbehörde zu gewähren[1378]. Ein auf Arbeitsvermittlung gerichtetes Verfahren der Bundesanstalt für Arbeit ist allerdings kein Verwaltungsverfahren nach dem Sozialgesetzbuch X, da es nicht mit dem Erlass eines Verwaltungsaktes oder dem Abschluss eines öffentlich-rechtlichen Vertrages (vgl. § 8 SGB X) endet; vielmehr liegt hierin ein schlichtes Verwaltungshandeln, so dass Akteneinsicht in die entsprechenden Unterlagen nicht über § 25 SGB X gewährt werden kann[1379].

Wie im verwaltungsbehördlichen Verfahren erfordert § 25 Abs. 1 SGB X ein rechtliches Interesse an der Kenntnis des Akteninhalts. Dieses ist gegeben, wenn die Einsichtnahme die tatsächlichen Grundlagen eines Rechtsverhältnisses klären, rechtlich relevantes Verhalten regeln, Grundlagen für Ansprüche suchen helfen oder die Überprüfung von mittelbaren Auswirkungen ermöglichen soll[1380] und es sich auf das konkrete anhängige Verfahren bezieht[1381].

Anders als im verwaltungsbehördlichen und steuerbehördlichen Verfahren sieht § 25 Abs. 2 SGB X aufgrund der Besonderheiten bei sozialrechtlichen Fallgestaltungen die rechtliche Möglichkeit einer „Ersatzvermittlung" des Akteninhalts durch einen Arzt oder einen besonders geeigneten und befähigten Bediensteten der Behörde vor[1382]. Dieser Vermittlung kommt der Charakter einer schonenden Vorbereitung auf den Inhalt der Akten zu[1383]. Letztlich ergibt sich aber aus § 25 Abs. 2 Satz 4 SGB X, dass hierdurch das Recht auf Akteneinsicht nach § 25 Abs. 1 SGB X nicht beschränkt, d. h. einem Beteiligten im Ergebnis nicht verweigert werden darf[1384]. Dieser kann mithin auf seinen eigenen Schutz verzichten[1385].

[1377] BVerwG, Urteil vom 1. Oktober 1987 - 8 B 108/87 -, in: Buchholz 316 § 29 VwVfG Nr. 8; VG Düsseldorf, Urteil vom 3. März 1986 - 19 K 5605/83 -, in: ZfF 1987, 592f.; Gerichtsbescheid vom 10. August 1989 - 19 K 2417/88 -; Grüner, § 25 Erl. III. 1.

[1378] Grüner, § 25 Erl. III. 1. (bei Erhebung einer Klage endet das behördliche Verfahren zu diesem Zeitpunkt); von Mutius in Krause/von Mutius/Schnapp/Siewert, § 25 Erl. 22.

[1379] BSG, Beschluss vom 30. November 1994 - 11 RAr 89/94 -, in: Breith 1995, 70; von Wulffen, § 25 Rand-Nr. 5; vgl. auch LSG Baden-Württemberg, Entscheidung vom 25. November 1993 - L 7 U 1755/91 -, JURIS-Dokument Nr. 434376.

[1380] Grüner, § 25 Erl. V. 1.; von Mutius in Krause/von Mutius/Schnapp/Siewert, § 25 Erl. 23.

[1381] LSG Berlin, Entscheidung vom 30. Juni 1995 - L 10 Ar 3/94 -.

[1382] Giese, § 25 Rand-Nrn. 8, 9; Grüner, § 25 Erl. VI; von Wulffen, § 25 Rand-Nr. 8.

[1383] Giese, § 25 Rand-Nrn. 8, 9.

[1384] So auch BT-Drs. 8/4022, S. 81; Grüner, § 25 Erl. VI. 5.; Hauck, § 25 Rand-Nr. 12; von Wulffen, § 25 Rand-Nr. 8.

Die nachfolgende Skizze soll der Veranschaulichung dienen:

Systematik der Akteneinsicht nach § 25 SGB X	
Grundsatz: Anspruch des Beteiligten auf Akteneinsicht (§ 25 Abs. 1 Satz 1)	
„Ersatzvermittlung" (§ 25 Abs. 2 SGB X)	
- durch Arzt - bei in den Akten enthaltenen Angaben über gesundheitliche Verhältnisse des Beteiligten -- kann (Satz 1) -- soll (Satz 2)	- durch besonders geeigneten und befähigten Mitarbeiter der Behörde - bei in den Akten enthaltenen Angaben, die die Entwicklung und Entfaltung der Persönlichkeit des Beteiligten beeinträchtigen können -- kann (Satz 3) -- soll (Satz 4)

§ 25 Abs. 3 SGB X begründet ein Verweigerungsrecht der Behörde hinsichtlich der Gestattung von Akteneinsicht ähnlich wie im verwaltungsbehördlichen Verfahren. Der Regierungsentwurf sah ursprünglich dieselben Gründe wie bei § 29 Abs. 2 VwVfG vor. Letztlich aber kam es zu der heutigen Gesetzesfassung, die mit § 29 Abs. 2 Fall 3 VwGO übereinstimmt und die die in § 29 Abs. 2 Fälle 1 und 2 VwVfG genannten Gründe nicht normiert[1386]. Mithin können die in § 29 Abs. 2 Fälle 1 und 2 VwVfG genannten Fallgestaltungen nicht zu einer Verweigerung der Akteneinsicht im sozialbehördlichen Verfahren führen. Allerdings dürfte die in § 29 Abs. 2 Fall 2 VwVfG geregelte Verweigerungsmöglichkeit in einem sozialbehördlichen Verfahren auch nicht praxisrelevant sein.

Das in § 25 Abs. 3 SGB X genannte berechtigte Interesse ist jedes schutzwürdige Interesse rechtlicher, wirtschaftlicher und ideeller Art, soweit es sich auf das konkrete Verfahren bezieht[1387]. Geheim sind dabei solche Vorgänge, die unter

---

[1385] von Mutius in Krause/von Mutius/Schnapp/Siewert, § 25 Erl. 27.

[1386] Vgl. hierzu von Wulffen, § 25 Rand-Nr. 9; BT-Drs. 8/4022, S. 81.

[1387] von Wulffen, § 25 Rand-Nr. 9; auch: Grüner, § 25 Erl. VII. 3.; soweit Hauck, § 25 Rand-Nr. 14, darauf hinweist, dass es sich entgegen des Wortlautes um ein berechtigtes Interesse eines *anderen* handeln müsse, weil ein Beteiligter in seine eigenen Vorgänge uneingeschränkt hineinzusehen berechtigt sei, ist dieser Aussage im Grundsatz zuzustimmen; eine Ausnahme kann sich allerdings ähnlich wie im verwaltungsbehördlichen Verfahren unter

das Sozialgeheimnis nach § 35 SGB I fallen[1388]. Ob diesbezüglich eine Offenbarungsbefugnis für die Behörde besteht, ergibt sich aus den §§ 67 bis 77 SGB X (vgl. § 35 Abs. 2 SGB I, § 67d Abs. 1 SGB X)[1389], die die Geheimhaltungsgründe für den Bereich der Sozialverwaltung abschließend regeln; zusätzlicher Erwägungen im Rahmen des § 25 SGB X bedarf es daher nicht mehr, das heißt, dass bei einer fehlenden Offenbarungsbefugnis im obigen Sinne ist ein berechtigtes Interesse des Betroffenen an der Geheimhaltung zu unterstellen ist[1390]. Dabei ist kein Raum mehr für eine weitere Ermessensausübung oder Güterabwägung der Behörde[1391].

Bei der Gewährung von Akteneinsicht hat die Behörde damit hinsichtlich der Geheimhaltung stets zu prüfen, ob personenbezogene Daten und/oder Betriebs- oder Geschäftsgeheimnisse von anderen Personen oder sonstige geheimhaltungsbedürftigen Angaben in den entsprechenden Akten enthalten sind. Diese Aktenteile sind vor einer Einsichtnahme auszuheften oder in geeigneter Weise unkenntlich zu machen, es sei denn, in den zuvor genannten ersten beiden Fällen liegt eine Einwilligung des Betroffenen gemäß § 67 Satz 1 Nr. 1 SGB X vor beziehungsweise in dem zuvor an dritter Stelle genannten Fall ist eine Zustimmung der Betroffenen gegeben[1392].

Hinsichtlich des Ortes der Akteneinsicht stimmt § 25 Abs. 4 SGB X mit § 29 Abs. 3 VwVfG überein. Somit kann grundsätzlich auf die entsprechenden Ausführungen zum verwaltungsbehördlichen Verfahren verwiesen werden. Auch im sozialbehördlichen Verfahren gilt der Grundsatz, dass die Akteneinsicht grundsätzlich bei der aktenführenden Behörde erfolgt[1393]. Gemäß § 25 Abs. 4 Satz 2 2. Halbsatz SGB X kann die aktenführende Behörde im Rahmen ihres Ermessens zusätzlich zu den gesetzlich normierten Bestimmungen hinsichtlich des Ortes der Akteneinsicht weitere Ausnahmen gestatten[1394]. Dabei ist auch hier vorrangig die

---

Berücksichtigung der gesundheitlichen Situation eines Beteiligten, beispielsweise bei der Möglichkeit einer Suizidgefährdung bei Einsicht in seine eigenen Akten, ergeben.

1388 Grüner, § 25 Erl. VII. 2., 3.

1389 Grüner, § 25 Erl. VII. 4.5.; Hauck, § 25 Rand-Nr. 15.

1390 Hauck, § 25 Rand-Nr. 18.

1391 Giese, § 25 Rand-Nr. 10; Grüner, § 25 Erl. VII. 3.; Hauck, § 25 Rand-Nr. 19;.

1392 Ausführlich: Grüner, § 25 Erl. VII. 8. bis 11.

1393 Giese, § 25 Rand-Nr. 11; Grüner, § 25 Erl. VIII. 1.; Hauck, § 25 Rand-Nr. 21; von Mutius in Krause/von Mutius/Schnapp/Siewert, § 25 Erl. 38; von Wulffen, § 25 Rand-Nr. 10.

1394 Vgl. nur Giese, § 25 Rand-Nr. 11; von Mutius in Krause/von Mutius/Schnapp/Siewert, § 25 Erl. 38; von Wulffen, § 25 Rand-Nr. 10.

Gewährung von Akteneinsicht als Ausfluss des Grundsatzes des rechtlichen Gehörs nach Art. 103 Abs. 1 GG zu beachten[1395]. Vor diesem Hintergrund kann insbesondere eine Übersendung der Akten an einen bevollmächtigten Rechtsanwalt im Einzelfall ermessensgerecht sein[1396]. Ein genereller Anspruch eines Rechtsanwalts auf Zusendung von Verwaltungsvorgängen in seine Kanzlei besteht jedoch nicht[1397]. Die Ermessensentscheidung der Behörde hat indes je nach den Umständen des Einzelfalls auch diese Möglichkeit zu erwägen[1398]. Gegen eine Übersendung von Akten in die Kanzlei eines Prozessbevollmächtigten müssen dann allerdings sachliche Gesichtspunkte sprechen. Dabei ist auch zu berücksichtigen, warum die Akten zwar an ein Gericht oder eine Behörde am Sitz des Anwalts übersandt werden, was ebenfalls eine rechtliche zulässige Möglichkeit sein kann[1399], nicht aber in die Geschäftsräume oder in die Wohnung des Prozessbevollmächtigten. Eine Versendung von Akten ist jedenfalls bei einer großen räumlichen Entfernung zwischen dem Sitz eines bevollmächtigten Rechtsanwalts und dem Sitz der aktenführenden Behörde zu bejahen[1400]. Bedenklich erscheint die Auffassung, dass bei geringem Umfang der Akten diese nicht versandt, sondern die Beteiligten auf die Möglichkeit des § 25 Abs. 5 Satz 1 SGB X verwiesen werden sollen, wonach sie sich Ablichtungen durch die Behörde erteilen lassen können[1401]. Wenn bei einer solchen Vorgehensweise ein Beteiligter die abzulichtenden Schriftstücke jedoch genau bezeichnen muss[1402], setzt dies deren Kenntnis

---

1395 Grüner, § 25 Erl. VIII. 1.

1396 So Grüner, § 25 Erl. VIII. 3.; Hauck, § 25 Rand-Nr. 21; von Wulffen, § 25 Rand-Nr. 10; Giese, § 25 Rand-Nr. 11, hält diese Möglichkeit aufgrund der damit verbundenen Verfahrensverzögerung nicht für angezeigt; das Sozialgericht Stuttgart, Beschluss vom 2. Juni 1979 - S 4 Ko 2148/77 -, in: AnwBl. 30 (1980), 125, 126, hat es ausdrücklich offengelassen, ob ein Rechtsanwalt generell Anspruch auf Aktenübersendung in seine Kanzlei haben kann, sofern nicht ganz spezielle Gründe dies ausschliessen (rechtskräftig wegen § 197 Abs. 2 SGG).

1397 Allgemein: von Mutius in Krause/von Mutius/Schnapp/Siewert, § 25 Erl. 38.

1398 Dies wird auch vom BSG, Urteil vom 8. Juli 1980 - 9 RV 42/79 -, in: AnwBl. 30 (1980), 498, im Grundsatz nicht ausgeschlossen.

1399 Vgl. SG Stuttgart, Beschluss vom 2. Juni 1979 - S 4 Ko 2148/77 -, in: AnwBl. 30 (1980), 125, 126 (rechtskräftig wegen § 197 Abs. 2 SGG).

1400 SG Stuttgart, Beschluss vom 2. Juni 1979 - S 4 Ko 2148/77 -, in: AnwBl. 30 (1980), 125, 126, wo die Fahrten eines Rechtsanwalts zum Sitz der aktenführenden Behörde nahezu einen halben Tag Arbeitsausfall bedeutet hätten, was diesem nicht zuzumuten gewesen sei (rechtskräftig wegen § 197 Abs. 2 SGG).

1401 So Giese, § 25 Rand-Nr. 12; von Wulffen, § 25 Rand-Nr. 10.

1402 BSG, Beschluss vom 30. November 1994 - 11 Rar 89/94 -, in: NJW 1995, 1447, 1448 = Breith 1995, Nr. 70 = JURIS-Dokument Nr. 677428.

(eben durch eine eigene Einsichtnahme) voraus. Letztlich steht einem Beteiligten grundsätzlich nach § 25 Abs. 1 Satz 1 SGB X das Akteneinsichtsrecht als Recht auf persönliche Einsichtnahme zu. Diesem muss eine Behörde im Einzelfall in zumutbarer Weise genügen. Eine Versendung von Akten kommt zutreffenderweise dann nicht in Betracht, wenn hierdurch eine unangemessene Verzögerung des Verfahrens zum Nachteil anderer Beteiligter zu befürchten ist[1403]. In der Praxis dürfte ein solcher Fall allerdings nur in wirklich eilbedürftigen Fällen in Betracht kommen. Zwar muss für die Akteneinsicht eine ausreichende Zeit zur Verfügung stehen[1404], hierfür reichen aber im Einzelfall bereits einige Tage, in der Regel zwei Wochen, aus. Insbesondere aufgrund der langen Verfahrensdauer ist daher eine Versendung von Akten unter Berücksichtigung des Zeitaufwands für die Einsichtnahme und der Postlaufzeiten zu ermöglichen.

In § 25 Abs. 5 SGB X ist - anders als im verwaltungsbehördlichen Verfahren - ausdrücklich die Möglichkeit aufgeführt, dass sich die Beteiligten Auszüge oder Abschriften selbst fertigen oder sich Ablichtungen durch die Behörde erteilen lassen können. Diese Möglichkeit besteht soweit, als der Anspruch auf Akteneinsicht reicht[1405]. Begehrt ein Beteiligter allerdings die Erteilung von Ablichtungen, hat er die abzulichtenden Schriftstücke eindeutig zu bezeichnen; die Bezeichnung nach abstrakt generellen Merkmalen reicht nicht aus[1406]. Der Anspruch auf Erteilung von Ablichtungen ergänzt grundsätzlich den Anspruch auf Akteneinsicht, da er dem Verfahrensbeteiligten ermöglicht, das Ergebnis des Hineinsehens zur weiteren Verwendung zu fixieren[1407]. Zu beachten ist, dass auch das Recht auf Erteilung von Ablichtungen bei Rechtsmissbrauch beschränkt werden kann[1408].

[1403] Grüner, § 25 Erl. VIII. 3.; Hauck, § 25 Rand-Nr. 21; von Wulffen, § 25 Rand-Nr. 10; unzutreffenderweise: Giese, § 25 Rand-Nr. 11, der bei jeder Aktenversendung eine Verfahrensverzögerung bejaht.

[1404] Grüner, § 25 Erl. VIII. 1., 3., fordert, dass sich ein Einsichtnehmender „angemessen" informieren kann.

[1405] Hauck, § 25 Rand-Nr. 22; von Wulffen, § 25 Rand-Nr. 11.

[1406] BSG, Beschluss vom 30. November 1994 - 11 RAr 89/94 -, in: NJW 1995, 1447, 1448 = MDR 1995, 848 = Breith 1995, Nr. 70 = JURIS-Dokument Nr. 677428; auch: Grüner, § 25 Erl. IX.; Hauck, § 25 Rand-Nr. 22.

[1407] BSG, Beschluss vom 30. November 1994 - 11 RAr 89/94 -, in: NJW 1995, 1447, 1448 = Breith 1995, Nr. 70 = JURIS-Dokument Nr. 677428.

[1408] BSG, Beschluss vom 30. November 1994 - 11 RAr 89/94 -, in: NJW 1995, 1447, 1448 = Breith 1995, Nr. 70 = JURIS-Dokument Nr. 677428.

3. Rechtscharakter der Gewährung/Versagung von Akteneinsicht sowie der Erteilung von Ablichtungen und Rechtsmittel

Die Versagung oder Begrenzung der Akteneinsicht ist ebenfalls wie im verwaltungsbehördlichen Verfahren ein Verwaltungsakt (§ 31 Satz 1 SGB X)[1409]. Ein Verfahrensbeteiligter kann die Versagung oder Beschränkung der von ihm beantragten Akteneinsicht allerdings nicht selbständig mit einer Klage durchsetzen, sondern eine solche Entscheidung nur gemeinsam mit einem Rechtsbehelf gegen die Entscheidung in der Hauptsache anfechten. Denn der Rechtsgedanke des § 44a Satz 1 VwGO ist auch im sozialgerichtlichen Verfahren zu beachten, da es sich um einen Rechtsgedanken des allgemeinen Verfahrensrechts handelt[1410]. Allerdings ist in jedem Einzelfall zu prüfen, ob insbesondere bei der Versagung vorläufigen Rechtsschutzes in einem sich an die Ablehnung von Akteneinsicht durch die Behörde anschließenden sozialgerichtlichen Verfahren das Grundrecht auf effektiven Rechtsschutz nach Art. 19 Abs. 4 GG verletzt sein kann[1411].

Hatte dagegen ein Beteiligter während des Rechtsstreits die Gelegenheit, Akteneinsicht zu beantragen und zu nehmen, kann er sich im Rahmen des Rechtsmittelverfahrens nicht auf die Verletzung rechtlichen Gehörs berufen, da er sich dieses bei Ausschöpfung seiner prozessualen Möglichkeiten (unschwer) hätte verschaffen können[1412].

[1409] So ausdrückliche Giese, § 25 Rand-Nr. 14; von Mutius in Krause/von Mutius/Schnapp/Siewert, § 25 Erl. 6.

[1410] So das Bundessozialgericht in ständiger Rechtsprechung: vgl. nur BSG, Urteil vom 10. Dezember 1992 - 11 RAr 71/91 -,in: BB 1993, 1443, 1444 = JURIS-Dokument Nr. 401284 = Reg-Nr. 20774 (BSG-intern); Urteil vom 14. Dezember 1998 - 9/4b RV 55/86 -, in: NVwZ 1989, 901, 902 = JURIS-Dokument 287389 = Reg-Nr. 18324 (BSG-intern); Giese, § 25 Rand-Nr. 14; Grüner, § 25 Erl. X. 1. und 2.; im Ergebnis auch Hauck, § 25 Rand-Nr. 23, und von Wulffen, § 25 Rand-Nr. 2.

[1411] So BVerfG, Beschluss der 2. Kammer des 1. Senats vom 24. Oktober 1990 - 1 BvR 1028/90 -, in: NJW 1991, 415, 416, wonach einem Kläger in dem zur Entscheidung stehenden Fall aufgrund der Versagung vorläufigen Rechtsschutzes gegen die Verweigerung von Akteneinsicht „ersichtlich erhebliche Nachteile" zugemutet worden waren; Giese, § 25 Rand-Nr. 14; Hauck, § 25 Rand-Nr. 2.

[1412] BSG, Beschluss vom 28. Januar 1993 - 2 BU 131/92 -, in: Reg-Nr. 20802 (BSG-intern) = JURIS-Dokument Nr. 313025.

4. Kosten bei der Gewährung von Akteneinsicht

§ 25 Abs. 5 Satz 2 SGB X ermächtigt die Behörde, Ersatz ihrer Aufwendungen in angemessenem Umfang zu verlangen. Dabei ist im sozialbehördlichen Verfahren auf die finanzielle Leistungsfähigkeit eines Beteiligten abzustellen (§ 33 SGB I)[1413]. Dies ist insbesondere bei Sozialhilfeempfängern bedeutsam, wo in Einzelfällen ein Absehen von der Kostenerhebung in Betracht kommen kann. Die Behörde kann sowohl entscheiden, ob ein Antragsteller die Kosten zu erstatten hat als auch in welcher Höhe dies erfolgen soll[1414]. Als Obergrenze ist wie im verwaltungsbehördlichen Verfahren ein Betrag von 0,50 Euro je abgelichteter Seite für die ersten 50 Seiten anzusetzen gemäß Anlage 1 Gebührentatbestand 9000 zu § 11 GKG[1415], für jede folgende Seite 0,15 Euro. Bezüglich einer Aktenversendung gelten ebenfalls die gleichen Grundsätze wie im verwaltungsbehördlichen Verfahren (vgl. 2. Teil, 1. Kapitel, Gliederungspunkt 5.).

5. Akteneinsicht durch Dritte oder frühere Beteiligte

Dritte Personen oder frühere Beteiligte haben nach § 25 SGB X kein Akteneinsichtsrecht[1416]. Allerdings ist auch für sozialbehördliche Verfahren in der Rechtsprechung und Literatur anerkannt, dass außerhalb eines laufenden Verwaltungsverfahrens Akteneinsicht gewährt werden kann, wenn die Kenntnis des Akteninhalts Voraussetzung für eine wirksame Rechtsverfolgung ist; die Entscheidung über die Gewährung von Akteneinsicht steht im pflichtgemäßen Ermessen der Behörde, die dabei die entgegenstehenden öffentlichen und privaten Interessen gegeneinander abzuwägen hat[1417]. Wird ein Verwaltungsakt unanfechtbar und

---

[1413] So Giese, § 25 Rand-Nr. 11; Hauck, § 25 Rand-Nr. 22.

[1414] von Mutius in Krause/von Mutius/Schnapp/Siewert, § 25 Erl. 39.

[1415] Giese, § 25 Rand-Nr. 6.1.; von Mutius in Krause/von Mutius/Schnapp/Siewert, § 25 Erl. 39, zweifelt allerdings an der Anwendung dieser Anlage, da dieser Betrag ein Vielfaches über den gewerblichen Preisen liege, jedoch gibt es im Gerichtskostenrecht keinen Grundsatz, wonach die gewerblichen Preise maßgebend sein müssen.

[1416] BSG, Beschluss vom 30. November 1994 - 11 RAr 89/94 -, in: NJW 1995, 1447, 1448 = Breith 1995, Nr. 70 = JURIS-Dokument Nr. 677428; Grüner, § 25 Erl. IV. 2.; von Wulffen, § 25 Rand-Nr. 6; nach Hauck, § 25 Rand-Nr. 9, besteht ein Akteneinsichtsrecht nur nach erfolgter Hinzuziehung zum Verfahren.

[1417] OVG Münster, Urteil vom 24. Februar 1992 - 24 A 3327/91 -; OVG Münster, Beschluss vom 27. März 1992 - 24 B 70/92 - unter Hinweis auf BVerwG, Urteil vom 1. Juli 1983 - 2 C 42/82 -, in: DVBl. 1984, 55, 57 (zu § 29 VwVfG); LSG Berlin, Urteil vom 24. September 1997 - L 9 Kr 9/97 -; Behn, RV 1982, 125, 128; Giese, § 25 Rand-Nr. 6; Grüner, § 25 Erl. IV. 2.

endet damit das Verwaltungsverfahren, wird einem früheren Beteiligten eines Verwaltungsverfahrens ebenfalls ein Akteneinsichtsrecht eingeräumt, beispielsweise wenn dieser die Voraussetzungen für die Aufhebung eines Verwaltungsaktes mit Dauerwirkung bei Änderung der Verhältnisse nach § 48 SGB X überprüfen möchte[1418]. Hinsichtlich der Frage, inwieweit bei einer Akteneinsicht außerhalb eines verwaltungsbehördlichen Verfahrens beziehungsweise durch Dritte datenschutzrechtliche Normen zu beachten sind, wird zur Vermeidung von Wiederholungen auf die Darstellungen im 2. Teil, 2. Kapitel, verwiesen.
Wie im verwaltungsbehördlichen Verfahren ist daher zum einen aufgrund der Rechtsprechung des Bundesverfassungsgerichts zum Grundrecht auf „informationelle Selbstbestimmung“ und zum anderen aus Gründen der Rechtssicherheit und Rechtsklarheit insbesondere im Hinblick auf die Akteneinsicht durch Nichtbeteiligte eine gesetzliche Regelung erforderlich.

Die Versagung oder Beschränkung von Akteneinsicht kann selbständig angefochten werden[1419]. Denn bei entsprechender Anwendung des § 44a VwGO steht einem Dritten über § 44a Satz 2 diese entsprechende Möglichkeit wie im verwaltungsbehördlichen Verfahren zu.

2. Kapitel: Akteneinsicht nach § 120 SGG

1. Geltungsbereich der Norm

Die in § 120 SGG geregelte Akteneinsicht gilt im Rahmen des sozialgerichtlichen Verfahrens wie im verwaltungsgerichtlichen Verfahren für alle Verfahrensarten und in allen Rechtszügen und ist vorrangig gegenüber datenschutzrechtlichen Auskunfts- und Akteneinsichtsnormen.

2. Tatbestandsvoraussetzungen

Anders als bei § 100 Abs. 1 VwGO und bei § 78 FGO haben die Beteiligten eines sozialgerichtlichen Verfahrens nach § 120 Abs. 1 SGG das Recht auf Akten-

---

[1418] Behn, RV 1980, 125, 130; vgl. zur ermessensgerechten Gewährung von Akteneinsicht an einen Vormund, der in der Regel wegen der in den behördlichen Akten festgehaltenen Entwicklungsgeschichte der von ihm betreuten Person im Hinblick auf seine Erziehungsmaßnahmen auf eine Einsichtnahme angewiesen ist: OVG Hamburg, Urteil vom 10. März 1978 - Bf I 34/77 -, in: NJW 1979, 1219.

[1419] von Wulffen, § 25 Rand-Nr. 2; von Mutius in Krause/von Mutius/Schnapp/Siewert, § 25 Erl. 11.

einsicht nur, soweit die übersendende Behörde dieses nicht ausschließt. Hierzu muss sie aufgrund einer gesetzlichen Grundlage befugt sein[1420]. Die Besonderheit dieser Regelung liegt darin, dass eine Behörde Akten zwar an ein Gericht übersenden, gleichzeitig aber ein Einsichtsrecht mit bindender Wirkung ausschließen kann[1421]. In diesem Fall darf das Gericht den Inhalt der Akten grundsätzlich nicht verwerten (vgl. § 128 Abs. 2 SGG)[1422]. Die Einsichtnahme in Akten, die geschützte Daten dritter Personen enthalten, darf nur mit Einwilligung dieser Personen erfolgen[1423]. Für die Behörde besteht nach § 119 Abs. 1 SGG trotz des Wortlauts, dass eine Behörde zur Vorlage von Urkunden oder Akten und zu Auskünften nicht verpflichtet ist, eine Vorlagepflicht mit Ausnahme der in Satz 1 geregelten abschließenden Fälle[1424], insbesondere zur Wahrung des Sozialgeheimnisses[1425]. Die Vorschrift des § 119 SGG sah und sieht anders als die des § 99 VwGO kein gerichtliches Überprüfungsverfahren für den Fall, dass Behördenakten dem Gericht nicht vorgelegt werden, vor. Eine analoge Anwendung des § 99 Abs. 2 VwGO ist mangels Vorliegens einer unbewussten planwidrigen Lücke abzulehnen[1426]. Letztlich müssen aber auch hier die vom Bundesverfassungsgericht aufgestellten Grundsätze[1427] zur Anwendung kommen, um ein dem Art. 19 Abs. 4 GG entsprechendes Verfahren zu gewährleisten (vgl. 2. Teil, 4. Kapitel, Gliederungspunkt 2.1.2.2.1.5.). Die Aktenübersendung an das Gericht darf nicht verweigert werden, wenn die Behörde die erhobene Klage für unzulässig oder offensichtlich unbegründet hält, da die entsprechende Prüfung Alleinaufgabe des

---

[1420] Rohwer/Kahlmann, § 120 Rand-Nr. 7; nach Meyer-Ladewig, § 120 Rand-Nr. 8, müssen diesbezüglich die in § 119 Abs. 1 SGG normierten Gründe gegeben sein; so ebenfalls: Schimanski, Soziale Sicherheit 1987, 207, 214.

[1421] Rohwer/Kahlmann, § 120 Rand-Nr. 7; Meyer-Ladewig, § 120 Rand-Nr. 8; so auch Schimanski, Soziale Sicherheit 1987, 207, 214.

[1422] Meyer-Ladewig, § 119 Rand-Nr. 6.

[1423] Podlech, ZfSH/SGB 1985, 1, 6, 7.

[1424] Meyer-Ladewig, § 119 Rand-Nrn. 1 und 2.

[1425] Vgl. nur: Podlech, ZfSH/SGB 1985, 1, 6f.; auch LSG Stuttgart, Urteil vom 9. Oktober 1998 - L 8 VG 1236/98 -.

[1426] Meyer-Ladewig, § 119 Rand-Nr. 5a (zu § 99 a. F.); offen gelassen: LSG Stuttgart, Beschluss vom 18. April 1997 - L 8 VG 403/97 B - (im Gegensatz zur erstinstanzlichen (veröffentlichten) Entscheidung des SG Stuttgart vom 15. Januar 1997 - S 11 VG 3912/96 -, in: Breith 1997, S. 654f.).

[1427] Urteil vom 29. Oktober 1999 - 1 BvR 385/90 - in: NJW 2000, 1175ff. = DVBl. 2000, 346ff. = DÖV 2000, 287ff.

Gerichts ist[1428]. Soweit die Behörde das Gericht (lediglich) bittet, einem Beteiligten keine Akteneinsicht zu gewähren, ist dies unbeachtlich[1429].

Auch in sozialgerichtlichen Verfahren steht das Akteneinsichtsrecht nach der gesetzlichen Vorgabe nur den Beteiligten eines sozialgerichtlichen Verfahrens zu. Dies sind nach § 69 Ziffern 1 bis 3 SGG der Kläger, der Beklagte und der über § 75 Abs. 1, 2 SGG Beigeladene. Wenn ein Beteiligter durch einen Prozessbevollmächtigten vertreten ist, ergeben sich wie im verwaltungsgerichtlichen Verfahren auch aus dem Sozialgerichtsgesetz keinerlei rechtlich haltbare Anhaltspunkte dafür, dass in diesem Fall nur der Prozessbevollmächtigte zur Akteneinsicht berechtigt ist[1430]. Für das sozialgerichtliche Verfahren bestimmt § 73 Abs. 4 Satz 2 SGG ausdrücklich, dass ein Beteiligter eine Prozessvollmacht allein für die Akteneinsicht erteilen kann[1431].

§ 120 Abs. 2 Sätze 1 und 2 SGG stimmen inhaltlich mit der Vorschrift des § 100 Abs. 2 Sätze 1 und 2 überein. Auch im sozialgerichtlichen Verfahren können sich die Beteiligten nach dem Gesetzeswortlaut durch die Geschäftsstelle Abschriften, darüber hinaus aber auch Auszüge, Ausfertigungen und Ablichtungen erteilen lassen, da nur diese Möglichkeit der umfassenden Gewährung von Akteneinsicht gerecht wird. Ein Anspruch auf Erteilung besteht jedoch nicht[1432]. Bei einem rechtsmissbräuchlichen Begehren kann die Erteilung abgelehnt werden[1433].

Die Akteneinsicht erfolgt grundsätzlich auf der Geschäftsstelle des Gerichts; ein Anspruch auf Versendung besteht grundsätzlich nicht[1434]. Allerdings schließt § 120 SGG nicht aus, dass Akten an eine Behörde oder an ein Gericht am Wohn-

---

[1428] Meyer-Ladewig, § 119 Rand-Nr. 2; Schimanski, Soziale Sicherheit 1987, 207, 211.

[1429] Schimanski, Soziale Sicherheit 1987, 207, 214.

[1430] Anderer Auffassung allerdings: BSG, Urteil vom 10. Oktober 1956 - 8 RV 455/56 -, Reg-Nr. 13504 (BSG-intern) = JURIS-Dokument Nr. 372889, zur Fassung des SGG vom 3. September 1953: nach Auffassung des BSG besteht in diesen Fällen kein Anlass, das Recht der Akteneinsicht neben dem Bevollmächtigten auch noch dem Kläger einzuräumen; siehe auch die in § 72 SGG geregelte Möglichkeit der Bestellung eines besonderen Vertreters in sozialgerichtlichen Verfahren.

[1431] Vgl. Peters/Sautter/Wolff, § 120 Anm. 1.

[1432] Rohwer/Kahlmann, § 120 Rand-Nr. 11; Meyer-Ladewig, § 120 Rand-Nr. 5.

[1433] Rohwer/Kahlmann, § 120 Rand-Nr. 11.

[1434] BSG, Urteil vom 16. Mai 1995 - 9 BVs 3/95 -, Reg.-Nr. 22051 (BSG-intern) = JURIS-Dokument Nr. 478310; so schon bereits BSG, Entscheidung vom 10. April 1962 - 2 RU 265/59 -, Reg.-Nr. 15552 (BSG-intern) = JURIS-Dokument Nr. 16870; Meyer-Ladewig, § 120 Rand-Nr. 4; Rohwer/Kahlmann, § 120 Rand-Nr. 4.

ort eines Beteiligten oder auch in das Büro eines Prozessbevollmächtigten gesandt werden können[1435]. Dass die Regelung des § 100 Abs. 2 Satz 3 VwGO nicht auch in § 120 SGG enthalten ist, steht dieser Möglichkeit nicht entgegen, da maßgeblicher Gesichtspunkt die ausreichende und zumutbare Gewährung von Akteneinsicht unter Beachtung des Grundsatzes des rechtlichen Gehörs nach Art. 103 Abs. 1 GG ist. Insbesondere bei umfangreichen oder inhaltlich schwierigen Aktenvorgängen, die bei Gericht nicht ausreichend eingesehen werden können, kann eine Versendung an einen Prozessbevollmächtigten ermessensgerecht sein[1436]. Eine Versendung in die Wohnung von Beteiligten kommt dagegen im Regelfall nicht in Betracht[1437]. Bei einer Entscheidung, ob Gerichtsakten oder beigezogene Behördenakten zu versenden sind, sind die Interessen der Beteiligten und entgegenstehende gerichtliche Belange gegeneinander abzuwägen[1438]. Zwar wird bei einem geringen Aktenumfang die Einsichtnahme bei Gericht grundsätzlich als zumutbar angesehen[1439], allerdings darf auch im sozialgerichtlichen Verfahren allein der Umfang der Akten nicht zu einer Entscheidung gegen die Versendung führen, da eine solche Entscheidung alle Umstände des konkreten Einzelfalls zu berücksichtigen hat. Jedenfalls kann aus der vorgenannten Entscheidung geschlossen werden, dass Akten umfangreicherer Art ermessensfehlerfrei an Prozessbevollmächtigte gesandt werden dürfen[1440]. Im Ergebnis sind dabei dieselben Ermessenserwägungen zu berücksichtigen, die auch im verwaltungsge-

---

[1435] Meyer-Ladewig, § 120 Rand-Nr. 4; dieser bejaht ebenfalls die Übersendung der Akten an Verbandsvertreter, ohne diese Auffassung allerdings zu begründen; diese Auffassung dürfte angesichts der Rechtsprechung des BVerfG, Beschluss der 1. Kammer des 2. Senats vom 12. Februar 1998 - 1 BvR 272/97 -, in: NVwZ 1998, 836f., nicht weiter zu verfolgen sein (vgl. Gliederungspunkt 2.1.1.3.); Peters/Sautter/Wolff, § 120 Anm. 1; Rohwer/Kahlmann, § 120 Rand-Nr. 4.

[1436] Rohwer/Kahlmann, § 120 Rand-Nr. 4, der diese Vorgehensweise als erforderlich ansieht, falls keine triftigen Gründe dagegen sprechen; ebenso Meyer-Ladewig, § 120 Rand-Nr. 4, wonach die Akten zu versenden seien, wenn dies nicht aus besonderen Gründen untulich sei; Peters/Sautter/Wolff, § 120 Anm. 1, befürworten eine Versendung bei Vorliegen von sachgerechten Gründen (wie z. B. der Aktenumfang); vgl. auch BSG, Beschluss vom 10. April 1962 - 2 RU 265/59 -, Reg.-Nr. 15552 (BSG-intern) = JURIS-Dokument Nr. 16870, wonach es im Ermessen des Vorsitzenden stehe, ob die Akten versandt werden.

[1437] Meyer-Ladewig, § 120 Rand-Nr. 4; Peters/Sautter/Wolff, § 120 Anm. 1; Rohwer/Kahlmann, § 120 Rand-Nr. 4.

[1438] Rohwer/Kahlmann, § 120 Rand-Nr. 4.

[1439] BSG, Beschluss vom 28. Juli 1977 - 5 BJ 124/77 -, in: SozR 1500 § 120 Nr. 1 = Breith 1978, 607f. = MDR 1977, 1051 = JURIS-Dokument Nr. 312691.

[1440] Vgl. auch Felix, KÖSDI 1992, 9051, 9052.

richtlichen Verfahren zu beachten sind (vgl. 2. Teil, 4. Kapitel, Gliederungspunkt 2.2.3.5.).

Zuständig für die Entscheidung über die Gewährung von Akteneinsicht ist der Vorsitzende - im sozialgerichtlichen Verfahren gibt es anders als im verwaltungs- und finanzgerichtlichen Verfahren keinen Einzelrichter -, im übrigen der Urkundsbeamte der Geschäftsstelle[1441]. Eine besondere Bescheidungsform ist gesetzlich nicht vorgeschrieben.

§ 120 Abs. 3 Satz 1 SGG enthält eine weitere Sondervorschrift gegenüber § 100 VwGO. Hiernach kann der Vorsitzende aus besonderen Gründen die Einsicht in die Akten oder in die Aktenteile oder die Fertigung oder Erteilung von Auszügen und Abschriften ausdrücklich versagen oder beschränken. Dieser Fall soll nach der Begründung des Gesetzentwurfs[1442] gegeben sein bei der Gefährdung von Rechtsgütern, die höherwertiger als der streitige Anspruch sein können. Dies entspricht zum Beispiel der verwaltungsgerichtlichen Rechtsprechung, wonach die Akteneinsicht bei der Gefahr eines Suizids des Einsichtnehmenden beschränkt werden können soll. Im sozialgerichtlichen Verfahren ist daher ebenfalls zu befürworten, dass die Akteneinsichtnahme nur aus schwerwiegenden Gründen beschränkt werden kann[1443] oder nur in engen Grenzen zulässig sein soll[1444]. Einem Prozessbevollmächtigten oder Vertreter nach § 72 SGG wird aber die Akteneinsicht regelmäßig nicht versagt werden dürfen[1445]. Im Gegensatz zu § 100 Abs. 2 Satz 1 VwGO wird den Beteiligten kein Anspruch auf die Erteilung von Ausfertigungen zugestanden[1446].

3. Rechtscharakter der Gewährung/Versagung von Akteneinsicht sowie der Erteilung von Auszügen und Abschriften und Rechtsmittel

Gemäß § 120 Abs. 3 Satz 2 SGG kann gegen die Versagung oder die Beschränkung der Akteneinsicht durch den Vorsitzenden nach § 120 Abs. 3 Satz 1 SGG

[1441] Peters/Sautter/Wolff, § 120 Anm. 1, wobei bei einem Antrag im Rahmen einer mündlichen Verhandlung der Vorsitzende über die Gewährung von Akteneinsicht entscheidet.

[1442] BT-Drs. 1/4357, S. 49.

[1443] Rohwer/Kahlmann, § 120 Rand-Nr. 9.

[1444] Meyer-Ladewig, § 120 Rand-Nrn. 7, 7a.

[1445] Meyer-Ladewig, § 120 Rand-Nr. 7b.

[1446] Peters/Sautter/Wolff, § 120 Anm. 2, sehen hierfür auch kein Bedürfnis.

das Gericht angerufen werden[1447]. Hierbei soll es sich um eine Erinnerung besonderer Art handeln, über die der Vertreter des Vorsitzenden entscheidet, da dieser gemäß § 60 SGG, § 41 Ziff. 6 ZPO analog von einer Entscheidung ausgeschlossen ist[1448].
Da das Gericht endgültig entscheidet, hat ein Beteiligter hiergegen kein (weiteres) Rechtsmittel. Die Rüge der Verletzung rechtlichen Gehörs ist dann unzulässig, wenn ein Beteiligter während des Verfahrens ausreichend Gelegenheit zur Akteneinsicht hatte[1449]. Ein Beteiligter verliert auch sein Rügerecht, wenn er nicht rechtzeitig auf beispielsweise den Nichterhalt von Gutachten hingewiesen hat[1450]. Insbesondere kann eine Verletzung des rechtlichen Gehörs vorliegen, wenn einem Antrag auf Terminsverlegung und auf Akteneinsicht nicht nachgekommen wurde und der Kläger substantiiert darlegen kann, inwiefern bei der konkreten Situation und der konkreten Prozessgeschichte es ihm unmöglich gemacht beziehungsweise rechtswidrig erschwert worden ist, somit seine prozessualen Rechte geltend zu machen[1451].

4. Kosten bei der Gewährung von Akteneinsicht

Nach § 120 Abs. 2 Satz 1 SGG können Abschriften auf Kosten der Beteiligten erteilt werden. Bei einer Versendung entstandene Kosten (Porti) können diese dem die Übersendung Beantragenden ebenfalls auferlegt werden[1452]. Zwar sind die Verfahren vor den Sozialgerichten grundsätzlich aufgrund der Vorschrift des § 183 SGG kostenfrei. § 120 Abs. 2 Satz 1 SGG enthält insoweit aber eine Ausnahmeregelung, als dass die entstehenden Kosten zu einer außergewöhnlichen Belastung für das Gericht aufgrund eines eigenverantwortlichen Verhaltens eines Beteiligten führen würden[1453]. Insbesondere die Aktenübersendung an einen Pro-

---

[1447] LSG Stuttgart, Beschluss vom 18. April 1997 - L 8 VG 403/97 B -; bei der Gewährung von Akteneinsicht handelt es sich dagegen um eine nicht anfechtbare prozessleitende Verfügung nach § 172 Abs. 2 SGG.

[1448] So Meyer-Ladewig, § 120 Rand-Nr. 9; auch Rohwer/Kahlmann, § 120 Rand-Nr. 10.

[1449] Vgl. nur BSG, Urteil vom 28. Januar 1993 - 2 BU 131/92 -, Reg.-Nr. 20802 (BSG-intern) = JURIS-Dokument Nr. 283441.

[1450] BSG, Entscheidung vom 16. Mai 1995 - 9 BVs 3/95 -, Reg.-Nr. 22051 (BSG-intern) = JURIS-Dokument Nr. 478310.

[1451] BSG, Urteil vom 23. Oktober 1989 - 6 Bka 26/89 -, Reg.-Nr. 18927 (BSG-intern) = JURIS-Dokument Nr. 293465.

[1452] Rohwer/Kahlmann, § 120 Rand-Nr. 4; so bereits: SG Kassel, Urteil vom 5. Juli 1962 - S 7/V - 22/62 -, in: ZfS 1963, 59; LSG Schl.-H., Beschluss vom 9. September 1996 - L 1 SK 5/96 -, in: Breith, 1997 Nr. 64.

[1453] So bereits: SG Kassel, Urteil vom 5. Juli 1962 - S - 7/V - 22/62 -, in: ZfS 1963, 59.

zessbevollmächtigten stellt eine zusätzliche Serviceleistung des Gerichts dar, die nicht gebührenfrei zu erfolgen hat[1454]. Damit kann der Urkundsbeamte die Erteilung von Abschriften gemäß § 68 GKG von der vorherigen Zahlung des die Auslagen voraussichtlich deckenden Betrages abhängig machen[1455]. Auch im sozialgerichtlichen Verfahren sind die Gebührentatbestände der Ziffern 9000 und 9003 des Kostenverzeichnisses, Anlage 1 zum Gerichtskostengesetz, grundsätzlich anzuwenden[1456]. Zur Vermeidung unnötiger Wiederholungen wird daher an dieser Stelle auf die Ausführungen im 2. Teil, 4. Kapitel, Gliederungspunkt 5., verwiesen.

5. Vollstreckung

Auch hier gelten dieselben Vorgaben wie im 2. Teil, 4. Kapitel, Gliederungspunkt 6.

6. Akteneinsicht durch Dritte oder frühere Beteiligte

Die Akteneinsicht durch dritte Personen oder frühere Beteiligte ist gesetzlich nicht geregelt. Ein Rückgriff auf die Bestimmung des § 299 Abs. 2 ZPO über die Verweisungsnorm des § 202 SGG verbietet sich ähnlich wie im verwaltungsgerichtlichen auch im sozialgerichtlichen Verfahren[1457]. Die Akteneinsicht gegenüber Nichtbeteiligten wird gleichwohl dann für zulässig gehalten, wenn alle Beteiligten eines sozialgerichtlichen Verfahrens hiermit einverstanden sind[1458]. Dabei ist ein Beteiligter eines früheren verwaltungsgerichtlichen Verfahrens aufgrund der unmissverständlichen Regelung des § 69 SGG nach dessen Abschluss nicht weiterhin Beteiligter[1459]. In diesen Fällen wird bei Vorliegen eines berechtigten Interesses auch nach Abschluss des Verfahrens wie im verwaltungsgericht-

---

1454 LSG Schl.-H., Beschluss vom 9. September 1996 - L 1 SK 5/96 -, in: Breith 1997 Nr. 64.

1455 Peters/Sautter/Wolff, § 120 Anm. 2.

1456 LSG Schl.-H., Beschluss vom 9. September 1996 - L 1 SK 5/96 -, in: Breith 1997 Nr. 64; Meyer-Ladewig, § 120 Rand-Nr. 4a ;Peters/Sautter/Wolff, § 120 Anm. 2.

1457 Vgl. Meyer-Ladewig, § 120 Rand-Nr. 2; Rohwer/Kahlmann, § 120 Rand-Nr. 5.

1458 Vgl. Meyer-Ladewig, § 120 Rand-Nr. 2, wobei fraglich ist, ob Beteiligte über den Inhalt der Gerichtsakte überhaupt disponieren können; Rohwer/Kahlmann, § 120 Rand-Nr. 5.

1459 So aber Rohwer/Kahlmann, § 120 Rand-Nr. 3; auch Behn, RV 1982, 125, 127f., der den früheren Beteiligten jedenfalls nicht als Dritten ansieht, sondern durch weite Auslegung des Begriffs des Beteiligten auch den früheren Beteiligten in Abgrenzung zum Dritten damit erfassen will.

lichen Verfahren eine Akteneinsicht für zulässig gehalten[1460]. Die vorgenannten Versuche, unter Wahrung des Grundsatzes des rechtlichen Gehörs Einzelfälle über den Gesetzeswortlaut hinaus zu lösen, zeigen auch hier die Notwendigkeit einer gesetzlichen Regelung in Fortführung der bereits mehrfach erwähnten Rechtsprechung des Bundesverfassungsgerichts zum Recht auf „informationelle Selbstbestimmung"[1461]. Dies gilt insbesondere vor dem Hintergrund der Anwendbarkeit datenschutzrechtlicher Bestimmungen. Um Wiederholungen zu vermeiden, wird auf die Ausführungen im 2. Teil, 4. Kapitel, Gliederungspunkt 2.1.8.3. verwiesen.

1460 LSG Baden-Württemberg, Beschluss vom 22. Dezember 1983 - L 9 X 148/83 -, wenn beispielsweise die Akteneinsicht zur Vorbereitung der Wiederaufnahme des gerichtlichen Verfahrens begehrt wird; Meyer-Ladewig, § 120 Rand-Nr. 2; a. A.: Rohwer/Kahlmann, § 120 Rand-Nr. 5.

1461 Vgl. auch Schimanski, Soziale Sicherheit 1987, 207, 214, der unabhängig von der Problematik der Akteneinsicht durch Dritte die gegenwärtige Regelung des § 120 Abs. 1 SGG auch hinsichtlich der Beteiligten eines sozialgerichtlichen Verfahrens für kaum noch rechtmäßig erachtet im Hinblick auf die Ausschlussmöglichkeit der übersendenden Behörde nach § 120 Abs. 1 SGG.

5. Teil: Akteneinsicht in verfassungsgerichtlichen Verfahren

1. Kapitel: § 20, §§ 35a bis c BVerfGG

§ 20 BVerfGG räumt den Beteiligten eines verfassungsgerichtlichen Verfahrens ausdrücklich das Recht der Akteneinsicht ein. Mit dem Gesetz zur Änderung des Bundesverfassungsgerichtsgesetzes und des Gesetzes über das Amtsgehalt der Mitglieder des Bundesverfassungsgerichts[1462] ist das Bundesverfassungsgerichtsgesetz nach § 35 durch einen zweiten Abschnitt „Akteneinsicht außerhalb des Verfahrens“ (§§ 35a bis 35c) ergänzt worden. Durch diese Vorschriften wird nunmehr zusätzlich neben den Beteiligten unter gesetzlich genau bestimmten Voraussetzungen auch anderen Personen oder Stellen ein Akteneinsichtsrecht gewährt. Die nach dem früheren Recht lediglich vorhandene Regelung der §§ 24, 34, 35 und 35a der Geschäftsordnung des Bundesverfassungsgerichts[1463] erschien im Hinblick auf das zu beachtende Recht auf „informationelle Selbstbestimmung“ und das Prinzip des Gesetzesvorbehalts nicht ausreichend[1464].

Den Rechtsgrundsatz der Gewährung von Akteneinsicht hat das Bundesverfassungsgerichtsgesetz bereits im Zeitpunkt seines Erlasses als Bestandteil eines rechtsstaatlichen Gerichtsverfahrens vorausgesetzt und übernommen[1465]. Als Bestandteil der Grundsätze der Parteiöffentlichkeit des Verfahrens und der Waffengleichheit der Beteiligten lässt sich das Recht der Akteneinsicht unmittelbar aus dem Anspruch auf Gewährung rechtlichen Gehörs nach Art. 103 Abs. 1 GG ableiten und gestaltet diesen Grundsatz für das verfassungsgerichtliche Verfahren weiter aus[1466].

1462 Vom 16. Juli 1998 (BGBl. I S. 1823).

1463 GO-BVerfG vom 15. Dezember 1986 (BGBl. I S. 2529) in der Fassung der Bekanntmachung vom 18. Dezember 1995 (BGBl. 1996 I S. 474); auch abgedruckt in Umbach/Clemens.

1464 Vgl. Ulsamer in Maunz/Schmidt-Bleibtreu/Klein/Ulsamer, § 35a Rand-Nr. 1

1465 Ulsamer in Maunz/Schmidt-Bleibtreu/Klein/Ulsamer, § 20 Rand-Nr. 1.

1466 Umbach/Dollinger in Umbach/Clemens, § 20 Rand-Nr. 2.

Hinsichtlich der näheren Ausgestaltung der Akteneinsicht enthält das Bundesverfassungsgerichtsgesetz keinerlei Bestimmungen. Diesbezüglich sind die §§ 24, 34, 35 und 35a der GO-BVerfG[1467] heranzuziehen.

Die Vorschrift des § 20 BVerfGG gilt für jedes gerichtliche Verfahren vor dem Bundesverfassungsgericht[1468]. Der Begriff der Beteiligten eines verfassungsgerichtlichen Verfahrens wird im Bundesverfassungsgerichtsgesetz nicht allgemein verbindlich definiert. Unter den Begriff fallen jedoch je nach Maßgabe der einzelnen Verfahrensart und der unterschiedlichen Bezeichnung die Antragsteller (§§ 63, 64 Abs. 1, 68 BVerfGG), die Antragsberechtigten (§§ 65 Abs. 1, 76, 86 Abs. 1), die Beschwerdeführer (§§ 92, 93 Abs. 1 und 2), die Angeklagten (vgl. § 49ff. und § 58ff.), die Antragsgegner (§§ 63, 64 Abs. 1, 68, 71 Abs. 1) sowie die durch Erklärung dem Verfahren Beigetretenen (§§ 65 Abs. 1, 280 Abs. 2, 94 Abs. 5)[1469]. Insbesondere Beitrittsberechtigte werden erst Beteiligte durch Erklärung des Beitritts[1470].

Das Akteneinsichtsrecht bezieht sich auf die Dauer des verfassungsgerichtlichen Verfahrens, d. h., von seiner Einleitung (§ 23 BVerfGG) bis zur Bekanntgabe einer Entscheidung (§ 30 BVerfGG)[1471].

Bei einer Wiederaufnahme des Verfahrens - beispielsweise nach § 61 BVerfGG - entsteht mit gestelltem Antrag auf Wiederaufnahme ein neues Prozessrechtsverhältnis, in dem die Beteiligten wiederum zur Akteneinsichtnahme befugt sind[1472].

[1467] GO-BVerfG vom 15. Dezember 1986 (BGBl. I S. 2529) in der Fassung der Bekanntmachung vom 18. Dezember 1995 (BGBl. 1996 I S. 474); abgedruckt in Umbach/Clemens.

[1468] Umbach/Dollinger in Umbach/Clemens, § 20 Rand-Nr. 5; Ulsamer in Maunz/Schmidt-Bleibtreu/Klein/Ulsamer, § 20 Rand-Nr. 3.

[1469] Umbach/Dollinger in Umbach/Clemens, § 20 Rand-Nr. 7; vgl. auch Ulsamer in Maunz/Schmidt-Bleibtreu/Klein/Ulsamer, § 20 Rand-Nr. 11.

[1470] Ulsamer in Maunz/Schmidt-Bleibtreu/Klein/Ulsamer, § 20 Rand-Nr. 12; entgegenstehender Auffassung: Umbach/Dollinger in Umbach/Clemens, § 20 Rand-Nr. 9, mit der Begründung, dass die Beitrittsberechtigten stets Bundes- oder Landesverfassungsorgane oder mit besonderen Verfassungsrechten ausgestattete Organteile oder politische Parteien seien, die durch die Entscheidung des Bundesverfassungsgerichts gebunden würden und eine Entscheidung über den Beitritt je nach Einzelfall sachgerecht nur bei umfassender Kenntnis des Sachstands treffen können; im Ergebnis auch Lechner/Zuck, § 20 Rand-Nr. 8.

[1471] Umbach/Dollinger in Umbach/Clemens, § 20 Rand-Nr. 11.

[1472] So auch Umbach/Dollinger in Umbach/Clemens, § 20 Rand-Nr. 11.

Gegenstand der Einsicht sind grundsätzlich sowohl die Prozessakten als auch die beigezogenen Akten[1473]. Nicht dazu gehören die in § 34 GO-BVerfG genannten Voten, Entscheidungsentwürfe, Änderungs- und Formulierungsvorschläge sowie Notizen des Berichterstatters . Im verfassungsgerichtlichen Verfahren ist als Besonderheit zu beachten, dass nach § 26 Abs. 2 BVerfGG aufgrund eines Beschlusses mit einer Mehrheit von zwei Drittel der Stimmen des Gerichts die Beiziehung einzelner Urkunden durch das Bundesverfassungsgericht unterbleiben kann, wenn ihre Verwendung mit der Staatssicherheit unvereinbar ist; entscheidet sich das Gericht für eine Beiziehung, so unterliegen die Urkunden dagegen dem Akteneinsichtsrecht des § 20 BVerfGG[1474]. Zu beachten ist weiterhin, dass sich die Einsichtnahme in beigezogene Akten stets nach den für die jeweilige Fachprozessart geltenden Vorschriften, beispielsweise nach § 147 StPO, richtet[1475].
Nach Beendigung eines Verfahrens richtet sich ein Akteneinsichtsantrag ebenfalls nur nach diesen Verfahrensregelungen, da das Bundesverfassungsgericht über die beigezogenen Akten dann keine Dispositionsbefugnis mehr hat und die §§ 35a, 35b BVerfGG nicht anwendbar sind[1476].

Für die Gewährung von Akteneinsicht ist der zuständige Senatsvorsitzende im Benehmen mit dem jeweiligen Berichterstatter (§ 35 Abs. 1 2. Halbsatz und Abs. 2 Satz 3 GO-BVerfG) zuständig. Im Einzelfall entscheidet über das „Ob“ der Senat oder die Kammer, über das „Wie“ der Einsichtnahme der Senatsvorsitzende oder die Kammer[1477].

Hat ein Beteiligter einen Prozessbevollmächtigten bestellt (vgl. § 22 BVerfGG), so kann auch dieser Akteneinsicht nehmen[1478].
Wenn ein Verfahren von einer Personengruppe oder gegen eine Personengruppe nach § 21 BVerfGG durchgeführt wird und das Gericht angeordnet hat, dass die-

[1473] Lechner/Zuck, § 20 Rand-Nr. 2; Umbach/Dollinger in Umbach/Clemens, § 20 Rand-Nrn. 12 und 13; Ulsamer in Maunz/Schmidt-Bleibtreu/Klein/Ulsamer, § 20 Rand-Nr. 5.

[1474] Lechner/Zuck, § 20 Rand-Nr. 2; Umbach/Dollinger in Umbach/Clemens, § 20 Rand-Nr. 12; Ulsamer in Maunz/Schmidt-Bleibtreu/Klein/Ulsamer, § 20 Rand-Nr. 7.

[1475] Umbach/Dollinger in Umbach/Clemens, § 20 Rand-Nr. 13; Ulsamer in Maunz/Schmidt-Bleibtreu/Klein/Ulsamer, § 20 Rand-Nrn. 5, 6 und 18, sowie § 35b Rand-Nr. 23.

[1476] Ulsamer in Maunz/Schmidt-Bleibtreu/Klein/Ulsamer, § 35b Rand-Nr. 23.

[1477] Umbach/Dollinger in Umbach/Clemens, § 20 Rand-Nr. 17; Ulsamer in Maunz/Schmidt-Bleibtreu/Klein/Ulsamer, § 20 Rand-Nr. 18.

[1478] Lechner/Zuck, § 20 Rand-Nr. 7; Umbach/Dollinger in Umbach/Clemens, § 20 Rand-Nr. 17.

se Gruppe ihre Rechte durch einen Beauftragten wahrnimmt, wird das Akteneinsichtsrecht allerdings nur durch diesen Beauftragten ausgeübt[1479].

Das Recht auf Akteneinsicht steht den Beteiligten jederzeit während des Verfahrens zu[1480]. Die Akteneinsicht erfolgt dabei grundsätzlich auf der entsprechenden Senatsgeschäftsstelle und dort unter Aufsicht des Geschäftsstellenbeamten oder im Rahmen der mündlichen Verhandlung unter Aufsicht des Vorsitzenden[1481]. Der Akteneinsichtnehmende ist auch berechtigt, sich aus dem Prozessmaterial Notizen und Auszüge anzufertigen[1482] oder sich Ausfertigungen, Auszüge und Abschriften durch die Geschäftsstelle ausfertigen zu lassen[1483]. Grundsätzlich kommt auch eine „fernmündliche Akteneinsicht" in Betracht, sofern die Identität des fernmündlich die Akteneinsicht Begehrenden als Verfahrensbeteiligter sicher ist[1484]. Sind Akten in ein Bildträgerarchiv aufgenommen, gilt der Rechtsgedanke des § 299a ZPO im Verfassungsprozess entsprechend[1485]. Ein Anspruch auf Aktenversendung besteht nicht[1486]. Die Nichtübersendung von Verfahrensakten des Bundesverfassungsgerichts an andere Gerichte oder an Behörden ergibt sich aus § 35 Abs. 1 1. Halbsatz GO-BVerfG. Nach dem 2. Halbsatz können allerdings in besonderen Fällen Ausnahmen durch den Senat zugelassen werden. Hierunter fällt auch eine Gestattung der Übersendung von einzelnen Akten in die Kanzlei eines Prozessbevollmächtigten[1487]. Hintergrund für den grundsätzlichen Ausschluss einer Versendung dürfte der in der Regel erhebliche Aktenumfang der Gerichtsakten und der beigezogenen Akten sein, wodurch ein Versand erschwert und eine Akteneinsicht in zumutbarer Zeit nicht ausreichend durchgeführt werden dürfte, so dass die entsprechenden Akten in einzelnen fachgerichtlichen Verfahren für eine zu lange Zeit aus dem Geschäftsgang des Bundesverfassungsgerichts entfernt sein würden[1488]. Insbesondere auch Behörden und andere Gerichte kön-

---

[1479] Umbach/Dollinger in Umbach/Clemens, § 20 Rand-Nr. 17.
[1480] Umbach/Dollinger in Umbach/Clemens, § 20 Rand-Nr. 18.
[1481] Umbach/Dollinger in Umbach/Clemens, § 20 Rand-Nrn. 18 und 20; Lechner/Zuck, § 20 Rand-Nr. 7; Ulsamer in Maunz/Schmidt-Bleibtreu/Klein/Ulsamer, § 20 Rand-Nrn. 14 und 17.
[1482] Umbach/Dollinger in Umbach/Clemens, § 20 Rand-Nr. 20.
[1483] Ulsamer in Maunz/Schmidt-Bleibtreu/Klein/Ulsamer, § 20 Rand-Nr. 14.
[1484] Umbach/Dollinger in Umbach/Clemens, § 20 Rand-Nr. 19.
[1485] Umbach/Dollinger in Umbach/Clemens, § 20 Rand-Nr. 20.
[1486] Umbach/Dollinger in Umbach/Clemens, § 20 Rand-Nr. 21; Ulsamer in Maunz/Schmidt-Bleibtreu/Klein/Ulsamer, § 20 Rand-Nr. 15; Lechner/Zuck, § 20 Rand-Nr. 7.
[1487] Umbach/Dollinger in Umbach/Clemens, § 20 Rand-Nr. 21.
[1488] So wohl auch Umbach/Dollinger in Umbach/Clemens, § 20 Rand-Nr. 21.

nen über den Grundsatz der Rechts- und Amtshilfe des Art. 35 Abs. 1 GG kein Recht auf Aktenversendung herleiten, da § 35 Abs. 1 GO-BVerfG diese allgemeine Regelung zulässigerweise ausfüllt[1489].

Die Akteneinsichtnahme als solche ist kostenfrei; die Erteilung von Ausfertigungen, Abschriften und Auszügen erfolgt gegen Kostenerstattung nach der Kostenordnung[1490].

Während vor Erlass des vorerwähnten Gesetzes zur Änderung des Bundesverfassungsgerichtsgesetzes Nichtbeteiligte oder frühere Beteiligte keinen Anspruch auf Akteneinsichtnahme hatten[1491], wurde ihnen dieses Recht zunächst aufgrund der §§ 24 Abs. 4 Satz 2 und 35 Abs. 1 und 2 GO-BVerfG zugestanden[1492]. Nach § 35 Abs. 2 GO-BVerfG a. F. konnte der Senatsvorsitzende nach seinem Ermessen nur in solchen Fällen Akteneinsicht gewähren, wenn ein diese begehrender Dritter ein berechtigtes Interesse glaubhaft gemacht hat und Belange der Verfahrensbeteiligten nicht verletzt wurden. Nach Abs. 3 konnte dies auch nach Abschluss eines Verfahrens geschehen. Da aber diese Möglichkeit der Akteneinsichtsgewährung lediglich aufgrund einer Geschäftsordnung, mithin keines formellen Gesetzes, mit der Regelung des § 1 Abs. 4 DSG nicht vereinbar war, sind nunmehr die Regelungen der §§ 35a ff. Gesetz zur Änderung des Bundesverfassungsgerichtsgesetzes eingefügt worden, um damit eine ausreichende gesetzliche Grundlage zu schaffen, hinter die die Vorschriften des Bundesdatenschutzgesetzes zurücktreten[1493]. Diese Regeln gelten ebenfalls grundsätzlich für alle Verfahrensarten beim Bundesverfassungsgericht[1494]. Nach § 35b Abs. 1 Ziff. 1 kann nunmehr öffentlichen Stellen unter bestimmten Voraussetzungen und nach Ziff. 2 Privatpersonen und anderen nichtöffentlichen Stellen, soweit sie hierfür ein berechtigtes Interesse darlegen, Auskunft und Akteneinsicht gewährt werden. Nach § 35b Abs. 1 Ziff. 2 ist für die hier genannten Personen und Stellen Auskunft und Akteneinsicht zu

1489 Umbach/Dollinger in Umbach/Clemens, § 20 Rand-Nr. 23.

1490 Umbach/Dollinger in Umbach/Clemens, § 20 Rand-Nr. 20, unter Hinweis auf die entsprechende Anwendbarkeit der §§ 136, 137 Kostenordnung.

1491 Zur alten Rechtslage vgl. Umbach/Dollinger in Umbach/Clemens, § 20 Rand-Nrn. 6 und 22; Ulsamer in Maunz/Schmidt-Bleibtreu/Klein/Ulsamer, Stand März 1998, § 20 Rand-Nr. 19.

1492 Ulsamer in Maunz/Schmidt-Bleibtreu/Klein/Ulsamer, § 20 Rand-Nr. 19 und § 35a Rand-Nr. 7; Winkler, NVwZ 1998, 1266, 1267.

1493 Ulsamer in Maunz/Schmidt-Bleibtreu/Klein/Ulsamer, § 35a Rand-Nr. 1; Winkler, NVwZ 1998, 1266, 1267.

1494 Ulsamer in Maunz/Schmidt-Bleibtreu/Klein/Ulsamer, § 35a Rand-Nr. 4.

versagen, wenn der Betroffene ein schutzwürdiges Interesse an der Versagung hat. Sowohl in den Fällen der Ziff. 1 als auch der Ziff. 2 kann Auskunft oder Akteneinsicht jedoch gewährt werden, soweit der Betroffene eingewilligt hat. Jedenfalls kann nach § 35b Abs. 1 Ziff. 2 auch ein früherer Beteiligter in die Akten nach Abschluss seines Verfahrens grundsätzlich Einsicht nehmen[1495]. Nach § 35b Abs. 2 kann Akteneinsicht aber nur gewährt werden, wenn unter Angabe von Gründen dargelegt wird, dass die Erteilung einer Auskunft zur Erfüllung der Aufgaben der die Akteneinsicht begehrenden öffentlichen Stelle im Sinne des Abs. 1 Ziff. 1 oder zur Wahrnehmung des berechtigten Interesses der die Akteneinsicht begehrenden Privatperson oder anderen nichtöffentlichen Stelle im Sinne des Abs. 1 Ziff. 2 nicht ausreichen würde oder die Erteilung einer Auskunft einen unverhältnismäßigen Aufwand erfordern würde. Mithin ist zunächst eine Auskunft zu beantragen; erst wenn diese unzureichend oder mit unverhältnismäßigem Aufwand verbunden ist, kann Akteneinsicht gewährt werden[1496]. Eine Aktenübersendung ist weiterhin ausdrücklich ausgeschlossen (§ 35b Abs. 4 Satz 1). Allerdings können die Akten an öffentliche Stellen übersandt werden, wenn diesen Akteneinsicht gewährt werden kann oder wenn einer Privatperson aufgrund besonderer Umstände dort Akteneinsicht gewährt werden soll. Damit besteht kein unmittelbarer Anspruch auf Auskunft oder Akteneinsicht, sondern nur auf eine ermessensfehlerfreie Entscheidung[1497].

2. Kapitel: § 16 VGHG NRW

Wie § 20 bestimmt § 16 Abs. 2 VGHG NRW ebenfalls nur, dass die Beteiligten eines landesverfassungsrechtlichen Verfahrens das Recht der Akteneinsicht haben. Indes bestimmt § 13 Abs. 1 VGHG NRW, dass, soweit in diesem Gesetz nichts anderes bestimmt ist, auf das Verfahren die für das Verfahren erster Instanz der Verwaltungsgerichte des Landes geltenden Vorschriften entsprechend anzuwenden sind (Satz 1). Damit ist die die Akteneinsicht im verwaltungsgerichtlichen Verfahren regelnde Vorschrift des § 100 VwGO auch im Verfahren vor dem Verfassungsgerichtshof maßgebend, soweit sich aus der Geschäftsordnung des Verfassungsgerichtshofs für das Land Nordrhein-Westfalen[1498] keine Besonderheiten ergeben. Wenn § 13 Abs. 1 Satz 2 VGHG NRW weiter be-

---

1495 Winkler, NVwZ 1998, 1266, 1267.

1496 Winkler, NVwZ 1998, 1266, 1267; die Akteneinsicht ist gegenüber der Auskunft subsidiär: Ulsamer in Maunz/Schmidt-Bleibtreu/Klein/Ulsamer, § 35a Rand-Nr. 3.

1497 Ulsamer in Maunz/Schmidt-Bleibtreu/Klein/Ulsamer, § 35a Rand-Nr. 2.

1498 GO-VGH NRW vom 4. Mai 1990 (GV NW.1990 S. 292).

stimmt, dass zu der Ergänzung dieser Vorschriften die allgemeinen Regeln des deutschen Verfahrensrechts heranzuziehen sind, kommt dieser Bestimmung angesichts der umfassenden Regelung der Akteneinsicht in § 100 VwGO keine weitergehende Bedeutung zu. Über diese Verweisung lässt sich insbesondere nicht die Akteneinsicht von dritten Personen über die Regelung des § 299 Abs. 2 ZPO begründen. Diese Vorschrift soll nämlich speziell für den Zivilprozess gelten und kann nicht als allgemeine Regel des deutschen Verfahrensrechts angesehen werden. Denn hierunter werden beispielsweise lediglich die zentralen Verfahrensanforderungen hinsichtlich der Gerichtsbarkeit wie die Eröffnung des Rechtswegs nach Art. 19 Abs. 4 Grundgesetz, der Anspruch auf rechtliches Gehör nach Art. 103 Abs. 1 GG und der Fairness des Verfahrens gezählt[1499].

Die GO-VGH NRW bestimmt lediglich, dass über die Gewährung der Akteneinsicht der Vorsitzende entscheidet (Satz 1) und dass gegen dessen Entscheidung innerhalb von zwei Wochen nach Bekanntgabe der Verfassungsgerichtshof angerufen werden kann (Satz 2). Angesichts der vorgenannten Verweisung auf die Verwaltungsgerichtsordnung sind weitere Ausführungen an dieser Stelle entbehrlich; insoweit wird Bezug genommen auf die Ausführungen im 2. Teil, 4. Kapitel, dieser Arbeit.

3. Kapitel: § 16 VerfGG Bbg

Auch § 16 VerfGG Bbg bestimmt lediglich: „Die Beteiligten haben das Recht der Akteneinsicht." Einzelheiten hinsichtlich der Gewährung enthält das Verfassungsgerichtsgesetz nicht. Gemäß § 13 Abs. 1 Satz 1 VerfGG Bbg sind die für die Verfahren vor den Verwaltungsgerichten geltenden Vorschriften entsprechend anwendbar. Grundsätzlich ergeben sich danach keine Besonderheiten gegenüber dem Verfahren vor dem Verfassungsgerichtshof des Landes Nordrhein-Westfalen (vgl. 5. Teil, 2. Kapitel). Allerdings enthält § 10 Geschäftsordnung des Verfassungsgerichts des Landes Brandenburg[1500] gegenüber der vorgenannten Regelung in Nordrhein-Westfalen zum Teil abweichende beziehungsweise über diese hinausgehende Regelungen. Nach § 10 Abs. 1 entscheidet über Art und Zeit der Gewährung die Präsidentin oder der Präsident; gegen diese Entscheidung kann das Verfassungsgericht angerufen werden, ohne dass die Geschäftsordnung hierfür eine Frist bestimmt. Im Rahmen einer regelungskonformen Auslegung er-

[1499] So Sachs, Art. 20 Rand-Nrn. 162 und 163.

[1500] GO-VerfG Bbg vom 17. Dezember 1998 (GVBl. I 1999, S. 2).

scheint hier wie in verwaltungsgerichtlichen Verfahren ebenfalls eine zweiwöchige oder längstens eine einmonatige Frist sachgerecht zu sein.
§ 10 Abs. 2 räumt Beteiligten und ihren Bevollmächtigten nach Abschluss des Verfahrens ein Recht auf Akteneinsicht in die verfassungsgerichtlichen Akten nur ein, wenn ein berechtigtes Interesse glaubhaft gemacht wird und Belange der übrigen Beteiligten nicht entgegenstehen. Dritten wird damit ausdrücklich keine Akteneinsicht eingeräumt. Diese können sich diesbezüglich auch nicht auf das AIG Bbg berufen, da nach dessen §§ 1 und 2 keine Einsicht in Gerichtsakten begehrt werden kann, sondern lediglich in Akten von Organen der Rechtspflege, soweit diese Verwaltungsaufgaben betreffen[1501].
Schließlich bestimmt § 10 Abs. 3, dass die Verfahrensakten des Verfassungsgerichts anderen Gerichten oder Behörden grundsätzlich nicht überlassen werden; über Ausnahmen entscheidet das Verfassungsgericht.

[1501] Breidenbach/Palenda, LKV 1998, 252, 253; so schon die Begründung der Landesregierung zum ursprünglichen Akteneinsichtsrechtsgesetz (AERG), LT-Drs. 2/4417, S. 2, 3.

6. Teil: Grafische Darstellung der Rechtslage und Forderungen an den Gesetzgeber

Die gegenwärtige Rechtslage betreffend die Gewährung von Akteneinsicht auf Grundlage der herrschenden Auffassung lässt sich zunächst zur besseren Übersicht wie folgt grafisch darstellen:

Akteneinsicht	in behördlichen Verfahren	in gerichtlichen Verfahren
durch Beteiligte	- § 29 VwVfG - § 25 SGB X - fehlende Regelung in der AO: Ermessensentscheidung	- § 100 VwGO - § 78 FGO - § 120 SGG
durch Nichtbeteiligte (frühere Beteiligte, Dritte)	Ermessensentscheidung	Ermessensentscheidung

Zur Optimierung des Rechts auf Akteneinsicht bedarf es allerdings folgender Weiterentwicklung:

1. Unter den Gesichtspunkten der Rechtssicherheit und Rechtsklarheit, des Grundsatzes des rechtlichen Gehörs und unter Beachtung des Rechts auf „informationelle Selbstbestimmung" ist für das finanzbehördliche Verfahren eine die Akteneinsicht regelnde Norm in die Abgabenordnung einzustellen, da die Abgabenordnung zur Zeit anders als das Verwaltungsverfahrensgesetz in § 29 und das Sozialgesetzbuch - 10. Buch - in § 25 immer noch keine entsprechende gesetzliche Regelung enthält.

2. Unter den Gesichtspunkten der Rechtsklarheit und einer Vereinfachung und Vereinheitlichung von Rechtsnormen und vor dem Hintergrund einer angedachten Zusammenlegung der Gerichte der Verwaltungs-, Finanz- und Sozialgerichtsbarkeit ist die Schaffung einer gemeinsamen Akteneinsichtsnorm für die gerichtlichen Verfahren nach der Verwaltungsgerichtsordnung, der Finanzgerichtsordnung und dem Sozialgerichtsgesetz wünschenswert, wie es bereits im Musterentwurf einer Verwaltungsprozessordnung im Jahre 1978 angedacht

wurde. Dabei ist insbesondere die Übergabe und Versendung von Akten neu zu regeln.

3. Im Rahmen der unter 1. und 2. aufgeführten Neuregelungen ist auch die Gewährung von Akteneinsicht an frühere Beteiligte und Dritte gesetzlich zu normieren, wie es zwischenzeitlich beispielsweise im Bundesverfassungsgerichtsgesetz geschehen ist, da der gegenwärtige regelungsfreie Zustand nicht den Vorgaben des Bundesverfassungsgerichts an eine gesetzliche Grundlage für den Umgang mit persönlichen Daten durch öffentliche Stellen entspricht. Auch die Heranziehung von datenschutzrechtlichen Bestimmungen führt zu keiner klaren Rechtslage, da zum einen zwischen der Bundesregelung und (unterschiedlichen) Landesregelungen zu unterscheiden ist und zum anderen die entsprechenden Vorschriften die Art und die Umstände einer Akteneinsichtsgewährung nur unzureichend regeln.

4. Aus den zu 3. aufgeführten Gründen sind auch die vorhandenen die Akteneinsicht in verwaltungs- und sozialbehördlichen Verfahren regelnden Vorschriften des § 29 VwVfG und des § 25 SGB - X zu ergänzen. Dabei soll hier lediglich ein Änderungsvorschlag zu § 29 VwVfG unterbreitet werden.

5. Unter den Gesichtspunkten der Rechtssicherheit und Rechtsklarheit und unter Beachtung des Rechts auf „informationelle Selbstbestimmung" ist eine ausreichende gesetzliche Grundlage zu schaffen, nach der Verwaltungs-, Finanz- und Sozialgerichte Akten an andere Gerichte beziehungsweise andere Spruchkörper desselben Gerichts oder an andere Behörden übersenden dürfen.

7. Teil: Vorschläge für gesetzliche Neuregelungen

Die vorstehenden Ausführungen haben deutlich gemacht, dass es aus Gründen der Rechtssicherheit und Rechtsklarheit, aufgrund der Bedeutung der Akteneinsicht als Ausfluss des Grundsatzes des rechtlichen Gehörs (Art. 103 Abs. 1 GG) und insbesondere aufgrund der Rechtsprechung des Bundesverfassungsgerichts zum Grundrecht auf „informationelle Selbstbestimmung", wonach die Weitergabe von persönlichen Daten nur unter gesetzlich normierten Voraussetzungen möglich ist, zunächst notwendig ist, die Gewährung von Akteneinsicht in finanzbehördlichen Verfahren zu regeln (siehe hierzu Vorschlag zu 1.).

Ferner erscheint eine einheitliche Normierung der Voraussetzungen für eine Akteneinsicht in verwaltungs-, finanz- und sozialgerichtlichen Verfahren wünschenswert (siehe hierzu Vorschlag zu 2.). Diesbezüglich steht der Musterentwurf für eine Verwaltungsprozessordnung aus dem Jahre 1978 eine wichtige Grundlage dar.

Im Rahmen der vorstehend genannten Vorschläge ist die Gewährung von Akteneinsicht außerhalb eines behördlichen oder gerichtlichen Verfahrens beziehungsweise an frühere Beteiligte oder dritte Personen gesetzlich zu regeln. Diesbezüglich können das Akteneinsichts- und Informationszugangsgesetz des Landes Brandenburg und das Berliner Informationsfreiheitsgesetz sowie das Gesetz zur Änderung des Bundesverfassungsgerichtsgesetzes wertvolle Anregungen geben. Auf jeden Fall ist der Gesetzgeber aufgefordert, die einzelnen gerichtlichen Verfahrensordnungen zu präzisieren und den aktuellen Gegebenheiten anzupassen. Bei einer entsprechenden Änderung der Verwaltungsgerichtsordnung könnten die gegenwärtigen Regelungen der §§ 13 und 16 VGHG NRW und VerfGG Bbg unverändert bestehen bleiben, da durch den jeweiligen § 13 weiterhin - wenn auch nicht ausdrücklich - auf die Verwaltungsgerichtsordnung verwiesen würde. Denn es entsprach dem Willen der jeweiligen Landesgesetzgeber, vorrangig auf die das verwaltungsgerichtliche Verfahren regelnden Normen zurückzugreifen, so dass eine Änderung nicht erforderlich wäre. Gegebenenfalls könnte ein Verweis auf die neugeschaffene einheitliche Verfahrensnorm erfolgen.

Eine Neugestaltung des § 29 VwVfG unter Berücksichtigung eines Akteneinsichtsrechts für frühere Beteiligte und Dritte wird bei dem Vorschlag zu 3. angeboten.
Ferner soll zu 4. eine ausreichende gesetzliche Grundlage hinsichtlich der Übersendung von Akten an andere Gerichte und Behörden vorgeschlagen werden. Hier können die Bestimmungen der §§ 12ff. EGGVG eine wertvolle Hilfe bieten. Standort einer entsprechenden Regelung könnte beispielsweise für das verwaltungsgerichtliche Verfahren ein in den jetzigen § 14 VwGO einzufügender zweiter Satz sein.

1. Vorschlag für eine gesetzliche Normierung des Akteneinsichtsrechts in finanzbehördlichen Verfahren

§ 91a AO
Der systematische Standort der Vorschrift befände sich mithin im 3. Teil (Allgemeine Verfahrensvorschriften, §§ 78ff.), 3. Unterabschnitt (Besteuerungsgrundsätze, Beweismittel) unter I. (Allgemeines).

Abs. 1:
Die Beteiligten eines steuerbehördlichen Verfahrens haben einen Anspruch auf Einsicht in die das Verfahren betreffenden Akten und Aktenteile.
Soweit eine Vertretung stattfindet, kann Akteneinsicht sowohl durch die Beteiligten als auch durch die Vertreter genommen werden.

Abs. 2:
Akten sind alle schriftlich, elektronisch, optisch, akustisch oder auf sonstige Weise aufgezeichneten Unterlagen.
Aktenteile sind einzelne Bestandteile hiervon. Entwürfe zu Entscheidungen sowie die Arbeiten zu ihrer unmittelbaren Vorbereitung unterliegen nicht dem Aktenbegriff.

Einsichtnahme ist das Einsehen von Akten oder Aktenteilen und umfasst ebenso die Möglichkeit, diesen Vorgang in geeigneter Weise schriftlich zu fixieren.

Unter den Begriff der Einsichtnahme fällt auch eine fernmündliche Weitergabe von Akteninhalten oder deren elektronische Übermittlung, wenn der Übermittelnde sicherstellen kann, dass die übermittelten Daten ausschließlich einem Verfahrensbeteiligten oder/und dessen bevollmächtigten Vertreter zugehen.

Auf Kosten eines Beteiligten kann die Behörde diesem oder seinem Vertreter Ausfertigungen, Auszüge, Abschriften oder Ablichtungen erteilen.

Abs. 3:
Die Einsichtnahme kann bei der aktenführenden Behörde oder im Einzelfall auch bei einer anderen Behörde oder bei einer diplomatischen oder berufskonsularischen Vertretung der Bundesrepublik im Ausland erfolgen.
Die Einsichtnahme kann auch auf Kosten eines Beteiligten durch Übergabe oder Versendung in die Wohnung oder Geschäftsräume eines bevollmächtigten Rechtsanwalts, Rechtsbeistands, Steuerberaters oder Wirtschaftsprüfers gewährt werden.
Bei einer Einsichtnahme in Form einer fernmündlichen Weitergabe oder elektronischen Übermittlung hat der Übermittelnde sicherzustellen, dass die betreffenden Angaben ausschließlich von einem Beteiligten oder von dessen bevollmächtigten Vertreter empfangen werden.

Abs. 4:
Die Einsichtnahme kann versagt oder beschränkt werden, soweit durch sie die ordnungsgemäße Erfüllung der Aufgaben der Behörde beeinträchtigt wird, das Bekanntwerden des Inhalts der Akten dem Wohle des Bundes oder eines Landes Nachteile bereiten würde oder soweit die Vorgänge nach einem Gesetz oder ihrem Wesen nach, namentlich wegen der schützenswerten überwiegenden Interessen der Beteiligten oder dritter Personen, geheimgehalten werden müssen.
In jedem dieser Fälle ist sicherzustellen, dass der Beteiligte in geeigneter Weise über den Akteninhalt und die Gründe für die Versagung oder Beschränkung der Akteneinsicht informiert wird.

Abs. 5:
Hinsichtlich der Einlegung von Rechtsbehelfen gilt § 44a VwGO entsprechend.

Abs. 6:
Dritten Personen und früheren Beteiligten kann Akteneinsicht gewährt werden, wenn diese ein berechtigtes Interesse glaubhaft machen.
Das berechtigte Interesse muss bei Vorliegen entgegenstehender Interessen im Sinne des Abs. 4 Satz 1 diese überwiegen. Akteneinsicht kann auch gewährt werden, wenn die Beteiligten und diejenigen, deren Interessen bei einer Einsichtnahme betroffen werden können, schriftlich ihr Einverständnis erteilt haben.
Die Absätze 1 Sätze 2 bis 5 sind entsprechend anzuwenden.

Anmerkung:
Bei dem Entwurf des § 91a AO kann der Entwurf zu § 29 VwVfG (siehe Vorschlag zu 3.) auch für das finanzbehördliche Verfahren übernommen werden, allerdings ohne die Regelung des § 29 Abs. 1 Satz 2, da das steuerbehördliche Verfahren keine den §§ 17 und 18 VwVfG entsprechenden Verfahrensarten aufweist.
Dass die das Steuergeheimnis regelnde Vorschrift des § 30 AO nicht ausdrücklich beispielsweise in Abs. 4 des Entwurfs aufgenommen worden ist, schadet deswegen nicht, weil die Beachtung des Steuergeheimnisses unter Abs. 4 Satz 1 Fall 3 eingeordnet werden kann. Aus Klarstellungsgründen bestehen allerdings keine Bedenken, wenn namentlich diese Vorschrift wegen ihrer Bedeutung im Steuerrecht explizit aufgenommen wird.

2. Vorschlag für eine gesetzliche Normierung des Akteneinsichtsrechts in verwaltungs-, finanz- und sozialgerichtlichen Verfahren

Abs. 1:
Die Beteiligten eines gerichtlichen Verfahrens haben einen Anspruch auf Einsicht in die Gerichtsakten und die dem Gericht vorgelegten Akten und Aktenteile.
Soweit eine Vertretung stattfindet, kann Akteneinsicht sowohl durch die Beteiligten als auch durch die Vertreter genommen werden.

Abs. 2:
Akten sind alle schriftlich, elektronisch, optisch, akustisch oder auf sonstige Weise aufgezeichneten Unterlagen.
Aktenteile sind einzelne Bestandteile hiervon.
Entwürfe zu Urteilen, Beschlüssen und Verfügungen, Arbeiten zu ihrer Vorbereitung, sowie Aufzeichnungen, die Abstimmungen betreffen, unterliegen nicht dem Aktenbegriff.
Einsichtnahme ist das Einsehen von Akten oder Aktenteilen und umfasst ebenso die Möglichkeit, diesen Vorgang in geeigneter Weise schriftlich zu fixieren.
Unter den Begriff der Einsichtnahme fällt auch eine fernmündliche Weitergabe von Akteninhalten oder deren elektronische Übermittlung, wenn der Übermittelnde sicherstellen kann, dass die übermittelten Daten ausschließlich einem Verfahrensbeteiligten oder/und dessen bevollmächtigten Vertreter zugehen.
Auf Kosten eines Beteiligten kann die Geschäftsstelle/Serviceeinheit diesem oder seinem Vertreter Ausfertigungen, Auszüge, Abschriften oder Ablichtungen erteilen.

Abs. 3:
Die Einsichtnahme kann an Gerichtsstelle, bei einem anderen Gericht oder bei einer anderen Behörde erfolgen.
Die Einsichtnahme kann auch auf Kosten eines Beteiligten durch Übergabe oder Versendung in die Wohnung oder Geschäftsräume eines bevollmächtigten Rechtsanwalts, Rechtsbeistands, Steuerberaters oder Wirtschaftsprüfers gewährt werden.
In der Regel soll die Akteneinsicht bei entsprechendem Antrag durch Übergabe oder Übersendung an die in Satz 1 genannten Bevollmächtigten erfolgen, sofern nicht gewichtige Belange entgegenstehen.
Bei einer Einsichtnahme in Form einer fernmündlichen Weitergabe oder elektronischen Übermittlung hat der Übermittelnde sicherzustellen, dass die betreffenden Angaben ausschließlich von einem Beteiligten oder von dessen bevollmächtigten Vertreter empfangen werden.

Abs. 4:
Die Einsichtnahme kann versagt oder beschränkt werden, wenn tatsächliche Anhaltspunkte dafür bestehen, dass die Bekanntgabe einem Beteiligten oder einer dritten Person einen unverhältnismäßigen Nachteil zufügen würde.
In einem solchen Fall ist sicherzustellen, dass der Beteiligte in geeigneter Weise über den Akteninhalt und die Gründe für die Versagung oder Beschränkung der Akteneinsicht informiert wird.

Abs. 5:
Zuständig für die Gewährung der Akteneinsicht und für die Erteilung von Ausfertigungen, Auszügen, Abschriften oder Ablichtungen ist der Urkundsbeamte der Geschäftsstelle/Serviceeinheit.
Der Vorsitzende oder der Einzelrichter entscheidet über eine Übergabe, Übersendung, fernmündliche Weitergabe oder elektronische Übermittlung.

Abs. 6:
Rechtsmittel können Verfahrensbeteiligte nur gleichzeitig mit den gegen die Sachentscheidung zulässigen Rechtsmitteln geltend machen.
Dritte Personen und frühere Beteiligte können sich unmittelbar gegen eine ablehnende Entscheidung wenden.

Abs. 7:
Dritten Personen und früheren Beteiligten kann Akteneinsicht gewährt werden, wenn diese ein berechtigtes Interesse glaubhaft machen und Verfahrensbeteiligten dadurch kein unverhältnismäßiger Nachteil zugefügt werden würde.
Die Absätze 1 Sätze 2 bis 5 sind entsprechend anzuwenden.

Anmerkung:
Die Regelung des § 82 AsylVfG kann vor dem Hintergrund des Entwurfs einer Neuregelung des § 100 VwGO beziehungsweise des Entwurfs einer allgemeinen Akteneinsichtsnorm vom rechtlichen Gehalt her unverändert bleiben mit der Ausnahme, dass die Möglichkeit der Übergabe auch an einen Rechtsbeistand zugestanden werden muss.

Der vorstehende Entwurf einer allgemeinen Akteneinsichtsnorm für das gerichtliche Verfahren begründet sich zusammenfassend wie folgt:

Zu Abs. 1:
In Satz 1 wird der bereits in § 100 Abs. 1 VwGO, § 78 Abs. 1 Satz 1 1. Halbsatz FGO und § 120 Abs. 1 SGG sowie in § 118 Abs. 1 Satz 1 1. Halbsatz Entwurf einer Verwaltungsprozessordnung (VwPO) übernommen. Das in § 120 Abs. 1 SGG geregelte Recht der die Akten übersendenden Behörde auf Ausschluss des Rechts auf Akteneinsicht entfällt. Grundsätzlich wird nämlich befürwortet, dass eine Behörde entsprechend der gegenwärtigen Regelung des § 99 (Abs. 1 Satz 1 VwGO) und in weitestgehender Übereinstimmung mit § 117 VwPO zur uneingeschränkten Aktenvorlage verpflichtet ist. In Einzelfällen soll das Gericht in einem „in-camera-Verfahren" über eine Vorlageverpflichtung entscheiden, so wie es die Neufassung in § 99 Abs. 2 VwGO bereits vorsieht.
Der Hinweis darauf, dass bei Bestellung eines Vertreters sowohl dieser als auch der jeweilige Beteiligte Akteneinsicht nehmen darf, erfolgt aus Gründen der Klarstellung. Allerdings schließt diese Regelung weiterhin nicht aus, dass im Einzelfall unter dem Gesichtspunkt des Rechtsmissbrauchs Einschränkungen vorgenommen werden können, ohne dass diese Möglichkeit als Ausschluss des allgemeinen Rechtsgedankens des auch im öffentlichen Rechts geltenden Grundsatzes von Treu und Glauben ausdrücklich in die Gesetzesnorm aufgenommen werden müsste.
Die Hinzufügung des Begriffs „Aktenteil" erfolgt ebenfalls lediglich aus Gründen der Klarstellung, um deutlich zu machen, dass sowohl in die vollständigen Akten als auch in Teile hiervon Einsicht genommen werden kann.

Zu Abs. 2:
Aus Klarstellungsgründen soll in Abs. 2 Satz 1 eine Definition des Begriffs der Akten erfolgen, um den aktuellen Entwicklungen hinsichtlich des Aktenbegriffs Rechnung zu tragen.

Satz 2 erfasst aus Klarstellungsgründen auch einzelne Teile von Akten.

Abs. 2 Satz 3 greift die bestehenden Regelungen in § 100 Abs. 3 VwGO, § 78 Abs. 2 FGO und § 120 Abs. 4 SGG sowie § 118 Abs. 3 VwPO auf und bestimmt, welche Unterlagen nicht dem Aktenbegriff und damit nicht dem Akteneinsichtsrecht unterliegen.

Die Definition des Begriffs der Einsichtnahme in Abs. 2 Satz 4 dient ebenfalls Klarstellungsgründen und normiert die gegenwärtige Auffassung in Rechtsprechung und Literatur.

Satz 5 erweitert den Begriff der Einsichtnahme zusätzlich auf eine telefonische Weitergabe und eine elektronische Übermittlung von Daten.

Abs. 2 Satz 6 übernimmt wiederum die bestehenden Regelungen aus § 100 Abs. 2 Satz 1 VwGO, § 78 Abs. 1 Satz 1 2. Halbsatz FGO und § 120 Abs. 2 Satz 1 SGG sowie § 118 Abs. 1 Satz 1 2. Halbsatz VwPO. Ergänzend sieht der Entwurf in Satz 6 unter Berücksichtigung der entsprechenden Rechtsprechung des Bundesverfassungsgerichts zur Klarstellung vor, dass der jeweilige Beteiligte Kostenschuldner sein soll, auch wenn sein Bevollmächtigter die Akteneinsicht genommen hat.

Zu Abs. 3:
Abs. 3 enthält ebenfalls zur Klarstellung eine Bestimmung zum Ort der Akteneinsicht und auch zum Kostenschuldner bei einer Übergabe oder Versendung der Akten. Die in der täglichen Praxis vorhandenen Unsicherheiten, insbesondere in finanz- und sozialgerichtlichen Verfahren, machen eine eindeutige gesetzliche Neuregelung erforderlich. Aufgrund der Tatsache, dass in der Regel kaum Gründe gegen eine kurzzeitige Übergabe oder Versendung der Akten sprechen, soll die Bestimmung des Orts der Akteneinsicht den Umständen des jeweiligen Einzelfalls vorbehalten bleiben. Dadurch soll eine großzügigere Handhabung der Versendung von Akten ermöglicht werden. Im Interesse einer praktikablen Handhabung soll die Übergabe oder Versendung der Regelfall sein, es sei denn, der

entsprechende Bevollmächtigte hat sich bereits als unzuverlässig erwiesen oder die Akten müssen, insbesondere unmittelbar vor einer mündlichen Verhandlung, zu einer sachgerechten Vorbereitung beim Gericht verbleiben.

Die Aufnahme auch von Rechtsbeiständen neben Rechtsanwälten entspricht der Rechtsprechung des Bundesverfassungsgerichts. Vor diesem Hintergrund sind auch die Berufsgruppen der Steuerberater und Wirtschaftsprüfer aufgenommen worden, die jedenfalls in verwaltungsgerichtlichen Verfahren aus dem Bereich des kommunalen Steuerrechts diesbezüglich auch dort aufzutreten berechtigt sind. Zwar sah der Entwurf zu § 118 VwPO die Übernahme des § 100 Abs. 2 Satz 3 VwGO ausdrücklich nicht vor, aufgrund der vielfältigen Unsicherheiten in der Praxis erscheint indes eine solche gesetzliche Regelung geboten. Dem kann nicht entgegengehalten werden, dass nach § 35 Satz 1 Gesetz zur Änderung des Bundesverfassungsgerichtsgesetzes vom 16. Juli 1998 Akten des Bundesverfassungsgerichts grundsätzlich nicht übersandt werden. Dies hat nämlich seine Ursache in dem regelmäßig erheblichen Aktenumfang bei verfassungsgerichtlichen Rechtsstreitigkeiten. Satz 4 dient der Sicherstellung der Weitergabe oder der Übermittlung von Angaben nach Abs. 2 Satz 5 an den befugten Empfänger.

Zu Abs. 4:
Abs. 4 übernimmt die bisher nur im sozialgerichtlichen Verfahren in § 120 Abs. 3 Satz 1 SGG getroffene Regelung, dass aus besonderen Gründen die Gewährung der Akteneinsicht versagt oder beschränkt werden kann (vgl. auch § 118 Abs. 2 VwPO). Denn auch in verwaltungs- und finanzgerichtlichen Verfahren sind beispielsweise in beamtenrechtlichen Streitigkeiten oder bei der Vorlage von ärztlichen Gutachten grundsätzlich Fälle denkbar, in denen Gründe für die Beschränkung einer Einsichtnahme vorliegen können. Diesbezüglich kann auch auf die aufgeführten Entscheidungen aus dem Bereich der Verwaltungsgerichtsbarkeit etwa im Hinblick auf eine möglichen Suizidgefährdung verwiesen werden. Eine Einschränkung des Grundsatzes der Parteiöffentlichkeit soll aber nur dann erfolgen können, wenn die Akteneinsicht zu unverhältnismäßigen Nachteilen führen würde.

Über die bisherigen gesetzlichen Normierungen hinaus bestimmt Abs. 3 Satz 2 zur Klarstellung ausdrücklich, dass bei einer Versagung oder Beschränkung der Gewährung der Akteneinsicht der Beteiligte über die Gründe hierfür dergestalt informiert werden muss, dass er gleichwohl den wesentlichen Akteninhalt verstehen muss.

Zu Abs. 5:
Abs. 5 enthält aus Klarstellungsgründen und aufgrund der Möglichkeit der Einzelrichterübertragung nach § 6 VwGO eine unmissverständliche Regelung der Zuständigkeiten hinsichtlich der Gewährung von Akteneinsicht.

Zu Abs. 6:
Diese Vorschrift bestimmt angesichts einer Vielzahl von unterschiedlichen Auffassungen in der Literatur und Rechtsprechung ebenfalls aus Gründen der Rechtsklarheit, dass Beteiligte gegen die Versagung oder Beschränkung der Akteneinsicht, anders als dritte Personen und frühere Beteiligte nach Abs. 6 Satz 2, keine eigene Rechtsbehelfsmöglichkeit haben.

Zu Abs. 7:
Durch diese Vorschrift wird der Rechtsprechung des Bundesverfassungsgerichts zum Grundrecht auf „informationelle Selbstbestimmung" und der wenigen kritischen Stimmen in der Literatur hinsichtlich der Gewährung von Akteneinsicht an Dritte Rechnung getragen. Zwar wird grundsätzlich die von der verwaltungs-, finanz- und sozialgerichtlichen Rechtsprechung entwickelte und fortgeführte Praxis übernommen, wonach Dritte keinen Anspruch auf Akteneinsicht haben, sondern diese nur bei Vorliegen eines berechtigten Interesses gewährt werden kann. Gleichwohl erscheint eine gesetzliche Normierung geboten, zumal dadurch der aufgezeigte Rückgriff auf datenschutzrechtliche Regelungen vermieden wird. So hat auch der Bundesgesetzgeber im Gesetz zur Änderung des Bundesverfassungsgerichtsgesetzes vom 16. Juli 1998 für den Bereich der Akteneinsicht außerhalb eines verfassungsgerichtlichen Verfahrens durch § 35b bereits eine diesbezügliche gesetzliche Vorschrift geschaffen (vgl. auch § 35 GO-BVerfG).

3. Vorschlag für eine neue Fassung des § 29 VwVfG

§ 29 VwVfG
Abs. 1:
Die Beteiligten eines behördlichen Verfahrens haben einen Anspruch auf Einsicht in die das Verfahren betreffenden Akten und Aktenteile.
Soweit eine Vertretung stattfindet, kann Akteneinsicht sowohl durch die Beteiligten als auch durch die Vertreter genommen werden.
Soweit nach den §§ 17 und 18 eine Vertretung stattfindet, steht der Anspruch nur den Vertretern zu.

Abs. 2:
Akten sind alle schriftlich, elektronisch, optisch, akustisch oder auf sonstige Weise aufgezeichneten Unterlagen.
Aktenteile sind einzelne Bestandteile hiervon.
Entwürfe zu Entscheidungen sowie die Arbeiten zu ihrer unmittelbaren Vorbereitung unterliegen nicht dem Aktenbegriff.
Einsichtnahme ist das Einsehen von Akten oder Aktenteilen und umfasst ebenso die Möglichkeit, diesen Vorgang in geeigneter Weise schriftlich zu fixieren.
Unter den Begriff der Einsichtnahme fällt auch eine fernmündliche Weitergabe von Akteninhalten oder deren elektronische Übermittlung, wenn der Übermittelnde sicherstellen kann, dass die übermittelten Daten ausschließlich einem Verfahrensbeteiligten oder/und dessen bevollmächtigten Vertreter zugehen.
Auf Kosten eines Beteiligten kann die Behörde diesem oder seinem Vertreter Ausfertigungen, Auszüge, Abschriften oder Ablichtungen erteilen.
Im Einzelfall kann von einer Kostenerhebung abgesehen werden.

Abs. 3:
Die Einsichtnahme kann bei der aktenführenden Behörde oder im Einzelfall auch bei einer anderen Behörde oder bei einer diplomatischen oder berufskonsularischen Vertretung der Bundesrepublik im Ausland erfolgen.
Die Einsichtnahme kann auch auf Kosten eines Beteiligten durch Übergabe oder Versendung in die Wohnung oder Geschäftsräume eines bevollmächtigten Rechtsanwalts, Rechtsbeistands, Steuerberaters oder Wirtschaftsprüfers gewährt werden.
Bei einer Einsichtnahme in Form einer fernmündlichen Weitergabe oder elektronischen Übermittlung hat der Übermittelnde sicherzustellen, dass die betreffenden Angaben ausschließlich von einem Beteiligten oder von dessen bevollmächtigten Vertreter empfangen werden.

Abs. 4:
Die Einsichtnahme kann versagt oder beschränkt werden, soweit durch sie die ordnungsgemäße Erfüllung der Aufgaben der Behörde beeinträchtigt wird, das Bekanntwerden des Inhalts der Akten dem Wohle des Bundes oder eines Landes Nachteile bereiten würde oder soweit die Vorgänge nach einem Gesetz oder ihrem Wesen nach, namentlich wegen der schützenswerten überwiegenden Interessen der Beteiligten oder dritter Personen, geheimgehalten werden müssen.

In jedem dieser Fälle ist sicherzustellen, dass der Beteiligte in geeigneter Weise über den Akteninhalt und die Gründe für die Versagung oder Beschränkung der Akteneinsicht informiert wird.

Abs. 5:
Hinsichtlich der Einlegung von Rechtsbehelfen gilt § 44a VwGO entsprechend.

Abs. 6:
Dritten Personen und früheren Beteiligten kann Akteneinsicht gewährt werden, wenn diese ein berechtigtes Interesse glaubhaft machen.
Das berechtigte Interesse muss bei Vorliegen entgegenstehender Interessen im Sinne des Abs. 4 Satz 1 diese überwiegen.
Akteneinsicht kann auch gewährt werden, wenn die Beteiligten und diejenigen, deren Interessen bei einer Einsichtnahme betroffen werden können, schriftlich ihr Einverständnis erteilt haben.
Die Absätze 1 Sätze 2 bis 5 sind entsprechend anzuwenden.

Anmerkung:
Der vorstehende Vorschlag einer Neuregelung des § 29 VwVfG folgt im Grundsatz der gegenwärtigen Regelung. Dabei erkennt Abs. 1 Satz 1 allerdings ausdrücklich einen uneingeschränkten Anspruch auf Akteneinsicht zu. Die in Abs. 4 aufgenommenen Versagungsmöglichkeiten sind ausreichend, um die Interessen der Behörde zu wahren. Ergänzend enthält Abs. 2 Sätze 1 und 2 sowie 4 und 7 auch hier eine Definition der Begriffe „Akten“, „Aktenteile“ und „Einsichtnahme“. Abs. 2 Satz 2 entspricht der gegenwärtigen Praxis, dass Entwürfe und vorbereitende Arbeiten nicht dem Aktenbegriff und damit nicht der Akteneinsicht unterliegen. Diese Regelung enthält allerdings nicht die in § 29 Abs. 1 Satz 2 gegenwärtig geltende Bestimmung, dass dies nur bis zum Abschluss des Verwaltungsverfahrens gilt, da eine solche Bestimmung zum einen zu Unsicherheiten geführt hat sowie in der Praxis kaum von Bedeutung sein dürfte.

Abs. 3 enthält eine Regelung des Ortes der Akteneinsicht. In Abweichung von § 29 Abs. 3 VwVfG in der gegenwärtigen Fassung soll von dem Grundsatz, dass die Einsichtnahme grundsätzlich nur bei der aktenführenden Behörde erfolgt, abgewichen werden. Es sind nämlich für den Regelfall keine Gründe ersichtlich, warum nicht auch eine Übergabe oder Versendung der Akten erfolgen kann. Die Neuregelung soll zugunsten von Beteiligten und ihren Bevollmächtigten eine Einzelfallentscheidung ermöglichen und von dem bisherigen restriktiven Grundsatz abweichen. Satz 4 dient der Sicherstellung der Weitergabe oder der Übermittlung von Angaben nach Abs. 2 Satz 5 an den befugen Empfänger.

Abs. 4 übernimmt die bisherige Regelung des § 29 Abs. 2 VwVfG hinsichtlich der Möglichkeit der Versagung oder Beschränkung der Akteneinsicht und ergänzt sie in Satz 2 dadurch, dass auf jeden Fall sicherzustellen ist, dass der Beteiligte in geeigneter Weise über den Akteninhalt und die Gründe für die Versagung oder Beschränkung der Akteneinsicht informiert wird.

Abs. 5 weist aus Klarstellungsgründen auf die Anwendbarkeit des § 44a VwGO hin.

Abs. 6 gewährt über die bisherige Rechtslage hinaus auch dritten Personen und früheren Beteiligten die Möglichkeit der Akteneinsicht als Folge der Umsetzung der Vorgaben des Bundesverfassungsgerichts zum Grundrecht auf „informationelle Selbstbestimmung".

4. Vorschlag für eine gesetzliche Regelung der Übersendung von Akten anderer Gerichte und von Behörden an ein Verwaltungsgericht

§ 14 VwGO wird durch einen neu einzubringenden Satz 2 ergänzt:
Für die Übersendung von Akten an andere Gerichte oder Behörden gelten die Vorschriften der §§ 12 bis 22 EGGVG entsprechend.

Eine gleichlautende Ergänzung kann in § 13 FGO sowie in § 5 SGG vorgenommen werden.

Begründung:
Aufgrund der gegenwärtigen tatsächlichen Rechtsunsicherheit bei einer Versendung von Gerichtsakten und um den Grundsätzen des Bundesverfassungsgerichts zum Recht auf „informationelle Selbstbestimmung" gerecht zu werden, erscheint eine gesetzliche Grundlage erforderlich, da die Vorschriften der §§ 12 - 22 EGGVG nur für die Übermittlung personenbezogener Daten durch Gerichte der ordentlichen Gerichtsbarkeit und Staatsanwaltschaften gelten.

8. Teil: Literaturverzeichnis

Angelov, Jean	Grundlagen und Grenzen eines staatsbürgerlichen Informationszugangsanspruchs, 2000, Verlag Peter Lang, Frankfurt/Main, zugleich Dissertation, Potsdam 1999
Anschütz, Gerhard	Die Verfassung des Deutschen Reichs vom 11. August 1919, Kommentar, 3. Bearbeitung 1930, Stilke Verlag, Berlin
Atzler, Bernhard	Das Recht des ehrenamtlichen Richters, die Verfahrensakten einzusehen, DRiZ 1991, 207f.
Auernhammer, Herbert	Bundesdatenschutzgesetz, Kommentar, 3. Auflage 1993, Heymanns Verlag Köln-Berlin-Bonn-München
Bader, Johann Funke-Kaiser, Michael Kuntze, Stefan von Albedyll, Jörg	Verwaltungsgerichtsordnung, Kommentierung anhand der höchstrichterlichen Rechtsprechung, 1999, C. F. Müller Verlag Heidelberg
Baumbach, Adolf Lauterbach, Wolfgang	Zivilprozeßordnung, Kommentar, 59. Auflage 2001, Beck Verlag München
Bayer, Walter	Akteneinsicht zu Forschungszwecken, JuS 1989, 191ff.
Becker, Enno Riewald, Alfred Koch, Karl	Reichsabgabenordnung mit Nebengesetzen, Kommentar, Band I, 9. Auflage 1963, und Band II, 9. Auflage 1965, Heymanns Verlag Köln-Berlin-Bonn-München

Behn, Michael	Zur Akteneinsicht des "früheren Beteiligten" nach Abschluß des sozialgerichtlichen Verfahrens, RV 1982, 125ff.
Benda, Ernst Klein, Eckart	Verfassungsprozessrecht, 2. Auflage 2001, C. F. Müller Verlag Heidelberg
Bergmann, Lutz Möhrle, Roland Herb, Armin	Datenschutzrecht, Kommentar (Loseblattausgabe), Bundesdatenschutzgesetz und Datenschutzgesetze der Länder und Kirchen, Stand Juni 1999, Boorberg Verlag Stuttgart-München-Hannover
Beutling, Alexander	Neue Wege im Verwaltungsprozess - das „in-camera"-Verfahren, DVBl. 2001, 1252ff.
Blomeyer, Arwed	Zivilprozeßrecht - Erkenntnisverfahren - 1963, Springer Verlag Berlin-Göttingen-Heidelberg
Blümel, Willi	Zur Praxis der Veröffentlichung von Gerichtsentscheidungen, DVBl. 1966, 63ff.
Boehme-Neßler, Volker	Electronic Government: Internet und Verwaltung, NVwZ 2001, 374ff.
Böttcher, Günter	Akteneinsicht im laufenden Beweisverfahren, SchlHA 1993, 140ff.
Borsdoff, Anke Schwab, Siegfried	Das Recht auf Akteneinsicht, DöD 1989, 164ff.
Brand, Jürgen Sachs, Michael	Handbuch Verwaltungsverfahren und Verwaltungsprozeßrecht, Boorberg Verlag Stuttgart-München-Hannover-Berlin-Weimar-Dresden, 1999
Breidenbach, Rolf	Das neue Akteneinsichts- und Informationszugangsgesetz des Landes Brandenburg, LKV 1998, 252ff.

	Das Akteneinsichts- und Informationszugangsgesetz des Landes Brandenburg - Ein Vorbild für die Rechtsentwicklung in Deutschland, NJW 1999, 1307ff.
Catrein, Andreas	Anmerkungen zum Entwurf eines Gesetzes zur Änderung der Verwaltungsverfahrensgesetze des Bundes und der Länder, NVwZ 2001, 413ff.
Cosack, Tilman Tomerius, Stephan	Betrieblicher Geheimnisschutz und Interesse des Bürgers an Umweltinformationen bei der Aktenvorlage im Verwaltungsprozeß, NVwZ 1993, 841ff.
Creifelds, Carl	Rechtswörterbuch, 16. Auflage 2001, Beck Verlag München
Czermak, Fritz	Die Behördenakten im Verwaltungsprozeß, DVBl. 1969, 612ff.
Dästner, Christian	Die Verfassung des Landes Nordrhein-Westfalen, Kommentar, 1996, Kohlhammer Verlag, Verlagsort Köln
von Danwitz, Thomas	Fünfzehn Jahre Verwaltungsverfahrensgesetz - Erwartungen und Erfahrungen -, JURA 1994, 281ff.
Depenbrock, Johann	Zur Verpflichtung der Behörden, dem Verwaltungsgericht Akten vorzulegen, RiA 1962, 193ff.
Dißars, Ulf-Christian	Das Recht auf Akteneinsicht der Beteiligten im Steuerrecht, NJW 1997, 481ff.
Dörner, Klemens	Verfassungsrechtliche Grenzen der Übersendung von Arbeitsgerichtsakten an Arbeitsämter und Sozialgerichte, NZA 1989, 950ff.

Dolde, Klaus-Peter	Zusammenarbeit zwischen Richter und Rechtsanwalt im verwaltungsgerichtlichen Verfahren, VBlBW 1985, 248f.
Dreier, Horst	Grundgesetz, Kommentar, 1998, Mohr Siebeck Verlag Tübingen
Ehlers, Hans	Aushändigung der Akten an den Prozeßbevollmächtigten des Steuerpflichtigen - Zum BFH-Beschluß III B 31/67 vom 29.09.1967, BFH 90, 312, FR 1968, 373f.
Emmert, Rudolf	Die Entwicklung der Verwaltungsgerichtsbarkeit in Bayern bis 1945, BayVBl. 1997, 8ff.
Engel, Rüdiger	Akteneinsicht und Recht auf Information über umweltbezogene Daten, 1993, Centaurus Verlagsgesellschaft Pfaffenweiler, zugleich Dissertation, Freiburg 1992
Erichsen, Hans-Uwe	Der Zugang des Bürgers zu staatlichen Informationen, JURA 1993, 180ff.
Eyermann, Erich Fröhler, Ludwig	Verwaltungsgerichtsgesetz für Bayern, Bremen, Hessen und Württemberg-Baden, Kommentar, 1950, Beck Verlag München und Berlin
	Verwaltungsgerichtsordnung, Kommentar, 9. Auflage 1988 und 11. Auflage 2000, Beck Verlag München
Felix, Günther	§ 78 FGO - Aktenübersendung in das Büro des Prozeßbevollmächtigten als Gebot der Waffengleichheit, KÖSDI 1992, Nr. 8, 9051
Flümann, Bernhard	Die Vorlage von Akten nach § 99 VwG0 im Rahmen von Auskunftsverlangen aus Kriminalakten, NJW 1985, 1452f.

Fürst, Walther — Gesamtkommentar Öffentliches Dienstrecht (GKÖD), Loseblattausgabe, Band 1 Teil 2b, Beamtenrecht des Bundes und der Länder, Richterrecht und Soldatenrecht, Stand Mai 2000, Erich Schmidt Verlag Berlin

Gehrmann, Ludwig — Der demokratische Auftrag des ehrenamtlichen Richters und sein Informationsbedürfnis, DRiZ 1988, 126ff.

Geiger, Hansjörg
Klinghardt, Heinz — Stasi-Unterlagen-Gesetz, Kommentar, 1993, Deutscher Gemeindeverlag W. Kohlhammer Dresden-Erfurt-Hannover-Kiel-Köln-Magdeburg-Mainz-München-Potsdam-Schwerin-Stuttgart

Giese, Dieter — Sozialgesetzbuch, Allgemeiner Teil und Verfahrensrecht (SGB I und X), Kommentar, 2. Auflage, Stand Oktober 2001, Heymanns Verlag Köln-Berlin-Bonn-München

Gola, Peter — Der Personalaktenschutz im öffentlichen Dienst, RiA 1994, 1ff.

Gola, Peter — Bundesdatenschutzgesetz, Kommentar, 6. Auflage 1997, Beck Verlag München

Gräber, Fritz — Rechtliches Gehör und Akteneinsicht, DStR 1969, 486ff.

Akteneinsicht durch Beteiligte und ihre Bevollmächtigten im finanzgerichtlichen Verfahren, DStZ (Ausgabe A) 1980, 443ff.

Gräber, Fritz
von Groll, Rüdiger
Koch, Hanns-Reimer
Ruban, Reinhild — Finanzgerichtsordnung mit Nebengesetzen, Kommentar, 3. Auflage 1993, Beck Verlag München

Groß, Thomas — Öffentliche Verwaltung im Internet, DÖV 2001, 159ff.

Gruber, Wolfgang — Die historische Entwicklung der Finanzgerichtsordnung, StB 1994, 265ff.

Grüner, Hans; Dalichan, Gerhard — Sozialgesetzbuch, Kommentar (Loseblattausgabe), Stand September 2001, Schulz Verlag Starnberg

Grunsky, Wolfgang — Arbeitsgerichtsgesetz, Kommentar, 7. Auflage 1995, Vahlen Verlag München

Hailbronner, Kay — Ausländerrecht, Kommentar (Loseblattausgabe), Stand November 1997, C. F. Müller Verlag Heidelberg

Hartmann, Kurt — Kostengesetze, Kommentar, 28. Auflage 1999, Beck Verlag München

Hauck, Karl — Sozialgesetzbuch - SGB I Allgemeiner Teil und SGB X 1,2 Verwaltungsverfahren - und Schutz der Sozialdaten, Kommentar (Loseblattausgabe), Stand September 2001, Schmidt Verlag Berlin

Haus, Karl Heinz — Der Sozialdatenschutz in gerichtlichen Verfahren, NJW 1988, 3126ff.

Hegelau, H. J. — Das Recht auf Akteneinsicht in Steuer- und Strafsachen, Institut „Finanzen und Steuern", Brief Nr. 267, Bonn 1987

Hellmann, Uwe — Der Rechtsweg gegen die Versagung der Akteneinsicht durch die Finanzbehörde nach Abschluß des steuerstrafrechtlichen Ermittlungsverfahrens, DStZ 1994, 371ff.

Hilger, Hans	Zum Strafverfahrensrechtsänderungsgesetz 1999 (StVÄG 1999), NStZ 2001, 15ff.
Hirschberger, Winfried	Zugang des Bürgers zu staatlichen Informationen, Dissertation 1983, ohne Verlag
Hirte, Heribert	Mitteilung und Publikation von Gerichtsentscheidungen, NJW 1988, 1698ff.
H. L.	Das Recht auf Einsicht in die Steuerakten, DB 1994, 2007
Hochbaum, H.-U.	Staats- und verwaltungsgerichtliche Gesetze der Deutschen Demokratischen Republik, Textausgabe mit Anmerkungen und Sachregister, 1958, Deutscher Zentralverlag Berlin
Holch, Georg	Zur Einsicht in Gerichtsakten durch Behörden und Gerichte, ZZP 1974 (Band 87), 14ff.
Holling, Werner	Verwaltung und Verwaltungsrecht, 1947, Deutscher Zentralverlag GmbH Berlin
Holznagel, Bernd Krahn, Christoph Werthmann, Christoph	Electronic Government auf kommunaler Ebene - Die Zulässigkeit von Transaktionsdiensten im Internet -, DVBl. 1999, 1477ff.
Hübschmann, Walter Hepp, Ernst Spitaler, Armin	Abgabenordnung - Finanzgerichtsordnung, Kommentar (Loseblattausgabe), 10. Auflage, Stand August 2001, Verlag Dr. Otto Schmidt KG Köln
Hüttemann, Frank	Nochmals: Das Recht auf Akteneinsicht der Beteiligten im Steuerrecht, NJW 1997, 2020f.
Hufen, Friedhelm	Das Volkszählungsurteil des Bundesverfassungsgerichts und das Grundrecht auf informationelle Selbstbestimmung - eine juristische Antwort auf „1984"? -, JZ 1984, 1072ff.

Fehler im Verwaltungsverfahren, 2. Auflage 1991, Nomos Verlag Baden-Baden

Huff, Martin W. — Die Veröffentlichungspflicht der Gerichte, NJW 1997, 2651ff.

Hufnagel, Franz — Die Verwaltungsgerichtsbarkeit in der amerikanischen und britischen Zone, 1950, J. Schweitzer Verlag Berlin und München

Jarass, Hans D. — Bundesimmissionsschutzgesetz (BImSchG), Kommentar, 3. Auflage 1999, Beck Verlag

Jarass, Hans D.
Pieroth, Bodo — Grundgesetz für die Bundesrepublik Deutschland, Kommentar, 3. Auflage 1995, Beck Verlag München

Jessnitzer, Kurt — Abschriften gerichtlicher Entscheidungen für Sachverständige, Rechtspfleger 1974, 423ff.

Jung, Hans — Akteneinsichts- und Informationsrechte des Bürgers, Dissertation, ohne Verlag, Berlin 1970

Kissel, Otto Rudolf — Kommentar zum Gerichtsverfassungsgesetz, 3. Auflage 2001, Beck Verlag München

Klein, Franz — Abgabenordnung, Kommentar, 7. Auflage 2000, Beck Verlag München

Klinger, Hans — Die Verordnung über die Verwaltungsgerichtsbarkeit in der britischen Zone, 1954, Verlag Otto Schwartz & Co. Göttingen

Verwaltungsgerichtsordnung, Kommentar, 1960, Verlag Otto Schwartz & Co. Göttingen

Knack, Hans Joachim	Verwaltungsverfahrensgesetz (VwVfG), Kommentar, 7. Auflage 2000, Heymanns Verlag Köln-Berlin-Bonn-München
König, Doris	Das Umweltinformationsgesetz - ein Modell für mehr Aktenöffentlichkeit?, DÖV 2000, 45ff.
Kollmer, Norbert	Klage auf Umweltinformation nach dem neuen Umweltinformationsgesetz (UIG), NVwZ 1995, 858ff.
Kopp, Ferdinand O. Ramsauer, Ulrich	Verwaltungsverfahrensgesetz, Kommentar, 7. Auflage 2000, Beck Verlag München
Kopp, Ferdinand O. Schenke, Wolf-Rüdiger	Verwaltungsgerichtsordnung, Kommentar, 11. Auflage 1998, Beck Verlag München
Korn, Herbert Taddey, Heinz D.	Das Beamtenrecht in Nordhein-Westfalen, Kommentar (Loseblattausgabe), Stand Juni 1997, Verlag Reckinger & Co. Siegburg
Krack, Ralf	Zum Akteneinsichtsrecht von Assistenten des Verteidigers, JR 1996,172ff.
Krahmer, Utz	Müssen Ermessensrichtlinien veröffentlicht werden?, ZfF 1981, 73ff.
Krause, Peter von Mutius, Albert Schnapp, Friedrich E. Siewert, Joachim	Gemeinschaftskommentar zum Sozialgesetzbuch X 1 (GK - SGB X 1), 1991, Luchterhand Verlag Neuwied und Frankfurt/Main
Kronisch, Joachim Gohde, Dietrich	Behördenvertreter vor dem Verwaltungsgericht, 1. Auflage 1997, Rehm Verlagsgruppe München und Berlin

Kühn, Rolf	Abgabenordnung - Finanzgerichtsordnung, Kommentar, 8. Auflage 1966, Fachverlag für Wirtschafts- und Steuerrecht Schäfer & Co. GmbH Stuttgart
Künzl, Reinhard	Zum Kostenerstattungsanspruch eines ehrenamtlichen Richters für Fahrtkosten zur Akteneinsicht, EzA § 16 ArbGG 1979 Nr. 2, S. 9ff.
Kuhla, Wolfgang Hüttenbrink, Jost	Der Verwaltungsprozeß, 2. Auflage 1998, Beck Verlag München
Kunz, Wolfgang	Einsicht in Prüfungsakten, VR 1994, 217ff.
Laband,Paul	Das Staatsrecht des Deutschen Reichs, Band 2, 3. Auflage 1901, Mohr Verlag Freiburg
Landmann/Rohmer	Umweltrecht, Kommentar (Loseblattausgabe), Stand Oktober 2000, Beck Verlag München
Lechner, Hans Zuck, Rüdiger	Bundesverfassungsgerichtsgesetz, Kommentar, 4. Auflage 1996, Beck Verlag München
Lepper, Manfred	Die Aktenvorlage im Verwaltungsprozeß, DÖV 1962, 813ff.
Liebscher, Brigitta	Datenschutz bei der Datenübermittlung in Zivilverfahren, Dissertation, 1994, Duncker und Humblot Verlag Berlin
Lieser-Triebnigg, Erika	DDR-Gesetze, Textausgabe mit Anmerkungen, begründet von Dietrich Müller-Römer, Stand Januar 1988, Verlag Wissenschaft und Politik

Löbach, Joachim Kreuer, Wilhelm	Das Lastenausgleichsrecht und offene Vermögensfragen, Textausgabe mit Kommentierung der wichtigsten Lastenausgleichsvorschriften, 2. Auflage November 1995, PVS Verlag Bernd Kreuer Bornheim
Lodde,Stephan	Informationsrechte des Bürgers gegen den Staat, 1996, Heymanns Verlag Berlin-Köln-Bonn-München = JuS Informations Band 9, zugleich Dissertation, Würzburg 1994/1995
Maetzel, Wolf Bogumil	Beweisverbote zwecks Geheimniswahrung, DVBl. 1966, 665ff.
Mallmann, Otto	Das Spannungsverhältnis zwischen Justiz und Datenschutz - Ist der Datenschutz Sand im Getriebe der Justiz?, DRiZ 1987, 377ff.
Mampel, Siegfried	Die Verfassung der Sowjetischen Besatzungszone Deutschlands, Text und Kommentar, 1. Auflage 1962, Alfred Metzner Verlag Frankfurt/Main
	Die sozialistische Verfassung der Deutschen Demokratischen Republik, Kommentar, 2. Auflage 1982, Alfred Metzner Verlag Frankfurt/Main
Margedant, Jochen	Das „in-camera“-Verfahren, NVwZ 2001, 759ff.
Marx, Reinhard	Kommentar zum Asylverfahrensgesetz, 4. Auflage 1999, Luchterhand Verlag GmbH Neuwied-Kriftel-Berlin
Maunz, Theodor Dürig, Günter Herzog, Roman Scholz, Rupert	Grundgesetz, Kommentar (Loseblattausgabe), Stand März 2001, Beck Verlag München

Maunz, Theodor Schmidt-Bleibtreu, Bruno Klein, Franz Ulsamer, Gerhard Bethge, Herbert	Bundesverfassungsgerichtsgesetz, Kommentar (Loseblattausgabe), Stand März 1998 und Oktober 2000, Beck Verlag München
Mecking, Christoph	Zum Umfang des Rechts auf Einsichtnahme in ausgelegte Unterlagen, NVwZ 1992, 316ff.
Mengel, Hans-Joachim	Akteneinsicht in Verwaltungsverfahren, Die Verwaltung 1990 (Band 23), 377ff.
Menger, Christian Friedrich	Zur Geschichte der Verwaltungsgerichtsbarkeit in Deutschland, DÖV 1963, 726ff.
Merkel, Willi	Das Recht auf Akteneinsicht bei Verwaltungsbehörden, Dissertation, Heidelberg 1972
Meyer-Ladewig, Jens	Sozialgerichtsgesetz, Kommentar, 6. Auflage 1998, Beck Verlag München
Mittelbach, Rolf	Das Recht und die Pflicht zur Akteneinsicht, DB 1968, 2190f.
von Münch, Ingo	Grundgesetz Kommentar, Band 3, 2. Auflage 1983, Beck Verlag München
von Münch, Ingo Kunig, Philip	Grundgesetz Kommentar, Band 2, 5. Auflage 2001, Beck Verlag München
von Mutius, Albert	Akteneinsicht im atom- und immissionsschutzrechtlichen Genehmigungsverfahren, DVBl. 1978, 664ff.
Nast, Arnim	Die Aktenvorlage und Akteneinsicht nach der Verwaltungsgerichtsordnung, Dissertation, Frankfurt/Main 1973

Nerlich, Jörg Römermann, Volker	Insolvenzordnung, Kommentar (Loseblattausgabe), Stand November 2000, Beck Verlag München
Nolte, Georg	Die Herausforderung für das deutsche Recht der Akteneinsicht durch europäisches Verwaltungsrecht, DÖV 1999, 363ff.
Notthoff, Martin	Auslagenpauschale bei Aktenversendung, AnwBl. 1995, 538ff.
Obermayer, Klaus	Kommentar zum Verwaltungsverfahrensgesetz, 3. Auflage 1999, Luchterhand Verlag Neuwied und Kriftel
Ordemann, Hans-Joachim	Bundesdatenschutzgesetz (BDSG), Kommentar, 5. Auflage 1992, Beck Verlag München
Oswald, Franz	Fragen zur neuen Finanzgerichtsordnung (4. Folge), StuW 1967, 561ff.
	Akteneinsicht im Steuerprozeß und die Verpflichtung der Behörden zur Aktenvortage, AnwBl. 1983, 253f.
Otto, Franz	Keine Einsicht in Akten der Familiengerichtshilfe, ZfF 1989, 199ff.
Pawlita	Die Wahrnehmung des Akteneinsichtsrechts in gerichtlichen und behördlichen Verfahren durch Überlassung der Akten in die Rechtsanwaltskanzlei, AnwBl. 1986, 1ff.
Peglau, Jens	Die Einsicht in Prozeßakten zu Forschungszwecken, NJ 1993, 440ff.
Pentz, Adolf	Kein Akteneinsichtsrecht in Prozeßkostenhilfeverfahren, NJW 1983, 1037

Peters, Horst Sautter, Theodor Wolff, Richard	Kommentar zur Sozialgerichtsbarkeit (Loseblattausgabe), Stand Dezember 2000, Kohlhammer Verlag Stuttgart
Pickel, Harald	SGB X, Kommentar zum Sozialgesetzbuch Zehntes Buch, Ordner 1, Stand November 2001, R. v. Decker Verlag Heidelberg
Piduch, Erwin Adolf	Bundeshaushaltsrecht, Kommentar (Loseblattausgabe), 2. Auflage, Stand Januar 1996, Kohlhammer Verlag Stuttgart-Berlin-Köln
Plog, Ernst Wiedow, Alexander Beck, Gerhard Lemhöfer, Bernt	Kommentar zum Bundesbeamtengesetz (Loseblattausgabe), Stand Mai 2000, Luchterhand Verlag Neuwied und Darmstadt
Podlech, Adalbert	Die Bedeutung des Sozialgeheimnisses für das sozialgerichtliche Verfahren, ZfSH/SGB 1985, 1ff.
Preussner, Mathias	Das Recht auf Akteneinsicht im Verwaltungsverfahren, VBlBW 1982, 1ff.
Prütting, Hanns	Datenschutz und Zivilverfahrensrecht in Deutschland, ZZP 1993 (Band 106), 427ff.
Rapsch, Arnulf	Einsichtnahme in Personalakten - die immer noch offene Frage, ZBR 1989, 234ff.
Redeker, Konrad von Oertzen, Hans Joachim	Kommentar zur Verwaltungsgerichtsordnung, 13. Auflage 2000, Kohlhammer Verlag Stuttgart
Renner, Günter	Ausländerrecht, Kommentar, 7. Auflage 1999, Beck Verlag München

Ress, Georg — Mangelhafte diplomatische Protektion und Staatshaftung - Überlegungen zum gerichtlichen Rechtsschutz gegen Akte der auswärtigen Gewalt im französischen und deutschen Recht, ZaöRV 1972 (Band 32), 420ff.

Rohwer-Kahlmann, Harry — Aufbau und Verfahren der Sozialgerichtsbarkeit, Kommentar zum Sozialgerichtsgesetz (SGG), 4. Auflage, Stand Juli 1998, Asgard Verlag Dr. Werner Hippe GmbH Sankt Augustin

Rosenbach, H. J. — Elektronische Datenverarbeitung und das Verwaltungsverfahrensgesetz, NWVBl. 1997, 326ff.

Erläuterungen und Anmerkungen zum Entwurf eines Gesetzes zur Änderung des Verwaltungsverfahrensgesetzes, DVBl. 2001, 332ff.

Rossi, Matthias — Das Umweltinformationsgesetz in der Rechtsprechung - ein Überblick, UPR 2000, 175ff.

Roßnagel, Alexander — Die elektronische Signatur im Verwaltungsrecht, DÖV 2001, 221ff.

Rüfner, Wolfgang — Verwaltungsrechtsschutz im 19. Jahrhundert vor Einführung der Verwaltungsgerichtsbarkeit, DÖV 1963, 719ff.

Rupp, Hans G. — Akteneinsicht und Freedom of Information, AöR 1983 (Band 108), 445ff.

Sachs, Michael — Grundgesetz, Kommentar, 2. Auflage 1999, Beck Verlag München

Schäpe, Markus — Gebührenhinweis - Die Aktenversendungspauschale nach Nr. 9003 KV-GVG, DAR 1996, 334ff.

Scheerbarth, Walter	Das Schicksal der Verwaltungsgerichtsbarkeit unter dem Nationalsozialismus, DÖV 1963, 729ff.
Schilken, Eberhard	Gerichtsverfassungsrecht, 2. Auflage 1994, Heymanns Verlag Köln-Berlin-Bonn-München
Schimanski, Werner	Aktenvorlage, Akteneinsicht und Datenschutz, Soz Sich 1987, 207ff.
Schinkel, Manfred-Carl	50 Jahre Verwaltungsgerichte in Niedersachsen, NdsVBl. 1997, 193ff.
Schmidt, Herbert	Der Auslagenpauschbetrag für die Versendung von Akten durch die Post, Rpfleger 1969, 117ff.
Schneider, Egon	Rechtliches Gehör bei Selbstablehnung des Richters, JR 1977, 270ff.
Schnellenbach, Helmut	Die dienstliche Beurteilung der Beamten und der Richter, Kommentar (Loseblattausgabe), 3. Auflage, Stand Oktober 2000
	Konkurrenzen um Beförderungsämter - geklärte und ungeklärte Fragen, ZBR 1997, 169ff.
Schoch, Dietrich	Verwaltungsverfahren in der Sozialhilfe (SGB X), ZfS 1998, 129ff.
Schoch, Friedrich Schmidt-Aßmann, Eberhard Pietzner, Rainer	Verwaltungsgerichtsordnung, Kommentar (Loseblattausgabe), 1. Auflage 1996, Stand Januar 2001, Beck Verlag München
Schoenemann, Peter	Akteneinsicht und Persönlichkeitsschutz, DVBl. 1988, 520ff.
Schöbener, Burkhard	Verwaltungsgerichtlicher Rechtsschutz in beamtenrechtlichen Konkurrenzsituationen, BayVBl. 2001, 321ff.

von Schulte, Joh. Friedrich	Lehrbuch der deutschen Reichs- und Rechtsgeschichte, 4. Auflage 1876, Verlag von Wilhelm Nitzschke Stuttgart
Schulz-Hardt, Hubertus Joachim	Der allgemeine Vertreter des öffentlichen Interesses in der deutschen Verwaltungsgerichtsbarkeit, Dissertation Kiel, München 1968
Schunck, Egon de Clerck, Hans	Gesetz über das Bundesverwaltungsgericht, Kommentar, 1953, Vordruckverlag Reckinger & Co. Siegburg
Schwab, Siegfried	Das Recht auf Akteneinsicht, Monographie, 1989, Centaurus Verlagsgesellschaft Pfaffenweiler
Simitis, Spiros	Kommentar zum Bundesdatenschutzgesetz (Loseblattausgabe) 4. Auflage, Stand Juli 1994, Nomos Verlagsgesellschaft Baden-Baden
Simon, Helmut Franke, Dietrich Sachs, Michael	Handbuch der Verfassung des Landes Brandenburg, 1994, Boorberg Verlag Stuttgart-München-Hannover-Berlin-Weimar-Dresden
Sodan, Helge Ziekow, Jan	Nomos Kommentar zur Verwaltungsgerichtsordnung (NK VwGO)(Loseblattausgabe) 1. Auflage, Stand Juli 2000, Nomos Verlag Baden-Baden
Stähler, Gerd	Datenschutzgesetz Nordrhein-Westfalen, Kommentar, 2. Auflage 1988, Deutscher Gemeindeverlag Köln
Stelkens, Paul Bonk, Heinz Joachim Sachs, Michael	Verwaltungsverfahrensgesetz, Kommentar, 6. Auflage 2001, Beck Verlag München
Stoltenberg, Klaus	Stasi-Unterlagen-Gesetz, Kommentar, 1992, Nomos Verlag Baden-Baden

Streck, Michael Olbing, Klaus	Der beim Finanzamt angezeigte Steuerbürger: Auskunftsanspruch contra Steuergeheimnis, BB 1994, 1267ff.
Stüer, Bernhard Hermanns, Casper David	Der verfassungsrechtliche Rahmen einer Vereinheitlichung der öffentlich-rechtlichen Fachgerichtsbarkeiten, DÖV 2001, 505ff.
Theuer, Andreas	Der Zugang zu Umweltinformationen aufgrund des Umweltinformationsgesetzes (UIG), NVwZ 1996, 326ff.
Thiele, Willi	Akteneinsicht, Auskunfts- und Beratungspflicht bei Behörden, DÖD 1978,65ff.
Tiedemann, Paul	Der Öffentlichkeitsauftrag der Gerichte, NVwZ 1997, 1187ff.
Tilch, Horst	Deutsches Rechts-Lexikon, 2. Auflage 1992, Beck Verlag München
Tipke, Klaus Kruse, Heinrich-Wilhelm	Abgabenordnung, Finanzgerichtsordnung: Kommentar zur AO 1977 und FGO (Loseblattausgabe), 16. Auflage, Stand August 2001, Dr. Otto Schmidt KG Verlag Köln
Trantas, Georgios	Akteneinsicht und Geheimhaltung im Verwaltungsrecht, 1998, Duncker und Humblot Verlag Berlin, zugleich Dissertation, Heidelberg 1995
Tröndle, Herbert Fischer, Thomas	Strafgesetzbuch, Kommentar, 50. Auflage 2001, Beck Verlag München
Turiaux, Andre	Umweltinformationsgesetz (UIG), Kommentar, 1995, Beck Verlag München

Umbach, Dieter C. Clemens, Thomas	Bundesverfassungsgerichtsgesetz, Mitarbeiterkommentar und Handbuch, 1992, C. F. Müller Verlag Heidelberg
	Grundgesetz, Mitarbeiterkommentar und Handbuch, 2002, C. F. Müller Verlag Heidelberg
Vahle, Jürgen	Zwanzig Fragen und Fälle zum Verwaltungsrecht, DVP 1999, 185ff.
	Grundlose Verweigerung der Akteneinsicht als Befangenheitsgrund, DVP 2001, 212
Vismann, Cornelia	Akten: Medientechnik und Recht, 2000, Fischer Taschenbuch Verlag Frankfurt/Main
Weberling, Johannes	Stasi-Unterlagen-Gesetz, Kommentar, 1993, Heymanns Verlag Köln-Berlin-Bonn-München
Wegener, Wilhelm	Die neuen deutschen Verfassungen, 1947, West Verlag Essen
Widhofer-Mohnen, Elgin	Das Recht auf Akteneinsicht nach § 29 VwVfG, VR 1980, 285ff.
Winkler, Markus	Neue Regelungen im Verfassungsprozeßrecht des Bundes, NVwZ 1998,1266f.
Woring, Siegbert	Zur Aktenaushändigung an Prozeßbevollmächtigte im finanzgerichtlichen Verfahren, DStR 1982, 402
Würtenberger, Thomas	Verwaltungsprozeßrecht, 1998, Beck Verlag München
von Wulffen, Matthias	Sozialgesetzbuch Sozialverwaltungsverfahren - SGB X - Kommentar, 4. Auflage 2001, Beck Verlag München

Ziekow, Jan	Die Pflicht der Behörden zur Gewährung von Informationen an die Verwaltungsgerichte, BayVBl. 1992, 132ff.
Zilkens, Martin Beyer, Oliver	Informantenschutz in der Kommunalverwaltung von Nordrhein-Westfalen, DÖV 2001, 374ff.
Zöller, Richard	Zivilprozeßordnung, Kommentar, 22. Auflage 2001, Dr. Otto Schmidt Verlag Köln

9. Teil: Schreiben des Präsidenten des Bundesverwaltungsgerichts und der Präsidenten der Oberverwaltungsgerichte und Verwaltungsgerichtshöfe

Der Präsident
des Bundesverwaltungsgerichts

Berlin, den 4. Februar 1999
Hardenbergstraße 31
10623 Berlin

Gesch. -Z.: 1223 E - 118/99
Bei allen Antworten wird um Angabe dieses Geschäftszeichens gebeten

Postfach 12 03 41
10593 Berlin

Telefon: 030/ 31 97-1
Durchwahl: 030/ 31 97-248
Telefax: 030/ 312 30 21

An die
Universität Potsdam
Juristische Fakultät
Herrn Prof. Dr. Dieter C. Umbach
August-Bebel-Straße 89

14482 Potsdam

Betr.: Forschungsvorhaben über die Praxis der Gewährung von Akteneinsicht nach § 100 Verwaltungsgerichtsordnung (VwGO) und § 82 Asylverfahrensgesetz (AsylVfG) an Verfahrensbeteiligte und an Dritte

Bezug: Schreiben vom 28. Januar 1999

Sehr geehrter Herr Professor Umbach,

zu den Fragen wird wie folgt Stellung genommen:

1.1. Ja

1.2. Senatsgeschäftsstelle (Registratur)

1.3. Ja

1.4. Wünsche Dritter auf Akteneinsicht sind bisher nicht bekannt geworden.

1.5. Keine

1.6. Ja

2. Grundsätzlich erfolgt Versendung der Gerichts- und der beigezogenen Behördenakten an Prozeßbevollmächtigte der Beteiligten in deren Büro.

Wegen der Versendung an Dritte siehe 1.4.

3. Sollten im Einzelfall mit einem Prozeßbevollmächtigten schlechte Erfahrungen gesammelt worden sein (z.B. unpünktliche oder unvollständige Rücksendung der Akten), erfolgt Versendung an Rechtshilfegericht (VG; AG) am Sitz des Prozeßbevollmächtigten oder in dessen Nähe.

Wegen der Versendung an Dritte siehe 1.4.

Fragen des Akteneinsichtsrechts spielen in der Rechtsprechung des Bundesverwaltungsgerichts nur eine geringe Rolle; was für veröffentlichungswürdig angesehen worden ist, ist über Juris und/oder in „Buchholz" zu ermitteln.

Mit freundlichen Grüßen
Im Auftrag

Monika Liepolt

(Monika Liepolt)
(Sekretariat)

Der Präsident des Oberverwaltungsgerichts
für das Land Nordrhein-Westfalen

Oberverwaltungsgericht NW • Postfach 6309 • 48033 Münster

Universität Potsdam
Juristische Fakultät
Lehrstuhl Professor
Dr. Dieter C. Umbach
z. Hd. Frau Heike Koernig
August-Bebel-Straße 89

14482 Potsdam

Postfach 6309
48033 Münster
Telefon
(0251) 5050
Durchwahl
505-256

Datum
3. Februar 1999
Aktenzeichen
1410 E

Betr.: Ihr Forschungsvorhaben über die Praxis der Gewährung von Akteneinsicht nach § 100 VwGO und § 82 AsylVfG an Verfahrensbeteiligte und an Dritte

Bezug: Ihr Schreiben vom 28. Januar 1999

Sehr geehrte Frau Koernig,

Ihrer Bitte, das Forschungsvorhaben über die Praxis der Gewährung von Akteneinsicht durch einige wenige Angaben zur praktischen Handhabung beim Oberverwaltungsgericht für das Land Nordrhein-Westfalen zu unterstützen, komme ich gerne nach. Grundsätzlich ist zwischen der Akteneinsicht an Verfahrensbeteiligte (§ 100 VwGO, § 82 AsylVfG) und der an Dritte (§ 173 VwGO i.V.m. § 299 Abs. 2 ZPO) zu unterscheiden. Ich gehe dabei davon aus, daß sich die Angaben in beiden Bereichen auf die regelmäßige Handhabung beziehen sollen, da ich zur - im Einzelfall auch abweichenden - Praxis der Senate weitergehend nicht Stellung nehmen kann und auch bei der von mir zu verantwortenden Gewährung von Akteneinsicht an Dritte oftmals einzelfallbezogene Besonderheiten zu berücksichtigen sind.

Danach gilt folgendes:

<table>
<tr><th></th><th>§ 100 VwGO, § 82 AsylVfG</th><th>§§ 173 VwGO, 299 Abs. 2 ZPO</th></tr>
<tr><td>1.1</td><td>ja</td><td>ja</td></tr>
<tr><td>1.2</td><td>Geschäftsstelle</td><td>Geschäftsstelle</td></tr>
<tr><td>1.3</td><td>ja</td><td>ja</td></tr>
<tr><td>1.4</td><td>nein</td><td>nein</td></tr>
<tr><td>1.5</td><td>Umfassende EDV-Ausstattung</td><td>Umfassende EDV-Ausstattung</td></tr>
<tr><td>1.6</td><td>ja</td><td>ja</td></tr>
<tr><td>2.</td><td>An Rechtsanwälte gemäß § 100 Abs. 2 Satz 3 VwGO</td><td rowspan="3">Die Akteneinsicht erfolgt nur an Gerichtsstelle</td></tr>
<tr><td>3.</td><td>An andere Gerichte auf Antrag eines Beteiligten/Rechtsanwalts</td></tr>
<tr><td>4.</td><td>Unzuverlässigkeit des Rechtsanwalts (2.)/Unentbehrlichkeit der Akten (2./3.)</td></tr>
</table>

Unveröffentlichte Entscheidungen des Oberverwaltungsgerichts für das Land Nordrhein-Westfalen zur Thematik liegen mir nicht vor.

Mit freundlichen Grüßen
Im Auftrag

(Becker)

RheinlandPfalz

Oberverwaltungsgericht • 56065 Koblenz

Sekretariat des Lehrstuhls für
Verwaltungsrecht mit Sozialrecht

Universität Potsdam
z.Hd. Frau Heike Koernig
August-Bebel-Str. 89

14482 Potsdam

Präsident des
Oberverwaltungsgerichts

Deinhardplatz 4
56068 Koblenz
Durchwahl: 02 61 / 13 07 - 309
Aktenzeichen: 1400 E - 99 - 1
Datum: 03.02.1999

Forschungsvorhaben über die Praxis der Gewährung von Akteneinsicht nach § 100 VwGO und § 82 AsylVfG an Verfahrensbeteiligte und an Dritte;
Ihr Schreiben vom 28.01.1999

- 1 -

Sehr geehrte Frau Koernig,

für Ihr Schreiben und Ihr Interesse an der praktischen Handhabung der Gewährung von Akteneinsicht in Rheinland-Pfalz danke ich Ihnen.

Eine noch nicht veröffentlichte Entscheidung des Oberverwaltungsgerichts zur Akteneinsicht übermittle ich Ihnen hiermit gerne.

Die von Ihnen gestellten Fragen möchte ich wie folgt beantworten:

1.1.
In der Regel erfolgt eine vorherige Terminsvereinbarung zur Akteneinsicht, um zu gewährleisten, dass die Akten auch auf der Geschäftsstelle vorhanden sind. Wird eine sofortige Akteneinsicht gewünscht - etwa von Rechtsanwälten, die sich gerade am Gericht aufhalten -, wird dies in aller Regel auch ermöglicht.

Telefon: 02 61 / 13 07 - 0 * Telefax: 02 61 / 13 07 350
Wegen gleitender Arbeitszeit erreichbar:
Mo. - Do. von 9.00 - 12.00 Uhr und von 14.00 - 16.00 Uhr
Fr. von 9.00 - 12.00 Uhr

Parkplatz:
Clemensplatz

1.2.
1.3.
Die Akteneinsicht erfolgt in der Regel auf der Geschäftsstelle, wobei immer ein/eine Geschäftsstellenverwalter/in anwesend ist. Bei umfangreichen Beiakten können die Akten in einem anderen Raum in Anwesenheit eines Wachtmeisters eingesehen werden.

1.4.
Eine differenzierte Handhabung bei der Akteneinsicht auf der Geschäftsstelle gegenüber den unterschiedlichen Beteiligten eines Verfahrens oder gegenüber einem Rechtsanwalt bzw. gegenüber einem zur Akteneinsicht bevollmächtigten Dritten findet nicht statt. Die Akteneinsicht durch nicht am Verfahren beteiligte Personen bzw. durch nicht zur Akteneinsicht bevollmächtigte Dritte setzt ein berechtigtes Interesse und das Einverständnis der Beteiligten voraus oder erfolgt nach § 299 Abs. 2 ZPO. Da diese Fälle nur sehr selten sind, kann von einer üblichen Praxis nicht berichtet werden.

1.5.
In meinem Hause steht ein Videogerät zur Verfügung, um zu den Akten gereichte Videofilme ansehen zu können. Das Videogerät kann auch vom Verwaltungsgericht Koblenz benutzt werden. Bei den anderen Verwaltungsgerichten ist eine solche technische Vorrichtung noch nicht vorhanden. Dabei ist aber zu berücksichtigen, dass erst in den letzten Monaten häufiger Videofilme vorgelegt werden. In meinem Haus hat bisher noch kein Verfahrensbeteiligter oder Rechtsanwalt von der neuen Möglichkeit der "Akteneinsicht" Gebrauch gemacht.

1.6.
Die Mitarbeiterinnen und Mitarbeiter der Geschäftsstellen fertigen unmittelbar Ablichtungen von Schriftstücken an.

2. - 4.
Die Verfahrensbeteiligten und sonstige (bevollmächtigte) Dritte können die Akten regelmäßig nur auf der Geschäftsstelle oder der Geschäftsstelle des ihrem Wohnsitz nächstgelegenen Gerichts einsehen. Eine Übersendung erfolgt nicht.

Während früher bei der Übersendung der Akten an die Kanzlei eines bevollmächtigten Rechtsanwalts eher zurückhaltend verfahren wurde, hat sich heute im Allgemeinen eine großzügigere Praxis durchgesetzt. Gerichtsbekannten Rechtsanwälten werden die Akten (auch Ausländer- und Personalakten) regelmäßig zur Einsicht (gegen Empfangsbekenntnis) übersandt, es sei denn, dass ein begründetes Misstrauen im Hinblick auf den sorgsamen Umgang mit den Akten besteht. Bei Rechtsanwälten, die hier nicht bekannt sind, ist die Praxis nicht einheitlich; aber auch insofern ist eine vermehrte Aktenübersendung an die Kanzlei zur schnellen und unbürokratischen Akteneinsicht festzustellen.

In asylrechtlichen Verfahren des vorläufigen Rechtsschutzes wird eine Aktenübersendung an den bevollmächtigten Rechtsanwalt regelmäßig nach § 82 AsylVfG wegen Verfahrensverzögerung abgelehnt. In diesen Verfahren ist nämlich davon auszugehen, dass der Asylbewerber bzw. sein Rechtsanwalt eine Kopie des Inhalts der Asylakte erhalten hat (vgl. § 36 Abs. 2 Satz 1 AsylVfG). Sollte dies ausnahmsweise nicht der Fall sein, so erfolgt auch hier eine Aktenübersendung nach den oben genannten Kriterien.

Im Übrigen wird eine Akteneinsicht nur in seltenen Fällen gänzlich verweigert. Dies gilt beispielsweise dann, wenn wiederholt Akteneinsicht genommen wurde oder wenn es unter keinem rechtlichen Gesichtspunkt auf die Aktenkenntnis ankommen kann.

Ich hoffe, Ihnen mit diesen Angaben gedient zu haben und wünsche Ihnen für Ihr Forschungsvorhaben viel Erfolg.

Mit freundlichen Grüßen
Im Auftrag

Wünsch
(Wünsch)
Richterin am Oberverwaltungsgericht

DER PRÄSIDENT
DES HAMBURGISCHEN OBERVERWALTUNGSGERICHTS

Aktenzeichen: 145/1-1
Bitte bei allen Schreiben angeben!)

Der Präsident des Hamburgischen Oberverwaltungsgerichts
Nagelsweg 37, 20097 Hamburg

Hamburg, den 04. Februar 1999

Telefon (040) 24 86 - 3025 (Durchw.)
Behördennetz 0.428.54 - "
Bearbeiter/in: Frau Hämäläinen-Wolff

Telefax (040) 2486 - 4192
der Personal- und Verwaltungsstelle und der Pressestelle

Neue Tel-Nr. im öffentl. Netz ab 12. März 1999: 42854-3025
Neue Fax-Nr. im öffentl. Netz ab 12. März 1999: 42854-4192

Universität Potsdam
Juristische Fakultät / Prof. Dr. Umbach
z. Hd. Frau Koernig
Sekretariat des Lehrstuhls für Verwaltungsrecht
und Sozialrecht
August-Bebel-Straße 89

14482 Potsdam

Betr.: Forschungsvorhaben über die Praxis der Gewährung von Akteneinsicht nach § 100 Verwaltungsgerichtsordnung und § 82 Asylverfahrensgesetz an Verfahrensbeteiligte und Dritte

Bezug: Ihr Schreiben vom 28.01.1999

Sehr geehrter Herr Prof. Dr. Umbach,

Ihrer in dem o.g. Schreiben geäußerten Bitte komme ich gerne nach und übersende in der Anlage Entscheidungen meines Hauses betreffend die Akteneinsicht nach § 100 Abs. 1 VwGO .

Ihre Fragen hinsichtlich der praktischen Handhabung der Gewährung von Akteneinsicht beantworte ich wie folgt:

Zu 1. Die Verfahrensbeteiligten können einen Termin zur Akteneinsicht mit der Geschäftsstelle vereinbaren. Erscheinen sie ohne eine vorangegangene Terminsabsprache in der Geschäftsstelle, erhalten Sie allerdings auch Akteneinsicht. Die Akteneinsicht erfolgt in den Räumen der Geschäftsstelle, in denen dem Verfahrensbeteiligten ein eigener Tisch zur Verfügung gestellt wird. Da die Geschäftsstellenräume meines Hauses untereinander verbunden sind, befinden sich während der Einsichtnahme stets Mitarbeiter in dem selben oder im benachbarten Raum. Die Verfahrensbeteiligten werden grundsätzlich gleich behandelt. Die Verfahrensbeteiligten erhalten lediglich Einsicht in die „Papierakte". Es können Ablichtungen mit einem Münzkopierer gemacht werden.

Zu 2. Verfahrens- und Sachakten werden grundsätzlich nicht mit der Post gesandt. Rechtsanwälte haben grundsätzlich die Möglichkeit, die Akten in der Geschäftsstelle für 2 x 48 Stunden abholen und hinbringen zu lassen. Dies ist in einem Stadtstaat wie Hamburg kein großes Problem. Problematisch sind die Fälle, in denen - wie in der Regel in Ausländer- und Asylverfahren und auch häufig in anderen Verfahren - die Sachakten unübersichtlich und unpaginiert sind. Die Handhabung unterscheidet sich hier etwas von Senat zu Senat. Die meisten Senate geben solche Akten nicht aus dem Haus.

Zu 3. Anfragen dieser Art kommen so selten vor, daß es keine gefestigte Praxis gibt.

Zu 4. Wie bereits unter zu 2. ausgeführt, ist die Erwägung maßgebend, ob es sich um Akten handelt, die geordnet und paginiert sind und dadurch die Gefahr eines Durcheinandergeratens oder teilweisen Verlorengehens minimiert ist.

Mit freundlichen Grüßen
Im Auftrag

Hämäläinen-Wolff
Präsidialrichterin

Bayerischer Verwaltungsgerichtshof

Bayerischer Verwaltungsgerichtshof, Postfach 340148, 80098 München

Universität Potsdam
Juristische Fakultät
z.Hd. Frau Heike Koernig
August-Bebel-Straße 89

14482 Potsdam

Ihr Zeichen, Ihre Nachricht vom	Bitte bei Antwort angeben Unser Zeichen	Telefon (089) 2130-	München,
28.01.1999	0126-1/99	264	4. Februar 1999

Forschungsvorhaben über die Praxis der Gewährung von Akteneinsicht nach § 100 VwGO und § 82 AsylVfG an Verfahrensbeteiligte und an Dritte

Anlage: - 3 Entscheidungen des Bayerischen Verwaltungsgerichtshofs
- Auszug aus der Aktenordnung für den Bayerischen Verwaltungsgerichtshof
- Auszug aus dem Texthandbuch des Bayerischen Verwaltungsgerichtshofs
jeweils in Ablichtung

Sehr geehrte Frau Koernig,

zu den von Ihnen in Ihrem Schreiben vom 28.01.1999 aufgeworfenen Fragen ist folgendes auszuführen;

1.1 Akteneinsicht kann jederzeit während der Dienststunden ohne vorherige Anmeldung genommen werden.

1.2 Die Akteneinsicht erfolgt grundsätzlich in der Geschäftsstelle des jeweiligen Spruchkörpers. Nur in Fällen, in denen dem Antragsteller die Akteneinsicht beim Bayerischen Verwaltungsgerichtshof nicht zugemutet werden kann, werden die Akten versandt (siehe unten zu 2.).

Postanschrift	Dienstgebäude	Verkehrsverbindung	Parteiverkehr	Telefon	Telefax
Postfach 34 01 48 80098 München	Ludwigstraße 23 80539 München	U-Bahn U3 und U6 Haltestelle Universität Buslinie 53	Montag - Donnerstag 8.00 - 12.00 Uhr und 13.00 - 15.30 Uhr Freitag 8.00 - 12.00 Uhr 13.00 - 14.00 Uhr	(089) 21 30-0	(089) 21 30 320

1.3 Die Geschäftsstellenverwaltung überwacht den ordnungsgemäßen Ablauf der Akteneinsicht (vgl. Nr. 7.4 der Aktenordnung).

1.4 Eine differenzierte Behandlung erfolgt nicht. Bei Dritten ist jedoch zu beachten, daß diese gemäß § 100 VwGO grundsätzlich kein Akteneinsichtsrecht haben.

1.5 Die gesamte Verwaltung des Bayerischen Verwaltungsgerichtshofs ist mit EDV ausausgestattet. Die Einsichtnahme in Datenträger wäre somit technisch möglich. Praktische Anwendungsfälle hierfür gibt es jedoch bisher nicht, da beim VGH nur "Papierakten" geführt werden.

1.6 Ablichtungen werden vom Geschäftsstellenpersonal während der Akteneinsicht gefertigt (vgl. Nr. 7.1 der Aktenordnung).

2., 3. und 4. Die Akten werden zur Einsichtnahme an andere Gerichte, Rechtsanwälte oder Behörden versandt, wenn die Einsichtnahme beim Bayerischen Verwaltungsgerichtshof, z.B. wegen zu großer Entfernung des Wohnortes, als unzumutbar erscheint. Ist der Antragsteller anwaltlich vertreten, werden die Akten an die Kanzlei versandt, wenn diese als zuverlässig bekannt ist. Ist der Antragsteller nicht vertreten oder ist sein Bevollmächtigter unbekannt bzw. in der Vergangenheit als unzuverlässig bekannt geworden, werden die Akten an das nächstgelegene Gericht gesandt. Dies kann auch ein Gericht eines anderen Gerichtszweiges sein. An Privatleute erfolgt eine Versendung nicht.

Mit freundlichen Grüßen
I.A.

Sterzel
Oberregierungsrätin

Postanschrift	Dienstgebäude	Verkehrsverbindung	Parteiverkehr	Telefon	Telefax
Postfach 34 01 48 80098 München	Ludwigstraße 23 80539 München	U-Bahn U3 und U6 Haltestelle Universität Buslinie 53	Montag - Donnerstag 8.00 - 12.00 Uhr und 13.00 - 15.30 Uhr Freitag 8.00 - 12.00 Uhr 13.00 - 14.00 Uhr	(089) 21 30-0	(089) 21 30 320

VERWALTUNGSGERICHTSHOF
BADEN-WÜRTTEMBERG
Der Präsident

Verwaltungsgerichtshof Baden-Württemberg Postfach 10 32 64 68032 Mannheim

Juristische Fakultät
der Universität Potsdam
Lehrstuhl Prof. Dr. Dieter C. Umbach
z. H. von Frau Koernig
August-Bebel-Straße 89

14482 Potsdam

Aktenzeichen: (Bitte bei Antwort angeben)	Telefon (Durchwahl)	Mannheim, den
E 1410	(0621)292-4275	08.02.1999

Gewährung von Akteneinsicht
Ihr Schreiben vom 28.01.1999

Sehr geehrter Herr Professor Umbach,

auf Ihr Schreiben vom 28.01.1999, in dem Sie um Angaben zur praktischen Handhabung der Gewährung von Akteneinsicht bitten, darf ich Ihnen folgendes mitteilen:

1. Nach § 5 Abs. 5 der baden-württembergischen Aktenordnung für die Geschäftsstellen der Gerichte der Verwaltungsgerichtsbarkeit (AktO-VG; vgl. hierzu AV des JuM vom 12.01.1998 - Die Justiz 1998, S. 71 -) legt die Geschäftsstelle Ersuchen um Gewährung von Akteneinsicht, um Übersendung von Akten sowie um Erteilung von Abschriften aus Akten in anhängigen und abgeschlossenen Verfahren mit den Akten dem Vorsitzenden zur Entscheidung vor.

1.1 Die Akteneinsicht erfolgt sowohl aufgrund einer vorherigen Terminsvereinbarung als auch ohne Terminsvereinbarung. Dies ist vom Einzelfall abhängig.

1.2 Die Akteneinsicht erfolgt grundsätzlich im Dienstzimmer der Geschäftsstelle, bei Rechtsanwälten und Behörden ist auch die Übersendung der Akten gegen Kostentragung (derzeit pauschal 15,-- DM) möglich.

1.3 Während der Einsichtnahme auf der Geschäftsstelle ist immer ein Bediensteter anwesend.

1.4 s. oben zu 1.2. Im übrigen ist die Akteneinsicht gegenüber Dritten spezialgesetzlich geregelt. Aus § 100 Abs. 1 VwGO ergibt sich, daß grundsätzlich nur die Beteiligten die Gerichtsakten und die dem Gericht vorgelegten Akten einsehen können.

Dienstgebäude: Schubertstraße 11, 68165 Mannheim Fernsprecher: Vermittlung (0621)292-0 Telefax: (0621) 41 61 95
Straßenbahn Linie 1 Richtung Rheinau (bis Haltestelle Tattersall) weiter Linie 6 Richtung Neuostheim (Haltestelle Luisenpark)

Bankverbindung: Landesoberkasse Karlsruhe, Baden-Württembergische Bank Karlsruhe (BLZ 660 200 20) Konto-Nr. 4 006 060 000
Bei Überweisung bitte das oben genannte Aktenzeichen und die Dienststellen-Nummer 056 005 angeben

1.5 Die Beteiligten können in der Geschäftsstelle lediglich die „Papierakten“ einsehen.

1.6 Ablichtungen von Schriftstücken können gegen Gebühr gefertigt werden. Dies geschieht in der Regel unmittelbar durch die Geschäftsstelle (§ 100 Abs. 2 Satz 1 VwGO).

2. Die Übergabe oder Versendung von Akten an Rechtsanwälte steht im Ermessen des jeweiligen Vorsitzenden (§ 100 Abs. 2 Satz 3 VwGO). Diesen Anträgen wird in aller Regel stattgegeben. Die Aktenübergabe an Dritte erfolgt jeweils spezialgesetzlich. Hierbei ist in ganz besonderem Maße der Datenschutz zu berücksichtigen.

3. Dies ist die Ausnahme; von ihr wird nur Gebrauch gemacht, wenn es ein Rechtsanwalt ausdrücklich wünscht oder ein Verfahrensbeteiligter darum bittet, um sich eine unter Umständen teuere Anreise zur Geschäftsstelle des zuständigen Gerichts zu ersparen.

4. Die Versendung von Akten an Rechtsanwälte erfolgt in aller Regel. Denkbar ist allenfalls, im Rahmen des Ermessens des Vorsitzenden zu berücksichtigen, ob die Akten z. B. wegen unmittelbar bevorstehender mündlicher Verhandlung noch entbehrt werden können u. ä.

Mit freundlichen Grüßen
Im Auftrag

Kirchhof

Dr. Kirchhof
Richterin am VGH

Der Präsident
des
Hess. Verwaltungsgerichtshofs

34117 Kassel, den 08.02.1999
Brüder-Grimm-Platz 1
Fernruf:
Sammelnummer (0561) 1007-0
Durchwahl (0561) 1007-271
Telefax (0561) 1007-264

Az.: 141/8 - 251/99

An die
Universität Potsdam
Juristische Fakultät
Herrn Prof. Dr. Umbach
August-Bebel-Straße 89

14482 Potsdam

Forschungsvorhaben über die Praxis der Gewährung von Akteneinsicht
hier: Ihre Anfrage vom 28. Januar 1999

Sehr geehrter Herr Prof. Dr. Umbach!

Ich bestätige den Erhalt Ihrer vorbezeichneten Anfrage, mit der Sie um Auskunftserteilung hinsichtlich der praktischen Handhabung der Gewährung von Akteneinsicht bei den hessischen Verwaltungsgerichten und beim Hessischen Verwaltungsgerichtshof nachsuchen.

Die an Ihrem Lehrstuhl zu dieser Frage durchgeführte Untersuchung ist sicherlich von großem wissenschaftlichem Interesse. Leider sehe ich mich aber nicht im Stande, die von Ihnen gestellten Fragen auch nur grob näherungsweise so zu beantworten, dass sie den Anforderungen, die an eine sorgfältige wissenschaftliche Aufbereitung des Problems zu stellen sind, genügen könnten. Die Frage der Gewährung von Akteneinsicht gehört zum Kernbestand der richterlichen Arbeitsweise und ist daher meinem unmittelbaren dienstlichen Zugriff grundsätzlich entzogen. Mir stehen auch keine sonstigen Erkenntnismöglichkeiten über die von den Verwaltungsrichterinnen und Verwaltungsrichtern der hessischen Verwaltungsgerichtsbarkeit geübte Praxis bei der Gewährung von Akteneinsicht zur Verfügung, sodass ich aus diesem Grunde letztlich Ihr Auskunftsersuchen abschlägig bescheiden muss.

In der Hoffnung auf Ihr Verständnis wünsche ich Ihnen für die weitere Durchführung des Forschungsvorhabens trotzdem viel Erfolg und verbleibe

Mit freundlichen Grüßen
Im Auftrag

Dr. Remmel

Oberverwaltungsgericht
der Freien Hansestadt Bremen
- Der Präsident -

Az.: 02 - 70/1
(Bitte bei allen Schreiben angeben)

28203 Bremen, 11.02.1999
Osterdeich 17

Posteingangsstelle:
Altenwall 6 · 28195 Bremen
28027 Postfach 10 27 40

Tel.: (0421) 361-1 0539
Telefax: (0421) 361- 41 72

Oberverwaltungsgericht · Osterdeich 17 · 28203 Bremen

Universität Potsdam
Juristische Fakultät
- Sekretariat -
z.Hd. Frau Koernig
August-Bebel-Str. 89

14482 Potsdam

Forschungsvorhaben über die Praxis der Gewährung von Akteneinsicht nach § 100 Verwaltungsgerichtsordnung (VwGO) und § 82 Asylverfahrensgesetz (AsylVfG) an Verfahrensbeteiligte und an Dritte

Ihr Schreiben vom 28.01.1999

Sehr geehrter Herr Prof. Dr. Umbach,
unveröffentlich Entscheidungen, die sich mit dem Sie interessierenden Fragenkomplex befassen, sind mir nicht bekannt.

Ich beantworte Ihre Fragen wie folgt:

Zu 1.1. ja

1.2. in der Geschäftsstelle des Gerichts

1.3 ja

1.4. nein, Anträge der Beklagten lagen aber bisher noch nicht vor (die einschlägigen Behördenakten und die Schriftsätze in den Gerichtsakten sind bekannt). Dritten wird grundsätzlich keine Akteneinsicht gewährt. Sie können, wenn sie ein rechtliches Interesse haben, auf Antrag anonymisierte gerichtliche Entscheidungen erhalten.

1.5. In der Gerichtsbibliothek ist ein Personalcomputer installiert, der unter Aufsicht auch von der interessierenden Fachöffentlichkeit benutzt werden kann, um von Leitsätzen und den entsprechenden gerichtlichen Entscheidungen Kenntnis nehmen zu können.

1.6. ja, gegen Kostenerstattung

Zu 2. Anwälte, die Akteneinsicht beantragen, können die Akten gegen Quittung abholen lassen und in ihren Büroräumen einsehen. Rückgabetermine werden im Einzelfall festgelegt.
Sachverständige, die um die Erstattung eines Gutachtens gebeten werden, erhalten selbstverständlich auch die Gerichtsakte und die beigezogenen Akten. Im übrigen werden Akten weder übergeben noch versandt.

Zu 3. Verfahrensbeteiligte und Anwälte, die auswärts wohnen bzw. residieren, können die Akten auf der Geschäftsstelle des nächstgelegenen Amts- bzw. Verwaltungsgerichts einsehen. Anwälten werden die Akten nach dem Ermessen des Vorsitzenden auch unmittelbar übersandt.

Zu 4. Eine wiederholte nicht termingerechte Rückgabe der Akten kann einer Übergabe oder Versendung entgegenstehen.

Mit freundlichen Grüßen
Im Auftrag

Der Präsident
des Oberverwaltungsgerichts Berlin

Berlin

- OVG ~~145 (3) H 58~~ -
OVG 145(4) H 15

Der Präsident des Oberverwaltungsgerichts Berlin
Kirchstraße 7, 10557 Berlin

Sekretariat des Lehrstuhls
Verwaltungsrecht
zu Händen Frau Koernig
August-Bebel-Straße 89

14482 Potsdam

10557 Berlin-Moabit, Kirchstraße 7

Fernruf: (030) 9014-8828
Intern: (914)
Telefax: (030) 9014-88 08
Internet: http://www.berlin.de
Datum: 15. Februar 1999

Betr.: Forschungsvorhaben über die Praxis der Gewährung von Akteneinsicht nach § 100 Verwaltungsgerichtsordnung (VwGO) und § 82 Asylverfahrensgesetz (AsylVfG) an Verfahrensbeteiligte und an Dritte
Vorg.: Ihre Anfrage vom 28. Januar 1999

Sehr geehrte Damen und Herren!

Nach einer Umfrage in den Registraturen mehrerer Spruchkörper des Oberverwaltungsgerichts Berlin lassen sich Ihre Fragen wie folgt beantworten:

1. Verfahrensbeteiligten wird durch die Geschäftsstelle Akteneinsicht gewährt. Akteneinsicht für unbeteiligte Privatpersonen ist in der Praxis ohne Bedeutung; die Entscheidung darüber ist den Vorsitzenden der Spruchkörper vorbehalten.

1.1 Es steht den Verfahrensbeteiligten frei, die Geschäftsstelle zu den Dienstzeiten zur Akteneinsichtnahme aufzusuchen. Sofern sie Akteneinsicht zunächst schriftlich beantragen, wird ihnen im eigenen Interesse anheim gestellt, einen Termin mit der Geschäftsstelle zu vereinbaren, an dem die Akten vollständig zur Verfügung stehen.

1.2 Akteneinsicht wird in den Räumen der Geschäftsstelle gewährt. Rechtsanwälte dürfen Akten - gegen ein Pfand, z.B. den Ausweis - auch in andere Räume, beispielsweise das Anwaltszimmer des benachbartem Amtsgericht Tiergarten, mitnehmen.

1.3 Während der Akteneinsichtnahme in der Geschäftsstelle ist ein Registrator anwesend.

1.4 Ja, vgl. insbesondere oben zu 1.2.

1.5 Technische Vorrichtungen stehen anderen Personen als den Gerichtsangehörigen nicht zur Verfügung.

1.6 Für Ablichtungen stehen im hause Münzkopierer bereit. Verfahrensbeteiligte werden in der Regel von einem Wachtmeister dorthin begleitet.

2. Ein Bedürfnis für die Versendung von Akten an Rechtsanwälte im Rahmen von § 100 VwGO wird nicht häufig anerkannt. Im Stadtstaat Berlin ist es den Rechtsanwälten meist ohne weiteres möglich, an Gerichtsstelle Akteneinsicht zu nehmen. Verwaltungsvorgänge werden im übrigen regelmäßig nur nach Einholung einer Stellungnahme der aktenführenden Behörde versandt. Den Behörden werden Akten per Fachpost zugeleitet.

3. Diese seltenen Fallgestaltungen unterliegen jeweils dem Ermessen des Vorsitzenden im Einzelfall.

4. Von einer Übergabe der Akten wird beispielsweise abgesehen, wenn diese im Gerichtsbetrieb nicht entbehrlich sind oder geheimhaltungsbedürftige Inhalte haben; einer Übersendung steht in gerichtskostenfreien Verfahren die Höhe der Portokosten entgegen.

Mit freundlichen Grüßen
Im Auftrag

(Pannicke)

Postanschrift:
Niedersächsisches Oberverwaltungsgericht, Postfach 23 71, 21313 Lüneburg

Niedersächsisches

Oberverwaltungsgericht
Der Präsident

Universität Potsdam
Juristische Fakultät
Sekretariat des Lehrstuhls für Verwaltungs-
recht mit Sozialrecht
z. Hd. Frau Koernig
August-Bebel-Straße 89

14482 Potsdam

Ihr Zeichen:	Geschäfts-Nr.:	☎ Durchwahl:	Datum:
	- 1451 -	(04131) 718 -	16.02.1999

Betreff: Forschungsvorhaben über die Praxis der Gewährung von Akteneinsicht

Bezug: Ihr Schreiben vom 28.1.1999

Sehr geehrte Frau Koernig!

Ihre oben bezeichnete Anfrage beantworte ich für das Niedersächsische Oberverwaltungsgericht wie folgt:

a) Entscheidungen über die Gewährung oder Verweigerung von Akteneinsicht sind vom Niedersächsischen Oberverwaltungsgericht nicht getroffen worden.

b) Zu Ihren Einzelfragen hat eine Umfrage bei den Senaten folgendes Ergebnis erbracht:

1.1 Die Akteneinsicht im Oberverwaltungsgericht wird in der Regel aufgrund vorheriger Terminsvereinbarung gewährt. Erscheint ein Verfahrensbeteiligter oder Prozessbevollmächtiger ohne vorherige Anmeldung und bittet um Akteneinsicht, so wird sie ihm ebenfalls gewährt, es sei denn die Akten befinden sich im Geschäftsgang und sind nicht zu erreichen.

1.2 Die Akteneinsicht wird in der Geschäftsstelle gewährt.

1.3 Während der Einsichtnahme ist die Mitarbeiterin oder der Mitarbeiter der Geschäftsstelle anwesend, der dort ohnehin seinen Arbeitsplatz hat.

Hausanschrift:
Uelzener Straße 40
21335 Lüneburg

Telefon:
(04131) 718 - 0

Telefax:
(04131) 718 – 232

Überweisung an die Regierungsbezirkskasse Lüneburg
Sparkasse Lüneburg (BLZ 240 501 10) Konto 48 04
Landeszentralbank Lüneburg (BLZ 240 000 00) Konto 240 015 20

1.4 Bei der Einsichtnahme in Akten an Gerichtsstelle wird nicht zwischen Verfahrensbeteiligten und Rechtsanwälten oder sonstigen Prozessbevollmächtigten differenziert.

1.5 Andere Informationsträger als „Papierakten" werden vom Oberverwaltungsgericht in der Regel nicht benutzt. Sofern ausnahmsweise solche Informationsträger – beispielsweise Videocassetten – zu den Beiakten gehören, können sie mangels entsprechender Einrichtungen außerhalb der mündlichen Verhandlung nicht eingesehen werden.

1.6 Ablichtungen von Schriftstücken können jederzeit unmittelbar gefertigt werden.

2. Zur Einsichtnahme in der Kanzlei, Behörde oder Wohnung werden Akten ausschließlich den von den Verfahrensbeteiligten bevollmächtigten Rechtsanwälten oder Behörden übergeben oder zugesandt. Ausnahmsweise unterbleibt dies bei Prozessbevollmächtigten, die mehrmals die Fristen für die Rückgabe der Akten erheblich überschritten haben. Solchen Prozessbevollmächtigten werden die Akten nur noch im Oberverwaltungsgericht oder in einem in der Nähe ihres Sitzes oder ihrer Wohnung gelegenen Gerichts zur Einsichtnahme vorgelegt.

Sofern ein Antrag auf Gewährung von Akteneinsicht kurzfristig vor einem Termin oder vor einer Entscheidung in der Sache gestellt wird, kann es vorkommen, dass sich die Beteiligten darauf verweisen lassen müssen, die Akteneinsicht in der Geschäftsstelle des Oberverwaltungsgerichts zu nehmen.

3. Auf Wunsch eines Verfahrensbeteiligten oder Rechtsanwalts werden die Akten einem von ihm bezeichneten Gericht übersandt, in dem er in sie Einsicht nehmen kann. Anders wird nur dann verfahren, wenn die Akten im Oberverwaltungsgericht wegen der Vorbereitung einer mündlichen Verhandlung oder einer Entscheidung nicht entbehrlich sind oder wenn das Verfahren durch häufig wiederholte Anträge eines Verfahrensbeteiligten auf Akteneinsicht in einem anderen Gericht behindert wird.

4. Vgl. 2. und 3.

Ich hoffe, dass Ihnen diese Angaben nützlich sind und verbleibe

mit freundlichen Grüßen

(Prof. Dr. Schinkel)

Der Präsident
des Oberverwaltungsgerichts
des Landes Sachsen-Anhalt

Oberverwaltungsgericht Magdeburg - Postfach 391131 - 39135 Magdeburg

Universität Potsdam
Sekretariats des Lehrstuhls für Verwaltungsrecht
z. Hd. Frau Koernig
August-Bebel-Straße 89

14482 Potsdam

Ihre Zeichen, Ihre Nachricht vom	Geschäfts-Nr. (bitte stets angeben):	Telefon:	Magdeburg,
	- 1451 -	Vermittlung: (0391) 6060 Telefax: (0391) 606-7032	18. Februar 1999

Betreff: Forschungsvorhaben über die Praxis der Gewährung von Akteneinsicht nach § 100 VwGO und § 82 AsylVfG an Verfahrensbeteiligte und an Dritte
Bezug: Ihr Anfrage vom 28.01.1999

Sehr geehrte Frau Koernig,

Ihr Fragen beantworte ich wie folgt:

1.1. Die Akteneinsicht erfolgt teils aufgrund einer vorherigen Terminsvereinbarung, teils unmittelbar. In jedem Fall entscheidet der Vorsitzende darüber , ob Akteneinsicht genommen werden darf.

1.2. In der Geschäftsstelle

1.3. ja

1.4. Eine differenzierte Handhabung gegenüber den Beteiligten eines Verfahrens oder gegenüber einem Rechtsanwalt erfolgt nicht. Dritten wird keine Akteneinsicht gewährt.

1.5. keine

1.6. ja

2. Eine Versendung von Akten erfolgt nur an Rechtsanwälte.

Postanschriften: Schönebecker Straße 67 A - 39 104 Magdeburg Postfach 39 11 31 - 39 135 Magdeburg
Fernmeldeanschluß: (03 91) 6 06-0 [Zentrale] (03 91) 6 06-90 [Vermittlung OVG / VG] (03 91) 6 06-70 32 [Fax-Anschluß]
(03 91) 6 06-70 66, - 70 72 [Geschäftsstellen]
Überweisungen nur an die Landeszentralkasse Dessau
[Konto-Nr. 805 015 00 bei der Landeszentralbank Dessau (BLZ 805 000 00)]

3. Soweit bekannte Rechtsanwälte in der Vergangenheit die Akten nicht rechtzeitig zurückgegeben oder sich sonst Probleme ergeben haben, verfügen die Richter Akteneinsicht über die jeweiligen Amts- oder Verwaltungsgerichte. Verfahrensbeteiligte oder Dritte erhalten auch auf diesem Wege keine Einsicht.

Mit freundlichem Gruß

Im Auftrag

Gatz

Beglaubigt:

Justizangestellte

Postanschriften: Schönebecker Straße 67 A - 39 104 Magdeburg Postfach 39 11 31 - 39 135 Magdeburg
Fernmeldeanschluß: (03 91) 6 06-0 [Zentrale] (03 91) 6 06-90 [Vermittlung OVG / VG] (03 91) 6 06-70 32 [Fax-Anschluß]
(03 91) 6 06-70 66. - 70 72 [Geschäftsstellen]
Überweisungen nur an die Landeszentralkasse Dessau
[Konto-Nr. 805 015 00 bei der Landeszentralbank Dessau (BLZ 805 000 00)]

Die Präsidentin
des Oberverwaltungsgerichts
Mecklenburg-Vorpommern

Oberverwaltungsgericht Mecklenburg-Vorpommern
Postfach 3161, 17461 Greifswald

Herrn Prof. Dr. Dieter C. Umbach
Universität Potsdam
Juristische Fakultät
Sekretariat des Lehrstuhls
z.H. Frau Koernig
A.-Bebel-Str. 89

14482 Potsdam

Geschäfts-Nr.:	Durchwahl-Nr.	Ihr Zeichen	Datum
1451 E-2	890-600		09.03.1999

Forschungsvorhaben über die Praxis der Gewährung von Akteneinsicht nach § 100 Verwaltungsgerichtsordnung (VwGO) und § 82 Asylverfahrensgesetz (AsylVfG) an Verfahrensbeteiligte und Dritte

Anlagen: Berichte des VG Schwerin und VG Greifswald

Sehr geehrter Herr Prof. Dr. Umbach,

gerne komme ich Ihrer Bitte um Unterstützung Ihrer Forschungsarbeit zu der Frage der Gewährung von Akteneinsicht im Verwaltungsgerichtsverfahren nach. Ich habe Ihre Anfrage an die beiden Verwaltungsgerichte in Greifswald und Schwerin weitergeleitet, die mir unter dem 15.02. und 25.02.1999 jeweils ihre Stellungnahme übermittelt haben. Kopien hiervon füge ich Ihnen bei.

Für das Oberverwaltungsgericht ergibt sich folgendes:

Einschlägige Entscheidungen zu dem von Ihnen angesprochenen Themenbereich liegen hier nicht vor.

Zu Ihren einzelnen Fragen:

zu 1.

1.1. Die Akteneinsicht erfolgt nach vorheriger Terminsvereinbarung.

1.2. Sie erfolgt auf der Geschäftsstelle der entsprechenden Serviceeinheit.

1.3. Während der Einsichtnahme ist eine Mitarbeiterin der Serviceeinheit anwesend.

1.4. Gegenüber Rechtsanwälten und Beteiligten des Verfahrens erfolgt keine differenzierte Handhabung. Dritte erhalten keine Akteneinsicht.

1.5. Neuerdings ist beim Verwaltungsgericht, das im gleichen Gebäude residiert, ein Videogerät mit Bildschirm vorhanden, das es ermöglichen würde, zu den Akten gereichte Videobänder abzuspielen. Andere Informationsträger sind meines Wissens nach bisher noch nicht zu den Akten gereicht worden (z.B. Disketten).

1.6. Ablichtungen können an Gerichtsstelle gefertigt werden.

zu 2. Akten nach § 100 VwGO werden nur an Beteiligte bzw. deren Prozeßbevollmächtigte zur Einsichtnahme überlassen. Bei Rechtsanwälten werden sie grundsätzlich an die jeweilige Kanzlei geschickt.

zu 3. Eine Übersendung an andere Gerichte erfolgt, wenn es sich handelt um

a) Naturalpersonen, die sich nicht hierher an Gerichtsstelle begeben wollen,
b) ggf. besonders umfangreiche oder sensible Akten,
c) Rechtsanwälte, wenn nach früherer Erfahrung oder Kenntnis der Richterkollegen Zweifel bestehen, ob die Akten andernfalls mit der nötigen Sorgfalt behandelt oder fristgerecht und vollständig zurückgegeben würden.

zu 4. In den unter 3 genannten Fallgruppen kann ggf. die Versendung ausscheiden, wenn das Oberverwaltungsgericht zumutbar zur Akteneinsicht erreichbar ist.

Ich hoffe, Ihnen mit diesen Angaben gedient zu haben, und verbleibe

mit freundlichen Grüßen

Kohl

Der Präsident
des Verwaltungsgerichts Schwerin

Der Präsident des Verwaltungsgerichts Schwerin
Wismarsche Str. 323, 19055 Schwerin

Präsidentin
des Oberverwaltungsgerichts
Mecklenburg-Vorpommern
Domstraße 7

17489 Greifswald

per Fax vorab

Geschäfts-Nr. 1451 E

Datum 15. 2. 1999

Forschungsvorhaben über die Praxis der Gewährung von Akteneinsicht nach § 100 der Verwaltungsgerichtsordnung und § 82 des Asylverfahrensgesetzes an Verfahrensbeteiligte und an Dritte
Ihre Kurzmitteilung vom 2. 2. 1999 - 1451 E-2 -

Der Fragenkreis des obengenannten Forschungsvorhabens der Universität Potsdam war Gegenstand einer Besprechung mit den hiesigen Kammervorsitzenden. Danach wird die Gewährung von Akteneinsicht beim Verwaltungsgericht Schwerin im allgemeinen wie folgt gehandhabt:

Wird Akteneinsicht an Gerichtsstelle gewährt, erfolgt diese - teilweise nach vorheriger Terminsvereinbarung - auf der Verwaltungsgeschäftsstelle der zuständigen Kammer; während der Einsichtnahme ist eine Mitarbeiterin oder ein Mitarbeiter anwesend, der bei Bedarf auch dafür Sorge trägt, daß unmittelbar Ablichtungen von Schriftstücken gefertigt werden können. Dabei erfolgt keine differenzierte Handhabung gegenüber den unterschiedlichen Beteiligten des Verfahrens oder gegenüber einem Rechtsanwalt. Dritten gegenüber wird nach § 100 der Verwaltungsgerichtsordnung bzw. § 82 des Asylverfahrensgesetzes generell keine Akteneinsicht gewährt. An Gerichtsstelle sind keine weiteren Vorrichtungen vorhanden, um dort andere Informationsträger als eine "Papierakte" einsehen zu können.

Die Übergabe oder Versendung von Akten erfolgt entsprechend der Regelung in § 100 der Verwaltungsgerichtsordnung lediglich an bevollmächtigte Rechtsanwälte bzw. diesen gleichgestellte Personen (vgl. dazu auch Kopp/Schenke Komm. zur VwGO, 11. Auflage, § 100 Randzahl 7). Von einer Übersendung an Rechtsanwälte wird zumeist nur abgesehen, wenn die (rechtzeitige) Rücksendung der Akte, insbesondere auch in bereits terminierten Verfahren, nicht gesichert erscheint oder sich in den Akten wertvolle Originaldokumente befinden.

Hausanschrift: Wismarsche Str. 323 19055 Schwerin
Briefpostanschrift: Postfach 11 10 34 19010 Schwerin
Telefon: 0385/5404-0 Durchwahl: 102
Telefax: 0385/5404-114

Soweit es die Beteiligten bzw. deren bevollmächtigte Rechtsanwälte wünschen, wird die Akteneinsicht auch außerhalb der Gerichtsstelle an anderen Gerichtsorten gewährt.

In der Besprechung ist auch eingehend erörtert worden, ob und ggf. wie vom Gericht schutzwürdige Interessen von Verfahrensbeteiligten oder Dritten auf Geheimhaltung von Vorgängen zu wahren sind, die sich in vorgelegten Verwaltungsakten befinden, für die Entscheidung aber keine Bedeutung haben können. So können z. B. beigezogene Personalakten in beamtenrechtlichen Konkurrentenstreitsachen nicht entscheidungsrelevante, aber geheimhaltungsbedürftige Angaben über uneheliche Kinder, Krankheiten von Familienangehörigen oder dergleichen enthalten, die bei Akteneinsicht durch den Konkurrenten in der Dienststelle verbreitet werden könnten. Die meisten Kammervorsitzenden sehen es auch in solchen Fällen nicht als Aufgabe des Gerichts an, für die Geheimhaltung solcher Daten, z. B. durch Rücksendung der Akten an die Behörde unter Auflage der Wiedervorlage in bereinigter Form (evtl. unter Weglassung oder Ersetzung bestimmter Vorgänge durch Kopien mit Schwärzungen) zu sorgen. Dieses Spannungsfeld zwischen vollständiger Aktenvorlage und Akteneinsicht einerseits und Datenschutz andererseits dürfte aber näherer wissenschaftlicher Untersuchung wert sein.

Im Auftrag

(Voetlause)

Die Präsidentin des Verwaltungsgerichts Greifswald

Verwaltungsgericht Greifswald
Postfach 3161, 17461 Greifswald

Frau Präsidentin des
Oberverwaltungsgerichts
Mecklenburg-Vorpommern

im Hause

Geschäfts-Nr.:	Durchwahl-Nr.	Ihr Zeichen	Datum
1451-E- 2	890 800	##	25. Februar 1999

Forschungsvorhaben über die Praxis der Gewährung von Akteneinsicht nach § 100 Verwaltungsgerichtsordnung (VwGO) und § 82 Asylverfahrensgesetz (AsylVfG) an Verfahrensbeteiligte und Dritte

hier: Ihre Bitte um Stellungnahme vom 02. Februar 1999

Die von der Universität Potsdam, Juristische Fakultät, in ihrem Schreiben vom 28. Januar 1999 gestellten Fragen beantworte ich wie folgt:

1. 1.1. Die Gewährung von Akteneinsicht erfolgt - von wenigen Ausnahmen abgesehen - nach vorheriger Terminsvereinbarung.

1.2. Sie erfolgt auf der Geschäftsstelle der betreffenden Kammer.

1.3. Nach meiner Anweisung soll während der Einsichtnahme eine Mitarbeiterin oder ein Mitarbeiter anwesend sein.

1.4. Eine differenzierte Handhabung gegenüber den unterschiedlichen Beteiligten eines Verfahrens oder gegenüber einem Rechtsanwalt bzw. gegenüber Dritten erfolgt nicht.
Dritte müssen natürlich Personen sein, die in irgendeiner Weise am Verfahren beteiligt sind. Nicht am Verfahren beteiligte Dritte erhalten keine Akteneinsicht

1.5. Es können nur Akten eingesehen werden. Andere Vorrichtungen gibt es nicht.

1.6. Ablichtungen können vor Ort gefertigt werden.

Hausanschrift:
Verwaltungsgericht
Greifswald
Domstraße 7
17489 Greifswald

Briefpostanschrift:
Postfach 3161
17461 Greifswald

Telefon: 03834 / 890 50
Telefax: 03834 / 890 528

2. Da Mecklenburg-Vorpommern ein Flächenstaat und Greifswald verkehrstechnisch schwer zu erreichen ist, werden die von den beteiligten Behörden beigezogenen Verwaltungsvorgänge auf Anforderung an die bevollmächtigten Rechtsanwälte gesandt (am Verwaltungsgericht Berlin, wo ich zuvor tätig war, habe ich Verwaltungsvorgänge nur an nachweislich behinderte Rechtsanwälte gesandt, sonst erfolgte Akteneinsicht nur im Gericht). Verwaltungsvorgänge werden hier nur dann nicht versandt, wenn sie persönliche Daten eines Dritten enthalten, z.B. in Konkurrentenstreitigkeiten die Personalakte eines anderen Bewerbers oder Stasi-Unterlagen eines Dritten. In diesen Fällen kann Akteneinsicht nur im Gericht genommen werden. Sofern Beteiligte eines Verfahrens, die keinen Rechtsanwalt bevollmächtigt haben, Akteneinsicht wünschen, werden die Akten an das seinem Wohnort nächstgelegene Gericht zur Einsichtnahme gesandt.

3. Wegen der Versendung von Verwaltungsvorgängen an andere Gerichte siehe 2. An andere Behörden werden Verwaltungsvorgänge nicht gesandt. In seltenen Fällen kommt es vor, daß die Verwaltungsvorgänge an die Behörde zurückgehen, von der sie stammen, weil ein Verfahrensbeteiligter dort wegen örtlicher Nähe leichter Einsicht nehmen kann als beim Gericht. Streitakten werden generell weder übergeben noch versandt. Sie können lediglich im Gericht eingesehen werden.

4. Die Kriterien, die einer Übergabe oder Versendung entgegenstehen, wurden bereits unter 2. erwähnt. Es handelt sich um die Fälle, in denen den Akten persönliche Daten Dritter entnommen werden können.

Haegert

Haegert

Der
Präsident
des Schleswig-Holsteinischen
Oberverwaltungsgerichts

Präsident des Schleswig-Holsteinischen Oberverwaltungsgerichts
Brockdorff-Rantzau-Straße 13 · 24837 Schleswig

Universität Potsdam
- Sekretariat -
z.H. Frau Heike Koernig
August-Bebel-Str. 89

14482 Potsdam

Ihr Schreiben vom	Mein Zeichen / vom	Telefon (04621)	Datum
28.01.99	145 - 39	86-1518	09.03.99

Forschungsvorhaben über die Praxis der Gewährung von Akteneinsicht nach § 100 Verwaltungsgerichtsordnung (VwGO) und § 62 Asylverfahrensgesetz (AsylVfG) an Verfahrensbeteiligte und an Dritte

Sehr geehrte Frau Koernig,

auf Ihre Anfrage vom 28. Februar 1999 teile ich Ihnen mit, daß - wie eine hiesige Umfrage ergeben hat - keine Entscheidungen bekannt sind, die sich mit der Versagung von Akteneinsicht befassen. Zu der von Ihnen untersuchten Fragestellung kann ich insoweit also nichts beitragen.

Hinsichtlich Ihrer Fragen zur praktischen Handhabung bei der Gewährung von Akteneinsicht teile ich folgendes mit:

1. Die Akteneinsicht an Verfahrensbeteiligte erfolgt auf der Rechtsgrundlage des § 100 VwGO; in dieser Vorschrift (insbesondere in Abs. 2) sind die Einzelheiten geregelt und entsprechend dieser Vorschrift wird in der Praxis auch verfahren. Bei bevollmächtigten Rechtsanwälten läßt das Gesetz eine Mitnahme bzw. Übersendung von Akten nach dem Ermessen des Vorsitzenden zu (§ 100 Abs. 2 Satz 3 VwGO). In der Praxis wird entsprechenden Gesuchen grundsätzlich entsprochen. Bei nicht anwaltlich vertretenen Beteiligten besteht die Möglichkeit, in den Räumen des Gerichts - unter Aufsicht - Einsicht in die Akten zu nehmen und insoweit finden regelmäßig Terminsabsprachen statt, um die praktische Durchführung für alle Beteiligten zu erleichtern. Es besteht zusätzlich die Möglichkeit, die Akten an ein Amtsgericht oder Landgericht zu übersenden, und die Akteneinsicht dort in Amtshilfe durchführen zu lassen; dies wird insbesondere dann praktiziert, wenn sich auf diese Weise ein weiter Anfahrtsweg vermeiden läßt.

Brockdorff-Rantzau-Straße 13
24837 Schleswig
Telefon (04621) 86-0
Telefax (04621) 86-1277

2. Die Akteneinsicht durch Dritte (nicht verfahrensbeteiligte Behörden, Gerichte oder Privatpersonen) beurteilt sich nicht nach § 100 VwGO, sondern insoweit ist § 173 VwGO i.V.m. § 299 Abs. 2 ZPO anwendbar. Zu dieser rechtlichen Problematik weise ich auf einen Aufsatz von Teschner in den Schleswig-Holsteinischen Anzeigen 1997, S. 59; in diesem Aufsatz - den ich als Anlage beifüge - wird die rechtliche Problematik eingehend erörtert und dieser Aufsatz gibt auch die Kriterien her, an denen sich die hiesige Praxis insoweit orientiert.

Ich hoffe, Ihnen mit diesen Hinweisen bezüglich Ihres Forschungsvorhabens weitergeholfen zu haben.

Mit freundlichen Grüßen
Im Auftrag

Uwe Kanteus

SÄCHSISCHES
OBERVERWALTUNGSGERICHT

SAKSKE
WYŠE ZARJADNISKE SUDNISTWO

DER PRÄSIDENT

Sächsisches Oberverwaltungsgericht
Postfach 1728 · D-02607 Bautzen/Budyšin

Universität Potsdam
Juristische Fakultät
Lehrstuhl für Verwaltungsrecht mit Sozialrecht
Prof. Dr. Dieter C. Umbach
August-Bebel-Straße 89

14482 Potsdam

Bautzen, den **11. März 1999**
Tel.: (03591) 21 75-24
Aktenzeichen: 1400
(Bitte bei Antwort angeben)

Forschungsvorgaben über die Praxis der Gewährung von Akteneinsicht nach § 100 VwGO und § 82 AsylVfG an Verfahrensbeteiligte und an Dritte

Anl.: 3 Stellungnahmen

Sehr geehrter Herr Prof. Dr. Umbach,

beigefügt übersende ich Ihnen die Stellungnahmen der Präsidenten der Verwaltungsgerichte Dresden, Chemnitz und Leipzig zu Ihrer weiteren Verwendung.

Mit freundlichen Grüßen

Häring

Verwaltungsgericht
Dresden

Der Präsident

Verwaltungsgericht Dresden
Blüherstr. 4, 01069 Dresden

An den Präsidenten
des Sächsischen
Oberverwaltungsgerichts
Postfach 1728

02607 Bautzen

Tel.: 0351 - 8634 165
Fax: 0351 - 8634 111

Unser Az: **1400**
Re./ei.

Dresden, den **10.2.1999**

Forschungsvorhaben über die Praxis der Gewährung von Akteneinsicht nach § 100 VwGO und § 82 AsylVfG an Verfahrensbeteiligte und an Dritte
Ihr Schreiben vom 2. Februar 1999, AZ: 1400

Sehr geehrter Herr Häring,

Entscheidungen des Verwaltungsgerichts Dresden zu der im Bezugsschreiben angesprochenen Thematik der Akteneinsicht nach § 100 VwGO und nach § 82 AsylVfG liegen nicht vor. Lediglich zum Informationsanspruch des Sächsischen Datenschutzbeauftragten (allerdings auf anderer Rechtsgrundlage) ist eine Entscheidung ergangen, die dann Gegenstand auch einer Überprüfung durch das Sächsische Oberverwaltungsgericht war.

Zu den Fragen im einzelnen:

Zu 1.1.

Die beabsichtigte Akteneinsicht wird häufig vorher fernmündlich angekündigt. Auch „spontane" Akteneinsichten sind natürlich möglich.

Zu 1.2.

Akteneinsicht erfolgt entweder in der Geschäftsstelle selbst oder in einem gesonderten Besucherzimmer.

Zu 1.3.

Akteneinsicht wird meist ohne Anwesenheit einer Mitarbeiterin gewährt. Letztlich ist es jedoch eine Frage des Einzelfalls

Zu 1.4.

Im Grundsatz erfolgt keine differenzierte Handhabung gegenüber den unterschiedlichen Beteiligten. Allerdings wird sich bei der Akteneinsicht durch einen Rechtsanwalt die Frage, ob es der Anwesenheit einer Mitarbeiterin bei der Akteneinsichtnahme bedarf, seltener stellen.

Zu 1.5.

Derzeit sind keine „Vorrichtungen" vorhanden, um hier einen anderen Informationsträger als eine „Papierakte" einsehen zu können. Andere Informationsträger sind derzeit auch noch nicht vorhanden. Mögliche Entwicklungen auf diesem Gebiet werden jedoch beobachtet, ggf. sind entsprechende „Vorrichtungen" zu schaffen.

Zu 1.6.

Die unmittelbare Ablichtung von Schriftstücken ist möglich.

Zu 2. und 3.

Die Versendung von Akten oder die Übergabe erfolgt nach schriftlichem Antrag der Beteiligten, über den der Vorsitzende bzw. der Berichterstatter entscheidet. Die Praxis des Gerichts ist nach meinen Beobachtungen sehr unterschiedlich. Zum Teil wird Akteneinsicht nur an den Gerichten gewährt, wobei einer Herausgabe der Akten an die Büros der Anwälte bzw. der sonstigen Beteiligten nicht zugestimmt wird. Zum Teil erfolgt eine Aktenübersendung unmittelbar in die Geschäftsräume eines Anwalts, zum Teil aber auch wird diese Entscheidung den jeweiligen Gerichten „vor Ort" überlassen.

Als Voraussetzung für die Übergabe durch Versendung der Akten wird im allgemeinen lediglich ein entsprechender Antrag angesehen, eine weitere Prüfung etwa im Sinne einer Berechtigung der Akteneinsicht erfolgt bei den Verfahrensbeteiligten nicht. Dagegen wird bei sonstigen Dritten regelmäßig nach seinen berechtigten Interessen gefragt, die er darzulegen hat.

Zu 4.

Eine Übergabe durch Versendung der Akten an Verfahrensbeteiligte steht allenfalls eine unmittelbar bevorstehende mündliche Verhandlung entgegen, bei sonstigen Dritten möglicherweise ein nicht glaubhaft gemachtes beachtliches Interesse an einer Akteneinsicht.

Mit freundlichen Grüßen

Rehak

Verwaltungsgericht
Leipzig

Die Präsidentin

Verwaltungsgericht Leipzig
Rathenaustraße 40, 04179 Leipzig

An den
Präsidenten des
Sächsischen Oberverwaltungsgerichts
Postfach 1728

02607 Bautzen

Leipzig, den 12. Februar 1999
Tel.(0341) 4 46 01-0
Aktenzeichen: 5000
(Bitte bei Antwort angeben)

Forschungsvorhaben über die Praxis der Gewährung von Akteneinsicht nach § 100 VwGO und § 82 AsylVfG an Verfahrensbeteiligte und an Dritte

Sehr geehrter Herr Präsident Häring,

die Fragen zum o.g. Forschungsvorhaben beantworten wir wie folgt:

1.1. Besondere Terminvereinbarungen zur Aktzeneinsicht erfolgen i.d.R. nicht. Die Geschäftsstellen teilen dem Verfahrensbeteiligten auf Anfrage die üblichen Geschäftszeiten mit. Während dieser Zeiten kann Akteneinsicht genommen werden.

1.2. Die Akteneinsicht erfolgt entweder in der Geschäftsstelle oder in den Bibliotheksräumen.

1.3. Bei der Akteneinsicht in der Geschäftsstelle ist eine Geschäftsstellenmitarbeiterin zugegen und in der Bibliothek die Bibliotheksbeauftragte.

1.4. Verfahrensbeteiligte (Privatpersonen) nehmen nur in den Geschäftsstellen Akteneinsicht.

1.5. Andere Informationsträger als „Papierakten" liegen am Verwaltungsgericht Leipzig nicht vor.

1.6. In den Bibliotheksräumen befindet sich ein Kopiergerät, an dem unter Aufsicht einer Mitarbeiterin, Ablichtungen aus den Akten gefertigt werden können. Dabei entstehen Kopierkosten, die zu entrichten sind.
Ansonsten können sich die Verfahrensbeteiligten auch an die entsprechende Geschäftsstellenverwalterin wenden, die dann die entsprechenden Ablichtungen fertigt. Für diese Leistung erfolgt eine Kostenerhebung nach GKG.

2. Die Aktenversendung erfolgt nur auf schriftlichen Antrag nach einer entsprechenden Verfügung durch den zuständigen Richter.
Rechtsanwaltskanzleien aus dem Gerichtsort Leipzig werden gebeten, Akteneinsicht beim Verwaltungsgericht Leipzig zu nehmen oder die Akte beim Gericht gegen Empfangsbestätigung abzuholen.
Die Aktenversendung erfolgt per Einschreiben mit der Post oder ggf. über die Gerichtsfächer der Rechtsanwaltskanzleien, jeweils mittels Empfangsbekenntnis, beim Amts- bzw. Landgericht Leipzig.

Telefax (0341) 4 51 11 61 Geschäftszeiten Mo - Do 8.30 bis 12.00 Uhr und 13.00 bis 15.00 Uhr, Fr 8.30 bis 14.00 Uhr

3. Auf schriftlichen Antrag werden Akten auf dem Weg der Amtshilfe an andere Gerichte versandt. Dies geschieht gegen Empfangsbekenntnis nach der entsprechenden Verfügung durch den zuständigen Richter.
   Eine direkte Aktenversendung an Privatpersonen erfolgt nicht. Sofern ein Antrag auf Akteneinsicht von einer Privatperson gestellt wird, wird dieser mitgeteilt, dass Akteneinsicht nur am Verwaltungsgericht Leipzig oder am für den Wohnsitz des Beteiligten zuständigen Amtsgerichts genomen werden kann. In diesem Zusammenhang wird darauf hingewiesen, dass für die Versendung an das zuständige Amtsgericht Gerichtskosten in Höhe von 15,00 DM (GKG, KV Nr. 9003) entstehen.

Entscheidungen, die sich mit der Versagung von Akteneinsicht bzw. nicht gewährter Akteneinsicht als Verfahrensfehler befassen, liegen am Verwaltungsgericht Leipzig nicht vor.

Mit freundlichen Grüßen

Schlichting
Schlichting

Verwaltungsgericht
Chemnitz

Die Geschäftsstellenleiterin

Verwaltungsgericht Chemnitz
Postfach 639, 09006 Chemnitz

Chemnitz, 23. 2. 1999

an Herrn Präsidenten
im Hause

Betreff: Forschungsvorhaben über die Praxis der Gewährung von Akteneinsicht nach § 100 VwGO und § 82 AsylVfG an Verfahrensbeteiligte und an Dritte
hier: Schreiben des SächsOVG vom 2. 2. 1999

Sehr geehrter Herr Kremer,

nach Rücksprache mit den Geschäftsstellenverwalterinnen kann folgende Stellungnahme abgegeben werden:

1.1.

Die Akteneinsicht erfolgt in den meisten Fällen nach vorheriger telefonischer Terminsvereinbarung.
Fast immer wird während der Dienststunden des Gerichts Einsicht in die Unterlagen genommen.

1. 2. und 1. 3.

Wenn die Akteneinsicht im Gericht gewährt wurde, erfolgt diese stets unter Aufsicht einer Mitarbeiterin in der Geschäftsstelle.

1. 4.

Eine differenzierte Handhabung gegenüber den Verfahrensbeteiligten und Rechtsanwälten erfolgt nicht.

VERWALTUNGSGERICHT CHEMNITZ
Telefon (0371) 91120 (Vermittlung)   Telefax (0371) 9112 309   Hausadresse Zwickauer Str. 56, 09112 Chemnitz

Dritten werden die Akten von der Geschäftsstelle grundsätzlich nicht ausgehändigt, es sei denn der Kammervorsitzende gewährt diesen Personen die Einsicht.

1. 5.
Am Verwaltungsgericht Chemnitz sind keine Vorrichtungen vorhanden, um andere Informationsträger, z. B. Videofilme, einsehen zu können.

1. 6.
Die Fertigung von Kopien von Schriftstücken erfolgt, soweit eine begrenzte Anzahl gewünscht wird, sofort gegen Kostenerstattung.

Wenn eine größere Menge Ablichtungen erbeten wird, notiert sich eine Mitarbeiterin der Geschäftsstelle die gewünschten Seiten und fertigt die Kopien zu einem späteren Zeitpunkt.

Diese werden unter Erstellung einer Kostenrechnung übersandt.

Fritzsche

OBERVERWALTUNGSGERICHT
DES SAARLANDES
DER PRÄSIDENT

An die
Universität Potsdam
Lehrstuhl für Verwaltungsrecht
- Sekretariat Frau Koernig -
August-Bebel-Str. 89

14482 Potsdam

PRÄLAT-SUBTIL-RING 22
66740 SAARLOUIS
POSTFACH 20 06
66720 SAARLOUIS
DURCHWAHL (06831) 9423-117
TELEFAX (06831) 9423-144

1. April 1999
I 18 04

Betr.: Forschungsvorhaben über die Praxis der Gewährung von Akteneinsicht

Bezug: Anfrage vom 28. Januar 1999

Sehr geehrter Herr Professor Dr. Umbach,

die Einsichtnahme in die hier geführten Gerichtsakten ist in den Regeln für den Geschäftsbetrieb des Oberverwaltungsgerichts des Saarlandes wie folgt geregelt:

"...

10. Einsichtnahme in Gerichtsakten darf nur den Beteiligten sowie deren Bevollmächtigten - soweit erforderlich nach Vorlage eines amtlichen Ausweises - gewährt werden. Sie erfolgt, sofern keine anderweitige richterliche Anordnung vorliegt, auf der Geschäftsstelle und ist stets so zu beaufsichtigen, daß aus der Akte nichts entfernt und ihr nichts hinzugefügt werden kann. Zuvor ist von dem Urkundsbeamten der Geschäftsstelle zu überprüfen, ob sich in der Akte Unterlagen über Prozeßkostenhilfeanträge, Voten oder erkennbar persönliche Notizen von Richtern, vertrauliche Beiakten von Behörden, über deren Hinzuziehung zum Verfahren noch nicht entschieden wurde, oder son-

stige Unterlagen befinden, die der Akteneinsicht nicht unterliegen. Diese sind gegebenenfalls vor Gewährung der Akteneinsicht zu entnehmen. In Zweifelsfällen ist die Akte dem Vorsitzenden beziehungsweise dem Berichterstatter oder einem anderen Richter des zuständigen Senats vorzulegen. Die Einsichtnahme ist in der Akte zu vermerken, wobei der Name des Einsichtnehmenden sowie gegebenenfalls näherer Angaben über seine Identitätsnachweisung und etwa gefertigte Kopien aufzunehmen sind. Der Vermerk soll auch von dem Einsichtnehmenden unterschrieben werden.

11. Entsprechend ist vor der Versendung - auch zum Zweck der Einsichtnahme außerhalb des Oberverwaltungsgerichts - sowie vor jeglicher sonstigen gegebenenfalls zu quittierenden Herausgabe von Akten oder Aktenteilen, insbesondere von Beiakten, zu verfahren, die in laufenden Verfahren nur auf richterliche Anordnung hin erfolgen darf. Dabei ist zusätzlich zu der elektronischen Erfassung des Vorganges stets ein Kontrollblatt mit Angabe der Sache, der Anzahl und einer möglichst genauen Beschreibung der einzelnen Unterlagen - Geschäftsnummer, Beteiligte, gegebenenfalls Blattzahl und dergleichen -, ihres Empfängers, des Grundes der Versendung beziehungsweise Herausgabe und des Abgabetages anzulegen, das unter Festsetzung einer Vorlegungsfrist zum Vorgang genommen beziehungsweise als Retent anstelle der Akte aufbewahrt und ihr nach Wiedereingang mit etwaigen zwischenzeitlichen Eingängen beigeheftet wird..."

Hieraus ergibt sich, daß eine vorherige Terminsvereinbarung für die Akteneinsicht nicht erforderlich ist, daß sie im Regelfall auf der Geschäftsstelle stattfindet und beaufsichtigt wird, und daß nicht verfahrensbeteiligte Dritte hiervon ausgeschlossen sind, wogegen ansonsten Differenzierungen nicht stattfinden. Ablichtungen aus den Akten können hier gefertigt werden; Möglichkeiten zur Einsichtnahme in andere Informationsträger besteht nicht. Entsprechendes gilt für die Übergabe oder Versendung von Akten, worüber grundsätzlich die Senatsvorsitzenden entscheiden. In der Praxis wird auf entsprechenden Antrag hin an verfahrensbeteiligte Rechtsanwälte und Behörden regelmäßig unmittelbar beziehungsweise zur Einsichtnahme an anderer Stelle übersandt, an private Beteiligte hingegen nur in Ausnahmefällen. Kriterien für die insoweit zu treffende Entscheidung sind im wesentlichen die Ortsnähe oder -ferne des Adressaten sowie seine bekanntgewordene oder anzunehmende Un/Zuverlässigkeit. Senatsentscheidungen zu alledem sind hier nicht ergangen.

Mit freundlichen Grüßen

(Friese)

Anhang

Abb. 1:

Akteneinsicht	
Gemäß § 29 VwVfG	In nicht von § 29 VwVfG erfassten Fallgestaltungen
Anspruch:	kein Anspruch, nur pflichtgemäße Ermessensausübung der Behörde:
- Beteiligte und - laufendes (eigenes) Verwaltungs-verfahren und - Vorliegen eines rechtlichen Interesses und - kein Ausschlussgrund nach Abs. 2	- jedermann (Dritter oder früherer Beteiligter) und - außerhalb eines Verwaltungs-verfahrens und - bei Vorliegen eines die entgegen-stehenden Interessen überwiegenden berechtigten Interesses an der Akten-einsicht

Abb. 2:

Vorgelegte Akten	
Behördenakten	Gerichtsakten
§ 99 Abs. 1 Satz 1 VwGO	§ 14 VwGO
Rechtsgrundlage für die Verpflichtung zur Vorlage	
Inländische Behörden ⇒ Verwaltungsgericht - sowohl am konkreten Rechtsstreit beteiligte als auch nicht beteiligte Behörden, wobei die Finanzbehörden das Steuergeheimnis gemäß § 30 AO[1] und die Sozialbehörden das Sozialgeheimnis gemäß § 35 SGB I, §§ 67ff. SGB X[2] zu beachten haben[3]	Inländische Gerichte ⇒ Verwaltungsgericht - andere Kammern (Senate) beziehungsweise Spruchkörper des erkennenden (Ober-)Verwaltungsgerichts - andere Verwaltungsgerichte - Finanzgerichte (unter Beachtung des Steuergeheimnisses gemäß § 30 AO[1]) - Sozialgerichte (unter Beachtung des Sozialgeheimnisses gemäß § 35 SGB I, §§ 67ff. SGB X[2]) - ordentliche Gerichte - Arbeitsgerichte

[1] In der Praxis sind Steuerunterlagen für das Verwaltungsgericht bedeutsam in Angelegenheiten des Kommunalen Steuerrechts oder im Gewerberecht; aber auch im Wehrpflichtrecht beziehungsweise Zivildienstrecht zur Beurteilung des Zurückstellungsgrundes der Unentbehrlichkeit für die Erhaltung und Fortführung eines eigenen oder elterlichen landschaftlichen Betriebes oder Gewerbebetriebes gemäß § 12 Abs. 4 Ziff. 2 Wehrpflichtgesetz (WPflG in der Fassung der Bekanntmachung vom 15. Dezember 1995 (BGBl. I S. 1756) in der Fassung vom 25. März 1997 (BGBl. I S. 726)), § 11 Abs. 4 Ziff. 2 Gesetz über den Zivildienst der Kriegsdienstverweigerer (Zivildienstgesetz (ZDG) in der Fassung der Bekanntmachung vom 28. September 1994 (BGBl. I S. 2811)) in der Fassung vom 19. Dezember 2000 (BGBl. I S. 1815)). Die Aktenvorlage erfolgt dabei gemäß § 30 Abs. 4 Ziff. 1, Abs. 1 lit. a AO in Angelegenheiten des Kommunalen Steuerrechts, im Gewerberecht nach § 30 Abs. 4 Ziff. 5 AO (vgl. BVerwG, Urteil vom 2. Februar 1982 - 1 C 146.80 -, in: BVerwGE 65, 1 5ff. = GewArch 1982, 294ff.) im übrigen aufgrund einer vom Verwaltungsgericht einzuholenden Zustimmung des Betroffenen gemäß § 30 Abs. 4 Ziff. 3 AO.

[2] Eine Weitergabe von Sozialdaten an das Verwaltungsgericht für seine rechtsprechende Tätigkeit erfolgt in der Praxis nicht nach § 68 Abs. 1 Satz 1 SGB X („Übermittlung für Aufgaben...der Gerichte“), sondern unter Beachtung der §§ 69 Abs. 1 Ziff. 2 beziehungsweise 71 SGB X (vgl. von Wulffen, § 68 Rand-Nr. 3). Das Gericht hat die Beteiligten über die beigezogenen Akten zu informieren (vgl. Kopp/Schenke, VwGO, § 99 Rand-Nr. 1; Eyermann, § 100 Rand-Nr. 8; Redeker/von Oertzen, § 100 Rand-Nr. 3 (spätestens in der mündlichen Verhandlung)). Eine Verwertung ohne eine entsprechende Mitteilung ist nicht zulässig (Kopp/Schenke, VwGO, § 100 Rand-Nr. 4).

[3] Insbesondere in gewerberechtlichen Verfahren (Prüfung der Zuverlässigkeit eines Gewerbetreibenden) fordert das Gericht auch Ermittlungsakten der Staatsanwaltschaft bezüglich des zugrundeliegenden strafrechtlichen Sachverhalts an.

Abb. 3:

Versendung der Gerichtsakte(n) und/oder der beigezogenen Akte(n) zur Einsichtnahme außerhalb des erkennenden Verwaltungsgerichts

Ermessensentscheidung

Empfänger:	Bevollmächtigte Rechtsanwälte	Übrige Bevollmächtigte (z. B. Rechtsbeistände)	Verfahrensbeteiligte persönlich	Dritte
Ort:	Übergabe zur Mitnahme in Wohnung oder Geschäftsräume gemäß § 100 Abs. 2 Satz 3 VwGO (auch: Versendung) als gesetzlich ausdrücklich normierte Möglichkeit	Ebenfalls Anwendung des § 100 Abs. 2 Satz 3 VwGO für bevollmächtigte Kammerrechtsbeistände, Steuerberater zum Beispiel in steuerrechtlichen Verfahren und Rechtslehrer an einer deutschen Hochschule; im übrigen keine Anwendbarkeit des § 100 Abs. 2 Satz 3 VwGO.	Keine Anwendbarkeit des § 100 Abs. 2 Satz 3 VwGO	
			Nicht bei erfolgter Übergabe oder Versendung an bevollmächtigten Rechtsanwalt oder Rechtsbeistand	Grundsätzlich keine Übergabe oder Versendung
	Anderes Verwaltungsgericht, Finanzgericht, Sozialgericht, Ordentliches Gericht, Arbeitsgericht, Behörde, Konsulat			

Abb. 4:

§ 100 VwGO	
Entscheidung erfolgt durch	
Vorsitzender, Einzelrichter (Berichterstatter): in den Fällen des § 100 Abs. 2 Satz 3 VwGO	Urkundsbeamter der Geschäftsstelle/Serviceeinheit: in allen übrigen Fällen (Gerichtsverwaltung bei Anträgen von Dritten)
formlos, Beschluss ist nicht erforderlich[4]	
Rechtsmittel	
Keine Beschwerde gemäß § 146 Abs. 1 VwGO, da die Entscheidung eine prozessleitende Verfügung gemäß § 146 Abs. 2 Fall 1 VwGO ist (h. M.)[5]. Entscheidet der Urkundsbeamte des Geschäftsstelle/Serviceeinheit außerhalb seiner Zuständigkeit über die Versendung, gilt allerdings § 146 VwGO nicht[6].	Antrag auf Entscheidung des Gerichts (sogenannte Erinnerung) gemäß § 151 VwGO[7]; Entscheidung ergeht durch Beschluss[8]. (str.: nach Gegenmeinung kein Rechtsmittel[9]); Beschwerde gegen Beschluss gemäß § 146 VwGO[10] Weiteres Rechtsmittel: Beschwerde gemäß § 146 Abs. 1 VwGO[11](str.[12]; gegen Beschwerdebeschluss des OVG keine Beschwerde wegen § 152 Abs. 1[13]

[4] Kopp/Schenke, VwGO, § 100 Rand-Nr. 8.

[5] OVG Münster, Beschluss vom 13. Dezember 1972 - 4 B 698/72 -, in: OVGE 28, 175, 176 = DÖV 1973, 279; OVG Münster, Beschluss vom 25. Mai 1987 - 21 B 20684/87 -, in: NJW 1988, 221; VGH München, Beschluss vom 20. Juli 1970 - Nr. 38 I 70 -, in: BayVBl. 1971, 395; VGH München, Beschluss vom 18. Februar 1982 - 8 C 81 A. 2385 -, in: DÖV 1981, 604 = BayVBl. 1982, 508; VGH Mannheim, Beschluss vom 8. November 1983 - 10 S 2236/83 -, in: VBlBW 1984, 374 (gegen die Versagung der Übersendung von Akten gemäß § 100 Abs. 2 Satz 3 VwGO); VGH Kassel, Beschluss vom 4. August 1993 - 1 TG 1460/93 -, in: NVwZ 1994, 398, 399, in dem der VGH allerdings auf die nach seiner Auffassung wohl anderer Auffassung des Bundesverwaltungsgerichts, Beschluss vom 10. Oktober 1989 - 9 B 268/98 -, in: NJW 1990, 1313, hinweist; OVG Hamburg, Beschluss vom 6. Januar 1997 - Bs IV 368/96 -; anderer Auffassung: VGH München, Beschluss vom 12. Oktober 1966 - Nr. 145 III 66 -, in: BayVBl. 1966, 427 = AnwBl. 1967, 158 (mit der Begründung, dass deswegen keine prozessleitende Verfügung im Sinne von § 146 Abs. 2 VwGO vorliege, weil die gerichtliche Entscheidung über die Gewährung der Akteneinsicht nicht dem zweckfördernden Verlauf des Verfahrens, eine erschöpfende und schlüssige Verhandlung zu erreichen, entspreche); Borsdorff/Schwab, DÖD 1989, 164, 167; Eyermann, § 100 Rand-Nr. 17; Kopp/Schenke, VwGO, § 100 Rand-Nr. 9; Kuhla/Hüttenbrink, Rand-Nr. E 153; Rudisile in Schoch/Schmidt-Aßmann/Pietzner, § 100 Rand-Nr. 33; Lang in Sodan/Ziekow, § 100 Rand-Nr. 46.

[6] Lang in Sodan/Ziekow, § 100 Rand-Nr. 49.

[7] OVG Hamburg, Beschluss vom 25. September 1995 - Bf IV 8/94 -, in: NVwZ - RR 1996, 304; Kopp/Schenke, VwGO, § 100 Rand-Nr. 9; Redeker/von Oertzen, § 100 Rand-Nr. 7 und § 151 Rand-Nr. 1; Rudisile in Schoch/Schmidt-Aßmann/Pietzner, § 100 Rand-Nr. 31; Lang in Sodan/Ziekow, § 100 Rand-Nr. 43; dabei ist das Gericht der Einzelrichter oder der Berichterstatter: Eyermann, § 151 Rand-Nr. 5, unter Hinweis auf BVerwG, Beschluss vom 13. März 1995 - 4 A 1/92 - (hinsichtlich der Zuständigkeit des Berichterstatters gemäß § 87a Abs. 1 VwGO für Erinnerungen in Kostenfestsetzungssachen); jedenfalls ist nicht der Vorsitzende oder die Kammer zuständig.

[8] Grundsätzlich zu § 151 VwGO: Eyermann, § 151 Rand-Nr. 6.

[9] Eyermann, § 100 Rand-Nr. 17, der die Entscheidung des Urkundsbeamten der Geschäftsstelle/Serviceeinheit wohl wie eine prozessleitende Verfügung mit der Folge der Unanfechtbarkeit ansieht; dagegen hält er zutreffenderweise die Anwendung des § 99 Abs. 2 VwGO für nicht anwendbar.

[10] VGH München, Beschluss vom 29. Juli 1997 - 7 C 97.1151 -.

[11] Redeker/von Oertzen, § 100 Rand-Nr. 7, mit der zutreffenden Begründung, dass in der Rechtsmittelentscheidung keine prozessleitende Verfügung im Sinne des § 146 Abs. 2 VwGO liegt; so auch Rudisile in Schoch/Schmidt-Aßmann/Pietzner, § 100 Rand-Nr. 32, und Lang in Sodan/Ziekow, § 100 Rand-Nr. 45.

[12] Kopp/Schenke, VwGO, § 100 Rand-Nr. 9.

[13] Eyermann, § 151 Rand-Nr. 7; Redeker/von Oertzen, § 100 Rand-Nr. 7.

ENTWURF 1.

[redacted]

Herr [redacted]

1685 0314

Rechtsanwälte
[redacted]

[redacted] [redacted] 22. Okt. 1997

Rückforderung eines Teils der Anw.-Bezüge;
hier: [redacted] ./. [redacted]

Anlage
Aktenauszüge (Kopien)

Sehr geehrte Damen und Herren,

ich übersende Ihnen anstelle des gewünschten Verwaltungsvorgangs zu o.g. Angelegenheit einige Aktenauszüge in Kopie.

Mit freundlichen Grüßen
Im Auf~~trag~~

22/10

[redacted]

ENTWURF 2.

[redacted]

Rechtsanwälte 1685 0314

[redacted]

[redacted] [redacted] 4. Nov. 1997

Rückforderung eines Teils der Anw.-Bezüge;
hier: [redacted] ./. [redacted]

Sehr geehrte Damen und Herren,

Ihrem Wunsch, die Besoldungsakten Ihres Mandanten an Ihre Kanzlei zu übersenden, kann ich leider nicht entsprechen.

Die hier geführten Besoldungsakten sind Bestandteil der Personalakten (vgl. BVerwGE 35, 225 ff). Das Recht auf Einsichtnahme regelt nach § 1 Abs. 1 VwVfG NRW die § 29 Abs. 3 VwVfG NRW insoweit vorgehende Vorschrift der §§ 102, 102 a - 102 g Landesbeamtengesetz -LBG NRW-. Danach ist einem Bevollmächtigten auf Antrag des Beamten Einsicht in die Personalakten zu gewähren, wenn dienstliche Interessen nicht entgegenstehen. Dienstliche Interessen müssen auch für die Frage, in welcher Weise Einsicht gewährt wird, von entscheidender Bedeutung sein.

Der Überlassung von Besoldungsakten an Anwaltskanzleien stehen grundsätzlich dienstliche Interessen entgegen. Eine solche Handhabung würde dazu führen, daß die Möglichkeit der Behörde, auf die Akte zurückzugreifen, wenn sie benötigt wird, in einem die Funktionsfähigkeit der Behörde beeinträchtigenden Maße eingeschränkt ist. Dies ist insbesondere bei Besoldungsakten der Fall, weil sie letztlich die Unterlage der monatlichen, termingebunden abzuwickelnden Zahlung sind. Bei Unstimmigkeiten kann trotz EDV-gestützter Verfahren oftmals ohne Hinzuziehung der Besoldungsakte die fristgerechte, zutreffende Zahlung nicht gewährleistet werden.

Diese generellen Überlegungen sind im wesentlichen Grundlage der allgemeinen Weigerung, die Besoldungsakten an Anwaltskanzleien zu übersenden (vgl. dazu allgemein: OVG Münster NJW 79, 722 ff).

Der Grundsatz der Gleichbehandlung verbietet eine abweichende Entscheidung auf Ihre Anfrage, weil Anhaltspunkte für eine besondere Fallgestaltung nicht zu erkennen sind.

Gleichwohl bin ich bereit, um weite Anfahrten zum Sitz der Behörde zu vermeiden und gleichzeitig die erforderliche Sicherheit der Personalakten zu gewährleisten, **die Akte kurzfristig zur Einsichtnahme an eine gewünschte Gerichtsstelle zu übersenden. Einem entsprechenden Wunsch mit Angabe der Gerichtsstelle werde ich umgehend nachzukommen.**

Abschließend darf ich hervorheben, daß die Entscheidung über die Übersendung von Besoldungsakten an Anwaltskanzleien allein aus grundsätzlichen Erwägungen zur Sicherstellung der Funktionsfähigkeit der Behörde getragen wird, für die ich Sie um Verständnis bitte.

Diese Entscheidung beruht daher weder auf einer generellen noch gar einer individuellen Beurteilung der Vertrauenswürdigkeit von Anwaltskanzleien.

Mit freundlichen Grüßen
~~Im Auftrag~~

[redacted]

ENTWURF 2.

[redacted]

gle Herr [redacted]

Rechtsanwälte
[redacted]

1685 0314

6. FEB. 1998

[redacted] [redacted] 6. Febr. 1998

Vom 26.01.98

Rückforderung eines Teils der Anw.-Bezüge
[redacted] ./. [redacted]

Sehr geehrte Damen und Herren,

ich teile Ihnen mit, daß ich die Akte des o.g. zum Amtsgericht [redacted] übersandt habe. Dort wird sie bis zum 24.02.98 zu Ihrer Einsichtnahme ausliegen.

Mit freundlichen Grüßen
~~Im Auftrag~~

[redacted]

Verwaltungsverfahrensgesetz

Übersendung von Akten in die Kanzleiräume von bevollmächtigten Rechtsanwälten

RdErl. d. Innenministers v. 21. 12. 1988 –
I B 2/17 – 21.14 [1])

Von Rechtsanwälten und im parlamentarischen Raum ist beanstandet worden, daß die Verwaltung die Übersendung von Akten zur Akteneinsicht in die Kanzleiräume von bevollmächtigten Rechtsanwälten zu restriktiv handhabe. Es besteht daher Veranlassung, auf folgende Grundsätze bei der Anwendung des § 29 Abs. 3 Satz 2 zweiter Halbsatz VwVfG. NW. hinzuweisen:

Besteht ein Recht zur Akteneinsicht nach § 29 VwVfG. NW., räumt Absatz 3 Satz 2 zweiter Halbsatz der Behörde die Möglichkeit ein, vorbehaltlich sachlich entgegenstehender Gründe im Einzelfall, auf Antrag Akten zur Einsicht auch in die Kanzleiräume von bevollmächtigten Rechtsanwälten zu übersenden. Die Entscheidung hierüber steht im Ermessen der Behörde. Sie hat die im Einzelfall für und gegen die Aktenüberlassung sprechenden Gesichtspunkte gegeneinander abzuwägen. 2010

Die Vorschrift ist nicht so zu verstehen, daß eine Übersendung der Akten von der Behörde nur in besonderen Ausnahmefällen in Betracht gezogen werden dürfe. Sofern der Aktenüberlassung in dem jeweiligen Einzelfall aus der Sicht der Behörde nichts im Wege steht, darf sie auch ohne Vorliegen besonderer Voraussetzungen Akten in Kanzleiräume übersenden.

Hierbei ist zu beachten, daß eine ausführliche Prüfung der Sach- und Rechtslage durch den Rechtsanwalt im Rahmen eines verwaltungsrechtlichen Mandats, mithin die gebotene ordnungsgemäße Wahrnehmung der rechtlichen Interessen des Bürgers, in der Regel eher aufgrund eines Aktenstudiums in der Kanzlei als aufgrund einer Akteneinsicht bei der Behörde möglich erscheint.

Von einer Übersendung der Akten kann dann abgesehen werden, wenn sie entweder nicht praktikabel oder unzweckmäßig erscheint. Dies ist denkbar z.B. bei Akten in Großverfahren mit zahlreichen Einwendern und mehreren Rechtsanwälten, bei Akten mit nicht mehr rekonstruierbaren Originalplänen, bei Akten, die ständig bei der Behörde benötigt werden oder in Fällen, in denen ein hohes Verlustrisiko besteht. Bei Personalakten sieht Ziffer 5.41 der VV zu § 102 LBG als Sonderregelung die Einsichtnahme nur in Gegenwart eines mit der Bearbeitung von Personalangelegenheiten beauftragten Bediensteten, also in der Behörde, vor.

Es bleibt der Behörde unbenommen, in den Fällen, in denen dies möglich ist, statt der Originalakten Ablichtungen (gegen Kostenerstattung) zu übersenden.

Eine Übersendung von Originalakten dürfte im übrigen nur gegen Kostenerstattung und auch nur vorübergehend erfolgen.

Die Befugnis der Behörde, bei Vorliegen der Voraussetzungen nach § 29 Abs. 2 VwVfG. NW. die Einsicht in die Akten (einerlei, ob bei der Behörde oder außerhalb) grundsätzlich zu verweigern, zu beschränken oder erst zu einem späteren Zeitpunkt zuzulassen, bleibt hiervon unberührt.

Bei der in jedem Einzelfall gebotenen Ermessensausübung bitte ich daher, die Möglichkeiten des § 29 Abs. 3 Satz 2 zweiter Halbsatz VwVfG. NW. im Sinne der vorangestellten Grundsätze in anwaltsfreundlicher Weise auszuschöpfen.

Dieser Runderlaß ergeht im Einvernehmen mit dem Ministerpräsidenten und allen Landesministern.

Potsdamer Rechtswissenschaftliche Reihe

Herausgegeben von Univ.-Prof. Dr. Dieter C. Umbach, VRLSG a.D.

Die Bände 1-12 sind beim Springer-Verlag erschienen.

Band 13 Christian Liedtke: Die Verklarung. Entwicklung und Bedeutung eines Institutes aus dem Seehandelsrecht. 2002

Band 14 Thomas Palm: Akteneinsicht im öffentlichen Recht. Eine Darstellung der Voraussetzungen für die Gewährung von Akteneinsicht in behördlichen und in gerichtlichen Verfahren. 2002.

Peter Lang · Europäischer Verlag der Wissenschaften

Erich Waclawik

Die Bedeutung des rechtsgeschäftlichen Willens und seiner Erklärung für die Geltung von Verträgen

Am Beispiel des Versuchs der Beschränkung der Irrtumsanfechtung

Frankfurt/M., Berlin, Bern, Bruxelles, New York, Oxford, Wien, 2001. IX, 88 S.
ISBN 3-631-38028-3 · br. € 23.-*

Die Erörterung der Bedeutung des rechtsgeschäftlichen Willens und seiner Erklärung für die Geltung von Verträgen blickt im deutschen Zivilrecht auf eine lange Geschichte zurück. Das BGB hat diese Grundfrage nicht ausdrücklich beantwortet; die Diskussion ist daher weiterhin in Bewegung. In neuerer Zeit wird hierbei die Auffassung vertreten, der Rechtsgeschäftslehre liege als Grundkonzept die Willenstheorie zu Grunde. Die Untersuchung geht der Berechtigung dieser These nach. Ihr Schwerpunkt bildet dabei die Erörterung einer Kontroverse, deren Entscheidung von der Richtigkeit dieser These abhängt: Die Einschränkung der Irrtumsanfechtung wegen ihrer Verwendung als „Reurecht". Die Untersuchung kommt zu dem Ergebnis, dass eine solche Einschränkung nicht notwendig, sondern im Gegenteil systemwidrig ist. Ferner wird nachgewiesen, dass der Rechtsgeschäftslehre kein ideologischer Ansatz zu Grunde liegt, auch nicht die Willenstheorie.

Aus dem Inhalt: Bisherige Begründung der Beschränkung der Irrtumsanfechtung · Das neue „Prinzip des Rechtsausschlusses" · Wege des geltenden Rechts zu dem durch den Irrtum verhinderten Vertrag · Erkenntnisse aus dem Streit um das „Reurecht" des Irrenden

Frankfurt/M · Berlin · Bern · Bruxelles · New York · Oxford · Wien
Auslieferung: Verlag Peter Lang AG
Jupiterstr. 15, CH-3000 Bern 15
Telefax (004131) 9402131

*inklusive der in Deutschland gültigen Mehrwertsteuer
Preisänderungen vorbehalten

Homepage http://www.peterlang.de

www.ingramcontent.com/pod-product-compliance
Ingram Content Group UK Ltd.
Pitfield, Milton Keynes, MK11 3LW, UK
UKHW021918290926
8980IPUK00015B/1338

9 783631 390986